Ansgar Klein · Hans-Josef Legrand
Thomas Leif (Hrsg.)

Neue soziale Bewegungen

Ansgar Klein · Hans-Josef Legrand
Thomas Leif (Hrsg.)

in Zusammenarbeit mit
Michael Hasse, Kai-Uwe Hellmann, Markus Rohde

Neue soziale Bewegungen

Impulse, Bilanzen und Perspektiven

Westdeutscher Verlag

Der Westdeutsche Verlag ist ein Unternehmen der Bertelsmann Fachinformation GmbH.

www.westdeutschervlg.de

Höchste inhaltliche und technische Qualität unserer Produkte ist unser Ziel. Bei der Produktion und Verbreitung unserer Bücher wollen wir die Umwelt schonen: Dieses Buch ist auf säurefreiem und chlorfrei gebleichtem Papier gedruckt. Die Einschweißfolie besteht aus Polyäthylen und damit aus organischen Grundstoffen, die weder bei der Herstellung noch bei der Verbrennung Schadstoffe freisetzen.

Umschlaggestaltung: Horst Dieter Bürkle, Darmstadt
Umschlagbild: Nina Faber de.sign, Wiesbaden
Druck und buchbinderische Verarbeitung: Rosch-Buch, Scheßlitz
Printed in Germany

ISBN 3-531-13337-3

Inhalt

Einleitung

Die im Gefolge der Studentenbewegung – und auch in Auseinandersetzung mit ihr – entstandenen ‚neuen sozialen Bewegungen' wurden von manchen Beobachtern vorschnell zum Phänomen der 70er und 80er Jahre und damit zum Gegenstand der neueren Zeitgeschichte erklärt. Gegen diesen Eindruck, der sich zumeist allein am Maßstab von Großmobilisierungen der Friedens- oder Ökologiebewegung der 80er Jahre orientiert und in dem sich zugleich eine Gewöhnung an bewegungsförmige Artikulationen von Protest ausdrückt, wendet sich dieser Sammelband. Er gibt Auskunft über die anhaltende gesellschaftliche und politische Bedeutung, aber auch über Formwandel und geänderte Problemstellungen, mit denen die neuen sozialen Bewegungen seit den 90er Jahren konfrontiert sind. Auf diesen Wandel reagiert auch die wissenschaftliche Diskussion. Eine Bilanz bisheriger Auswirkungen und künftiger Perspektiven neuer sozialer Bewegungen erfordert den Anschluß an Ergebnisse, Fragestellungen und Entwicklungen der Bewegungsforschung in Politik- und Sozialwissenschaften und gibt so zugleich einen Überblick über deren Forschungs- und Erkenntnisstand.

Die Beiträge des Bandes konzentrieren sich auf die Entwicklung und den Wandel der neuen sozialen Bewegungen in der Bundesrepublik[1]. Doch es gehört zu den charakteristischen Kennzeichen, daß sich weder die Fragestellungen der Bewegungsforschung aus ihrem internationalen Diskussionskontext lösen noch die Themen, Akteurszusammenhänge oder Mobilisierungsdynamik der neuen sozialen Bewegungen in einem ausschließlich nationalstaatlichen Rahmen erschließen lassen. Daher bezieht sich der Überblick über die Bewegungsforschung und ihre Paradigmen (Hellmann) auf das mittlerweile konstitutive Zusammenspiel europäischer (Melucci) und us-amerikanischer (Ferree/Roth) Diskussionen, in dem etwa auch metatheoretische Überlegungen und Vorschläge zur Konkretisierung des Konzepts der politischen Gelegenheitsstrukturen in der Bewegungsforschung (Kitschelt) ihren Platz finden[2]. Die anhaltende Kontroverse über die Bürgerbewegungen in der DDR (Rink; Pollack) erfordert ebenfalls den länderübergreifend vergleichenden Blick auf die Rolle sozialer Bewegungen im Transformationsprozeß. Außerdem lassen sich ohne die Berücksichtigung transnationaler Themenstellungen und Vernetzungen auch einzelne Bewegungen aus dem Spektrum der neuen sozialen Bewegungen nicht mehr angemessen analysieren (Dackweiler/Schäfer).

Um die Probleme einer nationalstaatlich begrenzten Zwischenbilanz zu verdeutlichen, wurden in den Band auch Beiträge zu regionalistischen Bewegungen in Europa (Gerdes), zur Rolle transnationaler Nicht-Regierungsorganisationen im Prozeß der Globalisierung (Beisheim/Zürn) und zur transnationalen Kooperation von Nicht-Regierungsorganisationen und Gewerkschaften (Altvater) aufgenommen. Das Verhältnis von Nicht-Regierungsorganisationen und sozialen Bewegungen wie auch das spannungsreiche Zusammenspiel von lokalen, nationalen und transnationalen Politikarenen mit ihren differierenden Anforderungen auch an soziale Bewegungen dürften zukünftig noch weiter in den Mittelpunkt der Diskussionen rücken. Absehbar ist auch ein steigendes Interesse der Bewegungsforschung an europäischen Formen der Vernetzung und Kooperation von Bewegungsakteuren und an den europäischen politischen und gesellschaftlichen Chancenstrukturen sozialer Bewegungen. Diese politisch relevanten und gesellschaftlich bedeutsamen Themen dürften in der Bewegungsforschung deutlich an Gewicht gewinnen.

Notwendig erscheint jedoch auch eine stärkere analytisch-vergleichende Öffnung der Bewegungsforschung für soziale Bewegungen in anderen Regionen der Welt. Ein solcher Vergleich kann zum einen dazu beitragen, die Ungleichzeitigkeiten gesellschaftlicher und politischer Entwicklungen und die Differenzen und Besonderheiten der jeweiligen gesellschaftlichen und politischen Gelegenheitsstrukturen und kulturellen Kontexte zu verdeutlichen, aus denen sich die Funktionen sozialer Bewegungen erschließen. Er kann aber zum anderen auch den Aspekt der Gleichzeitigkeit und die Folgen bestehender Wechselwirkungen zwischen hochindustrialisierten und weniger industrialisierten Ländern hervorheben und die bestehenden Ähnlichkeiten und die tatsächlichen Verbindungen zwischen sozialen Bewegungen deutlich machen.

Die in diesem Band vorgelegten gesellschaftstheoretischen und politischen Bilanzen der neuen sozialen Bewegungen beziehen sich, sofern sie sich von den nationalstaatlichen Besonderheiten der Bundesrepublik lösen, auf den von ihr repräsentierten Typus moderner Gegenwartsgesellschaften. Deren Verständnis als ‚Bewegungsgesellschaft' legt es nahe, die andauernde, reformorientierte und die institutionalisierte Politik korrigierende Einmischung sozialer Bewegungen (Rucht) geradezu als Kennzeichen einer ‚reflexiven Moderne' zu verstehen. Entsprechend erscheint dann die Diskursorientierung einer in kooperative Beziehungsnetzwerke unter Einschluß von Bewegungsakteuren eingebundenen modernen Politik als Merkmal eines sich wandelnden, reflexiven politisch-institutionellen Selbstbezuges der modernen Gesellschaft (Eder). Die hier erörterten gesellschaftlichen Entwicklungen verweisen nicht nur auf eine anhaltende Bedeutung bewegungsförmiger Proteste quer durch alle sozialen Gruppen und Schichten. Deutlich werden auch die Grenzen korporatistischer Arrangements, der Bedeutungszuwachs von Öffentlichkeit als Machtressource und die Notwendigkeit einer Transformation politischer Institutionen auf dem „Weg vom Nationalstaat zur transnationalen Gesellschaft" (Eder: 44).

Doch bleiben diese Beobachtungen auch in diesem Band nicht ohne kritische Kommentare. Der politisch-institutionelle Wandel in der Bundesrepublik scheint mit Blick auf die praktischen demokratisierenden Auswirkungen der neuen sozialen Bewegungen gekennzeichnet durch bloß geringfügige Repertoireerweiterungen und institutionelle Anbauten, die insgesamt bislang eine fehlende Responsivität der politischen Institutionen und eine Tendenz zu zunehmender politischer Entfremdung und zur Zuschauerdemokratie nicht ausgleichen können (Roth). Der Bewegungsforschung fällt aus dieser Sicht die Aufgabe zu, die Konturen einer postliberalen Demokratie zu schärfen. Aus Sicht der politischen Soziologie kommt es trotz aller Überlegungen über postkorporatistische Arrangements und postliberale Demokratie darauf an, die Organisationsfähigkeit und strategische Handlungsfähigkeit sozialer Bewegungen nicht zu überschätzen und die anhaltende Bedeutung des Parteiensystems, der Institutionen und der Verbände nicht zu unterschätzen. Festgestellt werden „Entkoppelungstendenzen zwischen Staat/Parteien einerseits, Bewegungen/Zivilgesellschaft andererseits" (Raschke); Brückenschläge werden aus dieser Sicht wegen einer „Eigenentwicklung des institutionalisierten politischen Systems schwieriger" (Raschke: 87).

Rückblickend markiert das Jahr 1989 eine Zäsur für die neuen sozialen Bewegungen wie auch für die Agenda der Bewegungsforschung. Es bildet nicht nur den Ausgangspunkt einer mit Blick auf eine sich wandelnde Weltordnung einsetzende Globalisierungsdebatte, die Fragen der transnationalen Vernetzung von sozialen Bewegungen und von Anforderungen an multinationale Bewegungsorganisationen auf die Tagesordnung gesetzt hat. Das Jahr 1989 markiert mit den Umbrüchen in Osteuropa und der deutschen Einheit auch den kurzen Höhepunkt der Bürgerbewegungen und einen Wandel der politischen und gesellschaftlichen Chancenstrukturen der westdeutschen neuen sozialen Bewegungen.

Um die rückblickende Bewertung der Bürgerbewegungen ist ein politisch motivierter Deutungs- und Interpretationsstreit entbrannt, in dem eine nüchterne Berücksichtigung ihrer damaligen politischen Gelegenheitsstrukturen zu kurz kommt (Pollack). Mittlerweile scheint sich die Entwicklung der Inititiativen und Gruppen in Ostdeutschland an die der neuen sozialen Bewegungen im westdeutschen Bewegungssektor organisatorisch angeglichen zu haben. Doch ist dieser Angleichungsprozeß nicht nur mit erheblichen Diskontinuitäten und Brüchen zwischen den Oppositionsgruppen der 80er Jahre, den Bürgerbewegungen der Wendezeit und den nach der Wende neu entstandenen Initiativen und Gruppen erfolgt. Es fehlt auch der in Westdeutschland gegebene – aber in seiner Kohärenz keinesfalls als selbstverständlich vorauszusetzende – Rückhalt eines milieugestützten gesellschaftspolitischen Lagers, so daß sich bei steigender thematischer und politischer Differenzierung auch ein deutlicher Verlust an Mobilisierungspotential abzeichnet. Künftige Mobilisierungen werden eher im rechten Spektrum des Bewegungssektors und den darauf reagierenden links-autonomen Gruppen vermutet (Rink).

Zieht man für einzelne Bewegungen aus dem Spektrum der neuen sozialen Bewegungen eine aktuelle Bilanz, so bleibt die veränderte Priorität der politischen Agenda, in der Massenarbeitslosigkeit, soziale Ausgrenzung und neue Armut wieder in den Vordergrund gerückt sind, ebensowenig folgenlos wie das zunehmende Gewicht globaler Fragestellungen. Thematische Ausdifferenzierung, Organisationsbildung und Professionalisierung, aber auch erfolgreiches ‚agenda-setting' markieren einen Prozeß der Institutionalisierung. Von der lange Zeit dominierenden Vorstellung, daß Institutionalisierung mit dem Ende sozialer Bewegungen gleichzusetzen ist, ist man in der aktuellen Diskussion zwar weitgehend abgerückt – so gelten etwa Organisationen im Konzept der Ressourcenmobilisierung als unverzichtbare Elemente sozialer Bewegungen –, doch gilt es nach wie vor, die Auswirkungen der Institutionalisierung für die einzelnen Bewegungen genau zu analysieren. Vor diesem Hintergrund werden die Frauenbewegung (Dackweiler/Schäfer), die Umweltbewegung (Brand), die Friedensbewegung (Buro), städtische soziale Bewegungen (Mayer) und die Solidaritätsbewegung (Wahl) bilanzierend untersucht.

Die Entwicklungslinien der links-libertären ‚neuen' sozialen Bewegungen in der Bundesrepublik werden so – ohne daß dabei ein vollständiger Überblick angestrebt wurde – an wichtigen Einzelbewegungen dieser Bewegungsfamilie dargestellt. Damit werden die Konturen und Wandlungen eines wichtigen Teilbereichs des bundesrepublikanischen Bewegungssektors einschließlich seiner transnationalen Bezüge näher beleuchtet. Doch Fragestellungen und analytische Leistungsfähigkeit der Protest- und Bewegungsforschung beschränken sich nicht auf die ‚neuen' sozialen Bewegungen. Der internationale Vergleich (Ferree/Roth) wie auch die Analyse rechter Bewegungen oder auch von diffusen, richtungsarmen oder Protobewegungen (Raschke) gehören ebenfalls zu ihren Aufgaben. Zieht man diese weitgefaßte Aufgabenstellung und die damit einhergehenden Analysedefizite in Betracht, so ist die Situation der Bewegungsforschung in der Bundesrepublik nicht sehr günstig zu beurteilen.

Anders als etwa in den USA, wo sie an zahlreichen Universitäten und Forschungsinstituten zu Hause ist, und auch anders als die Frauenforschung, die es auch in der Bundesrepublik zu zumindest einigen Lehrstühlen und Instituten gebracht hat, konnte die Bewegungsforschung in der deutschen Universitäts- und Forschungslandschaft bislang nur wenig Terrain erringen. Angesichts der skizzierten ‚Normalität' neuer sozialer Bewegungen dürfte sich trotz wandelnder Problem- und Fragestellungen und bei anhaltender Relevanz der Thematik – und auch angesichts der reklamierten Zuständigkeiten etwa der Extremismusforschung auf das Themenfeld – an dieser Situation in nächster Zeit wenig ändern. Es gibt innerhalb der Deutschen Vereinigung für politische Wissenschaft (DVPW) zwar einen Arbeitkreis ‚Soziale Bewegungen' und seit 1988 mit dem ‚Forschungsjournal Neue Soziale Bewegungen' auch eine Fachzeitschrift, die sich kontinuierlich den Fragen der Bewegungsforschung widmet. Doch ist in der Bundesrepublik kein einziger universitärer Lehrstuhl zu verzeichnen, an dem das gewachsene analytische Repertoire und die theoretischen Bezüge der europäischen und internationalen Bewegungsforschung vermittelt und fortentwickelt werden. Selbst die Abteilung ‚Öffentlichkeit und soziale Bewegungen' des Wissenschaftszentrums Berlin für Sozialforschung (WZB), die mit ihren Bemühungen um eine empirisch gehaltvolle und analytisch differenzierte Bewegungsforschung für einige Jahre ein institutioneller Anker war, scheint derzeit im Zuge von Umstrukturierungen zur Disposition zu stehen (Hellmann).

Diese negative Gesamtlage wirkt sich ungünstig auf die Vermittlung und die wissenschaftlich-systematische Entwicklung und Vertiefung der Bewegungsforschung aus. Doch hat sie nicht verhindern können, daß auch hierzulande die Bewegungsforschung in den ausdifferenzierten Feldern der Sozialwissenschaften, die sie zu integrieren bemüht ist, rezipiert wird und von dort Impulse erhält[3]. Dies gilt etwa für Politische Soziologie, Parteien-, Verbände- und Vereinsforschung, Extremismusforschung, Dritte-Sektor-Forschung, Sozialpsychologie, Demokratietheorie, politische Philosopie, politische Ideengeschichte oder für feministische Theorie und Frauenforschung. Von dort erhält die Bewegungsforschung in der hiesigen Diskussion Impulse, ohne daß allerdings eine systematische Integration der Aspekte durch entsprechende Institutionalisierung des interdisziplinären Forschungsfeldes hinreichend sichergestellt wird. So ist der in diesem Band versuchte Überblick über die Entwicklungen der neuen sozialen Bewegungen zugleich als eine wissenschaftspolitische Aufforderung zu verstehen, Defizite nicht nur zu beklagen, sondern diese Mißstände zu beheben.

Eigene thematische Akzente zu setzen, interdisziplinär gewonnene Erkenntnisse zu vermitteln, den Anschluß an die verzweigten Debatten zu wahren und einen Forschungsüberblick herzustellen, bemüht sich das vierteljährlich erscheinende ‚Forschungsjournal Neue Soziale Bewegungen', das Anfang 1998 sein zehnjähriges Bestehen feiern konnte. Anläßlich dieses Jubiläums ist dieser Band auf den Weg gebracht worden[4]. Unser Dank gilt den Autorinnen und Autoren. Für die redaktionelle Bearbeitung der Texte sind wir insbesondere Michael Hasse, Kai-Uwe Hellmann und Markus Rohde aus der Redaktion des Forschungsjournals zu Dank verpflichtet, ohne deren Engagement dieses Buch nicht erschienen wäre.

Oktober 1998 Die Herausgeber

Anmerkungen

1 Nicht erörtert werden daher die Entwicklungen rechter sozialer Bewegungen, wenngleich auch dies mit den analytischen Instrumenten der Bewegungsforschung möglich ist.

2 Aus us-amerikanischer Sicht, darauf weisen Ferree/Roth in diesem Band hin, werden die Gemeinsamkeiten der sozialen Bewegungen seit den 60er Jahren mit den sozialen Bewegungen des 19. und frühen 20. Jahrhunderts stärker hervorgehoben und erscheint eine Kennzeichnung als ‚neu' für diese Bewegungen schon deswegen unangebracht, weil in den USA eine vorherige Dominanz der Arbeiterbewegung und damit eine entsprechende Abgrenzung zwischen neuen und alten progressiver Sozialbewegungen nicht gegeben war. Auch gegenüber der Beschränkung des Forschungsparadigmas der neuen sozialen Bewegeungen auf ‚progressive' soziale Bewegungen bestehen hier Vorbehalte: „Reaktionäre oder rechtsextremisti-

sche Gruppen sind so alt oder neu wie die progressiven oder links-extremen Gruppen, mit denen sie sich auseinandersetzen" (Ferree/Roth: 137).

[3] Hinzuweisen ist auf europäische und transatlantische wie internationale Vernetzungen der Bewegungsforschung. In den internationalen Vereinigungen der Politik- und Sozialwissenschaften (IPSA und ILA) verfügt die Bewegungsforschung über eigene Sektionen und auch auf europäischer Ebene hat sich unlängst innerhalb der European Sociological Association ein Research Network ‚Social Movements' gegründet, das die europäische Bewegungsforschung stärker zu integrieren bemüht ist.

[4] Von den 18 Beiträgen des Buches sind 7 bereits im Jubiläumsheft 1/1998 des Forschungsjournals NSB veröffentlicht worden, an dessen konzeptionellem Gerüst sich auch dieser – um Aspekte der Globalisierung erweiterte – Überblicksband orientiert. Bis auf die Beiträge von Joachim Raschke und Andreas Buro sind diese Beiträge (Dieter Rucht; Roland Roth; Myra Marx Ferree/ Silke Roth; Detlef Pollack und Regina Dackweiler/Reinhild Schäfer) jedoch für die Buchfassung noch einmal überarbeitet und erweitert worden. Bei den übrigen Artikeln handelt es sich um Orginalbeiträge.

I.
Soziale Bewegungen
Impulse für Gesellschaft und Politik

Dieter Rucht

Gesellschaft als Projekt – Projekte in der Gesellschaft

Zur Rolle sozialer Bewegungen

Komplexe Sachverhalte in griffige Schlagworte zu packen, ist ein legitimes Unterfangen von Journalisten, aber auch von Sozialwissenschaftlern. Kein Wunder also, wenn letztere, abhängig von ihrem je spezifischen Blickwinkel, mit immer neuen Etikettierungen westlicher Gegenwartsgesellschaften aufwarten, sei es die ,postindustrielle Gesellschaft' (Daniel Bell), die ,programmierte Gesellschaft' (Alain Touraine), die ,organisierte Gesellschaft' (Charles Perrow) oder die ,Risikogesellschaft' (Patrick Lagadec). Zu der langen Liste solcher Schlagworte ist nun, basierend auf einem 1992 vorgestellten Konferenzpapier und einer nachfolgenden Veröffentlichung, das der ,Bewegungsgesellschaft' hinzugekommen (Neidhardt/Rucht 1993), nachdem schon zuvor von einer ,Demonstration Democracy' (Etzioni 1970) und einer ,Protestgesellschaft' (Pross 1992) die Rede war. Sidney Tarrow (1994) hat den Begriff Bewegungsgesellschaft aufgenommen. Neuerdings ist er sogar, wenngleich ohne weitere Klärung, in einen Buchtitel eingegangen (Meyer/Tarrow 1998).

Bevor man derartige Begriffe distanzlos übernimmt oder aber indigniert zurückweist, sollte man sich vergewissern, welche Ansprüche und Inhalte die jeweiligen Urheber damit verbunden wissen wollen. Mit dem Stichwort Bewegungsgesellschaft, eingeführt mit einem Fragezeichen und nicht ohne eine gewisse argumentative Zurückhaltung, wurde von Neidhardt/Rucht die These vertreten, daß moderne westliche Gegenwartsgesellschaften zunehmend günstige Ausgangsbedingungen für die Entstehung und Stabilisierung sozialer Bewegungen bieten. Zugleich wurde aber auch vermutet, daß die heutigen Bewegungen nicht unbedingt die Dauer und Bindekraft historischer Bewegungen des 19. Jahrhunderts erreichen. Behauptet wurde eine Tendenz zur Bewegungsvielfalt, eine Herabsenkung der Schwelle, sich in Bewegungen zu engagieren. Allerdings muß ein solches Engagement nicht Ausdruck eines verbindlichen Weltbildes und umfassender alltagsweltlicher Praxis sein, wie das für frühere Bewegungen typisch war. Auch wurde mit der These der Bewegungsgesellschaft nicht unterstellt, andere Formen gesellschaftlicher Interessenvertretung würden durch Bewegungen bedeutungslos oder gänzlich abgelöst.[1] Und schon gar nicht wurde vorgeschlagen, soziale Bewegungen als das Schlüsselphänomen moderner Gesellschaften anzusehen und somit in das Zentrum der Soziologie zu rücken, wie dies etwa Alain Touraine (1984) empfohlen hatte.[2]

Diese relativierenden Bemerkungen dienen zunächst lediglich der retrospektiven Klarstellung; sie sollen nicht gegen Kritik immunisieren. Der Anspruch dieses Essays ist es vielmehr, die These der Bewegungsgesellschaft weiter auszuführen und durchaus offensiv zu vertreten. Nicht das Ende, sondern die Forcierung der Debatte ist beabsichtigt. Anders als in der vorausgegangenen Veröffentlichung von Neidhardt und Rucht zur Bewegungsgesellschaft geht es nachfolgend auch nicht um die Systematisierung der Stabilisierungsbedingungen sozialer Bewegungen, sondern um die Frage nach der Bedeutung und Funktion sozialer Bewegungen in der historischen und gegenwärtigen Moderne.

1 Bewegungen in der historischen Moderne

Sofern es ein Bestimmungsmerkmal sozialer Bewegungen sein soll, daß sie Gesellschaft gestalten oder sich einem derartigen Unterfangen widersetzen wollen[3], folgt daraus, daß soziale Bewegungen ein Produkt moderner Gesellschaften sind. Erst wenn Gesellschaft als ‚hergestellte Wirklichkeit' (Tenbruck 1976) denkbar wird, kann ein historisches Subjekt auftreten, das einen grundlegenden gesellschaftlichen Gestaltungsanspruch erhebt, das Gesellschaft als Projekt begreift. Vormoderne historische Bewegungen, angefangen von den Sklavenaufständen der Antike bis hin zu den Bauernrevolten des frühen 16. Jahrhunderts, waren Bemühungen um die Wiederherstellung einer alten Ordnung.[4] Die Revolte der Untertanen wie deren Repression durch die Obrigkeit berief sich nicht auf die Imagination einer neuen Ordnung, sondern auf hergebrachte göttliche bzw. natürliche Rechte. Bei der Einklagung dieser Rechte waren Normen und normkonstitutive Geltungsgründe noch nicht geschieden (Grießinger 1981: 436). Ihrem Anspruch nach führte die Kritik an den bestehenden Verhältnissen zurück zur alten Ordnung (Schulze 1981: 193). Nicht die traditionale Ordnung, sondern die Abweichung davon war Gegenstand der Kritik: „Dieser Widerstand richtet sich, wenn er entsteht, gegen die Person des Herrn (oder: Dieners), der die traditionalen Schranken der Gewalt mißachtete, nicht aber: gegen das System als solches" (Weber 1976: 131).

Erst mit der ungeheuerlichen Idee, mit der Tradition, und darin mag jegliche Gottesvorstellung eingeschlossen sein,[5] definitiv brechen zu können, wird der Weg frei für die Moderne: frei für eine von Menschen ersonnene und durch sie zu verwirklichende neue Gesellschaft – eine Gesellschaft, in der „der Mensch das höchste Wesen für den Menschen sei", wie es Marx (1966: 24) formulierte. Die Schriften der französischen Materialisten – Lamettries ‚L'Homme machine' von 1748, Holbachs ‚Système de la Nature' von 1770 – sind wichtige Wegbereiter der radikalen Aufklärung, die gegen Ende des 18. Jahrhunderts ausformuliert wird. Koselleck (1979: 262) zufolge „wurde es erst seit rund 1780 denkbar, Geschichte machen zu können. Die Formel indiziert eine moderne Erfahrung und mehr noch eine moderne Erwartung, daß man nämlich fähig sei, Geschichte planen und vollstrecken zu können."

So gesehen kann eine typologische Unterscheidung getroffen werden zwischen vormodernen und modernen Gesellschaften, zwischen Bewegungen in der Vormoderne einerseits und im Wortsinne sozialen Bewegungen andererseits, welche in der Moderne und nur in der Moderne möglich sind. Diese Scheidung bleibt sinnvoll, obgleich empirische Grenzziehungen schwierig sind, insofern wir mit ungleichzeitigen Entwicklungen in unterschiedlichen geographischen Räumen, mit langen Übergangsphasen zwischen Tradition und Moderne, mit Diskontinuitäten in der Moderne (Imhof/Romano 1996), mit vormodernen Restbeständen auch in modernen Gegenwartsgesellschaften, nicht zuletzt mit antimodernen Bewegungen in der Moderne (Eisenstadt 1998) zu rechnen haben. Die als ‚misplaced polarity' (Gusfield 1967) kritisierte Gegenüberstellung von traditionalen und modernen Gesellschaften bleibt aber auch dann sinnvoll, wenn wir anerkennen, daß selbst in der fortgeschrittenen Moderne sich Geschichte oftmals hinter dem Rücken der Akteure vollzieht, anstatt von ihnen gemacht zu werden. Das revolutionäre Element der Moderne liegt bereits in der bloßen Idee umfassender Gestaltungsmacht unabhängig davon, in welchem Ausmaß diese Gestaltung gelingt und nicht beabsichtigte Folgen menschlichen Handelns vermieden werden können.

Die sozialen Bewegungen mit dem bis heute weitreichendsten Veränderungsanspruch waren der radikale bürgerliche Liberalismus und der frühe Sozialismus: Sie wagten wahrhaft Revolutionäres zu denken und zu fordern, nämlich den Grund ihres Handelns allein aus sich, aus ihrem Wollen, ihrem Verstand, ihren Leidenschaften zu schöpfen. Nicht zufällig setzt sich auch in dieser Phase der Begriff der Revolution, noch im ausgehenden 16. Jahrhundert ein astronomischer Terminus zur Bezeichung der Umdrehung der Himmelskörper, in seiner heutigen Bedeutung als eines gewaltsamen Umsturzes durch.[6]

Wird es so möglich, einen wenn auch noch sehr allgemeinen historischen Begriff sozialer Bewegungen zu gewinnen, so ist dieser doch umfangslogisch zu weit und inhaltlich zu unbestimmt, um der sich verändernden Bedeutung sozialer Bewegungen innerhalb der Moderne Rechnung zu tragen. Hierzu mag in einem nächsten Schritt die grobe Unterscheidung zwischen sozialen Bewegungen in der historischen und der gegenwärtigen Moderne hilfreich sein. Wiederum geht es um eine typologische Differenz, nicht um eine empirisch klar datierbare Zäsur.

Die Radikalität sozialer Bewegungen in der historischen Moderne zeigt sich zum einen darin, daß ihnen die Tradition nicht länger als heilig gilt. Tradition ist nicht mehr eine in sich geschlossene und als Ganze legitime Ordnung, sondern wird entzaubert und verfügbar. Man kann sich ihrer wie eines Steinbruchs bedienen. Die Radikalität sozialer Bewegungen in der historischen Moderne steigert sich mit der Vorstellung, jegliche Bindungen könnten im Prinzip verabschiedet werden, um dem ganz Neuen Platz zu machen. Das Wort Bindung steht dabei nicht nur für eine Sammlung hergebrachter sozialer Regeln – die Tradition –, sondern auch für die vorgebliche ‚Natur' des Menschen, die der

Vergesellschaftung Schranken setzt. Nur aufgrund der Annahme, solche Bindungen abstreifen zu können, wurde es möglich, abstrakte Utopien zu formulieren, die sich über alle Regeln der bisherigen Erfahrung hinwegsetzten, ohne als ver,rückt' zu gelten.[7] Nur so konnte die Pädagogik im Zeitalter der Aufklärung junge Menschen als beliebig formbares Material in der Hand des Erziehers verstehen. Und nur so war eine Gesellschaft ohne Staat, ohne die Differenz zwischen Herrschern und Beherrschten, nicht nur vorstellbar, sondern wurde auch politisch eingefordert.

Gemessen an diesem außerordentlichen Anspruchshorizont haben die Bewegungen der vergangenen Moderne fast nichts erreicht. Und doch haben sie Gewaltiges bewirkt, hält man sich vor Augen, was nicht nur als Denkmöglichkeit freigesetzt, sondern was tatsächlich historisch überwunden, zumindest in die hoffnungslose Defensive gedrängt wurde. ‚Seid realistisch, verlangt das Unmögliche' war historische Praxis lange bevor der Pariser Mai diesen Slogan kreierte. Vieles, was wir als selbstverständlich anzusehen gewohnt sind, geht auf erfolgreiche Kämpfe historischer sozialer Bewegungen zurück, deren Forderungen den Konservativen zunächst unerhört, ja wahnwitzig erschienen. Dazu gehören: Trennung von Kirche und Staat, Abschaffung von Ständen, Leibeigentum und Sklaverei, Proklamation universeller Menschenrechte, staatliche Gewaltenteilung, bürgerliche Rechte einschließlich des allgemeinen und gleichen Wahlrechts, Vereinigungs- und Versammlungsfreiheit. Große historische Bewegungen haben mit solchen Forderungen der Moderne die Richtung gewiesen und sie trotz aller Trägheitsmomente und des aktiven Widerstands von Gegenbewegungen vorangebracht.

2 Bewegungen in modernen Gegenwartsgesellschaften

Vor dem Hintergrund des Anspruchshorizonts und der Eingriffstiefe der großen historischen Bewegungen muten selbst die antisystemischen Varianten sozialer Bewegungen in modernen Gegenwartsgesellschaften bescheiden an. Ich sehe keine breit vertretene Forderung, die an das radikale Programm der promodernen historischen Bewegungen heranreichen würde. Dies gilt erst recht, nachdem Vorstellungen einer sozialistischen Gesellschaft an Attraktivität verloren haben. Abgesehen von sich antimodern gebenden, faktisch jedoch viele Momente der Moderne einschließenden Bewegungen erscheinen die heute erhobenen Veränderungsansprüche an die Gesellschaft so beschränkt, daß sogar die These vom ‚Ende der Geschichte' (Fukuyama 1992) im Sinne einer erfolglosen Durchspielung aller Alternativen zum Typus westlicher kapitalistischer Demokratien aufkommen konnte. Die Ideen des Anarchismus, Sozialismus und Kommunismus sind nicht tot; für ernstzunehmende linke Intellektuelle wie Eric Hobsbawm ist die Systemalternative sogar notwendiger denn je. Doch sind revolutionäre Bewegungen linker Provenienz kraftlos und randständig geworden. Den heutigen progressiven Bewegungen geht es um Reformen, etwa die weitere Durchsetzung von Inklusions- und Partizipationsansprüchen sowie die Beseitigung negativer Folgen gesellschaftlicher Wandlungsprozesse. Aber es geht kaum mehr um radikale Alternativen zum Bestehenden, schon gar nicht, entgegen allen Diskursen um die Postmoderne, um Alternativen zur Moderne. Die Formel von der ,postmodernen Moderne' (Welsch 1987) bringt dies auf den Punkt.

Die typische Funktion sozialer Bewegungen in modernen Gegenwartsgesellschaften besteht nicht länger in der Durchsetzung großer institutioneller Innovationen (Grundrechtskataloge, Gewaltenteilung, allgemeines und gleiches Wahlrecht, Sozialstaat, Öffnung der Berufe und der Politik für Frauen usw.), sondern in der dauerhaften Einmischung in Politik. Inhaltlich gesehen verkörpern die heutigen Bewegungen kaum etwas, was nicht schon vorgedacht worden wäre oder, in aufgeweichter Form, die Agenden der etablierten Parteien erreicht hat. Hinsichtlich ihrer grundlegenden Formen sind die heutigen Bewegungen nur Varianten und Weiterentwicklungen dessen, was schon im 19. Jahrhundert an Konturen gewonnen hatte (Tilly 1978). Heutige soziale Bewegungen sind im wesentlichen Komplemente und Korrektive etablierter Institutionen; sie sind formbewußte Reaktion auf bürokratische Verkrustung (Narr 1980), auf die sachliche Unbestimmtheit des demokratischen Repräsentationsprinzips (Offe 1980), auf die Entkoppelung von individuellen Motiven und Organisationszwecken (Rammstedt 1978). Heutige Bewegungen zeigen strukturelle Defizite des institutionellen Gefüges an; sie propagieren institutionelle Variationen, aber kaum wirkliche Gegeninstitutionen.[8]

Große themenübergreifende soziale Bewegungen, zumal in Gestalt von Klassenbewegungen, finden nicht nur keinen sozialen Nährboden mehr, sondern sind auch in dem Maße obsolet geworden, wie relativ vernünftig ausgestaltete, weil im Prinzip ergebnisoffene und auf demokratischen Prinzipien beruhende Institutionen und Verfahren etabliert worden sind.[9] Das heißt keineswegs, alle Reste von Klassenjustiz wären beseitigt, öffentliche Kommunikation folge überwiegend den Regeln der Diskursivität, Parteiensysteme seien offen für Außenseiter, Frauen besäßen in Beruf und Politik Chancengleichheit. Doch nicht die Grundlegung von Institutionen und Verfahren, sondern ihre mangelhafte Ausgestaltung im Sinne weithin anerkannter Grundprinzipien ist das dominante Thema heutiger Bewegungen. Typisch hierfür ist die amerikanische Bürgerrechtsbewegung, die sich auf bestehende Verfassungsgrundsätze berufen konnte und nicht erst eine konstitutionelle Neuordnung einfordern mußte.[10] Das nimmt den Auseinandersetzungen ungeachtet der subjektiven Radikalität vieler Aktivisten und der Brutalität mancher Polizeiaktionen ihre historische Dramatik. Es geht nicht mehr um das Ganze. Die gesamtgesellschaftlichen Utopien sind verblaßt.

All dies spiegelt sich auch in der erstaunlichen Fragmentierung der Konfliktlinien. Mit fortlaufenden sozialen Differenzierungsprozessen vervielfachen sich die issuespezifischen Ansatzpunkte sozialer Bewegungen. Vorherrschend ist das Muster der kampagnenbezogenen Kooperation, der projektorientierten

Mobilisierung (Raschke 1985) und der weak ties, welche eine erstaunliche soziale und sachliche Kombinatorik erlauben. An die Stelle der lebenslangen Einbindung des einzelnen in eine große Bewegung tritt das situative Engagement (Paris 1989), von dem man sich ganz undramatisch wieder verabschieden kann. Zugehörigkeit zu einer Bewegung bedeutet nicht mehr notwendig ultimatives Glaubensbekenntnis und lebensweltliche Einbettung ‚von der Wiege bis zur Bahre'.

Der Bedeutungsverlust großer antisystemischer Bewegungen scheint paradoxerweise mit einer quantitativen Zunahme bewegungsförmiger Proteste insgesamt einherzugehen. Dafür sprechen die Ergebnisse von ersten, große Zeitspannen umfassenden Protestereignisanalysen, die zeigen, daß die Proteste in der Bundesrepublik von Jahrzehnt zu Jahrzehnt zunehmen (Rucht 1997) und immer mehr von Aktionsbündnissen anstelle von einzelnen Großorganisationen getragen werden. Die Gründe für das Anwachsen von Bewegungsprotesten sind zum Teil bereits angeführt worden (Neidhardt/Rucht 1993). Sie bedürfen einer weiteren Prüfung und Erhellung. In der Vielzahl und Heterogenität von Bewegungen sowie ihrer Omnipräsenz in nahezu allen Politikfeldern und auf allen Ebenen (vom lokalen bis zum globalen Maßstab) liegt die Pointe des Begriffs der Bewegungsgesellschaft. Gleichzeitig findet das Instrumentarium des zunächst vor allem Bewegungen vorbehaltenen Protests als ein Mittel rationaler und legitimer Interessenverfolgung zunehmend breitere Anerkennung und Anwendung. Die Umfrageforschung bestätigt, daß der Anteil derer, die noch an keiner Protestaktion teilgenommen haben, kleiner wird (Dalton 1996). Protest ist nicht länger eine spezifische Waffe der Ausgegrenzten; er sickert in alle soziale Gruppen und Schichten ein. Selbst Zahnärzte greifen zum Mittel des kollektiven Protests, um ihre beruflichen Interessen zu wahren. Auch scheint sich die enge Bindung bestimmter Protestformen an bestimmte Protestinhalte aufzulösen. Protest wird – wie es Tarrow (1993) genannt hat – modular. Bayerische Spitzenpolitiker führen eine Protestkundgebung gegen ein Urteil des Bundesverfassungsgerichts an; Bundestagsabgeordnete der PDS treten ausgerechnet in einem Theater einen Hungerstreik an, um eine drastische Steuerforderung an ihre Partei abzuwenden; Abtreibungsgegner organisieren Sit-ins vor US-amerikanischen Kliniken. Was jedoch die Eingriffstiefe sozialer Bewegungen angeht, so waren die okzidentalen Gesellschaften des 18. und 19. Jahrhunderts viel eher Bewegungsgesellschaften als die Gesellschaften der Gegenwart.

3 Von der Gesellschaft als Projekt zu Projekten in der Gesellschaft

Die Essenz der Moderne besteht – wie betont – darin, Gesellschaft nicht als Verlängerung der Tradition, als gegebene Wirklichkeit, sondern als hergestellte Wirklichkeit aufzufassen. In die Zukunft gewendet bedeutet dies, Gesellschaft wird zu einem Projekt. Auf dem langen Weg vom frühmodernen bis hin zum postmodernen Denken wird diese Projektvorstellung, und mit ihr die Rolle sozialer Bewegungen, allerdings ganz unterschiedlich gefaßt. Eine äußerst radikale und zugleich sehr reduzierte Projektvorstellung beinhaltet die frühmoderne naturrechtliche Vertragskonstruktion eines Thomas Hobbes. Gesellschaft erscheint als das Produkt vernunftgeleiteten menschlichen Willens, als bewußt eingegangene Abkehr vom Naturzustand. Im Gegensatz zu diesem gewährt Gesellschaft Sicherheit und Berechenbarkeit, aber sie fordert auch ihren Preis. Um Gesellschaft möglich zu machen, muß sich die große Mehrheit der Herrschaft einiger weniger unterwerfen. Damit hat Gesellschaft als Projekt bereits ihr Ende gefunden. Für soziale Bewegungen ist darin kein Platz.[11] Die Wirren der Religionskriege, vor deren Hintergrund Hobbes den Vertragsgedanken postulierte, sind gerade jenes den Naturzustand auszeichnende Element, das es mit der Konstitution gesellschaftlicher Ordnung zu überwinden gilt.

Marx erscheint dagegen die Vorstellung eines vorgesellschaftlichen Naturzustandes absurd. Zudem ist für ihn – mit Ausnahme des Urkommunismus - jede historische Gesellschaftsformation Klassengesellschaft und insofern bewegte Gesellschaft im doppelten Sinne: Gesellschaft ist in Bewegung und es agieren Bewegungen in der Gesellschaft. Es sind Bewegungen, die, anknüpfend an den jeweiligen Stand der Produktivkräfte und Produktionsverhältnisse, den eigentlichen Motor gesellschaftlichen Fortschritts bilden. Inspiriert ist dieser Fortschritt durch die Idee, Entfremdung aufzuheben. Dies macht den Kern des Marxschen Projekts von Gesellschaft aus, gibt ihm Sinn, Kraft und Richtung. Verglich Hobbes die Gesellschaft mit einem Uhrwerk, in dem jedes Teil seinen Platz hat und ein für allemal beibehält, so birgt Gesellschaft für Marx die Möglichkeit, sich zu einem kollektiven Subjekt zu erheben. Und das schließt ein, sich selbst zum Gegenstand der Reflexion und tätigen Veränderung zu machen. War für Hobbes die Idee bestimmend, sich im wohlverstandenen Eigeninteresse in die Mechanik des gesellschaftlichen Räderwerks einzufügen, so setzt Marx auf den schöpferischen Menschen, der, nachdem er in einem kollektiven Akt der Befreiung seine Ketten abgeworfen hat, als Freier unter Freien und als Gleicher unter Gleichen Gesellschaft so einrichtet, wie es seinen Fähigkeiten und Bedürfnissen entspricht. Obgleich Marx, scheinbar ähnlich wie Hobbes, von Bewegungsgesetzen der Gesellschaft spricht, sind es ihm zufolge doch die Menschen, die jene Verhältnisse schaffen und jenen kollektiven Befreiungsakt zuwegebringen, die den Sprung aus der ‚Vorgeschichte' in die ‚Geschichte' erlauben.

Verlor das ‚Große Projekt' im Marxschen Sinne bereits um die Wende zum 20. Jahrhundert durch die Ausbildung reformsozialistischer Strömungen an Suggestivkraft, so hat es der bis in die achtziger Jahre dahinsiechende Realsozialismus auf lange Sicht diskreditiert. Andere Entwicklungen und Einsichten haben dazu beigetragen, sich von Gesellschaft als Projekt, sei es in einer eher emphatisch-aufklärerischen Variante, sei es in einer technokratischen Variante, abzuwenden. Im Westen markierte die Studentenrevolte der sechziger

Jahre den vorerst letzten Versuch, ein aufklärerisches gesellschaftliches Großprojekt anzugehen. Dieses Vorhaben ist, bei allen sonstigen Langzeitwirkungen der Revolte, gescheitert. Ungefähr zeitgleich liefen auch die Bemühungen um ein technokratisch gesteuertes, freilich strikt systemimmanentes Projekt von Gesellschaft in Gestalt diverser Planungs- und Reformvorhaben. Auch dieses ist gescheitert. Vor diesem Erfahrungshintergrund wird erst die Selbstbeschränkung nachfolgender Akteure und Beobachter verständlich. Dies gilt für die Bescheidenheit der den Praxisanschluß suchenden Wissenschaft wie für die Bescheidenheit der auf politische Intervention bedachten Bewegungen.

Erneut mag der Kontrast mit historischen Fällen verdeutlichen, wie sehr die Ansprüche zurückgenommen wurden: Die Wissenschaft im Zeitalter der Aufklärung, obgleich schon damals in einige Disziplinen ausdifferenziert, wollte Gesellschaft in der ganzen Breite ihrer Erscheinungen fassen. Das Programm der französischen Enzyklopädisten bestand darin, Gesellschaft in ihrer Totalität zu beschreiben. Das Programm eines Hegel und Marx bestand darin, Gesellschaft durch alle ihre Erscheinungsformen hindurch auf den Begriff zu bringen. Verbunden war damit der Anspruch, über die Selbsterkenntnis von Gesellschaft vernünftige gesellschaftliche Praxis anzuleiten.

Die Sozialwissenschaften von heute sind, cum grano salis, in weithin unverbundene Spezialdisziplinen zerfallen. Der Blick aufs Ganze wird aufgegeben: „bezüglich des Begriffs der Gesamtgesellschaft bin ich agnostisch", meint Helmut Scheuch (zit. nach Hauck 1984: 18). Wer, wie Niklas Luhmann, dennoch das Ganze im Blick behalten will, zieht sich auf die Position des Beobachters zurück. Allenfalls ironische Kommentierungen politischer Vorgänge lassen erahnen, daß der Spezialist fürs Ganze sein ‚Verwickeltsein in die Angelegenheiten' – freilich nur aus der Distanz – zum Ausdruck bringen möchte (Luhmann 1997: 1129).

Die zeitgenössische Bewegungswissenschaft spiegelt den allgemeinen Trend. Wollte Touraine (1978) noch mittels soziologischer Intervention den neuen sozialen Bewegungen die Augen für das Großthema der Historizität öffnen, so hat sich die Mehrheit der nachfolgenden BewegungsforscherInnen daran gemacht, einzelne Bewegungen und Kampagnen mit den Instrumenten konventioneller empirischer Sozialforschung zu sezieren. Das geschieht nicht selten in der Hoffnung, es fielen auch taktische Ratschläge für die Bewegungen ab – steht doch die Bewegungsforschung stärker als viele andere sozialwissenschaftliche Disziplinen im Bannkreis ihres Objekts, das kühle Distanz erschwert.

Die Bewegungen selbst sind von großen Utopien, vom großen Projekt der Gesellschaft, abgekommen. Wie ihre Beobachter haben sie sich zu Spezialisten entwickelt, um im fachgebundenen Politikbetrieb mithalten zu können. Vor uns breitet sich eine endlose Palette politischer Issues aus. Die einen bemühen sich um Aufklärung zum Thema Aids, die anderen predigen Müllvermeidung statt Müllverbrennung, die dritten kämpfen gegen die Beschneidung junger Mädchen in Afrika. Wir mögen all dies sinnvoll finden, aber wir können es kaum gleichzeitig verfolgen, geschweige denn aktiv daran teilnehmen. Wie Fernsehzuschauer zappen wir durch die Fülle von Themen.

Nicht nur die Inhalte, auch die Formen werden als Menü angeboten. Sollen wir gemeinsam mit anderen eine Straße blockieren oder am häuslichen PC die Homepage einer Protestorganisation gestalten? Und selbst wenn wir uns zu einer ganz bestimmten Gruppierung, sagen wir Greenpeace, hingezogen fühlen: Sollen wir es beim monatlichen Scheck belassen oder ziehen wir es vor, am Informationsstand einer örtlichen Kontaktgruppe Aufkleber zu verkaufen? Reizt uns der in der *Zeit* ausgeschriebene Job eines Kampagnenleiters in der Hamburger Zentrale oder hoffen wir darauf, als waghalsige Stuntmen in Schlauchbooten dahinpreschen oder auf Kühltürme klettern zu dürfen, um uns Stunden später in der ‚Tagesschau' zu erleben?

Die dramatischen Bilder der Konfrontation täuschen. Sie sagen mehr über die Mechanismen der Medienselektivität als über den Bewegungsalltag. Wo zuvor tiefe Gräben herrschten, ist nun überwiegend Dialog und Kooperation angesagt. Wie kommen wir an EU-Gelder eines Rahmenprogramms zur Frauenförderung heran? Wird die Basis murren, wenn der Vorstand einen Ökosponsering-Vertrag mit der Firma X unterzeichnet? Lohnt es, an einem Mediationsprojekt zur gentechnischen Veränderung herbizidresistenter Pflanzen teilzunehmen? Ist es legitim, gegen ein Angebot von mehreren Millionen DM eine verwaltungsgerichtliche Klage zurückzuziehen, um diese Gelder dem Naturschutz zu widmen? Schaffen wir bis in drei Tagen die erbetene Stellungnahme zum Fragenkatalog der Enquete-Kommission? Werden mehr Journalisten zur Pressekonferenz kommen, wenn wir ihnen einen kleinen Snack offerieren? Es sind Fragen dieser Art, die Bewegungsorganisatoren von heute umtreiben. Im hektischen Alltag des Organisierens und Mobilisierens fällt es schwer, innezuhalten und den Blick aufs Ganze zu werfen. Und diejenigen, die wie der vor kurzem verstorbene Rudolph Bahro das Ganze im Auge behalten wollten, haben sich von aller auf unmittelbare politische Intervention zielenden Praxis entfremdet, weil ihnen in ihrem quasi-religiösem Eifer das Konkrete nur noch als ‚Putzarbeit auf der Titanic' erschien.

Laut Otthein Rammstedt (1978) müssen sich Bewegungen bewegen, um in Bewegung zu bleiben. Was aber, wenn auf der einen Seite vor lauter Bewegtheit Richtungssinn und Tiefgang verlorengehen, wenn Bewegung zum Lauf im Hamsterrad wird? Was aber, wenn auf der anderen Seite nur auf den fernen Horizont gezeigt wird, aber alle ersten kleinen Schritte in diese Richtung lächerlich gemacht werden? Wie alle sozialen Bewegungen, deren Sturm und Drang dem Alltag gewichen ist, stehen auch die neuen sozialen Bewegungen vor der Frage, ob sie in harmlose Geschäftigkeit verfallen oder aber ihre Alltagspraxis an die Grundfragen sozialer Ordnung rückbinden wollen. Im ersten Fall hieße dies, sich in die Schar der Interessengruppen einzureihen, um es dem Bund der Steuerzahler oder dem Verband mittelständischer Unternehmer gleichzutun. Im zweiten Fall hieße dies, an den kritischen Gehalten der großen sozialen Bewegungen der Moderne anzuknüpfen. Dies scheint jedoch nur sinnvoll, wenn das frühe Aufklärungsprogramm zugleich unterboten wie überboten würde. Unterboten werden müßte es in seiner Radikalität: Angesichts der Tragkraft und des Vernunftpotentials grundlegender Institutionen der Moderne, und nahezu alle demokratischen und rechtsstaatlichen Einrichtungen sind ein Ausdruck davon, kann es nicht darum gehen, etwas ganz anderes an ihre Stelle zu setzen. Der formale Charakter dieser Einrichtungen ist, entgegen der Behauptung mancher Kritiker, nicht ein besonders raffiniertes, da illegitime Herrschaft verschleierndes Konstrukt, sondern hat gerade den Vorzug, die Zukunft nicht durch vermeintlich substantielle Gewißheiten und ewige Wahrheiten festzulegen zu wollen. Damit, und nur damit, bleibt der Weg offen für Gesellschaft als Projekt. Überboten werden müßte das Reflexionsniveau der frühen Aufklärung, insofern diese der naiven Vorstellung anhing, frei von Bindungen Geschichte machen zu können. Möglicherweise gibt es anthropologische Konstanten, die auch ein gut gemeintes Programm eines ‚neuen Menschen' zur Erziehungsdiktatur werden lassen. Möglicherweise kann das Projekt der Gesellschaft nicht allein auf Vernunft gebaut werden, sondern erfordert Mitgefühl: compassion – ein wichtiger Grundbegriff der schottischen Moralphilosophen, der im französichen Rationalismus keinen Platz fand. Möglicherweise ist das Projekt der Gesellschaft aus guten Gründen von der historischen Tagesordnung verschwunden, um den Projekten in der Gesellschaft Raum zu geben. Die Rede von der Bewegungsgesellschaft könnte darin ihre empirische wie normative Pointe finden, daß sich in ihr viele Bewegungen tummeln, um Gesellschaft nicht nur umzutreiben, sondern auf dem Kurs und Niveau einer reflexiven Moderne zu halten. Reflexiv soll dabei vor allem heißen, sich der eigenen Grenzen bewußt zu werden, sich der Richtung immer aufs Neue zu vergewissern und dabei die Widersprüche zwischen Radikalität und Pragmatismus auszuhalten. Dies den Bewegungen in der heutigen Moderne zuzumuten – soll man es wirklich ein kleines Projekt in der Gesellschaft nennen?

Anmerkungen

1 An anderer Stelle habe ich vielmehr argumentiert, daß die Aktivitäten von politischen Parteien, Interessenverbänden und sozialen Bewegungen nicht den Bedingungen eines Nullsummenspiels folgen (Rucht 1993).

2 Kritisch dazu Rucht 1991.

3 In diesem Punkt konvergieren viele Definitionen sozialer Bewegungen. Vgl. Heberle 1951: 6; Turner/Killian 1972: 246 und Raschke 1985: 77.

4 Diese Zäsur wird selbst von manchen historischen Soziologen verkannt. Zum Beispiel stellt Barrington Moore (1982: 671) zwar fest, die „wirklich umstürzlerische Form der Kritik [beginne, D.R.], sobald das Volk fragt, ob eine bestimmte soziale Funktion überhaupt ausgeübt werden muß, ob die menschliche Gesellschaft nicht ohne Könige, Priester, Kapitalisten oder selbst revolutionäre Bürokraten auskommen könnte." Jedoch meint Moore, diese Form der Kritik habe „in der menschlichen Geschichte einen sehr langen Stammbaum", obschon sie, soweit feststellbar, nicht in schriftlosen Gesellschaften auftrete. Meines Wissens wird eine Gesellschaft

ohne Könige und Priester erst mit der Aufklärung denkbar. Selbst die bruderschaftlichen egalitären Gemeinschaften der Täufer im 16. Jahrhundert, die sich scharf gegen das Priester- und Gelehrtentum wandten, definierten mit dem ‚Hirten' für die gläubigen Schafe ein funktionales Äquivalent zur Priesterrolle (Goertz 1988: 51ff) und begriffen sich ausschließlich im Rahmen einer gottgebenen Ordnung. So gesehen erscheint es mir auch verfehlt, wenn Bergmann (1985) das frühe Mönchtum als eine soziale Bewegung bezeichnet, zumal es sich dem Autor zufolge „nicht um eine soziale Protestbewegung mit sozialen oder politischen Zielen gehandelt hat, sondern um eine Bewegung mit eindeutig religiöser Wertorientierung" (Bergmann 1985: 50), die er auch als eine Revitalisierungsbewegung charakterisiert.

5 Marx zufolge ist die Religion und das religiöse Gemüt ein gesellschaftliches Produkt (vgl. seine siebente These über Feuerbach). In der Einleitung zur Kritik der Hegelschen Rechtsphilosphie schreibt Marx: „Die Aufhebung der Religion als des illusorischen Glücks des Volkes ist die Forderung seines wirklichen Glücks. Die Forderung, die Illusionen über seinen Zustand aufzugeben, ist die Forderung, einen Zustand aufzugeben, der der Illusionen bedarf. Die Kritik der Religion ist also im Keim die Kritik des Jammertals, dessen Heiligenschein die Religion ist." (Marx 1966: 17)

6 Der früheste Nachweis für diese Begriffsverwendung im deutschen Sprachraum bezieht sich auf den schweizerischen Bauernkrieg von 1653 (Suter 1997). Weitere frühe Belege existieren für den bayerischen Bauernkrieg von 1705 bis 1706. Doch erst mit der Revolution von 1789 scheint die Begriffsverwendung Allgemeingut zu werden.

7 Zu beachten ist der Unterschied zwischen der klassischen Utopie des besten Staates eines Plato und den frühneuzeitlichen Utopien des 16. Jahrhunderts. Erstere hat einen zweideutigen Status als Abstraktion einer historisch-politischen Realität im Rahmen eines natürlichen Kreislaufes von Verfassungen und als ein transzendental abgeleitetes Ideal. Die frühneuzeitlichen utopischen Gemeinwesen werden dagegen als Produkte von Menschenhand begriffen (Saage 1991: 71f): „Sie loten innerweltlich greifbare ‚Möglichkeiten des auch anders sein Könnens' (Schwonke) aus und sind somit stets zukunftsorientiert gerichtet. Darin unterscheiden sie sich auch von den chiliastischen Visionen der Wiedertäufer des 16. Jahrhunderts" (Saage 1991: 3).

8 Die von Roth (1998: 52) hervorgehobenen Forderungen neuer sozialer Bewegungen an eine Demokratisierung der Politik mögen sich in Relation zum Anspruchshorizont des politischen Mainstream als radikal ausnehmen; sie muten jedoch bescheiden an, wenn man bedenkt, wie ungleich revolutionärer das Programm der radikalen Aufklärer den Vertretern der Feudalherrschaft erscheinen mußte.

9 Das wird dann am deutlichsten, wenn grundlegende Verfassungsfragen zur Sprache kommen. Die Phantasie auch ausgewiesener Linker konzentriert sich auf Modifikationen und Ergänzungen. Vgl. etwa die Beiträge in Guggenberger/Offe (1984) sowie die von linker Seite anstrengte und folgenlos gebliebene Debatte um eine Verfassungsreform im Zuge der deutschen Vereinigung.

10 Der Civil Rights Act von 1964 bedeutet so gesehen lediglich eine Konkretisierung des bereits festgeschriebenen Gleichheitsgrundsatzes in der Verfassung der USA.

11 Dies wird deutlich in Hobbes' Äußerungen über die Zulässigkeit von Menschenansammlungen: „Eine Versammlung ist dann ungesetzlich, wenn die anwesenden Beamten nicht in der Lage sind, die Oberhand zu gewinnen und die Menschen in die Schranken zu weisen. Versammelt sich eine ungewöhnlich große Zahl von Menschen, um gegen jemanden Klage zu erheben, so muß man von einem widerrechtlichen Aufruhr sprechen. Sie hätten ihre Anklage ebenso von wenigen oder nur einem einzigen vor den Magistrat bringen können." (Hobbes 1965: 186)

Literatur

Bergmann, Werner 1985: Das frühe Mönchtum als soziale Bewegung. In: KZfSS, Jg. 37, H. 1, 30-59.
Etzioni, Amitai 1970: Demonstration Democracy. New York et al.: Gordon and Breach.
Dalton, Russell J. 1996: Citizen Politics, Public Opinion and Political Parties in Advanced Western Democracies. 2. ed., Chatham/New Jersey: Chatham.
Eisenstadt, Smuel N. 1998: Die Antinomien der Moderne. Frankfurt/M.: Suhrkamp.
Fukuyama, Francis 1992: Das Ende der Geschichte. Wo stehen wir? München: Kindler.
Goertz, Hans-Jürgen 1988: Die Täufer. Geschichte und Deutung. München: Beck.
Grießinger, Andreas 1981: Das symbolische Kapital der Ehre. Streikbewegungen und Kollektives Bewußtsein deutscher Handwerksgesellen im 18. Jahrhundert. Frankfurt/M.: Ullstein.
Guggenberger, Bernd/Offe, Claus 1984 (Hg.): An den Grenzen der Mehrheitsdemokratie. Politik und Soziologie der Mehrheitsregel. Opladen: Westdeutscher.
Gusfield, Joseph 1967: Tradition and Modernity: Misplaced Polarities in the Study of Social Change. In: American Journal of Sociology, Vol. 72, 351-362.
Hauck, Gerhard 1984: Geschichte der soziologischen Theorie. Reinbek: Rowohlt.
Heberle, Rudolf 1951: Social Movements. An Introduction to Political Sociology. New York: Appleton-Century-Crofts.
Hobbes, Thomas 1965: Leviathan oder Wesen, Form und Gewalt des kirchlichen und bürgerlichen Staates. Reinbek: Rowohlt.
Imhof, Kurt/Romano, Gaetano 1996. Die Diskontinuität der Moderne. Zur Theorie des sozialen Wandels. Frankfurt/M.: Campus.
Koselleck, Reinhard 1979: Über die Verfügbarkeit der Geschichte. In: Koselleck, Reinhard 1979: Vergangene Zukunft. Frankfurt/M.: Suhrkamp, 260-277.
Luhmann, Niklas 1997: Die Gesellschaft der Gesellschaft. 2 Bde., Frankfurt/M: Suhrkamp.
Marx, Karl 1966: Zur Kritik der Hegelschen Rechtsphilosophie, Einleitung. In: Marx, Karl/Engels, Friedrich: Studienausgabe in 4 Bänden, hrsg. von Iring Fetscher. Band 1: Philosophie. Frankfurt/M.: Fischer, 17-30.
Meyer, David/Tarrow, Sidney 1998 (eds.): The Social Movement Society: Contentious Politics for a New Century. Boulder: Rowman & Littlefield.
Moore, Barrington, Jr. 1982: Ungerechtigkeit. Die sozialen Ursachen von Unterordnung und Widerstand. Frankfurt/M.: Suhrkamp.
Narr, Wolf-Dieter 1980: Zum Politikum der Form. In: Leviathan, Jg. 8, H. 2, 143-163.
Neidhardt, Friedhelm/Rucht, Dieter 1993: Auf dem Weg in die ‚Bewegungsgesellschaft'? Über die Stabilisierbarkeit sozialer Bewegungen. In: Soziale Welt, Jg. 44, H. 3, 305-326.
Offe, Claus 1980: Konkurrenzpartei und kollektive politische Identität. In: Roland Roth (Hg.): Parlamentarisches Ritual und politische Alternativen. Frankfurt/M.: Campus, 26-42.
Paris, Rainer 1989: Situative Bewegung. Moderne Protestmentalität und politisches Engagement. In: Leviathan, Jg. 17, H. 3, 322-336.
Pross, Harry 1992: Protestgesellschaft. Von der Wirksamkeit des Widerspruchs. München: Artemis & Winkler.
Raschke, Joachim 1985: Soziale Bewegungen. Ein historisch-systematischer Grundriß. Frankfurt/M.: Campus.
Rammstedt, Otthein 1978: Soziale Bewegung. Frankfurt/M.: Suhrkamp.
Roth, Roland 1998: Neue soziale Bewegungen und liberale Demokratie. In: Forschungsjournal NSB, Jg. 11, H. 1, 48-62.
Rucht, Dieter 1991: Sociological Theory as a Theory of Social Movements? A Critique of Alain Touraine. In: Dieter Rucht (ed.): Research on Social Movements: The State of the Art in Western Europe and the USA. Frankfurt/M./Boulder: Campus/Westview, 355-384.
Rucht, Dieter 1993: Parteien, Verbände und Bewegungen als Systeme politischer Interessenvermittlung. In: Niedermayer, Oskar/Stöss, Richard (Hg.): Stand und Perspektiven der Parteienforschung. Opladen: Westdeutscher, 251-275.
Rucht, Dieter 1997: Soziale Bewegungen als demokratische Produktivkraft. In: Klein, Ansgar/Schmalz-Bruns, Rainer (Hg.): Politische Beteiligung und Bürgerengagement in Deutschland – Möglichkeiten und Grenzen. Bonn: Bundeszentrale für politische Bildung, 382-403.

Saage, Richard 1991: Politische Utopien der Neuzeit. Darmstadt: Wissenschaftliche Buchgesellschaft.
Schulze, Winfried 1981: Herrschaft und Widerstand in der Sicht des ‚gemeinen Mannes' im 16./17. Jahrhundert. In: Mommsen, Hans/Schulze, Winfried (Hg.): Vom Elend der Handarbeit. Probleme historischer Unterschichtenforschung. Stuttgart: Klett-Cotta, 182-198.
Suter, Andreas 1997: Der schweizerische Bauernkrieg von 1653. Politische Sozialgeschichte – Sozialgeschichte eines politischen Ereignisses. Tübingen: bibliotheca academica.
Tarrow, Sidney 1993: Modular Collective Action and the Rise of the Social Movement: Why the French Revolution Was Not Enough. In: Politics and Society, Vol. 21, No. 1, 69-90.
Tarrow, Sidney 1994: Power in Movement: Social Movements, Collective Action and Politics. Cambridge: Cambridge UP.
Tenbruck, Friedrich H. 1976: Glaubensgeschichte der Moderne. In: Zeitschrift für Politik, Jg. 23, H. 1, 1-15.
Tilly, Charles 1978: From Mobilization to Revolution. Reading: Addison-Wesley.
Touraine, Alain 1978: La voix et le regard. Paris: Seuil.
Touraine, Alain 1984: Les mouvement sociaux: objet particulier ou problème central de l'analyse sociologique? In: Revue française de sociologie, Vol. 25, No. 1, 3-19.
Turner, Ralph/Killian Lewis 1972: Collective Behavior. 2. ed., Englewood Cliffs: Prentice Hall.
Weber, Max 1976. Wirtschaft und Gesellschaft. Grundriß der verstehenden Soziologie [orig. 1921]. 5., rev. Aufl., Tübingen: Mohr.
Welsch, Wolfgang 1987: Unsere postmoderne Moderne. Reihe ‚Acta humaniora'. Weinheim: VHC.

Klaus Eder

Dialog und Kooperation

Zur Zähmung der Bewegungsgesellschaft

1 Diskurs – ein multifunktionales Konzept

‚Diskurs' ist zum großen Modewort in der Sozialwissenschaft wie in der Politik geworden. Die Herkunftsgeschichte dieses Begriffs in der Soziologie hätte dieses nicht erwarten lassen; ist doch Diskurs eher ein politisch verdächtiger oder politisch utopischer Begriff gewesen. Er hat sich zu einem normativ aufgeladenen Begriff entwickelt, der zunächst auf dem Gebiet der Umweltpolitik eine zentrale Rolle gespielt hat. In diesem Zusammenhang bezieht sich dieser Begriff auf das Problem, wie man über moderne Risiken kommunizieren kann. Diskurs wird zu einer Form, mit der diejenigen, die Risiken skandalisieren, und diejenigen, die politische und wirtschaftliche Entscheidungen treffen müssen, in kooperative Beziehungsnetze eingebunden werden können. Dabei beschränkt sich ‚Diskurs' nicht allein auf Umweltpolitik, sondern ist zu einer möglichen Form der institutionellen Behandlung jedweder Art von Problemen (‚Issues') in der modernen Gesellschaft geworden. Der Diskurs paßt in eine Gesellschaft, die permanent Probleme thematisiert und kommuniziert.

Eine Gesellschaft, die die Thematisierung von Problemen und Issues institutionalisiert hat, nennen wir ‚Bewegungsgesellschaft'.[1] Soziale Bewegungen sind die Spezialisten der Thematisierung von Problemen, und in dem Maße, wie diese Thematisierungsleistung zunimmt, entsteht das Problem der Bearbeitung des so geöffneten Problemhorizonts. Diskurse eignen sich dazu, über diesen Problemhorizont zu kommunizieren. Das bedeutet noch lange nicht, eine Problemlösung zu finden. Doch der Umgang mit Problemen wird unter Rationalitätsanforderungen gesetzt. Der Diskurs erlaubt ein weiteres: Er bindet die an Problemen Interessierten in einen Kommunikationszusammenhang ein. Wer Probleme thematisiert, wer sie löst (oder nicht löst), wer ein Interesse an der Lösung oder Nichtlösung hat – alle werden unter Beteiligungszwang und Äußerungszwang gesetzt und in ein Entscheidungsverfahren eingebunden. Der Diskurs erhält damit über seine normative Auszeichnung noch eine zusätzliche Auszeichnung: Er ist auch funktional für moderne Gesellschaften, die dauernd neue Probleme thematisieren und damit Entscheidungszwänge auslösen.

Drei Probleme sind in diesem Diskurs über Dialoge als rationale und funktionale Formen der Lösung gesellschaftlicher Probleme enthalten: Was heißt genau Diskurs? Was heißt es zu sagen, daß Diskurse rational sind? Und was heißt es zu sagen, daß Diskurse funktional sind?

Zunächst zur ersten Frage: Was verstehen wir genau unter Diskursen? Diskurs erfordert zunächst ein räumliches Setting, das wir aus unserem mythischen Erbe gut kennen, nämlich aus der Legende von König Arthur und seiner berühmten Tafelrunde: einen runden Tisch. Was König Arthur mit seinen Rittern zu realisieren suchte, war eine Institutionalisierung der Gleichheit unter den Rittern und mit dem König. Um den runden Tisch waren alle gleich. Keiner konnte eine privilegierte Position an diesem Tisch beziehen. Es gab keine Stirnseite und keinen Eckplatz. Der runde Tisch ist die ideale egalisierende Form. Am runden Tisch läßt sich der Diskurs der Gleichen realisieren.

Was Diskurs ist, läßt sich also narrativ explizieren. Für jemanden, der in den sozialphilosophischen Kategorien der Habermasschen Kommunikationstheorie denkt, drängt sich eine nicht-narrative Antwort auf: Diskurs ist die Grundlage der menschlichen Fähigkeit, individuelle Einzelhandlungen durch kommunikatives Handeln zu koordinieren. Diskurs ist ein Mechanismus, Dissens in Konsens zu transformieren. Diskurs hat also mit Kommunikation im Sinn argumentativer Auseinandersetzung, mit der Kraft des besseren Arguments zu tun. Für denjenigen, der in der französisch geprägten Foucaultschen Welt denkt, meint Diskurs etwas Anderes: einen Mechanismus, der auf einer elementaren Ebene kontrolliert, was wir denken und tun. Diskurs ist aus dieser Perspektive die unmittelbarste Form von Macht, unsichtbar in ihrer Operation, aber wirkungsvoll in ihren Effekten.

Diese Verortungen des Diskursbegriffs erlauben bereits eine erste analytische Klärung. Diskurs bezieht sich auf eine soziale Beziehung, in der wenigstens zwei Akteure miteinander kommunizieren und in diesem Prozeß die Elemente menschlicher Sprachfähigkeit benutzen, um diese Beziehung zu regulieren, zu ordnen. Diese Bedeutung von Diskurs zielt auf seinen prozessualen Charakter, auf seine dialogische Form des kontinuierlichen Austausches von Argumenten. Diskurs meint aber auch das Produkt dieser kommunikativen Interaktionen, das Diskursuniversum, das in diesen Prozessen erzeugt wird. Der Begriff des Diskursuniversums würde eher die zweite, Foucaultsche Bedeutung von Diskurs fassen. Diskurs hat also eine doppelte Bedeutung: Es ist ein sozialer Prozeß, in dem ein Universum an (kollektiven) Bedeutungen für alle am Diskurs Beteiligten erzeugt wird, und Diskurs ist das Ergebnis dieses Prozesses, das Universum an Bedeutsamem, dem wir nicht entkommen können.

Die zweite Frage hat mit der Unterstellung zu tun, daß Diskurse es erlauben, rational über Probleme zu kommunizieren und ein geteiltes Verstehen von Problemen in der Gesellschaft zu generieren. Solch gemeinsames Verstehen kann durch Überredung oder Überzeugung hergestellt werden. In einer idealen Welt ist es diskursive Argumentation (also Überzeugung durch Argumente in einer idealen Sprechsituation), um Dissens in Konsens zu transformieren. In diesem Sinne ist es rational, in Diskurse einzutreten. Sie führen zwar nicht zum Ideal einer paradiesischen Sprechsituation; doch sie sind mit dem Ideal von Diskursen konfrontiert. Diskurs bedeutet in diesem Sinne, permanent kontrafaktischen Unterstellungen ausgesetzt zu sein. Habermas versteht Diskurs ganz in diesem Sinne: Diskurse sind kontrafaktische Unterstellungen mit empirischen Wirkungen.

Die letzte der drei oben genannten Fragen ist noch offen. Ist es funktional, in modernen Gesellschaften in Diskurse einzutreten, um über gesellschaftliche Problemlagen zu debattieren? Dies ist eine provokative Frage, die besonders den Soziologen herausfordern sollte. Denn die Antwort dürfte sein: Es gibt Situationen, in denen Diskurse in der Tat funktional sind. Sicherlich gibt es Situationen, in denen solche Diskurse äußerst dysfunktional sind (etwa dann, wenn ein Kernkraftwerk zu schmelzen beginnt). In anderen Situationen mögen sie jedoch sehr funktional sein. Letztere Situationen sind der Gegenstand der folgenden Überlegungen.

Um das Ausgangsargument zusammenzufassen: Es ist immer rational, in Diskurse einzutreten, doch es hängt vom Kontext ab, ob dies auch funktional ist.

2 Diskurs im Kontext der Moderne

In welchen Kontexten machen Diskurse Sinn? Der allumfassende Kontext ist zunächst die ‚Moderne'. Diskurse sind Teil des demokratischen, weniger des republikanischen Verständnisses moderner politischer Institutionen. Die Vernunft, die sich in diskursiver Argumentation zeigt, wurde als Legitimationsgrund politischer Herrschaft gedacht.[2] Das Parlament, das moderne Gerichtswesen mit seinem ‚adversialen' System (zwischen Staatsanwalt, Verteidiger und Richter werden ‚dialogische' Auseinandersetzungen hergestellt) gehören in diese Welt von Diskursen. Wuthnow (1990) beschreibt sogar die wichtigsten kulturellen Innovationen der Moderne als Ergebnis von ‚Diskursgemeinschaften': Moderne Wissenschaft und Aufklärung, die Reformation und der Sozialismus werden als besondere Formen der Organisation von Diskursen gesehen. Diskurse sind in diesem Sinne ein konstitutiver Teil der Moderne. Das erklärt die besondere Resonanz, die Habermas' Rekonstruktion der Voraussetzungen vernünftiger Rede als ‚diskursiv' erfährt, die einen Zusammenhang zwischen Diskurs als Organisationsform des Politischen in der Moderne und den Unterstellungen vernünftiger Rede im allgemeinen herstellt (Habermas 1981, 1992).

Es gibt auch eine explizite empirische Referenz in den frühen Arbeiten von Habermas dort, wo er auf das Phänomen von Assoziationen, politischen Clubs und Lesegesellschaften verweist, die seit dem 18. Jahrhundert die Entstehung der modernen politischen Öffentlichkeit tragen. ‚Öffentlichkeit' ist der Ort, in dem Kritik und Aufklärung eingeübt und praktiziert wurde (Habermas 1962). Assoziation ist das Andere der Korporation, die als soziale Form das politischsoziale Denken des 19. Jahrhunderts beschäftigt hat. Assoziation unterscheidet die Moderne von der prämodernen Gesellschaft. Die Evolution des Assoziationswesens ist so der innere Motor der Evolution der Moderne. In ihr realisieren sich die Organisationsprinzipien der modernen Gesellschaft: freiwillige Mitgliedschaft, die auf der Gleichheit der Mitglieder gegründet wird und Räume freier Debatte herstellt.

Unter dem Einfluß intellektueller Interpretationen der osteuropäischen Revolution von 1989 wurde Öffentlichkeit als ‚Zivilgesellschaft' umgedeutet. Das ist die Idee der allumfassenden Assoziation, in der Legitimität bzw. Illegitimität moderner Herrschaftssysteme erzeugt wird. Diskurs wird zum institutionellen Mittel der Erzeugung von Legitimität politischer Ordnungen. Er wird zum Differenzkriterium, das eine sozialistische Pseudomoderne von der wahren Moderne unterscheidbar macht.

Heute macht Diskurs in immer mehr Kontexten Sinn. Dies hat mit der Konjunktur von diskursiven Institutionen zu tun. Sie füllen die moderne Welt mit Diskursen mit Jedermann. Runde Tische sind nicht nur ein Symbol politischer Mobilisierung im Prozeß der Wiedervereinigung gewesen. Sie waren auch eine Wiedererfindung des Politischen als eines diskursiven Prozesses.

Diskurse werden in verschiedenen Politikfeldern organisiert, nicht nur bei Umweltfragen, sondern zunehmend auch bei ethnischen Problemen oder sozialpolitischen Problemen, also jenem Typus von Problemen, die moderne soziale Bewegungen ins Zentrum politischer Aufmerksamkeit gerückt haben. Dialogische Verfahren, politische Fora, Gesprächskreise usw. wurden gegründet, um den Diskurs als Mittel der Lösung solcher Probleme zu nutzen.[3] Selbst die Kommission der Europäischen Gemeinschaft beginnt, Diskurse unter dem Label von ‚Dialogen' in den Politikentscheidungsprozeß einzubauen.[4] Dialoge werden auch zwischen Nationalstaaten und unterschiedlichen Kulturen inszeniert.[5]

Offensichtlich gibt es Diskurse mehr als genug. Man mag das als deutsche Besonderheit abtun. Sicherlich bietet die deutsche politische Kultur einen besonders fruchtbaren Boden dafür. Aber Diskurse sind nicht auf Deutschland beschränkt. Diskurse scheinen funktionale Imperative auch außerhalb Deutschlands zu erfüllen. Diskurse sind – so kann man als These formulieren – in dem Maße funktional, wie die traditionalen Mechanismen der Problembewältigung nicht greifen. Diskurse sind eine Art ‚Feuerwehr', die dann gerufen wird, wenn es schon brennt.[6]

Auf diese Problemlage, in der Diskurse entstehen, reagieren moderne politische Systeme auf dreierlei Weise: Die erste ist eine Ausdehnung horizontaler Verhandlungssysteme. Die Alternative zu nicht mehr ausreichender vertikaler Koordination ist die horizontale Koordination. Daraus ergibt sich eine zweite Reaktion. Diskurs ist ein Modus sozialer Beziehungen, der den Umbau vom Befehlsmodell zum Argumentationsmodell notwendig macht. Man muß zunehmend mehr reden, und das oft ohne Ende. Die dritte Reaktion ist Reflexivität. Institutionen werden reflexiv, wenn in Entscheidungsprozesse wiederum institutionelle Verfahren ihrer Beurteilung eingebaut werden. Institutionen werden selbst zum Gegenstand von Diskursen.[7] Systemziele sind nicht mehr ontologischer Natur, in das Wertesystem einer Gesellschaft eingelassen, sondern Teil des Prozesses der Herstellung sozialer Ordnung. Gesellschaft wird selbstreferentiell. Werte werden benutzt, um in Prozesse der Definition dieser Werte einzutreten. Das sind nicht postmoderne, sondern ultramoderne Institutionen.[8]

Um das zweite Argument zusammenzufassen: Dialoge sind ein Teil der Moderne, der an Wichtigkeit zunimmt. In dieser Gesellschaft ist es für soziale Akteure mehr denn je rational, sich auf Diskurse einzulassen. Und es ist funktional für diese Gesellschaft, auf Diskurse zu setzen. Beide Funktionen werden zu einer relevanten Umwelt für moderne soziale Bewegungen, mit einer doppelten Folge: Es ist auch für soziale Bewegungen rational, sich auf Diskurse einzulassen, und es ist für moderne Gesellschaften funktional, sich auf die dialogische Einbindung sozialer Bewegungen einzulassen. Um diese möglichen Implikationen diskursiver Institutionenbildung besser abschätzen zu können, sollen im folgenden einige empirisch begründete Überlegungen vorgestellt werden.

3 Die Doppelfunktion von Diskursen

Warum ist es funktional für moderne Gesellschaften, daß Akteure sich in Diskursen engagieren? Das Argument von Habermas lautet: Weil das bessere Argument die Legitimität politischer Entscheidungen erhöht. Die Akteure tun dies deswegen, weil sie sich auf idealisierte, kontrafaktische Situationen beziehen, in der alle dem Ergebnis kollektiver Entscheidungen zustimmen können bzw. zugestimmt haben. Damit ist schon verhindert, daß wir einfach auf eine normative Theorie zurückfallen. Gibt es neben dieser legitimatorischen Funktion auch noch eine weitere Funktion, die Diskurse funktional macht?

Das Argument für eine genuin soziale Funktion ist folgendes: In einer funktional differenzierten Gesellschaft nimmt die Kontingenz von Handlungen zu. Je mehr die Möglichkeiten zu handeln zunehmen, um so kontingenter wird die Wahl von Handlungen. Damit steigen auch die Risiken, wenn eine Wahl aus möglichen Handlungen getroffen wird. In dem Maße, wie solche Wahlen auch nicht mehr durch Institutionen wie Klasse, Staat, Religion oder Wissenschaft vorstrukturiert werden, fällt das Risiko der Wahl auf die Individuen zurück.

Das ist eine über das bloße Umweltproblem hinausgehende Bedeutung von Risikogesellschaft. Nicht Umweltprobleme, sondern Komplexität und die diese Komplexität steigernde funktionale Differenzierung der modernen Gesellschaft sind der Grund für die Zunahme von Kontingenzsteigerung. Die natürliche Umwelt kommt als kontingentes Element nur hinzu. Sie trägt dazu bei, das Problem der Risikozunahme zu fokussieren und akzentuiert somit die Metapher der Risikogesellschaft.

Da traditionelle Institutionen keine Problemlösung für Kontingenzsteigerung anbieten, werden die so erzeugten Risiken individualisiert. Die Folge ist Vertrauensverlust. Risiken werden als etwas empfunden, das die ganze Person betrifft, und dies steht im Widerspruch zum Modus der Inkorporation von Personen in die moderne Gesellschaft: als partielle Personen, die sich um ihre Gesundheit kümmern und deswegen ins Krankenhaus gehen, die sich um Erziehung sorgen und deshalb ihre Kinder in die Schule schicken, die sich um Sinn sorgen und deshalb zur Kirche oder zum Psychiater gehen, die sich um ihr Einkommen sorgen und deshalb individuelle oder kollektive Arbeitsverträge abschließen. All das funktioniert nicht mehr selbstverständlich: Unsicherheiten können so nicht mehr bearbeitet oder gar bewältigt werden. Die Kontingenz des Handelns bedarf neuer institutioneller Absicherungen.

Um die Kontingenz von Handeln zu reduzieren, werden Institutionen gebaut. Damit ist eine erste Hypothese verbunden: Die Institutionalisierung von Diskursen ist eine Möglichkeit, eine sinnhafte Selektion aus möglichen Handlungen vorzunehmen. Diskurse ermöglichen Risikokontrolle durch Reduktion der Kontingenz von Handeln in einer komplexen Welt. Eine Theorie der Institutionalisierung von Diskursen muß klären, wie diese Funktion der Kontingenzbewältigung durch Diskurse erfüllt wird. Diskurse erfüllen dies, so die Theorie, durch zwei Leistungen: (1) durch regulative Leistungen, die vermeiden helfen, daß überhaupt keine Entscheidungen mehr getroffen werden, und (2) durch expressive Leistungen, die Resonanz auf legitimationswirksame Symbole der Moderne herstellen. Diese beiden Leistungen sind ein erster Schritt zu einer Theorie der Institutionalisierung einer Bewegungsgesellschaft durch Diskurse. Diese beiden Leistungen begleiten den Niedergang korporatistischer Arrangements im Wohlfahrtsstaat und den Aufstieg des Problems öffentlicher Güter wie das der natürlichen Umwelt. Im Gegensatz zum korporatistischen Modell ist das diskursive Modell durch Dialogorientierung gekennzeichnet. Dialogische Prozeduren werden um so wichtiger, wie traditionelle Institutionen der Vorsorge um öffentliche Güter versagen.

Ein interessantes Argument bezüglich der Leistungsfähigkeit von Diskursen hat Benhabib (1992) vorgeschlagen: Da die Komplexität von Problemen exponentiell zunimmt, können die zukünftigen Folgen einer Entscheidung zunehmend weniger kalkuliert werden. Deshalb ist die Wahrscheinlichkeit, eine richtige Lösung zu finden, nicht sehr hoch. Expertenurteile helfen nicht viel, da sich diese oft auch noch widersprechen. Dennoch müssen Entscheidungen getroffen werden. Was ist besser dazu geeignet als ein Verfahren, das alle an der Entscheidung Beteiligten für die zukünftigen Konsequenzen dadurch mitverantwortlich macht, daß sie am Diskurs der Entscheidungsvorbereitung beteiligt waren? Diskurse sind in diesem Sinne funktional für die Lösung komplexer Probleme.

Die expressive Leistung hat mit der Selbstdarstellung von Entscheidungssystemen zu tun. Diese Selbstdarstellung wird in den letzten Dekaden zunehmend an ein beobachtendes Publikum gebunden. Jeden Morgen die Zeitung, jeden Abend die TV-Nachrichten und Talkshow. Entscheider müssen sich permanent darstellen und als Anwälte des Allgemeinen, des *common good* inszenieren. Image-Politik und Identitätspolitik werden zentral. Je mehr das Publikum zuschaut, um so mehr muß das Bild mit dem Guten konsistent gemacht werden. Diskurse sind Möglichkeiten, genau diese symbolische Arbeit für ein Publikum zu inszenieren.

Die naive normative Frage, ob Diskurse wirklich diskursiv in einem normativen Sinne sind, wurde bislang ausgespart. Es wurde nur gezeigt, daß Diskurse funktional sind. Zwei Bedingungen wurden dabei hervorgehoben: hochkomplexe Issues, für die es keine klaren Lösungen gibt, was etwa charakteristisch für Umweltprobleme ist, und eine soziale Umwelt, in der autoritäre Lösungen nicht mehr denkbar sind, was zur Einübung offener Formen von Konfliktlösung zwingt.

4 Zwei Fälle der diskursiven Institutionalisierung sozialer Bewegungen

Um diese Beobachtungen empirisch zu illustrieren, sollen im folgenden einige Fälle der diskursiven Behandlung von Umweltproblemen diskutiert werden. In diesen Fällen spielt ‚Diskurs' eine wichtige Rolle. Auseinanderstrebende und widersprüchliche Interessen werden über Diskurse miteinander verknüpft. Die Fälle, um die es geht, sind im letzten Jahrzehnt entstanden und haben in der Zwischenzeit eine stabile und klare organisatorische Struktur entwickelt.[9] Diese Fallbeispiele können in vier Typen unterschieden werden:

- Expertendialoge wie etwa ‚Enquête-Kommissionen';
- politische Dialoge wie ‚Energiekonsensgespräche';
- interorganisationelle Dialoge wie die zwischen Umweltgruppen und Hoechst;
- Mediationsverfahren, die Dritte bemühen, um zwischen Konfliktparteien zu vermitteln; ein Verfahren, das zumindest nicht ohne einen starken Anteil argumentativer Auseinandersetzung auskommt.

Die folgende Diskussion wird sich auf Expertendialoge und Mediationsverfahren beschränken. Die übrigen Fälle dienen als Kontrast. Gerade die beiden ausgewählten Fallbeispiele lassen sich als Institutionalisierungsmerkmale einer Bewegungsgesellschaft verstehen. Im ersten Beispiel geht es um Institutionalisierungsprozesse, in denen Repräsentanten von Bewegungen zum Mechanismus der Institutionalisierung werden. Im zweiten Fallbeispiel geht es um die Vermittlung von Basisgruppen/lokalen Initiativen mit organisierten wirtschaftlichen und politischen Interessen.

Die genannten Beispiele verraten zunächst einmal eine Menge über die organisatorische Form dieser dialogischen Einbindung sozialer Bewegungen. Denn sie liefern (a) den symbolischen Kontext, hier Informationen über den

Gebrauch der Diskursmetapher bei Akteuren, die sich auf diskursive Verfahren eingelassen haben und diskursive Strategien verfolgen, und (b) den Akteurskontext, hier die Zunahme von Akteuren, die sich auf solche Formen einlassen, sowie den Grad ihrer öffentlichen Resonanz.

Die Enquête-Kommissionen bestehen aus politischen Akteuren, Experten und Vertretern betroffener Bewegungsorganisationen. Sie treffen keine Entscheidungen, bieten aber ein Forum für konkurrierende Interpretationen und Lösungsvorschläge für Umweltprobleme (etwa Gentechnologie oder Klima). Sie definieren eine Agenda, sie öffnen ‚Politikfenster' und erweitern damit den Optionsspielraum für die Gesellschaft. Diese Akteurskonstellationen lassen sich als postkorporatistische Arrangements beschreiben, die sich dadurch von korporatistischen unterscheiden, daß die Öffentlichkeit in diesen Verfahren präsent ist. Damit wird auch das Problem der Vertraulichkeit versus Öffentlichkeit in diesen Verfahren selbst zum Thema.[10] Das Setup der Verfahren definiert die Rolle der beteiligten Akteure: Sie müssen Argumenten gegenüber offen sein und sich auf öffentliche Debatten einlassen. Die Öffentlichkeit ist so ein wichtiges Element dieser Organisationen: Sie ist relevante Umwelt. Die Legitimität dieser Verfahren gründet sich selbst noch auf die Reaktion der Öffentlichkeit; diese Verfahren müssen einen Eindruck in der Öffentlichkeit hinterlassen, um ihre Legitimität sichern zu können. Öffentlichkeit ist die wichtigste Machtressource, die solche Organisationen mobilisieren können.

Mediationsverfahren sind davon verschieden. Sie müssen Entscheidungen treffen, und sie handeln eher im nicht- oder halb-öffentlichen Raum. Die Öffentlichkeit ist meist nicht sehr interessiert.[11] Das kollektive Handeln der Teilnehmer ist allerdings von geteilten Bedeutungen abhängig, die auf den ‚vernünftigen Dritten' (‚reasonable man')[12] als dem Diskursmanager bezogen werden müssen. Das verleiht Legitimität von Entscheidungen (wenn es sie denn gibt) gleichermaßen seitens des internen Publikums (den Verlierern im Verfahren) wie des externen Publikums (das das Ganze als demokratisch sieht).

Beide Fälle sind reale und nicht nur symbolische organisationelle Formen für die Lösung von Konflikten im Umweltbereich. Deshalb sollte eine soziologische Analyse auch auf das reale Funktionieren dieser diskursiven Formen eingehen, auf Effizienz und Effektivität dieser Formen, soweit sie für das kollektive Handeln relevant sind. Eine solche Analyse würde betrachten: (a) den Zugang zum institutionalisierten Diskurs, (b) die Motivationen der Beteiligten, und (c) die Effizienz und Effektivität des Diskurses.

Das Eintrittsbillet in die ‚Enquête-Kommissionen' ist Kompetenz, mit dem paradoxen Effekt, daß wissenschaftliche Gewißheiten kontroverser und zugleich in einen permanenten diskursiven Prozeß eingebunden werden. Die Voraussetzung der Kompetenz erzeugt allerdings einen *bias* zugunsten derjenigen, die Expertise mobilisieren können. Eine partielle Kompensation für diese Selektivität hat mit einer Eigenschaft von Umweltrisiken zu tun, nämlich mit der Unsicherheit über ihre Eintreffenswahrscheinlichkeiten und wahrscheinlichen Folgen. In jeder Expertise, die mit Risiken arbeitet, sind nicht-technische Annahmen unvermeidlich.[13] Ein kompensierender Mechanismus ist die Kompetenz, rhetorische Mittel zu mobilisieren, was erstens bedeutet, über Zeitressourcen für das Inszenieren von Debatten zu verfügen, und zweitens anerkannte Weltbilder und Philosophien (zusammen mit Zelebritäten) mobilisieren zu können. Beide Faktoren sind vorteilhaft für die, die in organisatorischen Kontexten leicht marginalisierbar sind, was vor allem Bewegungsorganisationen neuartige institutionelle Opportunitätsstrukturen bietet.

Machtpositionen lassen sich also in diskursiven Umwelten nur schwer monopolisieren. Um überzeugend zu sein, müssen instrumentelle Motive (die Erwartung von Vorteilen von Seiten der Teilnehmer) minimiert werden zugunsten von normativen Motiven (man muß zeigen, daß man an die Kraft der Argumente jenseits partikularer Interessen glaubt). Diese Praxis des Diskurses ist ‚Definitionsarbeit', ‚agenda setting'. Da es keine Entscheidungsmacht gibt, besteht die Macht von Diskursen darin, Nicht-Entscheidungen zu verhindern.

Auch in dieser Hinsicht differieren Mediationsverfahren und Expertendialoge. Der Zugang ist für alle offen, die von einer Entscheidung betroffen sind. Allerdings müssen die, die teilnehmen, Zeit investieren, um Alternativen, Kosten etc. zu kennen, was über die Kapazität eines Normalbürgers hinausgeht. Deshalb haben wir es mit Spezialisten-Bürgern zu tun, die in der Lage sind, sich gegen bürokratische und industrielle Interessen auch durchsetzen zu können. Die Motivation teilzunehmen ist allerdings zunächst strategisch, nämlich zunächst einmal zu sehen, ob Probleme nicht auch aus dem eigenen Interessenraum heraus verlagert werden können (das ‚nimby-Syndrom' als Grundmotiv).

Die genannten Fälle stellen also spezifische Typen der Lösung von Umweltkonflikten bereit. Sie haben sich am Rande oder außerhalb der etablierten politischen Institutionen entwickelt, und sie werden entweder über allgemeine legale prozedurale Regelungen oder durch freiwillig eingegangene Regeln, die zwischen den Beteiligten ausgehandelt werden, stabilisiert. Das diskursive Element ist sicherlich im Expertendialog am weitesten realisiert, und Mediationsverfahren sind davon am weitesten entfernt. Im ersten Fall geht es um die Definition eines kollektiven Guts, im zweiten Fall um die Verteilung der Kosten, die bei der Regelung von Umweltproblemen anfallen. Im Fall der Expertendialoge ist das strategische Moment des Verteidigens von Interessen minimiert, im Falle der Mediationsverfahren ist dieses strategische Interesse zentral. Beide Fälle beschreiben die Endpunkte eines Kontinuums von Diskursivität, die Institutionalisierungsformen eingebaut sind.

Interorganisationelle Dialoge und politische Dialoge sind zwischen diesen beiden Polen anzusiedeln. Sie kombinieren strategische Interessen und eine Orientierung an kollektiven Gütern, eine Kombination, die sie zu höchst instabilen institutionellen Formen macht.

Alle Fälle kombinieren in unterschiedlichem Ausmaß distributive Fragen mit Fragen kollektiver Güter, die von Mutter Erde über Wasser bis hin zu Ökoidentitäten reichen können. Die Umwelt ist gleichermaßen ein Anlaß,

Verteilungsprobleme zu thematisieren, wie ein Grund, die Angemessenheit des Mensch-Natur-Verhältnisses zu thematisieren. Umweltpolitik ist gleichermaßen Umverteilungspolitik wie Identitätspolitik. Mit diesen Fällen läßt sich ein theoretisches Modell formulieren, das im folgenden in Form von zwei Idealtypen diskursiver Institutionen entwickelt werden soll.

5 Zwei Idealtypen diskursiver Institutionen

Die empirischen Fälle diskursiver Einbindung von Bewegungen in politische Institutionen lassen sich auf zwei idealtypische Modelle diskursiver Prozeduren reduzieren: Das erste Modell findet sich vor allem in Arbeiten zu Mediationsverfahren. Dabei geht es vor allem um die Vermittlung von konkurrierenden Interessen. Zunächst nichtverhandelbar erscheinende Interessen werden – der Idee nach – in verhandelbare Interessen transformiert. Das diskursive Verfahren dient dazu, diese Interessen als Interessen zu identifizieren, mit Null-Summen-Spielen und rigiden Prinzipiendiskussionen aufzuräumen. Auf der Basis kollektiv geteilter und anerkannter Interessendefinitionen können dann Lösungen auf dem Verhandlungswege angegangen werden. Der Diskurs ist also eine Strategie der Offenlegung des Interessencharakters von Überzeugungen. Die Ergebnisse solcher Verfahren haben bindenden Charakter für die Beteiligten in dem Maße, wie sie zur Interessendefinition beigetragen haben. Somit werden Situationen möglich, in denen beide Seiten gewinnen können, also win-win-Situationen.

Dieses Modell diskursiver Prozeduren ist wegen der engen Interessenorientierung kritisiert worden. Umweltrisiken seien, so das Argument, ein Problem jenseits des Horizonts individueller Interessen. Sie sind ein kollektives Problem. Die Motivation, sich um kollektive Probleme zu kümmern, ist bereits schwierig herzustellen. Noch schwieriger wird es, wenn die Lösung solcher Probleme mit der sozialen, zeitlichen und sachlichen Verteilung von Risiken und ihren Konsequenzen verbunden werden muß. Denn dann geht es nicht mehr um die Verteilung von Gütern (goods), sondern um die Verteilung von Belastungen (bads). Es ist also durch Verteilung nichts zu gewinnen, sondern nur eine zusätzliche Beschränkung zu vermeiden. Daß gehandelt wird, ist dann aber nur mehr im Rekurs auf Überzeugungen möglich, die von einem besonderen Verhältnis des Menschen zur Natur ausgehen, von einer emphatischen Definition des guten Lebens einer Gemeinschaft. Diskursive Verfahren, die an individuellen Interessen ansetzen, werden deshalb immer Schwierigkeiten haben, Risikoprobleme angemessen zu behandeln (Beck 1986). Solche Überlegungen machen klar, daß dann, wenn ein gesellschaftlicher Konsens über Technik und Natur nicht gegeben ist, ein Legitimationsproblem entsteht.

Diskursive Verfahren erlauben es nun, dann soziale Integration zu bewerkstelligen, wenn wenig soziale Bindungen vorhanden sind. Diese Funktion hängt von der Plausibilität der Verfahren für diejenigen, die daran teilnehmen, wie für diejenigen, die diese beobachten, ab. Teilnehmer und Publikum müssen glauben, daß Diskurse besser sind. Sie müssen glauben, daß wirklich Debatten stattfinden, daß es eine Konfrontation von möglichen Positionen zu einem Issue gibt und daß alle eine Chance hatten, gehört zu werden. In anderen Worten: Was in diskursiven Verfahren zu signalisieren ist, ist eine intersubjektive Prüfung von Interessen. Das Modell diskursiver Debatten, das nicht auf Entscheidungsfindung aus ist, kann als ein Mittel gesehen werden, festzustellen, welche Entscheidungen, wenn sie getroffen würden, auch gut für alle sind. Das Modell ist deshalb gerade nicht an distributiven Fragen orientiert, sondern daran, ob der Output für alle gut ist (wenn er auch für den Einzelnen immer relativ schlecht ist).

Es gibt allerdings ein generelles strukturelles Dilemma in diskursiven Verfahren: Diskurse versuchen, Deliberation und Partizipation zugleich zu maximieren. Die demokratische Idee, die dem Prinzip der Beteiligung entspricht, ist die des gleichen Zugangs zu deliberativen Prozeduren. Je mehr Menschen sich allerdings beteiligen, desto unrealistischer wird Deliberation. Um Deliberation zu ermöglichen, muß die Zahl der Beteiligten restringiert werden. Eine Lösung dieses Problems ist (und das wäre das zweite idealtypische Modell) Repräsentation – dies ist auch die klassische Lösung moderner politischer Institutionen wie etwa der parlamentarischen Repräsentation. Neokorporatistische Systeme gebrauchen eine andere Strategie: die assoziative Repräsentation der organisationsstärksten Interessen (Industrie, Gewerkschaften, Exekutive). Postkorporatistische Arrangements wie diskursive Institutionen unterscheiden sich dadurch, daß sie einen weiteren, inzwischen selbst organisationsstarken Akteur zulassen: Bewegungsvertreter (‚NGOs'). Diese repräsentieren konkurrierende Issue-Öffentlichkeiten. Daraus folgt ein prekäres Organisationsproblem: NGOs müssen sich permanent um die Zustimmung ihrer (unklar definierten) Klientel kümmern.[14] Viele Bewegungsorganisationen mußten die schmerzvolle Erfahrung machen, daß die Abhängigkeit von einer Basis ein Problem in diskursiven Organisationsformen darstellt.

Das institutionelle Problem kann folgendermaßen zusammengefaßt werden: In traditionellen politischen Institutionen dominiert formale Repräsentation (ein Mann – eine Stimme) über Deliberation. Diese Institutionen maximieren individuelle Partizipation und nehmen dabei eine Reihe von Folgeproblemen in Kauf, wie etwa den Legitimitätsverlust aufgrund von Wahlritualen, die eher der Logik der Lotterie ähneln, oder die Nichtregierbarkeit von komplexen sozialen Systemen. In diskursiven Institutionen dagegen dominiert Deliberation über Repräsentation – das ist die Lektion der Institutionalisierungsversuche diskursiver Organisationen. Deliberation geht auch über Einstimmigkeit hinaus. Denn Deliberation zwingt zur Offenlegung von Interessen und Werten und somit auch dazu, neue Kombinationen von Interessen und Werten ausfindig zu machen, die einem Maximum an Menschen ein Maximum an Vorteilen ermöglichen.

Je mehr also moderne Gesellschaften dazu gezwungen sind, kollektive Güter zu sichern und damit distributive Fragen zu sekundären zu machen, um so mehr gewinnt der deliberative Aspekt gegenüber dem partizipatorischen. Wenn individuelle Interessen von distributiven Entscheidungen berührt werden, dann sollte jeder mit solchen Interessen das Recht haben, an – seine Interessen berührenden – Entscheidungen teilzunehmen. Wenn Kollektivgutprobleme zum Problem werden, dann ist die Beteiligung aller weniger problematisch. Problematischer ist, wie man das Trittbrettfahren im Hinblick auf Kollektivgüter vermeiden kann. Durch Deliberation kann man die Beteiligten an dieser Definition des Gemeinsamen binden. Aber jede Definition des kollektiv Guten wird irgendwann doch wieder ein distributives Problem, nämlich dann, wenn die Kosten zur Sicherung eines Kollektivguts verteilt werden müssen.

Die Folgerung aus diesen Beobachtungen ist, daß in allen Fällen Kollektivgutprobleme und Verteilungsprobleme miteinander verbunden sind. Probleme der traditionellen und der reflexiven Moderne (um diese Becksche Unterscheidung einmal aufzunehmen) sind nicht trennbar. Es kommt in diesen Fällen sogar zu einem zusätzlichen Problem: nämlich zu der Frage nach den Prozeduren, die angemessen wären, um Probleme, Konflikte und ihre Lösung behandeln zu können. Was wir beobachten, ist, daß nach dem Ende der Konfrontationspolitik sozialer Bewegungen Bewegungsakteure damit beginnen, sich um die Institutionalisierung von kollektivem Handeln zu kümmern, bei dem sie nicht mehr die einzigen Akteure sind. Dies ist ein kollektives Handeln, das (a) darauf zielt, komplexe Probleme bearbeitbar zu machen und (b) Diskurse dazu benutzt, um dies zu erreichen. Nicht nur Bewegungsakteure, sondern auch Politikakteure und Wirtschaftsakteure scheinen es rational zu finden, an solchem kollektiven Handeln teilzunehmen. Wie kann man daraus theoretischen Sinn machen? Dies ist die im folgenden zu beantwortende Frage.

6 Die Entstehung diskursiver Institutionen in der Bewegungsgesellschaft

Bevor die Frage nach den Gründen für die Ausbildung von diskursiven Institutionen angegangen wird, soll zunächst noch einmal der Faden der Argumentation zusammengefaßt werden: Der Ausgangspunkt der Überlegungen war, daß Diskurse Teil der besonderen Rationalität moderner Vergesellschaftung sind. Das zweite Argument war, daß diskursive Institutionen einer besonderen funktionalen Erfordernis von Gesellschaften entsprechen, die als Bewegungsgesellschaften bestimmt wurden, nämlich Entscheidungen in einer Welt möglich zu machen, in der klare, eindeutige und kalkulierbare Entscheidungen nicht mehr möglich sind, in der die Komplexität von Issues die Einbindung möglichst vieler in eine Entscheidungsfindung erfordert, damit diese sowohl kontext-effizient wie legitim sein kann. Rationalität und Funktionalität sind die beiden Momente, die wir im Blick halten müssen, um erklären zu können, warum diskursive Institutionen etwa auf dem Gebiet der Umweltprobleme entstanden sind, einem Politikfeld, in dem risikoreiche Entscheidungen normal sind.

Das Argument der Funktionalität von Diskursen für Risikoprobleme gibt einen ersten – allerdings unzureichenden – Hinweis auf die möglichen Gründe dafür, warum Diskurse gut für moderne Gesellschaften sind. Es bleibt allerdings zu klären, im welchem theoretischen Rahmen dieses Argument angemessen verortet werden kann und zugleich die Suche nach den Gründen jenseits bloßer funktionaler Erklärung anleiten kann.

Der theoretische Rahmen, mit dem eine Antwort angegangen werden kann, ist der neo-institutionalistische. Dieser Zugang nimmt an, daß Institutionen mehr als nur output-orientierte Organisationen sind, eine Idee, die ja seit Platon und Aristoteles bereits bekannt ist. Institutionen haben mit Lebensformen zu tun. Sie stellen nicht nur Regeln, Routinen, organisationelle Formen, Strategien oder Kommunikationstechnologien zur Verfügung, die Ziele wie Regulierung oder Kontrolle zu realisieren erlauben. Sie stellen auch Symbole und Bedeutungen zur Verfügung, die definieren, was gut für alle ist. Symbole und Bedeutungen sind mehr als gute Argumente, sie schließen auch Klassifikationen, soziale Repräsentationen, Skripte und Schemata ein. Der ‚neue' Institutionalismus zeigt einen Weg, beide Dimensionen zu verbinden. Warum kann eine solche Theorie für die oben beschriebenen Fälle nützlich sein? Dies hat – so der Vorschlag – damit zu tun, daß (a) Institutionen notwendig werden, die Kollektivgüter sichern helfen und daß (b) ein Kollektivgefühl in einer Welt, in der traditionelle Gemeinschaftsbindungen wie Klassen und Ethnien[15] sich auflösen, zunehmende Bedeutung erlangt.

Punkt (a) ist offensichtlich. Kollektivgüter erfordern die Einbeziehung und die Bindung einer Pluralität von Akteuren einschließlich jener, die sich betroffen fühlen, was oft ganze Bevölkerungen jenseits von Klasse, Alter, Geschlecht oder ethnischer Selbstdefinition umfaßt. Bei der Auseinandersetzung um ein Kollektivgut handelt es sich um ein Problem, das öffentliche Aufmerksamkeit erregt, Medienberichterstattung provoziert, was wiederum bedeutet, daß eine Vielzahl von politischen Akteuren unter dauernder öffentlicher Beobachtung in Politikfeldern handelt, welche sich mit Kollektivgütern beschäftigen.[16]

Punkt (b) dürfte weniger offensichtlich sein. Das Argument der Auflösung traditioneller Kulturen in der gegenwärtigen Gesellschaft[17] impliziert, daß Substitute gefunden werden müssen. Wenn man diese Überlegungen auf politische Institutionen anwendet, dann können wir sagen, daß wir uns nicht mehr auf die symbolische Grundlage berufen können, die der europäische Nationalstaat bereitgestellt hat: eine als Nation definierte kollektive Identität. Politische Institutionen sind deshalb gezwungen, ihre symbolische Basis zu rekonstruieren. Die Nation wird rekonstruiert, indem sie dekonstruiert wird.

Die damit verbundene diskursive Arbeit macht diese symbolische Basis noch fluider. Der Ersatz muß nicht unbedingt ein anderer symbolischer Markierer sein und muß sich auch nicht räumlich mit dem Nationalstaat decken. Von regionalen Gemeinschaften zur Europäischen Gemeinschaft bis hin zu transnationalen Gemeinschaften reichen die Optionen. Das alles ist nur eine Frage gelingender Konstruktion.

Was kann nun als Substitut für das verlorene Paradies der Gemeinschaft fungieren? Es ist ‚Diskurs', ein zunächst inhaltsloser Begriff, ein prozedurales Mittel zur Erzeugung gemeinschaftlicher Bande. Die Realisierung des Diskurses erfordert nur drei formale Bedingungen: keine Zeitrestriktionen, keine Zugangsbeschränkungen und keine Teilnahmebeschränkungen an Debatten. Solche Prozeduren beinhalten darüber hinaus einen dreifachen reflexiven Bezug: einen reflexiven Bezug auf prozedurale Prinzipien, einen reflexiven Bezug auf Interessen und Motive auf Seiten der Teilnehmer und einen reflexiven Bezug auf die eigene begrenzte Rationalität. Diese wunderbare Welt ist eine machtvolle Idee, die sich dazu eignet, darauf begründete institutionelle Designs zu rechtfertigen. Und es bedarf keiner vorher existierenden Gemeinschaft. In diesem Sinne ist dies ein wahrhaft modernes Denkschema, denn es läßt alle traditionellen Bindungen hinter sich, die auch noch das kommunitaristische Denken bremsen. Das erklärt, warum kooperative Dialoge als Institutionen der Reduktion von Kontingenz in einer risikoreichen Welt funktionieren. So läßt sich auch erklären, warum die Inszenierung von Diskursen gut ist für die Legitimierung solcher Institutionen in einer enttraditionalisierten Welt. Die neo-institutionalistische Theorie fügt diese beiden Argumente zusammen, indem sie annimmt, daß diskursive Institutionen nicht in einem emphatischen Sinne diskursiv sein müssen und daß sie niemals so sind. Im Gegenteil, und das ist der desillusionierende Aspekt der neo-institutionalistischen Theorie, gilt, daß Diskurse gut zur Legitimation horizontaler Formen der Kooperation, d.h. nicht-hierarchischer Formen von Institutionen sind, und es ist die verführerische Natur von Diskursen, die nicht-hierarchische Formen überhaupt erst machbar macht.

Die vorgeschlagene Erklärung für den institutionellen Wandel im Bereich umweltpolitischer Regulierungsversuche ist recht einfach: Jede Gesellschaft entwickelt organisationelle Formen, die es ihr erlauben, auf komplexe Anforderungen mit den vorhandenen kulturellen Mitteln reagieren zu können. Diejenigen, die sich für die beteiligten Akteure als nützlich erweisen, werden bevorzugt. Moderne Umweltakteure haben auf Dialoge gesetzt und mit dem Hinweis auf Diskurse ein Symbol mobilisieren können, das dialogische Verfahren in besonderem Maße zu legitimieren vermag. Diese neo-institutionalistische Perspektive ist die einzige, die jenseits der normativen Einstellung, wie sie die politische Theorie pflegt, einen analytisch fruchtbaren Zugriff auf das Phänomen diskursiver Institutionalisierung erlaubt.

7 Die Zähmung der Bewegungsgesellschaft durch Diskurse und die mobilisierende Kraft von Diskursen

Die Behauptung ist also, daß die 'neuen' diskursiven Institutionen das Defizit kompensieren, das traditionelle Institutionen in dem Maße aufweisen, wie sie die Kontingenz in einer komplexen Welt zu limitieren suchen. Sie liefern jene symbolischen Formen, mit denen solche Institutionen Legitimität in einer enttraditionalisierten Welt gewinnen können. Gegen das Negativszenario einer Bewegungsgesellschaft, in der keine Entscheidungen mehr möglich sind, bietet die Beobachtung der Entstehung diskursiver Institutionen ein Gegenmodell.

Diskursive Institutionen lösen nicht nur Kollektivgutprobleme, sie liefern auch noch die Legitimation für die Verteilung der bads, der Kosten solcher Lösungen. Denn diskursive Institutionen binden die Beteiligten – sie werden mit verantwortlich für das, was entschieden wird. Gegen die Vorstellung organisierter Verantwortungslosigkeit, die ja in den Sozialwissenschaften eine Konjunktur hatte, beschreibt das Modell der Umverteilung von Verantwortlichkeit durch diskursive Prozeduren die Realität besser. Ob nun letztlich Kollektivgüter gesichert werden, ist zweitrangig. Entscheidend ist, daß Diskurse einen Kontext für kollektive Verantwortungszuschreibung herstellen, den zu unterlaufen höchst kostenreich ist.[18]

Das heißt nicht, daß Diskurse der magische Schlüssel zur Lösung aller Probleme sind. Dagegen sprechen die Instabilität dieser Institutionen, ihre nationale Variabilität[19] und ihre internen Organisationsprobleme. Man kann sogar weitergehen und sagen, daß solche Institutionen nur mehr neue Kontingenz erzeugen. Es geht um traditionsloses Handeln und Wahrnehmen; keine Solidaritäten, die eingeklagt werden können, kein gemeinsames Vorverständnis, das helfen könnte, nur eine regulative Idee. Man kann dieser nackten Diva ‚Diskurs' einige Namen geben, wie etwa ‚konstitutioneller Patriotismus', ‚Zivilreligion', ‚neue kollektive Identitäten'. Alle diese neuen Namen müssen aber erst vergeben und symbolisch repräsentiert werden, damit sie die anderen überhaupt verstehen können. Das kontingenzreduzierende Folgeproblem ist also kompensatorische Gemeinschaftsbildung. Das Ergebnis des Diskurses wären antagonistische Diskursgemeinschaften, die jeweils ihren ‚Fundamentalismus' ausleben.[20]

Die alternative Option ist die Ausbildung von nur mehr diskursiv begründeten Kollektivitäten. Gemeinschaft ist nicht mehr als gemeinsame Teilnahme an Diskursen. Das heißt nicht notwendig, daß sich die Akteure gemäß diesem Ideal verhalten. Sie mögen sich als Umweltschützer, ethnische Gemeinschaften, als konstitutionelle Patrioten geben – was sie gemeinsam haben, ist, daß sie den Diskurs als Option zur Repräsentation einer Gemeinschaft benutzen. Es ist aber nur eine Repräsentation, die immer wieder in diskursiven Kontexten inszeniert werden muß. Diskurse erlauben inszenierte und imaginierte Gemeinschaften, ohne dafür empirische Annahmen machen zu müssen. Es reicht aus, daß es um die Herstellung von Kollektivgütern geht.

In solchen Kontexten kann sogar Handeln für kollektive Güter rational motiviert werden.[21] Denn hier ist es rational, diskursiv zu sein. Es ist rational, weil nichtintendierte Konsequenzen minimiert werden können. Es ist rational, weil Glaubwürdigkeitsprobleme vermieden werden können. Dies gilt insbesondere für Wirtschaftsakteure, aber auch für Bewegungsakteure. Und das erklärt wiederum, warum es zu Diskursmanagement, Diskursproduktion und zu Diskursinszenierung kommt.

Die entscheidende soziale Folge ist die Bindungswirkung rationalen Handelns. Die diskursive Prozedur zwingt die Beteiligten dazu, die Interessen der anderen anzuerkennen und zu respektieren und sich auf zeitintensive Konfliktlösungsverfahren einzulassen. Das ermöglicht legitimes strategisches Handeln. Diskursive Verfahren limitieren zugleich strategisches Handeln. Jeder Akteur muß ein glaubwürdiges Bild seiner selbst produzieren und durchhalten. Das Publikum beobachtet und beurteilt das Handeln. In diskursiven Zusammenhängen darf man nicht mehr den anderen strategisch ‚austricksen'. Die anderen überprüfen zugleich das Handeln auf seine Kompatibilität mit konsentierten formalen Regeln. Um zu vermeiden, ein schlechter Spieler zu werden, müssen Regeln eingehalten werden. Das macht *exit* zu einer kostenreichen Option und motiviert zu *voice*, also dazu, zum Diskurs beizutragen.

8 Folgerungen für eine demokratische Theorie

Der Diskurs erscheint so als ein rationales und funktionales Mittel, um das Problem ökologischer Rationalität zu lösen. Dies kontrastiert mit der üblichen Antwort, die annimmt, daß Diskurs nur Lärm erzeugt, Entscheidungsfindung behindert und deshalb in modernen Gesellschaften einfach überholt ist. Die vorgeschlagene Antwort ist gegenintuitiv: daß es rational und funktional ist, gerade dann, wenn komplexe Probleme bestehen, auf Diskurse zu rekurrieren. Dieses gegenintuitive Argument wurde entwickelt am Beispiel einiger Fallstudien zu diskursiven Formen der Regulierung von Umweltrisiken. Das theoretische Argument, das aus diesen gegenintuitiven Ergebnissen folgt, kann folgendermaßen zusammengefaßt werden:

(1) Die Institutionalisierung von Diskursen hängt davon ab, wie instrumentelle und symbolische Funktionen miteinander verbunden werden. Die traditionelle Theorie trennt diese beiden Funktionen als konkurrierende Rationalitäten. So können legitimatorische Symbole gegeneinander ausgespielt werden. Doch aus einer neo-institutionalistischen Perspektive sind beide Rationalitäten nichts anderes als die zwei Seiten einer Medaille.

(2) Diskursive Institutionen sind besonders gut geeignet für hohe Komplexität. Weil Entscheidungen in modernen Gesellschaften immer risikoreich sind

(was sich an widersprüchlichen Expertenmeinungen und an der Unsicherheit über Konsequenzen von Entscheidungen zeigt), ist der einzige Ausweg der, nicht ‚richtige' (wahre) Entscheidungen zu treffen, sondern Entscheidungen, für die die Verantwortung aller maximiert wird. Dieses Argument stellt das alte Argument auf den Kopf, daß Diskurse zuviel Zeit brauchen, daß sie nur in einfachen Gesellschaften denkbar seien und daß sie unmöglich sind in Gesellschaften, die Zeit ökonomisieren und ihr Handeln von konkreten Interaktionssystemen abkoppeln.

(3) Die neo-institutionalistische Betonung einer reziproken Abhängigkeit von instrumentellen und symbolischen Funktionen im Prozeß der Entscheidungsfindung liefert die Grundlage für eine genuin soziologische Theorie diskursiver Institutionenbildung – eine Theorie, die nicht auf den engen Horizont effizienten Handelns noch auf den ideologischen Horizont partizipativen Handelns reduziert werden kann. In einer solchen Theorie sind sowohl die Utopie eines sich selbst-legitimierenden kommunikativen Handelns als auch die Utopie eines sich aus den Einzelinteressen ergebenden kollektiven Guts obsolet.

(4) Diskursive Prozeduren sind emergente soziale Institutionen, die jenseits ihrer ideologischen Repräsentationen (und oft gegen die moralischen Intentionen und Interpretationen ihrer Kritiker wie Verteidiger) Mechanismen sind, die ernsthafte Versuche darstellen, Risiken in modernen Gesellschaften zu minimieren.

Spekulativ könnte man argumentieren, daß wir es hier mit einem neuen Mechanismus demokratischer Entscheidungsfindung zu tun haben, der von dem verschieden ist, der in den letzten zweihundert Jahren die Geschichte moderner Institutionenbildung geprägt hat. Dieser alte Mechanismus bestand darin, die Machthaber, die falsche Entscheidungen trafen, friedlich aus ihrem Amte durch Wahlen zu entfernen. Dieser demokratische Mechanismus zeigt Alterserscheinungen, die durch neuartige Probleme wie Umweltprobleme verstärkt werden. Diskursive Institutionen könnten ein neuer Weg sein, nicht nur Risiken, sondern auch den Staat und die Zivilgesellschaft zu zähmen. Der Leviathan, der von Bewegungen belagert und attackiert wird, ist nicht die einzige realistische Option der Risikogesellschaft. Die Alternative wäre, Institutionen diskursiver Entscheidungsfindung zu erzeugen, die dann eine ernsthafte Option für die Transformation politischer Institutionen darstellen würden, die den Weg vom Nationalstaat zur transnationalen Gesellschaft ebnen würden.

Anmerkungen

1 Der Begriff der Bewegungsgesellschaft ist vor allem von Rucht und Neidhardt forciert worden (Neidhardt/Rucht 1993). Die Idee ist allerdings älter. Bereits Touraine hat in den 70er Jah-

ren dafür plädiert, die Idee einer institutionalisierten Gesellschaft (système institutionelle) durch die Idee einer Bewegungsgesellschaft (système d'action historique) zu ersetzen (Touraine 1973, 1978).

[2] Republikaner sind eher an der Gemeinschaft der Staatsbürger denn an der abstrakten Gemeinschaft debattierender Bürger interessiert. Diese Differenz zwischen ,Liberalen' und ,Radikalen' reproduziert sich heute im Gegensatz von Kommunitaristen und Universalisten.

[3] Ein Beispiel sind die in der Mitte der 90er Jahre gestarteten Kampagnen der Chemieindustrie zur ,Chemie im Dialog'. Vgl. dazu Barthe/Dreyer/Eder (1997: 139-212) sowie Brand/Eder/Poferl (1997).

[4] In Deutschland wurde ein ähnliches Forum auf nationaler Ebene vorgeschlagen: das ,Bündnis für Arbeit', ein Dialog zwischen Kapital und Arbeit, der Gewerkschaften, Politiker und Arbeitgebervertreter zusammenbringt.

[5] Die Idee des Diskurses hat sogar das Feld der Außenpolitik erfaßt. Der ,kritische Dialog' mit dem Iran (beendet 1997 im Zuge der Normalisierung der Beziehungen) diente der Legitimierung einer ,besonderen' Beziehung zwischen beiden Staaten.

[6] Eine solche Funktion drängt sich gerade dann auf, wenn moderne Gesellschaften als ,Risikogesellschaften' interpretiert werden, in denen nicht-intendierte oder nicht-kalkulierbare Konsequenzen als Ergebnisse von Entscheidungen überhandnehmen.

[7] Luhmanns' Idee ,auto-poietischer Systeme' ist in diesem Zusammenhang nützlich. Um soziale Systeme zu schließen, muß auch der semantische Bereich möglicher Optionen mitgeschlossen werden. Semantische Schließung wäre der höchste Fall der Reflexivität von Systemen.

[8] Postmoderne und Ultramoderne sind Optionen der Deutung aktueller Modernisierungsprozesse. Aus dem Gesagten geht hervor, daß wir es mit einer Radikalisierung von Prinzipien zu tun haben, die für die Moderne konstitutiv sind. Das ist nicht im Sinne eines naiv-progressistischen Modells der Moderne gemeint. Die Ultramoderne ist nicht unbedingt die Realisierung eines (gutgemeinten) Projekts der Moderne.

[9] Die angeführten Fälle wurden in einem empirischen Forschungsprojekt, das von der Deutschen Forschungsgemeinschaft (Ed 25/7) finanziert wurde, untersucht (Barthe/Dreyer/Eder 1997).

[10] Korporatismus kann als informelle Koordination von relevanten kollektiven Akteuren gesehen werden, insbesondere Parteien, Gewerkschaften und Arbeitgeberverbänden. Alle diese Akteure haben ein Interesse daran, ihre Beziehungen innerhalb der organisatorischen Grenzen und die Umwelt möglichst draußen zu halten.

[11] Dies wurde durch eine extensive Analyse der Medienberichterstattung in Deutschland nachgewiesen. Vgl. Barthe/Dreyer/Eder (1997).

[12] Dies ist der locus classicus der Mediationsforschung. Vgl. Nader (1972).

[13] Das ist etwa das Argument von Wynne (1992), der argumentiert, daß die Thematisierung sozialer Standards ein unvermeidliches Element in Debatten über Umweltrisiken ist. Wissenschaftliche Evidenz allein genügt nicht, besonders dann nicht, wenn man sich damit an die Öffentlichkeit wenden möchte, die darauf in der Regel mit der Vermutung verborgener Annahmen reagiert.

[14] Das können die Organisationsmitglieder sein, freiwillige Mitarbeiter, Sympathisanten oder nur ein gutes Image in der Öffentlichkeit.

[15] Ethnizität hier anzuführen, mag überraschen. Die aktuelle ethnische Mode argumentiert zwar affirmativ, doch Ethnisierung ist vermutlich nur eine Überleitungsformel hin zu konstruierten kollektiven Wir-Gefühlen, die sich aus den spezifischen räumlich-zeitlichen Verortungen von Gruppen ergeben und insofern weitgehend kontingent werden dürften.

[16] Man mag versuchen, Issues zu verheimlichen; doch dies macht Risiken noch riskanter in dem Maße, wie sich öffentliche und mediale Aufmerksamkeit nicht abwenden. Die Aufmerksamkeit, die die chemische Industrie etwa auf sich zieht, ist ein gutes Beispiel.

[17] Dieses Argument ist oft in der Debatte um Individualisierung herangezogen worden. Vgl. Weymann (1989) und Brose/Hildenbrand (1988). Die makrosozialen Konsequenzen werden diskutiert in Eder (1993).

[18] Das gilt besonders für NGOs, die dann, wenn sie sich auf solche diskursiven Verfahren eingelassen haben, aus diesen nicht mehr ohne Legitimationsverlust aussteigen konnten. Das glei-

che gilt für politische oder Wirtschaftsakteure.

[19] Ob das nicht eine deutsche Erfindung ist, ist eine gute Frage. Die Antwort ist, daß es sicherlich eine besondere deutsche Resonanz auf Dialoge gibt, die Ausmaß und Tempo der Institutionalisierung diskursiver Prozeduren beeinflußt haben. Daß Komplexität diskursive Prozeduren erfordert, ist allerdings eine Annahme, die jenseits kultureller Partikularitäten gilt. Das kulturelle Argument ist also nur gut zur Erklärung von Variation.

[20] Vegetarische Bewegungen, Gesundheitsbewegungen und ähnliche Bewegungen können in diesem Kontext analysiert werden. Vgl. dazu Eder (1996).

[21] Das erfordert keine normative Motivation, die eine weniger stabile menschliche Form der Motivation ist.

Literatur

Barthe, S./ Dreyer, M./ Eder, K. 1997: Reflexive Institutionen? Eine Untersuchung zur Herausbildung eines neuen Typus institutioneller Regelungen im Umweltbereich. (Endbericht an die Deutsche Forschungsgemeinschaft, DFG Projektnummer Ed 25/7-1). München: Münchner Projektgruppe für Sozialforschung.

Beck, U. 1986: Risikogesellschaft. Auf dem Weg in eine andere Moderne. Frankfurt/M.: Suhrkamp.

Benhabib, S. 1992: Deliberative rationality and models of democratic legitimacy. (Paper prepared for the delivery at the american Philosophical Association Meetings, Washington D.C., December 28-30, 1992). New York, NY: New School of Social Research.

Brand, K.-W./ Eder, K./ Poferl, A. 1997: Ökologische Kommunikation in Deutschland. Opladen: Westdeutscher Verlag.

Brose, H.-G./ Hildenbrand, B. 1988 (Hg.): Vom Ende des Individuums zur Individualität ohne Ende. Opladen: Leske + Budrich.

Eder, K. 1993: The New Politics of Class. Social Movements and Cultural Dynamics in Advanced Societies. London: Sage.

Eder, K. 1996: The Social Construction of Nature. A Sociology of Ecological Enlightenment. London: Sage.

Habermas, J. 1962: Strukturwandel der Öffentlichkeit. Untersuchungen zu einer Kategorie der bürgerlichen Gesellschaft. Neuwied: Luchterhand.

Habermas, J. 1981: Theorie des kommunikativen Handelns. 2 Bände. Frankfurt/M.: Suhrkamp.

Habermas, J. 1992: Faktizität und Geltung. Beiträge zur Diskurstheorie des Rechts und des demokratischen Rechtsstaats. Frankfurt/M.: Suhrkamp.

Nader, L. 1972 (Hg.): Law in Culture and Society. Chicago, IL: Aldine.

Neidhardt, F./ Rucht, D. 1993: Auf dem Weg in die „Bewegungsgesellschaft"? Über die Stabilisierbarkeit von sozialen Bewegungen. In: Soziale Welt, 44, 305-326.

Touraine, A. 1973: Production de la société. Paris: Seuil.

Touraine, A. 1978: La voix et le regard. Paris: Seuil.

Weymann, A. 1989 (Ed.): Handlungsspielräume. Untersuchungen zur Individualisierung und Institutionalisierung von Lebensläufen in der Moderne. Stuttgart: Enke.

Wuthnow, R. 1990: Communities of Discourse. Ideology and Social Structure in the Reformation, Enlightenment, and European Socialism. Cambridge, MA: Harvard University Press.

Wynne, B. 1992: Risk and social learning: reification to engagement. In Krimsky, S./ Golding, D. (Eds.): Social Theories of Risk. Westport, CT: Praeger, 275-297.

Roland Roth

Neue soziale Bewegungen und liberale Demokratie

Herausforderungen, Innovationen und paradoxe Konsequenzen

„If democracy is a good thing (as almost everybody everywhere now seems to believe), then more democracy should presumably be an even better thing" (Dryzek 1996: 475).

„Wirkliche Demokratie ist kein Zustand, sondern ein permanenter Prozeß des Kampfes gegen die Gewalt der bestehenden Verhältnisse" (Hirsch 1998: 67).

1 Demokratie und soziale Bewegungen

Das Verhältnis von sozialen Bewegungen und Demokratie ist keineswegs eindeutig. Dieses zu Ende gehende Jahrhundert wurde wesentlich von anti-demokratischen Bewegungen geprägt – und dies nicht nur, wenn wir den eher bescheidenen Maßstab liberaler Demokratien anlegen. Während die verschiedenen Spielarten des Faschismus explizit als anti-demokratische Mobilisierungen antraten, geriet der demokratische Anspruch des ‚demokratischen Zentralismus' und der Rätedemokratie kommunistischer Spielart (Sowjets) rasch zur Mogelpackung. Wer erinnert sich noch daran, daß die Selbstbezeichnung Kommunisten einmal am Vorbild der Pariser Commune orientiert war, die bereits Karl Marx in seiner Analyse des Bürgerkriegs in Frankreich als ‚endlich gefundene politische Form der ökonomischen Befreiung der Arbeit' gefeiert hatte. Die politische Faszination der Commune – für Marx leuchtendes Vorbild, wie eine der bürgerlichen Spielart überlegene, demokratische Form der Diktatur des Proletariats aussehen könnte – liegt, noch heute für die Bewegungsforschung anregend (Gould 1995), in dem für kurze Zeit praktizierten, auf Nachbarschaften gegründeten Modell umfassender kommunaler Selbstverwaltung.

Eine nach dem von demokratisch gestimmten Bürgerbewegungen vorangebrachten Ende des Ostblocks erhoffte ‚dritte Welle' der Demokratisierung (Huntington 1991) ist weitgehend ausgeblieben. Versuche, Marktwirtschaft und liberale Demokratie als *blueprints* zu exportieren, sind kläglich gescheitert. Spätestens seit Max Weber können wir eigentlich darum wissen, wie unwahrscheinlich und möglicherweise einmalig die gesellschaftlichen Konstellationen sind, die das westliche Modell hervorbrachten. Die Debatten über embeddedness und nestedness holen diese Lektion angesichts der Erfahrungen in Osteuropa nach. ‚Illiberale Demokratien' (Zakaria 1997) sind stattdessen das eigentliche Wachstumsprodukt der neunziger Jahre, politische Regime mit einer perversen Kombination aus formal freien Wahlen, aber weitgehend ohne konstitutionelle Gewaltenteilung und garantierte zivile wie politische Freiheitsrechte. Die Beispiele reichen von Argentinien bis Weißrußland, von Bosnien bis Bagladesh. Ohne Zweifel haben soziale Bewegungen an diesen anti-demokratischen Rückbildungen Anteil. Dies gilt auch für parallele Prozesse in den entwickelten liberalen Demokratien des Westens. Vom militia movement, religiös-fundamentalistischen Mobilisierungen und promisekeepern in den USA bis zur rechtsradikalen Szene in der Bundesrepublik mit ihrer Welle von Anschlägen gegen Asylsuchende und Fremdaussehende reicht das sozialbewegte Spektrum, das aktuell zum Abbau demokratischer Bestände beiträgt. Grund genug, soziale Bewegungen nicht einfach mit Demokratie gleichzusetzen.

Daß wir heute dennoch dazu neigen, hat im wesentlichen eine Ursache. Im Bewegungssektor der Bundesrepublik haben wir in den letzten drei Jahrzehnten ein deutliches Übergewicht von Themen der neuen sozialen Bewegungen erlebt (Kriesi et al. 1995). Unter ihrem Eindruck und mit ihnen eng verbunden hat sich eine seriöse Bewegungsforschung entwickelt. Die neuen sozialen Bewegungen sind die eigentlichen Motoren des Aufschwungs, den vormals unkonventionelle politische Beteiligung in der politischen Kultur (nicht nur) der Bundesrepublik genommen hat. Ihr Kennzeichen ist, daß sie – die politischen Bürgerrechte nutzend – ganz überwiegend unter dem Banner von ‚mehr Demokratie wagen' als Demokratisierungsbewegungen angetreten sind. Dies war und ist nicht nur ein legitimatorischer Anspruch, sondern hat sich in ihren Diskursen, Mobilisierungs- und Aktionsformen niedergeschlagen. Immer wieder wurde und wird in den neuen sozialen Bewegungen darum gerungen, ein hohes Maß an innerer Demokratie (Bezugsgruppenprinzip, Verzicht auf Mehrheitsentscheidungen und formale Hierarchien, Primat der unmittelbar Betroffenen etc.) mit möglichst gewaltfreien Formen der Einflußnahme zu verbinden – gewalttätige Aktionen, gar in strategischer Absicht, sind in den neuen sozialen Bewegungen eine absolut minoritäre Erscheinung – und dennoch die eigenen Forderungen mit Nachdruck und möglichst erfolgreich öffentlich vorzubringen.

Obwohl dieser doppelte Anspruch, in der eigenen Praxis eine möglichst demokratische Bewegung zu sein und gleichzeitig auf eine (weitere) Demokratisierung von Staat und Gesellschaft zu zielen, weithin akzeptiert wird, gibt es nur wenig Versuche, die inzwischen erkennbaren Auswirkungen ihrer demokratischen Herausforderungen zu bilanzieren und demokratietheoretisch zu reflektieren. Wer heute über Gefährdungen, Grenzen und Unzulänglichkeiten des westlich-liberalen Projekts der Demokratie nachdenkt, wird in der Praxis und den Diskursen der neuen sozialen Bewegungen reichlich Anregungen, Forderungen und Maßstäbe für eine neue Demokratisierungsrunde finden. Dieser Beitrag versucht, dafür einige Merkposten zusammenzutragen.

2 Von der Herausforderung der Grenzen ...

Die erste Runde der öffentlichen Auseinandersetzungen mit der politischen Bedeutung der neuen sozialen Bewegungen war durch den Begriff Herausforderung geprägt (vgl. Offe 1985; Dalton/Kuechler 1990). Damit wurde in den frühen, die Diskussion für eine Weile prägenden Zwischenbilanzen der achtziger Jahre – der Sammelbegriff neue soziale Bewegungen hatte sich gerade erst etabliert – auf den politischen Veränderungsdruck hingewiesen, der über die konkreten Themen und Mobilisierungsanlässe hinaus von diesen Protesten ausging. Obwohl sich die bewegt vorgebrachten Forderungen im einzelnen – ganz im Unterschied zur Fundamentalopposition der Neuen Linken – durchaus bescheiden und selbstbegrenzt ausnahmen (Cohen 1985), markierte die Summe der Teilkritiken einen enormen Veränderungsbedarf. Er mußte umso ernster genommen werden, je mehr sich – wissenschaftlich solide belegt – herausstellte, daß die Mobilisierungen entlang der neuen Themen kein Strohfeuer waren, sondern zunehmend als fester, in der Tendenz eher wachsender Bestandteil des politischen Handlungsrepertoires von Bürgerinnen und Bürgern in den reichen Demokratien des Westens betrachtet werden mußten (Barnes et al. 1979; Jennings/van Deth 1989; Dalton 1996). Daß auch in den ärmeren Regionen der Erde Mobilisierungen entlang der Themen der neuen sozialen Bewegungen an Gewicht gewannen, verstärkte diesen Eindruck. Worin lagen bzw. liegen die politischen Herausforderungen, die den liberalen Demokratien durch die neuen sozialen Bewegungen erwachsen? Einige Stichpunkte – vorwiegend aus der deutschen Debatte – seien in Erinnerung gerufen:

Unregierbarkeit: Der in den neuen sozialen Bewegungen und ihrer Grundform Bürgerinitiative in großer Zahl zum Ausdruck gebrachte Ungehorsam schürte zunächst vor allem die Sorge um die Handlungsfähigkeit des Staates. Berechtigt oder nicht, in der Summe bewirkte der Bürgerprotest den Eindruck eines staatlichen Souveränitätsverlusts auf der Output-Seite. Politische Entscheidungen konnten nicht mehr einfach vollzogen werden, sondern trafen in vielen Bereichen auf widerspenstige BürgerInnen. Auch die Standortsuche nach einer duldsamen Bevölkerung in der Provinz erwies sich nicht immer als erfolgreich (vgl. den gescheiterten Bau einer atomaren Wiederaufarbeitungsanlage in der Oberpfalz). Bürgerinitiativen bewirkten einen konjunkturhemmenden ‚Investitionsstau', so ein Kampfbegriff aus der Mitte der 1970er Jahre. Während wohlwollende Beobachter von einer – gelegentlich in ihren Folgen durchaus segensreichen – ‚Gegenimplementation von unten' (Hellmut Wollmann) sprachen – etwa indem der Anti-AKW-Protest in der Bundesrepublik Überkapazitäten vermeiden half, unter denen der atompolitisch durchsetzungsfähigere französische Nachbar später zu leiden hatte –, reagierten konservative Kritiker schroff. Die InitiativbürgerInnen avancierten zum ‚rechtspolitischen Problem' (Cornelius Mayer-Tasch), zur ‚Landplage' (Friedrich Karl Fromme) oder gar zur ‚Initiativenkriminalität' (so der Staatsrechtler Franz-Josef Isensee). Der Akzeptanzverlust verwies auf eine Störung im repräsentativ-demokratischen Tauschverhältnis von allgemeiner Unterstützung der Regierungspolitik durch Wahlen einerseits und der Bereitschaft der BürgerInnen andererseits, die staatlichen Entscheidungen auch dann hinzunehmen, wenn sie gegen eigene Interessen gerichtet sind.

Entgrenzungen des Politischen: Auf der Input-Seite des politischen Systems schien die Vielzahl neuer Themen, die durch die neuen sozialen Bewegungen zum Politikum gemacht wurden, besonders bedenklich. Vormals intime und private Sphären wurden durch feministische *personal politics* (‚Das Private ist politisch') entgrenzt. Eine der folgenreichen ‚Entdeckungen' war die in Intimverhältnissen ausgeübte männliche Gewalt, auf die zunächst mit autonomen Einrichtungen der Frauenbewegungen, später mit kommunalen Angeboten reagiert wurde. Neben dem Geschlechterverhältnis wurde auch das Naturverhältnis politisiert. Erschreckt war von einer ‚Politisierung des Wetters' die Rede. Selbst die Bäume, einmal Inbegriff deutscher Natursehnsucht, verloren mit dem Waldsterben ihre politische Unschuld. Folgenreich war und ist die Politisierung naturwissenschaftlicher und technischer Objekte. Der ‚Stand der Technik' verlor dabei seinen Sachzwangcharakter. Politische Entscheidungsspielräume entstanden, wo Alternativen in und zu Wissenschaft und Technik eingefordert wurden. Die Liste der entgrenzten, vormals weitgehend unpolitischen Bereiche ließe sich fortsetzen (erinnert sei u.a. an Auseinandersetzungen um die politischen Gestaltung von Lebensphasen wie Jugend und Alter, d.h. um die kulturellen Normen, die den Lebenslauf regulieren, und an das Konsum- und Konsumentenverhalten). Sozialwissenschaftler entdeckten eine nominell private Sphäre der Subpolitik in Unternehmen, Ingenieurbüros und Forschungseinrichtungen (Beck 1986), in der wesentliche gesellschaftliche Zukunftsentscheidungen getroffen werden. Im Prinzip war dies nichts neues, erinnert sei nur an Talcott Parsons Politikbegriff, der in allen gesellschaftlichen Subsystemen funktionale Spezialisierungen auf goal-attainment verortete. Nur die Gewichte scheinen sich verschoben zu haben: von der Politik zur Subpolitik. Auf die Herausforderungen, die von diesen vielfältigen thematischen Entgrenzungen ausgingen, reagierten zunächst viele Akteure institutioneller Politik mit der auf Dauer aussichtslosen Zurückweisung, es handele es sich doch um un- bzw. vorpolitische Themen. Schließlich wurden Kompetenzen, Routinen und Institutionen (Umweltämter, Frauenbüros, Ethikkommissionen, Technologiefolgenabschätzungseinrichtungen etc.) geschaffen und nicht selten durch kooptiertes Bewegungspersonal besetzt, um mit vielen der neuen Themen im politischen Alltag umgehen zu können.

Revisionen etablierter Politikbestände: Die neuen Themen führten nicht nur zur Anlagerung neuer Politikbereiche (Frauenpolitik, Umweltpolitik, Technologiepolitik etc.), sondern provozierten zugleich eine Revision der etablierten Politikbereiche unter den besonderen thematischen Vorzeichen, die von den neuen sozialen Bewegungen gesetzt wurde. Dieser Prozeß hält an: Ökologischen ‚Verträglichkeitsprüfungen' werden heute u.a. Automobile und

Bohrinseln, Trassenführungen und die Einführung der Sommerzeit ausgesetzt. Auch die feministischen ‚Inspektionen der Herrenkultur' sorgen weiterhin für Wirbel. Er läßt sich z.B. an der Ausweitung politikwissenschaftlicher Themenfelder ablesen, die zur Zeit feministisch durchpflügt werden. Geschlechterpolitik wird nicht nur in den Klassikern der politischen Theorie aufgespürt (Pateman 1988), sondern auch in den internationalen Beziehungen, in der Staatsorganisation oder im privaten Versicherungswesen (vgl. Laslett et al. 1995; Hartsock 1997).

Grenzen liberal-demokratischer Verfahren: Neue Themen und nachlassende Akzeptanz staatlicher Entscheidungen nährten den Verdacht, daß Verfahren und Entscheidungshorizonte liberaler Demokratien bei bestimmten Themen systematisch zu kurz greifen. Besonders bei technologischen und ökologischen Entscheidungen scheinen die „Grenzen der Mehrheitsdemokratie" (Guggenberger/Offe 1984) mit ihrer Orientierung an kurzfristigen wahlpolitischen Erfolgen rasch überschritten. Wo – wie in der Nutzung der Atomenergie – Festlegungen für viele Generationen getroffen werden, schwindet die Legitimationskraft der Mehrheitsregel, die ja nur überzeugen kann, wenn Entscheidungen revidierbar und irrtumsoffen gehalten werden. Kommt noch der sozialräumliche Effekt ungleicher Belastungen mit ökologischen Risiken hinzu (environmental injustice), kann von Mehrheitsentscheiden keine Legitimationskraft für die besonders betroffenen majorisierten Minderheiten mehr erwartet werden. Ihr Protest verlangt nicht nur andere Sachentscheidungen, sondern auch politische Verfahren jenseits parlamentarischer Mehrheiten und etablierter Verhandlungssysteme. Sonst kann ein Punkt erreicht werden, wo regionaler Betroffenenprotest so stark wird, daß konventionell getroffene Entscheidungen nicht mehr politisch durchsetzbar erscheinen (Gorleben und Wackersdorf als Beispiele).

‚Partizipatorische Revolution': Dieser von Max Kaase geprägte Begriff war als Diagnose für die Ausweitung und Nutzung des politischen Handlungsrepertoires in den 1970er Jahren immer zu hoch angesetzt. Dennoch ist das Ausmaß und die Kontinuität der politischen Beteiligungsansprüche beachtlich, die über den Horizont des ‚demokratischen Elitismus' hinausweisen, der seit Joseph A. Schumpeter als ‚realistische' Demokratietheorie gehandelt wird. ‚Revolutionär' mögen sie besonders gegenüber den in den sechziger Jahren vorherrschenden Demokratiekonzepten erscheinen, als politische Apathie noch – in kalt-kriegerischer Abgrenzung gegen die Überpolitisierung in den Sowjetgesellschaften – als liberal-demokratische Bürgertugend galt und als Systemvertrauen gedeutet werden konnte (Kornhauser 1959). Den hohen Anteil unkonventioneller Formen am Aufschwung politischer Beteiligung hat Ronald Inglehart (1990) auf die einprägsame Formel eines kulturellen Wandels von einer elite-needing and elite-seeking zu einer elite-challenging public gebracht. Nicht allein das Ausmaß an politischer Beteiligung, sondern besonders dessen politische Formen deuten auf ein breites Unbehagen am berufspolitisch gestützten demokratischen Elitismus. Bevorzugter Handlungstyp der neuen sozialen Bewegungen ist darüber hinaus die ‚projektorientierte Mobilisierung' (Raschke 1985), d.h. ein an überschaubaren Vorhaben interessiertes politisches Engagement, das sich deutlich von den klassischen Mustern politischen Engagements entlang lebenslanger, sozialstrukturell verankerter Partei- und Milieubindung, aber auch dem modernen Leben von der und für die Politik unterscheidet. Im bestehenden Gefüge von Parteien und Verbänden findet dieses neue Politikverständnis in der Regel keinen Handlungsrahmen.

Zivilisierung von Politik: In den neuen sozialen Bewegungen finden sich zudem radikalere Ansprüche an eine Demokratisierung der Politik. Eine besonders von der Friedensbewegung, aber auch der neuen Frauenbewegung angemahnte Dimension ist die der Zivilisierung von Politik. Mit der Infragestellung des inneren und äußeren Gewaltmonopols von Nationalstaaten, mit der Ablehnung von Gewalt als Mittel inner- und zwischenstaatlicher Politik zielte die neue Friedensbewegung in ihren radikaleren Strömungen auf das ‚Herz des Staates'. Auch heute können wir uns die Grundstrukturen eines politischen Gemeinwesens kaum vorstellen, das auf die ‚Gewaltdeckung' von Politik verzichtet bzw. verzichten kann.

Geschlechterdemokratie/Feminisierung von Politik: Die neue Frauenbewegung hat von Anbeginn nicht nur die Gleichstellung von Frauen in allen Lebensbereichen, sondern zugleich eine Anerkennung und Aufwertung aller Arbeits- und Lebensformen gefordert, die mit Reproduktion zu tun haben und klassisch der Intim- und Privatsphäre und damit der Obhut des weiblichen Geschlechts zugeordnet sind. Diese kulturrevolutionäre Umwertung geht weiter als die Klage über den männerbündischen Ausschluß von Frauen aus dem öffentlichen Raum und der Politik. Wie die Institutionen einer politischen Demokratie und die gesellschaftliche Organisation von Arbeit und Reproduktion aussehen könnten und müßten, in denen Frauen und Fragen der Reproduktion einen angemessenen Platz einnehmen können und zugleich auch für sie selbstgewählte differente Lebensentwürfe möglich werden (Benhabib 1996), wissen wir heute bestenfalls in Ansätzen (Seemann 1996; Holland-Cunz 1998).

Ökologische Demokratie: Ähnlich anspruchsvoll sind die Konsequenzen, die sich aus einer demokratischen Neufassung des sozialen Naturverhältnisses ergeben. Will sich ökologisch verantwortliches Handeln nicht auf Nachbessern, Entsorgen und Schadensbegrenzung beschränken, erfordert sie eine ‚materiale Politisierung der Produktion' (Kitschelt 1985), denn hier wird darüber entschieden, was in anderen Lebenssphären zum kaum zu bewältigenden ökologischen Problemberg anwächst. Daß in der vielen ökologischen Konflikten eigenen Kluft zwischen Entscheidern und Betroffenen ein Demokratieproblem ersten Ranges steckt, hat nach anfänglichen Polemiken selbst Niklas Luhmann (1991) in seiner ‚Soziologie des Risikos' zugestanden. Ohne massive Eingriffe in die private Verfassung der Ökonomie lassen sich z.B. Bremsen und Stoppregeln für jene Technologien nicht durchsetzen, die aus prinzipiellen Gründen als nicht demokratieverträglich einzustufen sind. Dies gilt z.B. für die zivile Nutzung der Atomenergie wegen der nicht zu verantwortenden Schäden bei einem immer möglichen großen Unfall, der radioaktiven Hypothek, mit der künftige Generationen belastet werden, und nicht zuletzt wegen des demokratiezerstörenden Sicherheitsbedarf, den diese Anlagen selbst im Normalbetrieb erfordern. Reflexionen darüber, wie Verfahren und Institutionen einer ökologisch aufgeklärten Demokratie aussehen könnten, gibt es inzwischen in größerer Zahl – im deutschsprachigen Raum u.a. von Alex Demirovic, Claus Offe oder Ulrich K. Preuß, zur internationalen Debatte vgl. Doherty/de Geus (1996). Das Anspruchsniveau hat sich im letzten Jahrzehnt jedoch drastisch gesteigert, seit die globalen Dimensionen zahlreicher Umweltprobleme deutlicher zu Bewußtsein gekommen sind (Agenda 21, sustainable development etc.). Ökologische Demokratie läßt sich heute jedenfalls nicht mehr in einem beschränkten nationalstaatlichen Rahmen denken. Gibt man sich nicht der Illusion hin, die verstärkte Präsenz von NGOs auf dem internationalen Parkett sei bereits die Antwort, dann bedarf es enormer institutioneller Phantasie, sich eine ökologisch verantwortliche ‚cosmopolitan democracy' (Archibuggi/Held 1995) mit der zugleich notwendigen lokalen Bodenhaftung vorzustellen.

Dezentralisierung von Politik: Viele dieser demokratischen Anforderungen lassen sich angemessen nur auf lokaler und regionaler Ebene verankern, vor allem wenn die bürgerschaftlichen Beteiligungsansprüche ernst genommen werden. Dezentralisierung, Kommunalisierung und Regionalisierung lauten darum wichtige Forderungen erweiterter Demokratie. Da die gegenwärtigen Veränderungen im Kräfteverhältnis von regionalen staatlichen Zusammenschlüssen (EU, NAFTA etc.), Nationalstaaten und ihrer jeweiligen lokalen bzw. regionalen Ebene unter den Bedingungen der Globalisierung eher in die Gegenrichtung weisen – Entzug von Kompetenzen und Finanzen durch die höheren Ebenen der Staatsorganisation auf Kosten der Kommunalpolitik bei gleichzeitiger Abwälzung sozialer Folgelasten nach unten (vgl. zum letzteren Marrifield/Swyngedouw 1996) –, wenn nicht gänzlich die neoliberale Philosophie des Politikverzichts zugunsten des Marktes obwaltet, droht den durchaus vorhandenen lokalpolitischen Demokratisierungsbemühungen jenes Schicksal, das Jochen Hippler (1994) mit Blick auf die Staaten der Dritten Welt ‚Demokratisierung der Machtlosigkeit' genannt hat.

Entstaatlichung der Politik: Besonders die Oppositionsbewegungen in den kommunistischen Regimen Osteuropas verstärkten eine zivilgesellschaftliche Interpretation der politischen Stoßrichtung der neuen sozialen Bewegungen. Ihr Ziel sei nicht eine Stärkung staatlicher Handlungskompetenzen im Namen von Ökologie oder Feminismus, nicht der Kampf um Machtpositionen im Staat, sondern eine Zurücknahme des Politischen in die Zivilgesellschaft und die Stärkung ihrer autonomen Handlungskompetenzen (Cohen/Arato 1992). Nicht Max Weber, sondern Hannah Arendt sei die Kronzeugin dieses alternativen Politikverständnisses. Auch wenn in der staatstheoretischen Diskussion verstärkt von einem Aushöhlen staatlicher Handlungskompetenzen und neuen Formen der nicht-staatlichen Akteure einschließenden *governance* die Rede ist (Grimm 1994), scheinen die Terraingewinne eher in Richtung corporate economy und nicht in Richtung kleiner, vernetzter zivilgesellschaftlicher Akteure zu gehen.

Als Zwischensumme dieser keineswegs vollständigen Liste der aufgelaufenen politischen Herausforderungen läßt sich festhalten, daß die neuen sozialen Bewegungen in ihren Formen und Inhalten eine Fülle von demokratischen Fragen auf die Tagesordnung gesetzt haben. Sie bieten aber zusammen kein kompaktes und durchgearbeitetes Konzept einer nachliberalen Demokratie. Vorliegende Integrationsversuche sind eher bescheiden angelegt und greifen allenfalls einzelne Aspekte auf. Sie sind zudem in der Regel institutionell nicht durchbuchstabiert, ihre Kompatibilität ungeprüft. Es fehlen meist Ausführungen über gesellschaftliche Umsetzungsbedingungen, etwa die notwendige soziale und ökonomische Einbettung dieser neuen politischen Institutionen. Dies führt in eine paradoxe Situation: Das Gros der demokratischen Herausforderungen wird in den öffentlichen Debatten in der Regel punktuell, aufgeklärt und realpolitisch selbstbegrenzt präsentiert. Einzelne Verfahren, wie z.B. Referenden, erlangen dabei gelegentlich den Status eines Passepartout. Trotz der vielschichtigen Forderungen nach Ergänzungen und Erweiterungen, nach einzelnen Um- und Anbauten werden zumeist die Grundstrukturen liberaler Demokratien nicht infrage gestellt (für die feministische Debatte vgl. Holland-Cunz 1998). In jeder Einzelbewegung steckt jedoch ein demokratischer Anspruchshorizont, der die ‚Separée-Existenz' (Wolf-Dieter Narr) liberaler Demokratien überschreitet. Zusammengenommen ergibt sich ein radikaldemokratischer Veränderungsbedarf, der alle Kommune- und Räte-Utopien in den Schatten stellt, die historisch einmal mit dem Begriff Sozialismus verbunden wurden. Dies gilt selbst für die Verfassung der Ökonomie. Auch hier übersteigen die im Namen von Ökologie und Feminismus reklamierten Gestaltungsansprüche den demokratischen Regelungsbedarf, der einmal mit dem Konzept der Arbeiterselbstverwaltung verbunden war.

3 ...zu den Grenzen der Herausforderung

Im Rückblick drängt sich der Küchen-Sinnspruch auf, daß nichts so heiß gegessen wird, wie es gekocht wurde. Zumindest sind auch nach drei Dekaden die institutionellen Innovationen, die als positive Antwort auf die Herausforderungen der neuen sozialen Bewegungen betrachtet werden können, äußerst bescheiden ausgefallen. Und selbst diese sind einer steten ‚Entzauberung' ausgesetzt. Als provozierend bewegter Veränderungsstachel im herrschenden instutionellen Gefüge gedacht, sind sie eher zu einem mehr oder weniger kommensurablen Teil desselben geworden. Diese Logik der Normalisierung im Sinne einer weitgehenden Einpassung der bescheidenen institutionellen Innovationen in das Bestehende – Helmut Schelsky hat einmal in einem anderen Kontext vom institutionellen ‚Einfügsel' gesprochen – läßt sich in vielen Bereichen nachzeichnen. Zwei Beispiele mögen genügen:

Die Grünen gelten als der sichtbarste Ausdruck des bewegten Aufbruchs im politischen Gefüge der Bundesrepublik. Sie sind die einzige Partei, der es nach der Konsolidierungsphase der Republik gelungen ist, sich dauerhaft auf Bundesebene (mit einem vereinigungsbedingten Einbruch) zu behaupten und als eine der beiden kleinen Parteien für eine mögliche Koalition zur Verfügung zu stehen. Dies ist zweifellos ein Institutionalisierungserfolg. Wie man auch immer das Wirken der Grünen in Bonn und in anderen Parlamenten einschätzen mag, auffällig ist nach fast zwei Jahrzehnten der Abstand zwischen den mit dieser Parteigründung von ihren Protagonisten verbundenen innovativen Erwartungen und dem, was aus dem grünen Parteiexperiment geworden ist. Eine ‚Partei neuen Typs' (Offe 1980) oder eine ‚post-konventionelle Rahmenpartei' (Raschke 1993), der es gelingt, ein links-libertäres Politikverständnis in der eigenen Organisation zu praktizieren und als neue gesellschaftliche Konfliktlinie zu etablieren, sind die Grünen jedenfalls nicht geworden. Trotz aller weiterhin bestehenden Unterschiede zu den anderen Parteien haben sie sich den Spielregeln der Parteienkonkurrenz unterworfen und die Geschäftsordnungen der Parlamente als Strukturierungsprinzip der eigenen Arbeit weitgehend akzeptiert. ‚Anders' sind sie zumeist nicht mehr programmatisch, sondern weil sie noch immer auf ein sozialbewegtes Wählerklientel Rücksicht nehmen müssen, das mit Parteipolitik insgesamt wenig am Hut hat und den Grünen einen solch niedrigen Organisationsgrad beschert, daß selbst der Versuch innerparteilicher Basisdemokratie zur Farce geraten muß. Hier liegt auch der größte Stolperstein für eine allzu realpolitische Ausrichtung der Bundespartei, der ihr leicht das wahlpolitische Aus an der Fünfprozenthürde bescheren könnte.

Zu institutionellen Öffnungen und Anbauten entlang von Bewegungsthemen ist es vor allem auf kommunaler Ebene gekommen. Sie reichen von den in einigen Bundesländern inzwischen obligatorischen Frauenbüros bis zur lokalen Selbsthilfeförderung, von Energiebeiräten bis zu Stadtentwicklungsforen, die auch für Bürgerinitiativen offen sind. In einigen Bundesländern wird mit lokalen Kinder- und Jugendparlamenten experimentiert. Frauenhäuser und Umweltdezernate, Ämter für multikulturelle Angelegenheiten und lokal geförderte Netzwerke von Agenda 21-Initiativen, Beiräte von AusländerInnen und SeniorInnen würde es ohne die Mobilisierungen der neuen sozialen Bewegungen ebensowenig geben wie eine Vielzahl der bereichsspezifischen Partizipationsangebote (Bürgerversammlungen, Foren, Planungszellen, Mediationsverfahren etc.). Durch die vorsichtige Ergänzung fast aller Gemeindeordnungen um direkt-demokratische Verfahren wurden in den neunziger Jahren auch verfassungspolitische Konsequenzen gezogen. In einigen wichtigen Fragen und in der Regel mit zahlreichen Kautelen (Quoren, Fristen, Themenbegrenzungen, parlamentarischen Vorbehalten etc.) versehen, werden den BürgerInnen verstärkt Sachentscheidungen zugebilligt. Dieses

Schwergewicht an kommunalpolitischen Innovationen entspricht durchaus dem Mobilisierungsprofil der neuen sozialen Bewegungen, denn das Gros der Initiativen konzentriert sich auf lokale Forderungen (Koopmans 1992). Dennoch passen auch diese Neuerungen in das Bild des Einfügsels. Die repräsentativen Grundstrukturen kommunaler Demokratie blieben unverändert. Ihre Nachrangigkeit in der Staatsorganisation hat – bedingt u.a. durch EU, Überregelung und Finanzknappheit – sogar eher zugenommen.

4 Normalisierung als unaufgeregtes Fazit?

Entwarnung gibt es auch für die Bewegungspolitik selbst. Seit Beginn der neunziger Jahre mehren sich Stimmen, die eine Normalisierung des vormals Unkonventionellen konstatieren. Unkonventionelle Beteiligung sei – dank der neuen sozialen Bewegungen – zur Normalität in der politischen Kultur der BRD geworden, wobei neue und konventionelle Formen der Beteiligung für die BürgerInnen lediglich komplementäre Optionen darstellen, die situationsspezifisch eingesetzt werden. „Der Anpassungsdruck auf das politische System im Sinne eines strukturellen Wandels ist von daher gesehen eher unwahrscheinlich" (Fuchs 1990). Dazu paßt auch die These vom Gegen- zum Miteinander (Hofrichter/Schmidt 1991), mit der die Entwicklung im Verhältnis von Parteien und neuen sozialen Bewegungen gekennzeichnet wurde. Selbst das Bundesverfassungsgericht hat mit zwei zentralen Entscheidungen (der Brokdorf-Entscheidung von 1984 und dem Sitzblockaden-Urteil von 1996) dazu beigetragen, in denen es zivile Formen demonstrativen Protests entkriminalisierte. Soziale Bewegungen werden heute in der politischen Soziologie weithin als regelmäßig auftretende Akteure des politischen Systems begriffen und eingeordnet. Dieter Rucht sieht sie – neben Parteien und Verbänden – als eigene Akteursgruppe im System der intermediären Interessenvermittlung. Andere Autoren, wie Dieter Fuchs, stufen sie als eine Variante von Interessengruppen (neben den Verbänden) im Publikumssystem ein. Unstrittig ist, daß das Engagement in Bürgerinitiativen und sozialen Bewegungen allgemein akzeptiert wird und zum individuellen politischen Verhaltensrepertoire einer relevanten Zahl von AktivbürgerInnen gehört. Ich habe eine – politisch insgesamt eher marginale – Institutionalisierung von Bewegungspolitik für die Bundesrepublik beschrieben, die nicht zuletzt auf eigenen lokalen Milieubildungen beruht (Roth 1994). Neuere empirische Studien haben diese Diagnose bestätigt (Rucht et al. 1997). Sie deckt sich mit Botschaften, die mit emphatischer klingenden Begriffen wie ‚Protestgesellschaft' oder ‚Bewegungsgesellschaft' verbunden sind (vgl. den Beitrag von Rucht in diesem Band).

Wie läßt sich diese neue Normalität des Protests in der Bundesrepublik demokratietheoretisch deuten? Auch hier fallen die Antworten eindeutig aus: Durch die neuen sozialen Bewegungen hat die (west-)deutsche Demokratie an Substanz gewonnen. Sie haben ihr zu jenem bürgerschaftlich aktiven Unterbau verholfen, der in den ersten Jahrzehnten noch fehlte. Damit endet der deutsche Sonderweg, und die Bundesrepublik reiht sich in den Kreis der ‚normalen' stabilen Demokratien des Westens ein (Burns/van der Will 1988; Koopmans 1992). Die institutionellen Neuerungen folgen einem Muster, das Peter Katzenstein und Manfred Schmidt auch für andere Politikfelder der Bundesrepublik beobachtet haben: eine Politik des mittleren Weges. Ihr Kennzeichen sind kleine Anbauten und moderate Veränderungen, die von der enormen Stabilität des Grundgefüges zuweilen verdeckt werden (Mikroflexibilität bei Makrostabilität).

Zu dieser Diagnose passen auch Aussagen der international vergleichenden Forschung: Je moderner die Gesellschaft, desto selbstverständlicher ist Protest, aber auch umso weniger radikal – so lautet die Normalisierungsbotschaft von Edeltraud Roller und Bernhard Weßels (1996). Neue soziale Bewegungen und Protest sind keine ‚deutsche Krankheit', sondern auch in den Nachbarländern selbstverständlich (Kriesi et al 1995; Rucht 1994). Nationale Variationen ergeben sich aus den jeweiligen politischen Chancenstrukturen. Gemeinsam ist die Bewertung, daß die Mobilisierungen der neuen sozialen Bewegungen – trotz ihrer breiten Herausforderungspalette und ihrer Mobilisierungsdichte – (bislang) allenfalls Repertoireerweiterungen und institutionelle Anbauten, nicht aber weitreichende politisch-institutionelle Reformen bewirken konnten.

5 Paradoxe Effekte

Das Normalisierungsgemälde ist zu glatt, um (ganz) realistisch zu sein. Mehren sich doch die Anzeichen, daß wir nicht in der besten aller liberal-demokratischen Welten leben, nun zusätzlich gestützt auf eine aktive Bürgerschaft, die selbstbewußt und mit Augenmaß demokratischen Protest als Korrektiv repräsentativer Machtausübung nutzt. Die kontinuierlichen Wellen des Protests haben neben den bescheidenen institutionellen Innovationen auch gegenläufige Wirkungen. Sie lassen sich – aus der Perspektive des Protests – als nichtintendierte, zuweilen paradoxe Effekte beschreiben: Von Japan bis Italien, aber auch in den USA oder der Bundesrepublik mehren sich Anzeichen, die eher zur Diagnose einer zunehmend ‚fragilen Demokratie' (Etzioni-Halevy 1989) passen. Daran hat auch der Protest der neuen sozialen Bewegungen seinen Anteil. Die gewachsenen demokratischen Ansprüche der Bürgerschaft haben in der politischen Klasse eine Wagenburgmentalität provoziert. Parteien schließen ihre Machtkartelle. Politische Patronage, Selbstbedienung und eine wachsende Korruptionsdichte verstärken einen allgemeinen Vertrauensschwund in Politiker und politische Parteien. Selbst wenn es sich nur um eine Folge gesteigerter Sensibilität der Bürger handeln sollte, die Ergebnisse bleiben die gleichen. Auch zu dieser Deutung paßt der Befund der randständigen Institutionalisierung sozialer Bewegungen und einer selbst in den 1990er Jahren noch angestiegenen Protesthäufigkeit – bei nachlassender öffentlicher Beachtung und politischer Berücksichtigung. Totgesagte leben länger – so Andreas Buro zur Situation der neuen Friedensbewegung (1997) –, aber in einer Wahrnehmungsnische. Bewegungs- und Korruptionsforschung gehören zu den Wachstumsbranchen in der politischen Soziologie der letzten Dekade (vgl. Castells 1997).

Politische Blockaden erzeugen wachsende Enttäuschung bei den Bewegungsakteuren. Weil auf die Herausforderungen der neuen sozialen Bewegungen keine angemessene Antwort gesucht oder gefunden wird, wächst – auch bei einer wachsenden Anzahl von Protestereignissen und Bewegungsgruppen – die politische Entfremdung, so zumindest die Botschaft einer Studie über die Entwicklung von zunehmenden, aber auch zunehmend erfolglosen Berliner Verkehrsbürgerinitiativen (Schneider-Wilkes 1996). Die positive Bewertung von neuen sozialen Bewegungen, ihren Themen und Aktionsformen hält in der jungen Generation an. Längst hat sich für sie der Sinngehalt von konventionell und unkonventionell umgekehrt. Aber die fehlende Responsivität der politischen Institutionen verstärkt auch im Bewegungssektor die Tendenz zur Zuschauerdemokratie. Die Kluft zwischen einer diffusen Mobilisierungsbereitschaft und eigenem politischem Engagement wird – so die Ergebnisse der jüngsten Shell-Jugendstudie (Jugendwerk der Deutschen Shell 1997) – augenscheinlich größer. Eine expandierende Protestindustrie mit ihren professionellen Angeboten bedient die entstehende Lücke, wie die Karriere von Greenpeace signalisiert. Aus dem Nebeneinander von Protest und institutioneller Politik auf eine ‚normale' und stabile Demokratie zu schließen, könnte sich vor diesem Hintergrund als Täuschung erweisen.

Auch die Ausdehnung von Grundzügen der süddeutschen Ratsverfassung auf die gesamte Republik könnte sich für die Ziele der Bewegungspolitik als Gegenreform erweisen. Ihre Form der Institutionalisierung von direkt-demokratischen Formen bedeutet jedenfalls keinen bewegungspolitischen Terraingewinn. Mit der Direktwahl der Bürgermeister wächst die populistische Versuchung und versieht deren ‚exekutivische Führerschaft' (Rolf-Richard Grauhan) mit der entsprechenden Legitimation. Aufgrund ihrer hürdenreichen und rudimentären Institutionalisierung – nur Bayern macht aufgrund eines erfolgreichen Bürgerbegehrens auf Landesebene eine Ausnahme – bringen Bürgerbegehren und Bürgerentscheid keine Neugewichtung im Kräfteverhältnis von Verwaltung, Verwaltungsspitze und parlamentarischer Vertretung einerseits und der lokalen Initiativen- und Bewegungsszene andererseits. Auch die parallele Modernisierungsrunde in den Kommunalverwaltungen, meist im Zeichen eines new public management als Binnenrationalisierung öffentlicher Dienstleistungen nach betriebswirtschaftlichem Kalkül angelegt, verspricht vieles, aber keinen Zuwachs an demokratischer Substanz.

Selbst die deutsch-deutsche Vereinigung steckt voller Paradoxien. Zunächst schien alles auf einen Zugewinn für Bewegungspolitik zu deuten, schließlich hatten die Bürgerbewegungen der DDR nicht unerheblich zur Wende beigetragen. Der Verfassungsentwurf des zentralen Runden Tisches vom April 1990, der Nach-Wende-DDR also, atmet noch diesen Geist: Entprivilegierung der politischen Parteien, Bürgerbonus statt Wahlkampfkostenerstattung, Bürgerbewegungen und soziale Bewegungen mit Verfassungsrang. In den marginalen Grundgesetzveränderungen der Verfassungsreform von 1994 finden sich keine politisch-institutionellen Zugeständnisse an Initiativen- und Bewegungspolitik mehr. Stattdessen wurde die deutsche Vereinigung auf breiter Front zur Gegenmobilisierung genutzt. Als besonders folgenreich erwies sich der massive Abbau der Bürgerbeteiligung in eilig gezimmerten Planungs- und Beschleunigungsgesetzen. Zugunsten eines ‚neuen Grundrechts auf ungestörte Investitionsausübung' (Heribert Prantl) wurde der bereits erreichte Schutz von Umwelt- und Bürgerrechten ausgehebelt. Für den brachliegenden Osten ersonnen, wurden entsprechende Regelungen von interessierter Seite auch im Westen propagiert. Die deutsche Vereinigung bot jedoch auch andere nichtintendierte Folgen. Indem entsprechende Förderprogramme auch für die neuen Bundesländer umgesetzt wurden, entstand dort ein Initiativen-Netzwerk, das den lokalen Bewegungsmilieus der alten BRD nicht unähnlich ist. Allerdings mit einer erheblichen Differenz: Sie sind wesentlich stärker von staatlichen Transfers (ABM etc.) abhängig als ihre historisch gewachsenen westlichen Pendants (Rucht et al. 1997).

6 A historical mission unfulfilled

Gleichgültig ob das Szenario der liberal-demokratischen Normalisierung oder das des paradoxen demokratischen Substanzverlustes mehr überzeugt, gemessen an Impulsen der neuen sozialen Bewegungen für eine demokratische Entgrenzung liberaler Demokratie sind diese Alternativen deprimierend. Wenn unstrittig ist, daß Demokratie das Thema der neuen sozialen Bewegungen ist, bleibt nur das für soziale Bewegungen so typische Fazit: A historical mission unfulfilled. So lautete der Untertitel eines Aufsatz von Seymour Martin Lipset (1981) über die Geschichte der sozialistischen Arbeiterbewegungen. Er taugt auch als Überschrift für die Mobilisierungsgeschichte der neuen sozialen Bewegungen. Das oft beschworene und gelegentlich aufgezeigte positive Zusammenspiel von Protest und Reform – für Italien siehe Tarrow 1989; für einen Vergleich mit der Bundesrepublik der sozialliberalen Ära siehe della Porta/Rucht 1991 – scheint suspendiert. Die Bundesrepublik der letzten beiden Jahrzehnte bietet das paradoxe Bild eines Landes mit einer der intensivsten demokratischen Mobilisierungen in der Bevölkerung bei gleichzeitiger politischer Reformblockade. Das demokratische Potential der neuen sozialen Bewegungen blieb bislang ungenutzt: „Der Teil der neuen sozialen Bewegungen, der sich in Projekten und Institutionen professionalisiert hat, hat neue Felder politischer Auseinandersetzung eröffnet oder offengehalten, aber kaum neue Räume politischer Entscheidungen geschaffen" (Zeuner 1997: 32).

Bei der Frage nach den Ursachen für die geringe Demokratisierungswirkung der neuen sozialen Bewegungen liegt es zunächst nahe, die enorme Stabilität institutioneller Politik (Kennzeichen der Ära Kohl), ihre Übermacht gegenüber den protestierend vorgebrachten Herausforderungen zu betonen. Die Problematisierungs- und Thematisierungsleistungen der neuen sozialen Bewegungen sind offensichtlich weit größer als ihre Fähigkeit, sie institutionell folgenreich umzusetzen. Hierbei sind sie auf eine entsprechende Responsivität in den Institutionen und öffentliche Unterstützung angewiesen. Stattdessen wurde parallel zu den neuen sozialen Bewegungen das System der inneren Sicherheit ausgebaut, und das policing des Protests ersetzt(e) nicht selten die inhaltliche Auseinandersetzung. Zudem hat sich ein politischer Agendawechsel vollzogen, bei dem die Themen der neuen sozialen Bewegungen ihre Zentralität eingebüßt haben (Globalisierung, Migration, Arbeitslosigkeit, Armut und andere soziale Fragen). Weitere gesellschaftliche Gründe lassen sich leicht finden. Sie sollten jedoch nicht von der kritisch-selbstkritischen Prüfung ablenken, ob nicht die Bewegungsforschung selbst zur Vernachlässigung der demokratischen Fragen beigetragen hat. Insgesamt fällt auf, wie wenig sich die Bewegungsforschung bemüht hat, die demokratischen Potentiale der neuen sozialen Bewegungen sichtbar zu machen, sie konzeptionell weiterzudenken und institutionell zu übersetzen. Bewegungsforschung und Demokratietheorie sind zumeist separate Wege gegangen – zu beider Nachteil. Dazu haben auch spezifische konzeptionelle Optionen der Bewegungsforschung beigetragen:

(1) Kulturalisierung: Auffällig ist die Tendenz, mit dem Konzept neue soziale Bewegungen die politischen Dimensionen zugunsten soziokultureller Herausforderungen zu vernachlässigen. Dies gilt nicht nur für die programmatischen Arbeiten von Alberto Melucci. Auch die erste bundesdeutsche Bewegungsbilanz von Brand et al. (1986) mit dem Titel ‚Auf dem Wege in eine andere Gesellschaft' und Joachim Raschkes Grundriß zu sozialen Bewegungen (1985) mit der Diagnose, neue soziale Bewegungen seien eher kultur- als machtorientiert, haben dazu beigetragen, von pauschalen Etikettierungen à la ‚Neoromantik' oder ‚Lebensweise-Paradigma' einmal ganz abgesehen. Hinzu kam das irreführende internationale Label, mit dem das Konzept neue soziale Bewegungen zum ‚Identitätsansatz' stilisiert wurde (Cohen 1985; kritisch Roth 1998).

(2) Liberaldemokratische Bescheidenheit: Diese Blickverengung haben die Arbeiten, die sich der Konzepte des politischen Prozeß-Ansatzes bedienten (Tarrow, Kriesi, Koopmans u.a.), nicht mitgemacht. Dennoch werden auch dort die politischen Dimensionen neuer sozialer Bewegungen nur sehr verkürzt verhandelt, da die Rückwirkungen auf das politische System, seine thematischen Grenzen, Formen und Legitimationsbestände meist ausgeblendet werden. Dies geschieht gerade auch dort, wo politische Chancenstrukturen zwar als Entstehungs-, Mobilisierungs- und Erfolgsbedingung von Protesten in den Mittelpunkt gerückt werden, die Frage nach den verändernden Rückwirkungen aber nicht systematisch gestellt wird. Konzeptionell bleibt damit der Rah-

men liberaler Demokratien sakrosankt, obwohl nicht wenige der neuen sozialen Bewegungen gerade daran rütteln wollen.

(3) Mangel an politischer Phantasie: Nur wenige KollegInnen haben es sich zur Aufgabe gemacht, die Demokratisierungsanregungen der neuen sozialen Bewegungen politisch-institutionell weiterzudenken und zu konkretisieren: In vielen Beiträgen dominiert eine dem Status quo verpflichtete Abwehrsemantik. Daß dies nicht unbedingt so sein muß, zeigen die aktuellen Debatten (vor allem zu Themen der internationalen Politik) um den Begriff governance. Auch wenn der Begriff alles andere als einheitlich verwendet wird und gelegentlich machtvergessen die Proportionen zu verschwinden drohen, signalisiert die *governance*-Diskussion eine Sensibilität für Formveränderungen des Politischen und die Bedeutung schwach institutionalisierter Akteure, wie sie auch in der Auseinandersetzung um die demokratischen Herausforderungen der neuen sozialen Bewegungen zu wünschen wäre.

Die Chancen für einen innovativen Beitrag der Bewegungsforschung zu den demokratischen Fragen am Ende dieses Jahrhunderts sind eigentlich günstig. An Anregungen hat es in den neuen sozialen Bewegungen jedenfalls nicht gefehlt.

Literatur

Archibuggi, Daniele/Held, David 1995 (eds.): Cosmopolitan Democracy. Cambridge: Polity.

Barnes, Samuel/Kaase, Max/Allerbeck, Klaus R. 1979: Political Action. Beverly Hills: Sage.

Beck, Ulrich 1986: Risikogesellschaft. Auf dem Weg in eine andere Moderne. Frankfurt/M.: Suhrkamp.

Benhabib, Seyla 1996 (ed.): Democracy and Difference. Contesting the Boundaries of the Political. Princeton: Princeton UP.

Brand, Karl-Werner/Büsser, Detlef/Rucht, Dieter 1986: Auf dem Wege in eine andere Gesellschaft. Erw. Aufl., Frankfurt/M./New York: Campus.

Burns, Rob/van der Will, Wilfried 1988: Extra-Parliamentary Opposition and the Democratic Agenda. New York: St. Martin's.

Buro, Andreas 1997: Totgesagte leben länger: Die Friedensbewegung. Idstein: Komzi.

Castells, Manuel 1997: The Information Age: Economy, Society and Culture. Volume II: The Power of Identity. Oxford: Blackwell.

Cohen, Jean L. 1985: Strategy or Identity: New Theoretical Paradigms and Contemporary Social Movements. In: Social Research, Vol. 52, 4, 663-716.

Cohen, Jean L./Arato, Andrew 1992: Civil Society and Political Theory. Cambridge: MIT.

Dalton, Russell J./Kuechler, Manfred 1990 (eds.): Challenging the Political Order: New Social and Political Movements in Western Democracies. New York: Oxford UP.

Dalton, Russell J. 1996: Citizen Politics. Public Opinion and Political Parties in Advanced Industrial Democracies. 2. ed., Chatham: Chatham House.

della Porta, Donatella/Dieter Rucht 1991: Left-Libertarian Movements in Context: A Comparison of Italy and West Germany, 1965-1990. Discussion-Paper FS III 91-102, Berlin: WZB.

Doherty, Brian/de Geus, Marius (eds.) 1996: Democracy and Green Political Thought. London/ New York: Routledge.

Dryzek, John S. 1996: Political Inclusion and the Dynamics of Democratization. In: American Political Science Review, Vol. 90, 475-487.

Etzioni-Halevy, Eva 1989: Fragile Democracy: The Use and Abuse of Power in Western Societies. New Brunswick: Transaction.

Fuchs, Dieter 1990: The Normalization of the Unconventional. Berlin: WZB.

Gould, Roger V. 1995: Insurgent Identities. Class, Community, and Protest in Paris from 1848 to the Commune. Chicago/London: University of Chicago.

Grimm, Dieter 1994 (Hg.): Staatsaufgaben. Baden-Baden: Nomos.

Guggenberger, Bernd/Offe, Claus 1984 (Hg.): An den Grenzen der Mehrheitsdemokratie. Politik und Soziologie der Mehrheitsregel. Opladen: Westdeutscher.

Hartsock, Nancy C.M. 1997: How Feminist Scholarship Could Change Political Science. In: Monroe, Kristen Renwick (ed.): Contemporary Empirical Political Theory. Berkeley et al.: University of California, 231-248.

Hippler, Jochen 1994 (Hg.): Demokratisierung der Machtlosigkeit. Politische Herrschaft in der Dritten Welt. Hamburg: Konkret.

Hirsch, Joachim 1998: Vom Sicherheitsstaat zum nationalen Wettbewerbsstaat. Berlin: ID.

Hofrichter, Jürgen/Schmidt, Hermann 1991: Eher mit- als gegeneinander! Zum Verhältnis von neuen sozialen Bewegungen und politischen Parteien in den achtziger Jahren. In: Roth, Roland/Rucht, Dieter (Hg.): Neue soziale Bewegungen in der Bundesrepublik Deutschland. 2. überarb. & erw. Aufl., Bonn: Bundeszentrale für politische Bildung, 469-488.

Holland-Cunz, Barbara 1998: Feministische Demokratietheorie. Thesen zu einem Projekt. Opladen: Leske + Budrich.

Huntington, Samuel P. 1991: The Third Wave: Democratization in the Late Twentieth Century. Norman: University of Oklahoma.

Inglehart, Ronald 1990: The Culture Shift in Advanced Industrial Society. Princeton: Princeton UP.

Jennings, Kent M./van Deth, Jan 1989 (eds.): Continuities in Political Action. Berlin: Gruyter.

Jugendwerk der Deutschen Shell 1997 (Hg.): Jugend '97. Zukunftsperspektiven – Gesellschaftliches Engagement – Politische Orientierungen. Opladen: Leske + Budrich.

Kitschelt, Herbert 1985: Materiale Politisierung der Produktion. In: Zeitschrift für Soziologie, Jg. 14, 3, 188-208.

Koopmans, Ruud 1992: Democracy from Below. New Social Movements and the Political System in West Germany 1965-1990. Amsterdam: Dissertation.

Kornhauser, William 1959: The Politics of Mass Society. New York: Free.

Kriesi, Hanspeter/Koopmans, Ruud/Duyvendak, Jan Willem/Giugni, Marco G. 1995: New Social Movements in Western Europe. Minneapolis: University of Minneapolis.

Laslett, Barbara/Brenner, Johanna/Arat, Yesim 1995 (eds.): Rethinking the Political. Gender, Resistance, and the State. Chicago/London: Chicago UP.

Lipset, Seymour Martin 1981: Whatever happened to the proletariat? A historical mission unfulfilled. In: Encounter, Vol. 56, 6, 18-34.

Luhmann, Niklas 1991: Soziologie des Risikos. Berlin: Gruyter.

Marrifield, Andy/Swyngedouw, Erik 1996 (eds.): The Urbanization of Injustice. London: Lawrence & Wishart.

Offe, Claus 1980: Konkurrenzpartei und kollektive politische Identität. In: Roth, Roland (Hg.): Parlamentarisches Ritual und politische Alternativen. Frankfurt/M./New York: Campus, 26-42.

Offe, Claus 1985: New Social Movements: Challenging the Boundaries of Institutional Politics. In: Social Research, Vol. 52, 817-868.

Pateman, Carole 1988: The Sexual Contract. Stanford: Stanford UP.

Raschke, Joachim 1985: Soziale Bewegungen. Ein historisch-systematischer Grundriß. Frankfurt/M./New York: Campus.

Raschke, Joachim 1993: Die Grünen. Wie sie wurden, was sie sind. Köln: Bund.

Roller, Edeltraud/Weßels, Bernhard 1996: Contexts of Political Protest in Western Democracies. Political Organization and Modernity. Discussion Paper FS III 96-202, Berlin: WZB.

Roth, Roland 1994: Demokratie von unten. Neue soziale Bewegungen auf dem Wege zur politischen Institution. Köln: Bund.

Roth, Roland 1998: „Patch-Work" Kollektive Identitäten neuer sozialer Bewegungen. In: Hellmann, Kai-Uwe/Koopmans, Ruud (Hg.): Paradigmen der Bewegungsforschung. Entstehung und

Entwicklung von Neuen Sozialen Bewegungen und Rechtsextremismus. Opladen: Westdeutscher, 51-68.

Rucht, Dieter 1994: Modernisierung und soziale Bewegungen. Frankurt/M./New York: Campus.

Rucht, Dieter/Blattert, Barbara/Rink, Dieter 1997: Soziale Bewegungen auf dem Weg zur Institutionalisierung. Frankfurt/M./New York: Campus.

Schneider-Wilkes, Rainer E. 1996: Erfolg und Mißerfolg Berliner Verkehrsbürgerinitiativen 1973-1993. Ergebnisse und Konsequenzen. In: Forschungsjournal NSB, Jg. 9, 2, 91-93.

Seemann, Birgit 1996: Feministische Staatstheorie. Der Staat in der deutschen Frauen- und Patriarchatsforschung. Opladen: Leske + Budrich.

Tarrow, Sidney 1989: Democracy and Disorder. Protest and Politics in Italy 1965-1975. Oxford: Oxford UP.

Zakaria, Fareed 1997: The Rise of Illiberal Democracy. In: Foreign Affairs, Vol. 76, 6, 22-43.

Zeuner, Bodo 1997: Entpolitisierung ist Entdemokratisierung. Demokratieverlust durch Einengung und Diffusion des politischen Raums. In: Schneider-Wilkes, Rainer (Hg.): Demokratie in Gefahr? Studien zum Zustand der deutschen Republik. Münster: Westfälisches Dampfboot, 20-34.

Joachim Raschke

Machtwechsel und soziale Bewegungen

1 Blockade und Machtwechsel, Bewegungsflaute und Sehnsucht nach Bewegung(en)

Politik in der Bundesrepublik ist heute blockiert. Das politische System ist bestimmt durch ein Institutionensystem mit eingebautem Große-Koalitions-Effekt, durch eine Orientierungskrise und durch ein Gleichgewicht der gegnerischen Kräfte. Im Ergebnis führt all dies zu einem Stillstand der Politik. Unwahrscheinlich ist, daß die blockierten Verhältnisse allein durch die Macht des Diskurses verflüssigt werden können. Auch das ‚Volk' des Grundgesetzes kann wohl kaum als Blockadebrecher agieren: schon deshalb, weil es auf Bundesebene keine Rechte direkter Entscheidung hat, und Wahlen von den Thematisierungen der Parteien abhängig bleiben. Möglicherweise ist es aber auch in sich so unentschieden und orientierungsschwach, daß es heute noch nicht entscheiden könnte, selbst wenn es dürfte.

Sehnsucht nach Bewegung ist in dieser blockierten Situation verbreitet, aber Bewegungen als Hoffnungsträger sind nicht in Sicht. Und doch sind Blockade, Machtwechsel und soziale Bewegungen im politischen Assoziationsfeld eng miteinander verbunden. Einem Machtwechsel, verstanden als bedeutender Regierungswechsel, bei dem die Kanzlerschaft in einer neuen Koalition auf die andere Großpartei übergeht, wird, wie die beiden Fälle in der BRD-Geschichte auch zeigen, das Potential zu einem relevanten Richtungswechsel zugeschrieben. 1969 konnte damit die Blockade überwunden werden, die sich in der Großen Koalition spätestens nach der Erledigung von Aufgaben auf dem kleinsten gemeinsamen Nenner symbolisierte. Machtwechsel erscheint insofern als notwendige Bedingung für die Auflösung von Blockaden.

Die Rolle von Bewegungen für den Machtwechsel und – soweit Machtwechsel dies leistet – auch für die Beseitigung von Blockade wurde noch nicht systematisch diskutiert. Auf der Linken gibt es eine Denkgewohnheit, Machtwechsel und grundlegenderen Richtungswechsel an die Auswirkungen von Bewegungsaktivitäten zu binden. Allerdings war es immer falsch, zu behaupten, Bewegungen seien für strukturellen Wandel unersetzlich. Hier soll dem engeren Problem von Machtwechseln und postindustriellen Bewegungen in der Bundesrepublik seit den späten 60er Jahren nachgegangen werden. Dabei zeigt sich unter anderem, daß der Wirksamkeit von Bewegungen gegenüber dem Parteiensystem enge Grenzen gesetzt sind, daß ihre Wirkungen nicht selten paradox sind, also am Ende die Kräfte stärken, die sie bekämpfen und daß

Bewegungen durch ihre indirekten Wirkungen zum Bestandteil eines blokkierten Systems werden können. Bevor im Fokus des Machtwechsels Eigenarten und Grenzen der postindustriellen Bewegungen schärfer zu beleuchten sind, ein kurzer Blick auf die ‚blockierte Situation': Unter den vielen Gründen für den bundesdeutschen Immobilismus hat Fritz Scharpf schon 1977 die institutionellen Blockaden unseres Verfassungs- und Institutionensystems herausgearbeitet, in dem die Gegengewichte zur Regierung ungewöhnlich starke Rechte haben und so die Reichweite von Reformpolitik drastisch reduzieren können. Das Gegenmodell Großbritannien hat unter Margaret Thatcher gezeigt, was in diesem Land auch mit Stimmanteilen deutlich unter 50 Prozent möglich ist. Durch das Mehrheitswahlrecht können daraus eine deutliche Mehrheit der Mandate, eine stabile Regierung und ein scharfer Politikwechsel werden. Mehr Hindernisse sind in dieser Konkurrenz- und Mehrheitsdemokratie nicht zu überwinden. In der Bundesrepublik dagegen kann die Regierung durch das Bundesverfassungsgericht, die Bundesbank, den Bundesrat nachhaltig gebremst werden.

Die Diskursschwäche besteht nicht darin, daß es an kompetenten Beiträgen fehlen würde. Sie hat einerseits damit zu tun, daß sich Kommentatoren, Experten, Intellektuelle, Berater in ihren grundlegenderen Beiträgen mehr als sonst wechselseitig widersprechen. Offenbar auch deshalb, weil es der Gesamtlage an Eindeutigkeit fehlt und noch zu vieles von zu vielen als plausibel angesehen werden kann. Auch sind die mit den Argumenten verbundenen Interessen ziemlich klar bei den Modernisierungsgewinnern und den Verlierern, weniger eindeutig aber bei der großen Zahl von Menschen, für die der Markt sein Urteil noch nicht gesprochen hat. Sie sind zwischen Sorge und Hoffnung hin- und hergerissen. Die überwiegend pessimistischen Einlassungen auf die Fragen nach Zukunftserwartungen, gleichgültig, ob man nach Arbeitslosigkeit, Rentensicherheit, Halten des Wohlstandsniveaus, innerer Sicherheit oder was auch immer fragt, ist auch als Rückmeldung über die Größe dieses Sorgenhaushalts zu verstehen.

Diskursschwäche war für die Kohl-Republik immer konstitutiv. Zum Glück gab es die versprochen-angedrohte ‚geistig-moralische Wende' nicht. Das Zudecken von Problemen mit unscharfen Worten, die Kameraderie zentraler Akteure als Politikmuster, das kommunikative Ersticken der Gefolgschaft, das Ausklammern, Vertagen und Aussitzen – so ungekonnt das häufig aussah –, das Auslegen der Republik mit Watte war der Beitrag von oben, perspektivische Alternativen politisch folgenlos zu machen. Es gelang der Kohl-Regierung zu keiner Zeit, einen Diskurszusammenhang zu entwickeln, in dem ihre Maßnahmen einen übergreifenden Begründungszusammenhang fanden und in dem offene Fragen kontinuierlich mit gesellschaftlichen Akteuren auf zukunftsfähige Lösungen hin erörtert werden konnten. Nach von Weizsäcker versucht nun mit Herzog schon der zweite Bundespräsident in die Bresche zu springen. So hilfreich mancher dieser Beiträge sein mag, viel größer als die Reichweite evangelischer und katholischer Akademien ist er auch nicht.

Blockade und Immobilismus kennzeichnen auch das Feld kollektiver Akteure im intermediären System. Das gilt für das Verbändesystem, von dessen verfestigter, vielfach interdependenter Interessenstruktur aber auch zu anderen Zeiten kein Durchbruch erwartet werden kann. Eher werden Verbände als ein bremsendes oder mitziehendes Teilsystem für staatliche Reformpolitik relevant. Von größerer Bedeutung ist die Verfassung parteipolitischer Akteure und der Zustand des Parteiensystems. Wenn Diskurse der Zivilgesellschaft und des Parteiensystems nicht ineinandergreifen, trocknen beide aus. Die innere Fragmentierung inzwischen ausnahmslos aller Bundestagsparteien von der CDU über die CSU bis zur PDS ist einerseits Ausdruck der Schwierigkeiten, auch im politisch-aktiven Stratum begehbare Wegmarkierungen zu finden, andererseits trägt sie zur Uneindeutigkeit aller Parteien bei.

In den späten 60er Jahren haben Bewegungen über Wechselwirkungen mit Parteien ein sich ähnlich wie heute selbstblockierendes System aufgebrochen. Sie haben damals zwar nicht den Machtwechsel selbst (s.u.), aber dessen weitere Orientierung gespeist. Heute hat sich das Parteiensystem so grundlegend verändert, daß eine solche Vermittlungsleistung nicht mehr zu erwarten wäre. Mindestens so wichtig aber ist die Prämisse: Mobilisierungstüchtige Bewegungen, die das progressive Reformpotential voranbrächten, sind nicht in Sicht. Die Bewegungen der 70er und 80er Jahre haben sich mit einer stolzen Infrastruktur institutionalisiert. Dadurch tragen sie bisher auch dazu bei, daß die Widersprüche nicht in Richtung einseitig neoliberaler Weltmarktanpassungen aufgelöst werden können. Aufgrund ihrer Themenstruktur leisten sie aber auch keinen Beitrag für reformpolitische Durchbrüche und verstärken von links her eher den Immobilismus. In Zeiten eines verbreiteten Malaisebewußtseins und seiner Verknüpfung mit einer Selbstblockade von Gesellschaft und Politik könnten sich berechtigterweise Erwartungen an Bewegungen knüpfen. Immerhin werden sie von den Sozialwissenschaften als Frühwarnsysteme, Katalysatoren, Agenten des Wandels beschrieben. Wann also könnte man ihren Beitrag gebrauchen, wenn nicht heute?

Es ist gut begründbar, und Neidhart/Rucht (1993) haben es getan, Bewegungen als ganz normalen Bestandteil ‚hochmoderner' bzw. postindustrieller Gesellschaften zu verstehen. Das heißt zunächst einmal nicht mehr als die Funktionalisierung von Bewegungen für eine dynamische, aber nicht disruptive Systementwicklung. Dazu paßt, daß Bewegungsorganisationen über die Mobilisierungshöhepunkte hinaus, deutlicher: auch in der Bewegungsflaute, durch staatliche Zuwendungen im weitesten Sinne am Leben gehalten werden. Die Menschen in postindustriellen Gesellschaften werden mehr denn je mit und in Bewegungen leben. Aber die Normalisierung von Bewegungen begrenzt auch ihre Wirkungsmöglichkeiten. Zu fragen ist also nach den spezifischen Beiträgen solcher Bewegungen und nach deren Grenzen.

Wir werden diese Frage einbetten in den engeren Zusammenhang von Machtwechseln. Im Wahljahr 1998, da nach 1990 und 1994 der dritte Anlauf unternommen wird, Rot-Grün in Bonn zu installieren, mag dieser Aspekt der

Wirkung sozialer Bewegungen von Interesse sein. Andere standen bisher im Vordergrund: Wirkungen auf den Thematisierungsprozeß durchziehen weite Teile der Bewegungsliteratur, sie sind auch für das intermediäre System insgesamt bedeutsam. Policyeffekte sind in der Untersuchung sehr aufwendig, für die Bewegungen selbst aber von grundlegendem Interesse, da hier die Hauptintentionen ihrer Aktivität liegen (Rucht 1994). Einflüsse von Bewegungen auf den parteipolitischen Machtwechsel betreffen zwar überwiegend einen Bereich von Neben- und nicht-beabsichtigten Effekten sozialer Bewegungen, sie verdienen aber wegen ihrer Seltenheit und wegen der Konsequenzen von Machtwechseln Aufmerksamkeit.

‚Postindustrielle Bewegungen' sind ein phasenspezifischer Bewegungstypus, der sich in den 60er Jahren im Zuge der Entwicklung zu einer postindustriell geprägten Moderne und in Abgrenzung zum Typ industrieller Bewegungen herausgebildet hat (Raschke 1988). Studentenbewegung/APO und neue soziale Bewegungen gehören – auf dem progressiven Pol – ebenso dazu wie die sich in den 90er Jahren entwickelnden Ansätze rechtsradikaler/rechtspopulistischer Bewegungen, die sich signifikant von den faschistischen Bewegungen der industriellen Phase unterscheiden. Diese postindustriellen Bewegungen werden zunächst zu den beiden gelungenen Machtwechseln von 1969 und 1982 in Beziehung gesetzt (2). In einer Einschätzung sollen Eigenarten, Stärken und Schwächen der neuen sozialen Bewegungen (nsB), den einflußreichsten Bewegungsakteuren der letzten Jahrzehnte, benannt und bewertet werden; so mögen Einwirkungsmöglichkeiten gegenüber der parteipolitischen Ebene und von ihr unabhängige Wirkungschancen besser erkennbar sein (3). Das Bewegungspotential postindustrieller Gesellschaften wird auf Links-Rechts-Gegensätze bezogen und bietet damit auch eine Hintergrundfolie für weitere Entwicklungen zwischen Bewegungssektor und Parteiensystem (4). Im folgenden werden einzelne Konstellationen im Verhältnis von Bewegung und Partei systematisiert (5), bevor abschließend noch einmal die Brücke zu den aktuellen Problemen von Machtwechseln geschlagen wird (6).

2 Machtwechsel und Paradoxien sozialer Bewegungen

Der erste Regierungswechsel 1966, bei dem die SPD die FDP bei der Regierungsbeteiligung mit der Union ablöste, stand außerhalb jeden Zusammenhangs mit sozialen Bewegungen, ganz einfach deshalb, weil es keine gab. Die im gleichen Herbst 1966 in West-Berlin entstehende Studentenbewegung bezog ihrerseits Motivations- und Mobilisierungspotential aus der Bildung der Großen Koalition. In der Neuköllner Hasenheide, in einer der klassischen Hallen der Arbeiterbewegung, berieten Dutschke und Genossen im Dezember über die Bildung einer USPD, die die SPD-Linke auffangen sollte. Man verwarf diese Parteigründung.

Die SPD der Großen Koalition grenzte sich zunächst überwiegend und zum Teil drastisch von der Studentenbewegung und APO ab, war selbst auch Zielscheibe heftigster Kritik aus diesem Bewegungszusammenhang. Erst im Wahljahr 1969 entzifferte der anfangs gegenüber der Studentenbewegung skeptische Willy Brandt ‚Demokratisierung' als das Schlüsselthema dieser Bewegung und baute daraus einen Gegensatz zwischen CDU und SPD auf. Für die Wahlkampagne blieb dies marginal. Ausschlaggebend für die 3,4 %, die die SPD dazugewann, waren die Leistungsbilanz in der Regierung und das Thema einer DM-Aufwertung, das die ‚Schiller-Wähler', die eigentlich auf dem Weg zu der sich modernisierenden FDP waren, zur SPD führte (zu den zeitgeschichtlichen Kontexten vgl. u.a. Baring 1982; Helms 1994; Kaltefleiter 1970).

Der sozialliberale Machtwechsel basierte auf dem Bündnis einflußreicher Führungsleute, für die Willy Brandt und Walter Scheel standen. Führende Sozialdemokraten wie Helmut Schmidt und Herbert Wehner waren dagegen. Bei den Freidemokraten kam es nach 1966 – völlig unabhängig von der APO – zu einem Richtungskampf zwischen Anhängern einer Fortführung der Strategie des ‚Liberalen Korrektivs' gegenüber der Union und den Verfechtern eines Konzepts der ‚Dritten Kraft'. Den Vertretern einer Öffnung zur SPD um den 1968 gewählten Vorsitzenden Walter Scheel diente die APO als Folie ihrer Veränderungsbereitschaft und Modernität. Der Kurs der Gesamtpartei im Wahljahr war schlingernd. Die neue Koalition baute weniger auf einer Aufbruchstimmung der beteiligten Parteien auf, als daß sie diese Stimmung durch ihre Regierungsbildung zu erzeugen suchte. Die heterogene Bewegung war allenfalls Verstärker einer gesellschaftlichen Unruhe, die eine Richtung suchte. Seit Mitte 1968 war die Bewegung in der Krise und konnte schon deshalb den parteipolitisch instrumentalisierenden Deutungen ihrer Absichten nicht widersprechen (der SDS löste sich 1969 selbst auf). Die Mehrheit der Bevölkerung wollte 1969 eine Fortsetzung der Großen Koalition. Erst die Tatsache des Machtwechsels, die plakative Öffnung, die sich im Slogan der Regierungserklärung ‚Mehr Demokratie wagen' verdichtete, und die Krise der sehr kurzfristigen Bewegung haben Akteure und Sympathisanten der APO zur und in die SPD geführt. Für den Machtwechsel waren also politische und ökonomische Faktoren entscheidend, die auch ohne die Bewegung den Ausschlag gegeben hätten. Übrigens herrschte das Prinzip Zufall: Die FDP lag 0,8% über, die NPD 0,7% unter der Sperrklausel. Der durch die Bewegung ausgedrückte und auch beeinflußte Klimawandel griff vor allem nach dem Machtwechsel. Partielle Responsivität durch weiche Interpretation harter Forderungen (zum Beispiel: ‚Enteignet Springer'), ohne Präsenz der Bewegungsakteure in den Parteien, mit der Chance, die Übernahme eigener Ziele selbst zu kontrollieren – so ließe sich nüchtern der Machtwechsel entgegen späterer Idealisierung beschreiben.

Der Regierungswechsel von 1982, bei dem die Union anstelle der SPD trat, während die FDP sitzen blieb, brachte eine CDU ins Amt, die sich in der Opposition nach Gesichtspunkten des politischen Marktes modernisiert hatte.

Diesmal hatten die Bewegungen Einfluß: einen negativen unter dem Gesichtspunkt des Machtwechsels. Aktive und Anhänger von Studentenbewegung bzw. APO waren bei der SPD bis in Vorstand und Parlament vorgedrungen, die Themen der nsB wie Atomausstieg und Nachrüstung fanden nachhaltige Resonanz in der Partei. Zwar waren die ökonomisch-sozial-finanziellen Fragen für den Ausstieg der FDP von großer Bedeutung, aber die durch die Bewegungen (und die Angebots- und Sparpolitik) gespaltene SPD war für die Wende-FDP schon ein Grund, bevor im Bundestag der Nachrüstungsbeschluß gescheitert war. Obwohl also der Einfluß der Bewegungen nicht ohne parteiförmige Vermittlung wirksam wurde, läßt sich dieser Regierungswechsel nicht, jedenfalls nicht zu diesem Zeitpunkt, ohne Bewegungen denken. Sie hatten vor allem mit Atom- und Friedenspolitik zwei Themen auf die Agenda gesetzt, die die traditionelle Links-Rechts-Spaltung in der SPD überlagerten und die innere Zerrissenheit forcierten. Die Grünen als Partei der nsB, die erfolgreich bei Wahlen startete, bedrohten die Rolle der FDP als Dritte Kraft. Damit verstärkten sich die Anreize für Genscher und Lambsdorff, jenen Wählern zu folgen, die 1980 im – auch durch die kritische Öffentlichkeit – hochpolarisierten Strauß-Schmidt-Duell von der CDU zu ihnen gekommen waren.

Bewegungen, so zeigt sich, können in beachtlichem Umfang indirekte Effekte erzielen. Sie können zur Fragmentierung ihnen näher stehender Parteien beitragen. Möglich ist auch, daß sie durch ihre Bewegungspartei eine andere Kleinpartei unter Wettbewerbsdruck setzen und dadurch den Machtwechsel des von ihnen sozusagen verschonten Gegners fördern.

3 Neue soziale Bewegungen: Für vieles gut, für manches nicht zu gebrauchen

Es gibt kein ‚Versagen' der neuen sozialen Bewegungen, keinen selbstverschuldeten ‚Niedergang' oder ähnliches. Die Lebenszeit von Bewegungen, mindestens ihre Mobilisierungsphasen sind kürzer geworden. Ihre Bewegungsorganisationen überleben sie, der rasche gesellschaftliche Themenwandel gibt ihnen aber nur begrenzte bzw. gelegentliche Chance erfolgreicher Mobilisierung. Fünf Jahre sind heute schon eine gute Zeit für eine hochmobilisierte Bewegung. Der Bruch mit dem ‚industriegesellschaftlich' geprägten Bewegungstypus fand um 1960 herum statt. Ablesen läßt sich dies am Kontrast zwischen der ‚Kampf dem Atomtod'-Bewegung einerseits, getragen von den industriellen Massenorganisationen Gewerkschaften und SPD, der Ostermarschbewegung andererseits, einer Bewegung im Übergang zum postindustriellen Bewegungsmuster. Der neue Typus galt für die APO wie für die nsB: eine andere Organisations- und Mobilisierungsstruktur, ein neues Großthema und neue Ziele, eine andere Wirkungsweise.

Dieser neue Typus kann ebenso aus der Sozialstruktur wie aus den Rahmenbedingungen erklärt werden. Hier interessieren drei Momente, die starken Einfluß auf sein strategisches Handlungspotential haben: Ambivalenz zwischen Kultur- und Machtorientierung, anti-hierarchische Organisationsweise, massenmediale Abhängigkeit.

(a) Verschiebung zu kulturorientierten Bewegungen:
Das Großthema der Lebensweise prägt auch Orientierungen der Akteure, die sich wegen innerer Abneigung gegenüber dem Machtelement von Politik häufig schwer damit tun, Machtpolitisch-Strategisches zu praktizieren. Wertwandel, ‚kulturelle Resonanz' (Gamson), Selbst- statt Strukturveränderung bezeichnen Voraussetzungen, Wirkungen und Intentionen neuer sozialer Bewegungen. Organisatorisch nicht oder schwach gebundener Wertewandel ist schwer stabilisierbar. Da organisatorische und personelle Integration für die neuen sozialen Bewegungen in geringem Maße zur Verfügung stehen, bleibt die symbolische Integration. Sie ist aber von kultureller und massenmedialer Vermittlung extrem abhängig – ihrerseits in ihrer Aufmerksamkeit hochgradig oszillierenden Einheiten.

(b) Organisations- und Strategieschwäche:
Bei vielen Stärken liegt eine grundlegende Schwäche der neuen sozialen Bewegungen im Fehlen eines kohärenten, interventionsstarken, strategiefähigen Akteurs. Dabei trägt das Schwanken zwischen Macht- und Kulturorientierung sowie die – auch daraus resultierende – Neigung zu basisdemokratischen Organisations- und Aktionsformen zu dieser Schwäche bei. Eine andere Neigung, die Projektorientierung und das persönliche, intensive Engagement in einem der zahlreichen Politikfelder, ist unter vielen Gesichtspunkten eine Stärke der Bewegung. Unter strategischen Aspekten aber ist sie auch eine Schwäche, weil sie Themenpartikularismus bzw. alternatives Spezialistentum fördert – ein Problem, das über die Bewegungen hinaus weit in die Grünen hineinwirkt, bis auf die Ebene von Bundestagsfraktion und Parteivorstand.

(c) Medieneffekte:
Schneller Aufstieg und rascher Absturz werden zusätzlich zu den internen Faktoren auch durch die Medien gefördert. Medien sind inzwischen auch für die Bewegungen der wichtigste Umweltfaktor. Medieneffekte unkonventionellen Handelns machen Großorganisationen überflüssig, sie setzen die symbolische an Stelle der realen Masse. Medien fördern das expressive Moment, verschleißen aber die Bewegungen durch ihren raschen Themenwechsel. Auch wollen sie gleich wissen, worauf ein Bewegungsversuch hinaus will, und etikettieren schnell, wie die Akteure auf dem Weg zu einer neuen Studentenbewegung im Winter 1997 beklagten. ‚Gegenöffentlichkeit' bleibt meist in ersten Ansätzen stecken. Die Versuchung, sich mit Surrogaten sozialer Bewegung zu begnügen, die in der Mediengesellschaft nicht so leicht zu erkennen sind, ist groß. Solche Surrogate bedürfen nur einiger

Ingredenzien wie ausgewählter unkonventioneller Aktionsformen, einer kleinen Zahl von Aktiven oder bewegungsförmiger Sprache, um wie Bewegung zu wirken. Vorausgesetzt, man kann sich durch gezielte Maßnahmen das Medieninteresse verschaffen, wie es zum Beispiel Greenpeace durch Kampagnenpolitik, die wie die Inszenierung einer Bewegung wirkt, immer wieder gelingt.

Die andere Wirkungsweise der nsB bereitet Schwierigkeiten realistischer Einschätzung. Man kann sie leicht überschätzen – in der Bewegungskonjunktur. Man kann sie aber in der Flaute auch leicht unterschätzen, weil sie wirksam bleiben, auch wenn sie nicht mobilisieren. Licht- und Schattenseiten – die hohe Ambivalenz ist in den Bewegungen selbst verwurzelt. Stärken der nsB unter systemischen Aspekten wurden häufig beschrieben: ihre Thematisierungsleistungen; ihre Beiträge zur Verstärkung eines Wert- und Bewußtseinswandels, deren Ausdruck und Katalysator sie sind; ihr Angebot zur Steigerung von Partizipationschancen außerhalb des konventionellen Repertoires; ihre Wirksamkeit vor allem auf der kommunalen Ebene (Rucht et al. 1997), aber auch überregional in spezifischen Politikfeldern wie zum Beispiel der Atompolitik.

Auch aus der individuellen Perspektive fällt eine Bilanz der nsB günstig aus. So zeigen sie einen geringeren Grad lebensweltlicher Absonderung; vom Ideal einer Politisierung der Lebenswelt her gesehen sind sie sogar den meisten Bewegungen seit dem 19. Jahrhundert überlegen. Sie sind aufgrund ihrer basisdemokratischen Strukturen auch relativ freundlich gegenüber individueller Autonomie. Sie gehen relativ schonend mit den Ressourcen der einzelnen um (vor allem mit knapper Zeit), weil sie vom kostenträchtigen Prinzip dauerhafter Massenmitgliederorganisation abgekommen sind und die relativ günstige Kosten-Nutzen-Relation hinsichtlich verstärkter Medieneffekte berücksichtigen.

Unangebracht wäre aber eine nachträgliche Idealisierung der neuen sozialen Bewegungen. Für vieles gut, sind sie für manches nicht zu gebrauchen. Schwächen gibt es nicht nur aus der Außenperspektive, sondern auch aus der Sicht von Akteuren, die über die Grenzen ihrer Wirksamkeit häufig enttäuscht sind, ohne immer genau zu wissen, woran das liegt. Interventionsschwächen der neuen sozialen Bewegungen resultieren auch aus Organisationsschwächen. Situativ können die Vielfalt von Bewegungsorganisationen, Aktionsformen, Strategien, die Dezentralität, die informelle Verständigung in kleinen Einheiten durchaus auch von strategischem Vorteil sein. Langfristig treten aber die Defizite solcher Organisationsstrukturen hervor: Schwächen verbindlicher Koordination, kontrollierter Zentralisierung sowie der Mitgliedermobilisierung, die solche Bewegungsorganisationen mit kleiner Mitgliederzahl und geringer Verpflichtungswirkung unattraktiv als Verhandlungspartner staatlicher Reformakteure macht (Mayntz 1987). Konstitutiv ist, wie Dieter Rucht u.a. (1997) gezeigt haben, nicht eine institutionelle Schwäche der nsB – die Bewegungsorganisationen haben durchaus verstanden, sich zu stabilisieren. Konstitutiv aber sind Strategiedefizite der neuen Bewegungen. Im politischen System fänden sie, entsprechend dessen Regeln, nur als strategiefähiger Machtfaktor Berücksichtigung. Was Thomas Leif (1990) für die vergleichsweise stark koordinierte und zentralisierte Friedensbewegung der 80er Jahre festgestellt hatte, ‚strategische Ohnmacht', gilt mehr noch für die anderen Zweige der neuen Bewegungen. Selbst bei den Grünen besteht ein sehr geringes Ausmaß strategischer Handlungsfähigkeit auf nationaler Ebene. Es kommt zu einer Selbstfesselung durch Bindung an bewegungsspezifische Prinzipien. Was unter dem Kriterium der Authentizität positiv ist, muß unter dem Aspekt strategischer Handlungsfähigkeit häufig als negativ bewertet werden. Vereinbarkeit scheint nicht möglich, es ist eine Entscheidung zwischen gegensätzlichen Prioritäten.

Es gibt mindestens zwei Voraussetzungen strategischer Handlungsfähigkeit sozialer Bewegung: (a) Ein hinreichendes Maß an auch in der Bewegung akzeptierter Machtorientierung, (b) die Herausbildung eines oder mehrerer strategiefähiger Zentren, gebunden an eine gut koordinierte zentrale Handlungsebene. Tatsächlich haben wir es zu tun mit Ambivalenz, ja Unentschiedenheit zwischen Macht- und Kulturorientierung sowie mit basisdemokratischen Idealen. Die Organisationsform wird primär nach Wert-, nicht nach Strategiepräferenzen gewählt. Was läßt sich resümieren nach fünf Jahren Anlauf, fünf Jahren Hochmobilisierung und weiteren fünf Jahren abflauender Mobilisierung? Thematisierungserfolge; vorwiegend kommunale Policy-Erfolge; Aufbau eines organisatorischen Bewegungssektors, vorzugsweise auf der kommunalen Ebene; Penetration in das intermediäre System und starke öffentliche Resonanz; Aufbau einer Bewegungspartei, deren Stammwählerschaft erst in den 90er Jahren über die 5%-Hürde gekommen ist, und deren Bezüge zu den Bewegungen sich – je länger, desto mehr – lockern.

Ist das viel, ist das wenig? Vom Nullpunkt her gesehen ist es sicherlich ‚viel'. Als weniger erscheint es, wenn man die 80er Jahre als ein für Bewegungsmobilisierung ungewöhnlich günstiges Jahrzehnt betrachtet. Erheblicher Anteil an den Erfolgen der nsB wäre also den günstigen Rahmenbedingungen zuzurechnen. Noch kleiner wird der Erfolg, sieht man vom Ende der 90er Jahre zurück, da sich zeigt, daß Stabilisierung vor allem organisatorisches Überleben, nicht strategische Intervention oder Massenmobilisierung bedeutet. Stabilisierung nicht zuletzt durch staatliche Förderung, mit der längerfristig – wie beispielsweise die ABM-Politik zeigt – nicht gerechnet werden kann. In den 90er Jahren wurden Schwächen der nsB deutlich sichtbar:

- Themenwechsel, dem sich die nsB weder erfolgreich widersetzen noch – unter Aufrechterhaltung von Identitätskernen – erfolgreich anpassen konnten. Die erneut erdrückende Dominanz von Fragen der Wachstums-, Verteilungs- und Sicherheitspolitik, das ganze Spektrum ‚materialistischer' Issues, lassen die 80er Jahre mit ihrem Durchbruch postmaterialistischer Themen wie eine Episode erscheinen.

- Organisationsschwächen und Defizite strategischer Handlungsfähigkeit auf überlokalen Handlungsebenen. Dort, wo Organisation und strategische Handlungsfähigkeit relativ am besten gelangen, war man am wenigsten Bewegung: bei den Grünen.
- Entkopplung von der einstigen Bewegungspartei Die Grünen, zuletzt bei der pazifistischen Friedensbewegung. Die Mobilisierungsschwäche der nsB ermöglicht den Grünen eigenständige Operationen auf dem Wählermarkt. Sie erfordert sie sogar, teilt man die Prämisse des parlamentarischen Überlebens der Partei, die sich nur noch sehr begrenzt im Spannungsfeld zwischen Bewegungssektor und Wählermarkt definieren kann bzw. muß.

Es hat Folgen, daß die nsB keine kohärenten, strategiefähigen Makroakteure sein wollen und können. Im intermediären System müssen sie nicht nur eine Arbeitsteilung, sondern auch eine Hierarchie akzeptieren. Verbände, vor allem aber Parteien, als in höherem Maße strategiefähige Makroakteure, kontrollieren mittel- und langfristig ihre Einwirkungsversuche auf das politische System (die Massenmedien mit ihrem kontinuierlichen Parteien-Bias sind dabei noch nicht einmal berücksichtigt). Gerade die interventionsschwachen nsB sind auf Vermittlung der Vermittlung angewiesen. Einen wichtigen Teil ihrer Wirkung erzielen sie deshalb auf anderem Wege. Sie haben eine Sickerwirkung, die über lebensweltliche Thematisierungen, Wertwandel, Bewußtseinsbildung, alltagsbezogene Netzwerke geht. Multiplikatoren verstärken – gestützt durch Initiativen, Vereine, informelle Netzwerke – diese wenig sichtbaren Wirkungen auch mobilisierungsmüder, latenter Bewegungen. So beeinflussen sie Grundstimmungen und die in Millimetern zu messenden Veränderungen der außersystemischen Lebenswelt. Die Wirkung der nsB ist überwiegend indirekt. Bei günstigen Rahmenbedingungen, auch bei gezielter, punktueller Mobilisierung (wie zum Beispiel bei Atomtransporten), gewinnen sie Einfluß auf die politische Agenda. Suchte man nur nach den Interventionen strategiefähiger Makroakteure, ginge man an der ‚silent revolution' (Inglehart) vorbei.

4 Bewegungspotentiale postindustrieller Gesellschaften

Umfang und Kompetenz des Aktivenpotentials, problemerzeugende Selbstwidersprüchlichkeit moderner Gesellschaften sowie Erosionstendenzen des etablierten intermediären Systems lassen die Voraussage als unriskant erscheinen, Bewegungsaktivitäten hätten mittel- und langfristig eine Zukunft. Von welcher Art aber sind die Bewegungspotentiale, mit denen wir in postindustriellen Gesellschaften zu rechnen haben? Wir werden Bewegungen haben, dürfen aber nicht zu viel von ihnen erwarten. Drei Faktoren begrenzen und spezifizieren solchen Erwartungshorizont.

4.1 Brüchigkeit von Kollektivakteuren

Postindustrielle Gesellschaft schafft nicht die Bedingungen für kohärente Massenbewegungen mit steuerungsfähigem strategischem Zentrum. Individualisierung, Nutzenkalküle, Narzismus, um nur diese drei Tendenzen zu nennen, stehen gegen Sozialisationserfordernisse für erfolgreiche Akteure in formaler Organisation mit beträchtlicher Koordinations- und kontinuierlicher Interventionsleistung. Krise bis hin zum Zerfall makropolitischer, strategisch handlungsfähiger Kollektivakteure ist eine Erscheinung fortgeschritten-moderner Gesellschaften. Obwohl auch in Parteien und Verbänden wirksam, sind soziale Bewegungen besonders davon betroffen, da ihr formaler Halt besonders gering ist. Die Ursachen liegen nicht nur im Sozialisationstyp, aber sie beginnen dort.

4.2 Problemhaushalt

Bewegungen lassen sich eher hinsichtlich ihrer grundlegenden Formen als in bezug auf ihre Inhalte vorhersagen. Dennoch sind auch erwartbare Problemlagen nicht beliebig.

4.2.1 Progressive Bewegungen

Linke Bewegungen haben von den späten 60er bis zum Ende der 80er Jahre den Bewegungssektor dominiert. Ihr Großthema ließ sich mit dem Begriff der Lebensweise umreißen (vgl. Raschke 1988). Giddens (1995: 192) unterscheidet bei seiner Systematisierung bewegungsrelevanter Großthematik zusätzlich zwischen Egalisierungs- und Lebenspolitik. Dies war ein Bruch mit dem systemstrukturellen Ansatz, wie er die Arbeiterbewegung bestimmt hat. Selbstveränderung bzw. die Anpassung der Lebenswelt an die veränderten, postmaterialistischen Wertorientierungen gewannen an Gewicht. Strukturveränderung wurde überwiegend nicht mehr von einem postulierten Systemzustand abgeleitet, sondern durch pragmatische Anpassungen von einer veränderten, aber nicht – zum Beispiel im Sinne eines irgendwie gearteten ‚neuen Menschen' – revolutionierten Lebensweise aus angestrebt.

Im Vordergrund stand die Thematisierung negativer Effekte von Wirtschaft/ Kapitalismus, Kultur/Wissenschaft und Politik/Staat (repräsentativ für diese Denkrichtung und theoretisch begründet von Offe 1986). Politik sollte von außen, begrenzend, modifizierend auf eine funktional differenzierte moderne Gesellschaft einwirken. Man war eher auf der Suche nach neuen Gleichgewichten, nicht mit dem Einreißen des gewachsenen Systems moderner Gesellschaft beschäftigt. Nicht zufällig wurde ‚Umbau' eine zentrale Metapher und ‚Moderne' ein vielfach akzeptierter Referenzpunkt. ‚Modernisierungskritische Modernisierer', diese Formel, mit der versucht wurde, den Ansatz der Grünen zu charakterisieren (Raschke 1995), kann auch als Etikett für weite Teile der progressiven Bewegungen gelten. In ihren spekulativ-vagabundierenden, zum Teil auch utopisierenden Aktivitäten kursierten in den Bewegungen Vorstellungen ganz anderer grundlegender Strukturen in Wirtschaft, Staat, Kultur. Es gab aber keine Kraft und überwiegend auch nicht den Willen, diese Strukturen selbst fundamental zu ändern.

Bewegungen sind heute schwächer in den hochgradig ausdifferenzierten, professionalisierten, durchrationalisierten Bereichen, stärker in geringer ausdifferenzierten und rationalisierten Handlungsfeldern der Lebenswelt. Zwar kann der sinnvolle Versuch gemacht werden, ‚externe Effekte', die Ökologie, Soziales und andere Aspekte der Lebensweise tangieren, in das Subsystem der Ökonomie zu ‚internalisieren'; zu zentralen Codes oder Leitwerten avancieren sie damit aber nicht. Innerhalb sehr langer Zeiträume werden sie ‚im Zweifel' bzw. in der Krise gekippt.

Ökologie und Technikentwicklung, Geschlechterverhältnisse, Partizipation und Überwachungskritik, solidarische und offene Gesellschaft, inner- und zwischenstaatlicher Gewaltabbau – dies werden sicherlich Unterthemen zum Großthema der Lebenweise bleiben. Große Partizipationsthemen auf nationaler Ebene sind, außer dem alten, überregional nur schwach mobilisierenden Thema von Referendumsdemokratie, nicht in Sicht. Offenkundig gibt es Demokratisierungsgrenzen des politischen Institutionensystems auf nationaler und internationaler Ebene, soweit an Massenpartizipation gedacht wird. Damit entfällt ein Themenbereich, für den in der partizipationswilligen und -fähigen Gesellschaft hervorragende Dispositionen bestünden.

Die Groß- und Subthemen einer postindustriellen Linken werden die Gesellschaft lange begleiten. Sie sind in Widersprüchen und Spannungsfeldern der Moderne angelegt, die sich nur durch Modernisierung der Moderne halten kann. Auch die kritisch orientierten Trägergruppen aus dem Bereich qualifizierter, sich modernisierender Dienstleistungstätigkeiten werden durch die gesellschaftliche Entwicklung fortlaufend hervorgebracht. Ohne Mobilisierungsschübe in der näheren Zukunft erscheint eine fortlaufende Reproduktion der aus den 80er Jahren überlebenden Bewegungsorganisationen unwahrscheinlich. Da Anreize für kurz- und mittelfristige Bewegungen begrenzten Engagements aber hoch bleiben, ist auch mit neuen Bewegungen bzw. Mobilisierungsphasen zu den genannten Themenhorizonten zu rechnen.

4.2.2 Rechte Bewegungen

Eine stabile rechtsradikale Bewegung konnte sich in der Bundesrepublik noch nicht herausbilden. In den frühen 90er Jahren standen rechtsradikale Akteure aber an der Schwelle zur Bewegungsbildung, vielleicht hatten sie sogar schon eine Frühform sozialer Bewegung realisiert. In den Zielen, der Vernetzung von Bewegungsorganisationen, der Mobilisierung und einigen Aktionsformen entsprach dieser Handlungszusammenhang durchaus schon Bewegungskriterien (Koopmans/Rucht 1996).

Bisher verhinderten staatliche Repression und Gegenmobilisierung, Geschichtserfahrungen und Politische Kultur, aber auch interne Strukturierungsschwächen den Durchbruch und die Stabilisierung als Bewegung. Besonders wichtig ist dabei das eingeschränkte Aktionsrepertoire rechtsradikaler Bewegung(en), das ein weites Spektrum partizipatorisch-öffentlicher Aktionsformen ausschließt. Für diesen normalen Kernbereich sozialer Bewegungen, von Demonstrationen mit Kundgebungen bis hin zum zivilen Ungehorsam, ist der öffentliche Raum bisher weitgehend verschlossen (Koopmans 1996). So kommt es, daß die rechtsradikalen Sympathisanten sich in der Anonymität der Wahlkabine des Stimmzettels, Aktivisten sich im Dunkeln der Nacht der Gewalt bedienen. Von allen rechtsradikalen Aktivitäten zwischen 1991 und 1993 waren 80 Prozent gewaltsam. Auch die Diskurse der Neuen Rechten konnten diese Kluft zwischen Stimmung und Stimmen auf der einen, sprachloser Gewalt auf der anderen Seite bisher nicht schließen.

Das beachtlich große Potential für Rechtsradikalismus nährt sich aus Erfahrungen von Modernisierungsverlierern wie aus Ängsten vor sozialem Abstieg und Ausschließung, aus Modernisierungsverdrossenheit wie kulturell-politischer Entfremdung und Sinnverlust, aus kursierenden alltäglichen Ressentiments und Vorurteilen. Nur die strukturellen Schwierigkeiten der Bewegungsbildung erklären, daß dieses Potential bisher vor allem von rechtspopulistischen Parteien (Pfahl-Traughber 1994) mobilisierbar war. Dabei zeigen sich die Probleme eines politisch aktiven Rechtsradikalismus schon auf der Ebene alltäglicher Sichtbarkeit, zum Beispiel bei den Schwierigkeiten, Kandidaten für Kommunalwahlen zu finden. Der Versuch, aktiven Rechtsradikalismus zu diskriminieren und sozial zu ächten, verstärkt Tendenzen des parteipolitischen Rechtspopulismus, sich als Bewegungssurrogat anzubieten. Die Schwäche rechtsradikaler Bewegungsbildung ist – wie wir sehen werden – ein Strukturvorteil der bürgerlichen Parteien. Sie können sich auf das beachtliche Potential beziehen, ohne die Interaktionskosten zahlen zu müssen. Bleibt die Bewegung draußen, können sie drinnen manchmal so reden, als seien sie Bewegung (von ‚duchrasster Gesellschaft', ‚Überfremdung' oder ‚Asylantenschwemme').

4.2.3 Reaktive, richtungsarme Bewegungen

Die großen, strukturell verankerten Bewegungspotentiale bleiben einem Richtungsspektrum zuordenbar, wenn man den Bedeutungswandel von links und rechts in den vergangenen zwanzig Jahren in Rechnung stellt. Unzufriedenheits- und Unruhepotentiale postindustrieller Gesellschaften gehen aber weit darüber hinaus (vgl. auch Heitmeyer 1997). Als Trägerschaft für Bewegungen sind sie schwerer prognostizierbar. Teile des studentischen Protests und der Proteste von Bergleuten, Arbeitslosen oder des regionalen Protests finden in einem Vor- und Zwischenbereich zu sozialer Bewegung statt. Zu beobachten sind sich überschneidende Formen von Protest, kollektiver Episode und – eher kurzfristiger und bereichsspezifischer – sozialer Bewegung oder doch von Protobewegungen. Gerade solche thematisch und von den engeren Trägergruppen her fast beliebigen und unabgeschlossenen Protest- und Partizipationsmanifestationen verweisen auf ein insgesamt hohes Bewegungspotential postindustrieller Gesellschaften. Wenn Widerspruchs- und Partizipationspotentiale gleichzeitig wachsen, scheint dies unvermeidbar.

Erklärungen für alle drei hier unterschiedenen Bewegungsformen finden sich für die Makro- und Mesoebene in Modernisierungstheorien, für die Mikro- und Mesoebene in Theorien relativer Deprivation. Unzufriedenheits-, Protest- und Bewegungspotentiale aufgrund forcierter Modernisierungsprozesse sind heute und in Zukunft sicherlich im erweiterten Kontext von Globalisierung zu entziffern. Es gibt noch keine Politische Soziologie der Globalisierung. Suchraster für Rückwirkungen globalisierter Modernisierung auf Unzufriedenheits- bzw. Bewegungspotentiale könnten in mehreren, nicht trennscharfen Dimensionen entwickelt werden, unter anderem:

- Globalisierung als Öffnungsprozeß, der im Gegenschlag Schließungen verstärkt: zum Beispiel ethnische, regionale, nationale, religiöse Gemeinschaften.
- Globalisierung als Risikoprozeß, der das Interesse an Sicherheiten verstärkt: an Schutzangeboten wie Protektionismus, chauvinistischer Ökonomie (,Deutschland zuerst', ,Britain first' etc.), an neuen Formen sozialer Sicherheit wie einer sozialen Grundsicherung, an Sicherheitsangeboten gegenüber internationalisierter Kriminalität.
- Globalisierung als Wettlauf, der Gewinner und Verlierer hervorbringt: neue Armut und Reichtum, Spaltung der Gesellschaft, Erosion der Mittelschichten, sektorale Radikalisierungen sind Stichworte sich erneut verschärfender Ungleichheiten und Ungleichgewichte globalisierter Moderne.

Die Akteure der Globalisierung, die Forscher, Techniker, Konzernherren, Aktionäre etc., sind heute die wichtigsten Agenten sozialen Wandels. Progressive Bewegungen versuchen, Globalisierung durch Maßstäbe ökologischer, sozialer, demokratischer Verträglichkeit, durch Forderungen inner- und internationaler Solidarität zu steuern (zum Teil, auf verzweifeltem Posten, zu verhindern). Regressive Bewegungen arbeiten an einem Weg zurück, wobei die besseren und glücklichen Zeiten durch unterschiedliche, aber immer homogenisierende, zwanghaft vereinheitlichende Projektionen besetzt werden. Situativen Protest-Bewegungen fehlt eine große Linie und eine strukturelle Verankerung. Sie wehren sich gegen Auswirkungen globalisierter Moderne, auch wenn bei Intellektuellen vorzeigbare ideologische Rahmenkonzepte nicht vorhanden sind.

4.2.4 Bewegungsschranken des Teilsystems Ökonomie

Postindustrielle Bewegungen, das ist ihnen gemeinsam, setzen von außen am Teilsystem Ökonomie an. Sie können zwar ökonomische Ursachen und Auswirkungen haben, aber ihr primäres Handlungsfeld liegt außerhalb der Ökonomie. Bewegungen sind zur Abwehr der herrschenden Modernisierungslinie und zur Verteidigung sektoraler Interessen möglich. Sie zeigen aber nur die Spur, die Modernisierung in der Gesellschaft hinterläßt, und fordern normativ eine Grenze des Wandels. Sie greifen nicht offensiv in die Bestimmung des Wandels ein. Jedenfalls so lange nicht, als Fragen der Wirtschaft und des Sozialen lediglich als wirtschaftliche und soziale Fragen thematisiert werden. Wirtschaft ist heute ein hochgradig ausdifferenziertes System mit einem hohen Institutionalisierungsgrad. Institutionalisiert sind die Funktionslogik der Verwertung von Arbeit und Kapital, die Produktionseinheiten mit Funktionsspezialisierungen und Rollenmustern sowie die organisierten, bereichszentrierten Interessenverbände der Arbeitgeber/Unternehmer und Arbeitnehmer. Im mehr als zweihundertjährigen Prozeß der Ausdifferenzierung dieses Teilsystems gab es für die Kämpfe sozialer Bewegungen zunächst erhebliche Ansatzpunkte. Langfristig aber haben Spezialisierungs-, Vermachtungs- und Kooperationsprozesse der Arbeiterbewegung bzw. ihrem ökonomischen Arm von Gewerkschaften und Genossenschaften innerhalb dieses Teilsystems immer mehr den Boden entzogen bzw. sie zu funktionaler Anpassung gezwungen. Am Ende verteidigen Gewerkschaften mit den Unternehmern die Autonomie dieses Systems, solange die Unternehmer zu systeminternem Interessenausgleich und Kompromiß bereit sind. Betrieb und Unternehmen können so zwar Ort des sozialen Protestes, zum Beispiel gegen eine unbegründete Stillegung, sie können aber nicht mehr Ort sozialer Bewegung sein.

Bis hin zum Betriebsverfassungsrecht betreibt das Subsystem Wirtschaft eine ‚Entpolitisierung' im Sinne der Ausklammerung von partei- oder bewegungspolitischen Kontroversen und Konflikten. Endogen entstehende Bewegungen sind innerhalb eines so hochgradig formalisierten und spezialisierten Systems unwahrscheinlich. Sie bilden sich, soweit sie Fragen des ökonomischen Systems berühren, an dessen Folgen und suchen vor allem den Einflußweg über das politische Teilsystem, in dem gesamtgesellschaftliche Interessen definiert werden und von dem aus interveniert werden kann. Schwieriger, aber möglich ist es, Bewegungsinteressen durch das ökonomische System und seine Funktionslogik hindurchzutreiben. Dies versucht beispielsweise die Ökobewegung durch Formen wie Ökobank oder ökologische Investmentfonds, Förderung ökologischen Konsumentenverhaltens, kritische Aktionäre, Ökoaudit, Mediation etc. All diesen Formen ist gemeinsam, daß sie sich innerhalb der Funktionslogik des ökonomischen Systems bewegen und diese für spezifische Ziele zu nutzen suchen. Wirtschaft als ausdifferenziertes Teilsystem wird dadurch nicht verändert. Auf Wirtschaft wirkende Bewegungen kommen also von außerhalb der Wirtschaft. Das gilt auch für Formen der

Arbeitslosenbewegung, von Akteuren getragen, die mit der Arbeit auch ihren Ort im ökonomischen System verloren – oder nie erreicht – haben.

Vielleicht kann nur eine Bewegung mit kulturellem Überschuß Wirkungen auch in der Ökonomie auslösen: Wenn sich die Frage ‚Wie wollen wir leben?' notwendigerweise auch mit der Ökonomie verbindet. In den 70er und 80er Jahren sagte man: ‚Nicht mit der Atomkraft leben!' In den 90er Jahren beginnt man sich zu weigern, mit Massenarmut oder mit politischer Apathie und Entfremdung wg. ökonomischer Unsicherheit zu leben. Zur Zeit der Arbeiterbewegung, in der Formation der Industriegesellschaft, gab es einen materieller Kern und kulturelle Zusatzerwartungen – aber die Zusatzerwartungen ‚befreiter', ‚gerechter', ‚kulturvoller' Gesellschaft wirkten motivierend und mobilisierend auf den Kernbereich zurück. Heute ist es eher umgekehrt: Die Bewegungen beginnen mit einem kulturellen Kern, kommen aber von dort zu materiellen Zusatzerwartungen. Ökonomie bleibt also ein Thema, sie ist aber kein Handlungsfeld mehr für postindustrielle Bewegungen. Interventionsforderungen richten sich an das politische System, das aber nie als Gegner der Ökonomie, des Leitsystems der kapitalistischen Moderne, reüssieren kann.

4.5 Entwicklungstendenzen des politischen Systems

Die neuere Bewegungsforschung hat gezeigt, wie stark die Opportunitätsstrukturen auf Strukturen, Entfaltungs- und Wirkungsmöglichkeiten sozialer Bewegungen zurückwirken. Aufgrund der Strukturierungsschwäche aller postindustriellen Bewegungen im Vergleich zu denen der industriellen Phase ist das Gewicht der Opportunitätsstrukturen noch gewachsen. Mit weitem Abstand sind politische Institutionen die wichtigsten Adressaten der Forderungen neuer sozialer Bewegungen. Anders als bei Selbsthilfe, bei der die Binnenstrukturen in den Vordergrund treten, sind bei interventionistischen Aktivitäten die Strukturveränderungen von Staat und intermediärem System besonders wichtig. Zwei Beispiele mögen dies verdeutlichen: der verhandelnde Staat (1) und die Rationalisierungsspirale des intermediären Systems (2).

(1) Der verhandelnde Staat braucht als Kooperationspartner organisierte Akteure mit der Fähigkeit zur Verpflichtung großer, eigener Klientele. Dies ist nicht die Stärke der postindustriellen Bewegungen. Der veränderte Politiktypus von Verhandlung als Gesamtstrategie, Konflikt als Teilstrategie setzt die Bewegungen unter Anpassungsdruck, ohne daß sie strukturell dessen Anforderungen entsprechen könnten.

(2) Auch die Rationalisierungsspirale im intermediären System setzt Bewegungen unter Streß. Massenmedien und Parteien treiben die professionell-rationalen Formen von Vermittlungsarbeit voran. Allenfalls kurzfristig wirkt der Charme naiv-spontaner Bewegungsaktivitäten, dann fällt durch das Sieb, wer

in der Rationalisierungsspirale sich wechselseitig übertrumpfender Wirkungsstrategien nicht mithalten kann.

Beide Beispiele zeigen, wie die Ambivalenz von Bewegungen durch Strukturen des politischen bzw. des intermediären Systems gesteigert werden kann. Bewegungen operieren in einer permanenten Spannungszone zwischen den Verheißungen einer sich selbst steuernden Zivilgesellschaft und den Realitäten gezielter Einflußnahme im politischen System. Entkopplung ohne Resonanz vs. Professionalisierung ohne Authentizität sind zugespitzte Alternativen. Probleme haben Bewegungen, nicht Parteien. Parteien sind Apparate, die reagieren und sich arrangieren; Bewegungsparteien etwas später als die anderen.

5 Prekäre Wechselbeziehungen: Parteien und Bewegungen

Man kann unterscheiden zwischen dem Verhältnis Bewegung - Partei einerseits, den Auswirkungen von Bewegungen auf den Parteienwettbewerb andererseits. Im folgenden sollen die komplexen Beziehungsmuster ohne diese analytische Unterscheidung in vier Konstellationen eingefangen werden ^.

5.1 Bewegungen bilden Partei: die Bewegungspartei

Der Begriff ‚Bewegungspartei' versucht einen Zustand zu verlängern, der in Wirklichkeit ein rasch vorübergehender ist. Jedenfalls beim hohen Fluktuationsgrad heutiger Politik, besonders ausgeprägt in den Bereichen Medien/Öffentlichkeit, Parteien und Bewegungen. Es waren nur wenige Jahre, in denen die Grünen als Bewegungspartei in einem strengeren Sinne aufgefaßt werden konnten. In einem unverbindlicheren Sinne, der sagt, daß sie sich auch auf ihre Herkunftsbewegungen bezieht, bleibt der Begriff richtig, enthält aber keine wesentliche Information mehr.

Bewegungspartei als Episode erklärt sich aus der Handlungslogik des Parteienwettbewerbs, zumal unter den Bedingungen einer hohen Sperrklausel. Die niedrigen Aktivenzahlen der nsB und die zum Teil flüchtigen Identifikationen mit den Bewegungen lassen härtere Bewegungsforderungen rasch zu einem Minderheiteninteresse in der Wählerschaft auch der Bewegungspartei werden (Pappi 1991). Im Spannungsverhältnis zwischen prinzipientreuer, aber wahlpolitisch marginalisierter Bewegungspartei und Stimmenoptimierung betreibender, aber nicht ganz prinzipienloser Wahlpartei kann man sich vielleicht verbal, aber nicht faktisch über den Entscheidungsdruck hinwegtäuschen. Ist man nicht bereit, diesen Schritt einer Anerkennung der besonderen Handlungslogik von Parteien zu tun, hätte man besser getan, seine Ressourcen nicht von den Bewegungen für ein Parteiexperiment mit in dieser Hinsicht gewissem Ausgang abzuziehen. Eine Partei kann auf Zeit, aber nicht auf Dauer ‚bewegt' sein. Dies hat sich im Vergleich zu den Zeiten von sozialdemokratischer Arbeiterbewegung und Partei, für die man doch mindestens 50 Jahre ansetzen kann (von 1863 bis zur Rückkehr der USPD in die Mehrheitssozialdemokratie 1922), beschleunigt. Radikale Frauenbewegung und Anti-AKW-Bewegung oder die Autonomen als generalisierter Protestausdruck auch gegen die ehemalige Protestpartei der Grünen haben die Kluft verschärft, noch bevor das erste Jahrzehnt vorbei war. Die ‚konsequente' Bewegungspartei, die sich aus Enttäuschung über die realpolitische Entwicklung der Grünen abgespalten hat, kam bei den anschließenden Wahlen in Hamburg auf 0,5% (AL); in Hessen erging es der sich zur Bewegungsikone stilisierenden Jutta Ditfurth nicht besser.

Es ist auch nicht so, als folgte nur die Partei der spezifischen Handlungslogik ihres Feldes. Auch die Bewegungsakteure tun dies. Auf beiden Seiten gibt es – trotz aller Beschwörungsformeln – eine faktische Abkehr vom Solidaritätsprinzip als Regulativ der wechselseitigen Beziehungen. Die Beziehungen pendeln sich ein in einem Zwischenbereich von Reziprozitäts- und Tauschregeln, bei denen Nutzenkalküle Ausdruck der gewachsenen Distanz sind (Raschke 1993: 682ff). Solidarität kann nur eine vorübergehende Verhaltensnorm in der Beziehung von Bewegung und Partei sein. Normalerweise bewegen sich die Beziehungen zwischen Reziprozität und Tausch.

Parteien sind mit den quantifizierten Leistungsindikatoren von Wahlprozenten einer ungleich härteren Erfolgskontrolle unterworfen als Bewegungen. Das erklärt, daß sie rascher mit der Distanzierungs- und Kalkulierungsarbeit beginnen. Bewegungen halten sich länger mit Enttäuschungsreden und Verratsmythen auf. Stattdessen könnten sie, viel stärker als sie das bisher getan haben, Bewegungen als bleibend attraktives Handlungsfeld profilieren. Dazu müßten sie Erwartungen an die Bewegungen binden und nicht an die Partei delegieren, sowie bewegungsspezifische Anreizstrukturen entwickeln, die auch für besonders Aktive und Führungsleute eine wirkliche Alternative zu einer Abwanderung in Richtung ‚Bewegungspartei' darstellen.

Greenpeace hat dies unter radikaler Abkehr von Formprinzipien der Herkunftsbewegung vorgeführt, ohne daß es damit zu einem Ideal für die Ökobewegung werden könnte. Betonung von Hierarchie und Geschlossenheit, Anspruch einer Stellvertreterpolitik für die Bewegungen, weitgehende Abwehr einer Demokratisierung der eigenen Organisation – so verstand sich Greenpeace als Gegenmodell zu der auch der Form nach genuinen Bewegungsorganisation Robin Wood, die sich von ihr abspaltete. Würde man die Organisationsformen von Greenpeace, BUND/NABU und lokal-regionalen Ökoinitiativen neu mischen, käme man auch zu einer Verbreiterung von Anreizstrukturen, die Greenpeace heute nicht bieten will. Bewegungen müssen mindestens halbautonom und flexibel gegenüber Parteien bleiben, wenn sie ihrer eigenen Aufgabe und der funktionalen Differenz zwischen Bewegung und Partei gerecht werden wollen.

Durchsetzungsprobleme lassen sich auch in einem übergreifenden historischen Zusammenhang interpretieren: Nach der faschistischen war die bisherige postindustrielle eine weitere Bewegungswelle, die auf ein etabliertes Vermittlungssystem stieß. Arbeiterbewegung, liberale, demokratische und katholische Bewegungen bildeten im 19. Jahrhundert aus sich heraus Parteien, die die Plätze in einem vorher gar nicht existierenden parteilichen Vermittlungssystem besetzten. Zusammen mit den konservativen Parteien entstand so das erste Parteiensystem, das spätestens um 1920 ‚eingefroren' wurde (Lipset/ Rokkan 1967). Neue Bewegungen bedurften beträchtlicher eigener Ressourcen und spezifischer, verdrängender Strategien gegenüber einem tendenziell fremden intermediären System.

Die postindustriellen Bewegungen brachten es nur zu einer geringen Inklusion in die eigenen Organisationen. In den meisten Ländern bildete sich eine im Verhältnis zum postmaterialistischen Potential kleine, meist linkslibertär orientierte ökologische Partei. Sie erfuhr, wie schwer es selbst für die Organisierung neuer Großthemen ist, auf die politische Bühne zu gelangen, wenn die Plätze schon besetzt sind. Es gelingt nur über die Gewinnung neuer Generationen, und auch dann nur, wenn die Sozialisation in stabilen Milieus erodiert. Mehr als ein begrenztes Einsickern kommt selbst im Erfolgsland der nsB, der Bundesrepublik, in zwei Jahrzehnten nicht zustande. Zwar läßt sich eine von den Bewegungen ausgegangene Partei halten, aber – aus Sicht der Bewegungen – sozusagen als Restposten in der Flaute.

5.2 Bewegungen durchdringen Parteien: Heterogenisierung

Die SPD unter Willy Brandt hat nach anfänglichem Zögern die APO-Generation zu sich eingeladen, sich damit kurzfristig Rückenwind, mittel- und langfristig aber vor allem Heterogenisierung eingehandelt. Helmut Schmidt, sozialdemokratischer Protagonist gegen die neuen Bewegungen seit der APO, hat in den 70er Jahren die systematische Enttäuschung von Bewegungserwartungen eingeleitet, die eine der Schlüsselmotivationen für die nsB-Akteure war, eine eigene Partei zu gründen. Der quantitativ größere Teil der nsB-Anhänger ist als Wähler zur SPD gegangen. Sie müssen also nicht massenhaft im aktiven Teil der Partei präsent sein. Es genügen symbolische Repräsentationen und die Umorientierung von Aktiven, die die Beschlußlage tragen. Bis auf Jo Leinen oder Monika Griefahn sind kaum genuine Bewegungsaktivisten in der Partei nach vorne gekommen. Aber auch die Zeit, in der sie nützlich waren, ist schnell abgelaufen. Der Zielwandel entstand überwiegend durch Umorientierung bzw. thematische Erweiterung der Parteilinken, vor allem soweit sie aus dem Denk- und Handlungszusammenhang der APO kam.

Die Responsivität ohne Präsenz half der SPD 1969 beim Machtwechsel, die Anwesenheit von Parteiaktivisten, die sich mit den Bewegungen identifizieren, führt zu einer Heterogenisierung der Großpartei, die für sie den Machtwechsel erschwert. Kommen die genuinen Bewegungsthemen in die Krise, zeigt sich, daß die Bewegungsakteure bzw. -sympathisanten nur Gäste in Organisationen waren, deren Bewegungsfremdheit nun wieder deutlicher sichtbar wird. Inzwischen hat die SPD sich weit entfernt von ihrem ‚Angebot' am Ende des Bewegungsjahrzehnts, ein „Reformbündnis der alten und neuen sozialen Bewegungen" zu schließen (Grundsatzprogramm der SPD von 1989). Aber sie wird die Geister, die sie rief, nicht so schnell los.

Fragmentierung und Heterogenisierung der postindustriellen Gesellschaft, die zunehmende Neigung, thematisch begrenzte und vorübergehende Initiativen, Protestkampagnen, ‚Bewegungen auf Zeit' zu bilden, legen für die Zukunft wahrscheinlich auch einen anderen Parteityp nahe. Debatten darüber werden zunehmend unter dem Stichwort der Rahmenpartei geführt. Gerd Mielkes an den amerikanischen Verhältnissen gewonnenes Modell von ‚Omnibus-Parteien' gehört in diese Kategorie: „[S]ie gleichen organisatorischen Vehikeln zur Beförderung politischer Anliegen vermittels Wahlen: Ihre Fahrgäste wechseln; sie werden eine Zeitlang von spezifischen sozialen Gruppen mit ihrem Gepäck an Interessen besetzt, bis neue Gruppen hereindrängen oder die vormaligen Fahrgäste sich eines anderen besinnen und aussteigen" (Mielke 1994: 235). Durch sie könnten auch Bewegungen hindurchgehen; mit ihren kleinen, relativ stabilen Organisationskernen würden diese Parteien aber auch ohne Bewegungsschübe weiterexistieren.

Dem stehen in Deutschland Ideal und Praxis der Mitgliederpartei entgegen. Wenn Mitglieder- auch Großparteien sind, brauchen sie länger zur Adaption an neue Bewegungen, aber auch zur Ablösung von ihnen, wenn Großthematik und Grundstimmung sich ändern. Die sich gegenüber Bewegungen öffnende Mitgliederpartei kann so gesellschaftlich Überholtes konservieren, sie trägt einen konservativen Bias in sich. Mielkes Modell ist denn auch konsequenterweise ein Plädoyer gegen die Mitgliederpartei, die er für historisch überholt hält. Allerdings setzt die bewegungsoffene Rahmenpartei eine Schicht ideologiearmer Kernaktiver voraus, die die Kontinuität der Partei gegenüber der Fluidität von Bewegungen wahren, außerdem die tatsächliche Fluktuation von Bewegungsnahen, die die Partei mit dem Bewegungszyklus auch wieder verlassen. Ob letztere Annahme realistisch ist, und ob *office seekers* und nur um Machterwerb bemühte Parteiarbeiter die Idealausstattung einer Partei darstellen, hängt auch von der Politischen Kultur des Landes und der Partei ab. Sie ist in den USA sicherlich anders als in Deutschland.

Mit den Bewegungen identifizierte Parteiaktivisten verstärken nicht nur die Heterogenisierung entsprechender Großparteien, sie verschärfen auch das Zeitproblem. Es existieren unterschiedliche Zeithorizonte von Diskurs-Themen, Bewegungen, Parteien, politisch-administrativer Themenbearbeitung. Thematisierung hat einen eher kurzfristigen, Themenbearbeitung einen langen Zeithorizont. Der lange Atem, den man braucht, bis erste Policyveränderungen erreicht sind, trägt zusätzlich zur Beharrungskraft von bewegungsorientierten Aktiven in Parteien bei. So sind Teile der SPD – wie auch die Grünen selbst – heute dabei, Bewegungsthemen der 70/80er Jahre abzuarbeiten. Was unter individuellen und Bewegungsaspekten Überzeugungstreue heißt, kann unter Gesichtspunkten der Flexibilität, auch der Responsivität von Parteien problematisch sein.

5.3 Parteien reagieren auf Bewegungen von außen: Responsivität

Bewegungen müssen nicht in Parteien, Parteien nicht in Bewegungen durch Akteure präsent sein, um eine symbolische Interaktionsbeziehung aufzubauen. Gelingt eine solche Beziehung, sind die Kosten eines Bewegungsengagements gesenkt, gleichzeitig wird der Nutzen für die Partei in Form von Wählerstimmen erfüllt. Statt Personalunion und direkter Interaktion muß die korrespondierende Partei in dieser Tauschbeziehung allerdings etwas bieten, um Stimmen zu erhalten. Das kann sich erstrecken auf semantische Angebote an sprachliche Gewohnheiten der Bewegung, verständnisvolle Verstehensbekundungen gegenüber Motiven der Bewegungen, Thematisierungs- und Policyleistungen. In progressiven Bewegungen hat Partizipation auch als Selbstzweck einen ganz anderen, ideologisch begründeten Stellenwert als in regressiven Bewegungen. Zwar haben sich die Partizipationsformen heute verändert, sind in Zeit, Thema, Intensität begrenzte Aktivitäten heute charakteristischer geworden als dauerhafte Vollmitgliedschaften, aber unverändert lassen progressive Bewegungen sich von Parteien nicht so einfach abspeisen.

Ein Aspekt der Asymmetrie des Parteiensystems liegt darin, daß die Interaktions-, Verständigungs- und Koordinationskosten zwischen Parteien und Bewegungen/Bewegungspotential auf der Linken ungleich höher sind als im rechten Spektrum. Diskontinuität und Strukturierungsschwächen der rechten Bewegungen helfen den bürgerlichen Parteien, das dahinter stehende Potential anzusprechen, ohne sich in die Interaktionsprobleme verwickeln zu müssen. Brunner und Kappel, Dregger und Lummer waren bzw. sind Resonanzträger rechtspopulistischer Orientierungen in FDP und CDU; die CSU ist als Gesamtpartei versiert darin, rechtspopulistische Parteien durch Aufnahme ihrer ‚berechtigten' Themen und Parolen zu bekämpfen. Der harte Kern dieses Tauschgeschäfts sind Stimmen gegen Maßnahmen, die weiche Hülle Worte, Gesten und der ewige de Gaulle: ‚Je vous ai compris'. Responsivität ist die übergreifende allgemeine Regel, mit der Parteien auch ihre Beziehung zu Bewegungen gestalten. Dabei sind Größe der Bewegung, öffentliche Resonanz, Verortung im politischen Feld (links/rechts) Bestimmungsgrößen. Bewegung wird bei ihrer Bewertung durch Parteien mittels Demoskopie kontrolliert. Bei positivem Trend ist Bewegung ein relevanter Verstärkungsfaktor, da er die Intensität einer Präferenz anzeigt und als öffentlicher Akteur eigenes Gewicht hat.

5.4 Parteien profitieren von heterogenisierten Konkurrenzparteien: Gegnerschaftsprofit

Diese indirekten Effekte müssen in einer Gesamtbilanz den Bewegungen zugerechnet werden, auch wenn sie sich meist nicht für sie verantwortlich fühlen, weil es ja nicht beabsichtigte Effekte sind. Sie können auch nicht dazu führen, dann eine Bewegung gar nicht erst zu beginnen, gehören aber zum reichen Paradoxien-Haushalt sozialer Bewegungen. Die CDU hat 1982/83 und im Grunde bis heute profitiert von der Heterogenität der SPD und von einer Verschärfung der Friktionen zwischen Rot und Grün, für die sich nach der Spaltung des linken Lagers in zwei Parteien – nach Hinzukommen der PDS: in drei Parteien – die strategischen Schwierigkeiten eines Machtwechsels verschärft haben.

6 Machtwechsel und soziale Bewegungen 1998

Soziale Bewegungen sind also keineswegs per se ein produktiver Faktor für Machtwechsel. Am deutschen Beispiel, eingegrenzt auf die postindustriellen Bewegungen seit den 60er Jahren, war zu sehen, daß der sozialliberale Machtwechsel 1969 auch ohne die APO stattgefunden hätte und daß der bürgerliche Machtwechsel 1982 von der Heterogenisierung der SPD durch die Bewegungen profitierte.

Die 16jährige Dauer der bürgerlichen Regierung wurde auch gestützt von einer Instrumentalisierung rechtspopulistischer Bewegungspotentiale, ohne sich ins Handgemenge schwieriger Interaktionen begeben zu müssen. Das war auf Bundesebene besonders deutlich, als CDU/CSU Anfang der 90er Jahre die Asyldebatte polarisierten, damit den rechtspopulistischen Konkurrenten das Wasser abgruben, gleichzeitig die Gewaltaktivitäten einer sich formierenden Bewegung objektiv förderten, die nach dem ‚Asylkompromiß' rasch zerfiel. Es ließ sich zeigen, „daß die Entwicklung der Gewalt stärker von der Intensität der Asyldebatte als von der Entwicklung der Asylbewerber beeinflußt wurde" (Koopmans/Rucht 1996: 282).

Die SPD muß mit einer Reihe struktureller Defizite leben: Sie besetzt mit der Arbeit/Kapital-Spaltung nur eine der in Deutschland relevanten Konfliktlinien, die CDU zusätzlich auch noch das Konfessionscleavage. Sozialdemokraten haben Schwächen bei grundlegenden Kompetenzzurechnungen (Wirtschaft und Finanzen, innere und äußere Sicherheit). Die SPD ist die heterogenste aller Parteien, die den alten Materialismus und neue, angebotspolitisch gewendete, sozial flankierte Varianten der Modernisierung vereinbaren will mit einigen der Forderungen einer Neuen Linken (Postmaterialismus/neue soziale Bewegungen) und aus Teilen ihrer (ehemaligen) Stammwählerschaft an sie herangetragenen Erwartungen eines neuen autoritären Rechtspopulismus.

Zu solchen Asymmetrien des Parteiensystems mit Vorteilen für die bürgerlichen Parteien (vgl. auch Schmidt 1992) kommt der Unterschied zwischen einem aktiv-öffentlichkeitszentrierten Bewegungsmodell auf der Linken und einem lediglich durch Wahlen und Gewalttaten umgrenzten Latenzmodell auf der Rechten hinzu. Die SPD hat zwar versucht, den in ihrer Wählerschaft relevanten Rechtspopulismus anzusprechen (Lafontaine mit seinen Aussiedler-Thesen in Baden-Württemberg, später Voscherau und Schröder mit einer ‚harten Linie' der Kriminalitätsbekämpfung), aber erfolglos. So hat die SPD unter dem Bewegungsaspekt das Doppelhandicap der internen Präsenz von nsB-Sympathisanten und der Nichterreichbarkeit des externen rechtspopulistischen Potentials zu tragen.

Auch bei der Bundestagswahl 1998 ist ungewiß, ob es zu einem Machtwechsel kommt. Er müßte, da mit Rot-Grün eine prinzipiell mehrheitsfähige Alternative existiert, aus einem Austausch von Regierungs- und Oppositionsformation bestehen. Scheitert ein solcher Machtwechsel, hätten mobilisierende Bewegungen darauf keinen direkten Einfluß – weil es sie zur Zeit nicht gibt. Die indirekte Wirkung sozialer Bewegungen wäre aber erneut nicht unbedeutend: Die Heterogenisierung der SPD und der Gesamtopposition. Nur wenn es gelingt, diese Fragmentierung der Machtalternative politisch zu beherrschen, wird sich ein positiver Gesamteffekt der Arbeitsteilung für Bewegungsziele und Machtwechsel herstellen lassen. Zweifelsohne ist es aus gesamtgesellschaftlich-integrativer Sicht ebenso wie aus der Bewegungsperspektive prinzipiell positiv und aus Gesichtspunkten von Wählermobilisierungsinteressen der SPD ist es auch unvermeidbar, daß die SPD sich der realen gesellschaftlichen Heterogenität stellt. Was aber bedeutet das für die Machtchancen des linken Feldes?

Bilanziert man Rot-Grün in nackten Wählerzahlen, sieht es so aus: Im Schnitt der vier Bundestagswahlen 1980 bis 1994 (ohne den negativen Ausreißer von 1990) kamen SPD und Grüne auf 44,3 Prozent. Als sie noch allein war, erreichte die SPD in den vier Bundestagswahlen der Jahre 1965 bis 1976 durchschnittlich 42,6 Prozent. Die Differenz beträgt 1,7 Prozent. Das linke Lager ist also quantitativ durch die Ausdifferenzierung gestärkt worden. Man könnte zu Recht einwenden: nur geringfügig und mit hohen Reibungsverlusten. Allerdings hätte der Niedergang der Großparteien (Wiesendahl 1998) sich für die SPD auch ohne die Abwanderung zu den Grünen einstellen können – dann würde das Urteil über die organisatorische Spaltung der Linken günstiger ausfallen. Die Grünen hätten für das linke Lager gerettet, was sonst verloren gewesen wäre. Das Ausschöpfen eines Wählerpotentials scheint aber leichter als dessen politische Koordination für einen Machtwechsel. Erfolgsorientierte Koordination folgt relativ autonomen Überlegungen politischer Strategiebildung (Raschke 1998).

Faktoren des politischen Systems, nicht die Bewegungen als solche, so zeigt der Überblick, sind entscheidend für Machtwechsel: Auf- und Abstiegsprozesse konkurrierender und koalierender Parteien; Situationsdeutungen, Kosten-Nutzen-Kalküle und Strategieoptionen; innerparteiliche Machtverhältnisse, insbesondere auf der Ebene der Eliten und Funktionsträger; strukturelle Themenaffinitäten und Kompetenzverteilungen von Parteien. Nur soweit Bewegungen – wie viele andere Akteure – mit solchen unmittelbar handlungsrelevanten politischen Faktoren plausibel verknüpft sind, besteht auch für sie eine Einflußchance. Dabei müssen vielfältige Wechselwirkungen und Effekte unterschiedlicher Handlungsebenen berücksichtigt werden: zwischen links und rechts (beide in alten und neuen Varianten), zwischen den Gegenpolen des Wertwandels, der ‚silent revolution' (Inglehart) eines libertären Postmaterialismus und der ‚Stillen Gegenrevolution' eines autoritären Sicherheitsmaterialismus, zwischen den Ebenen von Wertwandel, Bewegungen, Parteien, Regierung und Opposition (vgl. auch Ruß/Schmidt 1998). Bewegungen sind also ein Einflußfaktor neben anderen, in der Wirkungsrichtung nicht berechenbar, häufig paradoxe Effekte auslösend. Sie sind Ausdruck gesellschaftlicher Fragmentierung und verstärken deren Effekt auf der Ebene von Parteien und Verbänden. Da sie selbst die Integration und Kohärenz auf der Ebene strategisch handlungsfähiger Makroakteure nicht mehr leisten, delegieren sie faktisch die Integrationsaufgaben an die Parteien.

Entkoppelungstendenzen zwischen Staat/Parteien einerseits, Bewegungen/Zivilgesellschaft andererseits nehmen zu. Brückenschläge werden vor allem wegen der Eigenentwicklung des institutionalisierten politischen Systems schwieriger. Die Trennungslinie zwischen Partei und Bewegung muß stärker gezogen, deren Beziehungen als flexibler, teils interaktiv, teils nur symbolisch gedacht, und der Tribut berücksichtigt werden, den beide der fortschreitenden Ausdifferenzierung unterschiedlicher Handlungsfelder zu zahlen haben. So viel für eine stärkere Autonomisierung von Bewegungen spricht, so wenig können sie sich allerdings prinzipiell aus der Entwicklung der *opportunity structure* ausklinken. So wenig sie möglicherweise zum Machtwechsel beizutragen haben, so günstig sind eigentlich die Aussichten für Bewegungen nach der Bundestagswahl 1998. Wird die jetzige Regierung bestätigt, kommt es zur Fortsetzung des Immobilismus im beschriebenen Dreieck der Blockade, ist angesichts von Problemstau und Massenarbeitslosigkeit mit Protest- und Bewegungsaktivitäten zu rechnen. Endet die Wahl in einer großen Koalition, polarisiert sich die außerparlamentarische Opposition nach einem Links-Rechts-Muster. Gelingt ein rot-grüner Machtwechsel, führt dies zur Belebung von Rechtsbewegungen und gleichzeitig zu einer Revitalisierung der neuen sozialen Bewegungen, die ihre Forderungen gegenüber ‚ihrer' Regierung einzuklagen versuchen.

Mit der ‚Eigenmächtigkeit' wächst auch die Absturzgefahr für Parteien. Parteien selbst sind verantwortlich für Gelingen oder Scheitern von Machtwechsel. Sie haben im Zeichen der Entwicklung zu Rahmenparteien mehr Autonomie gegenüber gesellschaftlichen Gruppen und auch gegenüber anderen politisierten Wert- und Interessengruppen des intermediären Systems gewonnen, wie zum Beispiel sozialen Bewegungen. Das erweitert die Chancen von Führungsgruppen, unterwirft sie aber auch einer verschärften Leistungskontrolle. Möglicher Machtwechsel, der nicht zustande kommt, ist in erster Linie dem strategischen Handeln von Führungsgruppen zuzurechnen.

Literatur

Baring, Arnulf 1982: Machtwechsel. Die Ära Brandt-Scheel, Stuttgart.
Giddens, Anthony 1995: Konsequenzen der Moderne, Frankfurt/M.

Heitmeyer, Wilhelm (Hg.) 1997: Was treibt die Gesellschaft auseinander? Bundesrepublik Deutschland: Auf dem Weg von der Konsens- zur Konfliktgesellschaft, Bd. 1, Frankfurt/M.

Helms, Ludger 1994: 'Machtwechsel' in der Bundesrepublik Deutschland. Eine vergleichende empirische Analyse der Regierungswechsel von 1966, 1969 und 1982. In: Jahrbuch für Politik, 4. Jg., 225-248.

Kaltefleiter, Werner 1970: Im Wechselspiel der Koalitionen. Eine Analyse der Bundestagswahl 1969, Köln.

Koopmans, Ruud 1996: Noch einmal davongekommen. Warum es (noch) keine soziale Bewegung von rechts gibt. In: Berliner Debatte INITIAL, Jg. 7, Heft 1, 51-54.

Koopmans, Ruud/Rucht, Dieter 1996: Rechtsradikalismus als soziale Bewegung? In: Jürgen W. Falter et al. (Hg.): Rechtsextremismus. Ergebnisse und Perspektiven der Forschung, PVS-Sonderheft 27, Opladen, 265-287.

Leif, Thomas 1990: Die strategische (Ohn-)Macht der Friedensbewegung. Kommunikations- und Entscheidungsstrukturen in den achtziger Jahren, Opladen.

Lipset, Seymour M./Rokkan, Stein (Hg.) 1967: Party Systems and Voter Alignments: Cross-National Perspectives, New York/London.

Mayntz, Renate 1987: Politische Steuerung und gesellschaftliche Steuerungsprobleme. Anmerkungen zu einem theoretischen Paradigma. In: Thomas Ellwein/ Joachim Jens Hesse et al. (Hg.): Jahrbuch zur Staats- und Verwaltungswissenschaft. Baden-Baden.

Mielke, Gerd 1994: Parteiensystem in der Krise oder Annäherung an die demokratische Normalität? Mutmaßungen zur Amerikanisierung der deutschen Parteien. In: Wolfgang Jäger et al. (Hg.): Republik und Dritte Welt. Festschrift für Dieter Oberndörfer zum 65. Geburtstag, Paderborn, 232-242.

Neidhart, Friedhelm/Rucht, Dieter 1993: Auf dem Weg in die ‚Bewegungsgesellschaft'? Über die Stabilisierbarkeit sozialer Bewegungen. In: Soziale Welt, 44. Jg., 305-326.

Offe, Claus 1986: Die Utopie der Null-Option. Modernität und Modernisierung als politische Gütekriterien. In: Johannes Berger (Hg.): Die Moderne – Kontinuität und Zäsuren, Soziale Welt, Sonderband 4, Baden-Baden, 97-117.

Pappi, Franz Urban 1991: Die Anhänger der neuen sozialen Bewegungen im Parteiensystem der Bundesrepublik Deutschland. In: Roland Roth/Dieter Rucht (Hg.): Neue soziale Bewegungen in der Bundesrepublik Deutschland, 2. Aufl., Bonn (Bundeszentrale für politische Bildung).

Pfahl-Traughber, Armin 1994: Volkes Stimme? Rechtspopulismus in Europa, Bonn 1994.

Raschke, Joachim 1988: Soziale Bewegungen. Ein historisch-systematischer Grundriß, 2. Aufl. Studienausgabe, Frankfurt/M./New York.

Raschke, Joachim 1993: Die Grünen. Wie sie wurden, was sie sind, Köln 1993.

Raschke, Joachim 1995: Das Selbstverständnis der Grünen in einer sich verändernden Gesellschaft. In: Bündnis 90/Die Grünen (Hg.): Reader zum Strategiekongreß 1995, Bonn, 2-10.

Raschke, Joachim 1998: Szenarien und Strategien eines Machtwechsels. In: Blätter für deutsche und internationale Politik, 43. Jg. 3, 267-272.

Rucht, Dieter 1994: Modernisierung und neue soziale Bewegungen. Deutschland, Frankreich und USA im Vergleich, Frankfurt/M./New York.

Rucht, Dieter et al. 1997: Soziale Bewegungen auf dem Weg zur Institutionalisierung. Zum Strukturwandel ‚alternativer' Gruppen in beiden Teilen Deutschlands, Frankfurt/M./New York.

Ruß, Sabine/Schmidt, Jochen 1998: Herausforderungen von links und rechts: Wertewandel und Veränderungen in den Parteiensystemen in Deutschland und Frankreich. In: Renate Köcher/Joachim Schild (Hg.): Wertewandel in Deutschland und Frankreich. Nationale Unterschiede und europäische Gemeinsamkeiten, Opladen, 265-287.

Scharpf, Fritz 1977: Politischer Immobilismus und ökonomische Krise. Aufsätze zu den politischen Restriktionen der Wirtschaftspolitik in der Bundesrepublik, Kronberg/Ts.

Schmidt, Manfred G. 1992: Regieren in der Bundesrepublik Deutschland, Opladen 1992.

Wiesendahl, Elmar 1998: Wie geht es weiter mit den Großparteien in Deutschland? In: Aus Politik und Zeitgeschichte, B 1-2/98, 13-28.

II.
Bilanzen und Perspektiven der Bewegungsforschung

Kai-Uwe Hellmann

Paradigmen der Bewegungsforschung

Eine Fachdisziplin auf dem Weg zur normalen Wissenschaft

1 Das Wesen der normalen Wissenschaft

Was ist normale Wissenschaft? Folgt man Thomas S. Kuhn, so bezeichnet normale Wissenschaft jene Phase wissenschaftlicher Forschung, in der sich eine Übereinstimmung der *scientific community* hinsichtlich bestimmter Grundannahmen beobachten läßt, die den Forschungsbetrieb zwar durchweg anleiten, als solche aber nicht mehr hinterfragt werden und in ihrer Gesamtheit das spezifische ‚Paradigma' des jeweiligen Forschungszweigs darstellen. Dabei repräsentiert das ‚Paradigma' eines Forschungszweigs die spezifische Weltsicht, mit der die Forscher ihren jeweiligen Gegenstandsbereich beobachten und beschreiben. Es gibt darüber eine Selbstverständlichkeit, die sogar Schulen ausbildet und mit einer ‚Gewißheit' vorgeht, die keinen Zweifel kennt, sondern immer schon von der ‚Wahrheit' ihrer Aussagen ausgeht, oder wie Ludwig Wittgenstein es ausgedrückt hat: „Die *Wahrheit* gewisser Erfahrungssätze gehört zu unserem Bezugssystem."[1] Dieses ‚Bezugssystem' äußert sich auch darin, daß jedes Paradigma den Bereich des Möglichen soweit limitiert, daß Nicht-Beliebiges herauskommt, indem eine scharfe Grenze gezogen wird zwischen dem, was zum Gegenstandsbereich gehört, und dem, was nicht dazu gehört. „Die Positionen, welche die normale Wissenschaft beherrschen, spezifizieren nicht nur, welche Entitäten das Universum bevölkern, sondern auch, welche es nicht enthält" (Kuhn 1976: 21).

Normale Wissenschaft zeichnet sich also dadurch aus, daß in ihr Paradigmata am Werke sind, die die unhinterfragten, weil immer im Hintergrund, in der Latenz verbleibenden Möglichkeitsbedingungen vorgeben, mittels derer die *scientific community* ihrer Erkenntnisarbeit nachgeht – gleichsam ein Fundament, das der Forschung als Hort und Heimstatt dient. Das heißt nicht, daß normale Wissenschaft keine Grundlagenforschung betreibt, aber eben nicht die Erforschung ihrer eigenen Grundlagen. Statt dessen geht es darum, das jeweilige Paradigma auf seine Anwendbarkeit, seine Genauigkeit und Reichweite hin zu testen und zu verbessern. Dabei lautet das Hauptmotiv: ‚Rätsellösen' (Kuhn 1976: 50). Denn normale Wissenschaft ist davon überzeugt, daß ihre Erkenntnis- und Forschungsprobleme im Prinzip lösbar sind, was ihr mitunter eine gewisse Überlegenheit, ja Überheblichkeit verleiht, auch wenn sie es selbst an Einheit vermissen läßt und dadurch wie ein noch recht ‚wackeliges Bauwerk' (63) erscheinen sollte.

Folgt man Kuhn weiter, so handelt es sich um drei Problemfelder, in denen normale Wissenschaft sich bewegt: um die Bestimmung bedeutsamer Tatsachen, um die gegenseitige Anpassung von Tatsachen und Theorie und um die Artikulierung der Theorie (Kuhn 1976: 47). Hat es die Forschung im wesentlichen mit diesen Problemfeldern zu tun, handelt es sich um normale Wissenschaft. Wenn sie aber im wesentlichen damit zu tun hat, zeigt sich dies wiederum in der Publikation einer bestimmten ‚Gattung' von Büchern, den *Lehrbüchern*. Denn Lehrbücher „stellen sich auf einen bereits ausgeprägten Bestand an Problemen, Daten und Theorien ein, sehr oft gerade auf die besonderen Paradigmata, denen sich die wissenschaftliche Gemeinschaft zum Zeitpunkt der Abfassung jener Schriften verbunden fühlt" (Kuhn 1976: 147). Dabei kommt es bei Lehrbüchern vor allem darauf an, daß es nicht bloß eine systematische Darstellung und Verknüpfung der wissenschaftlichen Begriffe innerhalb und außerhalb des Paradigmas gibt, sondern auch einen „Prozeß des Lernens durch ‚Fingerübungen' oder praktische Arbeit" (Kuhn 1976: 61), damit sie als „pädagogische Vehikel für das Fortbestehen der normalen Wissenschaft" wirksam werden können. Mit anderen Worten: „Diese Lehrbücher legen das anerkannte Theoriengebäude dar, erläutern viele oder alle ihrer erfolgreichen Anwendungen und vergleichen diese Anwendungen mit exemplarischen Beobachtungen und Experimenten" (Kuhn 1976: 25). Deshalb ist nach Kuhn davon auszugehen, „daß ein wachsendes Vertrauen in die Lehrbücher oder gleichwertige Publikationen eine unveränderliche Begleiterscheinung des Auftauchens eines ersten Paradigmas auf allen Gebieten der Wissenschaft war" (Kuhn 1976: 148). Lehrbücher fungieren somit als Indikatoren für die Ausbildung erfolgreicher Paradigmata und den Status einer Wissenschaft als normal.

2 Zur Entstehung und Entwicklung der Bewegungsforschung

Wo und wann genau der eigentliche Grundstein der Bewegungsforschung gelegt worden ist, läßt sich heute kaum mehr feststellen (Pankoke 1970; Hofmann 1971; Rammstedt 1978). Sicherlich aber hat die Bewegungsforschung ihre Wurzeln letztlich in der Aufklärung. „Alles Denken der sozialen Bewegung nimmt seinen Ausgang von den großen Ideen der Aufklärungsphilosophie" (Hofmann 1971: 8). Denn schon die Aufklärung selbst stellte – das ‚finstere' Mittelalter hinter sich lassend – einen ‚Aufbruch in eine andere Gesellschaft', die der Moderne dar, die uns als ‚ein unvollendetes Projekt' noch immer beschäftigt und ständig neue Bewegungen aus sich hervorbringt, die das Projekt ‚Moderne' doch noch zu vollenden – oder schon wieder zu beenden suchen (Berger/Berger/Kellner 1975; Münch 1994; Hellmann 1997).

Ohne also alle Aspekte berücksichtigen zu können, die für die Begründung der Bewegungsforschung ausschlaggebend waren, sind die Anfänge doch in der Aufklärung zu finden. Dabei macht Werner Hofmann gleich zwei ‚Haltungen' (Hofmann 1971: 12) geltend, denen man heute Bewegungscharakter zusprechen kann: jene, die in der Romantik als Gegenbewegung zur Aufklärung ihren Ausdruck fand, und diejenige, welche gerade im Sinne der Aufklärung für die Verwirklichung der Ideen der Aufklärung eintrat. Letztere markiert aber mit der Französischen Revolution – so Joachim Raschke – den entscheidenden ‚take-off' (Pankoke) für „die erste soziale Bewegung in einem modernen Sinne" (Raschke 1985: 22), woraus sich dann die eigentliche, noch heute gebräuchliche Prägung des Begriffs ‚mouvement social' von Denkern wie Henri de Saint-Simon, Charles Fourier oder Auguste Comte entwickelte, deren Rezeption durch Lorenz von Stein 1842 den Begriff ‚sociale Bewegung' schließlich auch für Deutschland populär gemacht hat.[2]

Bei der Frage nach dem Höhe- und Angelpunkt der Denkgeschichte der sozialen Bewegung ist nach Hofmann davon auszugehen, daß erst mit den Arbeiten des (frühen) Karl Marx eine halbwegs konzise Theorie zu sozialen Bewegungen zur Verfügung stand, „so daß schlechthin von einer vor- und nach-Marxschen Theorie zu sprechen ist."[3] Aber ob es nun Marx oder doch von Stein war, „der als erster soziale Bewegung soziologisch reflektierte"[4]: Ohne Zweifel hat Marx maßgeblich Anteil daran gehabt, der wissenschaftlichen Beschäftigung mit sozialen Bewegungen zum Durchbruch zu verhelfen, als er und später dann vor allem Friedrich Engels[5] Hegels Bewegungsgesetz aus dem Gebiete des Geistigen in die Gesellschaft übertrugen und hier eine Dialektik in der Abfolge gesellschaftlicher Epochen zu erkennen glaubten, die wesentlich durch Klassenkämpfe vorangetrieben wird. Prägnanten Ausdruck fand dies im ‚Kommunistischen Manifest', wo zu lesen ist: „Die Geschichte aller bisherigen Gesellschaft ist die Geschichte von Klassenkämpfen." Demnach weist jede Gesellschaft in sich selbst strukturelle Spannungen und Widersprüche auf, die – wie der Gegensatz von Kapital und Arbeit – schon von sich aus den Keim des Neuen in sich tragen. Dieser Keim nimmt dann in einer sozialen Bewegung seine Endgestalt an, nämlich die des ‚Totengräbers' der bisherigen Gesellschaft, um zur rechten Zeit die ‚revolutionäre Umgestaltung der ganzen Gesellschaft' in die Wege zu leiten und durch das Neue zu ersetzen.

Wenn heute auch kaum noch jemand Marx/Engels einfach darin folgen dürfte, soziale Bewegungen geschichtsphilosophisch zu begreifen, hat dieser Bewegungsbegriff doch entscheidenden Einfluß gehabt auf die weitere Beschäftigung mit sozialen Bewegungen, sowohl praktisch als auch theoretisch. Dies betrifft nicht nur die Verortung sozialer Bewegungen auf der Makro-Ebene, ihre Beziehung zu gesellschaftlichen Zentralkonflikten und ihre Bedeutung für sozialen Wandel, sondern auch ihre Verbundenheit mit der Sozialstruktur der Gesamtgesellschaft und die Problematik des Übergangs einer ‚Klasse an sich' in eine ‚Klasse für sich', wodurch sie dann zum kollektiven Akteur wird – nicht zu vergessen die ‚wissenschaftliche' Utopie der klassenlosen Gesellschaft als Endstadium der Geschichte aller bisherigen Gesellschaften.

Neben dem Marxismus sind aber auch andere Ansätze zu nennen, die für die Entwicklung der Bewegungsforschung von Bedeutung waren. Hier ist vor allem die Beschäftigung mit der Masse aus psychologischer Perspektive anzuführen. Als Vater der Massenpsychologie kann sicherlich Gustave Le Bon gelten, dem es vorrangig um die Veränderungen ging, die das Individuum in der Masse erfährt: „Schwund der bewußten Persönlichkeit, Vorherrschaft der unbewußten Persönlichkeit, Orientierung der Gefühle und Gedanken in derselben Richtung durch Suggestion und Ansteckung, Tendenz zur unverzüglichen Verwirklichung der suggerierten Ideen" (Le Bon 1912: 17). So betrachtet, entwickelt sich der Mensch in der Masse zum Tier zurück, das nur noch durch seine Ängste und Affekte bestimmt wird.[6] „Das Individuum ist nicht mehr es selbst, es ist ein willenloser Automat geworden" (ebd.). Was vorherrscht, wenn Menschen in Massen auftreten, ist somit nicht mehr vernunftgeleitetes Handeln, sondern irrationales Verhalten, in sich unbegründet und ohne Reflexion auf Kontext und Konsequenzen.

Diese Sichtweise auf die ‚Natur' der Masse, die der von Marx/Engels in vielen Punkten diametral gegenübersteht, hat nicht minder einflußreich auch auf die wissenschaftliche Beschäftigung mit sozialen Bewegungen gewirkt. Vor allem Arbeiten zur ‚mass society' (Arendt, Kornhauser), die sich insbesondere mit totalitären Massenbewegungen auseinandergesetzt haben, sind nachhaltig von der Auffassung geprägt, daß Massen irrational veranlagt sind, in ihrer Motivlage ebenso wie im Handeln. Dabei wird der Anlaß für das Auftreten solcher Massenbewegungen – und hier fließt zumeist Durkheims Anomie-Idee mit ein – darin gesehen, daß die moderne Gesellschaft die Individuen aufgrund von Individualisierungs- und Atomisierungstendenzen basal verunsichere, verängstige und völlig ohne Orientierung lasse, worauf sie sich zu Massen zusammenfinden, um diesen Verlust an individueller Sicherheit durch kollektiven Protest zu kompensieren zu suchen. Noch heute sticht gerade diese Sichtweise, der letztendlich die Unterscheidung von Elite und Masse zugrunde liegt, bei der Kritik sozialer Bewegungen immer wieder hervor, wenn protestierenden Individuen psychopathologische Züge und andere, deviante, vor allem aber irrationale Motive nachgesagt werden, die lediglich auf Verwirrung, Ratlosigkeit und Panikmache schließen liessen.

Vereinfacht gesagt, stellen Marxismus und Massenpsychologie die beiden Extreme zu Beginn der Bewegungsforschung dar, da sie soziale Bewegungen von gänzlich unterschiedlichen Positionen aus gedacht haben. Während der Marxismus soziale Bewegungen prinzipiell als *kollektives Handeln* verstand, dem eine eigene Rationalität[7] zukommt, die sich durch die Selbstwidersprüchlichkeit der gesellschaftlichen Verhältnisse begründet sieht, betrachtete die Massenpsychologie soziale Bewegungen überwiegend als *kollektives Verhalten*, das wesentlich irrational veranlagt ist, da es nur durch Ängste und Affekte geleitet wird, ohne klare Zielsetzung oder gar hinlängliche Kontrolle über sich selbst.

Betrachtet man nunmehr die Entwicklung der Bewegungsforschung im Nachhinein, so kann man versucht sein zu sagen, daß es sich hierbei – ganz im Sinne von Kuhns Auffassung über Lehrbücher[8] – um einen kollektiven Lernprozeß gehandelt hat (Schurz 1998). Denn die Geschichte der Bewegungsforschung weist – ausgehend von diesen beiden Extremen – eine Abfolge von

Lernschritten auf, die jeweils kritisch aufeinander Bezug genommen und dadurch zur Entwicklung der Disziplin beigetragen haben. Dabei läßt sich idealtypisch zwischen einem amerikanischen und einem europäischen Strang der Bewegungsforschung unterscheiden.[9]

Für den amerikanischen Strang der Bewegungsforschung war vor allem der *Collective Behavior*-Ansatz (CB) konstitutiv, der kollektivem Protest zumeist irrationales Verhalten unterstellte[10], wenn er auch der Auffassung von Marx, der in den USA insgesamt wenig Aufmerksamkeit fand[11], dahingehend nahe stand, daß sich kollektiver Protest aufgrund von strukturellen Spannungen, Widersprüchen und Enttäuschungen ausbildet und evolutionär wirken kann (Turner/Killian 1957; Smelser 1962). Außerdem ist noch der *Relative Deprivation*-Ansatz (RD) zu nennen, der auf die Rationalität[12] der Motivation kollektiven Protests aufmerksam machte, indem er das Protestpotential der Diskrepanz von Anspruch und Wirklichkeit, von Werterwartungen und Erwartungsenttäuschungen zurechnete, mit der Gesellschaften ihre eigenen Mitglieder konfrontieren (Gurr 1970; Morrison 1973; Muller 1980). Denn diese Diskrepanz erzeuge latente Unzufriedenheit, die ab einem gewissen Punkt, wenn diese Diskrepanz immer größer werde, in manifesten Protest umschlage. „Movement emergence is thus analogous to, and as inexorable as, the process by which water boils." (McAdam 1982: 9)

Jeder dieser Ansätze barg interessante Einsichten, wie sie auch zuvor schon diskutiert wurden; zugleich warfen aber beide auch eine Reihe von Problemen auf, sei es nur der psychologische *bias* (McAdam 1982) oder die Unterstellung von Irrationalität oder gar Psychopathologie (Morris/Herring 1987), die schließlich 1977 zu einem Paradigmenwechsel führten, der programmatisch unter dem Titel 'Resource Mobilization and Social Movements: A Partial Theory' von John McCarthy und Mayer N. Zald publiziert wurde (McCarthy/Zald 1973, 1977).

Zugrunde lag diesem Paradigmenwechsel, der lange Zeit nur die amerikanische Bewegungsforschung betraf, eine Reihe von Kritikpunkten, die sich gegen bestimmte Annahmen der beiden Ansätze, CB und RD, richteten. So sei zwar unbestritten, daß es gesellschaftliche Probleme gebe, doch nicht jedes Problem habe Protest zur Folge: „Grievances are everywhere, movements not" (Japp 1984: 316); genau diese Diskrepanz gelte es aber zu erklären. Weiter seien Protestmotive und Proteststrategien keineswegs als irrational oder schlicht pathologisch einzuschätzen, sondern durchaus zweckrational begründet. Gehe man aber von diesem Befund aus, handele es sich bei Mobilisierungseffekten nicht bloß um rein psychologische Vorgänge[13], sondern auch um ‚politics with other means' (Gamson). Deshalb bestehe auch keineswegs ein Widerspruch zwischen Mobilisierung und Organisation, wie etwa von Max Weber behauptet worden war; im Gegenteil: Häufig seien es gerade erst Organisationen, die Mobilisierung erfolgreich auf den Weg brächten. Entsprechend hat sich der RM-Ansatz zumeist auf die Analyse von Bewegungsorganisationen, deren Funktion, Struktur und Verflechtung sowie auf die Erforschung mobilisierungsrelevanter Ressourcen eingelassen, wie Geld, Zeit und Personal.

Unzweifelhaft hat der RM-Ansatz die amerikanische Bewegungsforschung bis weit in die 80er Jahre dominiert, was ihn vor Kritik jedoch nicht verschonte (Jenkins 1983; Oliver 1989; Kitschelt 1991; Ferree 1992). So beschränkte sich dieser Ansatz häufig auf die Akquisition und Allokation von Ressourcen innerhalb der Bewegungsindustrie, ohne die maßgeblichen Randbedingungen in der Umgebung sozialer Bewegungen, vor allem das politische Umfeld mit seinen begünstigenden und verhindernden Gelegenheitsstrukturen (Piven/Cloward 1977; McAdam 1982), hinreichend zu berücksichtigen, was zur verstärkten Untersuchung derartiger *Political Opportunity Structures* führte (Brand 1985; Kitschelt 1986; Tarrow 1991; Kriesi 1991; siehe auch den Beitrag von Kitschelt in diesem Band). Ferner reduzierte sich das Repertoire der Ressourcen zumeist auf solche rein organisatorischer Provenienz, wie Geld, Zeit und Personal, ohne die symbolischen und diskursiven Leistungen angemessen zu reflektieren, die in höchstem Maße relevant sind für den Mobilisierungserfolg, was wiederum zur Ausbildung des *Framing*-Ansatzes beitrug (Snow et al. 1986, 1988, 1992). Festzuhalten bleibt, daß die amerikanische Bewegungsforschung beträchtliche Lernerfolge zu verbuchen hat, was die Kritik von Vereinfachungen, Versäumnissen und Irrtümern betrifft.

Etwas anders stellt sich das Bild für den europäischen Strang der Bewegungsforschung dar, für den sich weitgehend[14] alle wichtigen Arbeiten zu sozialen Bewegungen in Europa unter dem Dach des ‚new social movement'-Ansatz (Klandermans/Tarrow 1988: 2) versammeln, der zudem noch stark von Marx geprägt ist. Dies zeigt sich vor allem in der Beschäftigung mit den sozialstrukturellen Voraussetzungen der ‚Neuen Sozialen Bewegungen' (NSB), aber auch in der Zurechnung dieser ‚Bewegungsfamilie' (Rucht/della Porta) auf eine bestimmte Sozialstruktur im Sinne der Sozialstrukturanalyse. Was die sozialstrukturellen Voraussetzungen der NSB betrifft, so spielen vor allem ‚structural strains' (Smelser) eine prominente Rolle, da die Mobilisierung der neuen sozialen Bewegungen häufig in Verbindung mit Modernisierungsbrüchen, gesellschaftlichen Strukturproblemen und anderen gesamtgesellschaftlichen Problemherden gesehen wird (Touraine 1983; Melucci 1985; Brand/Büsser/Rucht 1986; Rucht 1994). Dabei hat sich besonders die Wertewandel-These von Ronald Inglehart (1977) als einflußreich erwiesen, wonach sich im Verlauf der 50er und 60er Jahre durch den Wohlfahrtsstaat und die Bildungsrevolution ein Wertewandel von materialistischen zu postmaterialistischen Werten oder – wie Helmut Klages (1987) sagen würde – von Akzeptanzwerten wie Pflicht und Fleiß zu Selbstentfaltungswerten wie Freiheit und Selbstbestimmung ereignet hat, der – einer ‚Silent Revolution' gleich – zwar gravierende, aber lange Zeit weitgehend unbemerkte Veränderungen in den Lebenseinstellungen der Menschen in den westlichen Industriestaaten verursachte (Klages/Kmieciak 1979). Resultat dieser ‚Silent Revolution' ist, und hier kommt die zweite Komponente der Marxschen Bewegungsanalyse zum Tragen, daß sich eine neue Generation herangebildet hat, die durch eine bestimmte, vor allem sozialwissenschaftlich-akademische Qualifikation besonders dafür prädestiniert war, die Berücksichtigung dieser Selbstentfaltungswerte einzuklagen, was sich etwa in Partizipationsforderungen an das politische System äußerte, aber auch im Selbstbestimmungsanspruch von Minderheiten wie Lesben und Schwulen oder dem Schutz der Umwelt durch die Ökologiebewegung. Zentral für diesen ‚new social movements approach' ist, daß von einer bestimmbaren sozialstrukturellen Mobilisierungsbasis sozialer Bewegungen ausgegangen wird, was an die Klassentheorie von Marx erinnert, und daß diese Bewegungen, obgleich in ihren Aktionen durchaus politisch-strategisch orientiert, nichtsdestotrotz auch persönliche, mehr kulturell ausgerichtete Aspekte berücksichtigen, wie eben die Verfechtung bestimmter Lebensweisen, Selbstverständnisse und Werthaltungen (Offe 1985; Raschke 1985; Brand/Büsser/Rucht 1986; Berking 1990).

Was nun die sozialstrukturellen Kriterien des harten Mobilisierungskerns der neuen sozialen Bewegungen betrifft, ist die Bewegungsforschung zu dem Ergebnis gekommen, daß die Mehrheit der Bewegungsteilnehmer auffällige Ähnlichkeiten aufweist: „Den Kern der neuen sozialen Bewegungen bilden Angehörige der jüngeren, in den 60er und 70er Jahren politisch sozialisierten Nachkriegsgenerationen, die sich entweder noch in weiterführender Ausbildung, vornehmlich im sozialen, kommunikativen oder humanwissenschaftlichen Bereich befinden oder die bereits entsprechende Berufstätigkeiten ausüben." (Brand/Büsser/Rucht 1986: 280) Übereinstimmend wird davon ausgegangen, daß es sich vorwiegend um jüngere Personen handelt, die einen überdurchschnittlich hohen Bildungsgrad aufweisen und aufgrund ihrer Sozialisation eine postmaterialistische Werthaltung vertreten; so sind „Kommunikation, Gesundheit, Sinn, Selbstverwirklichung" (Raschke 1985: 424) jene Ansprüche, die den Wertehorizont dieser Gruppe repräsentieren (Melucci 1984: 823; Kriesi 1987: 322). Ihre Berufsstruktur ist bestimmt durch „Beschäftigte im sozialen Dienstleistungsbereich, Sozialarbeiter, Lehrer, Pfarrer, Ärzte, künstlerische Berufe, Journalisten, sozialwissenschaftliche Intelligenz etc." (Brand/Büsser/Rucht 1986: 35). Ergänzt wird dieses Mobilisierungspotential durch konkret Betroffene, Marginalisierte, die beim Modernisierungsprozeß besonders schlecht abschneiden, und die „sogenannte ‚humanistische Intelligenz' (Gouldner) der Geistes- und Sozialwissenschaften" (Raschke 1985: 415f), wobei ein „überproportionaler Anteil der Aktiven in den neuen Bewegungen ... aus der Überschneidung der drei Segmente Humandienstleistungsarbeit, Intelligenz und sozusagen qualifizierter Marginalisierung" erwächst. Aufgrund der postmaterialistischen Werthaltung des harten Mobilisierungskerns der NSB besteht in dieser Gruppe eine „generelle Problemsensibilität für die Folgelasten des Modernisierungsprozesses und für Fragen der Selbstverwirklichung" (Brand/Büsser/Rucht 1986: 279). Hinzu kommt, daß gerade die spezifische Alters- und Berufsstruktur dieser Gruppe sie tagtäglich mit diesen Problemen konfrontiert, sie ferner fähig ist, diese Probleme nicht nur öffentlich zu artikulieren, sondern auch in den Zusammenhang mit gesamtgesellschaftlichen Veränderungen zu setzen, und daß sie davon insofern persönlich betroffen ist, als Sparmaßnahmen häufig gerade bei ihrem Berufsstand zuerst ansetzen (Lehrer, Sozialpädagogen, Sozialarbeiter etc.).

3 Die Paradigmen der Bewegungsforschung

Zieht man ein erstes Zwischenfazit, ist festzuhalten, daß keiner der bisher diskutierten Ansätze allein hinreichend ist zur Erklärung sozialer Bewegungen, obgleich jeder einzelne einen wichtigen Beitrag dazu leistet. Zugleich sind diese Ansätze aber soweit ausformuliert und gebräuchlich, zumal sie bedeutende Erkenntnisgewinne erbracht haben, daß von eigenständigen ‚Paradigmata' die Rede sein kann.[15] Vor diesem Hintergund kann man fünf Paradigmen innerhalb der Bewegungsforschung differenzieren. Die Auswahl dieser fünf Paradigmen resultiert aus einer Durchsicht der Forschungsliteratur unter der Fragestellung, wie dort selbst unterschiedliche Ansätze in Gebrauch sind und voneinander abgegrenzt werden.[16] Die fünf Paradigmen lauten: (1) der *Structural Strains*-Ansatz, (2) der *Collective Identity*-Ansatz, (3) der *Framing*-Ansatz, (4) der *Resource Mobilization*-Ansatz und (5) der *Political Opportunity Structures*-Ansatz.

3.1 Structural Strains

Der SS-Ansatz erweist sich selbst als ein Ansatz-Ensemble, das vor allem aus zwei Komponenten besteht, die schon von Marx herrühren. Zum einen geht es um die Fragestellung, inwiefern die Gesellschaftsstruktur selbst Anlaß ist für Protest und soziale Bewegungen, zum anderen um die Bedeutung der sozialstrukturellen Mobilisierungsbasis sozialer Bewegungen. Im ersten Fall dreht es sich vorrangig um die Entstehung sozialer Bewegungen durch sozialen Wandel, Modernisierungsschübe und andere gesellschaftsstrukturelle Spannungsverhältnisse, die weiterhin „eine entscheidende Variable mit eigenständigem Gewicht" (Neidhardt 1985: 198) für diese Fragestellung darstellen. „These strains are the result of a disruption in the normal functioning of society. The precise form this disruption takes is not specified, but frequent mention is made of such processes as industrialization, urbanization, or a rapid rise in unemployment" (McAdam 1982: 8). Dabei lassen sich soziale Bewegungen häufig als „Produkt und Produzent der Moderne" (Raschke 1985: 11) zugleich beobachten, die aus gesellschaftlichen Verwerfungen heraus entstehen und wiederum auf diese – im Sinne eines feedback-Prozesses – rekursiv einwirken, also derart, „daß in Modernisierungsschüben neue Bewegungen mit eigenen Ordnungsvorstellungen aufkommen und damit das bestehende gesellschaftliche und politische Koordinatensystem nachhaltig verschieben" (Rucht 1994: 123). Eng verbunden mit dieser Perspektive sind häufig auch sozialpsychologische Fragestellungen, die – gleichsam als „Rohstoff individueller

Mobilisierungsgründe" (Neidhardt/Rucht 1993: 307) – auf Verlusterfahrungen, Verunsicherungen oder Nachteilswahrnehmungen im Vergleich mit anderen basieren. Was zu der entscheidenden Frage überleitet, wer weshalb an sozialen Bewegungen teilnimmt und wer nicht, wohinter letztlich die Frage nach der Sozialstruktur sozialer Bewegungen steht.

Die Frage nach der Sozialstruktur sozialer Bewegungen und deren spezifische Sensibilität für Deprivationserfahrung und Protestbereitschaft verweist wiederum auf den zweiten Fall des SS-Ansatz, der vor allem durch den ‚new social movements approach' tradiert wurde (Offe 1985; Brand et al. 1986; Melucci 1989; Rucht 1994). Denn bei der Frage nach der Herkunft der Anhängerschaft sozialer Bewegungen wird mittlerweile einhellig davon ausgegangen, daß der Kreis jener, die sich auf jeweils unterschiedlich verbindliche Weise für eine Bewegung engagieren und mobilisieren lassen, keineswegs nur eine Ansammlung von Individuen darstellt, die jeweils nur als Individuen angesprochen werden, sondern zumeist schon Kontakte untereinander aufweisen und dadurch als Kontakt-Netzwerke, als „recruitment networks" (Melucci 1989: 31), aktiviert werden, die im mobilisierten Zustand zur Emergenz sozialer Bewegungen führen und diese dann als „mobilisierte Netzwerke von Netzwerken" (Neidhardt 1985: 197) erscheinen lassen. Welcher Art diese Kontaktnetze sind, ob es sich um Freundescliquen, Vereinsmitgliedschaften, Szenebekanntschaften, subkulturelle Zugehörigkeiten oder gar klassenspezifische Affinitäten handelt, kann von Bewegung zu Bewegung stark variieren. Feststeht jedoch, daß die meisten sozialen Bewegungen über eine entsprechende sozialstrukturelle Mobilisierungsbasis verfügen, von der aus sie die Rekrutierung ihrer Anhängerschaft organisieren. Außerdem ist davon auszugehen, daß eine nicht-beliebige Verbindung besteht zwischen der Sozialstruktur einer sozialen Bewegung und der kollektiven Identität dieser Bewegung (Hellmann 1995).

3.2 Collective Identity (CI)

Der CI-Ansatz führt den Identitätsaspekt als Mobilisierungsressource ins Feld und beschäftigt sich insbesondere mit der Handlungsfähigkeit und Selbststeuerung einer Bewegung als solcher und nicht bloß mit einer ihrer Organisationen. Dabei ist CI eng mit *Framing* verbunden, da es sich gleichfalls um eine Konstruktionsleistung, um Semantik, Kommunikation handelt, die organisiert und geschickt montiert werden muß, damit der Eindruck von Einheit entsteht. Denn eine Bewegung existiert als Bewegung nur, sofern es ihr gelingt, auch das Fluide, Unorganisierte, Auseinanderstrebende auf ein Ziel hin auszurichten, was dann einheitliches Auftreten nach außen erlaubt. Ziel ist es, die Teile des Ganzen auf das Ganze einzuschwören, das interne Chaos zumindest zeitweilig unter Kontrolle zu bringen und die Totalität der Bewegungsperspektive für alle Beteiligten durchzusetzen. Andernfalls ist eine bewegungsübergreifende Mobilisierungsstrategie kaum erfolgreich, wenn sie nur mit Fragmenten zu tun hat, die nichts verbindet und die keine Einheit repräsentieren (Taylor/Whittier 1992; Melucci 1995; Rucht 1995).

Die Leistung von CI besteht darin, nicht nur in bezug auf die Problemdimension eine sachliche und in bezug auf die Zeitdimension eine zeitliche, sondern auch in bezug auf die Sozialdimension eine soziale Einheit zu stiften (Rucht 1995: 12), die mit Unterscheidungen wie zugehörig/nicht-zugehörig (Japp 1993: 235) oder Inklusion/Exklusion (Hellmann 1996: 241) operiert und entsprechende Ausschlußrisiken deutlich markiert. Im Kern geht es um die Unterscheidung *Wir/Die*, worauf diese sich auch immer stützen mag (Touraine 1976, Melucci 1989; Taylor/Whittier 1992; Gamson 1995). Denn hier besteht ein breites Angebot an Alternativen, was die Differenzierung begründen kann, wie Nation, Ethnie, Kultur oder Sprache; häufig greift CI aber auch noch auf klassische sozialstrukturelle Potentiale wie Klasse, Milieu oder Subkultur zurück (Haller 1993; Niethammer 1994; Schmidtke 1995; Bader 1995; Hellmann 1995).

Generell bedarf es Gründungsmythen, ‚Schicksalsgemeinschaften', Geschichtsschreibung, Legendenbildung, Heldenerzählungen und anderes mehr, was dazu führt, die Gemeinschaft der Betroffenen zusammenzuschweißen (Hunt/Benford 1993). Über diese diskursiven Aspekte hinaus sind aber auch Praktiken von Bedeutung wie Rituale, eigene Symbole, Zeichen, Sprachen, Kleidungsmoden, die im Miteinander ständig bestätigt werden und sich derart reproduzieren (Bader 1991; Soeffner 1988). Ferner ist der Wiedererkennungseffekt im Interaktionszusammenhang entscheidend, etwa bestimmte Orte des Wiedersehens und Zusammenkommens, Erholens und Unterhaltens sowie bewegungsspezifische Szenen, Lebensstile, Gewohnheiten, Routinen wie gemeinsame Treffen, Kino, Kneipen, Musikveranstaltungen etc. (Schulze 1992). Ferner muß eine interaktionsübergreifende Verständigungsbasis gegeben sein, d.h. populationsspezifische Massenmedien, die eine bewegungsloyale Thematisierung und Kommentierung der Ereignisse leisten (Stamm 1988; Steinmetz 1996).

CI bewerkstelligt und gewährleistet die kollektive Handlungsfähigkeit einer Bewegung und macht sie zum kollektiven Akteur, wobei wiederum kollektive Aktionen die CI verstärken können (Melucci 1995). Initiative und produktive Basis dieses Konstruktionsprozesses sind zumeist Bewegungsorganisationen; zentral ist aber die Totalität der Ansprüche und die Einbindung aller auf ein Ziel hin sowie die Konzentration auf die Einheit der Bewegung. In diesem Sinne steht bei CI immer der Innenbezug einer Bewegung im Mittelpunkt der Betrachtung, während *Framing* sich eher dem Außenbezug der Bewegung zuwendet, der diskursiven Situierung der Bewegung in der Gesellschaft. Alles in allem ist Veit Michael Bader aber noch immer darin zuzustimmen, daß „sich die immer wieder betonte große Bedeutung kollektiver Identität für die Herausbildung kollektiven Handelns und sozialer Bewegungen umgekehrt proportional verhält zur Klärung der Grundbegriffe und des analytischen Bezugsrahmens." (Bader 1991: 104)

3.3 Framing

Der *Framing*-Ansatz betont die konstruktivistischen Züge sozialer Bewegungen. Es geht um die Konstruktion eines Deutungsrahmens, der es Bewegungen gestattet, für sich selbst eine Legitimation ihres Handelns zu schaffen, aber auch, um der Gesellschaft gegenüber zu rechtfertigen, weshalb es überhaupt zum Protest kommt. Dabei wird *Framing* vor allem als die Inszenierung eines Protestthemas verstanden. Gerade deswegen geht es bei *Framing* auch um die Frage der Deutungskompetenz, der Definitionsmacht oder auch kulturellen Hegemonie (Gramsci) einer sozialen Bewegung im Kontext eines Protestthemas. Denn die öffentliche, letztlich sogar politisch relevante Thematisierung kollektiver Probleme ist immer heiß umstritten: Versäumnisse werden beklagt, Skandale inszeniert, Schuldige gesucht, Alternativen erwogen. All dies spielt sich in einer Arena ab, in der immer zugleich mehrere kollektive Akteure – offen wie verdeckt – um den alleinigen Besitz der öffentlichen Wahrheit, „um die öffentliche Auslegung des Seins" (Mannheim 1984: 573) miteinander ringen, weil „diese öffentliche Auslegung des Seins nicht einfach da ist, sie wird auch nicht ausgedacht, sondern es wird um sie gerungen. Nicht kontemplative Wißbegier leitet hierbei das Interesse; die Weltauslegung ist zumeist Korrelat der Machtkämpfe einzelner Gruppen" (Mannheim 1984: 575). Frames sollen genau dies leisten: die Mobilisierung der Bewegung und der öffentlichen Meinung.

Im einzelnen umfaßt ein solcher Mobilisierungsframe drei Spezialframes (Snow/Benford 1988). Dem ‚diagnostic frame' obliegt es, eine überzeugende Problemkonstruktion anzubieten, die nicht nur plausible Relevanz und hinreichende Allgemeinheit beanspruchen kann, sondern auch eine Zurechnung von Verursachung oder Verantwortlichkeit erlaubt, etwa die Umstellung von Selbst- auf Systemverantwortung; denn „only system attributions are consistent with social movement activity" (Ferree/Miller 1985: 44). Der ‚prognostic frame' beschäftigt sich dagegen mit dem Aufweisen von Lösungsmöglichkeiten, da sich nur bei einer plausiblen Inszenierung des Lösenkönnens eines solchen Problems der Protestaufwand rechnet. Der ‚motivational frame' sucht schließlich Engagement und Mobilisierungsbereitschaft bei den Betroffenen zu motivieren. Nur im Gleichklang dieser drei Frameleistungen kann ein Mobilisierungsframe optimal funktionieren. Snow/Benford führen jedoch noch weitere Bedingungen an, denen ein Mobilisierungsframe genügen sollte. Dies betrifft etwa die hinlängliche Bezugnahme auf allgemeine Wertstrukturen; sofern ihm dieser Anspruch auf ‚centrality' nicht gelingt, erweist er sich als nur ungenügend anschlußfähig an das allgemeine Wertesystem. Ferner sollte ein Mobilisierungsframe über eine gewisse Mindest-Reichweite (‚range') verfügen, was seine Anwendbarkeit betrifft; sofern ein Mobilisierungsframe nur auf einen Bruchteil von Ereignissen Bezug nimmt, die überdies nur wenige betreffen, ist er in seiner Überzeugungsleistung stark gefährdet. Schließlich sollte ein Mobilisierungsframe intern eine hinreichende Verdichtung und Verflechtung (‚interrelatedness') seiner Bestandteile aufweisen, damit er argumentationsfähig ist und bei Belastung nicht sofort auseinanderbricht. Ferner führen Snow/Benford die Aspekte „(1) empirical credibility, (2) experiential commensurability, and (3) narrative fidelity" (Snow/Benford 1988: 208) eines Mobilisierungsframes an. Denn nur, wenn ein Frame auch eine empirisch glaubwürdige Deutung der Ereignisse unternimmt, die für die Betroffenen in ihrem eigenen Erfahrungsbereich nachvollziehbar ist und eine gewisse erzählerisch-mitreissende Wirkung aufweist, kann er auch überzeugen. Im Kontext des *Framing*-Ansatzes ist schließlich bedeutsam, daß ein Mobilisierungsframe nicht nur eine bestimmte interne Struktur aufweist, sondern auch über externe Wirkungsmöglichkeiten verfügt (Snow et al. 1986). So wird mit ‚Frame Bridging' generell die Koppelung zwischen dem frameeigenen und framefremden Wertehorizonten bezeichnet; der Frame muß sozusagen eine Brücke schlagen zwischen sich und anderen Frames (Gerhards 1993). ‚Frame Amplification' versorgt dagegen mit handlungsmächtigen Wertkonstellationen, die eine verstärkende Leistung bewirken; so können Werte wie „justice, cooperation, perseverance, and the sanctity of human life" wie ein „springboard for mobilizing support" (Snow et al. 1986: 469) fungieren. Sodann betrifft ‚Frame Extension' die Ausweitung des Frames auf Bereiche, die sich für die Mobilisierung als unerläßlich herausstellen, weil sie „of considerable salience to potential adherents" (Snow et al. 1986: 472) sind. Schließlich bezieht sich die ‚Frame Transformation' auf grundlegende interne Strukturänderungen, um erfolgreich zu mobilisieren, wie die Umstellung von lokalen auf globale Aspekte oder von sozialen auf ethnische Konflikte (Jaschke 1992).

All diese Aspekte sind für einen erfolgreichen Mobilisierungsframe von größter Bedeutung (Snow/Benford 1992). Es bleibt zwar unklar, inwiefern Frames auch bei suboptimaler Erfüllung all dieser Bedingungen erfolgreich sind; insofern haben wir es eher mit Idealtypen zu tun, die induktiv erschlossen als deduktiv abgeleitet sind. Nichtsdestotrotz hat sich *Framing* als äußerst einflußreich erwiesen und kann deswegen als eigenständiges Paradigma betrachtet werden. Denn ohne diese Kompetenz, öffentlich Aufmerksamkeit zu erzeugen und die Definition der Situation zugunsten des Protests zu manipulieren, kommt es weder zur Mobilisierung von Anhängern noch zur Mobilisierung der öffentlichen Meinung. Von daher könnte man auch sagen, daß es sich beim *Framing* ebenfalls um eine Art von Ressource im Sinne des RM-Ansatzes handelt, nur daß RM eher für die ‚Produktion' einer Bewegung zuständig ist, während sich *Framing* mehr mit deren ‚Marketing' beschäftigt.

3.4 Resource Mobilization (RM)

Dem RM-Ansatz geht es vor allem um die (politische) Rationalität von Protest. Dabei ist entscheidend, daß der Mobilisierungserfolg sozialer Bewegungen in hohem Maße ressourcenabhängig ist, wobei vor allem Bewegungsorganisationen die bewegungsinternen Handlungsträger darstellen. Denn im Kern untersucht der RM-Ansatz Bewegungsorganisationen, die qua Organisation in der Lage sind, unterschiedliche Ressourcen, über deren Art und Umfang jedoch keine einheitlichen Angaben gemacht werden, zu akquirieren und rational einzusetzen (McAdam 1982; Cress/Snow 1996). In gewisser Weise fungieren diese Organisationen als der ‚Kopf' einer Bewegung, die ihren Mit-‚Glieder' Anweisungen erteilt, was zu tun ist, im Sinne von ‚Ohne Kopf keine Koordination – ohne Organisation keine Mobilisierung'.[17] „In this approach, organization is crucial to both emergence and success of movements" (Morris/Herring 1987: 167).

Man kann das Forschungsinteresse des RM-Ansatzes auch dahingehend präzisieren, daß es ihm um eine Verlagerung des ‚notwendigen Katalysators' (Gurr) für Mobilisierung von der Gesellschaft in die Bewegung selbst geht, da es genau dort eines Mechanismus bedarf, der von sich aus den ‚Kippschalter' von Unzufriedenheit zu Protest umzulegen vermag. Als eben dieser Mechanismus fungieren die Bewegungsorganisationen, die eine längerfristige, wenn auch nicht dauerhafte Verdichtung von Interaktion und Entscheidungsfindung zur Verfügung stellen und damit Handlungsfähigkeit und (bewegungsinterne) Rationalität ermöglichen. Der Erklärungsgewinn besteht darin, daß der Blick von allgemeinen gesellschaftlichen Möglichkeitsbedingungen des Protests auf das Entscheidungs- und Handlungszentrum einer Bewegung gerichtet wird, das qua Organisation den Zweck hat, kollektiv zu mobilisieren. Die Mittel zur Erreichung dieses Zwecks sind wiederum die jeweils verfügbaren Ressourcen und können neben einem mehr oder weniger qualifizierten Personal kollektive Entscheidungsfähigkeit, Geld, Eigenzeit und andere Handlungsmöglichkeiten umfassen (McCarthy/Zald 1977; Oliver/Marwell 1992). Schließlich werden auch Netzwerkstrukturen als nicht unmaßgeblich für den Mobilisierungs- und Aufmerksamkeitserfolg sozialer Bewegungen bewertet (McAdam 1982; McAdam 1988; McAdam/Fernandez 1990).

Letztlich handelt es sich auch bei diesem Ansatz um ein Wenn-Dann-Kalkül; der Vorteil liegt nur in der besseren Kontrollierbarkeit der Möglichkeitsbedingungen erfolgreicher Mobilisierung – abgesehen von der Unterstellung von Rationalität und Handlungsvermögen (Opp 1994), wie sie charakteristisch ist für die Organisationssoziologie, woher der RM-Ansatz ja auch seine größten Anleihen bezieht. Denn eine Organisation ist eine klar abgrenzbare und somit gut beobachtbare Einheit, die bekannt und berechenbar erscheint. Für den RM-Ansatz spricht also, daß Organisationen genau über diese Leistungsfunktion verfügen, organisieren, Verbindlichkeit herstellen, durch innere Steuerung ein eigenes Antriebssystem und damit ein Erklärungsprinzip anbieten, das die Rationalität und Dynamik der Prozesse per se abstützt – was nicht bedeutet, daß dieser Ansatz nicht frei von Kritik wäre (McAdam 1982; Jenkins 1983; Kitschelt 1991; Ferree 1992). Dies betrifft unter anderem die Vernachlässigung des Umweltbezugs sozialer Bewegungen.

3.5 Political Opportunity Structures (POS)

Der POS-Ansatz wendet sich genau diesen – günstigen oder weniger günstigen – Umweltbedingungen sozialer Bewegungen zu, die vor allem politisch bestimmt werden. Denn so, wie soziale Bewegungen interne Möglichkeitsbedingungen berücksichtigen müssen, um erfolgreich mobilisieren zu können, müssen sie auch externe Bedingungen im Blick haben, und hier kommen sie schnell mit den Gegebenheiten des politischen Systems in Berührung. Dabei muß Protest nicht notwendig politisch sein, und schon gar nicht muß er sich unbedingt an beziehungsweise gegen staatliche Entscheidungsträger richten. Um jedoch Veränderungen zu bewirken, die nicht nur die eigenen vier Wände, das individuelle Konsumverhalten, das Privatleben und das Selbstverhältnis betreffen, ist es letztlich unumgänglich, politische Forderungen zu stellen, die auch politisch entschieden werden müssen, ob auf kommunaler, Landes- oder Bundesebene (vgl. Rucht 1994). In diesem Moment tritt der Protest jedoch aus dem Schatten seiner Selbstbezüglichkeit heraus und wendet sich dem Licht der Öffentlichkeit und der Politik zu. Dadurch nehmen aber jene Gepflogenheiten und Routinen, wie sie im öffentlichen Leben üblich sind, massiv Einfluß auf die Chancen des Protests, sich zu artikulieren und Forderungen zu stellen. Der POS-Ansatz beschäftigt sich also mit den Gegebenheiten des politischen Systems und fragt danach, inwiefern diese günstig oder ungünstig für Protest und Mobilisierung sind, und dies vor allem im internationalen Vergleich. Dabei kommt dem Staat eine herausragende Bedeutung zu; aber auch Gegenbewegungen sind darin eingeschlossen, die entweder durch Zurückhaltung des Staates zum Zuge kommen oder gerade durch dessen Billigung (McAdam 1982; Rucht 1991; Meyer/Staggenborg 1996). Überdies kommen auch gesamtgesellschaftliche Gelegenheitsstruktur zum Zuge, deren Erforschung aber noch in den Kinderschuhen steckt (Rucht 1994).

Ohne hier alle Varianten des POS-Konzepts ausführlich diskutieren zu können, liegen diese im einzelnen gar nicht so weit auseinander. So unterscheidet Karl-Werner Brand (1985) zwischen der Regimestruktur, die einerseits die Offenheit oder Geschlossenheit des Entscheidungssystems und die Stärke des Staates betrifft, der Frage nach der Konventionalität des Systems der Interessenvermittlung, bei dem es auf die Breite und Effizienz sowie auf die Verflechtung mit dem Staat ankommt, und dem jeweiligen Muster der politischen Kultur, das mit der spezifischen Konfliktkultur und dem Politikstil, aber auch mit der kulturellen Resonanz des Bewegungsthemas zu tun hat. Kitschelt (1986) unterscheidet dagegen zwischen der Input- und der Output-Seite des politischen Systems. Die Input-Seite umfaßt die Anzahl der Parteien und Gruppen, die auf elektoraler Ebene Forderungen stellen, die Entscheidungs- und Kontrollfähigkeiten der Legislative gegenüber der Exekutive, die Muster der Mediatisierung zwischen Exekutive und Interessengruppen sowie die Aggregationsmechanismen für

Interessenansprüche, während die Output-Seite die Faktoren Zentralisierung oder Dezentralisierung des Staatsapparates, Kontrolle der Regierung über Marktteilnehmer und ökonomische Ressourcen sowie relative Unabhängigkeit und Autorität der Judikative bei politischen Konfliktlösungen aufweist. Sidney Tarrow (1991) wiederum unterscheidet zwischen der Offenheit im Zugang zum politischen System, der Stabilität der politischen Bindungen, einflußreichen Verbündeten und gespaltenen Eliten, die allesamt positive wie negative Effekte auf die Mobilisierungschancen sozialer Bewegungen haben können. Dabei hat jeder Protest im politischen System schon von sich aus Veränderungen im System zur Folge, modifiziert die Machtverhältnisse, deckt Schwächen auf und testet Allianzen, provoziert Gegenbewegungen und vieles mehr (McAdam 1982). Dagegen wird in der Publikation von Kriesi et al. (1995) – im Sinne einer Synthese dieser Vorarbeiten und mit Betonung auf das interaktive, dynamische Verhältnis zwischen Protest und Politik – zwischen Strukturen und Strategien im politischen System unterschieden. Bei den Strukturen wird nochmals zwischen den Strukturen der politischen Institutionen, den Reaktionsroutinen der Entscheidungsträger hinsichtlich politischer Themen und den allgemeinen Konfliktlinien unterschieden, wobei die letzteren beiden wiederum bestimmte Allianzstrukturen innerhalb des Systems und in bezug auf externe Herausforderer ausbilden können. Bei den Strategien wird dagegen zwischen der Vorgehensweise der politischen Institutionen, der Vorgehensweise der Herausforderer und der wechselseitigen Beeinflußung beider Strategien aufeinander unterschieden. Schließlich schlägt Dieter Rucht vor, nochmals zwischen relativ stabilen und eher variablen Strukturen zu unterscheiden, wobei nur letztere als Gelegenheitsstrukturen verstanden werden sollen, weil nur sie auch ‚Gelegenheiten' im eigentlichen Wortsinne darstellen, die zeitlich befristet sind und keine Dauerinstitution darstellen (Rucht 1994; Gamson/Meyer 1996).

Man kann sehen, daß es sich hierbei um weitgehend unabhängig voneinander auftretende Erklärungsansätze sozialer Bewegungen handelt, die ihr Leistungsvermögen vor allem durch die Konzentration auf einzelne Aspekte sozialer Bewegungen entfalten. Zugleich ist aber auch ein stärker werdender Bedarf nach paradigmenübergreifender Kooperation festzustellen, um das Ganze sozialer Bewegungen und nicht bloß Teile von ihnen zu erfassen (Cohen 1985; Raschke 1985; Klandermans/Tarrow 1988; McAdam/McCarthy/Zald 1988, 1996; Bader 1991; Morris/Mueller 1992; Neidhardt/Rucht 1991, 1993). Doch diese Entwicklung läßt noch zu wünschen übrig, was das Problem aufwirft, daß man innerhalb der Bewegungsforschung immer mit mehreren, zumeist sehr unterschiedlichen Theorie-Sprachen zugleich umgehen muß, die zudem über das ganze Mikro/Makro-Spektrum streuen, da innerhalb der Bewegungsforschung ebenso mit Ansätzen des methodologischen Individualismus wie mit gesellschaftstheoretischen Fragestellungen gearbeitet wird.

4 Bewegungsforschung in Deutschland

Wie anfangs ausgeführt, zeichnet sich normale Wissenschaft nach Kuhn durch die Veröffentlichung von Lehrbüchern aus, die nicht nur eine systematische Darstellung und Verknüpfung der wissenschaftlichen Begriffe innerhalb und außerhalb eines Paradigmas leisten, sondern auch einen ‚Prozeß des Lernens durch ‚Fingerübungen' oder praktische Arbeit' ermöglichen, damit sie als ‚pädagogisches Vehikel für das Fortbestehen der normalen Wissenschaft' fungieren können.

Betrachtet man vor diesem Hintergrund die Entwicklung dieses speziellen Genres wissenschaftlicher Literatur für die deutsche Bewegungsforschung, so ist unschwer festzustellen, daß es so gut wie keine adäquate Publikation dieser Art gibt. Zwar herrscht kein Mangel an Monographien und Anthologien zum Jugendprotest, zur Studenten- oder Bürgerinitiativbewegung, zu einzelnen der ‚Neuen Sozialen Bewegungen' oder der ‚Bewegungsfamilie' als solcher, die dann in der Heterogenität ihrer Beiträge wiederum ein getreues Abbild der ‚Neuen Sozialen Bewegungen' darbieten, mit denen sich die deutsche Bewegungsforschung bisher fast ausschließlich beschäftigt hat. Doch regelrechte ‚Lehrbücher' im Sinne Kuhns lassen sich kaum auffinden. Zu nennen sind allenfalls die zwei Bände von Walter R. Heinz und Peter Schöber zu ‚Theorien kollektiven Handelns' aus dem Jahre 1973, die überwiegend amerikanische Arbeiten zu sozialen Bewegungen beinhalten, dann ‚Soziale Bewegung' von Otthein Rammstedt aus dem Jahre 1978, die zweifelsohne mit einem systematisch-disziplinären Anspruch verfaßt wurde, letztlich jedoch nahezu unrezipiert blieb, und natürlich der ‚historisch-systematische Grundriß' von Joachim Raschke über ‚Soziale Bewegungen' aus dem Jahre 1985, der dem Charakter eines Lehrbuchs unstreitig am nächsten kommt und deutliche Spuren in der Bewegungsforschung hinterlassen hat. Schließlich sei noch der 1998 von Kai-Uwe Hellmann und Ruud Koopmans herausgegebene Band ‚Paradigmen der Bewegungsforschung' erwähnt, der es explizit darauf anlegt, über eine systematische Darstellung und Verknüpfung der wissenschaftlichen Begriffe der Bewegungsforschung hinaus auch einen Prozeß des Lernens durch ‚Fingerübungen' und praktische Arbeit zu ermöglichen, indem die fünf wichtigsten ‚established theories' (Klandermans 1997: 199) der Bewegungsforschung auf die Neuen Sozialen Bewegungen und den Rechtsextremismus in paradigmenvergleichender Hinsicht angewandt wurden, um dadurch als pädagogisches Vehikel für das Fortbestehen der normalen Wissenschaft zu fungieren.

Es bleibt abzuwarten, ob sich die damit verbundene Erwartung erfüllt – wobei entscheidend ist, daß die deutsche Bewegungsforschung institutionell nur unzureichend vertreten ist, was ein solches Projekt nicht gerade ermutigt. Denn es gibt in Deutschland keinen einzigen anerkannten Lehrstuhl für Bewegungsforschung, zumal sich die meisten der ersten Generation von Bewegungsforschern mittlerweile neuen Forschungsgebieten zugewandt oder gar ganz verabschiedet haben; die Abteilung ‚Öffentlichkeit und soziale Bewegungen' am Wissenschaftszentrum Berlin, bisher eine Hochburg der deutschen Bewegungsforschung, blickt auf eine höchst ungewisse Zukunft; und dem Arbeitskreis ‚Soziale Bewegungen' der Deutschen Vereinigung für Politische Wissenschaft (DVPW), Ende der 80er Jahre gegründet, mangelt es nun schon seit Jahren an engagiertem Nachwuchs – ganz zu schweigen von der völligen Enthaltsamkeit der Deutschen Gesellschaft für Soziologie (DGS). Allenfalls das ‚Forschungsjournal Neue Soziale Bewegungen', das letztes Jahr immerhin sein zehnjähriges Bestehen feierte, hält der Bewegungsforschung unerschüttlich die Stange[18] – doch ist es kaum mehr als ein Rufer in der Wüste, sofern es um die Institutionalisierung der deutschen Bewegungsforschung geht. Von daher schwingt eine gewisse Skepsis mit, wenn es um ‚Bewegungsforschung in Deutschland' geht – und das berührt dann auch solche Publikationsprojekte.

5 Auf dem Weg zur normalen Wissenschaft?

Die bisherige Darstellung des Standes der Bewegungsforschung dürfte deutlich gemacht haben, daß sich die sozialwissenschaftliche Beschäftigung mit sozialen Bewegungen so bunt wie ihr Gegenstand präsentiert. Mit großem theoretischen und methodischen Aufwand – und dies auf allen Ebenen – wird versucht, sich einem höchst fluiden, kaum dingfest zu machenden Phänomen anzunähern, das sich einer letzten, endgültigen Bestimmung immer wieder entzieht. Zu bizarr, zu vielfarbig, ja zu flatterhaft erweist sich dieser ‚soziologische Schmetterling', als daß er sich mit nur einem ‚Netz', also nur einem Erklärungsansatz einfach ‚einfangen' liesse. Statt dessen wird ein ganzes ‚Netz'-Werk, ja eine Armada von ‚Scouts' und ‚Fängern', ‚Jägern' und ‚Sammlern' aufgeboten, um sozialen Bewegungen auf die Spur zu kommen. Und zweifellos: Das ‚Bestiarium' der Bewegungsforschung ist reich an Beute, an Be-Funden, an Beobachtungen und Beschreibungen. Insofern verfügt die Bewegungsforschung über ein recht umfangreiches Archiv an Exemplaren und Daten über soziale Bewegungen von ganz unterschiedlicher Qualität und Quantität. Wie aber schaut es mit der Einheit der Bewegungsforschung als Fachdisziplin aus?

Auf der internationalen Bühne der Bewegungsforschung zeichnen sich unterschiedliche Tendenzen ab, ob dies nun den Bereich der Forschung, der Verbände oder Veröffentlichungen betrifft. Für die Konsolidierung der Bewegungsforschung dürfte aber nicht unwesentlich sein, daß es auch zu Publikationen wie der von Hellmann/Koopmans kommt, denen es konzeptionell um die Reduktion der Komplexität, wie sie uns momentan in der internationalen Bewegungsforschung begegnet, auf die fünf oben kurz dargestellten Paradigmen geht, die jeweils für sich einen wichtigen Beitrag zur Erklärung der Entstehung und Entwicklung sozialer Bewegungen leisten, ohne jedoch dem Anspruch auf Alleinstellung gerecht werden zu können. Sofern sich diese Einsicht im Bewußtsein der *scientific community* der Bewegungsforschung aber verstärkt durchsetzt, kann durchaus davon gesprochen werden, daß sich selbst die Bewegungsforschung als Fachdisziplin auf dem Weg zur normalen Wissenschaft befindet – wozu eben auch solche Publikationen beitragen. Und sollte sich herausstellen, daß diese einst den Charakter eines Lehrbuches erwirbt, ist das Ziel nach Kuhn erreicht.

Anmerkungen

1 Wittgenstein 1984: 136. Und es ist erst dieses ‚Bezugssystem', quasi „der überkommene Hintergrund, auf welchem ich zwischen wahr und falsch unterschiede" (139). Deshalb kann gesagt werden: „Alle Prüfung, alles Bekräften und Entkräften einer Annahme geschieht schon innerhalb eines Systems" (141), weshalb das ‚Spiel' immer schon mit der Gewißheit beginnt, nicht mit dem Zweifel: „Das Spiel des Zweifelns selbst setzt schon die Gewißheit voraus" (144).

2 Vgl. Rammstedt 1978: 33ff; ferner: „Ab 1844 kann der Begriff ‚sociale Bewegung' in den sozialkritischen Schriften als bekannt vorausgesetzt werden; Marx und Ruge verwenden ihn, ohne ihn zu erläutern; in den Arbeitervereinigungen und -verbrüderungen wird er unablässig gebraucht" (53).

3 Hofmann 1971: 13; vgl. auch Pankoke 1970: „Im Zusammenhang der Problemgeschichte von ‚socialer Bewegung' kommt der Marxschen Revolutionstheorie die zentrale Stelle gerade deshalb zu, weil Marx mit seiner Analyse der ökonomischen Basis gesellschaftlicher Klassenbildung den Wirkungsmechanismus zwischen der ‚Bewegung der Produktion' und den ‚Bewegungen der Gesellschaft' thematisierte und weil sein Programm einer sozialevolutionären Umgestaltung der industriekapitalistischen Produktionsverhältnisse zwischen den Bewegungsgesetzen der Produktion und den Bewegungszielen der Geschichte eine Beziehung herstellte" (30).

4 Rammstedt 1978a: 108; vgl. auch Pankoke 1970: „Die Wende von der ideologischen zur soziologischen Beurteilung sozialer Bewegungen läßt sich an L. v. Stein aufzeigen, welcher den Antagonismus der Klassenideologien als einen Dualismus von Klasseninteressen zu interpretieren und den systemsprengenden ‚Konflikt' zwischen Liberalismus und Sozialismus als eine systemimmanente ‚Koexistenz' der relativen Interessenlagen von ‚Kapital' und ‚Arbeit' zu institutionalisieren suchte" (36f). Siehe dagegen Rammstedt 1978: „Eine erste soziologische Reflexion des Begriffs ‚soziale Bewegung' findet sich jedoch erst in der 3. Auflage des Buches [*Communismus und Socialismus in Frankreich*], erst nach der Revolution von 1848, als von Stein sein Engagement für den Sozialismus zurücknimmt" (70).

5 Hier handelt es sich natürlich um Engels Arbeit ‚Die Entwicklung des Sozialismus von der Utopie zur Wissenschaft' von 1892.

6 Vgl. folgende Anmerkung Helmut Königs zur Auffassung Le Bons: „In der Masse werfe der einzelne die mühsam errungenen zivilisierten Normen ab und werde wieder ganz der, der er immer war: ein Stück Natur, ein animalisches Triebwesen, unkalkulierbar, wild, enthemmt, rücksichtslos, nicht mehr zurechnungsfähig, nicht rational ansprechbar" (König 1997: 34).

7 Vgl. Morris/Herring 1987: „Marx's theory ... made the case that participation in movements is intendly rational, purposive activity" (140).

8 Vgl. Kuhn 1976: „Lehrbücher beginnen also damit, daß sie den Sinn des Wissenschaftlers für die Geschichte seiner Disziplin abstumpfen, und gehen dann daran, für das von ihnen Ausgeschaltete einen Ersatz zu liefern. Charakteristischerweise enthalten wissenschaftliche Lehrbücher nur wenig Geschichtliches, und zwar entweder in einem einführenden Kapitel oder häufiger in gelegentlichen Hinweisen auf die großen Helden eines früheren Zeitalters" (148f). Und kurz darauf noch einmal: „Teils durch Auslese und teils durch Verzerrung werden die Wissenschaftler früherer Zeitalter ausdrücklich so dargestellt, als hätten sie an der gleichen Reihe fixierter Probleme und in Übereinstimmung mit der gleichen Reihe fixierter Kanons gearbeitet, welchen die letzte Revolution in der wissenschaftlichen Theorie und Methode den Stempel der Wissenschaftlichkeit aufgeprägt hat" (149). Im Ergebnis liegt dann das vor, was in diesem Aufsatz inszeniert wird: „Das Ergebnis ist eine beständige Neigung, die Geschichte

der Wissenschaft linear oder kumulativ erscheinen zu lassen, eine Neigung, welche die Wissenschaftler sogar dann erfaßt, wenn sie auf ihre eigene Forschungsarbeit zurückblicken" (150).

[9] So sprechen Klandermans und Tarrow bei ihrer Diskussion des amerikanischen RM-Ansatzes und des europäischen ‚new social movement approach' von „two major new paradigms" (Klandermans/Tarrow 1988: 2).

[10] Dabei hat schon der für Neil Smelser so einflußreiche Talcott Parsons mit der Unterstellung des Irrationalismus gearbeitet: „It is a generalization well established in social science that neither individuals nor societies can undergo major structural changes without the likelihood of producing a considerable element of 'irrational' behavior" (Parsons 1955: 127).

[11] Siehe eine der wenigen Ausnahmen McAdam 1982: 36ff.

[12] Natürlich gelingt es mittlerweile nicht nur, die Motivation solchen kollektiven Verhaltens, das sich vor allem der Unterstellung von Irrationalität ausgesetzt sah, sondern auch das Verhalten selbst als zweckrational zu begründen. „They may indeed become rebellious, but while their rebellion often appears chaotic from the perspective of conventional American Politics, or from the perspective of some organizers, it is not chaotic at all; it is structured political behavior. When people riot in the streets, their behavior is socially patterned, and within those patterns, their actions are to some extent deliberate and purposeful" (Piven/Cloward 1977: 18).

[13] Vgl. die wenig schmeichelhafte Feststellung von Doug McAdams zur Einschätzung der „collective behavior theorists" über ihren Gegenstand, denen zufolge „the social movement is effective not as political action but as therapy" (McAdam 1982: 10).

[14] Vgl. Tarrow 1988: „By no means all the Europeans were advocates of the NSM approach, nor were all the Americans adherents of RM. But whatever their theoretical orientation, most of the former looked to larger structural and/or cultural issues, while the latter developed their research at the organizational, group and individual levels" (423).

[15] Daß es sich hier um keinen Widerspruch handeln muß, wenn normale Wissenschaft zugleich mehrere, miteinander rivalisierender Paradigmen aufweist, ist Gegenstand der Publikation von Schurz/Weingartner 1998. Dabei könnte ein Grund für die Pluralität von Paradigmen in der „Überkomplexität des Gegenstandsbereiches" (Schurz 1998: 8) liegen – dies dürfte auf den Gegenstandsbereich 'Soziale Bewegungen' aber ohne weiteres zutreffen.

[16] Übrigens kommt Klandermans fast zu derselben Einteilung: „Grievances, resources and opportunities and meaning construction and identity formation are all indispensable concepts for the explanation proposed here of why and how people become involved in social movements" (Klandermans 1997: 210).

[17] Vgl. die drei Punkte, die Piven/Cloward für „the conviction that formal organization is a vehicle of power" anführen: „First, formal organization presumably makes possible the coordination of the economic and political resources of large numbers of people who separately have few such resources. Second, formal organization presumably permits the intelligent and strategic use of these resources in political conflict. And third, formal organization presumably ensures the continuity of lower-class mobilization over time." (Piven/Cloward 1977: x).

[18] Siehe das Editorial der Jubiläumsausgabe 10 Jahre Forschungsjournal NSB, Jg.11, 1, 1998.

Literatur

Bader, Veit-Michael 1991: Kollektives Handeln. Protheorie sozialer Ungleichheit und kollektiven Handelns. Band 2. Opladen: Leske+Budrich.

Bader, Veit-Michael 1995: Ethnische Identität und ethnische Kultur: Grenzen des Konstruktivismus und der Manipulation. In: Forschungsjournal NSB, Jg. 8, Heft 1, 32-45.

Berger, Peter L./Berger, Brigitte/Kellner, Hansfried 1987: Das Unbehagen in der Modernität. Frankfurt/Main: Campus.

Berking, Helmuth 1990: Die neuen Protestbewegungen als zivilisatorische Instanz im Modernisierungsprozeß? In: Dreitzel, Hans Peter/Stenger, Horst (Hg.): Ungewollte Selbstzerstörung. Reflexionen über den Umgang mit katastrophalen Entwicklungen. Frankfurt/Main: Campus, 47-61.

Brand, Karl-Werner 1985: Vergleichendes Resümee. In: Brand, Karl-Werner. (Hg.): Neue soziale Bewegungen in Westeuropa und den USA. Ein internationaler Vergleich. Frankfurt/Main: Campus, 306-334.

Brand, Karl-Werner/Büsser, Detlef/Rucht, Dieter 1986: Aufbruch in eine andere Gesellschaft. Neue soziale Bewegungen in der Bundesrepublik. Frankfurt/Main: Campus.

Cohen, Jean L. 1985: Strategy or Identity: New Theoretical Paradigmas and Contemporary Social Movements. In: Social Research, Vol. 52, No. 4, 663-716.

Cress, Daniel M./Snow, David A. 1996: Mobilization at the Margins: Resources, Benefactors, and the Viability of Homless Social Movements Organizations. In: American Sociological Review, Vol. 61, No. 6, 1089-1109.

Ferree, Myra Marx 1992: The Political Context of Rationality. Rational Choice Theory and Resource Mobilization. In: Morris, Aldon D./Mueller, Carol McClurg (eds.): Frontiers in Social Movement Theory. New Haven/London: Yale University Press, 29-52.

Ferree, Myra Marx/Miller, Frederick D. 1985: Mobilization and Meaning: Toward an Integration of Social Psychological and Resource Perspectives on Social Movements. In: Sociology Inquiry, Vol. 55, No. 1, 38-61.

Gamson, William A. 1995: Constructing Social Process. In: Johnston, Hank/Klandermans, Bert (Eds.): Social Movements and Culture. London 85-106.

Gamson, William/Meyer, David S. 1996: Framing Political Opportunity. In: McAdam, Doug/ McCarthy, John D./Zald, Mayer N. (eds.): Comparative Perspectives on Social Movements. Political Opportunities, Mobilizing Structures, and Cultural Framings. Cambridge: Cambridge University Press, 275-290.

Gurr, Ted Robert 1970: Why Men Rebel. New Jersey: Princeton University Press.

Haller, Max 1993: Klasse und Nation. Konkurrierende und komplementäre Grundlagen kollektiver Identität und kollektiven Handelns. In: Soziale Welt, Jg. 44, Heft 1, 30-51.

Heinz, Walter R./Schöber, Peter (Hg.) 1973: Theorien kollektiven Handelns. Beiträge zur Analyse sozialer Protestaktionen und Bewegungen. 2 Bde. Neuwied: Luchterhand.

Hellmann, Kai-Uwe 1995: Soziale Bewegungen und Kollektive Identität. Zur Latenz, Krise und Reflexion sozialer Milieus. In: Forschungsjournal NSB, Jg. 8, Heft 1, 68-81.

Hellmann, Kai-Uwe 1997: Demokratie und Rechtsextremismus. Zur Unwahrscheinlichkeit einer evolutionären Errungenschaft. In: Schneider-Wilkes, Rainer E. (Hg.): Demokratie in Gefahr? Studien zum Zustand der deutschen Demokratie. Münster: Westfälisches Dampfboot, 455-484.

Hellmann, Kai-Uwe/Koopmans, Ruud (Hg.) 1998: Paradigmen der Bewegungsforschung. Entstehung und Entwicklung von Neuen Sozialen Bewegungen und Rechtsextremismus. Opladen, Westdeutscher Verlag.

Hofmann, Werner 1971: Ideengeschichte der sozialen Bewegung des 19. und 20. Jahrhunderts. Berlin: de Gruyter.

Hunt, Scott A./Benford, Robert D. 1994: Identity Talk in the Peace and Justice Movement. In: Journal of Contemporary Ethnography, Vol. 22, No. 4, 488-517.

Inglehart, Ronald 1977: The Silent Revolution. Changing Values and Political Styles Among Western Publics. New Jersey: Princeton University Press.

Japp, Klaus P. 1984: Selbsterzeugung oder Fremdverschulden. Thesen zum Rationalismus in den Theorien sozialer Bewegungen. In: Soziale Welt, Jg. 35, Heft 3, 313-329.

Jaschke, Hans-Gerd 1992: Formiert sich eine neue soziale Bewegung von rechts? Folgen der Ethnisierung sozialer Konflikte. In: Blätter für deutsche und internationale Politik, Jg. 12, 1437-1447.

Jenkins, J. Craig 1983: Resource Mobilization Theory and the Study of Social Movements. In: Annual Review of Sociology, Vol. 9, 527-553.

Kitschelt, Herbert 1986: Political Opportunity Structures and Political Protest: Anti-Nuclear Movements in Four Democracies. In: British Journal of Political, Vol. 16, No. 1, 57-85.

Kitschelt, Herbert 1991: Resource Mobilization Theory: A Critique. In: Rucht, Dieter (Hg.): Research on Social Movements. The State of the Art in Western Europe and the USA. Frankfurt/ Boulder: Campus/Westview, 323-347.

Klages, Helmut 1987: Die Dynamik gesellschaftlicher Anspruchshaltungen: Ein sozialpsychologisches Prozeßmodell. In: Klages, Helmut/Franz, Gerhard/Herbert, Willi: Sozialpsychologie der Wohlfahrtsgesellschaft. Zur Dynamik von Wertorientierungen, Einstellungen und Ansprüchen. Frankfurt/M. 178-203.

Klages, Helmut/Kmieciak, Peter (Hg.) 1979: Wertwandel und gesellschaftlicher Wandel. Frankfurt/Main: Campus.

Klandermans, Bert 1997: The Social Psychology of Protest. Cambridge (MA): Blackwell.

Klandermanns, Bert/Tarrow, Sidney 1988: Mobilization into Social Movements: Synthesizing European and American Approaches. In: International Social Movement Research, Vol. 1, 1-38.

König, Helmut 1997; Wiederkehr des Massethemas?. In: Forschungsjournal NSB, Jg. 10, Heft 3, 30-38.

Kriesi, Hanspeter 1987: Neue soziale Bewegungen. Auf der Suche nach ihrem gemeinsamen Nenner. In: Politische Vierteljahresschrift, 28. Jg., Heft 3, 315-334.

Kriesi, Hanspeter 1991: The Political Opportunity Structure of New Social Movements: Its Impact on Their Mobilization. Discussion Paper FS III 91-103. WZB. Berlin.

Kriesi, Hanspeter/Koopmans, Ruud/Duyvendak, Jan Willem/Giugni, Marco G. 1995: New Social Movements in Western Europe. A Comparative Analysis. London: UCL.

Kuhn, Thomas S. 1976: Die Struktur wissenschaftlicher Revolutionen. Frankfurt/Main: Suhrkamp.

Le Bon, Gustave 1973: Psychologie der Massen. Stuttgart: Ernst Klett.

Mannheim, Karl 1984: Die Bedeutung der Konkurrenz im Gebiete des Geistigen. In: Meja, Volker/Stehr, Nico (Hrsg.): Der Streit um die Wissenssoziologie. Bd. 1: Die Entwicklung der deutschen Wissenssoziologie. Frankfurt/Main: Suhrkamp, 325-370.

McAdam, Doug 1982: Political Process and the Development of Black Insurgency 1930-1970. Chicago/London: The University of Chicago Press.

McAdam, Doug 1988: Micromobilization Contexts and Recruitment to Activism. In: International Social Movement Research, Vol. 1, 125-154.

McAdam, Doug/Fernandez, Roberto M. 1990: Microstructural Bases of Recruitment to Social Movements.In: Research in Social Movements, Conflict and Change, Vol. 12, 1-33.

McAdam, Doug/McCarthy, John D./Zald, Mayer N. 1988: Social Movements. In: Smelser, Neil J. (Ed.): Handbook of Sociology. New York 695-737.

McAdam, Doug/McCarthy, John D./Zald, Mayer N. (eds.) 1996: Comparative Perspectives on Social Movements. Political Opportunities, Mobilizing Structures, and Cultural Framing. Cambridge: Cambridge University Press.

McCarthy, John/Zald, Mayer N. 1973: The Trend of Social Movements in America: Professionalization and Resource Mobilization. New Jersey: Princeton University Press.

McCarthy, John D./Zald, Mayer N. 1977: Resource Mobilization and Social Movements: A Partial Theory. In: American Journal of Sociology, Vol. 82, No. 6, 1212-1241.

Melucci, Alberto 1984: An end to social movements? Introductory paper to the sessions on ‚new movements and change in organizational forms'. In: Social Science Information, Vol. 23, No. 4/5, 819-835.

Melucci, Alberto 1985: The Symbolic Challenge of Contemporary Movements. In: Social Research, Vol. 52, No. 4, 789-816.

Melucci, Alberto 1989: Nomads of the Present. Social Movements and Individual Needs in Contemporary Society. Philadelphia: Temple University Press.

Melucci, Alberto 1995: The Process of Collective Identity. In: Johnston, Hank/Klandermans, Bert (Eds.): Social Movements and Culture. London: UCL, 41-63.

Meyer, David S./Staggenborg, Suzanne 1996: Movements, Countermovements, and the Structure of Political Opportunity. In: American Journal of Sociology, Vol. 101, No. 6, 1628-1660.

Morris, Aldon/Herring, Cedric 1987: Theory and Research in Social Movements: A Critical Review. In: Long, Samuel (Ed.): Annual Review of Political Science. Vol. 2. New Jersey: Ablex, 137-198.

Morris, Aldon D./Mueller, Carol McClurg (eds.) 1992: Frontiers in Social Movement Theory. New Haven/London: Yale University Press.

Morrison, Denton E. 1973: Some Notes toward Theory on Relative Deprivation, Social Movements, and Social Change. In: Evans, Robert R. (Ed.): Social movements. A Reader and Source Book. Chicago: Rand McNally College Publishing Company, 103-116.

Münch, Richard 1994: Von der Moderne zur Postmoderne? Soziale Bewegungen im Prozeß der Modernisierung. In: Forschungsjournal NSB, Jg. 7, Heft 2, 27-39.

Muller, Edward N. 1980: The Psychology of Political Protest and Violence. In: Gurr, Ted Robert (Ed.): Handbook of Political Conflict. Theory and Research. New York/London: The Free Press, 6-99.

Neidhardt, Friedhelm/Rucht, Dieter 1991: The Analysis of Social Movements: The State of the Art and Some Perspectives for Further Research. In: Rucht, Dieter (ed.): Research on Social Movements: The State of the Art in Western Europe and the USA. Frankfurt/ Boulder: Campus/Westview, 421-464.

Neidhardt, Friedhelm/Rucht, Dieter 1993: Auf dem Weg in die ‚Bewegungsgesellschaft'? Über die Stabilisierbarkeit sozialer Bewegungen. In: Soziale Welt, Jg. 44, Heft 3, 305-326.

Niethammer, Lutz 1994: Konjunkturen und Konkurrenzen kollektiver Identität. Ideologie, Infrastruktur und Gedächtnis in der Zeitgeschichte. In: Prokla, 24. Jg., Heft 96, 378-399.

Offe, Claus 1985: New Social Movements: Challenging the Boundaries of Institutional Politics. In: Social Research, Vol. 52, No. 4, 817-869.

Oliver, Pamela E. 1989: Bringing the Crowd back in: The Nonorganizational Elements of Social Movements. In: Research in Social Movements, Conflict and Change, Vol. 11, 1-30.

Oliver, Pamela E./Marwell, Gerald 1992: Mobilizing Technologies for Collective Action. In: Morris, Aldon D./Mueller, Carol McClurg (eds.): Frontiers in Social Movement Theory. New Haven/ London: Yale University Press, 251-272.

Opp, Karl-Dieter 1994: Der ‚Rational Choice'-Ansatz und die Soziologie sozialer Bewegungen. In: Forschungsjournal NSB, Jg. 7, Heft 2, 11-26.

Pankoke, Eckart 1970: Sociale Bewegung – Sociale Frage – Sociale Politik. Grundfragen der deutschen ‚Socialwissenschaft' im 19. Jahrhundert. Stuttgart: Ernst Klett.

Parsons, Talcott 1955: Social Strains in America. In: Bell, Daniel (ed.): The New American Right. New York: Criterion Books, 117-140.

Piven, Frances Fox/Cloward, Richard A. 1977: Poor Peoples Movements. Why They Succeed, How They Fail. New York: Pantheon Books.

Rammstedt, Otthein 1978: Soziale Bewegung. Frankfurt/M.

Rammstedt, Otthein 1978a: Bewegung, soziale. In: Fuchs, Werner u.a. (Hg.): Lexikon der Soziologie. Opladen: Westdeutscher Verlag.

Raschke, Joachim 1985: Soziale Bewegungen. Ein historisch-systematischer Grundriß. Frankfurt/Main: Campus.

Rucht, Dieter 1991: Sociological Theory as a Theory of Social Movements? A Critique of Alain Touraine. In: Rucht, Dieter (ed.): Research on Social Movements: The State of the Art in Western Europe and the USA. Frankfurt/Main/Boulder: Campus/Westview, 355-384.

Rucht, Dieter 1994: Modernisierung und neue soziale Bewegungen. Deutschland, Frankreich und USA im Vergleich. Frankfurt/Main: Campus.

Rucht, Dieter 1995: Kollektive Identität: Konzeptionelle Überlegungen zu einem Desiderat der Bewegungsforschung. In: Forschungsjournal NSB, Jg. 8, Heft 1, 9-23.

Schmidtke, Oliver 1995: Kollektive Identität in der politischen Mobilisierung territorialer Bewegungen. Eine analytische Perspektive. In: Forschungsjournal NSB, Jg. 8, Heft 1, 24-31.

Schulze, Gerhard 1992: Die Erlebnisgesellschaft. Kultursoziologie der Gegenwart. Frankfurt/New York: Campus.

Schurz, Gerhard 1998: Koexistenzweisen revalisierender Paradigmen. Eine begriffsklärende und problemtypologisierende Studie. In: Schurz, Gerhard/Weingartner, Paul (Hg.): Koexistenz rivalisierender Paradigmen. Eine post-kuhnsche Bestandsaufnahme zur Struktur gegenwärtiger Wissenschaft. Opladen: Westdeutscher Verlag, 1-51.

Schurz, Gerhard/Weingartner, Paul (Hg.) 1998: Koexistenz rivalisierender Paradigmen. Eine post-kuhnsche Bestandsaufnahme zur Struktur gegenwärtiger Wissenschaft. Opladen: Westdeutscher Verlag.

Smelser, Neil J. 1962: Theory of Collective Behavior. New York: The Free Press.

Snow, David A./Rochford, E. Burke Jr./Worden, Steven K./Benford, Robert D. 1986: Frame Alignment Processes, Micromobilization and Movement Participation. In: American Sociological Review, Vol. 51, 464-481.

Snow, David A./Benford, Robert D. 1988: Ideology, Frame Resonance, and Participant Mobilization. In: Klandermans, Bert (Ed.): International Social Movement Research. Vol. 1, 197-217.

Snow, David A./Benford, Robert D. 1992: Master Frames and Cycles of Protest. In: Morris, Aldon D./Mueller, Carol McClurg (Eds.): Frontiers in Social Movement Theory. New Haven/London 133-155: Yale University Press.

Soeffner, Hans-Georg 1992: Rituale des Antiritualismus - Materialien für Außeralltägliches. In: Soeffner, Hans-Georg: Die Ordnung der Rituale. Die Auslegung des Alltags 2. Frankfurt/Main: Suhrkamp, 102-130.

Stamm, Karl-Heinz 1988: Alternative Öffentlichkeit. Die Erfahrungsproduktion neuer sozialer Bewegungen. Frankfurt/Main: Suhrkamp.

Steinmetz, Linda 1996: Verbreitung rechter Ideologien in Computernetzwerken. Stützpfeiler einer rechten Bewegung? In: Forschungsjournal NSB, Jg. 9, Heft 1, 59-69.

Tarrow, Sidney 1988: National Politics and Collective Action: Recent Theory and Research in Western Europe and the United States. In: Annual Review of Sociology, Vol. 14, 421-440.

Tarrow, Sidney 1991: Kollektives Handeln und politische Gelegenheitsstruktur in Mobilisierungswellen: Theoretische Perspektiven. In: Kölner Zeitschrift für Soziologie und Sozialpsychologie, 43. Jg., Heft 4, 647-670.

Taylor, Verta/Whittier, Nancy E. 1992: Collective Identity in Social Movements Communities. In: Morris, Aldon D./Mueller, Carol McClurg (Eds.): Frontiers in Social Movement Theory. New Haven/London: Yale University Press, 104-129.

Touraine, Alain 1983: Soziale Bewegungen: Spezialgebiet oder zentrales Problem soziologischer Analyse?. In: Soziale Welt, Jg. 34, Heft 2, 143-152.

Turner, Ralph H./Killian, Louis M. 1957: Collective Behavior. Englewood Cliffs (N.J.): Prentice-Hall Inc..

Wittgenstein, Ludwig 1984: Über Gewißheit. Frankfurt/Main: Suhrkamp.

Zald, Mayer N. 1992: Looking Backward to Look Forward. Reflections on the Past and Future of the Resource Mobilization Research Program. In: Morris, Aldon D./Mueller, Carol McClurg (eds.): Frontiers in Social Movement Theory. New Haven/London: Yale University Press, 326-348.

Alberto Melucci

Soziale Bewegungen in komplexen Gesellschaften

Die europäische Perspektive

Im folgenden beziehe ich mich auf eine Diskussion der vergangenen Jahre in der Forschung zu sozialen Bewegungen, um einen kritischen Beitrag zu jener Gestalt zu geben, die soziale Bewegungen in drei Jahrzehnten gewonnen haben, sowie zu jenen Problemen, die die politischen Systeme mit den spezifischen Inhalten und Formen dieser Bewegungen haben. Ich werde dazu eine Reihe einfacher Fragen formulieren, die als Kapitel-Überschriften für einen Theoretieansatz dienen, wie er sich gegenwärtig in der Soziologie kollektiven Handelns abzeichnet; zugleich sind es Überschriften für ein Forschungsprogramm, das im Anschluß an die vielen Forschungsbeiträge innerhalb der letzten zwei Jahrzehnte Gestalt gewonnen hat, als ein konzeptionelles Universum, in dem die neue Soziologie sozialer Bewegungen mit fortschreitender Geschwindigkeit vorankommt. Denn die europäische Perspektive (von Autoren wie Touraine, Habermas, Pizzorno und Alberoni inspiriert) hat substantielle Beiträge zu einem Wendepunkt in der Bewegungsforschung geliefert, und ich werde versuchen, die Konsequenzen dieses Vermächtnisses in Form einiger basaler Fragen zusammenzufassen.

1 Hat Kollektives Handeln ein ‚Subjekt'?

Der erste Punkt, der sowohl in der theoretischen als auch empirischen Forschung auftaucht, ist, daß eine Bewegung kein derartiges Subjekt ist, wie wir es gewohnt sind zu denken. Wenn wir uns beispielsweise auf die Frauen- oder die Arbeiterbewegung beziehen, denken wir oft noch an sie, als ob sie lebende Subjekte wären, die als homogene Entitäten handeln und sich mit einer gewissen Kohärenz bewegen. Mittlerweile sind aber völlig neue Formen kollektiven Widerstandes gegenüber der globalen Ausbreitung der modernen industriellen Lebensweise aufgetaucht, und die Differenzierung der Felder, Akteure und Handlungsformen paßt nicht länger zu dieser ‚klassischen' Vorstellung kollektiver Akteure, wie sie bisher auf der historischen Bühne wie Figuren in einem epischen Drama vorzufinden waren.

Die laufende Forschung in Soziologie und Sozialpsychologie legt nahe, kollektive Phänomene nicht mehr als einheitliche ‚Subjekte' zu untersuchen, sondern als zusammengesetzte Handlungssysteme, in denen sehr verschiedene Bedeutungen, Ziele und Formen von Solidarität und Organisation zusammenfließen, und dies jeweils in einer mehr oder weniger stabilen Weise.

Das analytische Problem ist daher zu klären, wie diese Elemente zusammengehalten werden und wie ein kollektiver ,Akteur' gebildet wird und sich selbst erhält.

Der konventionelle Begriff ,Soziale Bewegung' scheint nicht in der Lage zu sein, dieses zusammengesetzte Handlungssystem und seine Komplexität angemessen zu erfassen. In den vergangenen Jahren ist daher auch durch mich versucht worden, den Begriff ,Soziale Bewegung' in ein analytisches Konzept zu überführen, das nicht identisch ist mit empirischen Formen kollektiven Handelns, wie sie bisher auf der historischen Bühne aufgetaucht sind. Diese Entwicklung wirft jedoch das Problem auf, daß der Begriff ,Soziale Bewegung' von vielen Forschern weiter in einer eher beschreibenden Weise benutzt wird, um ein als einheitlich unterstelltes ,Subjekt' zu bezeichnen, so wie die ,Jugendbewegung', die ,Frauenbewegung', die ,Ökologiebewegung', die ,Friedensbewegung', die ,Antifa-Bewegung' und so weiter. Es scheint nicht einfach zu sein, dieses Problem zu lösen, ohne in unerforschtes semantisches Gebiet vorzudringen, was uns, wie immer, zu einer Re-Definition des gesamten konzeptionellen Universums dieses Feldes führen würde. Möglicherweise mag dieses Abenteuer in der Soziologie kollektiven Handelns sogar schon begonnen haben, wobei der semantische Wandel, wie es oft in der Evolution wissenschaftlicher Konzepte passiert, erst im nachhinein bemerkt wird. Bis jetzt scheint eine Schlußfolgerung jedoch unausweichlich: Die heutige Bewegungsforschung braucht eine *Veränderung von naiven empirischen Verallgemeinerungen hin zu analytischen Konzepten.*

Die analytische Definition einer ,sozialen Bewegung', die ich benutze, umfaßt drei Dimensionen. Zuallererst muß kollektives Handeln mit *Solidarität* verbunden sein, was aus Sicht der Akteure bedeutet, ein Teil einer einzigen sozialen Einheit zu sein. Das zweite Merkmal ist die *Präsenz eines Konflikts,* also einer Situation, in der zwei oder mehr Akteure um die Kontrolle über Ressourcen, die sie als wertvoll erachten, innerhalb eines Feldes konkurrieren. Diese Definition von Konflikt ist analytisch zu unterscheiden von der Idee des Widerspruchs, wie sie beispielsweise in der marxistischen Tradition gebraucht wird; Konflikt unterstellt Gegner, die konkret um etwas kämpfen, das sie als zwischen sich liegend betrachten. Die dritte Dimension ist die *Überschreitung von Grenzen der Verträglichkeit* eines Systems sozialer Beziehungen. Die Überschreitung dieser Grenzen bedroht das Toleranzlimit dieses Systems, wodurch das System über jenen Variationsbereich hinaus getrieben wird, den es noch aushalten kann, ohne seine Strukturen verändern zu müssen. Es mag viele solcher Systeme sozialer Beziehungen geben; was uns hier jedoch allein interessiert, ist ein Verhalten, das die Grenzen dieser Systeme soweit strapaziert, daß die Systeme gezwungen sind, diese Grenzen zu überschreiten, so daß sie ihre Strukturen ändern müssen.

Diese drei Dimensionen definieren analytisch eine ,soziale Bewegung'; die Gegebenheit aller drei Dimensionen erlaubt es uns, eine spezifische Klasse kollektiver Phänomene zu isolieren. Wenn nur eine oder zwei dieser Dimensionen vorliegen, haben wir es mit einer anderen Art kollektiven Handelns zu tun. So gibt es Konflikte, die nicht zur Überschreitung von Systemgrenzen führen, oder Konflikte, die auf der Anerkennung bestimmter Regeln beruhen, so daß die Akteure am selben Tisch sitzen und die Regeln des Spiels akzeptieren. Auch verschiedene Dispute innerhalb politischer Systeme sind von dieser Art, so zum Beispiel bestimmte Formen des Wettbewerbs, die gegensätzliche Interessen berücksichtigen, grundsätzlich aber das Feld als solches und die Spielregeln nicht in Frage stellen. Diese Klasse von Phänomenen definiere ich im klassischen funktionalistischen Sinne als ‚Devianz'. Das Konzept der Devianz stammt in der Praxis von einem ideologischen Gebrauch her. Häufig ist es benutzt worden, um ein Verhalten mit konfliktbezogenen Bedeutungen zu bezeichnen; zugleich hat die Definition 'Devianz' über die Zeit dazu gedient, die Präsenz eines Konflikts zu leugnen. Aber dies bestreitet keineswegs die analytische Interpretation von Devianz als einer einfachen Übertretung der in einem System geteilten Regeln, zu der es kommt, weil – so die funktionalistische Theorie – die Werte oder Normen nur ungenügend internalisiert sind oder wegen der Inkohärenz zwischen den normativen Systemen.

Es bleibt noch ein Bereich kollektiven Handelns, das im Besonderen durch die Theorie kollektiven Verhaltens untersucht wurde: das Verhalten, das in einer Masse oder Mode sichtbar wird. Hier haben wir es mit einem Kollektiv zu tun, das lediglich das Resultat einer Summe von individuellen atomisierten Handlungen ist, die nur in Verbindung mit spezifischen Ereignissen und Bedingungen desselben Musters auftreten. Das Phänomen mag zurückgeführt werden auf die einzelnen Individuen mit ihren jeweiligen Eigenschaften; entscheidend ist jedoch, daß es an der hinreichenden Solidarität zwischen den Individuen fehlt.

Somit erweist sich das Feld kollektiven Handelns als mehr als nur eine Serie von Handlungssystemen, die als Ausdruck eines ‚Subjekts' gelten können. Akteure spielen viele verschiedene Spiele zur selben Zeit, und die Aufgabe der Analyse ist es, die Pluralität und Varianz der Akteure aufzudecken. Empirisches kollektives Handeln kann nicht einfach als eine Tatsache hingenommen werden; es muß statt dessen in der Analyse differenziert werden; auf diesem Wege wird es als ein ‚Produkt' auftauchen, das aus Systemen mit veränderbaren Beziehungen, Orientierungen und Bedeutungen entsteht.

2 Wie bildet sich ein kollektiver Akteur?

Kollektive Akteure scheinen sich mit einer gewissen Einheitlichkeit und Kontinuität über die Zeit hinweg zu bewegen, aber wir müssen die naive Identifikation einer ‚sozialen Bewegung' mit einem empirischen Datum vermeiden. Jede empirische Form kollektiven Handelns – die Jugend-, die Frauen-, die Umwelt-, die ethnische ‚Bewegung' etc. – weist viele verschiedene Dimensionen auf: Devianz, kontrollierten Wettbewerb oder aggregiertes Verhalten; manchmal ist auch Konflikt präsent, der die Grenzen der Systemverträglichkeit überschreitet. Entscheidend ist jedoch, daß bei der Frage ,Wie kommt es zu einem kollektivem Akteur?' davon ausgegangen wird, daß die Existenz einer Bewegung, die bisher als Datum betrachtet wurde, nunmehr genau das ist, was erst noch erklärt werden muß. Die Analyse muß die Verschiedenheit kollektiven Handelns als ein Resultat verschiedener Prozesse anerkennen und erklären, wie es zu diesen verschiedenen Handlungsformen kommt und wie sie sich selbst erhalten. Es muß jeweils erklärt werden, was für eine Art von ,Konstrukt' sie sind und wie sich ein Akteur jeweils selbst ,konstruiert'.

Es ist vielleicht nicht zufällig, daß sich mittlerweile viele Studien auf diesen Aspekt konzentrieren, etwa der Ansatz der Ressourcenmobilisierung, der kollektiven Identität oder des Organisationskonstruktivismus. Die internen und externen Beziehungen, die eine ,Bewegung' strukturieren, sind grundlegende Forschungsthemen geworden: Wie die Akteure Ressourcen sammeln und einsetzen, wie sie Beziehungen innerhalb der Organisation verhandeln und formalisieren, wie sie Führer aussuchen und Ideologien entwerfen, und schließlich, wie sie ihre Beziehungen zur Umwelt stabilisieren und anpassen.

Das Ergebnis dieses Prozesses der Konstruktion eines Handlungssystems nenne ich schon seit Jahren *Kollektive Identität*. Kollektive Identität bezeichnet eine interaktive Definition, die von verschiedenen, miteinander agierenden Akteuren produziert wird, die ebenso mit der Orientierung ihrer Handlungen wie den Gegebenheiten jenes Feldes beschäftigt sind, innerhalb dessen ihre Handlungen stattfinden. Kollektive Identitätsbildung ist ein delikater Prozeß und bedarf des ständigen Einsatzes; es ist ein Prozeß, in dem Akteure die allgemeinen kognitiven Deutungsmuster erst produzieren, die sie dann in die Lage versetzen, ihre Umwelt einzuschätzen und Kosten wie Nutzen ihrer Handlungen berechnen zu können. Die Definitionen, die sie dabei formulieren, sind teilweise das Resultat von Verhandlungsprozessen und Einflußnahmen, teilweise auch die Frucht emotionaler Erkenntnisprozesse. In diesem Sinne ist kollektives Handeln niemals nur auf Kosten-Nutzen-Kalkulationen begründet, und kollektive Identität ist niemals als Ganze verhandelbar.

3 Gibt es heute noch Systemkonflikte?

In der Bewegungsforschung wird mittlerweile die Frage diskutiert, die auch die gesamte soziologische Theorie beschäftigt, ob es noch eine Form des Konflikts gibt, die sich gegen die systemimmanente Logik richtet, eine Logik, die ich in Anlehnung an die marxistische Terminologie ,Produktionsweise' nennen möchte. Ich bin wegen seiner Bedeutungen des ökonomischen Reduktionismus nicht ganz glücklich mit diesem Begriff. ,Produktion' ist hier jedoch nicht nur auf die ökonomisch-materielle Sphäre bezogen, sondern berührt auch die Gesamtheit sozialer Beziehungen, einschließlich der kulturellen Prozesse, durch die ein System seine grundlegenden Ressourcen herstellt. Die Frage ist daher, ob wir in den zeitgenössischen Gesellschaften eine dominante ‚Produktionsweise' und entsprechende Typen von Konflikten identifizieren können. Gibt es noch antagonistische Konflikte innerhalb der kollektiven Phänomene in den 80er und 90er Jahre, oder sind wir bloß mit Prozessen der Marginalisierung, mit kollektivem Verhalten im klassischen funktionalistischen Sinne oder Anpassungsstrategien zwischen Akteuren konfrontiert, die auf dem politischen Markt in Konkurrenz miteinander stehen? Diese Fragen sind empirisch schwierig zu überprüfen. In der Politischen Soziologie ist zum Beispiel die gesamte Thematik antagonistischer Konflikte von der relevanten Forschung ausgeschlossen worden. So reduzieren die strategischen Verhaltenstheorien Konflikt im politischen Markt nur auf Austauschbeziehungen. Sie repräsentieren also die andere Seite dessen, was vom orthodoxen Marxismus noch übriggeblieben ist, der dem Auslaufmodell des Klassenkampfes anhängt, um Formen auftauchender Konflikte zu erklären. Während politische Austauschtheorien die Existenz antagonistischer Konflikte auf der Systemebene ganz leugnen, verteidigt der Marxismus ein quasi-metaphysisches Prinzip des sozialen Antagonismus, das für die empirische Forschung wenig hilfreich ist. Demgegenüber ist meine Forschung darauf gerichtet, die Frage nach dem Grund systemischer Konflikte offen zu halten, um zu sehen, inwieweit dies unser Verständnis von sozialem Wandel in zeitgenössischen Systemen erweitert. In jedem Fall hat die Entscheidung, diese Option nicht zu eliminieren, Konsequenzen für unsere Methodologie. Denn jede Hypothese, die sich auf antagonistische Konflikte bezieht, kann dann angeführt werden, wenn alle bis dahin herangezogenen Erklärungsversuche ausgereizt sind und trotzdem noch etwas unerklärt bleibt.

Von diesem Standpunkt aus sind Beiträge der politischen Markt- oder strategischen Verhaltenstheorien zum Verständnis sozialer Bewegungen wichtig, weil sie uns davon abhalten, jeder Form kollektiven Handelns eine antagonistische Struktur zu unterstellen. Denn eine große Zahl zeitgenössischer Konflikte, selbst radikale und gewalttätige Aktionen, sind ja nicht gleich von dieser Art; diese können statt dessen zumeist durch die Theorie des politischen Tausches erklärt werden, etwa kollektive Akteure, ob Klassen oder Gruppen, die Zugang zur politischen Repräsentation fordern. Ein solcher Konflikt weist nicht per se eine antagonistische Struktur auf, da es nur um die Frage der Inklusion in das Systems geht, von dem sie ausgeschlossen sind. Wenn das System sehr undurchlässige, starre Grenzen hat, mag der Konflikt durchaus gewalttätig werden, aber dies führt noch lange nicht auf einen antagonistischen Konflikt mit der Systemlogik als solcher. Ähnlich verhält es sich, wenn eine Organisation ein hohes Maß an Dysfunktionalität erfährt; auch hier mag es zu Gewalttätigkeit kommen; dennoch geht es immer noch darum, eine neue Ordnung innerhalb derselben Organisation zu schaffen, ohne diese selbst in Frage zu stellen.

Erst nachdem dieser analytische Ansatz erforscht wurde, können Hypothesen hinsichtlich antagonistischer Konflikte formuliert werden. Diese Erforschung kann nur auf empirische Weise erfolgen und erlaubt keine vorhergehende Bestimmung der Bedeutung dieses Phänomens. In jedem Fall gilt, daß es für die Durchführung dieses Vorhabens eines theoretischen Raumes bedarf.

Die Frage, ob es systemische Konflikte in zeitgenössischen Gesellschaft gibt oder nicht, wirft somit eine zentrale theoretische Frage auf: Ist es noch möglich, in hochdifferenzierten Gesellschaften von einer ‚Systemlogik' zu sprechen? Die räumlichen Metaphern und Dualismen wie Basis/Überbau oder Zentrum/Peripherie, wie sie für die industrielle Gesellschaft kennzeichnend waren, werden in zunehmendem Maße unangemessen für die Beschreibung und Erklärung zeitgenössischer Konflikte. Müssen wir deshalb aber akzeptieren, daß es keinen Konflikt universaler Natur mehr gibt?

4 Ist kollektives Handeln neu?

Ausgehend von dieser Perspektive hilft es, eine bisher lange und kontrovers diskutierte Frage zu klären. Dies betrifft die ‚Neuheit' zeitgenössischer Konflikte: Was ist ‚neu' an den ‚Neuen Sozialen Bewegungen'? Als jemand, der den Begriff ‚Neue Soziale Bewegungen' in die soziologische Literatur eingeführt hat, beobachte ich mit Bestürzung, wie dieser Begriff zunehmend reifiziert wird. ‚Neuheit' ist qua Definition ein relatives Konzept, das für mich einfach nur die vorübergehende Funktion zu erfüllen hatte, eine Anzahl vergleichbarer Differenzen zwischen den historischen Formen des Klassenkonflikts und den heute auftauchenden Formen kollektiven Handelns zu bezeichnen. Aber wenn Analyse und Forschung darin versagen, die besonderen Merkmale dieser Bewegungen zu bestimmen, laufen wir in eine unfruchtbaren Debatte zwischen den Unterstützern und den Kritikern dieser ‚Neuheit'. Auf der einen Seite sind da jene, die beanspruchen, viele Aspekte zeitgenössischer Formen kollektiven Handelns schon in früheren historischen Phänomenen vorfinden zu können ,und daß die angebliche Neuheit nur aus einer Voreingenommenheit der Gegenwart resultiert, an der so viele Soziologen leiden, besonders, wenn sie sich hinsichtlich ihres Studienobjekts emotional engagieren. Auf der anderen Seite bemühen sich die Verteidiger der Neuheit zeitgenössischer Bewegungen darum zu zeigen, daß diese Ähnlichkeiten rein formal sind, und daß Phänomene ihre Bedeutungen wandeln, wenn sie in jeweils verschiedenen Systemen auftreten. Sowohl die Kritiker der ‚Neuheit' der ‚Neuen Sozialen Bewegungen' als auch die Befürworter dieses ‚neuen Paradigmas' sind jedoch den gleichen epistemologischen Irrtümern verhaftet: Sie betrachten zeitgenössische Phänomene, um ein einheitliches empirisches Objekt zu konstituieren; auf dieser Basis suchen sie entweder eine Definition für diese Neuheit oder leugnen sie. Wenn man sich den Bewegungen der vergangenen beiden Jahrzehnte zuwendet, geht es in dieser Debatte nur darum, entweder Unterschiede zur Vergangenheit herauszustreichen oder Aspekte der Kontinuität und Vergleichbarkeit zu betonen.

Die Kontroverse scheint mir nutzlos zu sein. Zeitgenössische Phänomene bestehen in ihrer empirischen Einheit aus einer Vielzahl von Elemente, und wenn diese Elemente analytisch nicht getrennt werden, ist ein Vergleich zwischen Formen kollektiven Handelns müßig, sofern sie zu unterschiedlichen historischen Perioden gehören. Es wird zum Beispiel sehr schwierig, etwas über das Neue der Frauenbewegung der 70er Jahre zu sagen, die sich im Vergleich mit den ersten feministischen Bewegungen im 19. Jahrhundert als ein globales Phänomen darstellt.

Paradoxerweise ist es das Resultat dieser Debatte gewesen, daß die Idee von *Bewegungen als metaphysischen Wesenheiten* nachhaltig in Frage gestellt wurde. Zeitgenössische Bewegungen stellen wie alle kollektiven Phänomene Handlungsformen dar, die verschiedene sozialstrukturelle Ebenen miteinander verbinden. Sie verdichten unterschiedliche Orientierungen, die jeweils eine Vielfalt analytischer Gesichtspunkte in sich bergen. Außerdem gehören die einzelnen Elemente in verschiedene historische Perioden. Wir müssen deshalb zu verstehen suchen, wie diese Vielfalt gleichzeitiger und historischer Elemente innerhalb der konkreten Einheit eines kollektiven Akteurs jeweils angelegt sind. Ist diese epistemologische Voraussetzung geklärt, können wir weiter fragen, ob nicht ein neues Paradigma kollektiven Handelns Gestalt annimmt, nicht im empirischen, sondern im analytischen Sinne, also nicht in bezug auf das Ganze. Wir sollten nämlich fragen, wann es Dimensionen dieser ‚neuen' Formen kollektiven Handelns gibt, die man nicht mehr dem industriellen Kapitalismus, sondern einem anderen systemischen Konflikt zuzurechnen hätte. Diese Frage wurde von den Kritikern der ‚neuen sozialen Bewegungen' bisher abgewiesen, da sie diese ausschließlich auf die Politik beziehen. Aktuelle Ansätze des kollektiven Handelns wie *Resource Mobilization, Political Opportunity Structures* oder *Rational Choice* neigen dazu, kollektives Handeln auf die sichtbarsten Formen und auf solche Dimensionen zu reduzieren, die leicht berechenbar sind. Diese Art des Reduktionismus verwirft aber die Frage nach dem Auftreten eines neuen Paradigmas, ohne eine Antwort zu haben. Mehr noch, diese Ansätze ignorieren diese spezifischen kulturellen Dimensionen des Handelns der neuen sozialen Bewegungen, wie sie in der alltäglichen Erfahrung der Menschen wurzeln. Dies gibt der Verblendung durch das Sichtbare Auftrieb, die sich ausschließlich auf die quantifizierbaren Merkmale kollektiven Handelns konzentriert, also auf jene Beziehungen, die die neuen sozialen Bewegungen mit dem politischen System unterhalten. Daüber wird jedoch die Herstellung kultureller Kodes und innovativer Praktiken vernachlässigt wird, obgleich gerade die eigentliche Aktivität der Netzwerke dieser Bewegungen in dieser Leistung besteht, wenn auch verborgen.

5 Gibt es Konflikte, die für die komplexe Gesellschaft spezifisch sind?

In unserer Gesellschaft, in der materielle Produktion durch die Produktion von Zeichen und sozialen Beziehungen ersetzt wird, betrifft der zentrale Konfliktbereich die Fähigkeit der Gruppen und Individuen, die Bedingungen ihres eigenen Handelns selbst zu kontrollieren. In den vergangenen Jahren haben sich viele Arbeiten mit Identität beschäftigt, einem Begriff, der mir unangemessen erscheint, obgleich ich ihn selbst in den 70er und frühen 80er Jahren benutzt habe, wenn ich von der Kontrolle der Identität sprach, im Sinne der Wiederaneignung von Bedingungen und Bedeutungen individuellen und kollektiven Handelns. Die Kapazität unserer Gesellschaft, in die Produktion von Bedeutungen einzugreifen, breitet sich in Bereiche aus, die zuvor der Kontrolle und Regulation weitgehend entzogen waren: Bereiche der Selbstbestimmung, der emotionalen Beziehungen, der Sexualität und ‚biologischen' Bedürfnisse. Zur selben Zeit gibt es eine parallele Forderung von unten, die Bedingungen der persönlichen Existenz kontrollieren zu wollen, die nicht als privat, individuell oder atomisiert betrachtet werden, obgleich sie sich auch auf Individuen beziehen. Es handelt sich jedoch eher um systemische Prozesse, die ein integraler Teil der Art unserer hoch vernetzten Informationsgesellschaft sind, die jene Ressourcen, von denen ihr Überleben abhängt, selber beschafft. Die einfache Beherrschung der Natur und die Transformation von Rohstoffen in Güter ist nicht länger zentral; statt dessen hängt die Fähigkeit unserer Gesellschaft, Information, Kommunikation und Soziabilität zu produzieren, von einem zunehmenden Niveau der Selbstreflexivität und der Selbstproduktion von Handlungsbedingungen ab. Von daher scheint der Begriff ‚Identität' in diesem Kontext unangemessen, weil er in den vergangenen Jahren ein Allerweltsbegriff geworden ist, der in einem sehr weiten Sinne gebraucht wird. In der Tat könnten wir ja sagen, daß Konflikte in ihrer Entstehung immer Konflikte um Identität sind: Akteure kämpfen darum, daß andere das anerkennen, was sie selbst anerkennen; sie kämpfen darum, zu bestätigen, was andere bestreiten. Jeder Konflikt, der ein System geteilter Regeln überschreitet, handele es sich nun um materielle oder symbolische Ressourcen, ist ein Konflikt um Identität. Die Frage ist nur, warum das Identitätsthema auch heute noch eine solch zentrale Bedeutung besitzt. Der soziale Wandel schließt das Auftauchen eines Handlungsvermögens ein, das nicht nur darauf gerichtet ist, die Umwelt zu verändern. Die Beherrschung der ‚äußeren Natur' war das zentrale Motiv der industriellen Gesellschaft; ob es nun Fortschritt oder Produktionskräfte genannt wurde, entscheidend war, die Chancen der Gesellschaft zur Beherrschung der Umwelt auszuweiten, ob im Namen der Freiheit, der Wohlfahrt der Nationen oder des Sozialismus. Solchen Visionen unterlag eine Aufmerksamkeit für Möglichkeiten, das Maß menschlichen Handelns auf die Welt insgesamt auszuweiten. In zeitgenössischen Systemen finden wir eine neue Aufmerksamkeit dafür, auch auf menschliches Handeln selbst einzuwirken, indem in unsere motivationalen und biologischen Strukturen eingegriffen wird. Also wird das soziale und individuelle Potential für Handeln selbst ein Gegenstand von Handeln, in einer reflexiven und sich selbstverändernden Spirale; jemand handelt hinsichtlich der Fähigkeit, handeln und planen zu können; soziale Systeme entdecken ihre Möglichkeiten für offenes, ‚elastisches' und selbstbezügliches Handeln.

Betrachtet man zum Beispiel die Rolle des Sozialisationsprozesses, als es noch darum ging, eine einfache Vermittlung gesellschaftlicher Regeln und Werte zu bewerkstelligen, so ist es heute möglich geworden, die formalen Bedingungen des Lernens zu redefinieren und neu zu erfinden. Was einst als einfache materielle und biologische Reproduktion der ‚natürlichen' Merkmale eines Systems galt, steht heute zur freien Disposition, wie in der Bevölkerungspolitik oder der Biogenetik. Was einst das Gesetz der Natur war, ist heute zu einem Gegenstand des sozialen Handelns geworden. Wissenschaft entwickelt die selbstreflexive Fähigkeit, die ‚interne Natur' des Menschen zu verändern, wie Habermas sagen würde, während die Systeme der sozialen Beziehungen, in denen Individuen miteinander handeln, sich vervielfältigen. Solche Beziehungen werden nicht länger nur von Mitgliedschaft beherrscht, sondern sie repräsentieren einen Bereich der freien Wahl. Dieser Wandel hat jedoch zwei Seiten: Auf der einen Seite gibt es eine Zunahme an sozialen Möglichkeiten des Handelns; auch hat sich das Interventionsniveau auf das Handeln erweitert. Auf der anderen Seite ist die Generierung von Sinn durch das Bedürfnis nach Kontrolle und Regulation beeinflußt.

Eine weitere Frage ist, warum gewisse Gruppen bezüglich systemischer Prozesse empfänglicher sind als andere. Die interessanteste Hypothese, um hier empirisch zu forschen, ist die, daß gewisse Gruppen gemäß ihrem spezifischen Zugang zu wichtigen Ressourcen und Umständen, die in jedem Fall erklärt werden müssen, von den zeitgenössischen Erfordernissen des Systems besonders betroffen sind. Sie testen und gebrauchen das verfügbare Potential für soziales Handeln, während sie zur selben Zeit Formen der Macht ausgesetzt sind, die sie davon abhalten, die verfügbaren Optionen tatsächlich zu genießen. Diese Hypothese könnte zum Beispiel fruchtbar auf spezifische Sektoren junger Leute und Frauen angewandt werden, die sich mehr als andere den widersprüchlichen Erfordernissen dieses Systems ausgesetzt sehen. Dies ist natürlich eine Aufgabe für weitere empirische Forschung, was aber zum Teil schon für die sogenannten ‚Neuen Sozialen Bewegungen' nachgewiesen werden konnte, deren Hauptakteure einen privilegierten Zugang zu entsprechenden Ressourcen für selbstreflexives Handeln haben. Dieses Handeln und sein systemisches Bezugsfeld sind daher auch der Startpunkt, um die sozialen Bindungen zu untersuchen, die die Bildung konfliktueller Akteure ermöglichen.

Vor diesem Hintergrund sollten wir vom ‚Potential der Individualisierung' und nicht von Identität sprechen. Denn der Prozeß der Individualisierung bezieht einerseits das zunehmende Potential individueller Kontrolle über die Bedingungen und Orientierungen des Handelns mit ein, andererseits bringt er die Enteignung dieser selbstreflexiven und selbstproduktiven Ressourcen mit sich. Die Rede von der Massengesellschaft, der Manipulation von Informationen und kulturellen Kodes, die die Basis für Konsens, Kommunikation und die Angleichung von Verhaltensmustern sind: All das klingt zu sehr nach einem Argument á la Foucault, das zwar die Vorstellung einer allgegenwärtigen Kontrolle überbetont, dennoch aber nicht ganz falsch liegt, wenngleich die Formen der systematischen Integration immer diffuser und weniger sichtbar werden. So legen die Analysen der sozialen Gesundheitsprogramme die Vermutung nahe, daß es nicht länger das Ziel dieser Programme ist, einfach gesunde Individuen zu produzieren, sondern den Standard für Gesundheit und Krankheit selbst neu zu definieren, Kriterien für das Verhältnis von Normalität und Pathologie festzulegen, um sie entsprechend den Systembedingungen auf die Bevölkerung anzuwenden. Auch hier ist das Ergebnis Handeln, das die Kontrolle vom Inhalt auf den Kode verschiebt, von der Führung auf die Voraussetzungen des Verhaltens. Natürlich ist das Potential der Individualisierung in sich selbst nur eine reine ‚Form' und kann nicht ohne symbolische Vermittlung realisiert werden. In zeitgenössischen Formen kollektiver Mobilisierung, zum Beispiel beim Appell an die ‚Natur', gibt es jedoch einen Typ symbolischer Vermittlung, der in gewissem Sinne diese ‚Form' behauptet und zugleich bestreitet. Im Endeffekt heißt das, daß wir, um einer umfassenden sozialen Kontrolle widerstehen zu können, eine ‚reine' Natur wiederbeleben sollten, die so ist wie sie früher war, unberührt von uns Menschen. Aber wir wissen natürlich, daß dies heute nicht mehr möglich ist, da die Natur schon von ihrer Definition her sozialisiert ist. Selbst die Möglichkeit, über die Natur zu sprechen, ist schon kulturell kodifiziert. Aber auch der Appell an die reine Natur bedarf der symbolischen Vermittlung, die einerseits die kulturellen und sozialen Prozesse, die menschlichem Handeln unterliegen, leugnet, während sie andererseits das Bedürfnis nach der Wiederaneignung von Raum, Zeit und Sinn des Lebens durch absichtsvolles und bewußtes Handeln zum Ausdruck bringt.

Ein aktuelles Thema, das wir in verschiedenen Begriffen und Akzenten bei jungen Leuten, Frauen, Ökologisten und Friedensaktivisten vorfinden, ist, daß Handeln vor allem für das Individuum bedeutsam ist: ‚Wenn es keinen Sinn für mich macht, bin ich nicht bereit, daran teilzunehmen. Aber wenn ich etwas tue, dann geschieht es nicht nur zu meinem Vorteil.' Partizipation an kollektivem Handeln wird für das Individuum als wertlos betrachtet, sofern es nicht einen direkten Beitrag zur Befriedigung persönlicher Bedürfnisse leistet. In einer im Entstehen begriffenen Form taucht ein Typ von Handeln auf, der die oben angeführte Hypothese bestätigt: Die Kontrolle des Individuums über sein Handeln ist eine notwendige Bedingung für kollektive Mobilisierung und sozialen Wandel. Natürlich ist diese Hypothese empirisch schwer zu prüfen. Eine Gruppe mag Gefahr laufen, sich allein an expressiver Solidarität zu orientieren und somit ganz auf sich bezogen zu sein. Der zweite Teil der Aussage „Aber wenn ich etwas tue, geschieht es nicht nur zu meinem Vorteil."

hat dennoch Bestand. Der Unterschied zwischen einer Orientierung an kollektiven Zielen und einem schlicht defensiven Vergnügen an Sicherheit und einer heilen Umwelt, wie manche Gruppen es in Aussicht stellen, verschwimmt mitunter. Unter den empirischen ‚Bewegungen' von heute finden wir einerseits marginale Gegenkulturen und kleine Sekten, deren Absicht allein in der expressiven Solidarität der Gruppe liegt, andererseits aber auch Gruppierungen, die in der Art und Weise, wie sie auf persönliche Bedürfnisse eingehen, als ein Weg gesehen werden können, um die Welt zu verändern und sinnvolle Alternativen zu finden.

6 Kann die Form kollektiven Handelns von ihren Themen getrennt werden?

Beobachtet man jene Bereiche der Gesellschaft, in denen es in den vergangenen zwanzig Jahren zu Konflikten und kollektiver Mobilisierung kam, wird ein Modell des Handelns sichtbar, das mit dem Bild korrespondiert, das bisher skizziert wurde. Gewisse Elemente dieses Modells waren schon in der antiautoritären Phase der Studentenmobilisierung der 60er Jahre erkennbar. Damals jedoch wiesen diese Elemente noch einen embryonalen Charakter auf, waren noch hinter dem Bedürfnis nach einer organisatorischen und politischen Form verborgen, die sich sehr für die Modernisierung einsetzte, das heißt für Veränderungen bezüglich der Funktionsweise verschiedener Institutionen, kultureller Muster und Normen der Zivilgesellschaft. Der erste Wendepunkt tauchte dann mit der Krise der Neuen Linken auf, die gleich von zwei Seiten angegriffen wurde: Zum einen von den Forderungen der Frauen innerhalb der Linken selbst, zum anderen von der ‚Krise des Militantismus', also vom vermehrten Rückzug vieler Linker von einem leninistischen Politikstil im Namen der Selbstverwirklichung, der Expressivität und affektiven Kommunikation. Dies sind die zwei deutlichsten Indikatoren für einen Wandel der Mobilisierungsformen, die sich sowohl empirisch als auch theoretisch bestätigen lassen.

Der Wandel der Mobilisierungsformen kann auch negativ beschrieben werden, als eine Krise des kollektiven Handelns. Hier können erneut verschiedene Alternativen angeführt werden, die außer dem Auftreten von Gewalt und Terrorismus, die sich direkt an das politische System wandten, dafür verantwortlich sind, vor allem in den großen Städten. Zum einen handelte es sich um die Verbreitung neoreligiöser Gruppen, zum anderen um den zunehmenden Konsum harter Drogen. Es gab ebenso miteinander in Verbindung stehende Prozesse der sozialen Desintegration wie die Intervention durch internationale Drogenringe, die vor allem Italien als einen vielversprechenden Markt betrachteten. Was an diesen Entwicklungen bemerkenswert ist, ist, daß den verschiedenen Wegen des Eskapismus dieselbe Motivation zugrunde lag: „Es gibt in der Organisation keinen Raum mehr für persönliche Gefühle.', ‚Ich fühle mich durch die Organisation erdrückt.', ‚Ich war nicht länger fähig, mein emotionales Leben oder meine sozialen Beziehungen zu gestalten.' Neue religiöse Gruppen wurden daher als neue Antworten auf diese alten Bedürfnisse betrachtet. Demgegenüber ist der Drogenmißbrauch etwas komplexer zu bewerten, da er häufig durch persönliche Krisen ausgelöst wurde; aber selbst hier, bei den problematischen Fällen, wird deutlich, daß es immer noch um die Suche nach Selbstverwirklichung ging.

Diese neue Art kollektiven Handelns hat auch eine explizite Seite, die sich vor allem im Auftauchen neuer Jugendgruppen zeigt, in denen Musik und Stil eine wichtige Rolle spielen; zu einer Zeit, als das ‚politische' Modell viel von seiner Anziehung verloren hatte, standen Musik und Stil bei vielen jungen Leuten hoch im Kurs, einschließlich des ‚kreativen' Potentials verschiedener Studentenmobilisierungen in mehreren Ländern. Die Militanten, die mit den Organisationen der Neuen Linken gebrochen hatten, begannen unverzüglich, Jugendgruppen zu bilden, die sich auf dem halben Wege zwischen expressiver Solidarität, bewußtseinsbildenden Gruppen und der Orientierung am politischen Modell befanden. Während die früheren Militanten ihre Erfahrungen der vergangenen Kämpfe mit einbrachten, bestand die Basis dieses Potentials überwiegend aus jungen Leuten, die lediglich zusammen sein wollten, um miteinander zu reden und neue Beziehungen auszuprobieren. Diese Gruppen repräsentierten ein perfektes Beispiel für diese ‚einigende' Funktion. Ihr Handeln variierte vom gemeinsamen Marihuana-Rauchen, Musik spielen und anderen expressiven Aktivitäten wie Theater machen bis hin zu Demonstrationen und Zusammenstößen mit der Polizei. Von den 80er Jahren an nahm kollektives Handeln dann die Form von Netzwerken verschiedener Gruppen an, die verstreut, fragmentiert und eingebettet waren in das Alltagsleben; sie handelten wie Laboratorien, in denen neue kulturelle Modelle, neue Formen von Beziehungen und alternative Ansichten ausprobiert und praktisch umgesetzt wurden. Diese Netzwerke tauchen nur sporadisch in Reaktion auf bestimmte Ereignisse auf.

Wir sehen hier einen morphologischen Wandel, der uns zwingt, die Kategorien zur Analyse kollektiven Handelns neu zu definieren. Wenn zeitgenössische Konflikte über symbolische Ressourcen ausgetragen werden, dann können die betroffenen Akteure nicht stabil sein, erstens weil die Mittel, mit denen eine persönliche und symbolische Identifikation in der Gesellschaft geschaffen und verteilt wird, sich ständig ändern. Zweitens weil die Akteure, die die widersprüchlichen Anforderungen des Systems erfahren und bekämpfen, dies nicht ihr Leben lang tun und sozialstrukturell nicht homogen sind. Die Hypothese, wonach doch noch antagonistische Systemkonflikte existieren, mag solange gelten, wie wir von einem ‚multipolaren Handlungssystem' ausgehen, in dem die Akteure jeweils andere sein mögen. In komplexen Gesellschaften schafft kollektives Handeln neue Räume, die wie echte Teilsysteme funktionieren. Diese sozialen Räume sind das Produkt unterschiedlicher Verhaltensweisen, die das System nicht mehr integrieren kann, und diese Verhaltensweisen beschränken sich nicht nur auf konfliktuelles Handeln, sondern schließen auch abweichendes Verhalten und kulturelle Experimente mit ein. Keine dieser Entwicklungen scheint notwendigerweise auf eine bestimmte soziale Bedingung angewiesen zu sein. Die Probleme, die von einigen kollektiven Akteuren aufgeworfen werden, könnten für andere Gruppen leicht zu gegenteiligen Auffassungen und Forderungen führen. Während die empirischen Formen der Mobilisierung zahlreiche Dimensionen umfassen, gibt es Aspekte des Handelns, durch die die Akteure ihre Probleme damit signalisieren und zum Ausdruck bringen, die nicht nur ihre Lebensbedingungen betreffen, sondern auch die Mittel der Produktion und Verteilung von symbolischen Ressourcen. Die Akteure mobilisieren, um die Kontrolle über ihr eigenes Handeln wiederzugewinnen, um das Recht für sich in Anspruch zu nehmen, sich selbst gegen die Kriterien jener Identifikation zu definieren, also gegen jene Systeme der Regulation, die den Bereich der 'inneren Natur' bedrängen. Dabei sind die Mittel, durch die Konflikte manifest werden, nicht die des 'effektiven' Handelns. Die Herausforderung besteht darin, die kulturellen Kodes umzukehren, und deshalb versteht sich diese Herausforderung vor allem 'formal'. In Systemen, in denen die Zeichen auswechselbar geworden sind, beruht die Macht auf den Kodes, auf den Regeln des Informationsflusses. Antagonistisches kollektives Handeln ist eine 'Form', die durch ihre eigentliche Existenz, durch die Art und Weise, wie sie sich selbst strukturiert, selbst eine 'Botschaft' darstellt. Die organisatorischen Formen der Bewegungen sind nicht einfach 'instrumentell' für ihre Ziele, sondern sie sind Ziele in sich selbst. Während andere Ziele sicherlich auch von Bedeutung sind, treten diese jedoch nur sporadisch auf und sind in gewissem Umfang sogar austauschbar. Solche Formen des Handelns haben ihre Effekte auf die Institutionen, sie modernisieren ihr Denken und ihre Organisation, statten die neuen Eliten mit neuen Ressourcen aus. Aber zur selben Zeit werfen sie Fragen auf, für die kein Raum ist. Während wir anwenden und ausführen, was eine anonyme Macht vorgibt, fragen sie, wohin wir gehen und warum.

In allen zeitgenössischen Formen kollektiven Handelns stellt sich die Herausforderung durch die Logik des Systems auf einer symbolischen Ebene, selbst wenn es um spezifische politische Themen geht. Sie unterstützen durch ihre schlichte Existenz den Rest der Gesellschaft, indem sie eine andere Art der Interpretation individueller und kollektiver Erfahrung verfolgen. In der Verbindung von individuellem Wandel und externem Handeln fungieren sie wie ein neues Medium, das Licht auf die stillen und willkürlichen Elemente der dominanten Kodes wirft. Zur selben Zeit verkünden sie dadurch, was sie tun, oder mehr, wie sie es tun, neue Alternativen.

Seit kollektives Handeln auf kulturelle Kodes gerichtet ist, ist die *Form* des Handelns selbst eine Botschaft, eine symbolische Herausforderung gegenüber den dominanten Kodes. Kurzfristiges und umkehrbares Engagement, vielschichtige und zurechenbare Führerschaft, zeitweilige und spontane Strukturen sind die Grundlagen für kollektive Identität, aber auch für die symbolische Konfrontation mit dem System.

7 Bewirkt kollektives Handeln sozialen Wandel?

Kollektives Handeln ist als solches niemals voll repräsentiert durch politische Vermittlungen, Entscheidungen oder Politiken, die kollektive Bemühungen in institutionellen Wandel umsetzen. Die Form des Handelns, über die ich hier schreibe, sind zugleich in und jenseits der Politik bedeutsam; sie sind vorpolitisch, weil sie im täglichen Leben, in persönlicher Erfahrung verwurzelt sind, und metapolitisch, weil sie politisch niemals vollständig repräsentieren werden. Das Dilemma ist, daß kollektives Handeln sich selbst hörbar machen kann, wenn es repräsentiert wird, zugleich wird es aber auch fragmentiert und zerstreut. Und weil es niemals vollständig zur Repräsentation kommt, erscheint es anderswo neu, mit veränderten Fragestellungen und wechselnden Strategien.

Es gibt zahllose Beispiele für diesen Prozeß. Der anti-nukleare Kampf, der in vielen Ländern ein starker Antrieb für Mobilisierung gewesen ist, ist eines davon. Seine Handlungsmuster richten sich in erster Linie am Problem der Atomkraftwerke aus, zweifellos werfen sie aber auch allgemeinere Fragen auf, die die Macht betreffen, über das Gleichgewicht des Ökosystems zu entscheiden. Keine Atompolitik von Regierungsseite könnte diese Forderungen jemals für sich vereinnahmen. Deshalb neigen verschiedene Mobilisierungen bezüglich innovativer Energiepolitik und jener Risiken, die mit der Atomkraft verbunden sind, dazu, Konflikte auf verschiedenen ökologischen Fronten anzuzetteln.

Ein anderes Beispiel sind die Kampagnen zur Legalisierung der Abtreibung. In westlichen Ländern ging es zumeist um die Forderung nach dem Recht der Individuen (was hier natürlich Frauen bedeutet), über gewisse fundamentale persönliche Belange selbst zu entscheiden, einschließlich jener, ob abgetrieben wird oder nicht. Wenn wir diesen Aspekt als typisch für die postmaterialistischen Systeme nehmen, dann ist es nicht schwierig einzusehen, daß in einer Gesellschaft, in der die Befürwortung von Abtreibung die demographische Politik und Familienplanung anleitet, das Auftreten von Anti-Abtreibungskampagnen, die das Recht des Individuums zur freien Entscheidung einschränken wollen, wahrscheinlich ist.

Vor diesem Hintergrund wird deutlich, weshalb es ein zentrales Problem in komplexen Systemen ist, diese sich verändernden, miteinander vernetzten und offensichtlich vereinzelten Forderungen politisch zu repräsentieren. Es ist ziemlich klar, daß die politischen Systeme, die wir von der liberalen Tradition geerbt haben, für die Repräsentation der gegenwärtigen Konfliktformen unangemessen sind. Zeitgenössische politische Institutionen und Prozeduren verfügen durchaus über die Fähigkeit, Entscheidungen und Regeln zu bewirken, weshalb sie unverzichtbare Ressourcen für soziale Akteure sind. Doch ist fragwürdig, welche Formen der Repräsentation und welche Typen der Entscheidungsfindung passend sind, um derartige konfliktuelle Forderungen in sozialen Wandel zu übersetzen.

Aber in welchem Sinne können wir überhaupt von Wandel sprechen? Die Formen kollektiven Handelns, die ich meine, produzieren zwei Typen von Wandel. Es gibt zuerst einen molekularen Wandel, der im anthropologischen Sinne kulturell ist: eine Transformation des täglichen Lebens, der Lebensstile und Formen von Beziehungen, auf der individuellen Ebene. Zweitens gibt es Effekte auf der politischen und institutionellen Ebene. Wenn kollektives Handeln in den 60er Jahren die Ankunft des postindustriellen Kapitalismus beschleunigte, wenn es in den 70er Jahren in Europa die Überwindung der Ideen und politischen Strukturen der Linken ermutigte, wenn es in den 80er Jahren die professionelle Elite der neuen Informationsgesellschaft unterstützte (auf Computer und Kommunikation beruhende Aktivitäten), dann gibt es keinen Zweifel, daß gerade die ,Bewegungen' der 80er Jahre verantwortlich waren für die substantielle Modernisierung der öffentlichen Einstellungen und Überlegungen. Damit hängt aber auch das Auftauchen einer neuen Generation von ausgebildetem Personal in den Schlüsselkommunikationsmedien der ,Informationsgesellschaft' zusammen, wie im Werbe- und Marketingbereich. Ferner haben die privaten Radio- und Fernsehsender einen neuen Stil in die Medienberichterstattung eingeführt und eine neue Generation von Professionellen herangezogen, die sich selbst als zu dieser Bewegung zugehörig betrachtet, tatsächlich aber nur als professionelle Kommunikatoren in starken, innovativen, marktorientierten Rollen auftreten.

Die Auswirkung dieser Konflikte ist nicht notwendigerweise die, daß eine Seite ,gewinnt'; die Auswirkung mag Innovation, Modernisierung oder Reform umfassen. Für das Individuum, das sich bei kollektivem Handeln engagiert, bedeutet dies zumindest einen wichtigen Bruch mit der Vergangenheit: die Figur des ,Militanten fürs Leben' ist aus der Mode gekommen. Während diese Figur an eine objektive Bedingung und eine spezifische Klassenkultur gebunden war, ist das Engagement für die zeitgenössischen 'Bewegungsbereiche' nur von begrenzter Dauer. Akteure werden allenfalls für eine Zeitlang und nur für bestimmte Bereiche ihres Lebens mobilisiert. Unterschiedlich zu leben und eine sich wandelnde Gesellschaft werden als komplementär angesehen. Die Einbezogenheit in öffentlich-politisches Handeln wird nur als ein vorübergehendes Projekt betrachtet; und den Phasen der Mobilisierung folgend, werden Bewegungsteilnehmer zu anderen Vermittlungsweisen geführt, etwa zum Markt oder anderen Institutionen. Man lebt nicht länger nur als Militanter; statt dessen lebt man einfach, und dies ist es, was jemanden von Zeit zu Zeit doch noch zu einem öffentlich Militanten macht.

Wandel ereignet sich immer im Verhältnis zu einem ,regionalen' Muster, innerhalb von Gebieten oder Teilen eines Systems, aber niemals global. Was untersucht werden müßte, sind die Beziehungen zwischen verschiedenen Ebenen des Wandels, die sich wechselseitig voranbringen und teilweise zusammengehen, aber die für sich immer eigen bleiben. Die politischen Strukturen, die ausgeschlossene Interessen zusammenbringen können, die für die Repräsentation sozialer Gruppen zuständig sind, die die Ausweitung von Bürgerschaft fordern, sind nicht imstande, derart auftretende Konflikte angemessen zu deuten. Die ‚Bewegung' erfordert viel flexiblere und provisorischere Formen der Repräsentation, die konvergieren können, wo es adäquate Kanäle der Kommunikation und des Kontakts gibt, mit dauerhafteren und länger andauernden politischen Formen. Zwei allgemeine Konsequenzen folgen aus diesen Betrachtungen: Erstens die Notwendigkeit, zwischen Phasen der Mobilisierung und solchen der Latenz kollektiven Handelns zu unterscheiden. Während Mobilisierung aus sehr wichtigen Gründen auftauchen mag, ist sie nur von beschränkter Dauer. ‚Politische Unternehmer' können nicht hoffen, die mobilisierten Kräfte auch jenseits der Verwirklichung eines besonderen Zieles noch zu repräsentieren. Als ein Resultat der Mobilisierung gibt es daher keinen Grund, irgendeine notwendige Zunahme in der organisatorischen oder elektoralen Stärke der Interessenvertreter zu erwarten. Mobilisierung ist allein darauf gerichtet, spezifische und definierte Resultate zu erreichen, durch die sie solide Unterstützung sammeln und Wandel produzieren kann. Die verbleibende Frage ist, wie das politische System unter diesen Umständen Kontinuität und Effektivität gegenüber diesen sporadischen und diskontinuierlich auftretenden Mobilisierungen herstellen kann.

Wir können vielleicht eine schärfere Unterscheidung zwischen der Bildung von Politikfeldern und etablierten Interessengruppen ziehen als in den Vergangenheit. Es kann vermutet werden, daß der Berührungspunkt zwischen ‚Bewegungen' und politischen Systemen zunehmend in Politikfeldern denn Organisatonen erfolgt. Wir könnten die Fähigkeit, die Bildung von Politikfeldern aus der fast ausschließlichen Kontrolle durch professionelle politische Institutionen herauszulösen, sowohl als ein Maß der Effektivität der ‚Bewegungen' als auch als ein Indikator für den Grad der Offenheit des jeweiligen politischen Systems betrachten. Zweitens gibt es soziale Bereiche, die ich öffentliche Arenen der Repräsentation nenne (d.h. die Massenmedien, die Universitäten, die sozialen und gemeinschaftlichen Dienstleistungen), in denen es möglich ist, Konflikte und Forderungen auszudrücken, die eine Zivilgesellschaft entwickeln. Diese öffentlichen Sphären unterstützen soziale Akteure darin, überhaupt in Erscheinung zu treten und sich selbst Gehör zu verschaffen, ohne daß sie deshalb gleich ihren besonderen Charakter zu verlieren drohen. Obgleich diese Kanäle, die Fragen, die durch kollektives Handeln auftauchen, Gegenstand von politischen Entscheidungsverhandlungen werden können, üben sie dadurch Einfluß auf das soziale System als ganzes aus, ohne die Akteure der ‚Bewegungen' zu institutionalisieren. Innerhalb dieser intermediären Bereiche mögen spezifische Formen provisorischer und der ad hoc-Repräsentation auftreten; so können etwa Dachorganisationen, die sich von den institutionellen Akteuren des politischen Systems unterscheiden, eine fundamentale Rolle in den Mobilisierungsphasen spielen.

Mehr als nur das leninistische Modell zu bestätigen, wonach Bewegungen das Schicksal zukommt, entweder die Macht zu übernehmen oder vollständig zu scheitern (Syndikalismus wird als ein Beispiel für letzteres betrachtet), können wir somit andere Rollen für kollektives Handeln entwerfen. Die Bewegungen produzieren Reformen und fördern neue Eliten des politischen Systems und des Markts, während sie zur selben Zeit dazu dienen, Machtbeziehungen aufzuspüren und aufzudecken. Dieser letztere, systemische Effekt, Macht sichtbar zu machen, ist aber die charakteristische Funktion der neuen sozialen Bewegungen. Daher befähigen diese Bewegungen die Gesellschaft, jene größeren Fragen zu erkennen und sich zu stellen, die das menschliche Leben in zeitgenössischen komplexen Gesellschaften insgesamt betreffen, Fragen, die oft hinter Problemen der Umverteilung und des Austausches verborgen bleiben oder durch angebliche Sachzwänge der Entscheidungsverfahren neutralisiert werden. In hochdifferenzierten Systemen definieren systemische Konflikte weder die sozialen Bedingungen eines Akteurs noch etablieren sie eine feste Identität einer sozialen Gruppe. Ob diese Pluralität der Akteure und Probleme effektiv ist, hängt von den gesellschaftlichen Möglichkeiten ab, jene Fragen, die durch kollektives Handeln aufgeworfen werden, in verhandelbare Entscheidungen und institutionellen Wandel politischen Typs zu übersetzen. Wie auch immer, die existierenden Entscheidungsverfahren und institutionellen Arrangements komplexer Gesellschaften haben sich bisher als unfähig erwiesen, die Interessen und Forderungen der neuen Konflikte voll zu repräsentieren. Weil aber gerade kollektives Handeln die strukturelle Systemlogik hinterfragt, ist es besonders dazu bestimmt, sich selbst jenseits jener Formen der Vermittlung zu reproduzieren, die es interpretieren können.

Die Übersetzung besorgte *Kai-Uwe Hellmann.*

Myra Marx Ferree / Silke Roth[1]

Kollektive Identität und Organisationskulturen

Theorien neuer sozialer Bewegungen aus amerikanischer Perspektive

In der amerikanischen Forschung wird unter dem NSB-Ansatz eher eine bestimmte Richtung der Untersuchung kollektiven Handelns, als die Analyse einer bestimmten Gruppe empirisch identifizierbarer sozialer Bewegungen verstanden (z.B. Buechler 1995). Oft wird diese Perspektive den ‚amerikanischen' Ressourcen-Mobilisierungs- und Politischen-Prozeß-Ansätzen als ‚europäischer' Entwurf gegenübergestellt. Mittlerweile haben aber viele amerikanische Studien sozialer Bewegungen das explizite Ziel, diese beiden Forschungsansätze zu integrieren. Robnett (1996) beispielsweise verknüpft ‚amerikanische' und ‚europäische' Ansätze in ihrer Analyse der Mobilisierung für die Bürgerrechtsbewegung und widerspricht der Behauptung, daß die kollektive Identität afro-amerikanischer Aktivisten unproblematisch gewesen sei. Selbst diejenigen, die am meisten mit den Ressourcen-Mobilisierungs- (RM) und Politischer Prozeß- (PP) Ansätzen assoziiert werden, treten für ein stärker integrierendes Modell ein (McAdam et al. 1996).

In diesem Beitrag[1] skizzieren wir zunächst die Aspekte der ‚Theorien neuer sozialer Bewegungen' (NSB), die in der amerikanischen Forschung Anklang gefunden haben. Anschließend gehen wir auf die Aspekte der NSB-Theorien ein, die eher ignoriert oder zurückgewiesen werden und versuchen zu erklären, warum diese Argumente als unvereinbar mit amerikanischen Erfahrungen und Theorien betrachtet werden. Wir argumentieren, daß die unterschiedliche Institutionalisierung von Klassen-, Geschlechter- und Rassenpolitik in Europa und den USA die Generalisierbarkeit der NSB-Theorien erheblich einschränkt. Schließlich machen wir einige Vorschläge, wie NSB-Theorien weiterentwickelt werden könnten.

1 Der Beitrag der NSB-Theorien

Steven Buechler (1995) unterscheidet zwischen politischen und kulturellen Versionen der NSB-Theorien. Für ihn repräsentieren Manuel Castells (1983) und Alain Touraine (1977) die politische Version, während Alberto Melucci (1989) und Jürgen Habermas (1981) für die kulturelle Version stehen. Während die politische Variante staatszentriert sei, richte sich in der kulturellen Variante die Aufmerksamkeit auf das alltägliche Leben und die Zivilgesellschaft.

Wenn wir im folgenden von NSB-Theorien sprechen, sind beide Versionen gemeint, da sie in der amerikanischen Rezeption selten in der von Buechler vorgeschlagenen Weise differenziert werden. Jedoch haben im Bereich der Bewegungsforschung Melucci und Habermas mehr Einfluß gehabt, während Castells im Bereich der Stadtsoziologie und Tourraine im Bereich der Arbeitsmarkt- und Gewerkschaftsforschung rezipiert wurden.

Amerikanische Arbeiten, die sich mit NSB-Theorien identifizieren, bemühen sich häufig darum, eine neue Sozialpsychologie der Partizipation in sozialen Bewegungen zu entwickeln, in der die Genese von Werten, Identitäten und kognitive Rahmungen als Prozesse betont werden. Diese Bemühungen lenken (wieder) Aufmerksamkeit auf den Teilnehmer und zwar nicht als eine Ressource oder ein ‚Werkzeug' das benutzt wird, sondern als eine Person. Diese Person ist nicht in engen ‚rational choice' Begriffen definiert (Ferree 1992), sondern als situiertes Selbst, das Gelegenheit zum Handeln findet oder auch nicht, und das sowohl Gleichheit als auch Differenz in Beziehung zu anderen Akteuren konstruiert. Wir argumentieren, daß die amerikanische Rezeption der NSB-Theorien mehr Aufmerksamkeit auf die Bedeutung der Identitäten von Akteuren für kollektives Handeln gelenkt hat. Dabei werden Identitäten als sich verändernde, anstatt als feststehende Ausgangssituation für die Mobilisierung aufgefaßt (Melucci 1989). Der ‚einheitliche Akteur', der im Rahmen des RM-Ansatzes als Agent präsentiert wird, war jedoch schon zuvor als soziale Fiktion zurückgewiesen worden (Evans/Boyte 1986; Ferree/Miller 1985; Fireman/Gamson 1979). Diese Kritik wurde im Rahmen der NSB-Rezeption wesentlich verstärkt.

Amerikanische Studien, die sich auf NSB-Theorien beziehen, zeigen auf, daß der kollektive Akteur, selbst wenn er Identitätsansprüche stellt, nie ‚ein' identisches Subjekt ist, sondern in einem Prozeß engagiert ist, in dem er sich selbst und andere als konstruierte Kategorien positioniert.

Der wesentliche Unterschied zwischen amerikanischen und europäischen Studien besteht darin, daß in amerikanischen Arbeiten der NSB-Ansatz auch auf die Analyse der Konstruktion von Klassenbewußtsein und ethnischem Bewußtsein angewendet wird. Diese Identitäten werden in Europa typischerweise als Charakteristikum der ‚alten' sozialen Bewegungen, wie der Arbeiterbewegung, angesehen. Der NSB-Ansatz wird in dieser Hinsicht von US-ForscherInnen erweitert. Joanne Nagel (1996) analysiert beispielsweise die Entstehung einer pan-indianischen Identität und Bewegung im Zuge zunehmender Verstädterung. Jane Jensons Untersuchung der politischen Strategien der Ureinwohner Kanadas zeigt auf, daß Namensgebung eine Form der Formulierung politischer Interessen ist (Jenson 1995).

In ähnlicher Wese analysiert Craig Calhoun die Konstruktion historischer Akteure. Er zeigt auf, daß solche Identitäten umkämpft sind und daß sie langfristige historische Entwicklungen beeinflussen. Seine frühen Studien der Konstruktion von Arbeiterbewußtsein in kulturellen Assoziationen im 19. Jahrhundert stellen damit eine Herausforderung an den Anspruch der NSB-Theorien dar, daß Identitätspolitik etwas Neues sei (Calhoun 1991; 1993). In Calhouns neuerer Analyse der Rebellion am Tiannamin Platz und des Studentenprotestes in China nehmen Aspekte kollektiver Identität ebenfalls einen zentralen Raum ein (Calhoun 1994). In diesen Studien wird die Ähnlichkeit von Klassenbewußtsein und anderen Formen kollektiver Identität herausgearbeitet, die alle aus Situationen sozialer Ungleichheit resultieren. Darüber hinaus konstituieren sich diese kollektiven Identitäten auch wechselseitig. Männlichkeitsnormen oder Vorstellungen eines Familieneinkommens bestimm(t)en beispielsweise die Herausbildung von Arbeiterbewußtsein (Roediger 1991).

Verta Taylor und ihre Kolleginnen haben sich Aspekten kollektiver Identität insbesondere im Kontext von Frauen-, Schwulen- und Lesbenbewegungen gewidmet. Taylor argumentiert, daß die Signifikanz des Kulturschaffens darin liegt, daß es Gemeinschaften herstellt und aufrechterhält, die langfristigen Aktivismus ermöglichen (Rupp/Taylor 1987; Taylor 1989; Taylor/Whittier 1992). Taylors jüngste Studie nimmt frühere Argumente über die Bedeutung von Emotionen in sozialen Bewegungen auf, indem sie den Zusammenhang von Namensgebung und Umgang mit Emotionen, die Herstellung und Nutzung kollektiver Identität sowie das Organisieren und Präsentieren politischer Ansprüche außerhalb der engen Grenzen staatszentrierter Politik analysiert (Taylor 1996).

Die amerikanische Rezeption von NSB-Theorien kann nur im Kontext der Dominanz von RM- und PP-Ansätzen seit den 70er Jahren verstanden werden. Wir argumentieren daher, daß sich amerikanische Forscher NSB-Theorien bedienen, um Aspekte kollektiver Identität zu thematisieren. Weiterhin erhält nun die Rolle von Kultur, Emotionen und Diskursen mehr Aufmerksamkeit im Gegensatz zur vorherigen Betonung von strategischen Entscheidungen und organisierten Ereignissen (Johnston/Klandermans 1995; Darnowsky et al. 1995). Die internen Dynamiken von sozialen Bewegungen erhalten so eine stärkere Bedeutung und erfordern die Entwicklung einer neuen Sozialpsychologie der sozialen Bewegungen im allgemeinen. Es wird ein weit gefaßter Institutionen-Begriff verwendet und die Normativität der ‚scripts' dieser Institutionen analysiert (Clemens 1997).

Aus amerikanischer Sicht ermöglichen NSB-Theorien somit, soziale Bewegungen außerhalb ‚des Systems' konventioneller Politik und innerhalb der Zivilgesellschaft zu plazieren. Damit wurden Aktivitäten, die bislang als ‚ineffizient' oder ‚unpraktisch' angesehen wurden, leichter erklärbar. Europäische NSB-Theorien erklärten den Ursprung (neuer) sozialer Bewegungen mit einer veränderten Gesellschaftsstruktur und beschrieben die Zielsetzungen dieser Bewegungen mit einem neuen Typ (politischer) Forderungen. In den USA hingegen leitete diese theoretische Perspektive den Wechsel von der Untersuchung von eine soziale Bewegung repräsentierenden Spitzenorganisationen (z.B. NOW für die Frauenbewegung und SCLC für die Bürgerrechtsbewegung) zur Berücksichtigung von lokalen Graswurzelorganisationen ein (Whittier 1995). Diese wurden schon vor der Rezeption der NSB-Theorien untersucht (z.B. Gerlach/Hine 1970; Breines 1982), gerieten aber im Zuge der Durchsetzung des RM- und des PP-Ansatzes wieder in Vergessenheit. Inzwischen werden verschiedene Typen und Komponenten der Führung von sozialen Bewegungsorganisationen unterschieden: innovative und unternehmerische Gründer werden hierarchischen und management-orientierten Institutionalisierern gegenübergestellt (Staggenborg 1988; 1989), und formelle Leiter, die mit Autoritäten verhandeln, werden von ‚bridge leaders', die Trägerschaften motivieren, unterschieden (Robnett 1996). In seinem Beitrag über die Bürgerrechtsaktivistin Ella Baker unterscheidet Payne (1989) zwischen Mobilisierung (Orchestrierung von Ereignissen, die auf Wirkung außerhalb der Organisation zielen) und Organisierung (Herstellung von Erfahrungen, die identitätstransformierend sind, und eine langfristige Verpflichtung auf der Seite der Teilnehmer selbst produzieren).

Die Betonung von Diskursen als wichtigen Prozessen sozialer Bewegungen basiert jedoch nicht nur auf NSB-Theorien, sondern auch auf amerikanischen Beiträgen wie David Snows Ausarbeitung von Goffmans klassischen Ideen des 'framing' (Snow et al. 1986; Snow/Benford 1992). Mittlerweile wird dieser framing-Ansatz auch in der Analyse der Prozesse der Konstruktion kollektiver Identität angewandt (Hunt et al. 1994). Damit ist die Verbindung zu NSB-Theorien hergestellt. Johnstons Studie über katalanische Identität und Katzensteins Studie über feministische ‚discursive' und ‚interest group'-Strategien innerhalb von Institutionen sind besonders interessante Beispiele dafür, wie amerikanischer Empirismus verbunden mit interaktionistischen und sozial konstruktivistischen Modellen kollektiver Identität eine Analyse der politischen Effekte sich verändernder Diskurse bereitstellt (Johnston 1991; Katzenstein 1995). NSB-Theorien leisten also einen Beitrag zu einer ‚Mikro-Mobilisierungstheorie', der zu einer breiteren und stärker interaktionistischen Sicht von Organisationen geführt hat, die insbesondere die kulturellen Elemente in der organisatorischen Form selbst (Gamson 1996; 1997) und die politischen und biographischen Konsequenzen solcher Entscheidungen herausarbeitet (Moore 1997; Roth 1997).

2 Amerikanische Kritik an NSB-Theorien

In der amerikanischen Rezeption sind insbesondere die Makroelemente der NSB-Theorien, die bestimmte Bewegungen in einer einzigartigen historischen Situation positionieren und sie als besonders wichtige Studienobjekte hervorheben (Touraine 1981; Gorz 1982), kontrovers und problematisch. Wir argumentieren, daß dies in inhärenten Grenzen des Makroarguments selbst und in bestimmten Passungsproblemen mit amerikanischen Erfahrungen begründet ist.

Zunächst weisen amerikanische KritikerInnen den theoretischen Anspruch der ‚Neuheit' der neuen sozialen Bewegungen zurück (Calhoun 1991). NSB-Theorien wurden auch in Europa dafür kritisiert, die Gemeinsamkeiten von vermeintlich neuen sozialen Bewegungen mit denen aus vorhergegangenen Jahrhunderten zu ignorieren (Kontos 1986). In den USA wird aber die Idee, daß bestimmte soziale Bewegungen in einer bedeutenden Weise ‚neu' sind, an sich zurückgewiesen und zwar mit gutem Grund: Der Anspruch auf Neuheit basiert auf der eurozentristischen Grundannahme der Institutionalisierung der Sozialdemokratie in der Form eines korporatistischen Staates, in dem die Gewerkschaften und Wirtschaftsführer eine Mitentscheidungsmacht haben (Mayer 1991; Young 1996). Amerikanischer Sozialismus war niemals in einer regierenden Partei, die als ‚sozialistisch' definiert war oder die Arbeiterbewegung repräsentierte, institutionalisiert. Die Entstehung eines Wohlfahrtsstaats war ein Prozeß, der eine größere Anzahl von Interessengruppen (maternalistische Frauenorganisationen, rassistische Agrarinteressen, ethnisch definierte lokale ‚Regierungsmaschinen' und nationalistischer Regierungspopulismus) in einem Ensemble sich verschiebender Allianzen zusammenbrachte.

Die amerikanische Rezeption von NSB-Theorien eröffnet also den Blick darauf, daß die Beziehung zwischen sozialistischen Bewegungen und Klasseninteressen eine Funktion eines institutionellen politischen Kontextes ist. Bewegungen, die auf Rasse oder Geschlecht beruhen, werden in den USA als genauso ‚alt' wie die Arbeiterbewegung(was in Europa ebenfalls historisch zutreffender ist) und einander ähnlicher (und eine gemeinsame Geschichte teilend) verstanden. Außerdem werden die Frauenbewegung und die Bürgerrechtsbewegung nicht als ‚Nachfolger' einer schon erfolgreich institutionalisierten Arbeiterbewegung betrachtet, sondern wie die Arbeiterbewegung als Herausforderer der dominanten Systeme von Ausschluß und Unterdrückung.

Die Vereinigten Staaten sind im Gegensatz zu vielen Ländern Europas schon seit dem 19. Jahrhundert eine ‚Bewegungsgesellschaft' (Neidhardt/Rucht 1993; Rucht in diesem Band) in der verschiedene soziale Bewegungen und Interessenorganisationen außerhalb formal institutionalisierter Parteien historisch eine zentrale Rolle gespielt haben (Clemens 1997). Die sozialen Bewegungen der 20er und 30er Jahre sind mit den sozialen Bewegungen der 60er und 70er Jahre durch ‚abeyance structures' (Rupp/Taylor 1987) und ‚half way houses' (Morris 1994), also durch formelle und informelle Organisationen und Netzwerke, verbunden. Angesichts dieser Verbindungen fällt es schwer, die jüngeren sozialen Bewegungen als eigenständig und neu aufzufassen. Soziale Bewegungen sind ein altbekanntes Element amerikanischer politischer Kultur und Gelegenheitsstruktur (Gamson/Meyer 1996; Mayer 1991).

Darüber hinaus weisen amerikanische ForscherInnen auf eine größere Variationsbreite von Institutionalisierung hin. Damit lenken sie auch Aufmerksamkeit darauf, daß nicht nur die politischen Gelegenheiten (‚political opportunities'), sondern auch die politischen Einschränkungen (‚political constraints') einen wesentlichen Einfluß auf die Entwicklung sozialer Bewegungen haben. Politische Einschränkungen, die gleichzeitig in kulturelle Traditionen und historische Konstellationen eingebettet sind, haben unter Umständen Innovationen zur Folge. So weist Elizabeth Clemens (1993) daraufhin, daß sozialen

Bewegungen organisatorische Formen aus dem existierenden kulturellen Repertoire bezogen, aber bisweilen veränderten. Der männliche ‚Club' stellte für die Frauengruppen des späten 19. und frühen 20. Jahrhunderts ein Organisationsmodell dar. Die ‚Clubfrauen' erfanden diese Art des Lobbyismus, indem sie ihre Organisationen als von den Wahlen unabhängige Werkzeuge (Frauen konnten zu diesem Zeitpunkt nicht wählen) für die Beeinflussung politischer Willensbildung nutzten (Clemens 1997).

Spalter-Roth und Schreiber präsentieren in ihrer Untersuchung zeitgenössischer Frauen Lobby-Gruppen in Washington (DC) weitere Formen der Institutionalisierung (Spalter-Roth/Schreiber 1995). Diese Gruppen verfolgen ‚outsider issues' mit ‚insider tactics' und repräsentieren damit eine unkonventionelle Strategie. Eine weitere Strategie wird mit dem Begriff ‚routinized radicalism' beschrieben, der von Staggenborg, Taylor und Whittier sowie anderen Erforscherinnen der Frauenbewegung in den USA entwickelt wurde und auch auf institutionalisierte Phänomene der europäischen neuen sozialen Bewegungen, wie feministische Projekte und Frauenhäuser, angewandt werden kann (Ferree 1996). Diese und andere Studien stellen die verbreitete Annahme, daß Institutionalisierung Kooptation bedeutet, in Frage (Ferree/Martin 1995).

Weiterhin wurde das politische System der USA weder durch Faschismus noch durch den Zweiten Weltkrieg unterbrochen. Es gibt mehr offensichtliche Kontinuität zwischen zeitgenössischen und vergangenen sozialen Bewegungen in den USA. Angesichts der kontinuierlichen Organisationsbemühungen der Bürgerrechtsbewegung, angefangen von den 40er und 50er Jahren bis hin zur verstärkten Mobilisierung der späten 50er und frühen 60er Jahre (McAdam 1982; Morris 1984), und der gut dokumentierten Verbindungen zwischen der Bürgerrechtsbewegung, der Frauenbewegung, der Anti-Vietnam-Bewegung und der Neuen Linken, ist es unmöglich, solche chronologischen Grenzen zu ziehen.

Amerikanische Studien sozialer Bewegungen greifen auch nur selten die Betonung ‚post-industrieller' Werte im Sinne Ingleharts (1977) auf, die dem konventionellen Links-Rechts-Schema der politischen Einordnung gegenübergestellt werden. Auf der einen Seite passen bestimmte Bewegungen wie Frauen-, Friedens- und Umweltbewegungen nicht in dieses politische Links-Rechts-Schema, auf der anderen Seite war dieses Schema in den USA nie so gut institutionalisiert wie in Europa (Fuchs/Klingemann 1990). Während links und rechts, rot, schwarz und braun gleichbleibende Bedeutungen in Europa haben, gegenüber denen grün und lila als innovativ und alternativ angesehen werden können, sind diese Bedeutungen im amerikanischen Bewegungsdiskurs mehr im Fluß und schlechter erkennbar. Zum Beispiel initiierte Theodore Roosevelt zu Beginn des 20. Jahrhunderts, einer Periode extensiver Mobilisierung sozialer Bewegungen in den USA wie auch in Europa, ein Programm imperialistischer Expansion, innovativen Umweltschutzes, kartellsprengender Attacken auf den Kapitalismus und einer rassistischen Eugenik, das man gleichermaßen grün, rot, und braun nennen könnte, das damals aber das amerikanische Label ‚progressive' trug.

Aufgrund dieser Geschichte zögert man in den USA, die Werte dieser zeitgenössischen Bewegungen als ‚post-industriell' zu betrachten. Aspekte materiellen Wohlstands haben nicht nur mit Klasse, sondern unter anderem auch mit Rasse, Ethnizität und Geschlecht zu tun. Der ‚War against Poverty' war Teil der Mobilisierung der 60er und 70er Jahre in den Vereinigten Staaten und hat die Perspektive einer besonders politisierten und aktiven Generation geformt. Was auch immer für ein Wertewandel in den letzten zwanzig oder dreißig Jahren in den USA stattgefunden hat, kann gleichermaßen auf den Aktivismus der sich auf das Ende der Rassentrennung, der Herausforderung der geschlechtlichen Arbeitsteilung und der Integration neuer Wellen von Immigranten, wie auf die Transformation der industriellen Produktion und der dominanten Formen der bezahlten Arbeit zurückgeführt werden.

Angesichts der Tatsache, daß die amerikanische Bewegungsgesellschaft schon immer von verschiedenen, sich ändernden Koalitionen von Populisten, Rassisten, radikalen Gleichstellern, Feministinnen, Sozialisten, Pazifisten und religiösen Wiederkehrern geprägt war, ist es problematisch, einige dieser Gruppen oder deren Werte als außerhalb des Rahmens der Interessen, die ‚neue soziale Bewegungen' definieren, zu stellen. Reaktionäre oder rechtsextremistische Gruppen sind so alt oder neu wie die progressiven oder links-extremen Gruppen, mit denen sie sich auseinandersetzen. Es ist schwierig, viele spezifische Gruppen überhaupt auf dem links-rechts Kontinuum zu verorten (sei es die Women's Christian Temperance Union der 1890er oder das Project for a Drug-Free America der 1980er Jahre). NSB-Theorien werden in den USA eher deswegen begrüßt, weil sie Aufmerksamkeit auf Werte, Ideologien und Rahmungen legen und sie als bedeutsame komplexe Phänomene bewerten. Wenn ökonomische Anliegen und Forderungen bei diesen europäischen Bewegungen einen marginalen Stellenwert einnehmen, wie es beispielsweise bei bestimmten Varianten des Feminismus in Europa der Fall ist, wird dies eher mit spezifischen Konstellationen von Identität und Organisation erklärt, als einer universalen historischen Logik zugeschrieben.

NSB-Theorien postulieren eine Verbindung zwischen bestimmten Bedingungen, Krisen und Widersprüchen der Gesellschaft und den sozialen Bewegungen, die aus diesen Bedingungen heraus entstehen. Potentiell ist dieses Modell sehr nützlich, weil es soziale Transformation mit organisierten Anstrengungen sozialen Wandels verbindet und so soziale Bewegungen gesellschaftstheoretisch situiert. Die amerikanische Anwendung von NSB-Theorien greift nur selten die Herausforderung auf, soziale Bewegungen mit Prozessen sozialen Wandels zu verknüpfen, was vor allem zwei Gründe hat: Erstens haben amerikanische Analytiker sozialer Bewegungen seltener einen marxistischen Hintergrund und neigen daher seltener dazu, die Krisen und Widersprüche des globalen Kapitalismus in den Begriffen einer neuen Klasse mit einer historisch definierten Aufgabe aufzufassen. Gleichzeitig herrscht in den USA dahingehend Skepsis, daß es eine vorbestimmte und möglicherweise bekannte Logik der Geschichte geben könne. Diejenigen Amerikaner, die sich dennoch explizit gesellschaftskritisch mit den makro-soziologischen Ansprüchen auseinandergesetzt haben, tun es von einer marxistischen oder post-marxistischen Perspektive (Boggs 1986).

Zweitens zieht das ‚post-industrielle' Label eine Grenze zwischen den sozialen Bewegungen in hochentwickelten kapitalistischen Ökonomien und denen der restlichen Welt. Obwohl sich auch die amerikanische Bewegungsforschung hauptsächlich auf die eigenen Erfahrungen bezieht, werden die Vereinigten Staaten und Europa auf der einen Seite nicht von Lateinamerika und Asien auf der anderen Seite abgegrenzt, d.h. Feminismus in Indien wird theoretisch nicht anders plaziert als Feminismus in Europa. Für die US-amerikanische Gesellschaft von Immigranten, als eine ‚Siedler-Gesellschaft' und Weltmacht, ist jedes theoretische Modell, das darauf besteht, nur in bestimmten Ländern und zu bestimmten historischen Zeitpunkten zuzutreffen, nur von begrenzter Anziehungskraft und Nützlichkeit. Studien von nicht-westlichen sozialen Bewegungen, wie Rays Vergleich von Frauenbewegungen in Bombay und Kalkutta (1998), Noonans Analyse der Rolle von Frauen in Widerstandsbewegungen in autoritären lateinamerikanischen Regimes (1995) und Sperlings Studie der Mobilisierung von Frauen in Rußland (1997) bieten daher wichtige Einsichten in die institutionellen politischen Kontexte und kulturellen Differenzen, die die Rahmenbedingungen für die Organisierung sozialer Bewegungen darstellen.

Nicht zuletzt gibt es heutzutage bedeutende globale Verbindungen unter sozialen Bewegungen. Obwohl diese Verbindungen nichts Neues sind – Rupp (1997) verfolgt die internationalen Netzwerke und Organisationen, die Frauen um die Jahrhundertwende aufbauten und niemand sollte an die sozialistische Internationale als einen Fokus der Mobilisierung oder die internationalen Verbindungen von Rechtsradikalen erinnert werden müssen – besteht nur wenig Zweifel daran, daß unmittelbare Kommunikation und die Verbreitung supranationaler Regierungsorganisationen und Vereinbarungen die Koordination von internationalen Bewegungen wie Greenpeace sowohl leichter, als auch bedeutsamer machen. Nicht nur Ressourcen, sondern auch Ideen verbreiten sich in verschiedenen Richtungen um den Globus, wie Ferree und Gamson (1998) im Hinblick auf reproduktive Rechte und internationalen Feminismus zeigen. Die wichtigen Veränderungen im Diskurs um das ‚Bevölkerung'-Manifest bei der Konferenz in Kairo 1996 schulden den Argumenten der Feministinnen der Dritten Welt über Geschlecht und Entwicklung viel. Der internationale Handel mit Frauenkörpern (der im 19. Jahrhundert ‚weiße Sklaverei' genannt wurde, um ihn vom Handel von Körpern schwarzer Frauen und Männer zu unterscheiden) führt noch heute zu starken Frauenwiderstandsbewegungen, sowohl auf den Philippinen und in Thailand, als auch in den post-industriellen Nationen.

Alles in allem tendiert die amerikanische Lesart dazu, die von den NSB-Theorien gezogenen Grenzen abzulehnen. Der theoretische Anspruch, daß bestimmte Bewegungen als besonders und bedeutsamer als andere behandelt werden sollen, wird ebenso bestritten, wie die Grenzziehung zwischen auf Identität gegründeten ,neuen', und angeblich materiell ausgerichteten ,alten' Bewegungen. Aus amerikanischer Sicht wird die Trennung von materialistischen und ,post-materialistischen' Forderungen und Werten in Frage gestellt und die Relevanz von sowohl ökonomischen als auch nicht-ökonomischen Aspekten in allen Bewegungen herausgestellt. Schließlich wird die Trennung von Bewegungen auf der Basis ihrer distinkten Position in einem bestimmten Gesellschaftstyp zurückgewiesen und so Aufmerksamkeit auf die globalen Ähnlichkeiten und tatsächlichen Verbindungen zwischen Bewegungen gelenkt.

3 Quo vadis, NSB?

Die Verbindung zwischen sozialen Bewegungen und dem Wohlfahrtsstaat in seinen jeweiligen Ausprägungen wirft Fragen auf, die von Theorien sozialer Bewegungen bisher wenig analysiert wurden, die aber von zunehmendem Interesse für die politische Soziologie sind. Diese Verbindung ist kaum durch die oberflächliche Weisheit, daß der Wohlfahrtsstaat den Erfolg und die Institutionalisierung der Arbeiterbewegung reflektiert, erschlossen. Die Kategorisierung von Wohlfahrtsstaaten in Typen (Esping-Anderson 1990; Sainsbury 1996) hat noch nicht ausreichend die historischen Prozesse, in denen verschiedene Bewegungen eine Schlüsselrolle spielten, untersucht. In einigen Ländern wie Schweden umfaßten und kooptierten die Gewerkschaften die Forderungen von arbeitenden Frauen und stellten einen Diskurs über Arbeit, Familie und soziale Gleichheit her, der alle autonomen Frauenorganisationen marginalisierte, selbst wenn viele feministischen Ziele in die Politik inkorporiert wurden. In anderen Ländern, wie zum Beispiel Deutschland, gab es scharf gezogene Trennungslinien zwischen der proletarischen und der bürgerlichen Frauenbewegung, die die Geschlechtersolidarität unterminierten. Dies wurde weiter in die Ost-West-Rhetorik der Nachkriegszeit transportiert und erlaubte es dem westdeutschen Staat, die ,Hausfrauenehe' als Norm zu institutionalisieren (Moeller 1993). Skocpol (1992) und Gordon (1990), auf der anderen Seite, untersuchten die wichtige Rolle von Frauenbewegungen in der Legitimierung der ersten Ausweitungen des Wohlfahrtsstaats in den USA.

Darüber hinaus sind die gegenwärtige Krise des Wohlfahrtsstaats, Globalisierung und Deregulierung hoch relevant für die Mobilisierung zeitgenössischer sozialer Bewegungen. NSB-Theorien eignen sich aber solange nicht dafür, diese Krisen zu analysieren, solange sie, erstens, als zugrunde liegende Dynamik nur die Transformation von Arbeit im bezahlten Arbeitsmarkt definieren und, zweitens, die ökonomische Transformation der hochindustrialisierten (post-fordistischen) Länder von denen in anderen Nationen trennen. Vertreter von NSB-Theorien wie Touraine und Castells fokussieren auf den historisch definierten Bereich industrieller Produktion und argumentieren, daß die sozialen Widersprüche aus den ,post-fordistischen' industriellen Beziehungen hervorgehen. Für die ,neue' Klasse von Arbeitern sind Fragen des Wohlfahrtsstaats alt und uninteressant. Im Gegensatz zu dieser Fixierung auf den Produktionsbereich ist u.E. eine stärkere Berücksichtigung der verschiedenen Mobilisierungen und Gegenmobilisierungen, die sich auf Veränderungen des Bereichs der Reproduktion beziehen, notwendig. Die Rolle der ,Mutter' unterlag in den vergangenen Dekaden ebenso einem signifikanten Wandel, wie die des männlichen Arbeiters in der Schwerindustrie (Brush 1998). Transformationen in der bezahlten Arbeit generieren nicht nur post-industrielle Werte, sondern auch defensive Fremdenfeindlichkeit und xenophobischen Nationalismus in Europa. Solche Bewegungen haben zum Teil mit veränderten Geburtenraten und Arbeitskräfteangebot über die Generationen und Nationen hinweg zu tun, d.h. mit Veränderungen in der Organisation von Reproduktion wie auch Produktion in einem globalen Bezugssystem.

Ein Fokus auf die Organisation der Produktion, der die sozialen Beziehungen der Reproduktion außer Acht läßt, reflektiert und verstärkt einen einseitigen Blick auf Männer als politische Akteure und auf von Männern geführte Bewegungen als die primären Agenten sozialen Wandels. Frauenbewegungen wurden nie als zentrale und integrale Bestandteile der Theorien sozialer Bewegungen an sich wahrgenommen, sondern eher als Epiphänomene – eine geschlechtsspezifisch strukturierte Untergruppe von kulturellen Bewegungen, die mit geschlechtsspezifisch strukturierten Prozessen auf dem Makro-Level nichts zu tun haben. Die Anerkennung der Beziehung zwischen Transformationen bezahlter und unbezahlter Arbeit macht die Makro-Level-Analyse auch zu einer geschlechtsspezifischen.

Analysen sozialer Bewegungen sollten mit Veränderungen der sozialen Organisation auf dem Makro-Level verbunden sein, sowohl als Ursache als auch als Wirkung dieser Transformationen über eine Anzahl verschiedener nationaler Kontexte hinweg, nicht nur in Europa. Aber NSB-Theorien bieten selbst nur eine begrenzte Sicht auf diese Transformationen. Sie isolieren die Veränderungen, die in den hochindustrialisierten Gesellschaften stattfinden, von den Veränderungen in weniger industrialisierten Gesellschaften, die strukturell mit einem Wandel in sowohl reproduktiven als auch produzierenden Arbeitsbeziehungen verbunden sind. Die NSB-Theorien waren in den letzten Jahrzehnten damit zufrieden, die Grenzen von Geschlecht und Nationalstaat als ,natürliche' Organisationsprinzipien der Politik zu akzeptieren. Damit verschwand die Frage von der ,post-industriellen' Tagesordnung, welcher Zusammenhang zwischen Geburt, Ethnizität, Nationalität einerseits, und materiellem Wohlstand andererseits besteht.

Aus amerikanischer Sicht ist klar, daß diese Fragen in vielen heutigen Konflikten in Europa genauso zentral sind, wie das in den USA schon lange der Fall ist. Eine ,neue' Theorie neuer sozialer Bewegungen müßte diese Probleme in den Kontext einer Analyse von Produktion, Reproduktion und der jeweiligen Ausprägung des Wohlfahrtsstaates stellen. Es muß also nicht nur darum gehen, die Vielfalt der gesellschaftlichen Rahmenbedingungen in ihrer Bedeutung für die Entwicklung sozialer Bewegungen anzuerkennen, sondern auch darum, diesen Zusammenhang zu erklären.

Anmerkung

1 Wir danken Cathleen Kantner für ihre hilfreichen Kommentare.

Literatur

Boggs, Carl 1986: Social Movements und Political Power. Emerging Forms of Radicalism in the West. Philadelphia: Temple University Press.
Breines, Wini 1982: Community und Organization in the New Left. New Brunswick, NJ: Rutgers University Press.
Brush, Lisa 1998: Gender, Work, Who Cares? Production, Reproduction und Business as Usual. In: Lorber, Judith/Ferree, Myra Marx/Hess, Beth B. (eds.): Revisioning Gender. Newbury Park, CA: Sage.
Buechler, Steven M. 1995: New Social Movement Theories. In: Sociological Quarterly, vol. 36, 441-464.
Calhoun, Craig J. 1991: The Problem of Identity in Collective Action. In: Huber, Joan (ed.): Macro-Micro Linkages in Sociology. Newbury Park, CA: Sage, 51-75.
Calhoun, Craig J. 1993: ,New Social Movements' of the Early Nineteenth Century. In: Social Science History, vol. 17, 385-428.
Calhoun, Craig J. 1994: Neither Gods Nor Emperors: Students und the Struggle for Democracy in China. Berkeley: University of California Press.
Castells, Manuel 1983: The City und Grassroots. Berkeley: University of California Press.
Clemens, Elisabeth S. 1993: Organizational Repertoires and Institutional Change: Women's Groups and the Transformation of U.S. Politics, 1820-1920. In: American Journal of Sociology, vol. 98, 755-798.
Clemens, Elisabeth S. 1997: The People's Lobby: Organizational Innovation und the Rise of Interest Group Politics, 1890-1920. Chicago: University of Chicago Press.
Darnovsky, Marcy/Epstein, Barbara/Flacks, Richard (eds.) 1995: Cultural Politics und Social Movements. Philadelphia: Temple University Press.
Esping-Anderson, Gösta 1990: Three Worlds of Welfare Capitalism. Cambridge: Polity Press.
Evans, Sara M./Boyte, Harry C. 1986: Free Spaces. The Sources of Democratic Change in America. New York: Harper und Row.
Ferree, Myra Marx 1992: The Political Context of Rationality: Rational Choice Theory und Resource Mobilization. In: Aldon D. Morris/McClurg Mueller, Carol (eds.): Frontiers in Social Movement Theory. New Haven/London: Yale University Press, 29-52.
Ferree, Myra Marx 1996: Institutionalization, Identity, und the Political Participation of Women in the New Bundesländer. In: Research on Russia und Eastern Europe, vol. 2, 17-32.
Ferree, Myra Marx/Gamson, William A. 1998: The Gendering of Abortion Discourse: Assessing Global Feminist Influence in the US und Germany, 1970-1994. In: Rucht, Dieter/DellaPorta, Donatella/Kriesi, Hanspeter (eds.): Social Movements in a Globalizing World. London: Macmillan (i. E.).
Ferree, Myra Marx/Martin, Patricia Yancey 1995: Doing the Work of the Movement: Feminist Organizations. In: Ferree, Myra Marx/Martin, Patricia Yancey (eds.): Feminist Organizations. Harvest of the New Women's Movement. Philadelphia: Temple University Press, 3-23.
Ferree, Myra Marx/Miller, Frederick D. 1985: Mobilization und Meaning: Toward an Integration of Social Psychological und Resource Perspectives on Social Movements. In: Sociological Inquiry, vol. 55, 38-61.

Fireman, Bruce/Gamson, William A. 1979: Utilitarian Logic in the Resource Mobilization Perspective. In: Zald, Mayer/McCarthy, John (eds.): The Dynamics of Social Movements. Cambridge: Winthrop, 8-44.

Fuchs, Dieter/Klingemann, Hans Dieter 1990: The Left-Right Schema. In: Jennings, M. Kent/Deth, Jan W. van et al.: Continuities in Political Action – A Longitudinal Study of Political Action in Three Western Democracies. Berlin/New York: de Gruyter, 203-234.

Gamson, Joshua 1996: The Organizational Shaping of Collective Identity: The Case of Lesbian and Gay Film Festivals in New York. In: Sociological Forum, vol. 11, 231-262.

Gamson, Joshua 1997: Messages of Exclusion: Gender, Movements, and Symbolic Boundaries. In: Gender und Society, vol. 11, 178-99.

Gamson, William A./Meyer, David S. 1996: Framing Political Opportunity. In: McAdam, Doug/ McCarthy, John D./Zald, Mayer N. (eds.): Comparative Perspectives on Social Movements. Political Opportunities, Mobilizing Structures, and Cultural Framings. New York: Cambridge University Press 1996, 275-290.

Gerlach, Luther P./Hine, Virginia H. 1970: People, Power, and Chance: Movements of Social Transformation. Indianapolis: Bobbs-Merrill.

Gordon, Linda 1990: Women, the State and Welfare. Madison: University of Wisconsin Press.

Gorz, Andre 1982: Farewell to the Working Class. Boston: South End Press.

Habermas, Jürgen 1981: Theorie des kommunikativen Handelns. Frankfurt: Suhrkamp.

Hunt, Scott A./Benford, Robert D./Snow,David A. 1994: Identity Fields: Framing Processes and the Social Construction of Movement Identities. In: Larana, Enrique/Johnston, Hank/Gusfield, Joseph F. (eds.): New Social Movements. From Ideology to Identity. Philadelphia: Temple University Press, 185-208.

Inglehart, Ronald 1977: The Silent Revolution. Changing Values and Political Styles Among Western Publics. Princeton: Princeton University Press.

Jenson, Jane 1995: What's in a Name? Nationalist Movements and Public Discourse. In: Johnston, Hank/Klandermans, Bert (eds.): Social Movements and Culture (Vol. 4: Social Movements. Protest and Contention). Minneapolis: University of Minnesota Press, 107-126.

Johnston, Hank 1991: Tales of Nationalism: Catalonia, 1939-1979. New Brunswick, NJ: Rutgers University Press.

Johnston, Hank/Klandermans, Bert (eds.) 1995: Social Movements and Culture, (Vol. 4: Social Movements. Protest and Contention). Minneapolis: University of Minnesota Press.

Katzenstein, Mary Fainsod 1995: Discursive Politics and Feminist Activism in the Catholic Church. In: Ferree, Myra Marx/Martin, Patricia Yancey (eds.): Feminist Organizations. Harvest of the New Women's Movement. Philadelphia: Temple University Press, 35-52.

Kontos, Silvia 1986: Modernisierung der Subsumtionspolitik. Die Frauenbewegung in den Theorien neuer sozialer Bewegungen. In: Feministische Studien, Vol. 5, 34-49.

Mayer, Margit 1991: Social Movement Research and Social Movement Practice: The U.S. Pattern. In: Rucht, Dieter (ed.): Research on Social Movements. The State of the Art in Western Europe and the USA. Frankfurt: Campus/Boulder: Westview, 47-120.

McAdam, Doug 1982: Political Process and the Development of Black Insurgency, 1930-1970. Chicago: University of Chicago Press.

McAdam, Doug/McCarthy, John D./Zald, Mayer 1996: Introduction: Opportunities, Mobilizing Structures, and Framing Processes – Toward a Synthetic, Comparative Perspective on Social Movements. In: McAdam, Doug/McCarthy, John D./Zald, Mayer (eds.): Comparative Perspectives on Social Movements. Political Opportunities, Mobilizing Structures, and Cultural Framings. New York: Cambridge University Press, 1-20.

Melucci, Alberto 1989: Nomads of the Present. Social Movements and Individual Needs in Contemporary Society. Philadelphia: Temple University Press.

Moeller, Robert 1993: Protecting Motherhood: Women and the Family in the Politics of Postwar West Germany. Berkeley: University of California Press.

Moore, Kelly 1997: Organizing Integrity: American Science and the Creation of Public Interest Organizations, 1955-1975. In: American Journal of Sociology, vol. 101, 1592-1627.

Morris, Aldon D. 1994: The Origins of the Civil Rights Movement. Black Communities Organizing for Change. New York: The Free Press.

Nagel, Joanne 1996: Constructing Ethnicity: Creating and Recreating Ethnic Identity and Culture. In: Social Problems, vol. 41, 152-176.

Neidhard, Friedhelm/Rucht, Dieter 1993: Auf dem Weg in die Bewegungsgesellschaft? Über die Stabilisierbarkeit sozialer Bewegungen. In: Soziale Welt, Vol. 4, 305-326.

Noonan, Rita 1995: Women Against the State: Political Opportunities and Collective Action Frames in Chile's Transition to Democracy. In: Sociological Forum, vol. 10, 81-111.

Payne, Charles 1989: Ella Baker and Models of social Change. In: Signs, vol. 14.

Ray, Raka 1998: Fields of Protest: Women's Movements in Two Indian Cities. Minneapolis: University of Minnesota Press (i. E.).

Robnett, Belinda 1996: African-American Women in the Civil Rights Movement, 1954-1965: Gender, Leadership, and Micromobilization. In: American Journal of Sociology, vol. 101, 1661-1693.

Roediger, David R. 1991: The Wages of Whiteness. Race and the Making of the American Working Class. New York: Verso.

Roth, Silke 1997: Political Socialization, Brigding Organization, Social Movement Interaction: The Coalition of Labor Union Women, 1974-1996. Ph.D. dissertation. Storrs: University of Connecticut.

Rupp, Leila J./Taylor, Verta 1987: Survival in the Doldrums: The American Women's Right's Movement, 1945 to the 1960s. New York: Oxford University Press.

Rupp, Leila J. 1997: Worlds of Women. Princeton: Princeton University Press.

Sainsbury, Diane 1996: Gender, Equality and Welfare States. Cambridge/New York: Cambridge University Press, 1996.

Skocpol, Theda 1992: Protecting Soldiers and Mothers. Cambridge: Harvard University Press.

Snow, David A./Benford, Robert D. 1992: Master Frames and Cycles of Protest: In: Morris, Aldon/ Mueller, Carol McClurg (eds.): Frontiers in Social Movement Theory. New Haven/London: Yale University Press.

Snow, David A./Rochford Jr., E. Burke/Worden, Steven K./Benford, Robert D. 1986: Frame Alignment Processes, Micromobilization, and Movement Participation. In: American Sociological Review, vol. 51, 464-481.

Spalter-Roth, Roberta/Schreiber, Ronnee 1995: Outsider Issues and Insider Tactics: Strategic Tensions in the Women's Policy Network during the 1980s. In: Ferree, Myra Marx/Martin, Patricia Martin (eds.): Feminist Organizations. Harvest of the New Women's Movement. Philadelphia: Temple University Press, 1995, 105-127.

Sperling, Valerie 1997: Engendering Democracy: Women's Movement Activism in Russia 1985-1995. Ph.D. dissertation. Berkeley: University of California.

Staggenborg, Suzanne 1988: The Consequences of Professionalization and Formalization in the Pro-Choice Movement. In: American Sociological Review, vol. 53, 585-606.

Staggenborg, Suzanne 1989: Stability and Innovation in the Women's Movement: A Comparison of Two Movement Organizations. In: Social Problems, vol. 36, 75-92.

Taylor, Verta 1989: Social Movement Continuity: The Women's Movement in Abeyance. In: American Sociological Review, vol. 54, 761-775.

Taylor, Verta 1996: Rock-A-Bye Baby. Feminism, Self-Help, and Postpartum Depression. New York: Routledge.

Taylor, Verta/Whittier, Nancy E. 1992: Collective Identity in Social Movement Communities: Lesbian Feminist Mobilization. In: Morris, Aldon/Mueller, Carol McClurg (eds.): Frontiers of Social Movement Research. New Haven, CT: Yale University Press, 104-129.

Touraine, Alain 1977: The Self-Production of Society. Chicago: University of Chicago Press.

Touraine, Alain 1981: The Voice and the Eye: An Analysis of Social Movements. New York: Cambrige University Press.

Whittier, Nancy 1995: Feminist Generations: The Persistence of the Radical Women's Movement. Philadelphia: Temple University Press.

Young, Brigitte 1996: The German State and Feminist Politics: A Double Gender Marginalization. In: Social Politics, Vol. 3, 2/3, 159-184.

Herbert Kitschelt

Politische Gelegenheitsstrukturen in Theorien sozialer Bewegungen heute

Oft beruht die Behauptung, ein Begriff oder eine Hypothese seien neu in den Sozialwissenschaften, auf nichts anderem als einem kurzen theoriehistorischen Gedächtnis. Nichts beweist dies besser als die These, daß ‚politische Gelegenheitsstrukturen' (political opportunity structures) soziale Protestbewegungen und sogar den Umsturz ganzer politischer Herrschaftssysteme bewirken. Tatsächlich geht diese Überlegung bis auf die griechischen Klassiker zurück, die den Konsens der Eliten als wichtige Bedingung für die Vermeidung von sozialen Bewegungen identifizierten. So beobachtete bereits Platon, daß in jeder Regierungsform Revolution immer mit internem Dissens in der herrschenden Klasse beginne, während die bestehende Ordnung nicht aus den Angeln gehoben werden könne, solange diese Klasse eine geschlossene Auffassung vertrete, wie klein die Zahl ihrer Mitglieder relativ zur Gesamtbevölkerung auch immer sei (Platon 1941: 262). Aristoteles wiederholt dieselbe These später in seiner *Politik* (Aristoteles 1955: 1305f) und gelangt zu einer Synthese dessen, was wir heute Deprivationstheorie und Theorie politischer Gelegenheitsstrukturen nennen würden. Nur dort, wo die Erfahrung sozialer Ungleichheit, Entrechtung und Erniedrigung einhergeht mit günstigen Umständen, die Nutznießer der bestehenden Ordnung auseinander zu dividieren, seien Bewegungen zu erwarten, die Verhältnisse tatsächlich ‚zum Tanzen' brächten.

In diesen bald zweieinhalbtausend Jahren alten Texten haben wir den klassischen Ausgangspunkt von Theorien politischer Gelegenheitsstrukturen unverstellt vor unseren Augen. Die Mobilisierung von Herausforderungen gegen den *status quo* hängt nicht nur von den Realitätsdefinitionen und internen Ressourcen der potentiellen Opposition ab, sondern auch von Umständen, die die Unterstützung und damit ultimativ den Erfolg einer Erhebung aussichtsreich machen. Man kann nur morsche Türen eintreten (Lenin).

Die Konjunktur für politische Gelegenheitsstrukturen in der sozialen Bewegungsforschung der letzten zwanzig Jahren hat deshalb nichts fundamental Neues eingeführt, aber eine Proliferation von Argumenten geliefert, die sich unter die allgemeine Inspiration subsumieren lassen, daß die äußeren Umstände und nicht allein die eigenen Motivationen und Fähigkeiten von Akteuren die Entwicklung sozialer Bewegungen beeinflussen. Eine vor nicht langer Zeit veröffentlichte Inhaltsanalyse von Aufsätzen zum Thema soziale Bewegungen in angelsächsischen sozialwissenschaftlichen Zeitschriften zeigt, daß nicht nur die Anzahl von Aufsätzen zu diesem Themenkomplex explodierte, sondern auch der Anteil der Beiträge, welche sich auf Gelegenheitsstrukturen als erklärende Variable konzentrieren.[1]

Ich möchte in diesem Beitrag weder weitere Varianten vorschlagen, wie politische Gelegenheitsstrukturen soziale Protestbewegungen beeinflussen, noch eine neue Anwendung des Argumentes auf empirische Fälle oder gar einen ,Test' der Erklärungskraft von Gelegenheiten relativ zur Motivationsintensität oder den Ressourcen der Akteure selbst unternehmen. Vielmehr betrachte ich diesen Jubiläumsband des *Forschungsjournal Neue Soziale Bewegungen* als Forum, zur ,Theorieschiene politische Gelegenheitsstrukturen' einige meta-theoretische Überlegungen vorzutragen, die vielleicht die eine oder andere Möglichkeit zur Weiterarbeit an dieser Problematik eröffnen. Im ersten Abschnitt werde ich deshalb zunächst den Status des Konzeptes der Gelegenheitsstrukturen innerhalb breiterer sozialwissenschaftlicher Entwicklungen zu verorten suchen. Im nächsten Abschnitt unterscheide ich zwei Strategien, das Konzept in die Entwicklung von Theorien sozialer Bewegung einzubauen. Die erste Strategie dominiert die empirische Forschung, jedoch halte ich die zweite Strategie für die in Zukunft aussichtsreichere. Im dritten Abschnitt vergleiche ich dann die Themenkonjunktur um das Konzept der Gelegenheitsstrukturen mit der jüngsten Themenkonjunktur in der Bewegungsforschung, welche sich um das Konzept des ,Interpretationsrahmens' (frame) kristallisiert. Erst im vierten und letzten Abschnitt versuche ich schließlich, einige meiner abstrakt-methodologischen Überlegungen am Beispiel des Themas ,neue soziale Bewegungen', oder wie ich lieber sagen möchte: linkslibertärer Bewegungen, zu illustrieren.

1 Theorie und ,Ansatz'

Sozialwissenschaftliche Theoriebildungspraxis bewegt sich in der Regel in einem Mittelfeld zwischen orthodox positivistischem und historisch-hermeneutischem Theorieverständnis. Auf der einen Seite bedeutet Theorie die Verknüpfung abstrakter raum-zeit-unabhängiger Konzepte in allgemeinen Hypothesen, die Kausalverknüpfungen zwischen empirisch beobachtbaren Tatsachen postulieren. Solche Hypothesen müssen anwendbar sein auf eine umfassendere Menge von Beobachtungen als diejenige, welche eingeholt wurde, um die Hypothese zuallererst aufzustellen. Mit anderen Worten, unsere Hypothesen müssen durch neue empirische Evidenz ,testbar' sein. Auf der anderen Seite wissen wir, daß unsere sozialwissenschaftlichen Konzepte in der Regel historisch fundiert sind. Auch wenn unsere Kausalhypothesen nicht explizit Namen und Daten von bestimmten historischen Episoden einschließen, greifen analytische Konzepte wie ,post-industrielle Gesellschaft', ,Spaltung von Eliten', oder ,Offenheit von politischen Systemen' doch historisch-idiosynkratische Zustände auf, die in der Operationalisierung solcher Konzepte durchscheinen. Wenn wir den ,Hof' historisch legitimer Anwendungen überschreiten, verfallen wir dem Fehler des ,concept stretching' (Sartori 1970). Obwohl theoretische Konzepte nicht Eigennamen sind, stimulieren individuelle Ereignisse oft die Konzeptbildung (King/Keohane/Verba 1994: 37) und hermeneutische Fähigkeiten der sozialwissenschaftlichen Interpreten helfen uns, Begriffe zu prägen, die es uns erlauben, die intentionalen und kausalen Verknüpfungen sozialer Zustände zu erfassen.

In einer zentralen Hinsicht bleibt dieses hermeneutisch reflektierte Theorieverständnis aber klar der positivistischen Tradition verhaftet: Begriffe sind nicht Theorien, und Begriffe haben einen nominalistischen ontologischen Status. Sie reflektieren nicht ,Wesensbestimmungen' der Welt, sondern stellen Denkinstrumente dar, mit welche n wir einen konzeptionellen Apparat aufbauen, der Theorie ermöglicht. Aber Theorie entsteht erst dann, wenn wir in systematischer Weise Begriffe in Kausalhypothesen miteinander verbinden. Die strategische Bildung von Begriffen stellt eine Interpretation dessen dar, was Thomas Kuhn ,Paradigma' nannte (Masterman 1970). Sozialwissenschaftliche Begriffe haben den ontologischen Status einer teils künstlichen, teils konventionellen Sprachform, welche uns ermöglicht, Tatsachen in der Welt zu ,sehen' und durch eine ganz bestimmte Untersuchungslinse zu beschreiben. Begriffe geben in vortheoretischer Weise an, woraus die Welt ,besteht'. Theorien dagegen verknüpfen diese ,Elemente' der Welt in Kausalhypothesen. Allerdings wirkt Theoriebildung auf Begriffsstrategien zurück. Wenn vorhandene Begriffe uns nicht in die Lage versetzen, Hypothesen aufzustellen, welche wir einigermaßen gut empirisch bestätigen können, wenn sie harten ,Tests' ausgesetzt werden, dann mag es Zeit sein, nicht nur die Verknüpfung in Hypothesen aufzugeben, sondern auch die Begriffe zu wechseln.

Hier ist nicht der Platz, diese rudimentären sozialwissenschaftlichen epistemologischen Überlegungen weiter zu vertiefen und die Logik von Kausal- und Intentionalerklärungen zu erläutern.[2] Für unsere Überlegungen zentral dagegen ist vor allem die Einsicht, daß *Begriffe nicht Theorien sind und daß Begriffe instrumentell-nominalistisch manipuliert werden können*. Daraus ergeben sich mehrere konkrete Schlußfolgerungen für die Untersuchung von ,Gelegenheitsstrukturen' in der sozialwissenschaftlichen Bewegungsforschung. Erstens, es gibt keine ,Theorie' der Gelegenheitsstrukturen. Theorie entsteht erst dann, wenn wir Gelegenheitsstrukturen mit spezifischen anderen Konzepten – zum Beispiel Attributen und Zuständen von sozialen Bewegungen oder Formen und Ergebnissen der Interaktion kollektiver Akteure wie Bewegungen und gesellschaftlicher Ordnungskräfte – in einer Weise verknüpfen, daß sich daraus ein Kausalzusammenhang herstellen läßt. Zweitens, der ,Begriff' der Gelegenheitsstruktur selbst ist gegenüber spezifischen propositionalen Inhalten von Aussagen gleichgültig. Er trägt lediglich zu einem sozialwissenschaftlichen 'Paradigma' bei, welches uns angibt, wonach es sich zu suchen lohnt, wenn wir theoretische Aussagen über den Objektbereich ,soziale Bewegungen' bilden wollen. Der Begriff konstituiert einen ,kategorischen Imperativ' der Bewegungsforschung, nach Propositionen Ausschau zu halten, die nicht die Motivationen und Ressourcen der Akteure, sondern die externen Umstände ihres Handlungsraums zur Ursache ihres kollektiven Verhaltens erheben.

In seiner fundamental-paradigmatischen Funktion ist der Begriff der Gelegenheitsstruktur allerdings *semantisch zu abstrakt*, um die propositionale Theoriebildung zu befördern. Auch wenn er einen allgemeinen Orientierungsrahmen bereitstellt, so bedarf es dennoch einer *kontextuellen Interpretation* dessen, worauf der allgemeine Begriff der Gelegenheitsstruktur abstellt, um zu konkreteren Konzepten zu gelangen, die sich dann in kausale Aussagen einbauen lassen. Ich schließe aus diesen Überlegungen die vielleicht kontroverse Folgerung, daß so etwas wie eine allgemeine ‚Theorie' darüber, wie Gelegenheitsstrukturen Attribute und Interaktionsfolgen von sozialen Bewegungen beeinflussen, nicht möglich ist. Der Begriff stimuliert nur ein bestimmtes Untersuchungsparadigma, welches dann die Ausarbeitung konkreter Hypothesen in theoretischen Systemen (d.h. logisch verknüpften Hypothesen) ermöglicht.

Wer diese Thesen unterschreibt, muß die ganzen Anstrengungen unter Sozialwissenschaftlern, eine abgeschlossene Liste dessen, was ‚Gelegenheitsstrukturen' eigentlich sind, als vertane Zeit empfinden. Jüngere Beispiele für solche manchmal scholastischen Debatten finden sich in McAdam (1996) und Tarrow (1994; 1996). Diese Beiträge sind sinnvoll, insofern sie eine ganze Reihe von Möglichkeiten enumerieren, das paradigmatische Konzept ‚Gelegenheitsstrukturen' durch handhabbarere Konzepte zu spezifizieren, welche in theoretische Aussagen Eingang finden können. Diese Reihe von möglichen Applikationen des Konzeptes umfaßt die folgenden sieben:

- formal-institutionelle Zugangsbedingungen für Akteure, die Forderungen an den Prozeß bindenden kollektiven Entscheidens (‚Politik') erheben, ihre Präferenzen zu artikulieren und in die Aggregations- und Entscheidungsfindung einzubringen;
- die Präsenz oder Abwesenheit von Bündnispartnern im politischen Prozeß;
- die Geschlossenheit oder interne Fragmentierung der Eliten, welche die Ansprüche der Herausforderer abweisen;
- die Repressionsressourcen der *status quo*-Eliten;
- die temporale Entwicklung des Bewegungssektors zum Zeitpunkt der Intervention neuer Herausforderer (‚Bewegungszyklus');
- das internationale Klima für neue Forderungen, kristallisiert um die Existenz von Herausforderern und Alliierten außerhalb des politischen Systems, in welchem Akteure ihre Ansprüche anmelden;
- die organisatorisch-administrativen Verfahrensbedingungen, die es Herausforderern ermöglichen, die Implementation von Politiken zu stören, welche ihre Ansprüche verletzen.

Obwohl die Arbeiten von McAdam, Tarrow und vielen anderen konstruktiv sind, eine Fülle möglicher Operationalisierungen von Gelegenheitsstrukturen beizusteuern, halte ich eine Debatte darüber, was konkret zum ‚Begriff' der

Gelegenheitsstruktur gehört und was nicht, für unproduktiv. Eine solche Debatte läuft Gefahr, sozialwissenschaftliche Begriffsbildung ontologisch-realistisch mißzuverstehen sowie Begriffe mit Theorien zu verwechseln. Nach meinem Verständnis ist das Konzept der Gelegenheitsstrukturen nur gut, um den ‚Ansatz' oder die *paradigmatische Ausrichtung* der Suche nach Theorie zu motivieren, d.h. auf die Umweltrestriktionen von Bewegungsakteuren als Quelle von Handlungsdispositionen und sozialen Prozessen zu achten. Theorien ergeben sich erst auf konkreterer Ebene, wenn wir *bestimmte* externe Bedingungen in der Handlungssituation von Akteuren, die den gesellschaftlichen *status quo* in Frage stellen, identifizieren und dann einen Zusammenhang mit *bestimmten* Attributen und Prozessen sozialer Bewegungsmobilisierung postulieren. Ganz Verschiedenes kann dabei in theoretischen Propositionen herauskommen: zum Beispiel eine statische oder eine dynamisch-temporale Konkretisierung von Gelegenheitsstrukturen, oder auch eine auf interne nationale, sub-nationale oder internationale Bündnispartner abgestellte Charakterisierung.

Ehe ich mich im nächsten Abschnitt den konkreten Aufgaben der Theoriebildung im Rahmen des thematischen Feldes ‚Gelegenheitsstrukturen' zuwende, möchte ich hier noch zwei Überlegungen zum Status des Paradigmas im Rahmen der breiteren Bewegungsforschung anfügen. Ich möchte den Kontext skizzieren, in welchem sich Forschungen zu Gelegenheitsstrukturen von anderen Richtungen sozialer Bewegungsforschung abgrenzen, und vor diesem Hintergrund das Paradigma der Gelegenheitsstrukturen als *Übertragung des rational choice-Ansatzes auf die Bewegungsforschung charakterisieren.*

Die Interpretation der Gelegenheitsforschung als eines sozialwissenschaftlichen Paradigmas, welches auf die *Handlungsumstände der Beteiligten und nicht auf die Orientierungen und Ressourcen der Akteure* abhebt, erlaubt es indirekt, das breitere Feld der Typen sozialer Bewegungsforschung aufzuspannen und die Gelegenheitsforschung darin zu lokalisieren. Zum einen unterteilt meine Landkarte die Bewegungsforschung in Arbeiten, welche entweder Eigenschaften der Akteure oder Eigenschaften ihrer Handlungsumwelt zum Ausgangspunkt der Theoriebildung machen. Zum anderen unterscheide ich bei der Charakterisierung der Handlungen von Akteuren zwischen *instrumentellen* Handlungsressourcen und *normativ-symbolischen* Orientierungen (Zielen, Zwecken, Werten). Eine parallele Unterscheidung ergibt sich bei den Umständen, welche den Handlungshorizont sozialer Bewegungen ausmachen. Wir können diese Umstände instrumentell beschreiben als eine Verteilung von externen Ressourcen und Handlungsregeln, die den Zugang zu Ressourcen in bestimmter Weise sanktionieren (‚Institutionen'), oder normativ-symbolisch als Erfahrungsfeld, welches die Erreichung bestimmter Werte durch die Akteure besonders prämiert.

Die beiden binären Schematismen erlauben die Typologisierung der Bewegungsforschung in einer vereinfachenden Vierfeldertafel (Tafel 1). In den 50er und 60er Jahren nahmen soziale Bewegungsstudien ihren Ausgang vor allem von behavioralistischen und systemtheoretischen Fragen nach den ‚Lükken' zwischen Werterwartungen und Wertrealisierungen bestimmter Gruppen (Gurr 1970), d.h. den normativ besetzten Gratifikationsdefiziten von Akteuren, die durch die Umwelt erzeugt werden und dann Protestmobilisation provozieren. In den 60er Jahren tritt dagegen die Theorieschiene der ‚Ressourcenmobilisierung' auf den Plan, welche sowohl die kausale Konzentration auf Bewegungsumwelten als auch Normen herausfordert. In voluntaristischer Weise betont dieser Ansatz die Eigenaktivitäten der Protestsubjekte, nicht die objektiven Umstände, in welche die Subjekte eingelassen sind. Darüber hinaus untersucht dieser Ansatz vor allem die instrumentellen Ressourcen, welche Akteure für ihre Mobilisierung nutzen, während Normen und Orientierungen als unproblematisch gelten.

	Aspekte sozialer Ordnung	
	instrumentell	normativ-symbolisch
Akteurs-Orientierung	Ressourcenmobilisierung	Framing-Prozesse, Interpretationsrahmen
Umwelt-/Struktur-Orientierung	politische Gelegenheitsstrukturen	relative Deprivation, gesellschaftstheoretische Ansätze

Abb. 1: Paradigmatische Ansätze im Feld der sozialen Bewegungsforschung

In den späten 70er und 80er Jahren mit dem Aufstieg des neuen Institutionalismus in der Politikforschung behalten Forscher zwar die Prämisse bei, das instrumentelle Ressourcen wichtiger als Wertorientierungen bei der Kausalerklärung sozialer Mobilisierung sind, interessieren sich aber im Rahmen der politischen Gelegenheitsstrukturen viel mehr für die objektiven Umstände, inklusive der strategischen Gegner von sozialen Bewegungen, die potentiellen Bewegungsakteuren mehr oder weniger Zugriff auf Ressourcen erlauben, welche dann die Mobilisierung beflügeln. In den späten 80er und 90er Jahren schließlich setzt in Reaktion auf die staatszentrierte und instrumentalistische Bewegungsforschung dann eine weitere radikale Neuorientierung ein, die von dekonstruktivistischen und post-modernen Kulturparadigmen beeinflußt ist. Diese Untersuchungen zum Interpretationsrahmen von Bewegungen stellen die Akteure in den Mittelpunkt, aber weniger als Lokus des Verfügens über materiell-instrumentelle Ressourcen denn als Zentrum von symbolisch-expressiven und normativen Fähigkeiten zur Konstruktion sozialer Wirklichkeit und damit zur Imagination von Bewegungszielen (‚stakes') und ihrer kulturellen Begründung.

Innerhalb des Feldes der sozialen Bewegungsforschung fängt das Paradigma der Gelegenheitsstrukturen die Grundprämissen von *rational choice*-Ansätzen ein: Umweltdetermination und instrumentelle Handlungskonzeption. *Rational Choice*-Ansätze gehen davon aus, daß die symbolisch-normativen Orientierungen von Akteuren extern gegeben sind und nicht selbst zur Disposition stehen. Nach dem rationalistischen Paradigma suchen Akteure unter Bedingungen externer Ressourcen- und Regelrestriktionen solche Wertorientierungen in zweckrationaler Weise, unter Berücksichtigung der Handlungsstrategien anderer Akteure, zu verfolgen. Das rationalistische Paradigma repräsentiert damit lückenlos die Prämissen der Forschungsschiene zu Gelegenheitsstrukturen bei sozialen Bewegungen. Ich betone diese Affinität zwischen Gelegenheitsforschung und *rational choice*-Ansatz, weil eine Reihe von Sozialwissenschaftlern, die zur Gelegenheitsforschung beitragen, sich explizit *nicht* als Teil der *rational choice*-Theorieschiene verstehen. In der Regel begründen sie dies damit, daß ihre Forschungen ‚Strukturen' und nicht rationales ‚Handeln' als erklärende Variablen suchen, aber dies bestätigt keine Differenz zum *rational choice*-Paradigma. Auch letzteres ist zutiefst *strukturalistisch*, da es nicht die Variabilität von Akteurspräferenzen und -orientierungen aufhellt, sondern diese als gegeben annimmt und allein auf äußere Handlungsrestriktionen zur Erklärung von Varianz im Verhalten von Akteuren abstellt. Sowohl strukturalistische Gelegenheitsforschung als auch *rational choice*-Theorien im weiteren Sinne nehmen an, daß Akteure mit solchen externen Restriktionen in instrumentell-zweckrationaler Weise umgehen.

2 Strategien der Theoriebildung

Vor dem Hintergrund dieser sehr allgemeinen meta-theoretischen Überlegungen möchte ich nun die Frage stellen, welche Konkretisierungen der Ansatz der Gelegenheitsstrukturen in der Bewegungsforschung erlaubt und welche davon vielversprechend sind. Bei diesem Unternehmen müssen wir nicht nur die möglichen unabhängigen, sondern auch die abhängigen Variablen spezifizieren: Welche *Aspekte und Attribute* sozialer Bewegungen mögen Gelegenheitsstrukturen erklären? Meine Argumentation umfaßt drei Schritte. Erstens können Hypothesen, die sich aus dem Ansatz von Gelegenheitsstrukturen ergeben, bestenfalls notwendige, aber nie hinreichende Bedingungen für Bewegungseigenschaften erklären. Zweitens ist diese Erklärungskraft auf bestimmte Aspekte sozialer Bewegungen beschränkt. Drittens sind einige Konkretisierungen des Paradigmas in Hypothesenform aussichtsreicher als andere. Ich werde dabei zwei Konkretisierungen aufführen, die ich für fruchtbar halte, und eine, welcher ich weniger günstige Aussichten zuschreibe.

Fritz Scharpf (1997: 24ff) hat zwischen rückwärts- und vorwärtsgewandten Kausalanalysen unterschieden. Rückwärtsgewandte Untersuchungen beginnen mit einem Muster zu erklärender empirischer Ergebnisse (der ‚abhängigen Variablen') und suchen dann nach Kausalerklärungen für die beobachteten Phänomene (der ‚unabhängigen Variablen'). Solche Untersuchungen sind immer additiv und eklektisch. Da in komplexen sozialen Zusammenhängen kaum je eine einzelne Variable ein ganzes Muster von beobachteten Resultaten determiniert, fällt meistens ein ganzer Variablensatz ins Gewicht, um das Ergebnisprofil zu erklären. Je nachdem, wie wenige Beobachtungen der abhängigen Variable vorliegen, ist das Erklärungsobjekt immer durch die Vielzahl der möglichen Erklärungen überdeterminiert.

In der sozialen Bewegungsforschung ist die retrospektiv orientierte Kausalanalyse das dominante Forschungsdesign. Es manifestiert sich darin, daß Forscher einen bestimmten Bewegungstypus oder eine bestimmte Verteilung von Protestereignissen in einem Untersuchungszeitraum als Ausgangspunkt ihrer Erklärungsaufgabe bestimmen und dann so vollständig wie möglich das Universum potentieller Erklärungen für dieses Objekt abtasten. Gelegenheitsstrukturen in verschiedenen Inkarnationen (siehe die Liste im vorhergehenden Abschnitt) gehören immer mit in die Untersuchung hinein. Konkrete Aspekte von Gelegenheitsstrukturen können dabei opportunistisch je nach Untersuchungsfall ausgewählt werden. Ich halte diese Untersuchungstechnik im Bereich Bewegungsforschung nicht (mehr) für besonders produktiv, auch wenn sie sich durch den Übergang von Einzelfallstudien zu vergleichenden Untersuchungen von Bewegungen oder zur inter-temporalen Analyse ganzer Bewegungssektoren verbessert hat.[3] Gelegenheitsstrukturen haben bei der Expansion des Untersuchungsuniversums auch deshalb soviel Wohlwollen gefunden, weil ihre Konkretisierungen oft relativ einfach empirisch operationalisierbar sind. Im Gegensatz zu Verhaltensdispositionen der Akteure, welche nur durch Individualdaten wie Umfragen erhoben werden können, lassen sich Umweltrestriktionen in der Regel auf der Ebene von Makrophänomenen wie der Parteien- und Verbändestruktur messen. Trotzdem mag die rückwärtsgewandte Kausalanalyse ihre beste Zeit hinter sich haben. Sie bleibt induktiv, additiv und letztendlich beliebig bei der Komplizierung von Kausalmodellen, was immer auch eine genaue Erklärung an Plausibilität mit sich bringen kann. Es gibt immer Variablen und Aspekte, die eine Untersuchung nicht berücksichtigt, und die dann zum Vorwurf führen, das Erklärungsobjekt nicht vollständig erfaßt zu haben.

Angesichts dieser Problematik ziehe ich eine vorwärtsgewandte Kausalanalyse vor, die sich auf eine theoretisch konzeptualisierte unabhängige Variable konzentriert und dann die Umstände untersucht, unter denen diese ganz spezifische Wirkungen auf soziale Bewegungen erzielt. Anstatt Aspekte sozialer Bewegungen auf eine Vielzahl von Erklärungsvariablen zurückzuführen, versucht die prospektive Analyse nur die konsistente Wirkung eines einzigen Faktors auf eine Vielzahl von Untersuchungsobjekten zu zeigen. In diesem

Sinne untersucht Della Porta (1996) das Protestverhalten deutscher und italienischer sozialer Bewegungen in der zweiten Hälfte des zwanzigsten Jahrhunderts im Hinblick auf einen einzigen Aspekt der politischen Gelegenheitsstruktur, einer nach verschiedenen Dimensionen operationalisierten Repressivität der Ordnungsmächte. Für ihre prospektive Untersuchung ist es zu Recht uninteressant, daß auch noch andere Entwicklungen das Protestverhalten solcher Bewegungen beeinflußten.

Eine solche prospektive Erklärungsstrategie funktioniert nur dann, wenn auch das Erklärungsobjekt für den konkreten Aspekt von Gelegenheitsstrukturen, dessen kausale Wirkung in den Mittelpunkt gerückt wird, genau spezifiziert ist. Eine Vielzahl von Kommentatoren hat moniert, daß gar nicht mehr klar sei, was Gelegenheitsstrukturen alles erklären sollten, und eine Inflationierung der Erklärungsansprüche eingetreten sei, welche nunmehr umfasse: (1) die kollektive Mobilisierung im Sinne von Handlungsbereitschaft, (2) die Organisationsform sozialer Bewegungen, (3) Proteststrategien, und schließlich (4) verschiedene Dimensionen der Ergebnisse der Interaktion zwischen Herausforderern und Ordnungsmächten. Solange der Begriff der Gelegenheitsstrukturen nicht konkretisiert wird, gibt es keinen Grund anzunehmen, daß nicht alle diese Aspekte sozialer Bewegungsdynamik durch externe Restriktionen der Akteure (Gelegenheiten) erklärbar sind. Allerdings ergibt sich aus dem paradigmatischen Rahmen eines *rational choice*-basierten Paradigmas, daß zumindest ein Attribut sozialer Bewegungen prinzipiell nicht im Rahmen des strukturalistisch-instrumentellen Paradigmas erklärt werden kann, und dies sind die Inhalte der Präferenzen für gesellschaftlichen Wandel, die sich in kollektive Forderungen übersetzen und die Mobilisierung einer Bewegung antreiben. Da rationalistisch-strukturalistische Theorien die Präferenzen der Akteure *per definitionem* als exogen betrachten, können diese Präferenzen selbst nicht nochmals strukturalistisch erklärt werden. Dies ist vielmehr die Domäne gesellschaftstheoretischer Rekonstruktionen von Bewegungszielen, wie sie etwa in kritischen Theorien des fortgeschrittenen Kapitalismus (Touraine 1977; Offe 1985) entwickelt worden sind. Makrosoziologische Ansätze haben insofern eine anders geartete Erklärungsdomäne als strukturalistisch orientierte Theorien der Gelegenheitsstrukturen für Protestmobilisation.

In der Forschung über politische Gelegenheitsstrukturen ist es somit sinnvoll, die Ebene allgemeiner ‚Ansätze' zu verlassen und konkrete Hypothesen über die Wirkung spezifischer externer Restriktionen auf genau beschriebene Aspekte sozialer Bewegungen zu entwickeln, die dann in Forschungsdesigns mit prospektiv-kausaler Absicht eingebaut werden. Allgemeine Aussagen über Gelegenheitsstrukturen und soziale Bewegungen bringen nichts. In diesem Sinne möchte ich nun zwei vielversprechende und ein weniger produktives Beispiel für die Konkretisierung von Gelegenheitsstrukturen auf einer theoretisch präzisierbaren Ebene einführen.

Wie die Textpassagen bei Platon und Aristoteles zeigen, hat bei der Analyse sozialer Bewegungen, und insbesondere derjenigen autoritärer Regime und revolutionärer Herausforderungen durch soziale Bewegungen, schon immer die *Kohäsion der Eliten* und damit verbunden die *instrumentelle Verfügbarkeit des Repressionsapparates* eine große Rolle gespielt. Wenn die Armee nicht mehr hinter dem Regime steht, sondern sich auf Neutralität zurückzieht oder in verfeindete Blöcke zerfällt, so lädt dies zur sozialen Mobilisierung militärtechnisch unterlegener Bewegungen ein (vgl. Chorley 1943). Diese These ist in jüngerer Zeit nicht nur anhand der klassischen Revolutionen ausgearbeitet worden (Skocpol 1979), sondern läßt sich auch an Phänomenen der letzten zwanzig Jahre von der sozialen Mobilisation in der iranischen Revolution 1979 über den kollektiven Widerstand gegen den Coup im sowjetischen Politbüro im August 1991 bis zur Protestbewegung vor dem Fall des Suharto-Regimes im Mai/Juni 1998 bestätigen. Die Bedingungen für und die Folgen von Kohärenz oder Spaltung von regierenden Eliten ist deshalb eine der fruchtbarsten Untersuchungsrichtungen bei der Analyse sozialer Mobilisierung, die vom Paradigma der Gelegenheitsstrukturen inspiriert ist. Dies gilt sowohl für dramatische Regimebrüche mit autoritärer Herrschaft als auch für Untersuchungen variabler Repressivität in demokratischen Regierungsformen. Elitespaltungen beeinflussen sowohl die *Erfolgschancen* als auch die *Taktik* von Bewegungen, insofern als die Präsenz eines kompromißgeneigten Elitesegments moderatere Protestformen nahelegt, die solchen Elitegruppen signalisiert, daß sie im Fall eines Oppositionssieges nicht alles verlieren werden.

Das zweite Beispiel für eine vielversprechende Konkretisierung der Chancenstruktur sozialer Bewegungen läßt sich nur an Demokratien exemplifizieren. Für die Analyse sozialer Bewegungen in solchen Gesellschaften habe ich in meinen eigenen Arbeiten großes Gewicht auf die *Konstitution des Parteien- und Verbändesystems* und deren Fähigkeit zur Repräsentation und Responsivität gegenüber neuen Interessen gelegt (Kitschelt 1985; 1986). Auch jetzt scheint mir dieser Aspekt politischer Organisation immer noch einige der brauchbarsten und verallgemeinerungsfähigsten theoretischen Hypothesen in der Bewegungsforschung zu liefern, um das Ausmaß kollektiver Mobilisierung außerhalb etablierter Kanäle und die Radikalität der Handlungstaktiken zu erklären (vgl. Kriesi et al. 1995: 3-25; 53-81; Maguire 1996). Wie auch meine eigenen Arbeiten betonen, braucht man sich dabei keineswegs auf eine statische Betrachtung des Verbands- und Parteiensystems festzulegen. Vielmehr mögen unresponsive Konfigurationen der Interessenvermittlung durch Verbände und Parteien die intensive Mobilisierung neuer Bewegungen provozieren, die eine strukturelle Veränderung der Gelegenheitsstruktur bewirkt, welche dann diese Restriktionen aufhebt und die Gelegenheitsstruktur neu gestaltet. Die Veränderungen westeuropäischer Parteiensysteme in den 80er Jahren sind dafür ein Beispiel, insofern intransigente Parteiensysteme als erste den Aufstieg links-libertärer Parteien erfuhren (Kitschelt 1988).[4]

Die Mobilisierung sozialer Bewegungen ist kostspielig für politische Unternehmer, da sie die Überwindung enormer Probleme kollektiven Handelns erfordert. Diese beziehen sich sowohl auf die Konsensmobilisierung über Ziele, auf deren Verfolgung sich viele Menschen einigen können, als auch auf die Herstellung von kollektiver Aktionsbereitschaft und -fähigkeit durch organisatorische Infrastruktur. Mitglieder einer embryonalen sozialen Bewegung, die auf die Veränderung politischer Entscheidungen orientiert ist, werden deshalb zunächst versuchen, durch schon existierende verbandliche oder parteipolitische Artikulationskanäle ihre Ansprüche anzumelden. Solche Strategien sind dann zum Scheitern verurteilt, wenn die Forderungen geeignet sind, quer zu den bestehenden, im Verbands- und Parteiensystem institutionalisierten Konfliktlinien zu stehen und letztere deshalb zu desorganisieren. Die Führung solcher Organisationen wird alles unternehmen, um die neuen Themen auszuschließen, da sie ihre Organisationsmitglieder intern fraktionieren könnten. Umgekehrt mögen Bewegungsunternehmer ihre potentielle Unterstützerbasis für ein neues Thema nicht dadurch vorschnell eingeschränkt sehen, daß sie sich parteipolitisch vereinnahmen lassen. Bewegungsorganisationen gehen schon deshalb oft auf Distanz zu Parteien, um ihren eigenen internen Konsensbedarf handhabbar zu halten und nicht durch parteipolitisch-ideologische Generalisierung ihre Unterstützer auseinanderzudividieren.

Die Konfiguration des Parteien- und Verbandssystems erklärt somit, weshalb die Mobilisierung eines neuen Forderungspakets manchmal auf die Bildung externer neuer kollektiver Mobilisierung angewiesen ist. Sie erklärt allerdings nicht, weshalb einige Bewegungen, deren Ansprüche von bestehenden Verbänden und Parteien nicht ohne große interne Konflikte vereinnahmt werden können, selbst über den Rahmen von Protestbewegungen hinausgehen und sich verbandlich oder sogar parteipolitisch etablieren, während andere nach einer Mobilisierungsphase auch dann absterben, wenn ihre politischen Ansprüche nicht erfüllt worden sind. Derartig unterschiedliche Bewegungsergebnisse hängen vielmehr vom Inhalt der Bewegungsforderungen ab. Sofern es sich um zeitlich punktuelle Forderungen sachlich eng umgrenzter Themen handelt, die sich nicht in eine langfristige Mobilisierungs- und Repräsentationsstrategie einbauen lassen, werden Bewegungsunternehmer wenig Möglichkeiten und Aussichten sehen, hohe Investitionen in die Institutionalisierung des Mobilisationsthemas zu tätigen, etwa durch den Aufbau einer organisatorischen Infrastruktur oder durch die Einrichtung von Verfahren der Willensbildung und Konsensfindung unter den Bewegungsmitgliedern über ein ideologisch generalisiertes Spektrum politischer Themen (Kitschelt 1996: 24ff). Nur zeitlich und sachlich generalisierbare Themen sind für den Aufbau von Verbänden und Parteien empfänglich.

Während die Analyse von Elitekohärenz und von Verbands- und Parteisystemen fruchtbare Ansatzpunkte für eine Konkretisierung des Paradigmas der Gelegenheitsstrukturen in der sozialen Bewegungsforschung liefert, bin ich viel skeptischer bei Argumenten, die auf die temporalen Gelegenheitsstrukturen durch einen ‚Bewegungszyklus' bauen (Tarrow 1989; 1994). Bei oberflächlicher Betrachtung macht das Konzept des Zyklus viel Sinn. In der Tat beobachten wir oft, daß wenn eine Bewegung auftritt, andere Bewegungen nachziehen und zu einer Proliferation von Themen im Bewegungssektor beitragen. Die Rolle beispielhafter Protestformationen (etwa des sit-ins) oder von Argumentationsmustern, welche sich auf eine Vielzahl von konkreten Verteilungsverhältnissen anwenden lassen (zum Beispiel Gleichberechtigung aller Benachteiligten), mögen einer Ausbreitung des Bewegungssektors nachhelfen, ebenso wie gewaltsame Protestformen und ideologische Fraktionalisierung innerhalb von Bewegungen den Niedergang von ganzen Bewegungssektoren einläuten mögen.

Dennoch ist das Erklärungspotential temporaler Gelegenheitsstrukturen vergleichsweise bescheiden. Es ist eine Sache, das Konzept des Bewegungszyklus deskriptiv zu verwenden, um die historische ‚Klumpung' bestimmter Bewegungen zu beschreiben, aber eine ganz andere, eine *Theorie* solcher Zyklen zu entwickeln. Bislang haben die Verfechter solcher Zyklentheorie es nicht verstanden, die sehr unterschiedlichen Amplituden, Längen und inhaltlichen Zusammensetzungen von Bewegungszyklen zu erklären. Zum Beispiel hilft uns die Tatsache einer temporalen Dynamik wenig, um Licht auf die Tatsache zu werfen, daß in vielen westeuropäischen Ländern die Bewegungswelle der 60er Jahre in viel intensiverer Form bis weit in die 80er Jahre präsent war als in den USA. Die Oszillation von Bewegungsmobilisierung und Protestformen im Zeitablauf scheint weniger an einer ‚inneren Ablauflogik' von Bewegungssektoren zu hängen als an externen Problemanstößen sowie der variablen Rezeptivität von Eliten gegenüber neuen Forderungen.

Meine Diskussion von drei Beispielen für eine Konkretisierung des Theoriefeldes Gelegenheitsstrukturen beabsichtigt lediglich, einen sinnvollen Forschungsdiskurs unterhalb des abstrakten und deshalb oft leeren Begriffs der ‚Gelegenheitsstrukturen' anzugeben. Wie auch in der Debatte um den Ansatz der Ressourcenmobilisierung, bleibt die Auseinandersetzung um die Erklärungskraft solcher Ansätze unergiebig, solange nicht Allgemeinplätze durch konkrete Propositionen ersetzt werden.[5]

3 Gelegenheitsstrukturen und Interpretationsrahmen

Seit den späten 80er Jahren hat ein weiteres Paradigma zusehends Einfluß auf die soziale Bewegungsforschung gewonnen, welches auf die Rekonstruktion von *Interpretationsprozessen (‚framing') der Ziele und Praktiken sozialer Bewegungen* abstellt. Der neue Ansatz, welcher von Autoren wie Snow und Benford (1988) ursprünglich populär gemacht wurde, bringt eine subjektivistisch-diskursorientierte Wende in die soziale Bewegungsforschung, die an den Post-Strukturalismus vor allem in den Kulturwissenschaften anknüpft (Zald 1996: 264). Aus dieser neuen Perspektive läßt sich die Rede von Gelegenheitsstrukturen selbst als Diskurs verstehen, welcher von den Akteuren intersubjektiv konstruiert wird und dem nicht unbedingt eine objektive soziale und politische Realität korrespondiert (siehe Gamson/Meyer 1996: 277ff). Die Bewegungen selbst interpretieren ihre Gelegenheitsstrukturen, die sie in ihren Aktionen in Betracht ziehen.

Interpretationsprozesse sozialer Realität bestehen aus ,heißen', normativen und evaluativen Orientierungen und ,kalten' kognitiven Erfahrungen und Annahmen darüber, wie Kausalbeziehungen in der sozialen Welt arbeiten und wie intentionales, strategisches Handeln sich diese Funktionskreise dienstbar machen kann. Kognitive und normative Interpretationen sozialer Bewegungsperspektiven gehen aus einem kulturellen ,Lager' von Symbolen und Argumenten hervor, welches in konkreten Situationsinterpretationen aktualisiert werden kann. Soziale Bewegungsunternehmer orientieren sich an diesem Kulturstock, um anschlußfähige und deshalb plausible, konsensbildende Interpretationsrahmen für die Ziele und Handlungsformen sozialer Bewegungen zu entwickeln. Dabei spielen Techniken der interpretativen Rahmenverknüpfung, -ausdehnung, -übersteigerung und -transformation eine zentrale Rolle. Bewegungsunternehmer erzeugen somit eine *Rhetorik sozialer Mobilisierung*, zu der stillschweigende kulturelle Annahmen das Rohmaterial abgeben, welches sie dann im Interpretationsprozeß der Bewegungsziele und -formen transformieren.

Die Bedeutsamkeit kognitiver und normativer Interpretationsleistungen beim Auf- und Abbau sozialer Bewegungen weist auf ein zweifellos wichtiges Forschungsfeld, welches in der Vergangenheit vernachlässigt worden ist.[6] Zu einem gewissen Teil können Konkretisierungen der objektivistischen Ansätze in der Bewegungsforschung über Ressourcen und strukturelle Gelegenheiten mit dem interpretativen Paradigma zusammenarbeiten. Zum Beispiel ist es möglich, den Erfolg bestimmter Interpretationsrahmen bei der sozialen Mobilisierung durch die Verfügung der Akteure über interne Kommunikationsressourcen oder externe Vertriebsorgane (Massenmedien) zu erklären. In anderen Hinsichten besteht dagegen ein Konflikt zwischen strukturalistischen und interpretativen Ansätzen, zum Beispiel wenn Gelegenheitsstrukturen als Ausgeburten von rhetorischen Interpretationsstrategien der Akteure erscheinen.

Meines Erachtens können diese Konflikte zwischen strukturalistischem Objektivismus und interpretativem Subjektivismus nicht auf der meta-theoretischen Ebene ausgefochten werden, sondern erfordern eine objekttheoretische Präzision, wie ich sie schon für das Paradigma der Gelegenheitsstrukturen gefordert habe. Die Anziehungskraft dieser rivalisierenden Ansätze muß sich danach entscheiden, in wie überzeugender Weise sie verschiedene Attribute und Prozesse sozialer Bewegung erklären können: Mobilisationsform und -intensität, Organisation und Strategie, sowie letztendlich die Wirkung von Bewegungen, neuen Interessen Zugang zum politischen Prozeß zu verschaffen (prozeduraler Erfolg), neue bindende Politiken zu erwirken (substantieller Erfolg) oder die Gelegenheitsstrukturen selbst zu verändern (struktureller Erfolg).

Auf der objekttheoretischen und komparativ-empirischen Untersuchungsebene ist es allerdings zur Zeit schlecht um die Demonstration der theoretischen Erklärungskraft interpretativer Modelle bestellt. Während objektivistisch-strukturalistische Theorien eine Fülle empirischer Studien hervorgebracht haben, gibt es bislang kaum vergleichende Erklärungen der Ausbreitung von Interpretationsrahmen in sozialen Bewegungen (Zald 1996: 272). Dort, wo komparative Forschung stattfindet, handelt es sich meistens um theorielose Deskription unterschiedlicher Interpretationsrahmen (etwa bei Gamson 1988; Gamson/Modigliani 1989). Zudem sind die Begrifflichkeiten der Interpretationsforschung, um die kulturellen Eigenschaften von Diskursen empirisch zu erfassen und mit der Entwicklung eines prä-existenten Kulturstocks zu verbinden, zumeist zu vage oder idiosynkratisch, um plausible Erklärungen für Attribute sozialer Bewegungen zu erzeugen.

Untersuchungen, die auf den Interpretationsrahmen von sozialen Bewegungen abstellen, können auf diese Ausgangssituation in zweierlei Weise antworten. Entweder versuchen sie, gegenüber der objektivistisch-strukturalistischen Forschung durch raffinierte empirisch-komparative Untersuchungen Boden gutzumachen, welche tatsächlich unterschiedliche Mobilisations- und Handlungsstrategien auf empirisch präzisierbare kognitive und normative Kulturprozesse beziehen. Solche Arbeiten wären besonders hilfreich in solchen Fällen, wo kulturalistische und strukturalistische Argumente zu entgegengesetzten Erwartungen über Attribute und Prozesse von sozialen Bewegungen Anlaß geben, die kulturalistische Analyse sich aber als empirisch zutreffender erweist. Alternativ zu dieser empirischen Konkurrenzstrategie mit objektivistischen Ansätzen mögen sich interpretative Bewegungsforscher außerhalb des Rahmens einer positivistischen, auf generalisierbare Kausalerklärung abgestellten Sozialwissenschaft begeben und die Deskription von interpretativer Rhetorik zum Selbstzweck der Bewegungsforschung erheben. Wer einem solchen Schritt zu folgen bereit ist, trifft eine trans-wissenschaftliche Geschmacksentscheidung, die ich persönlich nicht für fruchtbar halte. Die meisten Forscher, welche sich mit sozialen Bewegungen beschäftigen, werden kaum bereit sein, auf kausale Problemstellungen zu verzichten und ein Generalitätsniveau ihrer Hypothesen anzustreben, welches ihren Test durch neue Evidenz erlaubt.

4 Zur Gelegenheitsstruktur ‚neuer' sozialer Bewegungen

Nach diesen abstrakt-theoretischen Überlegungen möchte ich einen kurzen letzten Abschnitt dennoch substantiellen Fragen bei der Analyse ‚neuer' sozialer Bewegungen im Lichte des Ansatzes der Gelegenheitsstrukturen widmen, auch wenn mich diese Fragestellung zu genau derjenigen retrospektiven Kausalbetrachtung zwingt, die ich als Strategie der Theorieentwicklung für nicht mehr besonders aussichtsreich halte. Im Sinne der oben entwickelten Argumentation möchte ich aber eine einzige theoretische Konkretisierung des Paradigmas von Gelegenheitsstrukturen für die Analyse des Mobilisationspotentials der ‚neuen' sozialen Bewegungen als besonders zentral herausstellen. Zugleich lassen sich aber die veränderten Mobilisationsbedingungen solcher Bewegungen nicht allein auf Gelegenheitsstrukturen zurückführen.

Es fällt mir schwer, soziale Bewegungen im fortgeschrittenen Kapitalismus durch ein temporales Merkmal (‚neu') zu qualifizieren. Vielmehr handelt es sich hierbei um Bewegungen, die Lebensqualität im Sinne von Kollektivgütern ohne individuell konsumierbare materielle Vorteile für ihre Proponenten verfolgen und denen dabei individuelle Autonomie der Gesellschaftsmitglieder oder partizipativ-demokratische Einigungsprozesse in kollektiven Koordinationsprozessen als soziale Steuerungsprinzipien vorschweben (vgl. Kitschelt 1985). Da solche Bewegungen vor allem möglich werden, wo bereits durch ein Minimum an Einkommensausgleich und einen umfassenden Sozialstaat ein gesellschaftlicher Klassenkompromiß erreicht worden ist, auf dem die Akteure dieser Bewegungen energisch bestehen, repräsentieren sie ein *links-libertäres* Forderungsspektrum. In mehreren Hinsichten haben sich die Bedingungen für die Mobilisierung solcher Bewegungen in fortgeschrittenen kapitalistischen Demokratien in den letzten zehn Jahren verschlechtert, in anderen dagegen verbessert. Theoreme, die aus dem Ansatz politischer Gelegenheitsstrukturen folgen, können diese Veränderung nur zum Teil erfassen. Innerhalb dieses Rahmens scheint mir wiederum das *Verbands- und Parteiensystem* am wichtigsten zu sein, um die Entwicklungschancen links-libertärer Bewegungen aus der Perspektive von Gelegenheitsstrukturen zu analysieren.

Eine *erste Kondition*, die die Mobilisationschancen neuer sozialer Bewegungen verschlechtert hat, besteht in den technisch-industriellen und politisch-ökonomischen Entwicklungen seit den 70er Jahren. Zumindest drei Entwicklungen haben eine steigende Einkommensungleichheit befördert und die konfliktmobilisierenden Deprivationslagen fortgeschrittener kapitalistischer Demokratien verändert. Diese Entwicklungen sind die technisch und politisch-ökonomisch bedingte ansteigende Rolle von Humankapital im Arbeitsprozeß und der damit verbundene Fall der Reallöhne gering Qualifizierter, der demographisch bedingte Verteilungskonflikt über soziale Sicherungssysteme in zunehmend alternden Gesellschaften und schließlich die Globalisierung der Finanzwirtschaft, welche es Unternehmen erleichtert, aus Ländern abzuwandern, in welchen ihr Ertrag unterdurchschnittlich ist. Die daraus folgenden Verteilungskonflikte und Finanzkrisen der öffentlichen Haushalte rühren an einer Grundfeste der links-libertären Präferenzbildung, dem umfassenden Sozialstaat, welcher durch lückenlose soziale Sicherungssysteme und eine hohe direkte oder indirekte öffentliche Beschäftigung vor allem in persönlichen Dienstleistungen die Relevanz von Verteilungskonflikten auf der politischen Tagesordnung dämpfte und links-libertären Themen der Lebensqualität mehr Spielraum erlaubte.

Gerade die sozialen Gruppen mehr oder weniger qualifizierter persönlicher Dienstleistungsträger in den Bereichen Bildung, Gesundheit und soziale Beratungsdienste, welche vom Sozialstaat durch direkte oder indirekte öffentliche Beschäftigung profitierten und überproportinal links-libertäre Forderungen vertreten, gehören nun auch zu denjenigen, welche jetzt wirtschaftlich in die Defensive gedrängt werden. Solche Gruppen, die in der Vergangenheit als Vorhut links-libertärer Ansprüche auftraten, rücken deshalb nun selbst oft wirtschaftliche Verteilungsbelange im Rahmen einer Koalition zur Verteidigung des Sozialstaates in den Mittelpunkt.

Makro-soziologische Theorien der Präferenzbildung und -deprivation, im Verein mit mikro-ökonomischen *rational choice*-Ansätzen, die Individuen als Einkommensmaximierer unter der Bedingung von Knappheit verstehen, haben zu diesen Präferenzorientierungen mehr zu sagen als Theorien, die vom Begriff der politischen Gelegenheitsstrukturen inspiriert sind. Allerdings sind politische Konfigurationen verantwortlich für eine *zweite Kondition*, die sich ungünstig auf die Mobilisierung links-libertärer Bewegungen auswirkt. Auch wenn die Versuche einiger sozialdemokratischer Parteien in den 80er Jahren, links-libertäre Gruppen in ihre Wählerkoalition zu integrieren, durchweg gescheitert sind, so haben sich bis Mitte der 90er Jahre ehemals links-sozialistische oder ökologische Parteien und eine Vielzahl von Verbänden in fast allen europäischen Demokratien etabliert, die die links-libertäre Thematik innerhalb konventioneller Beteiligungskanäle repräsentativer Demokratie vertreten. Die Inklusion links-libertärer Forderungen in den konventionellen politischen Prozeß hat Bewegungsunternehmern oft den Wind aus den Segeln genommen und das Ausmaß der Protestmobilisation sowie ihren Erfolg gemindert. Mit anderen Worten, ein Strukturwandel der parteipolitischen Gelegenheitsstrukturen hat die Mobilisierung von sozialen Bewegungen vermindert.

Im Prozeß der parteipolitischen Inkorporation neuer Themen werden letztere ‚ideologisiert', das heißt in umfassend generalisierte Ideologien eingebaut, welche die kompetitiven Konfliktachsen des Parteiensystems konstituieren (Hinich/Munger 1996). In dem Maße, in welchem dieser Prozeß links-libertäre Themen wie Ökologie, Feminismus, Multi-Kulturalismus oder Abrüstung erfaßt, haben Bewegungsunternehmer immer weniger Chancen, Interpretationsrahmen aufzubauen, die sozusagen quer zu den parteipolitischen Konfliktlinien stehen. Bewegungsunternehmer können deshalb immer weniger genuine Unterstützerkoalitionen bilden, welche sich eigens um ein punktuelles Bewegungsthema zusammenfinden. Die Strukturveränderungen des Parteiensystems erklären somit, weshalb die intersubjektiv-kulturellen Interpretationsmöglichkeiten sozialer Konflikte durch objektive Rahmenbedingungen eingegrenzt werden. In diesem Fall erklären Chancenstrukturen Diskursbedingungen, während es die Vertreter des post-strukturalistischen Paradigmas lieber umgekehrt sähen. Natürlich heißt dies nicht, daß *alle* potentiellen oder aktuellen Themen links-libertärer Politik nun parteipolitisch besetzt wären.

Den beiden negativen Konditionen für die Entwicklung links-libertärer Bewegungen – politisch-ökonomische Herausforderungen und neue Konfliktkonstellationen im Parteiensystem – steht allerdings eine *dritte* positive Bedingung gegenüber, die die beiden ersteren zumindest zum Teil ausgleichen mag. Diese Bedingung läßt sich weniger im Rahmen des Paradigmas der Gelegenheitsstrukturen als mit Ansätzen der Ressourcenmobilisierung und der Interpretationsrhetorik einfangen. Die dritte Bedingung hat mit den Chancen von Bewegungsunternehmern zu tun, Koordinationsprobleme kollektiven Handelns durch eigene Ressourcen zu überwinden. In den meisten fortgeschrittenen kapitalistischen Demokratien gibt es inzwischen eine *informelle Infrastruktur* von kulturellen Projekten, Treffpunkten und Kommunikationsnetzen, die links-libertäre Themen avancieren und einen entsprechenden ‚Kulturstock' aufgebaut haben, ohne jedoch ihre Mitglieder dauerhaft in Bewegungsmobilisation einzubinden. Sobald ein neues links-libertär kristallisiertes Thema auf den Plan tritt, können Bewegungsunternehmer diese Netzwerke rasch in die embryonalen Bewegungen hineinmobilisieren. Dieses Aktivierungspotential wird in bislang kaum absehbarer Weise durch die Verfügbarkeit dezentraler elektronischer Kommunikation über das *Internet* erweitert, zumal das hohe Bildungs- und Qualifikationsniveau der potentiellen Akteure in links-libertären Bewegungen diese zu überdurchschnittlichen Nutzern der neuen elektronischen Kommunikationskanäle prädestiniert. Diese Ressourcen- und Netzwerkbedingungen erklären, zusammen mit dem verfügbaren Kulturstock, weshalb oft auch ohne lange zeitliche Vorlaufperiode punktuell große Menschenmassen in Protestereignissen zusammenkommen können, um für ein links-libertäres Thema einzutreten.

5 Schlußbetrachtung

Gamson und Meyer (1996: 275) haben kürzlich den Begriff der politischen Gelegenheitsstrukturen als „all encompassing fudge factor" bezeichnet. Dem ist nur beizupflichten. Die beiden Grundgedanken meines Beitrages bestehen deshalb in der Empfehlung, die allgemeine Rede von ‚Gelegenheitsstrukturen' zugunsten konkreterer Theoriebildung über die Interaktion zwischen Umweltrestriktionen und sozialen Mobilisationsformen aufzugeben, und in dem Vorschlag, in ‚vorwärtsgewandten' Kausalerklärungen die Bedeutung bestimmter konkreter Restriktionen und Chancen für soziale Bewegungen herauszuarbeiten, was immer auch sonst noch alles Mobilisationsmuster beeinflussen mag.

Wie viele andere Begriffsbildungen der modernen Sozialwissenschaft scheint auch das Konzept der ‚Gelegenheitsstrukturen' sich inzwischen dem Endpunkt einer ‚Naturgeschichte' theoretischer Debatten zu nähern. Diese Naturgeschichten beginnen stets mit einem ingeniösen Aufsatz oder Buch, welchem es zur rechten Zeit gelingt, auf unpräzise Weise eine Fülle von wichtigen empirisch beobachtbaren Phänomenen unter einem neuen Stichwort einzufangen. Sobald die Geschwindigkeit der Dissemination dieses Dokumentes in der *scientific community* ansteigt, erscheint eine Fülle sekundärer Forschungsarbeiten, die den analytischen Gehalt seines Kernkonzeptes zu präzisieren und in theoretischen Propositionen empirisch zu testen suchen. In der nächsten Phase tritt dann allgemeine Ernüchterung ein, wenn unterschiedliche Operationalisierungen der Hypothesen, die mit dem neuen Konzept verbunden sind, zu widersprüchlichen empirischen Ergebnissen führen. Die wissenschaftliche Debatte bewegt sich in der Folgezeit auf ein Niveau technischen Fachsimpelns zu, welches schließlich den thermodynamischen Tod der neuen Theorieschiene bewirkt, sobald eine ganze Kohorte von Dissertationen wie ein Heuschreckenschwarm sich ihrer bemächtigt und sie in einer Vielzahl von disparaten Einzelstudien kleinarbeitet.

Vielleicht ist es schon zu spät für das Konzept der politischen Gelegenheitsstruktur, dem Schicksal zu entgehen, angesichts widersprüchlicher Forschungsergebnisse dem Vergessen anheim zu fallen. Die einzige Aussicht, die ich für ein solches Entkommen sehe, besteht in einem höheren Konkretionsgrad bei der theoretischen Ausarbeitung der Interaktion von Umweltbedingungen und internen Dispositionen von Bewegungen und Bewegungsakteuren. Dabei scheint mir eine auf prospektive Kausalität gerichtete Komparatistik, die sich auf den Einfluß dieser ganz bestimmten Restriktionen auf soziale Bewegungsmobilisierung konzentriert, was immer auch sonst noch Bedingung sozialer Protestmobilisation sein mag, am vielversprechendsten zu sein.

Anmerkungen

1 Waren es zwischen 1960 und 1965 nur 23 Prozent von 26 Aufsätzen, d.h. ganze sechs Aufsätze, schnellte die absolute Zahl der sozialen Bewegungsliteratur in relevanten sozialwissenschaftlichen Zeitschriften auf 51 (1980-86) und 83 (1987-93) Aufsätze hoch und der Anteil der Beiträge mit Gelegenheitsstrukturen als erklärender Variabler auf 26 (51 Prozent) in den frühen 80er Jahren und 42 (51 Prozent) von 1987 bis 1993 (Crist/McCarthy 1996).

2 Für eine Vertiefung dieser Problematik finde ich besonders hilfreich Miller (1987) und allgemeiner zur Erklärungslogik Salmon (1989).

3 So stieg der Anteil der multi-nationalen Untersuchungen an von 6 Prozent (1960-65) auf 33 Prozent (1987-93) (Crist/McCarthy 1996: 94).

4 Insofern halte ich den von Tarrow (1996: 43f) mir angehefteten Aufkleber ‚statischer Staatszentrismus' für falsch.

5 Diese Kritik habe ich gegenüber dem Ansatz der Ressourcenmobilisierung in Kitschelt (1992) ausgearbeitet.

6 Dies gilt auch für Forschungen über revolutionäre Bewegungen, wie die Kritik Arjomands (1988) oder Goldstones (1991) am strukturalistischen Objektivismus einer Theda Skocpol (1979) belegt.

Literatur

Aristoteles 1955: Politik. Übersetzt von Olof Gigon. Zürich: Artemis.

Arjomand, Said Amir 1988: The Turban for the Crown. The Islamic Revolution in Iran. Oxford: Oxford University Press.

Chorley, Catherine 1943: Armies and the Art of Revolution. Neuausgabe Boston: Beacon Press.

Crist, John/ McCarthy, John 1996: If I Had a Hammer: The Changing Methodological Repertoire of Collective Behavior and Social Movement Research In: Mobilization. An International Journal of Research and Theory about Social Movements and Collective Behavior, Vol. 1, No. 1, 87-102.

Della Porta, Donatella 1996: Social Movements and the State: Thoughts on the Policing of Protest. In: McAdam, Doug/ McCarthy, John D./ Zald, Mayer N. (eds.): Comparative Perspectives on Social Movements. Political Opportunities, Mobilizing Structures, and Cultural Framings. Cambridge: Cambridge University Press, 62-92.

Gamson, William A. 1988: Political Discourse and Collective Action. In: Klandermans, Bert/ Kriesi, Hanspeter/ Tarrow, Sidney (eds.): From Structure to Action. Comparing Social Movements Research Across Cultures. Greenwich, Conn.: JAI-Press, 219-44.

Gamson, William A./ Modigliani, Andre 1989: Media Discourse and Public Opinion on Nuclear Power. In: American Journal of Sociology, Vol. 95, No. 1, 1-38.

Gamson, William A./ Meyer, David S. 1996: Framing Political Opportunity. In: McAdam, Doug/ McCarthy, John D./ Zald, Mayer N. (eds.): Comparative Perspectives on Social Movements. Political Opportunities, Mobilizing Structures, and Cultural Framings. Cambridge: Cambridge University Press, 275-90.

Goldstone, Jack A. 1991: Ideology, Cultural Frameworks, and the Process of Revolution. In: Theory and Society, Vol. 20, No. 4, 405-53.

Gurr, Ted Robert 1970: Why Men Rebel. Princeton, N.J.: Princeton University Press.

Hinich, Melvin/ Munger, Michael 1996: Ideology and the Theory of Political Choice. Ann Arbor: Michigan University Press.

King, Gary/ Keohane, Robert O./ Verba, Sidney 1994: Scientific Inference in Qualitative Research. Princeton, N.J.: Princeton University Press.

Kitschelt, Herbert 1985: New Social Movements in West Germany and the United States. In: Zeitlin, Maurice (ed.): Political Power and Social Theory, Vol. 5, 273-324.

Kitschelt, Herbert 1986: Political Opportunity Structures and Political Protest: Anti-Nuclear Movements in Four Democracies. In: British Journal of Political Science, Vol. 16, No. 1, 57-85.

Kitschelt, Herbert 1988: The Rise of Left-Libertarian Parties in Western Democracies: Explaining Innovation in Competitive Party Systems. In: World Politics, Vol. 40, No. 2, 194- 234.

Kitschelt, Herbert 1992: Resource Mobilization Theory. A Critique. In: Rucht, Dieter (ed.): Research on Social Movements. The State of the Art. Frankfurt/Main: Campus, 253-271.

Kitschelt, Herbert 1996: Demokratietheorie und Veränderungen politischer Beteiligungsformen. Zum institutionellen Design postindustrieller Gesellschaften. In: Forschungsjournal NSB, Jg. 9, Heft 2, 17-29.

Kriesi, Hanspeter/ Koopmans, Ruud/ Duyvendak, Jan Willem/ Giugni, Marco G. 1995: The Politics of New Social Movements in Western Europe. A Comparative Analysis. Minneapolis: University of Minnesota Press.

Maguire, Diarmuid 1996: Opposition Movements and Opposition Parties: Equal Partners or Dependent Relations in the Struggle for Power and Reform? In: Jenkins, J. Craig/ Klandermans, Bert (eds.): The Politics of Social Protest. Comparative Perspectives on States and Social Movements. Minneapolis: University of Minnesota Press, 199-228.

Masterman, Margret 1970: The Nature of a Paradigm. In: Lakatos, Imre/ Musgrave (eds.): Criticism and the Growth of Knowledge. Cambridge: Cambridge University Press, 59-89.

McAdam, Doug 1996: Conceptual Origins, Current Problems, Future Directions. In: McAdam, Doug/ McCarthy, John D./ Zald, Mayer N. (eds.): Comparative Perspectives on Social Movements. Political Opportunities, Mobilizing Structures, and Cultural Framings. Cambridge: Cambridge University Press, 23-40.

McAdam, Doug/ McCarthy, John D./ Zald, Mayer N. 1996 (eds.): Comparative Perspectives on Social Movements. Political Opportunities, Mobilizing Structures, and Cultural Framings. Cambridge: Cambridge University Press.

Miller, David 1987: Fact and Method. Princeton, N.J.: Princeton University Press.

Offe, Claus 1985: New Social Movements: Challenging the Boundaries of Institutional Politics. In: Social Research, Vol. 52, No. 4, 817-868.

Platon 1941: Republic. ed. Cornford. Oxford: Oxford Clarendon Press.

Salmon, Wesley C. 1989: Four Decades of Scientific Explanation. In: Kitcher, Philip/ Salmon, Wesley C. (eds.): Scientific Explanation. Minnesota Studies in the Philosophy of Science, Vol. VIII. Minneapolis: University of Minnesota Press, 3-219.

Sartori, Giovanni 1970: Concept Misformation in Comparative Politics. In: American Political Science Review, Vol. 64, No. 4, 1033-53.

Scharpf, Fritz 1997: Games Real Actors Can Play. Actor-Centered Institutionalism in Policy Research. Boulder: Westview Press.

Skocpol, Theda 1979: States and Social Revolutions. A Comparative Analysis of France, Russia, and China. Cambridge: Cambridge University Press.

Snow, David A./ Benford, Robert D. 1988: Ideology, Frame Resonance, and Participant Mobilization. In: Klandermans, Bert/ Kriesi, Hanspeter/ Tarrow, Sidney (eds.): From Structure to Action. Comparing Social Movements Research Across Cultures. Greenwich, Conn.: JAI-Press, 197-217.

Snow, David A./ Rochford, E. Burke/ Warden, Steven K./ Benford, Robert D. 1986: Frame Alignment Processes, Micromobilization, and Movement Participation. In: American Sociological Review, Vol. 51, No. 4, 464-81.

Tarrow, Sidney 1989: Democracy and Disorder. Social Conflict, Protest and Politics in Italy, 1965-85. Oxford: Oxford University Press.

Tarrow, Sidney 1994: Power in Movement. Social Movements, Collective Action and Politics. Cambridge: Cambridge University Press.

Tarrow, Sidney 1996: States and Opportunities. The Political Structuring of Social Movements. In: McAdam, Doug/ McCarthy, John D./ Zald, Mayer N. (eds.): Comparative Perspectives on Social Movements. Political Opportunities, Mobilizing Structures, and Cultural Framings. Cambridge: Cambridge University Press, 41-61.

Touraine, Alain 1977: The Self-Production of Society. Chicago: University of Chicago Press.

Zald, Mayer N. 1996: Culture, Ideology, and Strategy Framing. In: McAdam, Doug/ McCarthy, John D./ Zald, Mayer N. (eds.): Comparative Perspectives on Social Movements. Political Opportunities, Mobilizing Structures, and Cultural Framings. Cambridge: Cambridge University Press, 261-74.

III.
Soziale Bewegungen im Transformationsprozeß

Die Kontroverse um die Bürgerbewegungen der ehemaligen DDR

Detlef Pollack

Wie alternativ waren die alternativen Gruppen in der DDR?

Bemerkungen zu ihrem Verhältnis zu Sozialismus, Demokratie und deutscher Einheit

Die Beurteilung der politisch alternativen Gruppen hat sich im Laufe der vergangenen Jahre deutlich gewandelt. Unmittelbar nach 1989 galten, die Friedens-, Umwelt- und Menschenrechtsgruppen und die aus ihnen entstandenen Bürgerrechtsbewegungen als die einzig konsequente Opposition in der DDR, ja als Motoren und Initiatoren der Wende. Inzwischen aber bezweifeln Kritiker, daß es sich bei den politisch alternativen Gruppierungen und Bürgerrechtsbewegungen um eine echte Opposition gehandelt hätte. Über Jahre hinweg hätten sie dem DDR-System gegenüber eine zweifelhafte Loyalität gezeigt und die DDR selbst in dem Augenblick, als sie bereits untergangsreif war, noch nicht abschaffen, sondern nur reformieren wollen. Insbesondere aus ihrer Orientierung an sozialistischen Gesellschaftsidealen und ihren Vorbehalten gegenüber der westlichen parlamentarischen Demokratie und der Wiedervereinigung wird die Auffassung abgeleitet, daß die alternativen Gruppen und Bürgerrechtsbewegungen innerlich dem System bis zuletzt verhaftet geblieben seien.

Dieser Wandel des Bildes von der Opposition wirft die Frage auf, wie alternativ die alternativen Gruppen tatsächlich waren. Natürlich verstanden sich die oppositionellen Gruppierungen und Bürgerrechtsbewegungen als Kritiker des real-sozialistischen DDR-Systems, aber war ihre Kritik nicht nur halbherzig? Akzeptierten sie nicht die Führungsrolle der SED, die sozialistische Grundausrichtung des Systems und seine Existenzberechtigung? Wie die Mehrheit der Bevölkerung, wie die SED-Reformer oder auch die Kirchen und die subkulturelle Künstler- und Schriftstellerszene habe auch die Opposition, so kann man heute hören, das SED-Regime nicht konsequent genug bekämpft.

Was diese Kritik an den oppositionellen Gruppierungen jedoch nicht genügend bedenkt, ist die Tatsache, daß auch oppositionelles Handeln, wenn es wirkungsvoll sein will, die Umstände berücksichtigen muß, unter denen es sich vollzieht. Aufgrund dieser Umstände konnten die alternativen Gruppen vielleicht weniger alternativ sein, als sie es wollten. Zwischen Ideen, Wünschen und Wertvorstellungen auf der einen Seite und ihren Realisierungsmöglichkeiten auf der anderen Seite ist zu unterscheiden. Möglicherweise sind nur diejenigen Wünsche als politische Ziele formulierbar, deren Verwirklichung in irgendeiner Weise möglich erscheint. Selbst noch das Wünschbare könnte in starkem Maße von den gesellschaftlichen Bedingungen des Möglichen und von den jeweiligen Vorstellungen von diesen Bedingungen abhängig sein. Die geläufige These, daß Handeln zielorientiert erfolgt und sich letztlich aus bestimmten Wertorientierungen herleiten läßt, wäre damit umgekehrt. Nicht nur und nicht einmal in erster Linie bestimmen Ziele, Wertvorstellungen und Wünsche das Handeln, vielmehr ist das, was als Ziel, Wert oder Ideal akzeptiert wird, auch selbst stark situationsbedingt. Deshalb kommt Zielformulierungen, Ideen oder Werten oft nur ein sekundärer, nachgeordneter, nicht selten legitimatorischer Charakter zu.

Mit einer Veränderung der gesellschaftlichen Bedingungen, unter denen sich das Handeln vollzieht, kommt es dann zwangsläufig auch zur Ausbildung anderer Ziele, Hoffnungen, Wünsche und Ideen. Wenn einige ostdeutsche Bürgerrechtler sieben Jahre nach der Wende in die CDU eintreten, so muß dies kein Akt der Selbstverleugnung, des Sinneswandels oder der Unehrlichkeit sein – obschon dies natürlich nicht auszuschließen ist –, sondern es kann sein, daß sich in diesem Akt eine Überzeugung ausdrückt, die man vielleicht schon immer hatte, die zu formulieren in der DDR aufgrund der eingegrenzten Handlungsspielräume aber keine Möglichkeit bestand. Offenbar hängt das, was man sich vornimmt, in starkem Maße davon ab, was zu erreichen irgendwie möglich erscheint.

Im folgenden soll zunächst die Darstellung des Verhältnisses der Bürgerrechtsgruppen zu den Werten der Demokratie, der deutschen Einheit und des Sozialismus anhand einiger ausgewählter Beispiele der historischen und politikwissenschaftlichen Sekundärliteratur analysiert werden. Der zweite Teil beschäftigt sich mit der Frage, welche Stellung die Bürgerrechtsgruppen in der Phase des Umbruchs im Herbst 1989 zu diesen Werten tatsächlich einnahmen. Dabei wird das Ergebnis sein, daß bestimmte Teile der historischen und politikwissenschaftlichen Forschung zur Opposition in der DDR ein relativ einseitiges und unzutreffendes Bild von der Haltung der Opposition zeichnen.

1 Positionen der Forschung

Den Ausgangspunkt neuerer Untersuchungen zur Opposition in der DDR bildet häufig nicht mehr der Vergleich zur überwiegend angepaßten Mehrheit der DDR-Bevölkerung, sondern der Vergleich zur Dissidenz in den mittel- und osteuropäischen Ländern. Während die Oppositionsgruppierungen in Ungarn, Polen und der Tschechoslowakei, so etwa Martin Jander (1995a: 904), seit Mitte der siebziger Jahre zu ‚potentiellen Repräsentanten der Gesellschaften' wurden, sich die Verwirklichung der parlamentarischen Demokratie zum Ziel setzten und darauf hofften, ‚die diktatorische Macht auf dem Weg der Revolte, der friedlichen Gehorsamsverweigerung der Bürger oder aber auch durch äußeren Druck zu stürzen' (Jander 1995a: 929), gab es in der DDR, so Jander weiter, vor Sommer 1989 so gut wie überhaupt keine Oppositionsgruppierungen. Die Opposition, so sie denn überhaupt entstanden sei, habe nicht um die Macht gekämpft, sondern die Demokratisierung des Sozialismus angestrebt, ja habe den Anspruch auf einen reformierten Sozialismus überhaupt erst in dem Moment formuliert, in dem die Macht der SED zerfiel (Jander 1995a: 914). Die Forderung nach politischen Freiheiten habe nicht im Vordergrund gestanden. Ebenso sei die nationale Frage ein Tabu-Thema gewesen. Die Opposition in der DDR habe die Thematisierung ihres Verhältnisses zu Freiheit und Nation gemieden oder sich „in weitgehender Übereinstimmung mit den Antworten, die die SED auf diese Fragen gab", (Jander 1995a: 954) befunden. Hinter ihrem Verständnis des Sozialismus als „irgendwie basisdemokratisch, harmonisch selbstverwalteter Gesellschaft" stand ein „anti-demokratisches und anti-institutionelles Denken", das seine Wurzeln in den spezifisch deutschen Traditionen und Denkmustern der Romantik habe (Jander 1995b: 298f). Die Grundprinzipien demokratischer Organisationen und die Institutionalisierung der Gewaltenteilung hätten die Oppositionsgruppen nie wirklich begriffen.

Ähnlich, wenn auch wesentlich differenzierter fallen die Urteile von Eckhard Jesse über die Zielsetzungen und Artikulationsformen widerständigen Verhaltens in der DDR aus. Er sieht, daß „oppositionelle Stellungnahmen in einem totalitären System nicht zum Nennwert zu nehmen sind" und daß „aufgrund der öffentlichen Repression taktische Elemente" in diese einfließen (Jesse 1995: 1023). Aber auch er wirft den oppositionellen Bewegungen vor, daß ein beträchtlicher Teil von ihnen „nicht zu den entschiedenen Verfechtern des demokratischen Verfassungsstaates gehörte" (Jesse 1995: 1025), daß unter ihnen ein sozialistischer Grundkonsens überwog und daß sie zwar Kritik am DDR-System übten, aber sich „keineswegs durch irgendeine Nähe zum deutschen Nachbarstaat" auszeichneten (Jesse 1995: 1024). Obwohl Jesse die totalitären Züge des DDR-Regimes deutlich vor Augen hat und gegenüber verharmlosenden Betrachtungen herausstellt, scheint es ihm schwerzufallen, sich oppositionelles Handeln unter solchen Gesellschaftsbedingungen vorzustellen. Wie bei Jander stoßen wir auch bei Jesse auf ein merkwürdig normatives Denken. Es betrachtet das Handeln der oppositionellen Gruppen und die von ihnen verfolgten Ziele vor allem aus der Perspektive der Wiedervereinigung und der damit erfolgten Einführung des demokratischen Verfassungsstaates und damit aus der Perspektive von Zuständen, die sich im Gefolge des Zusammenbruchs der DDR herstellten, aber kein Kriterium des Handelns sein konnten, solange die Machtverhältnisse in der DDR noch nicht angetastet waren und sich die Herstellung demokratischer Zustände oder gar der deutschen Einheit in keiner Weise absehen ließ.

Detailliert und differenziert sind die Beschreibungen von Rainer Eckert, der sich in seiner Expertise für die Enquete-Kommission des Bundestages mit den oppositionellen Vereinigungen der DDR in der Wendezeit befaßt. Aber auch bei ihm läßt sich gelegentlich ein normatives Denken bemerken, so wenn er moniert, daß eine deutsche Vereinigung unter ausschließlich bundesdeutschem Vorzeichen von den staatskritischen Gruppen nicht intendiert war, daß die Gruppen bis in den Herbst hinein an der Vision eines reformierbaren Sozialismus festhielten, aber – bis auf die SDP – den Führungsanspruch der SED nicht grundsätzlich bestritten und so der SED und der DDR trotz aller Kritik in einer Art Grundloyalität verbunden blieben (Eckert 1995: 742f).

Geradezu holzschnittartig wirken demgegenüber die Urteile, die Christian Joppke in seinem bekannt gewordenen Buch ‚East German Dissidents and the Revolution of 1989' fällt. Die wichtigste Unterscheidung, mit der Joppke arbeitet, ist die zwischen Dissidenz und Revisionismus. Als Revisionismus bezeichnet er eine innersystemische Opposition, die die normativen Prinzipien des Systems akzeptiert und den vom Wege abgekommenen Kommunismus lediglich zu seinen Wurzeln zurückführen will (Joppke 1995: 13ff). Dissidenz dagegen überschreitet, so Joppke, die normativen Prinzipien des Systems und behauptet eigene Normen und Werte. Diese bestanden nach Joppke vor allem in den Grundsätzen der individuellen Menschenrechte.

Die entscheidende These von Joppke lautet, daß die Oppositionellen in der DDR keine wirklichen Dissidenten waren und selbst die Mitte der achtziger Jahre vollzogene Wende zur Menschenrechts-Thematik unvollständig blieb (Joppke 1995: 121). Während die osteuropäischen Dissidenten das leninistische Regime als Diktatur erkannt und die Grundlagen für die Revolutionen von 1989 gelegt hätten, hätten die ostdeutschen Oppositionellen die Hoffnung auf einen reformierbaren Sozialismus nie aufgegeben, bis zuletzt den Dialog mit der SED gesucht und immer eine paradoxe Loyalität zum SED-Regime bewahrt. Der Zusammenbruch des Kommunismus sei von den ostdeutschen Oppositionellen nicht als Sieg der Freiheit begrüßt, sondern als Überstülpung des Kapitalismus denunziert worden. Während der DDR-Zeit hätten sie nur den Diskurs über Friedens-, Umwelt- und Dritte Welt-Themen geführt, nicht aber den über Menschenrechte und Pluralismus. Sie hätten schlichtweg nicht erkannt, daß hier die Crux des kommunistischen Systems lag (Joppke 1995: 119). Innerhalb des osteuropäischen Blocks sei die DDR ein Sonderfall gewesen, der sich zum einen daraus erklärt, daß die Opposition in der DDR keine Möglichkeit besaß, auf den durch das Dritte Reich delegitimierten nationalen Diskurs als Ressource widerständigen Verhaltens zurückzugreifen, und zum andern daraus, daß sich in der DDR die deutsche Tradition des zivilisationskritischen, antiwestlichen, unpolitischen und utopischen Denkens bewahrt hat (Joppke 1995: 209).

2 Prüfung der Forschungspositionen

Der Vorwurf der Sozialismus-Affinität und der damit verbundenen Skepsis gegenüber Demokratie, Menschenrechten und deutscher Einheit wird nun anhand von politischen Dokumenten der im Herbst 1989 gegründeten oppositionellen Vereinigungen geprüft. Behandelt werden – um den vorgegebenen Umfang nicht zu überschreiten – hier nur die bekanntesten Vereinigungen: das Neue Forum, Demokratie Jetzt, der Demokratische Aufbruch und die SDP.

Der Aufruf des Neuen Forums vom September 1989 war relativ offen gehalten, enthielt kaum konkrete Forderungen und Programmaussagen und begnügte sich damit, ein öffentliches Forum zu etablieren, das möglichst vielen Bürgern aus unterschiedlichen Bereichen offen stehen sollte. Seine wichtigste Feststellung lautete, daß die Kommunikation zwischen Staat und Gesellschaft gestört sei, und dementsprechend forderte er zum demokratischen Dialog mit den Bürgern aus allen Parteien und Gruppen auf, für den sich das Neue Forum als Plattform verstand. Es wollte seine Tätigkeit auf gesetzliche Grundlagen stellen und sich im Rahmen der Verfassung bewegen (Rein 1989: 14). Den verfassungsmäßig verankerten Führungsanspruch der SED stellte das Neue Forum ausdrücklich nicht in Frage. Vielmehr kam es ihm darauf an, in der Verfassung formal garantierte Rechte wie Meinungsfreiheit oder Versammlungsfreiheit einzuklagen und die gesetzlich gegebenen Spielräume auszunutzen (Pflugbeil 1989: 22). Die anstehende Reform der DDR sollte nicht an der SED und den staatlichen Behörden vorbei, sondern mit ihnen gemeinsam gemacht werden (Pflugbeil 1989: 23). Obwohl das Neue Forum in seinem Aufruf auf den Begriff des Sozialismus bewußt verzichtet hatte, wehrte es sich dagegen, als antisozialistisch bezeichnet zu werden. In seiner Erklärung zum 40. Jahrestag stellte es fest, daß der Sozialismus, den die Regierung so scheinheilig gefährdet sehe, durch eine Basisbewegung nicht bedroht sein könne. „Bürgerinitiativen bedrohen nicht, sondern entfalten gesellschaftliches Leben." (Rein 1989: 15) Und weiter heißt es: „Eher schon gefährdet die Untätigkeit der SED den Sozialismus auf deutschem Boden. Wir wenden uns ausdrücklich an die zwei Millionen Mitglieder der SED: Ihr bildet die größte und wichtigste politische Körperschaft in unserem Land. Zu Euch gehört ein enormes Potential von Fachwissen und Leitungserfahrung, das für die Erneuerung unserer Gesellschaft dringend gebraucht wird. Ihr beansprucht die führende Rolle – übt sie aus! Führt die Diskussion in Euren Reihen, führt die Gesamtpartei auf einen konstruktiven Kurs!" (Rein 1989: 15f). Die SED wird beim Wort genommen: Wenn sie die führende Rolle spielen will, muß sie in ihren eigenen Reihen die dringend erforderlichen Reformen einleiten. Das Neue Forum ist kein Gegner des Sozialismus. Es tut mehr für ihn als die SED. Die Erklärung des Neuen Forums zielt offensichtlich auf den Nachweis der Legalität der eigenen Aktivitäten. Das heißt, die Argumentation des Neuen Forums ist eindeutig taktisch ausgerichtet. Wie in den Jahren zuvor die Kirchengruppen unterhalb der Kriminalisierungsschwelle zu bleiben versuchten, so schmiegt sich auch das Neue Forum jetzt an die offizielle Propaganda an und fordert die SED doch zugleich auch heraus. Man darf eine solche Argumentation nicht wörtlich nehmen. Ihr Ziel besteht nicht darin, die führende Rolle der SED anzuerkennen, sondern darin, die SED mit ihren eigenen Mitteln zu schlagen, ihr Gegenargumente aus der Hand zu nehmen und durch den Nachweis der eigenen Loyalität die Ansprechbarkeit der Bevölkerung für das vertretene Reformanliegen zu erhöhen.

Andere Initiativen waren weniger vorsichtig, zielten aber auch nicht so stark wie das Neue Forum auf Gewinnung einer Massenbasis. Die SDP zum Beispiel lehnte den Führungsanspruch der SED offen ab. Bereits in ihrem Aufruf vom 24. Juli 1989 hielten Martin Gutzeit und Markus Meckel fest: „Die notwendige Demokratisierung unseres Landes hat die grundsätzliche Bestreitung eines solchen absoluten Wahrheits- und Machtanspruchs zur Voraussetzung" (zitiert nach Rein 1989: 85). Die SDP war diejenige Oppositionsgruppierung, die westlichen Gesellschaftsvorstellungen am weitesten entsprach. Sie forderte die Einführung der parlamentarischen Demokratie und Parteienpluralität, den Rechtsstaat und strikte Gewaltenteilung, Vereinigungs- und Versammlungsfreiheit, eine freie Presse, Religions- und Gewissensfreiheit sowie die Schaffung einer sozialen Marktwirtschaft (Rein 1989: 87).

Die Bürgerbewegung Demokratie Jetzt trat ebenfalls für Rechtsstaatlichkeit und Rechtssicherheit, für Gewaltenteilung, für demokratische Wahlen, für Reisefreiheit, also für die Respektierung von Menschenrechten und Demokratie sowie für eine Orientierung der Wirtschaft am Markt ein (Rein 1989: 60ff), erwähnte aber in ihren ersten Erklärungen die Frage nach dem Führungsanspruch der SED nicht. Bereits Ende September lehnte aber auch sie die Führungsrolle der SED ab (Weiß 1989: 69). Besonderen Wert legte sie auf den Abbau des Staatssozialismus, den Rückzug des Staates aus der Gesellschaft, also auf Dezentralisierung und auf die Entstehung einer dieser entsprechenden Zivilgesellschaft als Voraussetzung für die Parteiendemokratie (Mehlhorn 1989: 80). Den Sozialismus hielt sie für eine bewahrenswerte Alternative zur westlichen Konsumgesellschaft (Mehlhorn 1989: 60). Unter ihm verstand sie eine solidarische Gesellschaft, in der im öffentlichen Dialog der gesellschaftliche Konsens und der gerechte Ausgleich zwischen unterschiedlichen Interessen gesucht wird.

Der Demokratische Aufbruch wiederum sprach sich ebenso wie Demokratie Jetzt für die Trennung von Staat und Gesellschaft, für mehr Rechtssicherheit, für die Entwicklung einer freien Öffentlichkeit, die freie Willensbildung und den öffentlichen Ausdruck des Willens mit politischen Mitteln aus und hielt gleichfalls an der Idee des Sozialismus fest, formulierte die Kritik am Führungsanspruch der SED aber zunächst relativ versteckt. In dem am 2. Oktober verfaßten Gründungsaufruf heißt es, daß der vom Demokratischen Aufbruch geforderte Staat „sich auf im öffentlichen Dialog ermittelte Werte" stützt und „sich nicht auf ein Wahrheitsmonopol einer Gruppe oder Partei" gründet (Rein 1989: 35). Trotz dieser schwer greifbaren Formulierung ließ der Demokratische Aufbruch aber keinen Zweifel daran, daß er sich für politische Verhältnisse einsetzt, in denen die Veränderungs- und Kontrollmöglichkeiten des Bürgers gestärkt werden und „der Staat nicht mehr ausschließlich durch eine Partei beherrscht wird" (Rein 1989: 34).

Abgesehen von den hier benannten Unterschieden in der Radikalität der Formulierung fällt es freilich schwer, konzeptionelle Differenzen zwischen den vier behandelten Oppositionsgruppierungen auszumachen. Alle vier Gruppen traten vor allem für drei Ziele ein: für eine Demokratisierung des politischen Systems und die Respektierung von Menschenrechten, für den Aufbau einer solidarischen und sozial gerechten Gesellschaft sowie für die Ökologisierung der Wirtschaft. Dabei stand die Demokratisierung der Gesellschaft zweifellos im Mittelpunkt ihrer Bestrebungen. Die Kritik richtete sich vor allem auf die Entmündigung der Bürger durch die autoritäre Herrschaft der SED, das Ziel bestand dementsprechend in der Entstaatlichung der Gesellschaft und in der Stärkung der Partizipationsrechte des einzelnen. Einen zentralen Platz nahm in diesem Zusammenhang die Schaffung einer unabhängigen Öffentlichkeit ein.

Die Behauptung von Rainer Eckert (1995: 742f), daß die SDP mit ihrer Forderung nach Rechtsstaat und strikter Gewaltenteilung bewußt die Grenzen des Realsozialismus überschritt und als erste politische Kraft der SED grundsätzlich ihren Führungsanspruch bestritt, während es den Bürgerbewegungen ansonsten in erster Linie nur um eine Reform des Sozialismus, die Demokratisierung der DDR und die Ausweitung der Aktionsmöglichkeiten der Oppositionellen ging und damit um Forderungen, die weit hinter denen der SDP zurückblieben (Eckert 1995: 724), läßt sich in dieser Schärfe nicht aufrechterhalten. Zum einen hielten auch die Gründer der SDP noch am Sozialismus fest. So erklärte Markus Meckel (1989: 95) kurz vor der formellen Gründung der SDP am 7. Oktober: „Wir wollen durchaus so etwas wie Sozialismus, wenn auch schwer angebbar ist, welche Strukturen ökonomisch und politisch dieser Vision entsprechen." Und der am 7. Oktober gewählte Vorstand der SDP stellte in seinem Aufruf zur Mitgliedschaft und zur Bildung von Ortsverbänden noch am 14. Oktober klar, daß die SDP mit den von ihr verfolgten Zielen "den Traditionen des demokratischen Sozialismus nahe(stehe)" (Rein 1989: 94). Zum andern erhoben – wie wir gesehen haben – auch Demokratie Jetzt und Demokratischer Aufbruch die Forderung nach Rechtsstaatlichkeit und Gewaltenteilung und kritisierten, wenn auch mit einer gewissen Zeitverzögerung, auch den Führungsanspruch der SED.

Selbst das Neue Forum, das sich vorgenommen hatte, sich im verfassungsmäßig vorgegebenen Rahmen zu bewegen, erkannte das Machtmonopol der SED nicht geschlossen an. Nicht erst am 23. Oktober wurde, wie Eckert (1995: 732) selbst einräumt, von einem Repräsentanten des Neuen Forums – von Hans-Joachim Tschiche – die Auffassung vertreten, daß das Machtmonopol der SED gebrochen werden müßte. Schon einige Wochen vorher, im September, äußerte Bärbel Bohley die Meinung, es sei an der Zeit, daß die Mächtigen in der DDR ihre Macht abgeben. Gegenüber den vielen Reformversuchen etwa seitens der evangelischen Kirchen, die auf eine Änderung der Form der Machtausübung der SED drängten, wandte sie kritisch ein, daß die Mächtigen „unfähig oder gar nicht gewillt" seien, „ihre Macht anders zu gebrauchen. Ich möchte nicht, daß bei der Abgabe der Macht Blut fließt oder überhaupt Gewalt im Spiel ist. Es wäre schon gut, wenn sie aus Einsicht zustandekommen würde. Aber ich glaube, diese Einsicht verhindert man, wenn man nicht sagt, daß die Macht abgegeben werden muß." (Bohley 1989: 195) Weiter erklärte Bärbel Bohley, sie möchte durchaus nicht in Westdeutschland leben, aber auch nicht Bürgerin eines Staates sein, „der seine Bürger entmündigt und einsperrt" (Bohley 1989: 10). Möglicherweise würden sich viele von denen, die der DDR indifferent gegenüberstünden, für dieses Land entscheiden, wenn sich die Möglichkeit für sie ergeben würde, „es so zu verändern, wie sie es wollen. Diese Möglichkeit muß von ihnen und uns erkämpft werden, sie wird uns nicht einfach gegeben werden. Und dieser Kampf darf nicht so ausgehen wie am 17. Juni 1953." Es müsse dem Staat „eine legale politische Ebene" abgerungen werden, „auf der die Menschen sich finden können, um ihre Aktivitäten für eine Veränderung der Gesellschaft zu entfalten" (Bohley 1989: 10). Folgerichtig rief sie ihren Mitbürgerinnen und -bürgern zu: „Entlaßt euch endlich selbst in die Mündigkeit. (...) Es lohnt sich nicht, zu schweigen. (...) Steht auf, geht aber nicht in den Westen, sondern auf die Straße!" (Bohley 1989: 9; 11).

Von einer Anerkennung des Führungsanspruchs der SED ist in diesen Äußerungen nicht viel zu spüren. Und auch nicht viel von einer ‚Grundloyalität' (Eckert 1995: 743) gegenüber dem Regime. Eher schon kann man hier von einer grundsätzlichen Gegnerschaft gegen das politische System der DDR sprechen. Der Aufruf, auf die Straße zu gehen, stellt in der oppositionellen Literatur eine einzigartige Ausnahme dar, und er ist wohl auch nicht wörtlich gemeint, denn er wurde verfaßt, bevor man ernsthaft damit rechnen konnte, daß die Bürger der DDR tatsächlich auf die Straße gehen würden. Selbst die Hoffnung auf die Reformfähigkeit der SED scheint aufgegeben zu sein. Die SED sei weder fähig noch willens, ihre Macht anders als bisher zu gebrauchen. Andererseits äußert Bärbel Bohley aber auch die Erwartung, daß die Machthaber in der DDR ihre Macht aus Einsicht abgeben. Die Äußerungen Bärbel Bohleys scheinen nicht ganz ausgewogen zu sein, denn sie erwartet nicht nur, daß die Macht freiwillig abgegeben wird, sondern fordert auch dazu auf, die gewünschte Veränderung zu erkämpfen. Und eine andere Unstimmigkeit fällt aus: Einmal soll dem Regime eine legale politische Ebene abgerungen werden, ein anderes Mal aber der Gang auf die Straße angetreten werden. Man kann diese Widersprüchlichkeiten in ihren Bemerkungen als einen Ausdruck von Konzeptionslosigkeit interpretieren. Man kann in ihnen – und dies scheint mir angemessener zu sein – aber auch einen Hinweis auf die Ausweglosigkeit, in der sich die Oppositionsgruppierungen im September 1989 befanden, sehen. Auch wenn die Situation nach grundlegenden Veränderungen verlangte, so war angesichts der eindeutigen Ungleichgewichte in der Machtverteilung zwischen SED und Opposition doch in keiner Weise klar, wie diese erreicht werden sollten. Natürlich konnte man den Machtanspruch der SED bestreiten, aber ließ sich eine solche Bestreitung auch durchsetzen? Die Äußerungen der oppositionellen Gruppierungen *mußten* widersprüchlich ausfallen, da der aus der Situation resultierende Handlungsbedarf und die Handlungsmöglichkeiten nicht in Übereinstimmung zu bringen waren.

Diese Widersprüchlichkeit zeigte sich zum einen darin, daß man – wie etwa Sebastian Pflugbeil vom Neuen Forum – den Führungsanspruch der SED ausdrücklich anerkannte und zugleich behauptete, die Demokratisierung der DDR anzustreben. Selbstverständlich war auch den Aktivisten des Neuen Forums klar, daß sich die Demokratie nicht verwirklichen ließ, wenn für irgendeine Partei ein Machtanspruch in der Verfassung festgeschrieben war. Es ist daher nicht überraschend, daß auch bei einem Oppositionellen wie Sebastian Pflugbeil (1989: 23) die Einsicht Platz griff, es sei unausweichlich, sich „dafür einzusetzen, daß die Macht geteilt wird". Die „Machtballung in wenigen Händen" sei, wie er sagte, „für jede Form von Reform (...) äußerst hinderlich" (Pflugbeil 1989: 23). Insofern war das Neue Forum machtkritischer als ihm von Eckert, Joppke, Jander und anderen unterstellt wird. Andererseits vertrat selbst ein so scharfer Kritiker der SED wie Ludwig Mehlhorn (1989: 78), der der SED das Machtmonopol bestritt, die Meinung, daß die Durchsetzung einer solchen Bestreitung zum damaligen Zeitpunkt ‚nicht möglich' war. Auch SDP-Gründer wie etwa Konrad Elmar hielten es für notwendig, Rücksicht auf die bestehenden Machtverhältnisse zu nehmen und der SED keine unnötigen Angriffsflächen zu bieten (Herzberg/Mühlen 1993: 170).

Solche Inkonsequenzen waren aber nicht Ausdruck einer ‚Grundloyalität' und auch nicht Zeugnis von ‚diffusen' und ‚verschwommenen' politischen Vorstellungen, wie Eckert (1995: 729ff) in seiner Interpretation oppositioneller Schriftzeugnisse – ausgenommen derer der SDP – immer wieder herausstellt, sondern Konsequenz einer Situation, in der nicht klar war, welche Wege man hätte beschreiten müssen, um zu den so dringend gewünschten Veränderungen zu gelangen. Die Opposition fühlte sich im Spätsommer, als ihre Aufrufe enstanden, einfach „viel zu schwach" (Mehlhorn 1989: 78), um den Führungsanspruch der SED wirksam bestreiten zu können. In den vergangenen Jahren war es ihr nie gelungen, die Bevölkerung zu erreichen oder gar zu aktivieren. Die Entstehung der außerkirchlichen Oppositionsgruppen fiel in eine Zeit, als von der sich bald ausbreitenden Volksbewegung noch nichts zu erkennen war und niemand mit einer solchen rechnete. Die Initiatoren der Bürgerbewegungen konnten nicht sehen, daß sie sich in einer revolutionären Krisensituation befanden (Reinhard Schult, zitiert nach Eckert 1995: 732).[1] Sie richteten sich auf eine lange Zeit mühevoller politischer Kleinarbeit ein. Auch wenn Oppositionelle wie Bärbel Bohley (1989: 11) die Bevölkerung dazu aufriefen, mündig zu werden, und vielleicht sogar schon einige Anzeichen dafür zu erkennen meinten, daß die Bevölkerung ihre Sprache wiederzufinden begonnen hatte, wußten sie doch, wie tief inzwischen die Resignation in der Bevölkerung geworden war, wie unbedeutend und marginal die Oppositionsgruppen waren[2] und wie wenig sie an wirklichen Veränderung der politischen Verhältnisse in der DDR zu erreichen vermochten. Der Aufbruch im Herbst 1989 kam für die Gründer der Oppositionsgruppen überraschend (Mehlhorn 1989: 73). Sie hatten mit ihm weder gerechnet noch hätten sie sich, wenn sie ihn für möglich gehalten hätten, zugetraut, ihn zu organisieren.

Wenn heute einige Historiker und Politologen klare Aussagen der Oppositionellen zur Überwindung des DDR-Systems fordern, dann ignorieren sie damit die damals noch bestehenden Machtverhältnisse. Die Zurückhaltung von oppositionellen Äußerungen aus dieser Zeit, auch ihre Widersprüchlichkeit und Inkonsequenz haben nichts mit einer Grundloyalität gegenüber dem politischen System der DDR zu tun und auch nichts mit einer Bejahung des Sozialismus. Eine solche Betrachtungsweise verwechselt den Willen der Oppositionellen, ihre Haltung und ihre Ziele mit ihren Handlungsmöglichkeiten, mit ihren Fähigkeiten und den vorgefundenen Gelegenheitsstrukturen. Diese schlossen die Formulierung weitergehender Zielstellungen aus. Eine Bestreitung des Sozialismus als Gesellschaftsideal hätte eine Infragestellung der Existenz der DDR, in deren Verfassung die sozialistische Gesellschaftsordnung festgeschrieben war, bedeutet. Sich den Sturz des Sozialismus und die Einführung der westlichen Parteiendemokratie vorzunehmen, wäre wirklichkeitsblind gewesen. Gegen eine solche Perspektive stand die Teilung Europas in zwei Blöcke, die Besetzung Ostdeutschlands durch die Sowjetarmee und die Konzentration der gesamten politischen Macht und aller ökonomischen Ressourcen des Landes in den Händen der SED. Außerdem wäre es taktisch nicht klug gewesen, den Sozialismus als gesellschaftliches Ziel in der DDR zu verneinen, da das die Opposition leicht ausgrenzbar und kriminalisierbar gemacht hätte, ganz abgesehen davon, daß eine sozialismusfeindliche Einstellung in der Bevölkerung nicht vermittelbar gewesen wäre. Mit einer regimekritischeren Haltung hätten sich die oppositionellen Gruppierungen noch mehr sozial isoliert, als sie es ohnehin schon waren.

Nicht aber die Verwirklichung einer sozialistischen Gesellschaftsvorstellung war das Ziel der Opposition, sondern die Demokratisierung der Verhältnisse. Es ging nicht um eine Intensivierung der Identifikation mit dem Sozialismus (Elmer in: Herzberg/Mühlen 1993: 169) und schon gar nicht, wie Jander (1995: 949) unterstellt, um die Realisierung einer romantischen Sozialismus-Idee, derzufolge vermittelnde Institutionen, Recht, Gewaltenteilung, Verfassung und Staat unnötig sind. Die Vermittlung zwischen Individuum und Gesellschaft durch Recht, politische Wahlmechanismen, Verfassung und partizipative Institutionen und Organisationen wurde in den Aufrufen der neu gegründeten Oppositionsgruppierungen stets ausdrücklich anerkannt und gefordert. Und Utopien waren in einigen auf Einhaltung der Menschenrechte drängenden Oppositionsgruppierungen sogar schon vor 1989 diskreditiert.[3] Natürlich gab es in der Oppositionsbewegung einzelne, die ein sozialistisches Gesellschaftsideal vertraten. Natürlich verortete sich die Bewegung mehrheitlich eher links als rechts. Und es ist auch richtig, daß die Institutionenskepsis bei den ersten Mitgliedern der im Herbst 1989 sich herausbildenden Oppositionsbewegungen weit verbreitet war. Diese war aber charakteristisch für alle oppositionellen Gruppierungen in Ost- und Mitteleuropa und hatte nicht unbedingt etwas mit einer Affinität zu sozialistischen Ideen zu tun, sondern vielmehr damit, daß die Dissidenten und Oppositionellen über Jahrzehnte hinweg Institutionen stets nur als repressive Instrumente kommunistischen Machterhaltungsstrebens erlebt hatten. In ihrer Mehrheit haben die Oppositionellen nicht am Sozialismus gehangen. Das kann man schon daran erkennen, daß sie bereits kurz nach den Umbruchsereignissen von 1989 mehrheitlich den Rechtsstaat und die parlamentarische Demokratie bejahten.[4] Woran die Bürgerrechtler ihr Herz gehangen hatten, das war nicht der Sozialismus, sondern die DDR. Mit ihrem Untergang sich abzufinden, fiel ihnen schwer. Dieses Land haben sie gekannt, an diesem Staat haben sie sich gerieben, dieses politische System hat ihnen ihre Bedeutung gegeben, und letztlich bezogen sie aus diesem System auch den Sinn ihres politischen Engagements.[5] Wie alle osteuropäischen Dissidenten waren sie hoffnungslos auf das eigene politische System fixiert und konnten sich emotional nur schwer von dem Gegenstand ihrer Anstrengungen, der ihnen so viele kleine Erfolge und noch mehr große Enttäuschungen bereitet hatte, lösen.[6]

Die Berufung auf den Sozialismus hatte demgegenüber – wie wir gesehen haben – oft mehr eine legitimatorische Funktion: Man sagte Sozialismus, um die Machthaber mit den selbst formulierten Ansprüchen zu konfrontieren und auf diese Weise um so besser kritisieren zu können. Angestrebt haben die Oppositionellen aber nicht den Sozialismus, der Ende der achtziger Jahre auch unter Oppositionellen als Ideal weithin diskreditiert war (Poppe 1995), sondern die Demokratie. Daß sie ihr Veränderungsbegehren nicht so radikal formulierten, sondern statt von Demokratie von demokratischem Sozialismus sprachen, hat vor allem etwas mit der Eindeutigkeit der Machtverteilung in der DDR zu tun. Der Sturz der SED war, bevor er sich ereignete, unvorstellbar. Welchen Ideen und Zielen man folgt, hängt eben auch von den sozialen Bedingungen ihrer Umsetzbarkeit ab.

Der Sturz der Regierungen wurde auch von den Oppositionellen in anderen Ländern Ost- und Mitteleuropas nicht angestrebt. Das Ziel der osteuropäischen Dissidenten bestand nicht im Sturz der Diktatur und auch nicht im Aufbau einer parlamentarischen Demokratie, sondern in der Schaffung einer Zivilgesellschaft, die als eine sich von der Bevormundung durch den Staat emanzipierende, von unten her selbstorganisiert entwickelnde Gemeinschaft mündiger Bürger verstanden wurde (Havel 1978; Konrad 1985a).[7] Auch in den osteuropäischen Ländern galten die Gesetze der Diktatur.

Anmerkungen

1 Als Beleg sei auch hingewiesen auf die Äußerungen von Wolfgang Herdzin vom ‚Friedenskreis Friedrichsfelde', Berlin, die dieser 1990 gemacht hat: „Was die Auslöser für die Wende anbetrifft, muß ich sagen, daß wir alle, auch unser Friedenskreis, davon ziemlich überrascht worden sind. Ich sehe uns noch im Sommer vergangenen Jahres zusammensitzen, ziemlich zersplittert in den Gruppen hier in Berlin, auch ziemlich hoffnungslos und politisch blaß, was weitere politische Arbeit heißen soll. Daß sich dann im Oktober/November mit einer solchen Dynamik eine Revolution ereignen sollte, damit hat niemand von uns gerechnet." (Findeis et al. 1994: 121)

[2] Bärbel Bohley (1989: 7ff) meinte noch im September 1989, man müsse die Tatsache akzeptieren, „daß in der DDR nur eine unbedeutende Opposition existiert", die „von niemandem" anerkannt ist, nicht einmal vom Westen. Ihr sei deutlich geworden, „wie sehr die Menschen resigniert haben. Alle Hoffnungen wurden zerschlagen, es ging immer nur ‚bergab'".

[3] Vgl. dieVorstellung der Initiative ‚Frieden und Menschenrechte' am Tag der Menschenrechte am 10. 12. 1987 in der Gethsemanekirche in Berlin: „Der Einsatz als für unveräußerlich betrachteter Menschenrechte bedeutet zwangsläufig, gesellschaftliche Entwicklung nicht mehr an einem bestimmten utopischen Gesellschaftsbild messen zu können" (Hirsch 1988: 231).

[4] Das ist das landläufig vertretenen Auffassungen widersprechende Ergebnis von zwei Befragungen, die ich gemeinsam mit einigen Mitarbeitern 1990 und Dezember 1991/Januar 1992 durchführte (Findeis et al. 1994, vgl. auch Pollack 1995). Es wird bestätigt durch den Sammelband von Süßmuth/Baule 1997.

[5] Als Beleg möge der Auszug aus einem der Interviews dienen, die ich gemeinsam mit einigen Mitarbeitern Anfang 1992 durchgeführt habe: „Ich habe ja diesen Staat nicht geliebt, ganz im Gegenteil, aber das war nun mal Heimat. Das war Heimat in dem Sinne, daß man sich nun mal auskannte und sich gerieben hat an den politischen Verhältnissen. Man wußte, wo der Feind steht, und man kannte sich bis ins Detail in den Strukturen aus." (Werner Fischer B, 7)

[6] Vgl. dazu auch den ausgezeichneten Beitrag von Dalos (1995: 552).

[7] Auf keinen Fall strebte man die Installierung einer Parteiendemokratie nach westlichem Muster an, denn von ihr erwartete man wiederum, daß sie den einzelnen bevormundet, anstatt ihn zum Subjekt der erforderlichen gesellschaftlichen Veränderungen werden zu lassen. Die machtpolitische Orientierung der Parteien in den westlichen Gesellschaften wird von Havel ebenso kritisiert wie die der kommunistischen Parteien in Osteuropa, mit dem Unterschied, daß die Art, wie sie den Menschen manipulieren, unendlich feiner und raffinierter ist (Havel 1978: 85). Auch György Konrád hält das Wertsystem der Oppositionellen in Osteuropa nicht für identisch mit dem des Kapitalismus (Konrád 1985a: 185). Vielmehr erwartete er nach dem Abzug der sowjetischen Truppen und der Aufhebung des Einparteiensystems, daß „aller Wahrscheinlichkeit nach dem Boden unseres Raums interessante demokratisch-sozialistische Experimente entwachsen" würden (Konrád 1985b).

Literatur

Bohley, Bärbel 1989: 40 Jahre DDR ... und die Bürger melden sich zu Wort. Frankfurt/M.

Dalos, György 1995: Der politische Umbruch in Ost- und Mitteleuropa und seine Bedeutung für die Bürgerbewegung in der DDR. In: Materialien der Enquete-Kommission ‚Aufarbeitung von Geschichte und Folgen der SED-Diktatur in Deutschland', hrsg. vom Deutschen Bundestag, Band VII/1. Baden-Baden, 540-557.

Eckert, Rainer 1995: Die revolutionäre Krise am Ende der achtziger Jahre und die Formierung der Opposition. In: Materialien der Enquete-Kommission ‚Aufarbeitung von Geschichte und Folgen der SED-Diktatur in Deutschland', hrsg. vom Deutschen Bundestag, Band VII/1. Baden-Baden, 667-757.

Findeis, Hagen/Detlef Pollack/Manuel Schilling 1994: Die Entzauberung des Politischen: was ist aus den politisch alternativen Gruppen der DDR geworden? Berlin.

Havel, Václav 1980: Versuch, in der Wahrheit zu leben. Reinbek.

Herzberg, Wolfgang/Patrik von zur Mühlen (Hg.) 1993: Auf den Anfang kommt es an: sozialdemokratischer Neubeginn in der DDR 1989. Bonn.

Hirsch, Ralf 1988: Die Initiative Frieden und Menschenrechte. In: Kroh, Ferdinand (Hg.) 1988: ‚Freiheit ist immer Freiheit ...': die Andersdenkenden in der DDR. Frankfurt/M./Berlin-West, 210-233.

Jander, Martin 1995a: Die besondere Rolle des politischen Selbstverständnisses bei der Herausbildung einer politischen Opposition in der DDR außerhalb der SED und ihrer Massenorganisationen seit den siebziger Jahren. In: Materialien der Enquete-Kommission ‚Aufarbeitung von Geschichte und Folgen der SED-Diktatur in Deutschland', hrsg. vom Deutschen Bundestag, Band VII/1. Baden-Baden, 896-986.

Jander, Martin 1995b: Formierung und Krise politischer Opposition in der DDR: die ‚Initiative für unabhängige Gewerkschaften'. In: Poppe, Ulrike/Eckert, Rainer/Kowalczuk, Ilko-Sascha (Hg.): Zwischen Selbstbehauptung und Anpassung: Formen des Widerstandes und der Opposition in der DDR. Berlin, 284-300.

Jesse Eckhart 1995: Artikulationsformen und Zielsetzungen von widerständigem Verhalten in der Deutschen Demokratischen Republik. In: Materialien der Enquete-Kommission ‚Aufarbeitung von Geschichte und Folgen der SED-Diktatur in Deutschland', hrsg. vom Deutschen Bundestag, Band VII/1. Baden-Baden 987-1030.

Joppke, Christian 1995: East German Dissidents and the Revolution of 1989: Social Movements in a Leninist Regime. New York.

Konrád, György 1985a: Antipolitik: mitteleuropäische Meditationen. Frankfurt/M.

Konrád, György 1985b: Mein Traum von Europa. In: Kursbuch September, 1985.

Meckel, Markus 1989: Wir haben den Raum der Kirche verlassen. In: Rein, Gerhard (Hg.): Die Opposition in der DDR. Berlin, 95-97.

Mehlhorn, Ludwig 1989: Wir brauchen eine vom Staat unabhängige Gesellschaft. In: Rein, Gerhard (Hg.): Die Opposition in der DDR. Berlin, 73-83.

Pflugbeil, Sebastian 1989: Wir müssen die Reform mit den Genossen machen. In: Rein, Gerhard (Hg.): Die Opposition in der DDR. Berlin, 20-26.

Pollack, Detlef 1995: Was ist aus den Bürgerbewegungen und Oppositionsgruppen der DDR geworden? In: Aus Politik und Zeitgeschichte B 40-41/1995, 34-45.

Poppe, Gerd 1995: Zeitzeugenbericht auf der 68. Sitzung der Enquete-Kommission ‚Aufarbeitung von Geschichte und Folgen der SED-Diktatur in Deutschland'. Bd. VII/1: Widerstand, Opposition, Revolution. Baden-Baden.

Rein, Gerhard (Hg.) 1989: Die Opposition in der DDR: Entwürfe für einen anderen Sozialismus; Texte, Programme, Statuten von Neues Forum, Demokratischer Aufbruch, Demokratie Jetzt, SPD, Böhlener Plattform und Grüne Partei in der DDR. Berlin-West.

Süßmuth, Rita/Bernward Baule (Hg.) 1997: Eine deutsche Zwischenbilanz: Standpunkte zum Umgang mit unserer Vergangenheit. München.

Weiß, Konrad 1989: Wir möchten kein Land der Bundesrepublik werden. In: Rein, Gerhard (Hg.): Die Opposition in der DDR. Berlin, 69-72.

Dieter Rink

Mobilisierungsschwäche, Latenz, Transformation oder Auflösung?

Bilanz und Perspektive der Entwicklung (neuer) sozialer Bewegungen in Ost-Deutschland

Das kleine Adjektiv ‚neu', welches in der Bundesrepublik in den 80er und 90er Jahren den Mainstream bewegungswissenschaftlicher Forschung kennzeichnet, markiert einen wesentlichen Ausgangspunkt der westlichen Beschäftigung mit der DDR-Opposition (Knabe 1988). Es ist bis heute ein Dreh- und Angelpunkt in der Diskussion geblieben und auch zum Referenzpunkt für die Analyse der Bürgerbewegungen von 1989 und die in ihrem Gefolge entstandenen Gruppen und Initiativen geworden. Die Phänomene im Osten erwiesen sich jedoch als weitaus sperriger für die sozialwissenschaftliche Analyse als dies zunächst den Anschein hatte: sei es, daß es keine alten Bewegungen gab, gegenüber denen sie neu sein könnten, sei es, daß die gesellschaftlichen Kontexte sowohl in der DDR als auch in Ostdeutschland andere waren und sind. So hat diese Debatte wohl eher zur Reflexion über die Anwendbarkeit dieser Begriffe außerhalb des westlichen Kontextes beigetragen und ihre Grenzen deutlich gemacht als zur Erklärung der Bewegungen in der DDR beziehungsweise Ostdeutschland verholfen (vgl. Brand 1997).

Mittlerweile hat mit dem Ausklingen des Mobilisierungszyklus der Wende Anfang der 90er Jahre das Interesse daran, wie im übrigen an den DDR- und ostdeutschen Gruppen und Bewegungen insgesamt, deutlich nachgelassen. Freilich konnten die wenigen ostdeutschen Sozialwissenschaftler, die sich während oder kurz nach der Wende diesem Themenfeld zuwandten, in nicht geringem Maße von dem in der Bundesrepublik erreichten Forschungsstand profitieren. So konnten noch während der revolutionierenden Ereignisse 1990/91 mehrere größere empirische Projekte gestartet werden. Sie beschäftigten sich retrospektiv, in vergleichender Perspektive oder im Kontext der Transformationsforschung mit den DDR-Oppositionsgruppen der 70er und 80er Jahre, den Bürgerbewegungen und teilweise auch mit den neuen Gruppen und Initiativen. Im Gegensatz zur Forschung in der Bundesrepublik, die zunächst stark von Beobachtungen, Eindrücken und Fallstudien bewegungsnaher Publizisten und Sozialwissenschaftler gelebt hatte, konnten hier rasch, systematisch und in professioneller Weise breitere Erhebungen durchgeführt werden. Allerdings sind diese Projekte mittlerweile zum Abschluß gekommen und haben – soweit derzeit absehbar – keine Fortsetzung gefunden (siehe Pollack/Rink 1997b: 18ff). Eine Zusammenfassung des diesbezüglich erreichten Kenntnisstands, wie ein Überblick über den Gesamtverlauf der Entwicklung seit Ende der 80er Jahre fehlt bislang. Auch hat es den Anschein, daß die Theorie mit der Entwicklung des empirischen Wissens nicht Schritt halten konnte. Erst in den letzten Jahren hat sich in diesem Feld eine eigene Debatte entwikkelt, die sich bezüglich der Oppositionsgruppen der 80er Jahre entlang der Spannungslinie zwischen eher makrosoziologisch und strukturell ausgerichteten Theorien auf der einen und kultursoziologisch qualitativen Ansätzen auf der anderen Seite zu entfalten scheint (vgl. Pollack/Rink 1997b: 24). Zieht man ein vorläufiges Fazit, so muß man (auch selbstkritisch) feststellen, daß die Forschung zu DDR- beziehungsweise ostdeutschen Bewegungen bislang wenig eigenständige Perspektiven entwickelt hat. Überwiegend erfolgt(e) die Überprüfung westlicher, in der Regel westdeutscher Paradigmen der Bewegungsforschung.

Der vorliegende Beitrag verfolgt nicht das Ziel, einen Gesamtüberblick zu geben und den Entwicklungsverlauf nachzuzeichnen. Vielmehr soll dabei angesetzt werden, Topoi, die für die theoretische Diskussion relevant sein könnten, zu diskutieren. Anschließend soll die Frage nach der Situation der Gruppen und Initiativen der 90er Jahre erörtert werden. Im abschließenden dritten Teil werden einige offene Probleme beziehungsweise Fragen der Forschung skizziert.

1 Fragen und Probleme der ostdeutschen Bewegungsforschung: Versuch einer Bilanz

Schien es zunächst so, als hätte sich mit der Klärung der Fragen nach den Ursachen des Entstehens, dem Selbstverständnis, dem Ethos, den Zielen und Strukturen der DDR-Opposition der 80er Jahre (Findeis et al. 1994; Rucht et al. 1997) das Interesse an ihr erschöpft, so hat in den letzten Jahren die Debatte um die DDR-Vergangenheitsaufarbeitung zu einer Belebung geführt. In jüngster Vergangenheit rückte die Frage nach der Entfernung der DDR-Opposition vom System beziehungsweise seiner Ideologie in den Mittelpunkt der Kontroversen. Gegenwärtig wird die Frage diskutiert, wie alternativ beziehungsweise oppositionell die DDR-Oppositionsgruppen waren, insbesondere wie weit sich diese von der sozialistischen Ideologie gelöst hatten (siehe auch Pollack in diesem Band). Zu den Hintergründen dieser Diskussion gehört die Uminterpretation der Geschichte der Opposition im Zuge (partei-)politischer Neuorientierungen einiger bekannter Bürgerrechtler (wie Vera Lengsfeld, Bärbel Bohley und Ehrhart Neubert). Insbesondere Neubert hebt dabei die „antitotalitären politischen Ziele" (Neubert 1997: 784) der DDR-Opposition hervor und interpretiert diese als Bürgerrechtsbewegung, die „die Freiheit des einzelnen und die Freiheit der öffentlichen politischen Betätigung erreichen wollte" (Bohley/Neubert 1998: 10). Zweifellos mußten sich die Gruppen in ihren Äußerungen und ihrem Vokabular stark der herrschenden Ideologie anpassen und meinten eigentlich etwas anderes als sie sagten (zum Verhältnis zur SED und zum Sozialismus siehe auch: Poppe 1995: 269ff). Dennoch fällt eine solche Sichtweise hinter den erreichten Kenntnisstand und die Differenziertheit des Phänomens zurück. Implizit wird damit suggeriert, die Opposition hätte eine Demokratie westlichen Typs erstrebt. Meines Erachtens haben die durchaus vorhandenen freiheitlichen und demokratischen Orientierungen aber mehr gemein mit Vorstellungen und Konzepten einer civil society. Zudem wird nachträglich ein Differenzierungskriterium zwischen einer freiheitlich-demokratisch ausgerichteten und einer sozialistischen Opposition übergestülpt, das wohl kaum den Intentionen der damaligen Aktivisten gerecht wird. In der Analyse dieser Diskurse zeichnet sich ein neues Betätigungsfeld der Sozialwissenschaft ab, ist doch die DDR-Opposition mittlerweile im wesentlichen in den Zuständigkeitsbereich der (Zeit-)Historiker übergegangen. Sozialwissenschaftler haben sich aus diesem Feld sukzessive zurückgezogen und sich etwa noch der Frage zugewandt, was aus den früheren Gruppen beziehungsweise deren ehemaligen Mitgliedern wurde (z.B. Findeis et al. 1994; Pollack 1995).

Zu den nach wie vor spannenden und theoretisch interessanten Fragen aus der Perspektive der Bewegungsforschung gehören jedoch die nach den jeweiligen Übergängen zwischen der Opposition der 80er Jahre und Bürgerbewegungen einerseits und den Bürgerbewegungen und den neuen Gruppen und Initiativen andererseits.

1.1 Von den DDR-Oppositionsgruppen zu den Bürgerbewegungen

Karl-Werner Brand fragte schon während der Wende: Wie konnten aus den Rinnsalen der DDR-Oppostion die reißenden Ströme der Bürgerbewegungen der Wendezeit werden (Brand 1990: 10). Diese Entwicklung gehört zweifellos zu den überraschendsten Ereignissen in der Geschichte der Bewegungen im Osten und stellt zugleich eine spannende Herausforderung für die Bewegungstheorie dar, erfolgte doch innerhalb kürzester Zeit der Übergang von einem Bewegungstyp zu einem anderen. Zieht man die allgemeinen Prämissen des Konzepts ‚Neue Soziale Bewegungen' heran, so ist zum einen eine Verortung in den historisch spezifischen Konfliktlinien vorzunehmen, zum anderen die Verbindung der Analyse von Bewegungsstrukturen und gesellschaftlichen Kontextbedingungen gefordert. Was die Konfliktlinien betrifft, so überlagerten und steigerten sich Ende der 80er Jahre zentrale Widersprüche und Konflikte. Die oppositionellen Kräfte zentrierten sich in den 80er Jahren in der DDR eher um postindustrielle Konflikte, wie sie eigentlich typisch für die neuen sozialen Bewegungen des Westens waren. In eine offene Krise des Systems führte Ende der 80er Jahre jedoch jene unterschwellige Konfliktlinie, die aus sozialismustypischen Modernisierungsdefiziten herrührte – das ‚Stahlmodell des Sozialismus'. Prägend dafür waren die technologische Innovationsschwäche, das ökonomische Zurückbleiben gegenüber dem Westen und die dadurch zunehmenden Probleme auf dem Weltmarkt, die Potenzierung des Mangels, wo doch der bevorstehende Übergang in eine neue Entwicklungsstufe des Sozialismus verheißen worden war usw.

Dieses Syndrom beherrschte den gesamten Ostblock und ließ sich gegen Ende der 80er Jahre weder ein- noch ausgrenzen. Der dann eintretende rasche Wandel gesellschaftlicher Kontextbedingungen war daher auch in weit stärkerem Maße als in westlichen Ländern durch außenpolitische Ereignisse beeinflußt. Hierzu gehörten die Perestroika-Politik von Gorbatschow in der Sowjetunion, die Öffnung des ‚Eisernen Vorhangs' an der ungarisch-österreichischen Grenze sowie die offenen politischen Krisen in einigen der damaligen sozialistischen Länder. Die Handlungsmöglichkeiten der DDR-Führung waren damit potentiell eingeschränkt, die der politisch alternativen Gruppen schlagartig ausgeweitet. Freilich bedurfte es zum einen der Wahrnehmung dieser neuen Möglichkeiten, zum anderen einer Verbindung mit den unzufriedenen und protestbereiten Teilen der Bevölkerung. Beides leistete die Bildung der Bürgerbewegungen in dieser Situation, auch wenn dies aus der Sicht der Protagonisten eher ein Akt der Verzweifelung war. Dennoch bleibt festzuhalten, daß die innere Dynamik der Bewegungen weit hinter der Dynamik der Ereignisse zurückblieb. Hier und in der Folge an vielen anderen Stellen machte sich meines Erachtens besonders ihre jahrelange Isolierung bemerkbar (im Unterschied etwa zur polnischen Opposition).

Die stärkere Gewichtung der Kontextbedingungen führt freilich zu einer Relativierung der Rolle der Opposition beziehungsweise der Bürgerbewegungen in der Wende in der DDR. In der Beantwortung dieser Frage zeichnet sich bislang kein Konsens ab. Die anfangs – und prononciert von den Protagonisten vorgetragene – Überhöhung des Anteils der Opposition beziehungsweise der Bürgerbewegungen wich in der Folge dem Bemühen um Differenzierung. Dabei wurde insbesondere der Anteil der ‚Ausreisebewegung' stärker gewichtet. Für Hirschman hat das Zusammenspiel zwischen ‚exit' und ‚voice' zentrale Bedeutung für den Erfolg der Revolution in der DDR (Hirschman 1992).[1] Es gibt aber auch Gegenpositionen, wie die von Offe vertretene, die in der Wende in der DDR eine bloße ‚exit-Revolution' sehen (Offe 1994: 34). Bislang unterbelichtet bei diesen Ansätzen ist das Wirken des Gegenspielers, der SED mit ihren Apparaten. Ungeklärt ist nach wie vor, weshalb sie keine drakonischen Gegenmaßnahmen ergriff, dann wie gelähmt wirkte und sich schließlich weitgehend kampflos zurückzog. Spiegelt sich darin die ausweglose Situation wider, aus der es kein Entrinnen gab? Die strategische Unterwanderung der Opposition spricht freilich auch dafür, daß ihr von einigen Führungskreisen der SED eine zentrale Rolle im Falle einer Systemkrise und -transformation zugedacht war. Daß es nicht dazu kam, mag an den sich überstürzenden Ereignissen gelegen haben oder Zufällen geschuldet sein (wie der Besetzung der Stasizentralen).

Die Beachtung der gesellschaftlichen Kontextbedingungen scheint auch zentral für die Beantwortung der Frage, ob die Bürgerbewegungen einen neuen Bewegungstyp, das ‚politische Subjekt des 21. Jahrhunderts' (Musch 1991) repräsentieren und sich als Kernelement einer Zivilgesellschaft auf Dauer stellen lassen. Jens Reich und teilweise Lothar Probst[2] tendierten zu dieser Position und machten dies an inhaltlichen und struktuellen Gesichtspunkten fest (der Verankerung im civil society-Konzept, der Strukturierung in thematische und Stadtteilgruppen) sowie ihrer Mobilisierungsstärke und basisdemokratischen Vertretung in neuen Organen (den Runden Tischen). Gerda Haufe und Karl Bruckmeier stellten dagegen die Frage, ob die Bürgerbewegungen nicht einen Bewegungstypus repräsentieren, der spezifisch für eine Übergangsgesellschaft und somit singulär sei (Haufe/Bruckmeier 1993: 67). Rückblickend spricht vieles für eine historische Singularität der Bürgerbewegungen, insbesondere ihre kurzzeitige, aber überragende Bedeutung, als es um die Bündelung des Protests und die Durchsetzung elementarer demokratischer Rechte und Freiheiten ging.[3] Die Bürgerbewegungen konnten demnach nur unter den besonderen Umständen der Wendephase eine derartige Ausdehnung, Mobilisierungsstärke und gesellschaftspolitische Rolle erlangen.

Kurzzeitig kehrten sich allerdings die Vorzeichen in der Einschätzung politischer Opposition in der DDR um: Wurden die Bedeutung und das Potential der Oppositionsgruppen des Vorherbstes – von politischen Beobachtern, Bewegungsforschern und den Aktivisten selbst – lange unterschätzt,[4] so wurde die Bedeutung der Bürgerbewegungen innerhalb der politischen Kultur des neuen Deutschland zunächst weit überschätzt. Sidney Tarrow hat diesbezüglich schon vor einigen Jahren gemeint, daß „in der Geschichte fortgeschrittener Industriegesellschaften ... jede neue Mobilisierungswelle Theorien hervorgebracht (hat), die eine solche Welle als Vorboten einer neuen Welt sehen" (Tarrow 1991: 665). Im Osten blitzte diese Hoffnung freilich nur für einen kurzen historischen Moment auf und wurde lediglich von einem kleinen basisdemokratisch geprägten Teil der Bürgerbewegungen getragen. Als die Entscheidung für die deutsche Vereinigung gefallen war, glaubte kaum noch einer an den ‚Aufbruch in eine andere Gesellschaft'.

Diese Entscheidung selbst gehörte zur zweiten Zäsur im Wandel der Kontextbedingungen und ist auch die entscheidende Erklärung für den Niedergang beziehungsweise die Marginalisierung der Bürgerbewegungen (vgl. Rucht 1995; Rucht et al. 1997: 195ff). Die aus der Binnenperspektive aufgeworfene Frage ‚Warum haben wir die Macht nicht aufgehoben?' (Poppe 1990) blendete dagegen aus, daß sich die Bürgerbewegungen damit selbst aufgehoben und in Institutionen verwandelt hätten. Zudem wird verkannt, daß dies keineswegs in der Macht einzelner Protagonisten lag. Die starke Kulturorientierung der Opposition des Vorherbstes einerseits und ihre mangelnde Machtorientierung andererseits waren mächtiger als die politischen Ambitionen einzelner Mitstreiter. Insofern geht auch die kurz nach der Wende vorgebrachte Argumentation, die Revolution sei den Bürgerbewegungen von den westdeutschen Parteien entrissen worden (Schorlemmer 1991: 35), am Wesen der Sache vorbei. Zweifellos gehörte die Opposition zu den Vorreitern der Revolution, und den Bürgerbewegungen gebührt das Verdienst, elementare politische Rechte erkämpft und das Machtmonopol der SED gebrochen zu haben. Die Revolution gehörte ihnen jedoch nicht; die im März anstehende freie Wahl über den weiteren Weg veränderte das politische Feld ohnehin. Schließlich zeigten die Wahlergebnisse für die im Bündnis 90 zusammengeschlossenen Bürgerbewegungen nicht nur die politischen, sondern auch die fortwirkenden lebensweltlichen Differenzen zur (übrigen) Bevölkerung.

1.2 Der Übergang von den Bürgerbewegungen zu den neuen Gruppen und Initiativen

Teilweise durch die auf die Bürgerbewegungen gerichtete analytische Brille bedingt, wurden die 1990 und 1991 neu entstehenden Gruppen und Initiativen zunächst kaum wahrgenommen beziehungsweise in der Anfangsphase entweder gleich ganz den Bürgerbewegungen zugeschlagen oder als ihre Zerfalls- und Folgeprodukte gedeutet (Probst 1993: 133). Selbst als der Niedergang der Bürgerbewegungen schon deutlich war, wurde noch eine personelle und organisatorische Kontinuität zwischen den Bürgerbewegungen und den neuen Gruppen und Initativen angenommen (Rink 1995a: 92). Diese Einschätzung mußte in der Folgezeit revidiert werden, namentlich im Lichte empirischer Studien (zuerst: Krämer-Badoni/Wiegand 1996: 206f; Rucht et al. 1997: 168f). Daß es zwischen den Oppositionsgruppen des Vorherbstes, den Bürgerbewegungen und den neuen Gruppen und Initiativen der 90er Jahre wenig Kontinuität gibt, kann inzwischen als gesicherte Tatsache gelten. Somit erhalten wir ein Bild von der raschen diskontinuierlichen Aufeinanderfolge mehrerer Bewegungs- beziehungsweise Gruppentypen (Rucht et al. 1997). Die Bruchlinien werden durch den jeweils weitgehenden Wandel der gesellschaftspolitischen Kontextstrukturen zunächst im Herbst 1989 und dann mit dem schon im Frühjahr 1990 beginnenden Institutionentransfer markiert.

Aus dem weitgehenden Institutionentransfer und der allmählichen Angleichung der Kontextbedingungen wurde der durchaus plausible Schluß gezogen, daß sich die in der Wende und kurz danach neu entstandenen Gruppen und Initiativen in Richtung neuer sozialer Bewegungen westlichen Typs entwickeln (Blattert et al. 1995: 420ff). Dies hatte auch Folgen für den Vergleich zwischen den ostdeutschen Bewegungen und den westdeutschen (neuen) sozialen Bewegungen sowie die Einschätzung der Opposition der 80er Jahre wie der Bürgerbewegungen. In der Diskussion setzt sich die Tendenz durch, historisch in bezug auf den jeweiligen Bewegungstyp sowie auf einzelne Dimensionen zu differenzieren. Eine Reihe von Gemeinsamkeiten sind erst durch die starken Wandlungen der Ostgruppen zwischen 1989 und 1993 zustande gekommen (so etwa die Form und der Grad der Institutionalisierung, die Aktionsformen) beziehungsweise haben sich in dieser Zeit verstärkt (etwa die Sozial-, Geschlechts- und Altersstruktur). Die Annäherung ist allerdings kein linearer Angleichungsprozeß, sondern durch Transformationen der alten Oppositionsgruppen, Gründungswellen neuer Gruppen, Mobilisierungszyklen, staatliche Einflüsse (Finanzierung, rechtliche Anerkennung, Einbindung in intermediäre subsidiäre Systeme) u.a. zustande gekommen. Die größten Unterschiede bestehen zu den Bürgerbewegungen, während die Oppositionsgruppen in dieser Hinsicht eine Mittelstellung einnehmen. Die Unterschiede blieben von diesen Veränderungen fast unberührt (vielleicht mit Ausnahme des starken Wachstums des Frauensegments in Ostdeutschland).

Allem Anschein nach besitzt der Wandel der gesellschaftlichen Kontextbedingungen in der DDR beziehungsweise in Ostdeutschland die größte Erklärungskraft für den Wandel der Bewegungstypen. Stellt man sich nun die Frage, was unter diesen Bedingungen Stabilität und Kontinuität hätte bewirken können, fällt der Blick auf die Verankerung der Bewegungen in sozialen Milieus beziehungsweise die Kontinuität lokaler beziehungsweise regionaler Bewegungsmilieus.

Auch hier waren zunächst Analogieschlüsse das Nächstliegende. Für die Oppositionsgruppen der 80er Jahre machte dies auch Sinn. So konnte für sie eine vergleichbare Milieuverankerung wie für die neuen sozialen Bewegungen in Westdeutschland festgestellt werden (Rink 1995b). Einzelne Fraktionen, wie die Kulturopposition, die politisch alternativen Gruppen, subkulturelle Cliquen sowie einzelne Reformer formten in den 80er Jahren ein eigenes Milieu. Im Vergleich zum Westen hatte sich dieses gegenläufig zu sozialen Schließungsprozessen ausgebildet und eine deutliche lebensweltliche Scheidelinie zu anderen – insbesondere den traditionellen – Milieus markiert. Prägend war der Konnex zwischen politischer Opposition einerseits und der Suche nach beziehungsweise dem Praktizieren von alternativen und subkulturellen Lebensformen. Dies bewirkte ein weitgehendes Zusammenfallen der postindustriellen politischen Konfliktlinie mit lebensweltlichen Abgrenzungen.

Dies konnte zunächst auch in die Bürgerbewegungen eingebracht werden, deren Elite überwiegend aus dem alternativen Milieu der 80er Jahre stammte. Das rasche Wachstum trug den Bürgerbewegungen allerdings Mitstreiter aus den unterschiedlichsten sozialen Milieus der DDR zu, die teilweise eine große Ferne zu den Oppositionellen des Vorherbstes aufwiesen. Dies zeigte sich nicht zuletzt in unterschiedlichen Orientierungen und politischen Praktiken und war einer der Hintergründe für die Kluft zwischen der Basis und der Elite der Bürgerbewegungen. Es war wohl kein Zufall, daß es in dieser Situation die Basis war, die auf die Ergreifung der Macht drängte sowie feste organisatorische Strukturen präferierte, während sich die Elite nur zögerlich von reformsozialistischen Vorstellungen löste und erst allmählich die ihr plötzlich zugewachsene politische Verantwortung annahm. In diesem Zusammenhang ist es auch wichtig festzuhalten, daß die Bürgerbewegungen keine eigenen lokalen beziehungsweise regionalen Bewegungsmilieus (Geiling) ausbildeten. Waren mit dem Übergang zu den Bürgerbewegungen die (Milieu-)Strukturen der Opposition weitgehend zerfallen, so hinterließ die anschließende Marginalisierung der Bürgerbewegungen ein organisatorisches Vakuum in diesem Feld. Die ‚Häuser der Demokratie' beziehungsweise ähnliche Einrichtungen in einigen ostdeutschen Städten gehören zur mageren materiellen Erbschaft dieser Zeit. Das Vakuum konnte in der Folgezeit allerdings auch nicht von den neuen Gruppen und Initiativen ausgefüllt werden. Denn die Milieuverankerung dieser Gruppierungen ging weniger in Richtung Angleichung, als es die Annahmen einer nachholenden Modernisierung erwarten ließen. Das alternative Milieu geriet im Osten in und nach der Wende in einen ambivalenten Prozeß von Öffnungen und Schließungen.

Das von Sinus schon Anfang der 90er Jahre nachgewiesene linksintellektuell-alternative (Lebensstil-)Milieu (ca. 7% der erwachsenen Bevölkerung) differenzierte sich zwar intern aus, veränderte aber weder seine Lage und Größe (1997 nach wie vor 7%; Der Spiegel 1998: 74). Im Unterschied zum Westen bildet dieses Milieu auch kein ‚gesellschaftspolitisches Lager' (Lepsius), sondern ist im Kern lebensweltlicher Natur. In dem ambivalenten Gemisch aus ‚nachholendem' Konsum und bescheidener Wohlstandssteigerung einerseits und strukturellen Abstiegen und neuer Armut andererseits konnten sich die Werte und Lebensstile des Milieus auch kaum entfalten und an Anziehungskraft gewinnen. Wie die Wahlergebnisse für die GRÜNEN in Ostdeutschland zeigen, fand auch keine nachholende Ausbildung eines gesellschaftspolitischen Lagers statt. Im Vereinigungs- und Transformationsprozeß fanden weder die alten Oppositionsgruppen noch die Bürgerbewegungen und auch nicht die neuen Gruppen und Initiativen Themenfelder. Sie konnten auf diesen Prozeß – teilweise im Unterschied zu den osteuropäischen Nachbarn – kaum einen Einfluß nehmen (vgl. Lemke 1997b).

Dies erklärt auch den Umstand, daß im Hinblick auf die neuen Gruppen und Initiativen zwar einige Autoren auf eine zivilgesellschaftliche Einbettung im ökologischen, feministischen und soziokulturellen Bereich verweisen (Zimmer et al. 1997: 59; 71), aber keine Aussagen über die Qualität und die sozialen Orte dieser Einbettung treffen. Ein Teil dieser neuen Gruppen und Initiativen ist nämlich nicht eindeutig in diesem Milieu verankert, sondern in ganz unterschiedlichen (wie etwa auch dem neuerdings von Sinus identifizierten ‚DDR-verwurzelten Milieu'; vgl. Der Spiegel 1998).

Schließlich fehlen im Osten auch die lokalen und regionalen Milieus als Quelle von Protesten im Sinne von mobilisierenden Netzwerken (Roland Roth). Weder von den Netzwerken der Opposition der 80er Jahre noch von den Bürgerbewegungen wurde etwas derartiges tradiert. Damit rundet sich das Bild der Brüche, und zugleich haben wir einen ersten Eindruck von der heterogenen Landschaft der 90er Jahre. Sie ist – soviel ist bereits klar – kaum durch klare Konfliktlinien und eindrucksvolle Mobilisierungen geprägt. Im folgenden soll insbesondere auf die Frage nach der Bewegungsförmigkeit der neuen Gruppen und Initiativen eingegangen werden.

2 Mobilisierungsschwäche, Latenz oder Auflösung? Zur Frage der Bewegungsförmigkeit der neuen Gruppen und Initiativen

Zunächst ist auffällig, daß die Analyse von Protest in Ostdeutschland relativ eigenständig und unabhängig von der Analyse von etwaigen Bewegungen erfolgt. Allenfalls am Rande wird nachgefragt, ob den neuen sozialen Bewegungen des Westens vergleichbare Akteure in Ostdeutschland zu den Initiatoren der Mobilisierungen gehören (Gabriel 1995; Lemke 1997a; Lemke 1997b; Priller 1997; Zimmermann 1997). Eine systematische Verknüpfung findet sich lediglich bei Autoren, bei denen Fragestellungen der Bewegungsforschung leitend sind (Rucht 1996; Schmitt-Beck/Weins 1997). Vom Ergebnis her weisen die vorliegenden Studien und Analysen kaum Unterschiede auf: Der Protest wie die Neigungen der ostdeutschen Bevölkerung dazu lassen seit Anfang der 90er Jahre nach und sind derzeit schwächer als die entsprechenden Werte in Westdeutschland. Die seit Anfang der 90er Jahre entstandenen Gruppen und Initiativen sind eher unbedeutend bei der Generierung von Protesten in Ostdeutschland. Diese Proteste haben zudem kaum Einfluß auf das Transformationsgeschehen genommen. Die zunehmende Gewaltförmigkeit der Proteste in Ostdeutschland kann auf die rechte Mobilisierung zurückgeführt werden (Lemke 1997a; Rucht 1996).

Aus einer anderen Forschungsperspektive wurde jüngst die Frage aufgeworfen, ob man es bei den neuen Gruppen und Initiativen überhaupt mit einem ostdeutschen Eigengewächs zu tun hat oder ob sie nicht vielmehr ein (westdeutsches) Transplantat sind (Zimmer et al. 1997). Dies bezieht sich darauf, ob die Abhängigkeit von westdeutschen Ressourcen und Know how überwiegen oder die Gruppen und Initiativen über eine zivilgesellschaftliche Verankerung verfügen und damit unabhängig sind.

Überblickt man die Entwicklung der neuen Gruppen und Initiativen in Ostdeutschland seit Anfang der 90er Jahre, dann lassen sich folgende Phasen unterscheiden: Eine erste Phase, die man als Gründerphase bezeichnen kann. Sie erstreckt sich zeitlich von Herbst 1989 bis Mitte 1991. Diese Phase war durch ein relativ großes freiwilliges Engagement und eine Emphase geprägt, die sich insbesondere auf die Realisierung langgehegter und aufgestauter Hoffnungen richtete. Sie wurde zugleich befördert durch die Erfahrung eines starken zahlenmäßigen Wachstums der Gruppen und eines Zustroms von aktiven Mitgliedern. Die wichtigsten Themenfelder waren übergreifender Natur, was mit der ausgeprägten und themenübergreifenden Vernetzung der Gruppen untereinander korrelierte. Die Arbeit wurde zudem durch die hohe Mobilisierung vom Herbst 1989 bis etwa Sommer 1991 und die dadurch geschaffene

Protest-Öffentlichkeit getragen. Viele der Gruppen waren ständig an den unterschiedlichsten Runden Tischen und ähnlichen Gremien mit teilweise starker Verhandlungsposition vertreten.

Die anschließende zweite, die Professionalisierungsphase währte von 1991 bis etwa Ende 1993 und war durch den Wandel vom unbezahlten zum bezahlten und professionellen Engagement gekennzeichnet. Utopische Hoffnungen und weitgespannte Erwartungen wurden durch praktisch bearbeitbare Themen- beziehungsweise Arbeitsfelder ersetzt. Die Gruppen konnten sich dadurch stabilisieren und institutionalisieren. Abgesehen von einzelnen Neugründungen gab es kein Wachstum der Gruppen. Sukzessive setzte ein schleichender Rückzug aktiver (Gründungs-)Mitglieder ein. An ihre Stelle traten häufig ABM-Mitarbeiter, die mit den Anliegen und Zielen der Gruppen wenig gemein hatten. In dieser Phase klang die Mobilisierung ab, und die Gruppen konnten nur noch fallweise die Öffentlichkeit mit ihren Themen erreichen. Die thematische Vernetzung blieb zunächst bestehen, an Stelle der informellen Netzwerke traten aber teilweise formale Kooperationsformen. Die ständige Vertretung in themenspezifischen Gremien war zwar noch gegeben, aber die Verhandlungspositionen der Gruppen waren durch die geringe Mobilisierung geschwächt.

Die bislang letzte Phase kann als Stagnationsphase charakterisiert werden und dauert seit 1994 an. Prägend im Erscheinungsbild der Gruppen ist vor allem die Stagnation der Gruppenzahlen: Vereinzelten Neugründungen stehen mittlerweile einige Auflösungen gegenüber. In den Gruppen arbeiten nur wenige Aktive mit, und es gibt nur noch wenige bezahlte Mitarbeiter. Beides zusammen hat zu einer teilweise starken Reduktion beziehungsweise der Aufgabe von Arbeitsfeldern sowie der Beschränkung auf eng umgrenzte Themenfelder und Arbeitsgebiete geführt. Eine Ausweitung der Arbeit, wie etwa im Rahmen der Agenda 21 oder des Nachhaltigkeitsdiskurses, ist dagegen eine Ausnahme. Die Mobilisierung ist insgesamt schwach und nur fallweise können die Gruppen ein (öffentlich) wahrnehmbares Potential mobilisieren. Ihre thematische Vernetzung ist schwach und wird teilweise durch politische Differenzierungen überlagert. Aus diesen Gründen sowie infolge des Erstarkens der politischen Institutionen nach Abschluß des Aufbaus neuer Verwaltungen sind die Gruppen in eine ungünstige Verhandlungsposition geraten und in relevanten Gremien nicht mehr ständig und kompetent vertreten. In der Öffentlichkeit werden sie kaum noch wahrgenommen. Man kann zwar insgesamt festhalten, daß sich eine größere Pluralität und Differenziertheit sowohl in thematischer wie politischer Hinsicht entwickelt hat, diese wird jedoch von einem deutlichen Verlust an Bewegungsförmigkeit begleitet.

Der Fall kurzfristig zu erwartender neuer Mobilisierungen soll daher nur kurz gestreift werden, kann man dies doch weitgehend ausschließen. Diese sind nur dann wahrscheinlich, wenn sich kurzfristig gesellschaftliche Rahmenbedingungen grundlegend ändern, wofür es aktuell keine Anhaltspunkte gibt.

In diesem Fall müßten bereits jetzt eine zunehmende Vernetzung, ein Wachstum kleinerer wie mittlerer Mobilisierungen, der Dichte sowie die Zyklizität der Proteste insgesamt zu beobachten sein. Diese Merkmale treffen derzeit ausschließlich auf die rechten, rechtsradikalen oder ausländerfeindlichen Gruppen und Szenen zu.

Stellt diese Mobilisierungsschwäche aber nun eine vorübergehende Latenzphase oder eine sukzessive Auflösung auch dieses Gruppentyps dar? Zu erwägen ist außerdem, ob das, was äußerlich als Latenz erscheint, ein Spezifikum der Transformation und damit ein Übergangsphänomen darstellt. In diese Richtung geht etwa die Argumentation von Schmitt-Beck/Weins: „Wenn die unmittelbaren materiellen Sorgen und Nöte der Bürger im wirtschaftlichen Aufschwung in der Bedeutung zurücktreten, wird Raum frei für ein mögliches Erstarken der neuen sozialen Bewegungen" (Schmitt-Beck/Weins 1997: 351). Umweltprobleme halten sie für einen wahrscheinlichen Anknüpfungspunkt für zukünftige Mobilisierungen.

Diese Interpretation einer ‚transformationsbedingten Latenz' geht von der Vorstellung einer nachholenden Modernisierung aus. Demzufolge stehen vorübergehend andere Themen als die der neuen sozialen Bewegungen auf der Agenda – etwa Verteilungsfragen oder Fragen der sozialen Sicherung. Die Gruppen der neuen sozialen Bewegungen können in der Transformationsphase mit Themen wie Umweltschutz, Partizipation und Feminismus die Öffentlichkeit nicht erreichen. Diese Einschätzung kann durchaus einige Plausibilität für sich beanspruchen. Allerdings erscheint die zugrundeliegende Annahme problematisch, denn in Ostdeutschland läßt sich ein anderer Modernisierungspfad beobachten. Er ist durch eine weitgehende Deindustrialisierung mit Elementen einer ökologischen Modernisierung gekennzeichnet. Viele Forderungen, davon auch wesentliche Forderungen der DDR-Opposition, der Bürgerbewegungen wie auch der neuen Gruppen und Initiativen, wurden im Zuge der Transformation erfüllt oder sogar überholt, sind in politische Programme eingeflossen, in Institutionen gegossen und Bestandteile des Verwaltungshandelns geworden. Einzelne Proteste gegen (industrielle) Technologien und Großprojekte können sich nicht zu einer gesellschaftspolitischen Konfliktlinie verdichten. Vor dem historischen Hintergrund der jahrzehntelangen Mangelwirtschaft in der DDR, des ausgebliebenen Konsumrauschs nach Währungsunion und Vereinigung sowie des (gemessen an den Hoffnungen) eher bescheidenen Wohlstandswachstums verfangen die konsumkritischen Argumente der Umweltbewegung nicht. Auch die feministische Debatte findet kaum Anknüpfungspunkte angesichts des bereits in der DDR erreichten Modernisierungsfortschritts auf diesem Gebiet (Rainer Geißler). Frauengruppen und Initiativen sind in dieser Situation in einer strukturellen Defensive auf die Verteidigung des Erreichten festgelegt. Damit geraten sie jedoch zwangsläufig in die Nähe der ‚Brot-und-Butter-Themen' der Transformationskonflikte und bieten kaum Ansätze für eigenständige feministische Mobilisierungen. Partizipatorische Bestrebungen schließlich finden bei der verbreiteten Skepsis beziehungsweise Zurückhaltung der Ostdeutschen kaum Nährboden. Im Vergleich zu Westdeutschland sind weit weniger Ostdeutsche Mitglieder in Verbänden oder Parteien. Die Mitarbeit in Bürgerinitiativen und Vereinen sowie Projekten und Gruppen weist zwar demgegenüber weniger, aber immer noch deutliche Unterschiede auf (vgl. Priller 1997). Nicht nur angesichts schwindender Hoffnungen auf einen (ökonomischen) Aufschwung in Ostdeutschland bleiben die Argumente gegen eine nur transformationsbedingte Latenz der neuen sozialen Bewegungen in Ostdeutschland aus.

Betrachtet man die Frage der Latenz genereller, so ist zunächst festzuhalten, daß Latenz einen Zustand darstellt, der auf eine Mobilisierung folgt und einer neuerlichen vorausgeht. Wie oben bereits gezeigt wurde, waren die neuen Gruppen und Initiativen aber nur marginal an der (Massen-)Mobilisierung der Wende beteiligt und erzielten demzufolge bislang keine eigenständige Mobilisierung. Ihre Entstehung Anfang der 90er Jahre verdankten sie Mißständen, die in der Regel in der DDR verursacht wurden. Einige davon (z.B. die Beseitigung von ökologischen Altlasten oder die Stadtsanierung) sind seitdem zwar nicht vollständig gelöst, werden aber durchaus mit mehr oder weniger großem Erfolg bearbeitet. Damit verlieren diese Gruppen nicht unbedingt ihr Existenzberechtigung, sichern sie doch häufig in wenigstens elementarer Weise die Rechte Betroffener, haben aber kaum Angriffspunkte für die (grundlegende) Skandalisierung von (generellen) Mißständen. Für diese Probleme sind die neuen Institutionen zwar zuständig, aber nicht ursächlich verantwortlich. Damit fehlt griffigen Situationsdeutungen im Sinne von ‚In-group'-/Out-group'-Konzepten die Grundlage.

Diese gesellschaftlichen Kontextstrukturen sprechen eher für eine schleichende Auflösung als für die Stabilisierung des Erreichten im Sinne einer Latenz. Können die Gruppen und Initiativen schon immer weniger auf die Ressource ‚freiwilliges Engagement' zurückgreifen, so geraten sie mit den Kürzungen staatlicher Zuschüsse (vor allem seit dem Auslaufen der ABM-Programme Mitte der 90er Jahre) in eine prekäre Situation. Wichtige Infrastruktureinrichtungen geraten unter Druck und verschlingen einen größer werdenden Teil des verbliebenen Engagements. Letzteres fehlt dann freilich wieder für die ‚eigentliche' Arbeit – ein Teufelskreis.

Damit kommen wir zu der Möglichkeit, daß die Mobilisierungsschwäche und Flaute neuer Bewegungen den grundlegenden Wandel gesellschaftspolitischer Konfliktlinien anzeigen. In diesem Fall wären die Konflikte der Transformation nicht vorübergehender Natur, sondern erste Konturen einer neuen Konfliktlinienstruktur. Diese gruppiert sich in Ostdeutschland vor allem um die Modernisierungs- sprich Vereinigungsverlierer. In den ersten Jahren der Transformation konnte sich vor allem die PDS als Repräsentant dieser Gruppen präsentieren und verknüpfte dabei geschickt die ‚Verteidigung der ostdeutschen Interessen' mit linker Rhetorik und Ostalgie. Seit Mitte der 90er Jahre profilieren sich jedoch insbesondere rechte Gruppierungen im Kampf um ‚deutsche' Arbeitsplätze und gegen die Durchsetzung wirtschaftsliberaler Forderungen. Mit der Verdichtung der Mobilisierungen und dem wachsenden Potential deutet sich seit 1997 ein rechter Protestzyklus an und rechte Organisationen und Szenen scheinen sich zu einer neuen rechten Bewegung zu formieren.

Gelang es den ostdeutschen Gruppen schon Anfang der 90er Jahre nicht, symbolische Zeichen gegen die damals überschäumende Ausländerfeindlichkeit zu setzen (wie etwa die westdeutschen neuen sozialen Bewegungen mit den Lichterketten in einigen Großstädten), so sind sie in den derzeit aktiven ‚Bündnissen gegen Rechts' in Ostdeutschland gegenüber antifaschistischen und linksradikalen Kräften in einer untergeordneten Position.

Denkt man die makrosoziologischen Annahmen des Konzepts Neue Soziale Bewegungen konsequent zu Ende, erscheint dieser Gedanke gar nicht so abwegig, schließt dieses Konzept doch gerade eine Historisierung ein. Es könnte sein, daß mit der deutschen Vereinigung und Transformation nicht wie ursprünglich erwartet in Ostdeutschland die gleichen gesellschaftlichen Rahmenbedingungen und damit die strukturellen Voraussetzungen für neue soziale Bewegungen westlichen Typs geschaffen wurden, sondern ein Wandel selbiger und die Ausbildung neuer Konfliktlinien. Perspektivisch ist derzeit jedenfalls nicht erkennbar, daß politische Konfliktlinien, die in der Bundesrepublik in den 70er und 80er Jahren prägend waren, wieder stärkeres Gewicht erlangen und in Ostdeutschland entscheidende Funktion für die nachholende Ausbildung neuer sozialer Bewegungen gewinnen könnten. Die neuen Gruppen und Initiativen würden in diesem Fall gleichsam sedimentiert (wie schon die Oppositionsgruppen und Bürgerbewegungen) – allerdings langsamer.

3 Fazit: Probleme und Aufgaben

Aus der heutigen Perspektive stellt sich die Gesamtentwicklung von Opposition, Bürgerbewegungen und neuen Gruppen als eine Entwicklung von der Marginalität in die Marginalität dar (vgl. Rucht 1995). Die jetzt existierenden Bewegungsreste und neuen Gruppen sind zwar nicht mehr ausgegrenzt, geschweige denn politisch verfolgt wie die Oppositionsgruppen des Vorherbstes, aber sie werden von der Öffentlichkeit kaum beachtet und finden mit ihren Anliegen keine Zugänge zu breiteren Teilen der ostdeutschen Bevölkerung.

Die Entwicklung hat sich in der Art vollzogen, daß es zu einer schnellen Aufeinanderfolge von Gruppen- und Bewegungstypen kam. Die jeweils alten verschwinden zwar nicht sofort und plötzlich, werden aber weitgehend bedeutungslos. Die jeweils geringe personelle, inhaltliche und organisatorische Kontinuität wirkte einer Traditionsbildung entgegen. Weder das Ethos der DDR-Opposition noch die Empathie der Bürgerbewegungen hinterließen nennenswerte Spuren und wirkten identitätsstiftend für die neuen Gruppen und Initiativen. Die Ausbildung einer Selbstwahrnehmung als kollektiver Akteur hat nicht stattgefunden. Die neuen Gruppen und Initiativen sind somit kein einheitliches Phänomen und stellen keine Bewegung dar. Es verwundert daher auch nicht, wenn festgestellt wird, daß sie (teilweise im Unterschied zu osteuropäischen Ländern; vgl. Lemke 1997a) keinen nennenwerten Einfluß auf die Ausgestaltung des Einigungs- und Transformationsprozesses genommen haben. Ihre Funktion und politische Rolle in Ostdeutschland ist lediglich lokaler und regionaler Natur.

Was ergibt sich nun daraus für die weitere (Bewegungs-)Forschung? Geht man davon aus, daß neue Mobilisierungen und größere Konflikte jeweils auch der Bewegungsforschung Impulse verleihen, ist wohl für die nächste Zeit kaum mit einem Aufschwung zu rechnen. Freilich ist die Untersuchung der für die Herausbildung (neuer) Bewegungen entscheidenden gesellschaftspolitischen Kontextbedingungen und der Konfliktlinien in Ostdeutschland weiterhin relevant. Besondere Aufmerksamkeit verdient dabei die Erforschung der neuen Konfliktlinien und -strukturen.

Auffällig ist weiter, daß sich seit Anfang der 90er Jahre eine Reihe von (links-)autonomen Gruppen gebildet hat, deren Mobilisierungsstärke mittlerweile größer scheint, als die der neuen Gruppen und Bewegungen. Könnten damit diese Gruppen und Zusammenhänge innerhalb des gesamten Spektrums ein größeres Gewicht, möglicherweise sogar die Hegemonie erlangen? Diese ist vor allem an die Mobilisierung gegen Rechts gebunden. Hier stellt sich die Frage, ob sich eine neue Konfliktlinie bildet, die durch die rechten, ausländerfeindlichen und rassistischen Gruppierungen und deren wachsende Mobilisierung seit Anfang der 90er Jahre geprägt wird? Auch hier stellt sich die 'Gretchen-Frage des Ostens': Sind diese ebenfalls transformationsbedingt und damit vorübergehender Natur oder dauerhaft? Ist dies ein – möglicherweise vernachlässigenswertes – ostdeutsches Spezifikum oder ist der Osten nur das Feld des ‚Experiments Vereinigung'?

Ansatzpunkte für die weitere Forschung scheinen daher die rechte Mobilisierung und die dahinterstehenden Gruppierungen zu sein. Wie groß ist dieses Mobilisierungspotential und aus welchen Quellen speist es sich? Ist mit einer Dauerhaftigkeit und Stabilität dieser aufkommenden Bewegung zu rechnen, bildet sich hier ein neues Milieu?

Die Forschung über die Bewegungen in Ostdeutschland wird ständig vor neue Herausforderungen gestellt und hat es mit disparaten Phänomenen zu tun. Sie ist aufgespannt zwischen der Analyse der Vergangenheitsdiskurse von ehemaligen Bürgerbewegten einerseits und der Untersuchung der Mobilisierungstrategien und der Zukunftsentwürfe neuer Rechter andererseits. Es scheint so, daß ihr Spezifikum gerade in dieser Disparatheit und jähen Veränderung ihres Gegenstandes besteht. Bleibt zu hoffen, daß sie nicht das Schicksal der ostdeutschen Bewegungen teilt: die wiederkehrende Marginalisierung.

Anmerkungen

[1] Detlef Pollack hat diesbezüglich darauf aufmerksam gemacht, daß die Senkung der exit-Barrieren in der DDR nicht zu einer Verminderung von voice führte, sondern den Protest verstärkte (Pollack 1997: 318ff).

[2] Er sah in ihnen eine „neue politische Formation ..., deren Politikverständnis auch für den Westen Modellcharakter haben könnte" (Probst 1993: 11; 134ff).

[3] Hier zeigen sich eine Reihe von Gemeinsamkeiten zwischen den Bürgerbewegungen der DDR, Polens, der Tschechoslowakei und Ungarns.

[4] Die einzige mir bekannte Ausnahme ist Wolfgang Templin. Er schrieb kurz vor dem Herbst 89 folgendes: „Wenn der wachsende Druck aus der Bevölkerung, die Initiativen der unabhängigen Bewegung und die verborgenen Reformkräfte der Partei endlich zueinander finden, wird die DDR ihren eigenen Weg zur Demokratie gehen" (Templin 1989: 65).

Literatur

Blattert, Barbara/Rink, Dieter/Rucht, Dieter 1995: Von den Oppositionsgruppen der DDR zu den neuen sozialen Bewegungen in Ostdeutschland? In: Politische Vierteljahresschrift, Jg. 36/1995: 397-422.

Bohley, Bärbel/Neubert, Ehrhart 1998: Wir mischen uns ein. Ideen für eine gemeinsame Zukunft. Freiburg et al.

Brand, Karl-Werner 1990: Massendemokratischer Aufbruch im Osten: Eine Herausforderung für die NSB-Forschung. In: Forschungsjournal Neue Soziale Bewegungen, Jg. 3, Heft 2/1990: 9-16.

Brand, Karl-Werner: „Neue soziale Bewegungen" auch in der DDR? Zur Erklärungskraft eines Konzepts. In: Pollack/Rink 1997a: 235-251.

Der Spiegel 1998 (Hg.): Outfit 4, Hamburg.

Fehr, Helmut 1996: Unabhängige Öffentlichkeit und soziale Bewegungen. Fallstudien über Bürgerbewegungen in Polen und der DDR. Opladen.

Findeis, Hagen/Schilling, Manuel/Pollack, Detlef 1994: Die Entzauberung des Politischen. Was ist aus den politisch alternativen Gruppen der DDR geworden? Leipzig/Berlin.

Gabriel, Oscar W. 1995: Politischer Protest und politische Unterstützung in den neuen Bundesländern. In: Bertram, Hans (Hg.): Ostdeutschland im Wandel: Lebensverhältnisse – politische Einstellungen. Opladen, 173-205.

Haufe, Gerda/Bruckmeier, Karl 1993 (Hg.): Die Bürgerbewegungen in der DDR und in den ostdeutschen Bundesländern, Opladen.

Knabe, Hubertus 1988: Neue soziale Bewegungen im Sozialismus. Zur Genesis alternativer politischer Orientierungen in der DDR. In: Kölner Zeitschrift für Soziologie und Sozialpsychologie, Jg. 40/1988, 551-569.

Krämer-Badoni, Thomas/Wiegand, Elke 1996: Bürgerinitiativen nach der Wende. Zur Entstehung von Stadtteil- und Bürgerinitiativen in der Stadt Leipzig seit 1989. In: Häußermann, Hartmut/Neef, Rainer (Hg.): Stadtentwicklung in Ostdeutschland. Soziale und räumliche Tendenzen. Opladen, 205-218.

Lemke, Christiane 1997a: Protestverhalten in Transformationsgesellschaften. In: Politische Vierteljahresschrift, Jg. 38/1997, 50-78.

Lemke, Christiane 1997b: Nachholende Mobilisierung. Demokratisierung und politischer Protest in postkommunistischen Gesellschaften. In: Aus Politik und Zeitgeschichte, B 5/1997, 29-37.

Müller-Enbergs, Helmut/Schulz, Marianne/Wielgohs, Jan 1991 (Hg.): Von der Illegalität ins Parlament. Werdegang und Konzept der neuen Bürgerbewegungen. Berlin.

Musch, Reinfried 1991: Bürgerbewegungen – politisches Subjekt des 21. Jahrhunderts? in: Berliner Debatte INITIAl, Jg. 2, Heft 1/1991, 39-40.

Neubert, Ehrhart 1997: Geschichte der Opposition in der DDR 1949-1989, Bonn.

Pollack, Detlef 1990 (Hg.): Die Legitimität der Freiheit. Politisch alternative Gruppen in der DDR unter dem Dach der Kirche, Frankfurt/M. et al.

Pollack, Detlef 1995: Was ist aus den Bürgerbewegungen und Oppositionsgruppen der DDR geworden? In: Aus Politik und Zeitgeschichte, B 40-41/1995, 34-45.

Pollack, Detlef/Rink, Dieter 1997a (Hg.): Zwischen Verweigerung und Protest. Politischer Protest in der DDR vom Anfang der 70er Jahre bis zur friedlichen Revolution 1989. Frankfurt/M./ New York.

Pollack, Detlef/Rink, Dieter 1997b: Einleitung: Opposition, Widerstand, Protest, Verweigerung in der 70er und 80er Jahren – zur Abgrenzung des Phänomens. In: Pollack, Detlef/ Rink, Dieter (Hg.): Zwischen Verweigerung und Protest. Politischer Protest in der DDR vom Anfang der 70er Jahre bis zur friedlichen Revolution 1989. Frankfurt/M./New York, 8-30.

Poppe, Ulrike 1990: Warum haben wir die Macht nicht aufgehoben .... In: Bündnis 2000. Forum für Demokratie, Ökologie und Menschenrechte, 1/1990, 2-4.

Priller, Eckhard 1997: Demokratieentwicklung und demokratische Mitwirkung. In: Winkler, Gunnar (Hg): Sozialreport 1997. Daten und Fakten zur sozialen Lage in den neuen Bundesländern. Berlin, 284-331.

*Probst, Lothar*1993: Ostdeutsche Bürgerbewegungen und Perspektiven der Demokratie. Entstehung, Bedeutung und Zukunft. Köln.

Reich, Jens 1991: Bürgerbewegungen und parlamentarisches Netzwerk. In: Blätter für deutsche und internationale Politik. Jg. 36/1991, 43-50.

Rink, Dieter 1995a: Bürgerbewegungen und Kommunalpolitik in Ostdeutschland. In: Benzler, Susanne/Bullmann, Udo/Eißel, Dieter (Hg.): Deutschland Ost vor Ort. Opladen, 75-98.

Rink, Dieter 1995b: Das Leipziger Alternativmilieu: Zwischen alten und neuen Eliten. In: Vester, Michael/Hofmann, Michael/Zierke, Irene (Hg.): Soziale Milieus in Ostdeutschland. Köln, 193-229.

Rink, Dieter 1997: Ausreiser, Kirchengruppen, Kulturopposition und Reformer: Zu Differenzen und Gemeinsamkeiten in Opposition und Widerstand in der DDR in den 70er und 80er Jahren. In: Pollack/Rink 1997a, 55-78.

Rucht, Dieter 1995: Deutsche Vereinigung und Demokratisierung. Zum Scheitern der Bürgerbewegungen. In: Forschungsjournal Neue Soziale Bewegungen, Jg. 8, Heft 4/1995, 12-19.

Rucht, Dieter 1996: Politischer Protest in der Bundesrepublik Deutschland: Ein Überblick. In: Feindt, Peter Henning et al. (Hg.): Konflikregelung in der offenen Bürgergesellschaft. Dettelbach/Röll, 67-88.

Rucht, Dieter/Blattert, Barbara/Rink, Dieter 1997: Soziale Bewegungen auf dem Weg zur Institutionalisierung? Zum Strukturwandel „alternativer" Gruppen in beiden Teilen Deutschlands, Frankfurt/M./New York.

Schmitt-Beck, Rüdiger/Weins, Cornelia 1997: Gone with the wind (of change). Neue soziale Bewegungen und politischer Protest im Osten Deutschlands. In: Gabriel, Oscar W. (Hg.): Politische Orientierungen und Verhaltensweisen im vereinigten Deutschland. Opladen, 321-351.

Schorlemmer, Friedrich 1991: Bis alle Mauern fallen. Texte aus einem verschwundenen Land. Berlin.

Tarrow, Sidney 1991: Kollektives Handeln und politische Gelegenheitsstruktur in Mobilisierungswellen: Theoretische Perspektiven. In: Kölner Zeitschrift für Soziologie und Sozialpsychologie, Jg. 43/1991, 647-670.

Vester, Michael/Oertzen, Peter von/Geiling, Heiko/Hermann, Thomas/Müller, Dagmar 1993: Soziale Milieus im gesellschaftlichen Strukturwandel. Köln.

Wielgohs, Jan/Schulz, Marianne 1991 und 1992: Von der illegalen Opposition in die legale Marginalität: Zur Entwicklung der Binnenstruktur der ostdeutschen Bürgerbewegung. In: Berliner Journal für Soziologie Jg. 1/1991, 383-392 (erster Teil); Jg. 2/1992, 119-128.

*Wielgohs, Jan/Schulz, Marianne/Müller-Enbergs, Helmut*1992: Bündnis 90. Entstehung, Entwicklung, Perspektiven. Berlin.

Zimmer, Annette/Priller, Eckhard/Anheier, Helmut 1997: Der Non-profit-Sektor in den neuen Bundesländern: Kontinuität, Neuanfang oder Kopie? In: Zeitschrift für öffentliche und gemeinwirtschaftliche Unternehmen, Jg. 20/1997: 58-76.

Zimmermann, Ekkart 1997: Protest- und Gewaltbereitschaft in Ostdeutschland. In: Politische Vierteljahresschrift, Jg. 38/1997, 79-113.

IV.
Bilanzen und Perspektiven ausgewählter Bewegungen

Regina Dackweiler/Reinhild Schäfer

Lokal – national – international

Frauenbewegungspolitik im Rück- und Ausblick

Zu den bekannten und mittlerweile vielfach analysierten Charakteristika der ‚Neuen', ‚zweiten Frauenbewegungen'[1], die sich Anfang der 70er Jahre in Westeuropa und Nordamerika konstituierten, gehören die Betonung von Autonomie, die politischen Strategien der Selbsterfahrung und Selbsthilfe, antihierarchische Organisations- und demokratische Kommunikationsstrukturen sowie ein Verständnis des Politischen, das Macht, Herrschaft und Ungleichstellung im gesellschaftlich organisierten Geschlechterverhältnis auch dort aufsucht, wo diese üblicherweise ge- und verleugnet werden: in der Privatsphäre.

Demgegenüber ist der Grad der internationalen Vernetzung dieser sozialen Bewegung bisher nur wenig berücksichtigt worden. Doch gälte es gerade auch diese Dimension der nationalen Frauenbewegungen für eine retrospektive Analyse und prospektive Einschätzung ihrer sozialen, kulturellen und politischen Veränderungspotentiale auszuleuchten. Denn nicht nur finden sich die zentralen feministischen Issues der Körper- und Sexualpolitik sowie der geschlechterhierarchischen Arbeitsteilung und der Bürgerinnenrechte in entwickelten Rechts- und Wohlfahrtsstaaten westlicher Prägung zumeist zeitgleich in den verschiedenen nationalen Bewegungen. Sondern darüber hinaus gelang und gelingt es auch der zweiten Frauenbewegung – wie bereits der ersten (vgl. Stienstra 1994) – zentrale feministische Themen über nationale Grenzen hinweg zu diskutieren, zu theoretisieren, politische Strategien zu entwikkeln und Einfluß auf die etablierte Politik zu nehmen. Deutlich wird dies nicht zuletzt an den im wechselseitigen Rekurs aufeinander entstandenen nationalen familien-, sozial- oder arbeitsrechtlichen Reformen beziehungsweise Gleichstellungs- und Antidiskriminierungsgesetzen, an der international beobachtbaren Installierung des neuen Politikfeldes der Gleichstellungspolitik sowie der Einrichtung von Frauenministerien und Frauenbeauftragten in annähernd allen westeuropäischen und nordamerikanischen Staaten mit dem Ziel, Geschlechterparität und weibliche Selbstbestimmung zu realisieren und hierfür männliche Vorherrschaft im Öffentlichen wie Privaten abzubauen.

Während wegweisende ländervergleichende Untersuchungen von feministisch orientierten Sozialwissenschaftlerinnen bislang die Entwicklungsdynamik nationaler Frauenbewegungen rekonstruieren und – häufig entlang von Idealtypologien – nach deren Gemeinsamkeiten und Unterschieden fragen (Dahlerup 1986; Lovenduski 1986; Katzenstein/Mueller 1987; Autonome

Frauenredaktion 1988; 1989; 1990; Gelb 1989, Saltzmann 1990; Threllfall 1997), interessiert uns in diesem Beitrag die internationale Zusammenarbeit und das Wechselspiel der Frauenbewegungen aus einer doppelten Perspektive: In einem ersten Schritt beschäftigt sich Reinhild Schäfer mit den wechselseitigen Impulsen und Diffusionsprozessen nationaler Frauenbewegungen, welche sowohl die Entwicklung der Theoriebildung als auch diejenige der (Selbsthilfe-)Projekte in den vergangenen dreißig Jahren vorantrieben. Die Aufmerksamkeit konzentriert sich hierbei paradigmatisch auf die mobilisierenden Effekte dieses internationalen Austauschs für die Neue Frauenbewegung in der Bundesrepublik Deutschland. Am Beispiel der Auseinandersetzungen mit Männergewalt gegen Frauen sowie der Frauenarbeit wird verdeutlicht, wie sowohl die politische Praxis als auch politische Theorien der bundesdeutschen Frauenbewegung entscheidende Impulse und Dynamisierungen aus der internationalen feministischen Vernetzung erhielten. In einem zweiten Schritt öffnet Regina Dackweiler – ebenfalls entlang der zentralen feministischen Issues Frauenarbeit und sexualisierte Gewalt – den Blick für das Zusammen- und Wechselspiel von nationalen und internationalen Frauenbewegungen, Frauengruppen und -organisationen mit institutionalisierter Frauenpolitik supranationaler staatlicher Organisationen.

Diese doppelte Perspektive folgt einem mehrfachen Interesse, mit welchem wir zugleich versuchen, die Eckpunkte eines möglichen Forschungsprogramms zu skizzieren: Erstens möchte die punktuelle Rekonstruktion der Diffusions- und Wechselwirkungsprozesse aus einem anderen Blickwinkel einmal mehr verdeutlichen, warum die zweite Frauenbewegung nur unzureichend im Rahmen der kanonisierten Fragestellungen zu den neuen sozialen Bewegungen zu analysieren ist. Zweitens soll die Fruchtbarkeit des in den USA entwickelten und in der bundesrepublikanischen Bewegungsforschung aufgrund seines fehlenden gesellschaftstheoretischen Fundaments eher skeptisch betrachtete Forschungsansatz der Ressourcen-Mobilisierung für die hier in den Mittelpunkt gerückte Problemstellung verdeutlicht werden. Drittens möchten wir den Grundriß eines komparatistisch angelegten analytischen Bezugsrahmens für die internationalen Frauenbewegungen als kollektive politische Akteurinnen mit dem Ziel weiblicher Selbstbestimmung und der Strategie grenzüberschreitender Solidarität von Frauen abstecken. Hierfür wird ein Variablen-Cluster skizziert, der nationale Chancenstrukturen in Verbindung mit den Rahmenbedingungen internationaler Politik und Wirtschaft zu vermitteln sucht und somit auf einen interdisziplinären Zugang verweist. Zuletzt zielen die hier eingenommenen Perspektiven auf einen an dieser Stelle nur im Denkansatz umrissenen sozialtheoretischen Horizont zur Interpretation der Entwicklungsrichtungen und -dynamiken der national wie international kollektiv organisierten Frauenpolitik seit Ende der 80er Jahre.

Hierbei wird deutlich, daß vor dem Hintergrund beschleunigter ökonomischer Globalisierung und wachsender weltweiter Interdependenzen einerseits (Lenz 1995) und formaldemokratischer Transformationsprozesse autoritärer

Herrschaftsstrukturen vor allem in Osteuropa andererseits (Lemke 1996), die international vernetzten feministischen Politiken als ‚dritte Frauenbewegung' (Wobbe 1997) bezeichnet werden können. Denn sowohl die Organisations- und Politikformen als auch die Reichweite der Einflußnahme transnationaler Frauenbewegungen in den 90er Jahren unterscheiden sich – wie hier nur grob markiert werden kann – deutlich von denjenigen, der ersten und zweiten Frauenbewegung. Zu alten Inhalten und Zielen, zu „Traditionslinien und unerledigten Anliegen" (Gerhard 1995), fügen sich neue feministische Issues, die deutlicher als in der Vergangenheit den Anspruch der internationalen Frauenbewegungen auf umfassende Mitgestaltung von globalen Entwicklungszielen aus einer frauengerechten Perspektive artikulieren.

1 Internationalität als mobilisierende Ressource der bundesdeutschen Frauenbewegung

Wechselseitige Denk- und Handlungsanstöße für die nationalen Frauenbewegungen gingen von Beginn der 70er Jahre einerseits von internationalen Kongressen aus, die vor allem dazu dienten, sich im Hinblick auf eine international zu entwickelnde ‚Sisterhood' im Sinne von Frauen-Solidarität über gemeinsame Ziele und Strategien zu verständigen. Andererseits beeinflußten seit den 70er Jahren kollektiv rezipierte Publikationen die feministische Theoriebildung: Zunächst US-amerikanische Texte wie ‚Sexus und Herrschaft' (Millett 1974) und ‚Der Weiblichkeitswahn' (Friedan 1970), aber auch ‚Das andere Geschlecht' (Beauvoir 1968); in den 80er Jahren Beiträge französischer (Irigaray 1980) und italienischer Differenztheoretikerinnen (Libreria della Donne di Milano 1988) und in den 90ern mehrheitlich erneut aus den USA kommende poststrukturalistische Debatten (Haraway 1995; Spivak 1996; Butler 1997).[2] Diese Formen internationalen Austauschs wirkten und wirken für die Frauenbewegung in der BRD mobilisierend und dynamisierend, da sie nicht nur praktische Anregungen, z.B. für die Entwicklung von Selbsthilfe- und anderen Projekten boten, sondern der Bewegung darüber hinaus auch theoretisch den Rücken stärkten durch die Radikalität verschiedener kapitalismus- und/oder patriarchatskritischer Gesellschaftsanalysen.

Dies legt eine Bilanz der nationalen gesellschaftspolitischen Impulse, die von der Neuen Frauenbewegung ausgingen, im Bezugsrahmen von Internationalität als ressourcenmobilisierendem Faktor nahe. Doch der in der westeuropäischen Bewegungssoziologie dominante Forschungsansatz zu neuen sozialen Bewegungen (NSB-Ansatz) hat die Nationalstaatsgrenzen übergreifende feministische Vernetzung bislang nicht aufgegriffen. Eine Ursache für diese Forschungslücke besteht im theoretisch-analytischen Rahmen des NSB-Ansatzes. Dieser beschäftigt sich allenfalls komparatistisch mit der Tatsache, daß bestimmte neue soziale Bewegungen zeitgleich in mehreren Ländern auftauchen und charakterisiert dieses Phänomen als Ausdruck vergleichbarer, durch ähnliche Modernisierungsprozesse ausgelöste, gesellschaftliche Konflikte. Der Ressourcen-Mobilisierungsansatz (RM-Ansatz) dagegen bietet die Möglichkeit, die Bedeutung der Internationalität der Konfliktkonstellationen wie auch der neuen sozialen Bewegungen seit den 70er Jahren für jede nationale Bewegung in den Blick zu nehmen. Denn dieser in den USA entwickelte theoretische Ansatz fragt explizit nach den Faktoren, die die Mobilisierung von Ressourcen für kollektives Handeln fördern. Die Rolle der Mobilisierung und Organisation von Ressourcen, die einer gesellschaftlich benachteiligten Gruppe zur Verfügung stehen, gilt als zentral für ein Verständnis der Entstehung und Entwicklung sozialer Bewegungen, weniger die zugrunde liegenden gesellschaftlichen Widersprüche (vgl. den frühen programmatischen Text von McCarthy/Zald 1977). Der in Abgrenzung zu klassischen Theorien kollektiven Verhaltens entstandene und auf der politischen, liberal-demokratischen Kultur der USA aufbauende RM-Ansatz geht davon aus, daß soziale Ungleichheit, Ungerechtigkeit und Ungleichbehandlung nicht automatisch zur Bildung sozialer Bewegungen führen. Dazu bedarf es – so eine der Grundannahmen – bestimmter Ressourcen wie politischem Know how, Zeit, Geld, verändertem Bewußtsein, Medienzugang etc., die zu kollektivem politischen Handeln motivieren und befähigen können. Während McCarthy/Zald den analytischen Schwerpunkt auf organisatorische Prozesse legen (vgl. Zald 1992), fokussieren andere Richtungen des Forschungsansatzes die Rolle der ‚political opportunity structures' in der Analyse von Protestzyklen (Tarrow 1991) oder berücksichtigen sozialpsychologische Faktoren wie Solidarität und die Entstehung kollektiver Identität (Morris/Mueller 1992).

Das RM-Untersuchungsprogramm wurde in der bundesrepublikanischen Bewegungsforschung aufgrund seines fehlenden gesellschaftstheoretischen Rahmens eher skeptisch aufgenommen. KritikerInnen monieren vor allem die geringe Berücksichtigung des gesellschaftlichen Kontextes und verweisen auf das Problem der Übertragbarkeit zentraler Forschungshypothesen auf andere als US-amerikanische soziale Bewegungen (Mayer 1991; Roth 1994). Doch jenseits dieser berechtigten Kritik wirft der RM-Ansatz Forschungsfragen auf, die zur Einbeziehung von bis dahin aus der Theoriebildung ausgeblendeten Aspekten führen; unter anderem können solche Impulse systematisch analysiert werden, die eine Bewegung von außen erhält. Im Hinblick auf die Neue Frauenbewegung in der BRD ermöglicht es z.B. die schlichte Frage: „where are the resources available for the movement" (Mueller 1992: 3), den internationalen Austausch als eine Ressource zu begreifen, die der Bewegung zur Verfügung stand und sich günstig auf deren Entwicklung auswirkte. Für die bilanzierende Analyse der zweiten Frauenbewegungen verspricht diese Forschungsperspektive daher die Möglichkeit, die These zu validieren, daß die internationalen Kontakte maßgeblich zu ihrer gesellschaftlichen Wirksamkeit auf nationaler Ebene beitrugen. Diese Einschätzung illustriert eine Rekonstruktion feministischer politischer Praxis und Theorie im Kontext des zentralen Bewegungsthemas ‚Gewalt gegen Frauen' in der Konsolidierungsphase der

Frauenbewegung, die Silvia Kontos treffend als eine „Phase der Stabilisierung und Entfaltung autonomomer Frauenpolitik" für die Zeit ab Mitte der 70er Jahre kennzeichnet (Kontos 1989: 61; zu Phasenmodellen der Frauenbewegung vgl. auch Schenk 1980; Knafla/Kulke 1987; Riedmüller 1988; Nave-Herz 1988).

2 Internationale Frauenbewegungen gegen das soziale Problem der Gewalt im Geschlechterverhältnis

Während englische Feministinnen schon 1971 ein Haus für geschlagene Frauen in London eröffneten und vier Jahre später einen Dachverband für 35 Frauenhausgruppen gründeten (Watson 1976: 101) und amerikanische Frauengruppen sich bereits intensiv mit dem Thema der Vergewaltigung als einer Form sexueller Unterdrückung sowie mit der Einrichtung von Selbsthilfeprojekten für vergewaltigte Frauen befaßten (Frauenzeitung Nr. 3/1974), setzte die bundesrepublikanische feministische Gewalt-Diskussion spürbar erst Mitte der 70er Jahre ein.[3] Eine aktivierende Rolle spielte dabei das ‚Internationale Tribunal gegen die an Frauen begangenen Verbrechen', welches im März 1976 in Brüssel stattfand. Aufgerüttelt durch die Aussagen von Zeuginnen aus verschiedenen Ländern und politischen Systemen, die ein erschreckendes Ausmaß weltweit ausgeübter physischer, psychischer und struktureller Gewalt gegen Frauen offenlegten, stieg die Wut innerhalb der Frauenbewegung über diesen Skandal und löste Handlungsdruck aus (vgl. Frauenjahrbuch 1976: 187ff).[4] So berichteten unter anderem irische und englische Arbeiterinnen über die Ausbeutung ihrer Arbeitskraft, über Lohndiskriminierung und gesundheitsschädliche Arbeitsbedingungen; eine Frau aus Guinea klagte die Klitorisbeschneidung in afrikanischen Ländern an; indische Frauen berichteten über Folterungen von weiblichen politischen Gefangenen und französische Feministinnen skandalisierten Vergewaltigung. In der Folgezeit wurden in der Bundesrepublik nicht nur zahlreiche Frauenhaus- und Notrufinitiativen gegründet, sondern öffentlich gegen Vergewaltigung protestiert. Einerseits, um das Schweigen über diese brutale Form sexualisierter Gewalt gegen Frauen zu brechen; andererseits, um „eigene Formen der Gegenwehr und des Schutzes zu entwickeln" (Courage Nr. 4/1977: 4). Frauenzentren und -gruppen in der BRD reagierten ab Frühjahr 1977 zunehmend mit spontan organisierten Demonstrationen auf Vergewaltigungen und vereinbarten im Rahmen überregionaler Treffen eine erste bundesweite Aktion gegen Männergewalt und Vergewaltigung: Am 30. April 1977 fand die erste Walpurgisnacht-Demonstration in mehreren deutschen Städten unter dem kämpferischen Motto ‚Wir erobern uns die Nacht zurück!' statt.

Das internationale Brüsseler Tribunal machte jedoch nicht nur das Ausmaß von Gewalt gegen Frauen sowie Handlungsbedarf deutlich. Es bot darüber hinaus die Möglichkeit, Informationen über bereits bestehende Selbsthilfeprojekte weiterzugeben oder auszutauschen. US-amerikanische Frauengruppen etwa praktizierten schon seit Anfang der 70er Jahre unterschiedliche präventive Methoden wie Selbstverteidigung für Frauen oder ‚sisters pick up sisters'-Aktionen (die Vorläuferinnen der Frauen-Mitfahrzentralen) und richteten Notrufe und Beratungsstellen für vergewaltigte Frauen ein. Frauengruppen in der BRD übernahmen viele dieser Selbsthilfe-Strategien. Der in Brüssel initiierte internationale Austausch läßt sich auch an dem Beispiel der 1974 entstandenen Berliner Frauenhausinitiative – eine der wenigen zu dieser Zeit bereits bestehenden bundesrepublikanischen ‚Gewalt-Gruppen' – aufzeigen. Diese nahm erst im Rahmen des Tribunals die Existenz der 1971 beziehungsweise 1974 gegründeten Frauenhäuser in London und Amsterdam zur Kenntnis (Pistor 1976: 142).

Im Herbst 1976 konnte die Berliner Frauenhausinitiative das erste Haus für geschlagene Frauen in der BRD eröffnen. Daß dieses selbstverwaltete Frauenhaus als Modellprojekt mit wissenschaftlicher Begleitforschung vom Bundesfamilienministerium und dem Berliner Senat drei Jahre finanziell gefördert wurde, verweist nicht nur auf den Handlungsdruck, den die Initiatorinnen in zweijähriger, gezielter Öffentlichkeitsarbeit erzeugten. Medienberichte über das Brüsseler Tribunal machten Gewalt gegen Frauen kurzfristig zu einem öffentlichen Thema und trugen damit zu einer Sensibilisierung für diese Problematik bei. Denn trotz der höchst unterschiedlichen Gewichtung von Zeuginnenaussagen und mehr oder weniger wohlwollender Beschreibungen der Tribunal-Atmosphäre in den Pressestimmen – kaum eine Zeitung ließ den Ausschluß männlicher Berichterstatter unerwähnt – avancierte das soziale Problem der Mißhandlung und Vergewaltigung in Ehe und Partnerschaft zum Gegenstand des medialen Interesses in der Bundesrepublik. Darüber hinaus wirkten sich erste deutschsprachige Veröffentlichungen internationaler feministischer Gewalt-Analysen und Dokumentationen (Pizzey 1976) sowie die im Sommer 1976 im Fernsehen ausgestrahlte Dokumentation Sarah Haffners über Mißhandlung in der Ehe (Haffner 1976) mobilisierend auf das Engagement der Frauenbewegung aus. Besondere Bedeutung in diesem Kontext des Skandalisierens brutaler Männergewalt gegen Frauen erlangte Susan Brownmillers (1978) politische Analyse der Geschichte der Vergewaltigung, der Rolle von Vergewaltigung im Krieg und der ‚ganz normalen' Vergewaltigung.

Für ein Verständnis der Internationalität der Frauenbewegungen erweist sich das Brüsseler Tribunal in einer weiteren Hinsicht als bedeutsam: Ursprünglich sollte es 1975 stattfinden, in dem von der UN deklarierten Internationalen Jahr der Frau. Darauf einigten sich Vertreterinnen von Frauenbewegungen aus Westeuropa und den USA während eines internationalen Kongresses, der im November 1974 in Frankfurt stattfand, um ein feministisches Aktionsprogramm für das Frauenjahr zu erarbeiten (Frauenzeitung Nr. 5/1975). Die UN leisteten damit bereits in den frühen 70er Jahren einen – wenn auch nicht intendierten – wesentlichen Beitrag zur internationalen Vernetzung der zweiten Frauenbewegungen (Klausmann et al. 1994). Die Vorbereitung übernahmen Frauengruppen aus mehreren Ländern; koordinierend wirkte unter anderem ein ‚Committee on National Contacts. International Tribunal on Crimes against Women' aus einem Frauenzentrum in Berkeley, das nach dem internationalen Treffen in Frankfurt ein Rundschreiben an US-amerikanische Frauenzentren mit der Aufforderung verschickte, per Fundraising, Informationsveranstaltungen, Forschungsarbeiten etc. pragmatisch zur Organisation des geplanten Tribunals beizutragen (Berkeley Women's Center 1975). Die transnationale Vernetzung der Frauenbewegungen funktionierte zu dieser Zeit, ohne daß internationale Frauen-Organisationen mit einer explizit kooperations- und koordinationsfördernden Zielsetzung existierten, wie es in den ersten Frauenbewegungen mit dem ‚International Council of Women' (ICW), der ‚International Women Suffrage Alliance' (IAW), der ‚Women's International League for Peace and Freedom' und der ‚Sozialistischen Internationale der Frau' der Fall war (Gerhard 1994; Klausmann et al. 1994; Rupp 1994). Gleichwohl beschränkte sich die Internationalität der hier betrachteten zweiten Frauenbewegungen in den 70er Jahren vor allem auf die westlichen Industrieländer. Von daher trifft der immer wieder erhobene Vorwurf eines hegemonialen weißen Mittelklasse-Feminismus zu, deren Protagonistinnen „viel zu oft nicht über den weißen Mittelschichttellerrand" (Hagel/Schumann 1994: 69) hinausblickten. Die Ignoranz gegenüber den spezifischen Problemen von Frauen des Südens und den in Asien, Lateinamerika und afrikanischen Ländern bestehenden Frauenbewegungen wurde spätestens auf dem NGO-Forum der 2. UN-Weltfrauenkonferenz in Kopenhagen 1980 deutlich: „Afrikanerinnen beklagten sich, daß sich die westlichen Feministinnen nur noch für ihre Genitalien interessierten, nicht aber dafür, ob Hungersnot herrsche, ob Frauen täglich 20 bis 30 km laufen müßten, um überhaupt an Wasser zu kommen" (Plogstedt et al. 1980: 7). Ansätze für eine bewußte Aufgabe dieser kulturellen Hegemonie der Frauenbewegungen des Nordens hin zu einer weltweiten internationalen Kooperation und Vernetzung mit den Süd-Frauenbewegungen lassen sich tatsächlich erst ab Mitte der 80er Jahre, insbesondere nach der 3. UN-Weltfrauenkonferenz in Nairobi 1985 erkennen.

3 Paradoxe Erfolge

Die hier rekonstruierten Beispiele der bewegungsmobilisierenden Bedeutung des internationalen Austauschs vermitteln einen ersten Eindruck des stattgefundenen Diffusionsprozesses. Zudem lassen sie erkennen, wie und wann die feministische Gewaltdiskussion und Selbsthilfeprojekte der Frauenbewegung in der BRD durch internationale Anstöße vorangetrieben wurden. Ein Resultat des mittlerweile mehr als zwanzigjährigen feministischen Engagements gegen Männergewalt zeigt sich in der bundesweiten Verbreitung von Frauenhäusern und Notrufen für vergewaltigte Frauen. Das relativ dichte Netz an Hilfseinrichtungen sollte jedoch nicht darüber hinwegtäuschen, daß ein Großteil dieser originären Frauenbewegungs-Projekte finanziell nicht abgesichert und ständig von weiteren Mittelkürzungen bedroht ist. Die Sozialwissenschaftlerin Carol Hagemann-White, die ab 1976 die Begleituntersuchung zum Berliner Frauenhaus durchführte (Hagemann-White et al. 1981) und die seitdem kontinuierlich über ‚Gewalt im Geschlechterverhältnis' forscht, bilanzierte 1992: „Die Auseinandersetzung mit Gewalt gegen Frauen und Mädchen in der Bundesrepublik zeichnet sich gegenüber der Entwicklung in vergleichbaren Ländern dadurch aus, daß eine feministische Grundhaltung die Definitionsmacht über den angemessenen Umgang mit dem Problem und dessen Ursachen erfolgreich erstritten hat. Weniger erfolgreich waren die feministischen Gruppen bei der Gewinnung der Ressourcen und Mittel" (Hagemann-White 1992: 30).

Es zählt nun zu den sichtbaren Erfolgen der Frauenbewegung, durch die Skandalisierung von Vergewaltigung, sexuellem Mißbrauch und sexueller Belästigung am Arbeitsplatz einen Bewußtseinswandel im Verständnis sexualisierter Formen der Gewalt gegen Frauen eingeleitet zu haben. Daß die von Männern an Frauen in der Ehe und Familie ausgeübte Gewalt aktuell nicht mehr als Privatsache der betroffenen Personen verstanden wird, macht nicht zuletzt die 1997 erfolgte Reform des Sexualstrafrechts deutlich, die Vergewaltigung auch in der Ehe unter Strafe stellt (Dackweiler 1997). Damit wurde eine Forderung erfüllt, die Feministinnen seit Ende der 70er Jahre immer wieder einbrachten, 1980 gar in Form einer Gesetzesinitiative. Umgesetzt wurde zwischenzeitlich eine weitere feministische Forderung aus dieser Zeit, wenn auch bisher in nur einem Bundesland: Die nordrhein-westfälische Polizei zeigt auf Anweisung ihres Dienstvorgesetzten, Innenminister Kniola (SPD), „künftig alle Männer an, die ihre Frauen verprügeln" (FR vom 26.1.1998). Frauenhaus-Mitarbeiterinnen klagten bereits 1977 ein öffentliches Interesse an der Strafverfolgung mißhandelnder Ehemänner ein und richteten eine entsprechende Forderung an die Adresse der Landes-, Bundes- und Europagesetzgeber.[5]

Die beschriebene Erfolgsbilanz weist neben der bereits erwähnten unzureichenden finanziellen Absicherung der Selbsthilfeprojekte eine weitere Schattenseite auf, die mit der Institutionalisierung dieser Projekte und ihrer Integration ins soziale System einhergeht: „Die Arbeit von Frauenhäusern, Mädchenhäusern, Frauen-Notruf und -beratungsstellen bedroht weder den Staat noch die Ehe, löst aber auch nicht das Recht der Frau auf Unversehrtheit ein und schafft keine Gleichberechtigung" (Hagemann-White 1997: 249). Hagemann-White spricht dementsprechend von ‚paradoxen Erfolgen', denn die Existenz dieser von der zweiten Frauenbewegung gegründeten Zufluchtsstätten und Anlaufstellen für von Gewalt betroffene Frauen entlastet die mit diesem sozialen Problem konfrontierten Institutionen wie Polizei, Sozial- und Jugendämter, Frauenbeauftragte und nicht zuletzt PolitikerInnen. Die feministischen Selbsthilfeprojekte gegen Männergewalt stehen vor dem Dilemma, daß ein Teil ihrer Arbeit, das Hilfsangebot, gesellschaftlich voll akzeptiert ist, während ihre radikale Kritik am hierarchischen, Gewalt gegen Frauen ermöglichenden Geschlechterverhältnis nach wie vor ungehört bleibt. Wenn jedoch auf einer bewegungssoziologischen Ebene davon ausgegangen wird, daß die Vereinnahmung von Projekten und Ideen sozialer Bewegungen durch etablierte Organisationen Zeichen ihres gesellschaftlichen Einflusses ist (Dahlerup 1986: 16), war die Neue Frauenbewegung in dieser Hinsicht sehr erfolgreich: Das erste ‚Frauen - und Kinderschutzhaus' unter freier, etablierter Trägerschaft eröffnete bereits im Sommer 1978 in Hannover.

Gesellschaftspolitische Veränderungen im Umgang mit dem sozialen Problem Männergewalt gegen Frauen kennzeichnen nur einen Bereich der gesellschaftlichen Wirksamkeit der Neuen Frauenbewegung. Politische Erfolge konnte sie darüber hinaus vor allem im Bereich Arbeit erzielen. Die auf der feministischen ‚Hausarbeitsdebatte' der 70er Jahre aufbauende Auseinandersetzung der Frauenbewegung und -forschung mit der Verschränkung von Haus- und Erwerbsarbeit im weiblichen Lebenszusammenhang, ihre fundamentale Kritik an geschlechtshierarchischer Arbeitsteilung und einem geschlechtersegregierten Ausbildungs- und Arbeitsmarkt haben nicht nur den öffentlichen Diskurs über Frauen-Arbeit verändert, sondern – unterstützt durch Frauenfördervorgaben der EU – die Einrichtung von Gleichstellungsstellen und Frauenbüros auf Bundes- wie auch auf kommunaler Ebene vorangetrieben. Seit Anfang der 80er Jahre setzen sich Frauen- und Gleichstellungsbeauftragte, flankiert von Gleichberechtigungs- und Antidiskriminierungsgesetzen, für die Verwirklichung der grundgesetzlich garantierten Gleichberechtigung von Frauen ein. Neben der nach wie vor umstrittenen und umkämpften Quote sowie ungeliebten, in der administrativen Praxis oft bis zur Unkenntlichkeit verwässerten Frauenförderplänen, die auf die Beseitigung von Diskriminierungen in der Erwerbsarbeit gerichtet sind, können verschiedene familienpolitische Maßnahmen der christdemokratisch-liberalen Regierungskoalititon als eine Antwort auf die feministische Kritik an der gesellschaftlichen Mißachtung und Unterbewertung von Haus- und Familienarbeit interpretiert werden. Erziehungsgeld und -urlaub sowie die Berücksichtigung von Erziehungszeiten im Rentenrecht sollen eine Anerkennung und Neubewertung familialer Arbeit ausdrücken. Doch tragen sie eher symbolischen Charakter, denn eine eigenständige soziale Sicherung ist ebenso wenig intendiert wie eine geschlechtergerechte Verteilung von Erziehungsarbeit.

Ein weiterer Bereich, in dem die neue Frauenbewegung Erfolge verbuchen kann, ist in der Wissenschaftsinstitution Universität angesiedelt. Die Beharrlichkeit, mit der feministische Studentinnen und Dozentinnen gegen die Ausgrenzung von Frauen sowohl aus den Wissenschaftsinhalten als auch aus den wissenschaftlichen Berufen protestierten und Wissenschaftskritik übten, führte über die Veranstaltung erster ‚Frauen-Seminare' Anfang der 70er Jahre über die für die Entwicklung feministischer Forschung so bedeutenden ‚Sommer-Universitäten' an der Berliner Freien Universität zwischen 1976 und 1985 sowie zahlreicher ‚Frauen-Ringvorlesungen' an bundesdeutschen Hochschulen schließlich ab der zweiten Hälfte der 80er Jahre zur Installierung von

Frauenforschungs-Professuren. Damit war es gelungen, nicht nur institutionelle Ressourcen für die Entwicklung feministischer Theorie zu sichern, sondern auch die Voraussetzungen für ein kontinuierliches Lehrangebot und die curriculare Verankerung der Themen und theoretischen Ansätze der Frauenforschung zu schaffen. US-amerikanische feminstische Wissenschaftlerinnen spielten auch in diesem Fall eine Vorreiterinnen-Rolle. Sie setzten an ihren Universitäten bereits in den 70er Jahren erfolgreich die Einrichtung von ‚Women's Studies Center' sowie ‚Women's Studies Research Center' durch. Auf der Kopenhagener UN-Weltfrauenkonferenz „wurden die amerikanischen women's studies und Hochschulfrauenzentren als Modelle für europäische Pläne diskutiert und die Erfahrungen der Amerikanerinnen besprochen" (Nerad 1982: 53).

Der Begriff Frauenforschung, der in den 70er und 80er Jahren etwa gleichbedeutend mit dem der feministischen Forschung die unterschiedlichsten theoretischen Ansätze und Traditionen, Differenztheorien ebenso wie Gleichheitskonzepte, struktur- wie auch handlungstheoretische Ansätze bezeichnete, wurde seit Anfang der 90er im Kontext der feministischen Kritik an der Kategorie Geschlecht selbst zum umkämpften Terrain. Der international geführte Benennungs-Streit um Frauen-, feministische oder Geschlechter-Forschung spiegelt Entwicklungen und Perspektivenverschiebungen in der feministischen Theoriebildung wider (vgl. Braun 1995). In der an die Diskussion um Gleichheit und Differenz anschließenden, aktuellen sozialwissenschaftlichen Theorie-Debatte um die Dekonstruktion sozial konstruierter Zweigeschlechtlichkeit – in der BRD wesentlich durch Judith Butlers Analyse des ‚Gender Trouble' (dt. ‚Das Unbehagen der Geschlechter', 1991) angestoßen – werden nicht nur die Herstellungsprozesse geschlechtlicher Identität tiefgreifender als in jenen Ansätzen problematisiert, sondern auch das kollektive feministische ‚Wir' mit all seinen Ausschlußmechanismen in Frage gestellt. Die akademisch geführte Dekonstruktionsdebatte macht deutlich, daß die etablierte feministische Forschung beziehungsweise Geschlechterforschung sich zwar sukzessive von dem als Basis feministischer Theorieproduktion in den 70er Jahren eingeforderten unmittelbaren Praxis- und Bewegungsbezug verabschiedet (Mies 1978), dabei jedoch ihren kritischen Blick auf die gesellschaftlichen, Frauen noch immer benachteiligenden Verhältnisse beibehalten hat.

Auffallend ist dennoch, welche Mühe es der bundesrepublikanischen Frauenforschung bisher bereitete, die soziale, platzanweisende Kategorie Geschlecht in Beziehung zu anderen Formen von Diskriminierung wie Rassismus zu setzen sowie die Differenzen zwischen Frauen aufzusuchen. Während weiße US-amerikanische feministische Wissenschaftlerinnen sich schon früh mit der Kritik der ‚women of color' am hegemonialen weißen Mittelklassefeminismus sowie mit der Anerkennung kultureller und sozialer Differenzen auseinandersetzen mußten, wurde diese Diskussion in der BRD politisch und theoretisch erst seit Mitte der 80er Jahre und zunächst äußerst zögerlich rezipiert (vgl. Gümen 1996). Aber sowohl die aus US-amerikanischen Debatten übernommenen theoretischen Konzepte als auch die ebenfalls von dort angestoßene Diskussion um die Dekonstruktion der Kategorie Geschlecht treiben die Entwicklung feministischer Theorie in der BRD voran und illustrieren einmal mehr den bereits beschriebenen, international stattfindenden Diffusionsprozeß in der Frauen-, Geschlechter- beziehungsweise feministischen Forschung.

4 Internationale Frauenbewegungspolitik: Wechselwirkungen und Referenzpunkte

Für das hier angeleuchtete Zusammenspiel und die Wechselwirkungen zwischen internationalen Frauenbewegungen und institutionalisierter Frauenpolitik nationalstaatlicher beziehungsweise supranationaler staatlicher Institutionen[6] hat die 1957 in Rom erfolgte Grundsteinlegung der EU-Frauenpolitik prototypischen Charakter. Doch um diese Perspektive nachzuvollziehen, gilt es zunächst die Aufmerksamkeit auf das in diesem Zusammenhang ausgeblendete kollektive, politische Handeln von Frauen für Frauen zu richten. Teil der römischen EWG-Verträge war auch § 119, der Artikel, welcher bis heute die Pflicht zur Gleichbehandlung der Geschlechter beim Arbeitsentgelt normierte. Auf ‚fairen Wettbewerb' pochend, gab Frankreich hierfür den Anstoß, da hier Arbeitgeber Frauen höhere Löhne zahlten als in den übrigen Mitgliedstaaten üblich. Weil in den Darstellungen zur Geschichte des mittlerweile vierzig Jahre währenden Projekts der europäischen Integration die naheliegende Frage ungestellt bleibt, wie es zu diesen, im Rahmen der europäischen Wirtschaftsgemeinschaft betrachteten höheren Frauen-Löhnen kam, verschwindet auch die aktive politische Beteiligung von Frauen am Zustandekommen des § 119. Denn den Ausgangspunkt dieser Lohn-Differenz bildeten die Arbeitskämpfe französischer Arbeiterinnen in den 30er Jahren: In harter Auseinandersetzung mit männlich dominierten Gewerkschaftsvertretungen war es diesen Frauen gelungen, jene dazu zu bewegen, am Ende des Zweiten Weltkrieges auf der Forderung nach gleichem Lohn für Frauen zu insistieren.

Gleichwohl war der § 119 zunächst kein politischer Bezugspunkt für die Durchsetzung gleicher Löhne in den Mitgliedstaaten der EG. Erst Ende der 60er Jahre begannen in Belgien sowohl Gewerkschafterinnen als auch Juristinnen auf dieses erste Gleichbehandlungsgebot im EG-Recht zu rekurrieren. Erneut bildeten streikende Arbeiterinnen die Vorhut: In der Munitionsfabrik Herstal stellten sie zwar ein Drittel der Belegschaft, doch verdienten sie durchgängig weniger als den niedrigsten Männerlohn und forderten in explizitem Bezug auf den § 119 gleichen Lohn für gleiche Arbeit. Als direktes Ergebnis dieses Streiks modifizierte die Belgische Regierung das nationale Arbeitsrecht und räumte ein, daß Fälle von Lohnungleichheit vor dem Europäischen Gerichtshof verhandelt werden könnten (Hoskyns 1996). Zwei bis heute frauenbewegungspolitisch engagierte Juristinnen gingen vor diesem Hintergrund 1971 auf eigene Initiative mit dem Fall der Flugbegleiterin Defrenne vor den EuGH. Zu diesem Zeitpunkt verpflichteten sich Stewardessen der belgischen Fluggesellschaft qua Arbeitsvertrag, im Alter von 40 Jahren mit einer äußerst geringen einmaligen Abfindung aus dem Flugdienst auszuscheiden, da sie für die mehrheitlich männlichen Fluggäste als nicht mehr attraktiv genug galten. Lehnten die Richter des EuGH zunächst ihre Kompetenz über diesen Fall zu entscheiden ab, gewannen die Juristinnen Vogel-Polsky und Cuvelliez fünf Jahre später den abermals von ihnen vor den EuGH gebrachten Fall Defrenne: 1976 anerkannten die Richter § 119 in diesem sowie in vergleichbaren Fällen als direkt anwendbare Rechtsgrundlage gegenüber öffentlichen *und* privaten Arbeitgebern.[7]

Juristische Kommentare zu dieser Entscheidung mit Präzedenzcharakter billigten zwar zumeist den Einschätzungswandel der EuGH-Richter, fragten jedoch nicht nach deren Motiven. Entscheidend hierfür bewertet die englische Politikwissenschaftlerin und Spezialistin zur EU-Frauenpolitik, Hoskyns, die wachsende Präsenz der Frauenbewegungen in West-Europa: „Judges are impressable people, and by 1976 they could see that the situation of women was an important political concern. They took the opportunity in 1976 to make the decision they did not make five years earlier. Rather than generating a bold move of its own, the court was responding to political acitivism among women" (Hoskyns 1996: 17). Hierzu kann ergänzt werden, daß die Entscheidung der Vereinten Nationen, im Anschluß an die erste Weltfrauenkonferenz 1975 in Mexiko City eine ‚Weltfrauendekade' zu proklamieren, den öffentlichkeitswirksamen Aktionen der westeuropäischen und nordamerikanischen zweiten Frauenbewegung gegen Sexismus und ‚Weiblichkeitswahn', bestehende Abtreibungsgesetzgebungen, Gewalt gegen Frauen oder Diskriminierung lesbischer Frauen bedeutenden Nachdruck verlieh. Und nicht zuletzt der – wie bereits ausgeführt – im Zusammenhang der Vorbereitung dieser ersten UN-Frauenkonferenz durch die internationalen Frauenbewegungen 1976 in Brüssel organisierte Kongress gegen ‚Gewalt gegen Frauen' kann als Motor für die Responsivität von EG-Institutionen sowie der weiteren Ausgestaltung von EG-Frauenrecht gelten, das wiederum zum Referenzpunkt der Forderungen nationaler Frauenbewegungen und -gruppen geworden ist. Die Auswirkungen der Weltfrauendekade sowie der Weltfrauenkonferenzen in Kopenhagen 1980 und Nairobi 1985 auf die jeweiligen nationalen politischen Kulturen als Rahmenbedingungen von Frauenpolitik sind ein bislang unbearbeitetes, jedoch lohnenswertes zukünftiges Forschungsfeld.

Jenseits dieser Erfolgsbilanzen gilt es in Erinnerung zu rufen, daß die bis heute auch unter dem Druck der nationalen wie internationalen Frauenbewegungen erarbeiteten EG-Gleichbehandlungsrichtlinien[8] unter Maßgabe wettbewerbspolitischer sowie menschenrechtlicher Motive sich in einem eingeschränkten Horizont formaler Gleichheit befinden. Ein Gleichheitsprinzip, das zurückgeht auf die bereits vielfältig von Feministinnen kritisierte aristotelische Logik, die festlegt, daß nur Gleiches als gleich behandelt werden kann,

Ungleiches demgegenüber als ungleich (MacKinnon 1991). So konzentrieren sich diese transnational verbindlichen Richtlinien als Primärrecht auf Erwerbsarbeit sowie soziale Sicherheit. EG-Antidiskriminierungspolitik beschränkt sich ausdrücklich auf die gesellschaftliche Benachteiligung von Frauen auf dem Arbeitsmarkt. Dies kann als ‚Nadelöhr' für eine effektive, die Geschlechterordnung verändernde Frauenpolitik bezeichnet werden, da die Frauenbewegungen hinlänglich verdeutlichen konnten, daß Problemkonstellationen von Frauen auf dem Arbeitsmarkt nicht isoliert von der bestehenden geschlechtsspezifischen Arbeitsteilung in der ‚Privatsphäre' verhandelbar sind (Ostner/Lewis 1998). Die EU-Gleichstellungspolitik wird gerade von feministischen Beobachterinnen als zersplitterte und eingemauerte ‚Politik im Ghetto' charakterisiert, die, trotz Frauennetzwerken und Frauenlobby, ein hohes Demokratiedefizit aufweise und – gegenüber der ‚kameralistischen Geheimdiplomatie' des EU-Ministerrats – zur Gleichstellungsmaschine verkomme, weil sie gänzlich von den Interessen und Bedürfnissen der europäischen Frauen abgehoben sei (Schunter-Kleemann 1994).

Es bleibt jedoch festzuhalten und empirisch herauszuarbeiten, daß und wie aufgrund des kollektiven politischen Handelns der sich vernetzenden und Lobbypolitik betreibenden, nationalen wie internationalen Frauenbewegungen, -organisationen und -gruppen zentrale gesellschaftspolitische Problemfelder in Form von EG-Mitteilungen und Empfehlungen sowie im Rahmen der mittlerweile fünf ‚Aktionsprogramme' auf die frauenpolitische EU-Agenda gekommen sind und nationalstaatlichen Implementierungsdruck erzeugen. So unter anderem die Felder Frauenarbeitslosigkeit, Aus- und Weiterbildung sowie Wiedereingliederung nach Erziehungszeiten, sexuelle Belästigung am Arbeitsplatz, Kinderbetreuung, Teilzeitarbeit zur Vereinbarkeit von Familie und Beruf sowie Elternurlaub. Denn auch dieses ‚Sekundärrecht' nimmt die Mitgliedsstaaten in die Pflicht und fordert zu nationalen Gesetzgebungen auf. Daneben läßt sich an den Anhörungen im EU-Parlament zeigen, wie umfassend EU-Frauenpolitik geworden ist: Zu Abtreibung, Prostitution, Sextourismus oder Reproduktionstechnologien hat das EP ausführliche und qualifizierende Stellungnahmen in Form von Entschließungen verabschiedet (Schunter-Kleemann 1992). Am Beispiel der Auseinandersetzung über sexuelle Belästigung am Arbeitsplatz, d.h. den gemeinsamen Anstrengungen von Frauenbewegungen, Frauennetzwerken und Europaparlamentarierinnen für eine Verrechtlichung von Sanktionen gegenüber den Tätern und der Implementierung von Präventionsmaßnahmen, kann dies illustriert werden.

5 International vernetzte Frauenbewegungspolitik gegen sexualisierte Gewalt

Während die US-amerikanische Frauenbewegung, ausgehend von dem innerhalb der *consciousness-raising*-Gruppen gewonnenen Wissen über diese Form sexualisierter Gewalt von Männern gegen Frauen, sexuelle Belästigung am Arbeitsplatz bereits in den frühen 70er Jahren im Horizont sexueller Diskriminierung zu einem politisierten und wissenschaftlich untersuchten Gegenstand machte (MacKinnon 1979), begannen die Diskussionen in Westeuropa mit einiger Verzögerung erst in den 80er Jahren. Doch konnten die westeuropäischen Frauenbewegungen nun zum einen auf bereits vorhandene US-amerikanische Forschungsergebnisse und eine hier – die Perspektive der Opfer einnehmende – Definition sexueller Belästigung rekurrieren. Zum anderen war es ihnen möglich, sich auf die durch den medial vermittelten Druck und die Lobby-Politik von Frauenbewegung und -gruppen in den USA formulierten Rechtsnormen und auf erste Erfahrungen mit einer Anwendung zu beziehen. Gleichzeitig rückten die NRO-Foren der Weltfrauenkonferenzen in Kopenhagen und Nairobi das Thema Gewalt und sexuelle Gewalt gegen Frauen und Mädchen in den Mittelpunkt. In Nairobi gelang es 1985, auch die RegierungsvertreterInnen der UN-Mitgliedsstaaten von der Dringlichkeit präventiver wie intervenierender Aktionen zu überzeugen: So beschäftigte sich auch die offizielle UN-Frauenkonferenz wesentlich mit dem Thema Gewalt gegen Frauen und machte diese Dimension patriarchaler Herrschaft zu einem Schwerpunkt der ‚Forward Looking Strategies on the Advancement of Women', d.h. dem Abschlußdokument zu den ‚Zukunftsstrategien zur Förderung der Frau bis zum Jahr 2000' (Wichterich 1985; Wichterich 1995). Doch gilt es in Erinnerung zu rufen, daß bereits die 1979 verabschiedete UN-Konvention zur ‚Beseitigung der Diskriminierung von Frauen' auf diese Dimension männlicher Macht zielte.

Im Rückgriff auf diese UN-Deklaration[9] engagierten sich in Westeuropa vor allem feministisch orientierte GewerkschafterInnen, flankiert von Frauen aus den Selbsthilfe-Projekten zu Gewalt gegen Frauen, für das Ziel, diese sexualisierte Form der Diskriminierung in der Erwerbssphäre rechtlich verbindlich im öffentlichen Dienst *und* in der Privatwirtschaft zu sanktionieren. Druck auf EG-Politiker ging zugleich von Abgeordneten des Europaparlaments aus, die eine europaweite Studie zu sexueller Belästigung am Arbeitsplatz, deren Prävalenz, ihren Formen, Opfern und Tätern initiierten (Rubinstein 1988). Doch scheiterte die unter hohem Einsatz von Netzwerken der Frauenbewegungen wie der französischen AVFT (Association Européenne contre la Violence Faites aux Femmes au Travail), der holländischen ‚Handus Thus' oder der englischen WASH (Women Against Sexual Harassment) vorangetriebenen Vorschläge für eine EG-Richtlinie Ende der 80er Jahre am Widerstand einzelner Mitgliedsstaaten, die sich weiteren Verrechtlichungen im Bereich der Sozialpolitik widersetzten.[10] Unter Kommissionsvorsitz Irlands wurde 1990 eine Empfehlung formuliert, welche die Mitgliedsstaaten dazu aufforderte, Sanktionen und Präventionsmaßnahmen zumindest im öffentlichen Dienst zu implementieren. Auch wenn es eine ‚billige' Lösung für die nationalen Regierungen darstellt, sich gegenüber feministischen Forderungen responsiv zu erweisen, so greift die Empfehlung dennoch zentrale Issues der Frauenbewegungen zum Thema auf: So situiert sie sexuelle Belästigung in den Bezugsrahmen von Macht und

Hierarchien im Geschlechterverhältnis und entkoppelt diese Form sexualisierter Gewalt von den gängigen Interpretationsfolien der Erotik, des Flirts und ‚normaler' Sexualität. Darüber hinaus weist die Empfehlung auf besonders verletzbare Personengruppen hin – Berufsanfängerinnen, junge und geschiedene Frauen, Alleinerziehende, Frauen aus Minoritäten und behinderte Frauen (Collins 1996). Das mittlerweile in der EU anerkannte und bearbeitete politische Feld ‚sexuelle Belästigung' verdeutlicht, daß auch EU-Ministerräte, trotz des Ziels der Deregulierung im Rahmen neoliberaler Politik gegenüber den sozialpolitischen Diskursen und Forderungen der international vernetzt agierenden Frauenbewegungen sich nicht abschotten können. Dies, obwohl die Frauenbewegungen weit über einen verengten Diskriminierungsbegriff und traditionelle sozialpolitische Interventionsfelder hinausgehen und beabsichtigen, im wechselseitigen Rekurs aufeinander, die ideologischen wie materiellen Fundamente der modernen hierarchischen Geschlechterordnung aufzuheben. Hierbei stellen sie internationale Frauenpolitik in einen umfassenden Horizont von gesellschaftlich organisierter Geschlechtertrennung und Geschlechterherrschaft. Zugleich läßt sich am Beispiel der dritten Novelle des Gleichbehandlungssgesetzes Österreichs, das 1992 mit EU-Beitritt an verschiedenen Punkten unter Anpassungszwang geriet, zeigen, wie die Empfehlung zum Nachdruck verleihenden Bezugspunkt nationaler frauenpolitischer Aktivitäten und des Lobbying von Frauenbewegung und -gruppen wurde: Im Rückgriff auf die EU-Empfehlung gelang es der österreichischen Frauenbewegung, daß jene auch für die Privatwirtschaft in nationales Recht umgesetzt wurde (Bundesministerin für Frauenangelegenheiten/BKA 1995).

Vor dem Hintergrund des österreichischen Beispiels wird erkennbar, daß es für die Beantwortung der Frage nach den Ursachen für nationalstaatlich differierende Responsivitäten und Erfolge der nationalen Frauenbewegungen im Rahmen der EU-Frauenpolitik eines komparatistischen Bezugsrahmens bedarf. Dieser hätte die Ausgestaltung der jeweiligen politischen Systeme und Staatsapparate sowie deren spezifische nationalstaatliche Entstehungsbedingungen und Entwicklungsdynamiken ebenso auszuleuchten, wie die Existenz oder Abwesenheit weiterer sozialer Bewegungen und feministischen Engagements in politischen Parteien, Gewerkschaften und anderen Organisationen des intermediären Bereichs. Gefragt werden könnte nach den Effekten nationaler politischer (Geschlechter-)Kulturen auf die Frauenbewegungen oder nach den Auswirkungen zentralistischer oder dezentralistischer Bestrebungen der Frauenbewegung selbst (vgl. Margolis 1993). Ein solcher Bezugsrahmen eröffnete die Möglichkeit, die konkreten nationalen Bedingungskonstellationen für die Umsetzung der EU-Frauenpolitik und der Implementierung von internationalem ‚Frauen'- beziehungsweise Gleichstellungsrecht zu analysieren. Hierfür ließe sich der von Sidney Tarrow (1991) entwickelte Zugang der ‚political opportunity structures' fruchtbar machen. In Anlehnung an dessen ‚Variablen Cluster' (Tarrow 1988) gälte es für die Frauenbewegungen die spezifischen Verhinderungs- und Ermöglichungsbedingungen von nationalstaatlichen Differenzen zu rekonstruieren und – wie etwa bereits von Friedhelm Neidhardt und Dieter Rucht für ‚sozio-politische Bewegungen' vorgeschlagen – die Positionen spezifischer 'Bezugsgruppen' der Frauenbewegungen herauszuarbeiten: Hierzu müßten Parteien und Interessengruppen, Medien, das politisch-administrative System und Kontrollagenturen ebenso untersucht werden, wie AktivistInnen und SympathisantInnen der Bewegungen und Gegenbewegungen (Neidhardt/Rucht 1991: 457).

6 International vernetzte Frauenbewegungen und ihre politischen Agenda – Alte oder neue Sozialbewegung?

Richtet sich die Aufmerksamkeit auf die gesamtgesellschaftliche Reproduktion in den Blick nehmende Politik der internationalen Frauenbewegungen, läßt sich zugleich einmal mehr die bewegungssoziologische Subsumtion der zweiten Frauenbewegung unter das Konzept der ‚neuen sozialen Bewegungen' als unzureichend erkennen. Doch bislang erweisen sich vor allem europäische Politik- und Sozialwissenschaftler bezogen auf ihre Prämissen und Fragestellungen zum Gegenstand ‚Frauenbewegung' wenig irritierbar: Weder die transnational vernetzten, gesellschaftspolitischen Diskurse und Praxen dieser Sozialbewegung selbst, noch die Ergebnisse internationaler Forschung und Theoriebildung von Sozialwissenschaftlerinnen und Historikerinnen vermochten die anhaltend im Mainstream der NSB-Forschung vorgenommene Subsumtion in Frage zu stellen. Die in den vergangenen zwanzig Jahren erarbeiteten Detailstudien aus verschiedensten Perspektiven und mit facettenreichen Fragestellungen zu den Frauenbewegungen seit Mitte des 19. Jahrhunderts (vgl. zur Frauenbewegung in Deutschland Kaplan 1981; Richebächer 1981; Bussemer 1985; Clemens 1988; Wobbe 1989; Gerhard 1990; Meyer-Renschhausen 1990; Baumann 1992) sollten jedoch zur Kenntnis genommen werden, da es mit diesen Untersuchungen gelungen ist, die historischen Traditionslinien dieser Sozialbewegung heraus zu arbeiten und als solche allererst in den analytischen Fokus zu rücken.

Dessen ungeachtet konzentriert sich das bewegungssoziologische Interesse weiterhin auf die Gemeinsamkeiten der zweiten Frauenbewegungen mit so unterschiedlichen kollektiven AkteurInnen wie Bürgerinitiativen, Anti-Atomkraft- und Aufrüstungsprotesten, Häuser- und Jugendhäuserkämpfen, Alten-, Homosexuellen- und Bürgerrechtsinitiativen, ‚alternativen' Betrieben, Ökologie- und Selbsthilfegruppen (Roth/Rucht 1991). Vor dem Hintergrund der als prototypisch gesetzten ‚alten' Sozialbewegung – der Arbeiterbewegung – einige diese heterogenen ‚neuen', die sich seit Anfang der 70er Jahre in Westeuropa präsentierten, nach Einschätzung namhafter NSB-Forscher das Fehlen einer konsistenten Ideologie, die thematische Vielfalt und der rasche Issuewechsel, die Betonung direkter Aktionen, der geringe Organisationsgrad und die ‚Führerfeindlichkeit': Ausgestattet mit ‚amöbenhaften Konturen' und von ‚ideologischer Diffusität', verfügten die Neuen weder über ‚ein bestimmtes Anliegen' noch über einen ‚hegemonialen organisatorischen Kern' (Roth/Rucht 1991: 19f; vgl. Roth 1994; Rucht 1994).

In einem modernisierungstheoretischen Horizont, welcher die Antinomien der Moderne bezogen auf die gesellschaftliche Organisation des Geschlechterverhältnisses unausgewiesen läßt, richtet sich die Interpretation der Entstehungsursachen dieser ‚neuen' sozialen Bewegungen auf die spezifische Problemstruktur ‚postindustrieller', d.h. industrieller Dienstleistungsgesellschaften, welche diesen neuen ‚Mobilisierungs-' beziehungsweise ‚Bewegungstyp' hervorbringe. Zentrale Differenz zur Arbeiterbewegung sei der veränderte Zielbereich: Im Unterschied zur Vorgängerbewegung gelten die neuen sozialen Bewegungen nicht mehr als ‚machtorientiert' auf das politisch-sozioökonomische Subsystem ausgerichtet, sondern werden mit ihrem ‚deutlichen Gefälle zur soziokulturellen Sphäre' an der Schnittstelle von ‚Kultur- und Machtorientierung' angesiedelt, von wo aus sie die Veränderungen der Individuen, sozialer Beziehungen, der Lebensgestaltung und Sinngebung intendierten. Unmittelbare Begründungen aus dem ökonomischen oder politischem Herrschaftssystem unter Aspekten wie Gleichheit und Gerechtigkeit träten hierbei zugunsten des ‚Schlüsselwerts' der ‚Brüderlichkeit' zurück (Raschke 1985). Nicht Statusprobleme, Verteilungs- und Herrschaftsfragen stehen nach den Analysen der NSB-Forschung im Vordergrund der Neuen, sondern Entfremdungserfahrungen und moralische Kritik, sowie Fragen der Lebensweise und Lebensqualität (Brand 1989).

Die Frauenbewegungen werden, nicht zuletzt um der Paßform des Konzepts der neuen sozialen Bewegungen willen, auf eine ‚Revolte im Reproduktionsbereich' verkürzt, so daß Profil und historische Traditionslinien, Internationalität und Transformationspotential dieser Sozialbewegung verdeckt bleiben. Verloren geht dabei auch die Möglichkeit, die politischen und sozio-kulturellen Kämpfe der sozialen Bewegung von Frauen als kontinuierliche radikale Analyse und Kritik der Strukturprinzipien der sekundärpatriarchalischen, bürgerlich-industriekapitalistischen Moderne zu entziffern: Es ist den ersten und zweiten Frauenbewegungen geschuldet, daß vielfältige Analysen von und Kritikstrategien an den Fundamenten und der Funktionsweise dieser Moderne erarbeitet und formuliert wurden, welche die in die Dissoziation von Produktion und Reproduktion, in die Sphären-Ideologie von Privatheit und Öffentlichkeit im Verbund mit der wissenschaftlichen Ausformulierung von ‚natürlichen Geschlechtscharakteren' und ‚-rollen' eingelassenen herrschaftsförmigen Geschlechterverhältnisse in den Mittelpunkt rückten. Erst wenn dies in Rechnung steht, wird es möglich, die Frauenbewegungen aus einer modernisierungstheoretisch informierten Perspektive auf Konstitutionsbedingungen, Entwicklungsrichtung und -dynamik zu befragen. Dann können Fragen nach den Auswirkungen von Ungleichzeitigkeiten der Modernisierungsprozesse (Lenz 1990) auch dafür fruchtbar gemacht werden, die sich entwickelnde dritte Frauenbewegung in den Blick zu rücken.

7 Doppelte und widersprüchliche Vergesellschaftung von Frauen in der Moderne

Bereits die ersten Frauenbewegungen des 19. Jahrhunderts entzündeten und entwickelten sich an den Widersprüchen der Moderne und schrieben sich auf spezifische Weise mit ihren Praxen und Diskursen in diese ein: Entlang der als diametral verstandenen Achsen von Gleichheit oder Differenz warfen die international vernetzten, kollektiven Akteurinnen (Klausmann et al. 1994) Fragen nach dem seit Ende des 18. Jahrhunderts revolutionär veränderten Verhältnis der Geschlechter auf. Öffentlichkeit und Privatheit, Prokreativität und Politik, Sexualität und Moral, der Ausschluß von Frauen von den Bürgerrechten sowie die geschlechtsspezifische Verteilung von gesellschaftlich notwendiger Arbeit standen im Zentrum der Debatten über die Bedingungen der Möglichkeit von Gleichberechtigung (Fraise 1995). Während vor allem in den anglo-amerikanischen Ländern Rechtsgleichheit und Partizipation für Frauen gefordert wurden, wobei es scheinbar eine Angleichung an männliche Norm in Kauf zu nehmen galt, reflektierten vor allem die bürgerlich-interkonfessionellen Frauenbewegungen Westeuropas, hier an prominenter Stelle diejenigen des wilhelminischen Deutschlands, die soziale, politische und kulturelle Partizipation von Frauen als ‚Frauen' und forderten die gleichwertige Anerkennung von ‚Weiblichkeit'. Von dieser Position aus artikulierten die ersten Frauenbewegungen ihre umfassende Kritik an den sich herausbildenden patriarchalen Institutionen des bürgerlichen Wohlfahrts- und Rechtsstaates sowie der kapitalistischen Ökonomie und suchten Alternativen zu formulieren.

Vor dem Hintergrund formal garantierter Bürgerrechte innerhalb entwikkelter nationaler Wohlfahrtsstaaten, die zugleich durch den Ausbau öffentlicher Dienstleistungen spezifische Arbeitgeber für erwerbstätige Frauen wurden und somit auf facettenreiche Weise mitverantwortlich sind für die Strukturveränderungen von Frauenerwerbsarbeit seit den 60er Jahren dieses Jahrhunderts[11], skandalierten die zweiten Frauenbewegungen Nordamerikas und Westeuropas seit den frühen 70er Jahren in Theoriebildung, politischen Praxen und Strategien die spezifischen Konfliktkonstellationen der ‚doppelt und widersprüchlich vergesellschafteten Frauen' (Knapp 1990). Denn anhaltend werden Frauen die gleichen Lebenschancen vorenthalten, in dem sie von der vollen Teilhabe an gesellschaftlichen Ressourcen wie ökonomischem, sozialem und kulturellem Kapital ausgeschlossen bleiben. Empirisch differenziert belegen und analysieren heute etwa EU-Frauennetzwerke wie CREW (Centre de recherche sur les femmes européennes), ‚Netzwerk Kinderbetreuung' oder ENOW (Europaen Network of women) die Geschlechterherrschaft reproduzierenden Effekte der Vermessung von Arbeitskraft und Arbeitsvermögen der auf dem Markt befindlichen geschlechtlichen Individuen am kulturell hegemonialen Männermensch-Modell. Denn jenes Modell beruht auf der Ideologie eines autonomen und vernünftigen, im Sinne eines mobilen, flexiblen, allzeit verfügbaren Subjekts, welches – unbeeinträchtigt von den Dimensionen der Versorgungsökonomie – geradlinig und ohne Unterbrechungen Erwerbsarbeit und Karriere nachgeht. Doch das so nachhaltig von Männern belebte Modell wird von der Tatsache getragen, daß gesellschaftlich notwendige Reproduktionsarbeit und die individuellen Reproduktionsbedürfnisse – die sich nicht gänzlich verdienstleisten lassen – im kollektiven Bewußtsein unsichtbar und geleugnet sind, um de facto unbezahlt in der Privatsphäre von Frauen neben, beziehungsweise zusätzlich zu deren Erwerbsarbeit geleistet respektive befriedigt zu werden.

Wie bereits die erste Frauenbewegung (Wobbe 1989), politisierten auch die zweiten Frauenbewegungen diese institutionell abgesicherte Norm und Normalität männer-menschlicher Existenz. Sie analysierten, wie im Zuge der bürgerlich-kapitalistischen Moderne die Dimensionen von Prokreativität und Sexualität, von Emotionalität, Körperlichkeit und Bedürftigkeit in der Sphäre der Öffentlichkeit, d.h. Markt und Staat, ausgeklammert und verleugnet wurden, um diese Dimensionen menschlicher Existenz zugleich mit Hilfe patriarchalem Arbeits- und Sozialrechts ebenso wie Familien- oder Steuerrecht in die ‚Privatsphäre' an die hier angesiedelten und gerade hierfür gesellschaftlich entwerteten Frauen zu delegieren. Deren sich verschärfende ‚Vereinbarkeitsproblematik' kann in dieser Logik und innerhalb der hier geltenden Regeln sodann konsequent als ‚Privatangelegenheit' betrachtet werden. Daher waren die nationalen Wohlfahrts- und Rechtsstaaten mit ihren sich seit den 70er Jahren für Frauenpolitik öffnenden supranationalen Institutionen die zentralen Adressaten für die Forderung der zweiten Frauenbewegungen, die Voraussetzungen für Geschlechtergleichheit und -gerechtigkeit sowie weibliche Selbstbestimmung zu schaffen.

8 Die dritte Frauenbewegung – 'Women: Looking beyond 2000'[12]

Die aktuellen Bedingungen für internationale wie nationale Frauenpolitik von Frauenbewegungen, -organisationen und -gruppen haben sich zu denjenigen bis Ende der 80er Jahre einschneidend verändert und mit ihnen auch die Bewegungen, deren Akteurinnen, Organisationsformen, Agenden und Foren. Die ‚dritte Frauenbewegung'[13], wie sie sich mit ihrem neuen Zentren in den sogenannten ‚Schwellen'- und ‚Entwicklungsländern' des Südens (Basu 1995) und im Rahmen der UN-Frauendekade und deren Konferenzen sowie den UN-Konferenzen zu ‚Umwelt und Entwicklung' 1992, ‚Menschenrechten' 1993, der ‚Bevölkerungskonferenz' 1994 und dem ‚Sozialgipfel' 1995 herausbildete, ist im Rahmen dessen zu analysieren, was die Vereinten Nationen mit ‚globaler wirtschaftlicher Restrukturierung' bezeichnen: Die Globalisierung der Wirtschaft, d.h. die Öffnung von Grenzen für den freien Verkehr von Produkten, Arbeit, Kapital und Informationen und den damit verbundenen unterschiedlichen Folgen für Frauen des Nordens und des Südens. In den Mittelpunkt rücken neben alten und sich im Zuge dieser Globalisierungsprozesse vertiefende Formen der Ungleichheit neue soziale Ungleichheit und Ungerechtigkeit. Diese sind die Grundlagen der internationalen Frauenpolitik geworden, wie es bei dem NRO-Forum in Huairou mit 30.000 Teilnehmerinnen und der vierten Weltfrauenkonferenz in Beijing mit 17.000 Teilnehmerinnen unter weltweiter (Medien-)Aufmerksamkeit erneut überdeutlich wurde.

Verändert haben sich – aus einer ethnozentristischen Perspektive – nicht nur die Zusammensetzung der Haupt-Akteurinnen; verändert hat sich auch deren Agenda. So verbanden sich in der Vorbereitungsphase zur Beijing-Konferenz das europäische Netzwerk WIDE (Women in Development) mit dem nordamerikanischem Alt-WID (Alternative Women in Development) und dem Süd-Netzwerk DAWN (Development Alternatives with Women for a New Era), um alternative ökonomische Analysen zu formulieren, welche die Grundlage einer Vision von einer anderen Weltwirtschaftsentwicklung bildete: „Die marktorientierte Ökonomie soll ersetzt werden durch ein menschenzentriertes, geschlechtergerechtes (gender-equitable) und nachhaltiges Wirtschaften, in dem Eigenverantwortlichkeit und Rechenschaftspflichtigkeit gegenüber der Öffentlichkeit an Stelle der Abhängigkeit treten" (Ruf 1996: 105). Eckpunkte dieser transkontinentalen Wirtschaftsvision der dritten Frauenbewegung sind die gerechte Verteilung zwischen Ländern, Geschlechtern und Klassen und die Schaffung sozialer Infrastrukturen, welche die Bedürfnisse aller Menschen erfüllen. Diese Vision zeigt die veränderten Dimensionen eines ‚globalen' Feminismus: „Women's voices have moved on from the modest ambition of being heard on public matters to the far more subversive endeavour of plotting a different path to civilization" (Oliviera, zit. nach Miles 1996: 86).

Nicht nur sind die Handlungsräume globaler Frauenbewegungspolitik auf unterschiedlichsten Ebenen – international, national und lokal – angesiedelt. Auch die ProtagonistInnen werden heterogener: So gehen internationale Organisationen, Nationalstaaten, multinationale Konzerne, bewegungsnahe NRO und Aktionsgruppen längerfristige Bündnisse oder kurzfristige Zweckallianzen ein. Hierbei kommt den NRO die schwierige Aufgabe zu, sowohl Vermittlerinnen wie Übersetzerinnen zwischen der frauenbewegten Basis und den ungleich macht- und ressourcenstärkeren Institutionen zu sein. Den feministischen Drahtseilakt zwischen ‚realpolitischer Kooperation' und ‚radikalpolitischer Konfrontation', zwischen ‚Lobbying und Protest' (Ruppert 1998: 100) für das Ziel der Geschlechtergleichheit und -gerechtigkeit gilt es jedoch in den neu entstehenden politischen Arenen einer Weltgesellschaft zu wagen.

Anmerkungen

1 Der Begriff verweist – ähnlich wie der des *second-wave-feminism* im anglo-amerikanischen Sprachgebrauch – darauf, daß die Neue Frauenbewegung keine gänzlich neue soziale Bewe-

gung ist, sondern in der ersten Frauenbewegung eine historische Vorläuferin mit identischen oder ähnlichen politischen Zielsetzungen hat. Die Unterschiede in den Organisationsstrukturen, dem Politikverständnis wie auch den Aktions- und Kommunikationsformen machen gleichwohl eine begriffliche Unterscheidung notwendig.

[2] Einen weiteren Aspekt von Internationalität als mobilisierender Ressource betont die österreichische Journalistin Erica Fischer in ihrem subjektiven Streifzug durch den Feminismus: „Die Ideen flossen also in den Kindertagen der autonomen Frauenbewegung zwischen den Ländern hin und her. Jeden Frauenprotest, ob in Iran, in Portugal oder in Indien, feierten wir als kleinen Zwischensieg der weltumspannenden Bewegung und unterschrieben unsere Briefe mit ‚In Sisterhood'" (Fischer 1998: 10).

[3] Diese Rekonstruktion beruht auf der inhaltsanalytischen Auswertung früher überregionaler Zeitschriften der Neuen Frauenbewegung (Frauenzeitung und efa) durch Reinhild Schäfer.

[4] „Das Tribunal war das erste seiner Art: Frauen aus der ganzen Welt trugen in Film, Bild, vor allem aber in Worten Verbrechen vor, die sie als Frauen ertragen haben und weiter ertragen müssen: Ausbeutung ihrer Arbeitskraft in und außerhalb des Hauses; Diskriminierung durch die Gesetze ihres Landes; physische Mißhandlungen; Vergewaltigungen; Folter; Beleidigungen und Entwürdigungen" (Frauenaktiv et al. 1976).

[5] Dies erfolgte im Rahmen einer Konferenz in Berlin, die von der Europäischen Gemeinschaft angeregt und als Vorbereitung einer internationalen EG-Frauenkonferenz in Brüssel 1978 finanziell unterstützt wurde (Vorbereitungsgruppe der 1. Berliner Frauenkonferenz 1977).

[6] Hiermit bezeichnen wir alle in politische Institutionen integrierte, frauenzentrierte und gleichberechtigungsorientierte Funktionen, sowohl auf der Ebene internationaler Organisationen wie u.a. der UN als auch auf nationalstaatlichem Niveau des politisch-administrativen Systems.

[7] Nahezu zeitgleich gelang es der österreichischen Staatssekretärin für Frauenfragen im Sozialministerium – getragen vom öffentlichen politischen Druck der nationalen Frauenbewegung –, den Frauen in ihrer Berufsausübung beschränkenden Kollektivvertrag der staatlichen Fluggesellschaft Austrian Airlines aufzuheben, welcher bis 1977 die Bestimmung vorsah, „daß Air-Hostessen mit Ende des Kalenderjahres, in das die Vollendung des 36. Lebensjahres fällt, automatisch gekündigt wurde" (Rosenberger 1992: 120).

[8] Lohngleichheit 1975; Zugang zum Beruf 1976; Soziale Sicherheit 1979; Betriebsrente 1986; Selbständige Erwerbsarbeit sowie Mutterschutz 1986; Aufenthaltsrecht 1990; Gesundheitsschutz von schwangeren und stillenden Arbeitnehmerinnen sowie Wöchnerinnen 1992.

[9] Diese UN-Konvention zur Beseitigung jeder Form der Diskriminierung der Frau wurde für die nationalen Frauenbewegungen im Falle einer Ratifizierung der jeweiligen Nationalstaaten zu einem zentralen Bezugspunkt und zum Argumentationshorizont politischer Forderungen in den unterschiedlichster Politikfeldern. Beispielhaft sei an dieser Stelle auf die feministische Bildungspolitik der österreichischen Frauenbewegung – Oesterreich ratifizierte die Konvention 1982 – verwiesen, insbesondere bezogen auf ‚vorübergehende Sondermaßnahmen': „Die Frauenrechtskonvention war und ist also unsere Vorgabe: in dem hier abgesteckten Rahmen, mit den hier formulierten Zielen bewegten sich unsere Bemühungen der letzten zehn bis fünfzehn Jahre" (Ranftl-Guggenberger 1995: 35).

[10] Die 1985 von Jacques Seguela, dem Wahlkampfmanager von Mitterand, zum Thema sexuelle Belästigung formulierte öffentliche Äußerung läßt jedoch vermuten, daß dem Widerstand noch anders gelagerte Motive zu Grunde liegen: „Of course, I have had occasion to hump cute chicks on my office carpet. Sexual harassment is the demeanor of all Latin men towards women. In my country, we call that courtship. It is French men´s need to seduce at work as well as in the subway. But be careful, in the final analysis, it is the woman who decides" (Zelensky and Gaussot 1986, zit. nach Mazur 1996, 38).

[11] d.h. vor allem das vermehrte Eintreten von Frauen mit Kindern in den Arbeitsmarkt und die Abkehr der Frauen von sogenannten Dreiphasen-Modellen weiblicher Erwerbsbiographie.

[12] So lautet der Titel der offiziellen UN-Abschlußdokumentation der 4. Weltfrauenkonferenz in Beijing (United Nations 1995).

[13] Wir bezeichnen diese numerisch als ‚dritte' und grenzen den Begriff gegenüber dem im US-amerikanischem bereits durchgesetzten des ‚third-wave-feminism' ab, mit welchem jüngere

Frauen zwischen 20 und 30 sich von der als Zwang und (Selbst-)zensur definierten *political-correctness* des Feminismus der Mütter-Generation abwenden und zum Tabu-Bruch gegenüber feministischen *essentials* auffordern (vgl. Walker 1995).

Literatur

Autonome Frauenredaktion 1988 (Hg.): Frauenbewegungen in der Welt. Bd. 1: Westeuropa. Hamburg: Argument.

Autonome Frauenredaktion 1989 (Hg.): Frauenbewegungen in der Welt. Bd. 2: 'Dritte Welt'. Hamburg: Argument.

Autonome Frauenredaktion 1990 (Hg.): Frauenbewegungen in der Welt, Bd. 3: Außereuropäische kapitalistische Länder. Hamburg: Argument.

Basu, Amrita 1995: The Challenge of Local Feminism: Women's Movement in a Global Perspective. Boulder: Westview.

Baumann, Ursula 1992: Protestantismus und Frauenemanzipation in Deutschland 1850 bis 1920.Frankfurt/M./New York.

Beauvoir, Simone de 1968: Das andere Geschlecht. Sitte und Sexus der Frau. Reinbek: Rowohlt.

Berkeley Women's Center 1975: International Tribunal on Crimes Against Women. FFBIZ Berlin: International 21-22, 15.

Brand, Karl-Werner 1989: Neue soziale Bewegungen – Ein neoromantischer Protest? Thesen zur historischen Kontinuität und Diskontinuität der ‚neuen sozialen Bewegungen'. In: Wasmuht, Ulrike (Hg.): Alternativen zur alten Politik. Neue soziale Bewegungen in der Diskussion. Darmstadt: Wissenschaftliche Buchgesellschaft, 125-139.

Braun, Katrin 1995: Frauenforschung, Geschlechterforschung und feministische Politik. In: Feministische Studien, Jg. 13, Heft 2, 107-117.

Brownmiller, Susan 1978: Gegen unseren Willen. Vergewaltigung und Männerherrschaft. Frankfurt/M.: Fischer.

Bundesministerin für Frauenangelegenheiten/Bundeskanzleramt Wien 1995. Bericht über die Situation der Frauen in Oesterreich. Frauenbericht 1995. Wien.

Butler, Judith 1991: Das Unbehagen der Geschlechter. Frankfurt/M.: Suhrkamp.

Butler, Judith 1997: Körper von Gewicht. Frankfurt/M.: Suhrkamp.

Clemens, Bärbel 1988: ‚Menschenrechte haben kein Geschlecht'. Zum Politikverständnis der bürgerlichen Frauenbewegung. Pfaffenweiler: Centaurus.

Collins, Evelyn 1996: European Union Sexual Harassment Policy. In: Elman, R. Amy (ed.): Sexual Politics and the European Union. Providence/Oxford: Berghan Press, 23-33.

Dackweiler, Regina 1995: Ausgegrenzt und eingemeindet. Die Neue Frauenbewegung im Blickfeld der Sozialwissenschaften. Münster: Westfälisches Dampfboot.

Dackweiler, Regina 1997: Vergewaltigung in der Ehe – zur Dramaturgie und Rhetorik einer Gesetzesreform. In: Neue Impulse, o.J., Heft 4, 6-14.

Dahlerup, Drude 1986 (ed.): The New Women's Movement. Feminism and Political Power in Europe and the USA. London: Sage.

Doormann, Lottemi (Hg.) 1979: Keiner schiebt uns weg. Zwischenbilanz der Frauenbewegung in der BRD. Weinheim und Basel: Beltz.

Fischer, Erica 1998: Was bei Zeus, wollen die Frauen Europas? In: Frankfurter Rundschau, 20.6.1998, 10.

Fraise, Genieve 1995: Geschlecht und Moderne. Archäologien der Gleichberechtigung. Frankfurt/M.: Fischer.

Frankfurter Rundschau vom 26.1.1998: Polizei geht ‚sensibel, aber konsequent' gegen prügelnde Männer vor.

Frauenaktiv/Gruppe Lohn für Hausarbeit/Mediengruppe Bremen 1976: Internationales Frauentribunal Brüssel 4. –bis 8. März 1976. Broschüre. FFBIZ Berlin.

Frauenjahrbuch 1976: Hrsg. von der Jahrbuchgruppe des Münchner Frauenzentrums. München: Frauenoffensive.

Frauenzeitung Frauen gemeinsam sind stark Nr. 3/1974 und Nr. 5/1975.

Friedan, Betty 1970: Der Weiblichkeitswahn oder Die Selbstbefreiung der Frau. Ein Emanzipationskonzept. Reinbek: Rowohlt.

Gelb, Joyce 1989: Feminism and Politics: A Comparative Perspective. Berkely: University of California Press.

Gerhard, Ute 1990: Unerhört. Die Geschichte der deutschen Frauenbewegung. Reinbek: Rowohlt.

Gerhard, Ute 1992: Westdeutsche Frauenbewegung. Zwischen Autonomie und dem Recht auf Gleichheit. In: Feministische Studien, Jg. 10, Heft 2, 35-55.

Gerhard, Ute 1994: National oder International. Die internationalen Beziehungen der deutschen bürgerlichen Frauenbewegung. In: Feministische Studien, Jg. 12, Heft 2, 34-52.

Gerhard, Ute 1995: Die ‚langen Wellen' der Frauenbewegung – Traditionslinien und unerledigte Anliegen. In: Becker-Schmidt, Regina/Knapp, Gudrun-Axeli (Hg.): Das Geschlechterverhältnis als Gegenstand der Sozialwissenschaften. Frankfurt/M./New York: Campus, 247-278.

Gümen, Sedef 1996: Die sozialpolitische Konstruktion ‚kultureller' Differenzen in der bundesdeutschen Frauen- und Migrationsforschung. In: beiträge zur feministischen theorie und praxis, Jg. 19, Heft 42, 77-89.

Haffner, Sarah 1976 (Hg.): Frauenhäuser. Gewalt in der Ehe und was Frauen dagegen tun. Berlin: Wagenbach.

Hagel, Antje/Schuhmann, Antje 1994: Aufstieg und Fall der Frauenbewegung. In: Eichhorn, Cornelia/Grimm, Sabine (Hg.): Gender Killer. Texte zu Feminismus und Politik. Berlin: Edition ID-Archiv, 69-75.

Hagemann-White, Carol et al. 1981: Hilfen für mißhandelte Frauen. Abschlußbericht der wissenschaftlichen Begleitung des Modellprojektes Frauenhaus Berlin. Stuttgart et al.: Kohlhammer.

Hagemann-White, Carol 1992: Strategien gegen Gewalt im Geschlechterverhältnis. Bestandsanalyse und Perspektiven. Pfaffenweiler: Centaurus.

Hagemann-White, Carol 1997: Die feministische Gewaltdiskussion: Paradoxe, Blockaden und neue Ansätze. In: Hagemann-White, Carol/Kavemann, Barbara/Ohl, Dagmar: Parteilichkeit und Solidarität. Praxiserfahrungen und Streitfragen zur Gewalt im Geschlechterverhältnis. Bielefeld: Kleine, 237-260.

Haraway, Donna 1995: Die Neuerfindung der Natur. Primaten, Cyborgs und Frauen. Frankfurt/M./New York: Campus.

Hoskyns, Catharine (1996). The European Union and the Women within: An overview of Women´s Rights Policy. In: Ellman, R. Amy (ed.): Sexual Politics and the European Union. Providence/Oxford: Berghan Press, 13-22.

Irigaray, Luce 1980: Speculum. Spiegel des anderen Geschlechts. Frankfurt/M.: Suhrkamp.

Kaplan, Marion 1981: Die jüdische Frauenbewegung in Deutschland. Organisationen und Ziele des Jüdischen Frauenbundes 1904-1938. Hamburg: VSA.

Katzenstein, Mary Fainsod/Mueller, Carol McClurg 1987: The Women's Movement of the United States and Western Europe. Consciousness, political opportunity and public policy. Philadelphia: Tempel U.P.

Klausmann, Christina/Schäfer, Reinhild/Schüller, Elke/Wischermann, Ulla 1994: Internationale Kongresse der alten und neuen Frauenbewegung. Dokumentation. In: Feministische Studien, Jg. 12, Heft 2, 100-136.

Knafla, Leonore/Kulke, Christine 1987: 15 Jahre neue Frauenbewegung. Und sie bewegt sich noch! – Ein Rückblick nach vorn. In: Roth, Roland/Rucht, Dieter (Hg.): Neue soziale Bewegungen in der Bundesrepublik Deutschland. Frankfurt/M./New York: Campus, 89-108.

Knapp, Gudrun-Axeli 1990: Zur widersprüchlichen Vergesellschaftung von Frauen. In: Hoff, Ernst (Hg.): Die doppelte Sozialisation Erwachsener. Weinheim/München: Juventa, 17-53.

Knäpper, Marie-Theres 1984: Feminismus – Autonomie – Subjektivität. Tendenzen und Widersprüche in der neuen Frauenbewegung. Bochum: Germinal.

Kontos, Silvia 1989: ‚Von heute an gibt's mein Programm.' Zum Verhältnis von Partizipation und Autonomie in der Politik der neuen Frauenbewegung. In: Forschungsjournal NSB, Sonderheft 1989, 52-65.

Krechel, Ursula 1975: Selbsterfahrung und Fremdbestimmung. Bericht aus der Neuen Frauenbewegung. Darmstadt/Neuwied: Luchterhand.

Lemke, Christiane 1996: Frauen und Politik in den Transformationsprozessen Osteuropas. In: Lemke, Christiane/Penrose, Virginia/Ruppert, Uta (Hg.): Frauenbewegung und Frauenpolitik in Osteuropa. Frankfurt/M./New York: Campus, 15-33.

Lenz, Ilse 1990: Frauenbewegungen und die Ungleichzeitigkeiten der Moderne. Ein Problemaufriß. In: Peripherie, o.J., 39/49, 161-175.

Lenz, Ilse 1995: Geschlecht, Herrschaft und internationale Ungleichheit. In: Becker-Schmidt, Regina/Knapp, Gudrun-Axeli (Hg.): Das Geschlechterverhältnis als Gegenstand der Sozialwissenschaften. Frankfurt/M./New York: Campus, 19-46.

Libreria delle donne di Milano 1988: Wie weibliche Freiheit entsteht. Eine neue politische Praxis. Berlin: Orlanda.

Linnhoff, Ursula 1974: Die Neue Frauenbewegung. USA-Europa seit 1968. Köln: Kiepenheuer&Witsch.

Lovenduski, Joni 1986: Women and European Politics. Contemporary Feminism and Public Policy. Brighton: Harvester.

MacKinnon, Catharine 1979: Sexual Harassment of Working Women: a Case of Sex Discrimination. New Haven: Yale U. P.

MacKinnon, Catharine 1991. Reflections on Sex Equality under Law. Yale Law Journal 100, 1281-1328.

Mazur, Amy G. 1996: The Interplay: The Formation of Sexual Harassment Legislation in France and EU Policy Initiatives. In: Elman, R. Amy (ed.): Sexual Politics and the Europaen Union. Providence/Oxford: Berghan Press, 35-49.

Margolis, Diane Rothbard 1993: Women's Movements around the World: Cross-Cultural Comparisons. In: Gender & Society, Vol. 7, No. 3, 379-399.

Maruani, Margaret 1997: Die gewöhnliche Diskriminierung auf dem Arbeitsmarkt. In: Dölling, Irene/Krais, Beate (Hg.): Ein alltägliches Spiel. Geschlechterkonstruktion in der sozialen Praxis. Frankfurt/M.: Suhrkamp, 48-72.

Mayer, Margit 1991: Social Movement Research and Social Movement Practice: The U.S. Pattern. In: Rucht, Dieter (ed.): Reserach on Social Movements. The State of the Art in Western Europe and the USA. Frankfurt/M./Boulder: Campus/Westview, 47-120.

McCarthy, John D./Zald, Mayer N. 1977: Resource Mobilization and Social Movements: A Partial Theory. In: American Journal of Sociology, Vol. 82, No. 6, 1212-1241.

Meyer-Renschhausen, Elisabeth 1990: Weibliche Kultur und soziale Arbeit. Eine Geschichte der Frauenbewegung am Beispiel Bremens 1810-1927. Köln/Wien: Böhlau.

Mies, Maria 1978: Methodische Postulate zur Frauenforschung: Dargestellt am Beispiel der Gewalt gegen Frauen. In: beiträge zur feministischen theorie und praxis, Jg. 1, Heft 1, 41-63.

Miles, Angela 1996: Integrative Feminism. Building global visions. New York: Routledge.

Millett, Kate 1974: Sexus und Herrschaft. München: Kindler.

Morris, Aldon D./Mueller, Carol McClurg 1992 (ed.): Frontiers in Social Movement Theory. New Haven/London: Yale.

Mueller, Carol McClurg 1992: Building Social Movement Theory. In: Morris, Aldon D./Mueller, Carol McClurg (ed.): Frontiers in Social Movement Theory. New Haven/London: Yale, 3-25.

Nave-Herz, Rosemarie 1988: Die Geschichte der Frauenbewegung in Deutschland. Bonn: Bundeszentrale für politische Bildung, 3., erg. Aufl.

Neidhardt, Friedhelm/Rucht, Dieter 1991: The analysis of social movements: The state of the art and some perspectives for further research. In: Rucht, Dieter (ed.): Research on social movements. Frankfurt/M.: Campus, 421-464.

Nerad, Maresi 1982: Frauenzentren an amerikanischen Hochschulen. Werkstattberichte Band 5, Gesamthochschule Kassel.

Ostner, Ilona/Lewis, Jane 1998: Geschlechterpolitik zwischen europäischer und nationalstaatlicher Regelung. In: Leibfried, Stephan/Pierson, Paul (Hg.): Standort Europa. Europäische Sozialpolitik. Frankfurt/M.: Suhrkamp, 196-239.

Pistor, Konstanze 1976: Initiative Berlin. In: Haffner, Sarah (Hg.): Frauenhäuser. Gewalt in der Ehe und was Frauen dagegen tun. Berlin: Wagenbach, 141-150.

Pizzey, Erin 1976: Schrei leise. Stuttgart: DVA.

Plogstedt, Sibylle/Rosenberg, Barbara/Weber, Barbara 1980: Weltfrauenkonferenz in Kopenhagen 1980. Euphorie und Enttäuschung. In: Courage, Jg. 5, Heft 9, 4-8,

Ranftl-Guggenberger, Doris 1995: Beseitigung von geschlechtsspezifischen Diskriminierungen im Schulbereich. Entwicklungen seit den 80er Jahren. In: Bundesministerin für Frauenangelegenheiten (Hg.): Frauen und Schule. Wien, 34-55.

Raschke, Joachim 1985: Soziale Bewegungen. Ein historisch-systematischer Grundriss. Frankfurt/M.: Campus.

Richebächer, Sabine 1982: Uns fehlt nur eine Kleinigkeit. Deutsche proletarische Frauenbewegung 1890-1914. Frankfurt/M.: Fischer.

Riedmüller, Barbara 1988: Das Neue an der Frauenbewegung. Versuch einer Wirkungsanalyse der neuen Frauenbewegung. In: Gerhardt, Uta/Schütze, Yvonne (Hg.): Frauensituation. Veränderungen in den letzten zwanzig Jahren. Frankfurt/M.

Rosenberger, Sieglinde 1992: Frauenpolitik in Rot-Schwarz-Rot. Geschlechterverhältnisse als Gegenstand der österreichischen Politik. Wien: Braunmüller.

Roth, Roland 1994: Demokratie von unten. Neue soziale Bewegungen auf dem Wege zur politischen Institution. Köln: Bund.

Roth, Roland/Rucht, Dieter 1991 (Hg.): Neue soziale Bewegungen in der Bundesrepublik Deutschland. 2. Überarb. & erw. Aufl., Bonn, Bundeszentrale für politische Bildung.

Roth, Roland/Rucht, Dieter 1991a: Die Veralltäglichung des Protests. Einleitende Bemerkungen zur Wahrnehmung der neuen sozialen Bewegungen in Öffentlichkeit, Politik und Wissenschaft. In: Roth, Roland/Rucht, Dieter 1991 (Hg.): Neue soziale Bewegungen in der Bundesrepublik Deutschland. 2. Überarb. & erw. Aufl., Bonn, Bundeszentrale für politische Bildung, 11-28.

Rubinstein, Michael 1988: The Dignity of Women at Work: A Report on the Problem of Sexual Harassment in the Member States of the Europaen Communities. Brussels: Office for Official Publications of the European Communities.

Rucht, Dieter 1994: Modernisierung und neue soziale Bewegungen. Frankfurt/M.New York: Campus.

Ruf, Anja 1996: Weltwärts Schwestern! Von der Weltfrauenkonferenz in die globale Zukunft. Bonn: Dietz.

Rupp, Leila J. 1994: Zur Organisationsgeschichte der internationalen Frauenbewegung vor dem Zweiten Weltkrieg. In: Feministische Studien, Jg. 12, Heft 2, 53-65.

Ruppert, Uta 1998: Die Kehrseite der Medaille? Globalisierung, global governance und internationale Frauenbewegung. In: beiträge zur feministischen theorie und praxis, Jg. 20, Heft 47/48, 95-105.

Saltzmann, Janet Chafetz 1990: Social Change and social activism: First-Wave Women's Movement around the World. In: West, Guida/Blumenberg, Luis Rhoda (eds.): Women and Social Protest. New York/Oxford: University Press, 301-383.

Schenk, Herrad 1980: Die feministische Herausforderung. 150 Jahre Frauenbewegung in Deutschland. München: Beck.

Schunter-Kleemann, Susanne 1992: Das Demokratiedefizit der EG und die Verrechtlichung der Frauenfrage. In: Schunter-Kleemann, Susanne (Hg): Herrenhaus Europa. Geschlechterverhältnisse im Wohlfahrtsstaat. Berlin: Edition sigma, 29-58.

Schunter-Kleemann, Susanne 1994: Das Demokratiedefizit der Europäischen Union und die Frauenpolitik. In: Biester, Elke/Holland-Cunz, Barbara/Jansen, Mechthild M. (Hg.): Das unsichtbare Geschlecht der Europa. Der Europäische Einigungsprozeß aus feministischer Sicht. Frankfurt/M./New York, 20-38.

Spivak, Gayatri Chakravorty 1996: The Spivak Reader. New York: Routledge.

Stienstra, Deborah 1994: Women's Movement and International Organizations. New York: St. Martin's Press.

Tarrow, Sidney 1988: National politics and collective action: recent theory and research in Western Europe and the United States. In: Annual Review of Sociology, No. 14, 421-440.

Tarrow, Sidney 1991: Kollektives Handeln und Politische Gelegenheitsstruktur in Mobilisierungswellen: Theoretische Perspektiven. In: Kölner Zeitschrift für Soziologie und Sozialpsychologie, Jg. 43, 647-670.

Threllfall, Monica 1996 (Hg.): Mapping the Women's Movement: Feminist Politics and Transformation of the North. London: Verso.

United Nations 1995: Women: Looking beyond 2000. Geneva: United Nations Publications.

Vorbereitungsgruppe der 1. Berliner Frauenkonferenz der traditionellen Frauenverbände und der autonomen Frauengruppen 1977: Dokumentation. Berlin.

Walker, Rebecca 1995 (ed.): to be real. Telling the Truth and Changing the Face of Feminism. New York: Anchor Books.

Watson, Sophie 1976: Die Frauenhausbewegung in England. In: Haffner, Sarah (Hg.): Frauenhäuser. Gewalt in der Ehe und was Frauen dagegen tun. Berlin: Wagenbach, 101-110.

Wichterich, Christa 1985: Eindrücke vom Forum '85 und der 3. Weltfrauenkonferenz der Vereinten Nationen in Nairobi. In: beiträge zur feministischen theorie und praxis, Jg. 7, Heft 15/16, 198-202.

Wichterich, Christa 1995: Die 4. Weltfrauenkonferenz in Peking. Ein Leitfaden. Hrsg. vom Forum Umwelt & Entwicklung. Bonn.

Wobbe, Theresa 1989: Gleichheit und Differenz. Politische Strategien von Frauenrechtlerinnen um die Jahrhundertwende. Frankfurt/M.: Campus.

Wobbe, Theresa 1997: Neue Grenzen des Geschlechts. Frauenpolitik in der Weltgesellschaft. Unveröffentl. Vortrag zum Kongreß der SGS ‚Differenz und Ungleichheit. Entwicklungen und Perspektiven der Geschlechterforschung', Bern.

Zald, Mayer N. 1992: Looking Backward to Look Forward: Reflections on the Past and Future of the Resource Mobilization Research Program. In: Morris, Aldon D./Mueller, Carol McClurg (eds.): Frontiers in Social Movement Theory. New Haven/London: Yale, 326-348.

Andreas Buro

Transformationen, Bilanzen und Perspektiven der bundesrepublikanischen Friedensbewegung

1 Transformationen im Überblick

Zunächst gebe ich eine grobmaschige Übersicht der Transformationen der bundesrepublikanischen Friedensbewegung, um an die vielen inhaltlichen Veränderungen und institutionellen Brüche zu erinnern. Dabei muß ich notwendigerweise pauschalisieren. Ich betone deshalb, daß die Friedensbewegung in allen Phasen in politischer, sozialer und weltanschaulicher Hinsicht sehr heterogen war.

Mit dem NATO-Beitritt der BRD 1954 endet die relativ breite ‚Ohne-mich-Bewegung' gegen die Wiederaufrüstung, die wohl kaum von pazifistischen Werten getragen war. Der Protest gegen die Atomwaffen wurde in der zweiten Hälfte der 50er Jahre von SPD, Gewerkschaften, evangelischer Kirche und einzelnen Persönlichkeiten in der Kampagne ‚Kampf dem Atomtod' organisiert (Rupp 1971). Die großen Organisationen hatten dabei das Sagen. 1959 machte die SPD auf ihrem Parteitag in Bad Godesberg einen Schwenk in Richtung auf eine große Koalition. ‚Kampf dem Atomtod' paßte nicht mehr in diese neue politische Landschaft der Sozialdemokratie und wurde kurzerhand organisatorisch und finanziell abgewürgt. Dieser erste Akt der Friedensbewegung führte zu einer höchst unerwarteten Wende.

Pazifistische Gruppen in Norddeutschland veranstalteten daraufhin 1960 den ersten Oster-Sternmarsch von Hamburg, Bremen, Hannover und Braunschweig zum Raketenübungsplatz Bergen-Hohne, woraus sich die bundesweite, unabhängige, außerparlamentarische Opposition entwickelte (Buro 1977). Zunächst firmierte sie unter dem Namen ‚Ostermarsch der Atomwaffengegner' und nannte sich am Ende der 60er Jahre, damit einen sozialen Lernprozeß anzeigend, ‚Kampagne für Demokratie und Abrüstung'. Diese Kampagne wurde zu einem breiten Bündnis aus den unterschiedlichsten sozialen Milieus und politischen Lagern, finanzierte sich selbst und war von keiner Partei und keiner Großorganisation abhängig (Otto 1977).

Ende der 60er Jahre war die Kampagne derart politisiert, die StudentInnenbewegung hatte dazu viel beigetragen, daß sie sich zugunsten vieler Reformprojekte in fast allen gesellschaftlichen Bereichen auflöste. Es war die Zeit der Entspannungspolitik während der Kanzlerschaft von Willy Brandt. Ökologische, soziale, entwicklungspolitische und frauenpolitische Probleme beschäftigten die Menschen weit mehr als die vermeintlich entschärfte Bedrohung durch Atomwaffen und Krieg. Die Friedensbewegung versank in einen Dornröschen-Schlaf zugunsten anderer Aktivitäten.

Als jedoch 1979 die NATO ihren Doppelbeschluß zur Stationierung von Mittelstreckenraketen mit minimaler Vorwarnzeit faßte, änderte sich die Situation schlagartig: Die Menschen aus den vielfältigen sozialen Bewegungen bildeten Friedensgruppen im ganzen Land, und es entstand die größte Friedensmobilisierung, die es jemals in Deutschland gegeben hatte. Ziviler Ungehorsam und gewaltfreie Aktionsformen gewannen große Verbreitung. Gorbatschows Entspannungs- und Abrüstungspolitik läutete bis zum Ende der 80er Jahre eine neue Ebbe der Friedensbewegung ein. Man war nicht mehr bedroht. Erst der Krieg am Golf störte die Ruhe. Nach der erforderlichen ‚Inkubationszeit' wurde der Protest wiederum vehement auf die Straßen getragen. Dabei waren unter den Akteuren viele junge Menschen. Dann änderten sich die Verhältnisse grundlegend. Während die Deutschen selbst nicht unmittelbar bedroht waren, ging es um den Frieden im ehemaligen Jugoslawien. Grenzüberschreitende Friedensarbeit war jetzt notwendig (Buro 1997: 119ff). Fragen nach ziviler Konfliktbearbeitung wurden drängend. Damit wurde neben dem Kampf für Abrüstung das zweite große Thema der Friedensbewegung auf die Tagesordnung gesetzt.

2 Protest und Alternativen

Die Friedensbewegung wird immer wieder als Protestbewegung beschrieben. Protest gegen die Wiederbewaffnung, die Bombe, das System der Abschrekkung, die Stellvertreterkriege, gegen die Interventionen der Großmächte usw. Immer wieder wurde versucht, dieses Protestieren in die Nähe des Querulantentums zu rücken. Dabei ist oft – wohl auch absichtlich – übersehen worden, wie sehr die Friedensbewegung stets um die Ausarbeitung von Alternativen zur herrschenden Politik bemüht war. Um Beispiele zu nennen: In den 50er Jahren wurden gegenüber der Westorientierung Adenauers alternative Pläne für die Deutschlandpolitik vorgetragen (Rupp 1971). In den 60er Jahren waren es Programme für nuklearwaffenfreie Zonen, wie etwa das ‚Sofortprogramm' der Kampagne für Demokratie und Abrüstung. In den 80er Jahren waren es die Defensivkonzepte als Ansätze für Deeskalation und Abrüstung (Komitee für Grundrechte und Demokratie 1981; Böge/Wilke 1984). Neben solchen realpolitischen Ansätzen wurde auch an Vorschlägen aus streng pazifistischer Sicht gearbeitet (Tatz 1984). Ich verweise nur auf die Diskussion über ‚soziale Verteidigung'.

Nach dem Beschluß des Bundestages 1983, die gefürchteten Mittelstrekkenraketen doch zu stationieren, gewann der Protest eine neue Qualität. Er wurde zum massenhaften, gewaltfreien, zivilen Ungehorsam (Komitee für Grundrechte und Demokratie 1992) und Mutlangen zum Symbolort hierfür. Die pazifistische Strömung innerhalb der Friedensbewegung übernahm dabei eine bedeutende Orientierungsfunktion: Dauerhafter Frieden könne nur mit friedlichen Mitteln erreicht werden. Im Hintergrund dieser Diskussion stand auch die Auseinandersetzung mit der Gegenthese der RAF, die für ihr Ziel einer vermeintlich besseren Welt bereit war, Gewalt anzuwenden. Die Entscheidung zugunsten von Gewaltfreiheit und, abstrakt gesagt, Beachtung der ‚Ziel-Mittel-Relation', fiel in den großen und sozial weit gefächerten, gewaltfreien Blockadeaktionen der 80er Jahre. Damit war gleichzeitig eine Entscheidung für die Arbeit für positiven Frieden und für zivile Konfliktbearbeitung als Alternative getroffen.

3 Probleme der Mobilisierung

Soziale Bewegungen sind Korrekturbewegungen auf gesellschaftliche Fehlentwicklungen. Wird für viele Menschen erkennbar, daß die RepräsentantInnen der Gesellschaft die von ihnen wahrgenommenen Probleme nicht lösen können, so verstärkt sich die Tendenz, über soziale Bewegungen die Verhältnisse selbst in die Hand zu nehmen. So war die Nachrüstung als derart bedrohlich empfunden worden, daß viele Menschen glaubten, selbst etwas tun zu müssen. Sehr viele TeilnehmerInnen am Friedensprotest waren nicht grundsätzlich gegen die Regierungspolitik eingestellt, also nicht Oppositionelle aus weitreichenden Motiven. Nur bezogen auf die Nachrüstung wollten sie etwas anderes. Dafür ließen sie sich auf eine für sie meist ganz fremde Rolle ein, nämlich öffentlich als Oppositionelle aufzutreten. Für viele war dies keine angenehme Rolle, brachte sie doch oftmals tiefe Verunsicherung im eigenen familiären, sozialen und beruflichen Umfeld mit sich. Dieser Sachverhalt deutet auf ein schwerwiegendes Problem der Friedensbewegung hin: Die Menschen engagieren sich in den sozialen Bewegungen in ihrer Mehrheit nicht aufgrund taktischer, politischer Kalkulationen, sondern vor allem aufgrund ihrer jeweiligen Motivationen und individuellen Präferenzen (Buro 1987). Die Friedensbewegung ist eben nicht ein bürokratischer Apparat wie Regierung und Parteien, in denen Hauptberufliche agieren. Nein, soziale Bewegungen sind ganz anders. Ihre Vitalität und Mobilisierung hängt von den Motivationen, Einsichten und Interessen der Menschen ab, die manchmal auch eine Pause brauchen.

Warum demobilisierte sich die Friedensbewegung Ende der 80er Jahre angesichts der nachlassenden militärischen Bedrohung? Die früher erhofften Bedingungen, die UdSSR sende Abrüstungssignale, waren nun eingetroffen. Die Friedenskräfte befanden sich politisch in einer so guten Position, wie es wohl niemals zuvor der Fall gewesen war. Die Mehrheit der Bevölkerung wünschte keine weitere Aufrüstung und das anti-kommunistische Feind- und Angstbild hatte dank der vielen Abrüstungsvorschläge und der Reformbestrebungen Gorbatschows einen großen Teil seines Schreckens verloren. Warum gingen damals die Friedensbewegten nicht massiv auf die Straße, um eine weitreichende Orientierung auf Abrüstung einzufordern? Ich vermute folgenden Zusammenhang:

(1) Die Schwierigkeiten der Friedensbewegung beruhten nicht auf einer Überzeugungskrise ihrer AnhängerInnen, sondern auf einer Demotivation. Diese war besonders stark und wirksam bei der Gruppe der Bewegten und der SympathisantInnen, während die vornehmlich politisch motivierten Aktiven ihre Arbeit fortsetzten.

(2) Nicht zuletzt aus Gründen der psychischen Entlastung der einzelnen richteten sich Friedenshoffnungen wieder verstärkt auf staatliches Handeln.

(3) Eine Analyse des realen Handelns der Regierungen trat in den Hintergrund. Dies nicht nur, weil die militärpolitischen und Rüstungskontrollprobleme schwer durchschaubar waren, sondern auch weil dadurch die mit der staatlichen Obrigkeit wiederhergestellte Harmonie (Verlassen der Oppositionsrolle) hätte gefährdet werden können.

(4) Andere Interessenfelder rückten in den Vordergrund und besetzten das Zeitbudget der einzelnen Personen. Damit ergaben sich zusätzliche – scheinbar objektive – Gründe für ein geringeres Engagement in der Friedensbewegung. Dies ging allerdings nicht so weit, daß nicht gelegentlich Großdemonstrationen besucht oder Aufrufe unterstützt wurden.

(5) Von der relativ großen Gruppe der Aktiven gingen nach wie vor gewichtige Anregungen und Angebote aus, die von Bewegten und SympathisantInnen aber nur bedingt aufgegriffen wurden. Die Kommunikationssysteme der Organisationen konnten jedoch keine Remobilisierung bewirken.

Es trat also die paradoxe Situation ein, daß die Friedensbewegung analytisch und prognostisch auf einem recht hohen Niveau arbeitete, während sie gleichzeitig als Massenbewegung kaum präsent war und die Akzeptanzkrise der Bundeswehr nicht nutzen konnte. Auch in der gegenwärtigen Situation ist keine Massenmotivation zu Friedensarbeit zu erkennen, obwohl durch *out-of-area*, die Neue NATO, den Ausbau der Interventionsstreitkräfte und der entsprechenden Rüstungsindustrie EU-Europas entscheidende Weichenstellung der Militarisierung gestellt werden. Grenzen der aktuellen Eingreiffähigkeit sozialer Bewegungen werden erkennbar.

4 Das Ende des Ost-West-Konfliktes

Der Zusammenbruch des sowjetischen Imperiums verändert auch für die Friedensbewegung die sicherheits- und friedenspolitsche Landschaft grundlegend (Buro 1997: 13ff). Im Bereich der Ideen und damit der grundsätzlichen politischen Orientierung hat die Friedensbewegung seit 1988/89 einen großen Schritt vorwärts getan. Über Jahre hinweg war innerhalb der Friedensbewegung eine Konzentration auf einzelne Waffensysteme oder -strategien vorherrschend (z.B. Pershing II und Airland Battle). Die großen Ziele, nämlich die Überwindung des Abschreckungs- und Bedrohungssystems und die Etablierung eines politisch auf Kooperation und gegenseitigen Vorteil gründenden Friedens, traten dabei als Themenstellung in den Hintergrund. Jetzt gab es in dieser Hinsicht einen erheblichen Wandel.

Der Koordinierungsausschuß hat von dieser neu entstandenen Situation konsequent Gebrauch gemacht. Seit der Tübinger Aktionskonferenz im Mai 1988 stand die Friedensarbeit deutlich auf zwei ‚Füßen'. Dabei war der ‚Kritik-Fuß' nicht mehr nur auf spezielle Waffensysteme konzentriert, sondern auf das Abschreckungs-, Bedrohungs- und Militärsystem schlechthin. Der zweite, der ‚Utopie-Fuß', beinhaltete den Grundgedanken, daß Frieden in Europa nicht auf Waffen, sondern auf Verständigung über die Formen des Zusammenlebens im ‚Gemeinsamen Haus' gegründet sein müsse (Senghaas 1992). Dementsprechend galt es, Aussöhnungsarbeit zwischen der Bundesrepublik oder besser deren Gesellschaft und den osteuropäischen und den ehemals sowjetischen Gesellschaften zu leisten. Die Bedingungen für eine gesamteuropäische, gemeinsame, friedliche Zukunft waren zu entwickeln. In der schon 1987 begonnenen Diskussion ging es um den Begriff und eine entsprechende Politik des positiven Friedens für Europa. Mit dieser Neuorientierung war die weit verbreitete Hoffnung verbunden, es träte nun eine Ära der gleichberechtigten Kooperation zwischen Ost und West ein, in der die erwartete Friedensdividende friedensstiftend und entwicklungsfördernd eingesetzt werden würde. Solche Erwartungen wurden jedoch bald durch den Golf-Krieg (Komitee für Grundrechte und Demokratie 1991), die eskalierenden Kämpfe im ehemaligen Jugoslawien und durch die Umorientierung und Umrüstung der NATO-Staaten auf Interventionsfähigkeit ernüchtert (Buro 1997: 47ff).

Die neue Ära nach dem Ost-West-Konflikt stellte auch in bezug auf die Handlungsformen der Friedensbewegung ganz neue Anforderungen. Konnte angesichts des Golf-Krieges schwergewichtig noch mit den bekannten Demonstrationen und Großveranstaltungen in Deutschland unter dem provokativen Motto ‚Kein Blut für Öl' reagiert werden, so war dies beim Krieg in Bosnien nicht mehr möglich. Dort war Grenzen überschreitende Friedensarbeit gefordert, für die kaum Erfahrungen vorlagen. Zudem boten die traditionellen Strukturen der Friedensbewegung, sowie ihre finanzielle Ausstattung und organisatorischen Kapazitäten hierfür nur recht unzureichende Voraussetzungen. Trotzdem wurde von der internationalen, wie auch der deutschen Friedensbewegung diese neue Herausforderung angenommen. Bis heute wurde eine große und vielfältige Arbeit im Sinne des neu aufkommenden Begriffs der Zivilen Konfliktbearbeitung (ZKB) geleistet.

5 Gerechter Krieg? Eine Zerreißprobe

Der Krieg in Kroatien und Bosnien bewegte die Menschen in der Friedensbewegung mehr als alle anderen kriegerischen Konflikte zuvor. Mitleiden und der Wunsch zu helfen, bildeten eine der großen Gemeinsamkeiten. Freilich sind die Grausamkeiten dieses Krieges kein neues Argument gegen

Antimilitarismus. Trotzdem hat der Wunsch nach einem schnellen Ende des fast hautnah erlebten Infernos die Menschen innerlich gespalten. Da kämpften in aller Regel nicht Fraktionen angeblicher BellizistInnen und pazifistischer FundamentalistInnen miteinander, vielmehr flüsterten Allmachtsphantasien und Technologiegläubigkeit den Menschen zu, ein entschlossenes militärisches Eingreifen könne alles schnell beenden. Hier sei humanitäre militärische Intervention vielleicht doch möglich und gerechtfertigt.

Auch wenn mittlerweile der offene Krieg beendet ist, so war die Diskussion über die militärische Intervention mit humanitärer Absicht dennoch von grundsätzlicher Bedeutung für die Friedensbewegung (Pax Christi et al. 1993; Pax Christi 1996), ging es doch im Kern um nichts weniger als um die Frage, ob es nicht doch ‚Gerechten Krieg' geben könne. Hinter dieser Grundsatzfrage tauchte klammheimlich die Hoffnung auf, es könne humane Nationalstaaten geben, die Militär nur im Sinne von Humanität und Gerechtigkeit einsetzten würden. Könnte man mit ihnen nicht seinen Frieden machen und sich vielleicht sogar mit solchem ‚guten Staat' identifizieren? Welche psychische Erleichterung wäre das! Aber dann der Zweifel. Bedeutet die Anerkennung des gerechten Krieges nicht, daß Militär immer vorgehalten und modern gerüstet werden müsse, also eine Fortsetzung der ständigen qualitativen Aufrüstung? Haben nicht eigentlich alle Mächtigen für sich reklamiert gerechte Kriege zu führen, wenn sie ihre Interessen verfolgten? Würde man aus lauter Harmoniebedürfnis nicht seinen realistischen Scharfblick verlieren, sich an die herrschenden Tendenzen der Gewalt anpassen und nur noch den Reichtum unserer Welt gegenüber der Armut der anderen legitimieren? Fragen über Fragen hat diese Diskussion aufgeworfen. Vielleicht mehr Fragen an die Pazifisten selbst als an ihre Kontrahenten. Diese Kontroverse wird auch zukünftig eine zentrale Rolle spielen. Hier bleibt festzuhalten:

- Die Diskussion von Bellizisten und Pazifisten hat zu einer Entmischung der Friedensbewegung geführt und damit ihren pazifistischen Gehalt gestärkt. Der nicht-pazifistische Anti-Militarismus findet sich auf einmal auf einer schiefen Rutschbahn hin zur klammheimlichen Militärakzeptanz.
- Während die Linke bisher zu einem erheblichen Teil anti-militaristisch ausgerichtet war, haben viele sich der Sichtweise von Pazifisten angeschlossen, die für eine Kompatibilität von Mitteln und Zielen eintreten.
- Die Möglichkeiten nicht-militärischer, ziviler Konfliktbearbeitung zu erkunden und zu praktizieren, wird nun mit starker Motivation besetzt und voran getrieben.

6 Aktuelle Aufgabe und Perspektiven

Die kriegerischen Auseinandersetzungen im ehemaligen Jugoslawien haben der Friedensbewegung nicht nur große Anstrengungen in Hinblick auf eine

Neuorientierung abverlangt, sondern auch geholfen, ihre Aufgabenstellung deutlicher herauszuarbeiten. Eine zivile Völkergesellschaft in Europa zu entfalten, die ihre Friedensordnung auf Kooperation, Nicht-Bedrohung und gewaltfreier Konfliktbearbeitung gründet. Ernsthafte Abrüstungsschritte würden nur durchsetzbar sein, wenn es gelänge, eine überzeugende Alternative zum militärischen Konfliktaustrag zu entwickeln.

In der großen Vielfalt ihrer Projekte und Aktionen muß sich die Friedensbewegung demnach zwei großen Aufgaben widmen: Sie muß ihren Kampf für Abrüstung und gegen den weiteren Militäraufbau führen. Kampagnen gegen Minen, Rüstungsexport und Einrichtungen von ‚Bombodroms' durch die Bundeswehr, für Rüstungskontrollabkommen, Konversion von Rüstungsproduktion, für Kriegsdienstverweigerung, für eine Bundesrepublik ohne Armee (BoA) und vieles mehr sind unverzichtbar. Das ist das eine Standbein ihrer Arbeit. Das andere besteht in der Ausarbeitung und der zunehmenden Verwirklichung der Alternative, nämlich der Entfaltung ziviler Konfliktbearbeitung. Ein großer Teil der grenzüberschreitenden Friedensarbeit vieler Gruppen im ehemaligen Jugoslawien muß bereits als ein Beitrag aus der Praxis hierzu angesehen werden. Er hat der Diskussion und Forschung über die Möglichkeiten einer solchen Alternative Anstoß gegeben. Auch die aufkommende Debatte über die Errichtung eines ‚Zivilen Friedensdienstes' gehört in diesen Zusammenhang.

6.1 BoA oder die Forderung nach tatsächlicher Abrüstung

Die politischen RepräsentantInnen der westeuropäischen NATO-Staaten und der USA verhalten sich wie Sieger, die nach Beendigung des Ost-West-Konfliktes ihre Militärpotentiale für Sicherung und Durchsetzung ihrer Interessen umstrukturieren. Die Chance der Zeit, radikal abzurüsten, wurde nicht ergriffen. Im Frühjahr 1990 wird die Kampagne ‚Bundesrepublik ohne Armee' zum Fokus für gemeinsame Anstrengungen der Friedensbewegung. Einen gewichtigen Anstoß hierzu hat die Initiative für eine ‚Schweiz ohne Armee' gegeben. Am 26. November 1989 sprachen sich über ein Drittel der Schweizer StimmbürgerInnen für die Abschaffung der Armee aus. Dies war eine Sensation und zugleich Ermutigung, auch in anderen europäischen Ländern mit vergleichbar radikalen Kampagnen auf die friedenspolitisch neue Situation zu reagieren. Für die Friedensbewegung lassen sich zwei strategische Ziele nennen, die die BoA-Kampagne als Dach für alle Einzelkampagnen weiterhin bestimmen dürften:

- Sie muß die militärische Integration Westeuropas zur Militärgroßmacht verhindern und
- sie muß sich gegen eine militärisch gestützte Hegemonialposition und -politik Deutschlands wenden.

Diese Ziele bedeuten nicht, einen deutschen Sonderweg einschlagen zu wollen. Vielmehr geht es um eine Weichenstellung für europäische Entwicklung. Die Weichenstellung in Deutschland hat allerdings eine besondere Bedeutung, ließe sich doch in EU-Europa ohne Deutschland keine bedeutende Militärmacht aufbauen. Viele kleinere Länder würden sich zudem einem zivilen deutschen Kurs anschließen. Die BoA- und EoA- (Europa ohne Armee) Ziele bedeuten nicht, die Friedensbewegung sei der Illusion verfallen, ein entmilitarisiertes Deutschland und Europa seien leicht zu erreichen. Die Ziele geben vielmehr eine Arbeitsorientierung an, die militärischen Mittel so weitgehend zu beschränken, daß sich EU-Europa nicht länger für die Gestaltung seiner Politik auf sie stützen kann.

Die BoA-Kampagne im engeren Sinne muß sich jedoch Schwerpunkte setzen. Die Abrüstungsforderung erheischt zunächst, hartnäckig den Fortgang der militärischen Aufrüstung durch Modernisierung aufzudecken, gerade auch dann noch, wenn durch Verhandlungen überflüssige Militärkomponenten abgeschafft werden. Die neuen Legitimationsideologien, wonach eine Grundbedrohung stets vorhanden und deshalb stets modernste Rüstung erforderlich sei, sind bloßzustellen u.v.m. Die Orientierung auf BoA ergibt eine langfristige Perspektive für eine Kampagne nicht nur für Abrüstung, sondern auch für Demokratie.

6.2 Zivile Konfliktbearbeitung

Die historische Dimension des Bemühens um zivile Konfliktbearbeitung ist offensichtlich. Es handelt sich um ein Menschheitsprojekt, in dem es immer und immer wieder erneut darum geht, Rechtsordnungen zu schaffen, die aufgrund ihrer vorgegebenen Werte, Institutionen und Verfahren in der Lage sind, Konflikte in ziviler, also nicht-militärischer Weise zu regeln. Dieses Bemühen wurde freilich immer wieder innergesellschaftlich und zwischen den Herrschaftsbereichen durch den Ausbruch von Gewalt zur Durchsetzung von Interessen beeinträchtigt und zurückgeworfen. In dieser abstrakten Sichtweise kann die Menschheitsgeschichte als dichotom gekennzeichnet werden. In ihrem Verlauf und insbesondere in der Entfaltung der Industriegesellschaften haben sich die Zerstörungspotentiale in unvorstellbarem Maße potenziert, gleichzeitig aber auch die Fähigkeiten und Instrumente zur Kommunikation, zur Bildung von Ordnungen und zur Förderung von Kooperation entwickelt. Dabei haben sich immer größere Räume gebildet – Nationalstaaten oder Integrationszonen wie die Europäische Union –, in denen, bezogen auf den Binnenraum, die militärische Konfliktbearbeitung im wesentlichen überwunden ist.

In der Weltpolitik besteht eine enorme Asymmetrie zwischen den Bemühungen um regionale und globale, zivile Friedensordnungen und den Vorbereitungen für die Führung von Kriegen. Da jedoch nahezu keines der Probleme, vor denen die europäischen Regierungen und auch die Regierung in Bonn stehen, militärisch gelöst werden kann, wächst der Sachzwang zum Ausbau von Optionen ziviler Konfliktbearbeitung. Hier setzt die Arbeit der Friedensbewegung an. Freilich wird es erhebliche Widerstände geben, denn es geht sowohl um die Umwidmung der finanziellen Ressourcen wie um die Delegitimation des Militärischen. Dabei wird mit den Ideologien der ‚humanitären Intervention' (Buro 1996; Erler 1996) und des Militärs als ‚letztem Mittel' zu kämpfen sein.

ZKB (ami 1995) kann zweckmäßigerweise in drei große Aufgabenbereiche gegliedert werden: Vorbeugung, Deeskalation und Schlichtung aktueller Konflikte sowie die Nachsorge (z.B. nach Beendigung der militärischen Kämpfe in Bosnien). In dieser Trias hat die Vorbeugung die größte Bedeutung, soll sie doch den Ausbruch gewalttätiger Konflikte verhindern und eine Weichenstellung zu ZKB leisten. Diese Aufgaben können nur vorausschauend und nicht mit einer Politik des ‚Eingreifens im letzten oder zu späten Augenblick' bewältigt werden. Vorausschauende Politik ist aber auch für die Deeskalation und die Nachsorge von Konflikten erforderlich, ist damit doch immer der Aufbau langfristig wirkender Strukturen verbunden. ZKB ist als ein Gesamtkonzept zu verstehen und darf sich nicht in einzelnen Maßnahmen erschöpfen. Akteure auf allen Ebenen – von den internationalen Institutionen bis zu den Basisorganisationen – sind mit den ihnen jeweils angemessenen Aufgaben und Instrumenten einzubeziehen. Eines der Instrumente wird der noch aufzubauende Zivile Friedensdienst sein (Arbeitsgruppe Ziviler Friedensdienst 1995). Er soll nicht nur in kritischen Situationen tätig werden, sondern auch durch die Einübung gewaltfreier Konfliktbearbeitung zu einer neuen Kultur der Solidarität beitragen.

Hier ist es nicht möglich, die bereits weit entfaltete Diskussion über zivile Konfliktbearbeitung (Vogt 1995) auszubreiten. Wichtig scheint mir jedoch der Hinweis, daß die Entfaltung ZKB nicht auf Entscheidungen von oben zu warten braucht. Vielmehr ist es bereits heute möglich, diese Arbeit mit allen bereitwilligen Akteuren zu beginnen. Man kann sich diese Arbeit wie ein Bausteinsystem vorstellen, an dem von vielen Stellen und Seiten her mit der Arbeit begonnen wird. Dabei wäre es als Perspektive wichtig, möglichst frühzeitig über ein Netzwerk gegenseitige Information und Beratung über die Koordinierung der Arbeit einzuführen. Ehe ich zu einer abschließender Bilanzierung der Friedensbewegung übergehe, möchte ich auf einige grundlegende Probleme verweisen:

- Die Formen des feindseligen Konfliktaustragens sind in den Gesellschaften in aller Regel tief verinnerlicht. So liegt es nahe, zivile Konfliktbearbeitung nur als ein neues Instrumentarium des Umgangs mit Konflikten im alten Geiste zu verstehen, so als handele es sich nur um Funktionsäquivalente zu den bisherigen militärischen. Sieg oder Niederlage mit ziviler Konfliktbearbeitung!? Damit ginge die neue Qualität dieses Ansatzes, der ja auf Aussöhnung und Wiederherstellung von Kooperation gerichtet ist, verloren.

- Einen ähnlichen Fallstrick sehe ich dort, wo zivile Konfliktbearbeitung als eine Ergänzung zur militärischen verstanden wird. Sollte man nicht, so wird oftmals gefragt, am Anfang der Eskalationsleiter von Konflikten Mittel der zivilen Konfliktbearbeitung einsetzen, während an ihrem Ende das ‚letzte Mittel', nämlich die militärische Gewalt, zur Durchsetzung der angestrebten Ziele zu stehen hätte? Eine solche Orientierung wäre fatal, da die militärische Logik als Repräsentantin des ‚letzten Mittels' die Grundorientierung der Konfliktbearbeitung vorgeben würde. Dadurch könnten sich die Grundprinzipien ziviler Konfliktbearbeitung nicht entfalten, denn im Hintergrund jedes Dialogs und aller Versöhnungsarbeit stünde die Gewaltoption, das angestrebte Ziel auch ohne Rücksicht auf den Dialogpartner durchsetzen zu wollen. Zivile Konfliktbearbeitung würde dann bestenfalls zu einer modernisierten, aber doch letztlich traditionellen Diplomatie, die zumindest von der Seite der überlegenen Mächte aus stets eine militärgestützte Politik betrieben hat.
- Eine Gefahr sehe ich auch dort, wo ZKB als Missionsaufgabe der westlichen Industriestaaten verstanden wird; etwa unter der Perspektive, die wohlhabenden Länder müßten den anderen zeigen, wie man mit Konflikten in einer ‚kultivierten Form' umzugehen habe. Damit würde an eine fatale Tradition der Missionierung, Entmündigung und Beherrschung angeknüpft. Demgegenüber erscheint es mir unabdingbar, zivile Konfliktbearbeitung stets als ein internationales Vorhaben zu verstehen und möglichst in allen Ländern voranzutreiben (Deutsche Sektion der Helsinki Citizens' Assembly 1995). Warum sollte nicht ein ziviler Friedensdienst aus Polen, Spanien oder Tschechien vorbeugend gegen AusländerInnenfeindlichkeit in der Bundesrepublik tätig werden? Damit würde deutlich, daß keiner von der Kritik an seiner Form der Konfliktbearbeitung ausgenommen ist. Wir alle müssen gemeinsam und solidarisch für die Transformation der Konfliktbearbeitung bei uns und bei anderen arbeiten. Zivile Konfliktbearbeitung in einem solche Sinne entfaltet, wäre also nicht eine andere Form von ‚Entwicklungspolitik', sondern würde die grundsätzliche Gleichberechtigung der Völker in den Vordergrund rücken.

7 Bilanzen und Perspektiven

(1) Die in sich höchst heterogene NSB-Friedensbewegung hat im Laufe ihrer Geschichte ihren Zustand in Hinblick auf Zielsetzungen, Organisations- und Aktionsformen und den Grad der Mobilisierung ständig verändert. Höchste Basismobilisierung wechselte mit Phasen der Latenz gekoppelt mit Expertenarbeit der Aktiven. Gegenwärtig verbindet sich professionelle und innovative Arbeit auf hohem Niveau und weit verbreitetes beachtliches friedenspolitisches Bewußtsein mit geringer Mobilisierbarkeit der Basis.

(2) Die Arbeit wird meist von relativ kleinen, spezialisierten Gruppen (z.B. Minenkampagne, Rüstungsexport, Ansätze ziviler Konfliktbearbeitung, Ziviler Friedensdienst, humanitäre Hilfe und politische Unterstützung im ehemaligen Jugoslawien, Türkei-Kurdenarbeit, Aufrüstung, Konversion, Kriegsdienstverweigerung, BoA usw.) geleistet und in kooperativ-konstruktiver Diskussion untereinander abgestimmt. Bilaterale (z.B. Deutsch-Tschechisches Forum der Frauen) und multilaterale (z.B. WRI, Helsinki Citizens' Assembly) internationale Kooperation wird in relativ offenen Formen praktiziert. Dabei spielen auch Kooperationen mit Mitgliedern des Europäischen Parlaments eine wichtige Rolle. Die Arbeitsthemen, die auch Asyl-, Flüchtlings- und Menschenrechtsfragen berühren, gruppieren sich um die beiden Schwerpunkte der Friedensbewegung: Militärkritik/Abrüstung und Zivile Konfliktbearbeitung.

(3) In Perspektive wird sich die Friedensbewegung verstärkt auf Ideologien zur Rechtfertigung des ‚Gerechten Krieges' und der entsprechenden Aufrüstung einlassen müssen. Darin wird die siegreiche westlich-kapitalistische Ordnung als die natürliche und alternativlose dargestellt. Die G 7 fungieren als Vertreter der Menschenrechte und begründen damit den Mythos der gerechten humanitären Militärintervention. Als neues Feindbild werden andere Kulturen als fundamentalistisch und terroristisch stilisiert und der Kampf mit ihnen als ‚natürlich' und damit als unabwendbar gezeichnet (Senghaas 1997).

(4) In der Arbeit der professionalisierten Gruppen der Friedensbewegung wird sich gerade im Bereich der ZKB die Frage nach der Kooperation mit den etablierten Apparaten und Strukturen stellen. Sicher, man will diese im Sinne ZKB verändern, aber wird man dabei nicht selbst zu sehr verändert oder gar instrumentalisiert werden? Eine anhaltende und Praxis ständig kritisch analysierende Debatte zeichnet sich ab.

(5) Gerade die Professionalisierung der ‚Aktiven' und die geringe Mobilisierbarkeit werden immer wieder die Frage nach der Verbindung zwischen ‚Aktiven' und der Basis der Friedensbewegung aufwerfen. Können soziale Lernprozesse noch angemessen organisiert werden, oder verselbständigen sich die professionalisiert arbeitenden Gruppen und laufen damit Gefahr, ihre Verankerung zu verlieren?

(6) Die Alternative der zivilen Konfliktbearbeitung muß unter der für lange Zeit noch andauernden Bedingung der Existenz des Militärs und des militärischen Konfliktaustragens aufgebaut werden. Dabei kann das Militär seine Ressourcenaneignung nur legitimieren, indem durch Weltaufrüstung die Bedrohung von außen ständig präsent gehalten wird. Insofern besteht ein bleibendes gemeinsames Interesse zwischen Rüstungsproduktion, Rüstungsexport und Existenzsicherung für das Militär. Die Friedensbewegung und alle parallelen Kräfte können dem nur begegnen, wenn es gelingt, der zivilen Konfliktbearbeitung eine hohe gesellschaftliche Glaubwürdigkeit und Akzeptanz zu verschaffen (Matthies 1997) und gleichzeitig die Legitimation des Militärs in Frage zu stellen. Um dieses zu erreichen, darf Friedensarbeit sich nicht verengen, sondern muß sich bewußt ausweiten zu einer Kultur solidarischer Zu-

sammenarbeit. Eine breite Entfaltung eines Zivilen Friedensdienstes, der sowohl innen- wie außenpolitisch tätig wird, könnte dafür ein sehr wichtiges Instrument sein.

Literatur

ami 1995 (Hg.): Gewaltfreie Konfliktbearbeitung. In: antimilitarismus information Jg.25, Heft 12.

Arbeitsgruppe ,Ziviler Friedensdienst' der Kirchenleitung der EKiBB 1995 (Hg.): Konflikte lösen ohne Gewalt. Das Konzept des Zivilen Friedensdienstes. In: Dokumentation 100/95 des Ev.Bildungswerk Berlin.

Böge, Volker/Wilke, Peter 1984: Sicherheitspolitische Alternativen. Baden-Baden: Nomos.

Buro, Andreas 1977: Die Entstehung der Ostermarsch-Bewegung als Beispiel für die Entfaltung von Massenlernprozessen. In: Friedensanalysen. Für Theorie und Praxis 4, Frankfurt/M.: Suhrkamp, 50-78.

Buro, Andreas 1987: Massenlernprozesse durch soziale Bewegungen. In: Handbuch Praxis der Umwelt- und Friedenserziehung, Bd. 1: Grundlagen, Düsseldorf: Schwann.

Buro, Andreas 1996: Bosnien – das Waterloo der deutschen, europäischen Pazifisten? In: Frankfurter Rundschau 10.5.96.

Buro, Andreas 1997: Totgesagte leben länger: Die Friedensbewegung von der Ost-West-Konfrontation zur zivilen Konfliktbearbeitung. Idstein: KOMZI.

Deutsche Sektion der Helsinki Citizens' Assembly 1995 (Hg.): Ziviler Friedensdienst – europaweit. Bonn: Stiftung Mitarbeit.

Erler, Gernot 1996: Wie die NATO das Versagen der Vereinten Nationen ausnutzte. In: Frankfurter Rundschau 28.8.96.

Komitee für Grundrechte und Demokratie 1981 (Hg.): Frieden mit anderen Waffen. Reinbek: rororo.

Komitee für Grundrechte und Demokratie 1991 (Hg.): Hatte die Friedensbewegung nicht doch Recht? Hintergründe, Fakten und Zusammenhänge zum Golfkrieg. Komitee-Eigenverlag: Sensbachtal.

Komitee für Grundrechte und Demokratie 1992 (Hg.): Ziviler Ungehorsam. Komitee-Eigenverlag: Sensbachtal.

Matthies, Volker 1997 (Hg.): Der gelungene Frieden. Dietz: Bonn.

Otto, Karl A. 1977: Vom Ostermarsch zur APO, Frankfurt/M./New York: Campus.

Pax Christi 1996 (Hg.): Ultima Ratio?! Die Friedensbewegung im Streit um Militäreinsätze. In: Probleme des Friedens Heft 3. Idstein: KOMZI.

Pax Christi et al. 1993: Eingreifen! Gewaltfreiheit versus Militärintervention. In: Probleme des Friedens, Sondernummer. Idstein: KOMZI.

Senghaas, Dieter 1992: Friedensprojekt Europa. Frankfurt/M.: Suhrkamp.

Senghaas, Dieter 1997: Die fixe Idee vom Kampf der Kulturen. In: Blätter für deutsche und internationale Politik, Jg. 42, Heft 2, 215-221.

Tatz, Jürgen 1984 (Hg.): Gewaltfreier Widerstand gegen Massenvernichtungsmittel. Freiburg: Dreisam.

Vogt, Wolfgang R. 1995 (Hg.): Frieden als Zivilisierungsprojekt – Neue Herausforderungen an die Friedens- und Konfliktforschung. Baden-Baden: Nomos.

Karl-Werner Brand

Transformationen der Ökologiebewegung

Es läßt sich kaum bestreiten, daß die Umweltbewegung der vergangenen 30 Jahre, insbesondere in den westlichen Industrieländern, nicht nur zu einer nachhaltigen Veränderung des Umweltbewußtseins und zur Verbreitung eines dichten, organisatorisch fest verankerten Netzwerkes von lokal, national und global agierenden Umweltgruppen geführt, sondern auch die Institutionalisierung der Umweltpolitik erheblich vorangetrieben hat – auch wenn direkte, kausale Zurechnungen kaum möglich sind (vgl. Rucht 1996). Umweltrelevante Aktivitäten werden in ein immer feiner gesponnenes Netz umweltpolitischer Regulierung eingebunden. Mögen die heute vor allem im transnationalen Bereich, auf EU-Ebene oder im Rahmen internationaler Umweltregime, vorangetriebenen Formen des Umweltmanagements auch hinter wachsenden regionalen und globalen Problemen hinterherhinken (vgl. WBGU 1994), so bleibt doch die hochgradige Institutionalisierung eines in den 70er Jahren noch stark umstrittenen Themas, dem erst durch Massenmobilisierung und konfrontative Aktionen vielfältigster Art ein dauerhafter Platz im öffentlichen Bewußtsein und auf der politischen Agenda gesichert werden mußte, ein erstaunliches Phänomen.

Diese Entwicklung scheint das gängige Bild von ‚Lebenszyklen' sozialer Bewegungen zu bestätigen: Wenn Bewegungen auch keineswegs zwangsläufig einem ehernen Gesetz der Oligarchisierung und Bürokratisierung folgen (wie Max Weber und Robert Michels mit Blick auf die Entwicklung der sozialdemokratischen Bewegung um die letzte Jahrhundertwende behaupteten), so durchlaufen sie doch gewöhnlich eine erste Phase der Formierung und Identitätsbildung, eine zweite, heiße Phase der Polarisierung und Massenmobilisierung und eine dritte Phase der Veralltäglichung, Professionalisierung und Institutionalisierung. Was ‚Institutionalisierung' bedeutet, versteht sich allerdings nicht von selbst. Ist damit das Ende der Umweltbewegung als ‚Bewegung' verbunden? Oder geht sie nach einer Phase öffentlicher Konfrontation und hoher ‚Sichtbarkeit' nur in eine Phase der ‚Latenz', der inneren Konsolidierung und Erneuerung über, die den Boden für neue, konfrontative Mobilisierungsphasen bereitet (Melucci 1989)? Eine dritte Deutung wäre, daß die Institutionalisierung der Umweltbewegung – wie anderer neuer sozialer Bewegungen – die Institutionalisierung einer neuen Form zivilgesellschaftlicher ‚Bewegungspolitik' bedeutet, die herkömmliche, parteigebundene Formen politischer Beteiligung ablöst (Neidhardt/Rucht 1993; Roth 1994).

Im folgenden soll der mit dem Institutionalisierungsprozeß verbundene Gestaltwandel der Umweltbewegung eingehender diskutiert werden. Zu diesem Zweck möchte ich zunächst (Kap. 1) das theoretische Konzept skizzieren, das die Grundlage für die phasenspezifische Rekonstruktion der Entwicklung des umweltpolitischen Konfliktfeldes (Kap. 2) sowie der damit verknüpften Transformation der Umweltbewegung (Kap. 3) bieten soll. Daraus werden dann abschließend einige Schlußfolgerungen für die weiteren Perspektiven der Umweltbewegung gezogen (Kap. 4).[1]

1 Konzeptioneller Rahmen: Die Analyse des diskursiven und organisatorisch-institutionellen Konfliktfeldes

Jüngst sind an prominenter Stelle zwei bilanzierende Aufsätze zur Umweltbewegung erschienen (Kriesi/Giugni 1996; Opp 1996). Die Arbeit von Hanspeter Kriesi und Marco Giugni über 'Ökologische Bewegungen im internationalen Vergleich' resümiert vergleichende Befunde zur Entwicklung nationaler Umweltbewegungen aus der Perspektive des 'politischen Prozeß'-Ansatzes. Damit rückt die Frage in den Vordergrund, wie die politische Chancenstruktur – zu der strukturelle Aspekte (nationale Konfliktlinien, politisches Institutionensystem, dominante Traditionen staatlicher Reaktion auf soziale Bewegungen) und konjunkturelle Aspekte der jeweiligen Macht- und Interessenkonstellation gezählt werden – sowie der Verlauf des Interaktionsprozesses von staatlichen Behörden und Protestakteuren die Gestalt, den Verlauf und die Effekte der nationalen Umweltbewegungen beeinflussen. So lassen sich im internationalen Vergleich generelle Merkmale und Entwicklungstrends, aber auch unterschiedliche Ausprägungen und Verläufe identifizieren. *Generelle Befunde* betreffen (a) die – zumindest bis in die 80er Jahre geltende – Unterscheidung von drei ideologischen Strömungen innerhalb der westlichen Ökologiebewegungen: dem traditionellen Naturschutz, der politischen Ökologie und dem Umweltschutz, (b) typische Merkmale des Mobilisierungspotentials: eher ‚links-libertäre' oder ‚emanzipatorische' Orientierung, soziale Verankerung in der Gruppe der ‚sozial-kulturellen Professionellen', und (c) den hohen Professonalisierungs- und Institutionalisierungsgrad: hohe Integration der professionellen Umweltorganisationen in die politischen Netzwerke und wachsende Bedeutung themenspezifischer ‚Kooperationsepisoden' im Vergleich zu ‚Konfrontationsepisoden'.

Die Arbeit von Karl-Dieter Opp über den ‚Aufstieg und Niedergang der Ökologiebewegung in der Bundesrepublik' ist demgegenüber von vornherein nur an einem begrenzten Aspekt interessiert. Sie diskutiert die Frage der Entwicklung der individuellen Teilnahmebereitschaft an der Umweltbewegung in der Bundesrepublik aus der Perspektive der ‚Theorie rationalen Handelns'. Erklärungsbedürftig erscheint Opp dabei der doppelte empirische Befund (a) des Rückgangs der Protestereignisse und der Teilnehmerzahlen an Protesten seit Beginn der 80er Jahre und (b) des gleichzeitigen Anstiegs verfügbarer Ressourcen (Mitgliederentwicklung, Spendenaufkommen). Im Vordergrund der Analyse steht die Frage nach der Veränderung der Restriktionen und Anreize (Kollektivgut-Anreize, soziale und moralische Anreize, Wahrnehmung des politischen Einflusses) für die individuelle Teilnahme an Umweltprotesten. Opp führt zu diesem Zweck eine Reihe von Kontextvariablen ein, unter denen ihm die rasche ‚Institutionalisierung der Umweltpolitik' in den 80er Jahren als der entscheidende Faktor für den Rückgang der individuellen Protestbereitschaft wie für die gleichzeitig wachsende Bereitschaft zur finanziellen Unterstützung etablierter Umweltorganisationen erscheint.

Abgesehen von der Tatsache, daß der erste, wesentliche Teil des erklärungsbedürftigen Tatbestands, der Rückgang der Protestereignisse seit den frühen 80er Jahren, in der hier unterstellten Form gar nicht vorliegt (Opp klammert offensichtlich den Anti-Atom-Protest aus der Umweltbewegung aus)[2] und darüber hinaus der Vergleich mit anderen Ländern auch das Erklärungsmuster sehr relativiert,[3] wird das hier interessierende Phänomen, der komplexe, widersprüchliche Prozeß der Institutionalisierung der Umweltbewegung, nicht näher erläutert, sondern einfach als gegeben unterstellt. Opps Analyse bietet so wenig Aufschluß für die Frage nach der Transformation der Umweltbewegung. Aber auch in der komparativen Bilanzierung von Kriesi und Guigni wird ein zentraler Aspekt der Entwicklung der Umweltbewegung unterschlagen: die Veränderung ihres Selbstverständnisses, ihrer Interaktionsmuster und Aktionsformen in Relation zur Entwicklung des öffentlichen, diskursiven Feldes der Ökologiedebatte, der Verschiebung ihrer ‚Problemrahmungen' (Gamson 1988) und ‚story lines' (Hajer 1995).[4] Demgegenüber läßt sich die Entwicklung der Umweltbewegung m.E. nur aus einer doppelten analytischen Perspektive – der diskursiven wie der organisatorisch-institutionellen – erschließen. Im folgenden soll das hier vertretene, in Abbildung 1 schematisch dargestellte theoretische Konzept in wenigen Stichworten eingeführt werden. Dieser Ansatz rückt das Interaktionsfeld, auf dem die Umweltbewegung mit anderen gesellschaftlichen und politischen Akteuren interagiert, aus dieser doppelten Perspektive in den Mittelpunkt.

Die Umweltbewegung selbst folgt zwar einer Binnendynamik;[5] sie ist aber nicht selten in den weiteren Kontext einer organisatorisch und ideologisch sich überlappenden ‚Bewegungsfamilie' (Rucht 1994: 157) eingebettet, die ihr Selbstverständnis und ihre interne Entwicklung mit beeinflußt. Eine solche (z.B. linkslibertäre) Bewegungsfamilie kann wiederum mit anderen (z.B. neo-konservativen) Bewegungsfamilien im nationalen ‚Bewegungssektor' um Einfluß konkurrieren. Der Adressat von Umweltbewegungen sind üblicherweise entweder staatliche Instanzen oder Wirtschaftsakteure. In konkreten Konfliktkonstellationen sind staatliche Behörden allerdings immer als Kontrollinstanz involviert. Das Interaktionsmuster von Bewegungsakteuren und staatlichen Instanzen ist deshalb für die Entwicklung und die Effekte der Umweltbewegung von entscheidender Bedeutung. Was die staatliche Seite betrifft, so ist sowohl die Art ihres – responsiven oder repressiven – Umgangs mit Protestakteuren als auch die Entwicklung materieller Politiken in den verschiedenen umweltpolitischen Konfliktfeldern in den umfassenderen Kontext bestimmter Politikstile und Handlungsprioritäten der jeweiligen Regierung eingebettet. Die Interaktion zwischen Staat und Umweltbewegung wird zum einen durch die Struktur des intermediären politischen Feldes vermittelt, das u.a. durch Traditionen politischer Kultur, dominante Konfliktlinien, institutionelle Einflußchancen sowie Parteien- und machtpolitische Konstellationen geprägt ist. Dieser Aspekt wird mit Hilfe des ‚political process'-Ansatzes thematisiert. Die Interaktionsdynamik wird aber auch noch durch einen anderen, für die

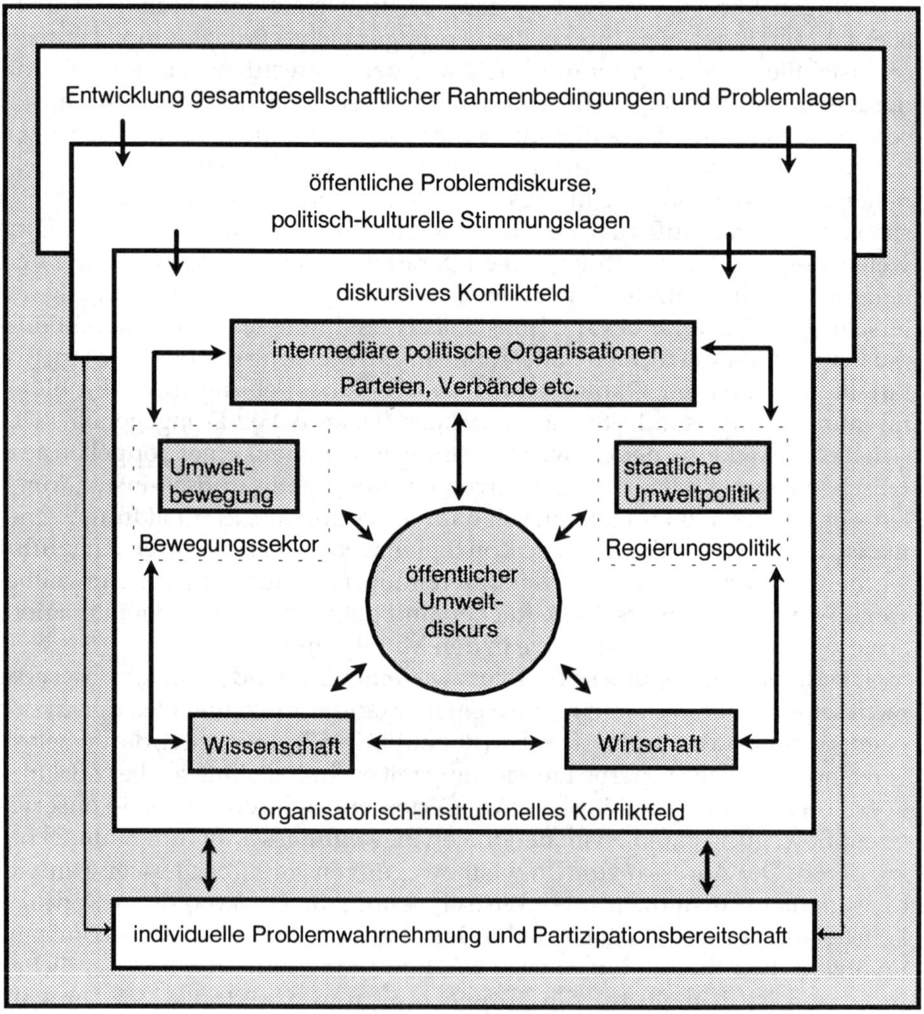

Abb. 1: Rahmenkonzept zur Analyse des umweltpolitischen Konfliktfeldes

umweltpolitische Kontroverse konstitutiven Prozeß vermittelt: durch den öffentlichen Umweltdiskurs. Dessen Entwicklung wird einerseits durch das ‚Rohmaterial' (oft kontroverser) wissenschaftlicher Problemdefinitionen und durch die Kämpfe zwischen der Umweltbewegung und Wirtschafts- und staatlichen Akteuren um die Durchsetzung bestimmter symbolischer Problemrahmungen, durch die Selektionsfilter der massenmedialen Berichterstattung andererseits geprägt (vgl. Brand 1995). Der öffentliche Diskurs über Umweltprobleme und umweltpolitische Ereignisse bietet dann für das ‚Publikum', für jeden Einzelnen in seinen spezifischen, soziokulturellen Lebenswelten, kognitive und emotionale Anknüpfungsmöglichkeiten an alltägliche Erfahrungen und Realitätsdeutungen, die entsprechende Motivationsanreize für die Teilnahme an Protestaktionen liefern – oder auch nicht.

Die Transformation der Umweltbewegung läßt sich, so die hier vertretene These, nur aus dieser doppelten Perspektive rekonstruieren: mit Blick auf die Entwicklung des symbolisch-diskursiven wie des organisatorisch-institutionellen Konfliktfelds. Beides sei noch einmal kurz erläutert.

(1) Soziale Bewegungen konstituieren sich auf dem *Feld symbolisch-diskursiver Kämpfe*. Gruppen, Initiativen, Bewegungsorganisationen usw. reagieren zwar auf bestimmte Probleme oder Problemwahrnehmungen; sie werden jedoch erst dann als gesellschaftliche Akteure, als politische Herausforderung, ernst genommen, wenn es ihnen gelingt, ihre spezifische, abweichende Problemwahrnehmung ins öffentliche Bewußtsein zu heben. In diesen Definitionskämpfen gewinnen soziale Bewegungen ihre Identität. In ihnen wird die gesellschaftliche Wahrnehmung der Wirklichkeit neu strukturiert, werden andere Problemprioritäten gesetzt, neue Konfliktlinien gezogen, neue Koalitionen geschmiedet, neue Handlungsfelder geschaffen. Diese Durchsetzung einer neuen Problemdeutung geht mit der Kritik, mit der mehr oder weniger radikalen Infragestellung der alten, bislang herrschenden Problemdeutungen und der Skanadalisierung der mit diesen Deutungen verknüpften gesellschaftlichen Praktiken einher; dem dienen demonstrative, spektakuläre oder konfrontative Aktionen. In ihnen geht es vorrangig nicht um institutionelle Macht, sondern um Definitionsmacht. Institutionellen Einfluß können soziale Bewegungen in modernen, pluralistischen Gesellschaften immer nur indirekt nehmen: über die Neudefinition der Verhältnisse, über die Delegitimierung institutioneller Praktiken, die – aus dieser neuen Perspektive – als unangemessen, ungerecht, skandalös erscheinen. Für den Erfolg oder Mißerfolg sozialer Bewegungen ist somit entscheidend, ob es ihnen gelingt, ihren Argumenten und Symbolisierungen, ihren Kritikmustern und Utopien hohe öffentliche, d.h. immer auch massenmedial vermittelte Resonanz zu verschaffen. Erst wenn ihnen das gelingt, lassen sich auch institutionelle Strukturen, Interessen- und Herrschaftsgeflechte aufbrechen und neue Formen der Problembearbeitung durchsetzen.

Diese Definitionskämpfe bewegen sich in einem sich ständig verschiebenden Diskursfeld. So ist die Umweltdebatte durch eine Abfolge von Themenkonjunkturen geprägt, die jeweils andere thematische Brennpunkte in den Vordergrund rücken: in den 70er Jahren Gewässer- und Luftverschmutzung, Ressourcenerschöpfung (,Grenzen des Wachstums'), Atomkraft und andere großtechnische Projekte; in den 80er Jahren Waldsterben, Chemiedebatte, Tschernobyl, Ozonloch, Treibhauseffekt und Regenwaldabholzung; in den 90er Jahren Abfall und Müll, Klimadebatte, Verkehr, nachhaltiger Konsum usw. Jedes dieser Themen strukturiert das Feld der Umweltdebatte neu, schafft andere Problemverknüpfungen, bietet andere Mobilisierungschancen und legt andere Handlungsstrategien nahe. Die Umweltdebatte ist allerdings ihrerseits in eine sich permanent verschiebende politische Großwetterlage eingebettet, die den öffentlichen Diskurs, die Wahrnehmung von Problemprioritäten, generelle Stimmungslagen und die Resonanzchancen umweltpolitischer Themen prägt.

(2) Soziale Bewegungen entwickeln sich aber auch in einem bestimmten *organisatorisch-institutionellen Umfeld.* Das ist zum einen durch die jeweilige politische Chancenstruktur (incl. der Gesamtstruktur des nationalen ,Bewegungssektors'), zum anderen durch die für Mobilisierungszwecke zur Verfügung stehenden organisatorischen, finanziellen und personellen Ressourcen geprägt. Diese beiden Aspekte – ,political opportunity structure' und ,resource mobilization' – bedürfen hier keiner weiteren Erläuterung. Auf dieser Ebene versuchen soziale Bewegungen Ressourcen zu mobilisieren, institutionellen Einfluß zu nehmen, Bündnispartner zu gewinnen, Partizipationsmöglichkeiten zu erweitern, Entscheidungsprozeduren zu ändern, Machtpositionen zu erlangen, Gesetze zu beeinflussen, neue Steuerungsinstrumente einzuführen usw. Auch in dieser Hinsicht haben sich seit den 70er Jahren nachhaltige Veränderungen ergeben, die das Interaktionsfeld, in dem sich die Umweltakteure bewegen, wesentlich umstrukturiert haben.

Im folgenden soll diese Umstrukturierung des Interaktionsfeldes und die damit verbundene Transformation der Umweltbewegung sowohl in diskursiver als auch in organisatorisch-institutioneller Hinsicht skizziert werden (vgl. Brand et al. 1997).

2 Phasenspezifische Entwicklung des umweltpolitischen Konfliktfelds[6]

2.1 Etablierung der Umweltpolitik als Teil sozialliberaler Reformpolitik (1969-74)

In der öffentlichen Debatte der Nachkriegszeit kommt Fragen des Naturschutzes kein großes Gewicht zu. Umweltverschmutzung wird zwar als lokales oder regionales Problem wahrgenommen, besitzt aber keine allzu hohe Dringlichkeit. In den zentralen Kontroversen der 60er Jahre – um ,Bildungsnotstand', wirtschaftliche Rezession, Große Koalition, Notstandsgesetze, Vietnamkrieg, Studentenbewegung etc. – geht es um andere Fragen: um kulturelle Modernisierung, um ökonomische, soziale und demokratische Reformen. Erst gegen Ende der 60er Jahre wird die in den USA bereits weiter entwickelte neue Umweltdebatte langsam auch in der Bundesrepublik rezipiert. Das Interesse der Medien am Thema der Umweltverschmutzung verstärkt sich zunehmend. Die alten, klassischen Naturschutzthemen verlieren an Bedeutung, neue Themen treten in den Vordergrund: industrielle Luft- und Wasserverschmutzung, saurer Regen, DDT, Müll, innerstädtische Lärm- und Verkehrsbelastung. Eine systemische Betrachtung des Zusammenhangs von Natur und Gesellschaft gewinnt langsam an Boden. Umweltschutz wird darin nicht mehr vorrangig als Problem der Bewahrung von ursprünglichen Naturlandschaften und überlieferten, nationalen Kulturdenkmälern, sondern als Frage industrieller Lebensqualität begriffen. Umwelt wird zu einem Gegenstand aktiver politischer Regulierung. Eine wachsende Zahl von Anfragen und Gesetzesinitiativen zu Umweltproblemen beschäftigt die Landtage und den Bundestag. Die ständig zunehmenden Eingriffe in die Landschaft (etwa durch Flurbereinigung, Siedlungs- und Straßenbau) sowie der wachsende Ausbau von Stadt-, Regional- und Landesplanung führen zu einer sprunghaften Ausweitung des Aufgabenbereichs des Naturschutzes, der mit ehrenamtlichen Kräften nicht mehr zu bewältigen ist. Mit dem Bundesnaturschutzgesetz von 1976 wird das überkommene Prinzip des staatlich geleiteten, aber ehrenamtlich ausgeführten Naturschutzes endgültig verabschiedet. Naturschutz wird nun auch organisatorisch in die Perspektive eines integrierten, staatlichen Umweltmanagements eingebunden.

Angestoßen wird diese veränderte Wahrnehmung von ‚Umwelt'-Problemen zunächst weniger von unten als durch die 1969 mit hohen Reformansprüchen angetretene sozialliberale Regierung unter Willy Brandt. Mit seiner Regierungserklärung von 1969, dem ‚Sofortprogramm Umweltschutz' von 1970 und dem Umweltprogramm von 1971 wird ein neues institutionelles Politikfeld begründet und werden die Fundamente einer für die damaligen Verhältnisse fortschrittlichen Umweltgesetzgebung gelegt. Eingebettet in die generelle Reform- und Aufbruchsstimmung dieser Jahre und vorangetrieben durch die in fast allen Gesellschaftsbereichen im Gefolge der Jugend- und Studentenbewegung entstehenden neuen Formen politischer Mobilisierung von unten, bildet sich langsam auch im Umweltbereich ein (zunächst eher von bürgerlichen Mittelschichten getragenes) Netz städtischer und ländlicher Bürgerinitiativen heraus, die sich zumeist für eine Verbesserung der Lebensbedingungen im näheren Wohnumfeld einsetzen. Bereits 1972 wird der *Bundesverband Bürgerinitiativen Umweltschutz* (BBU) gegründet, dem in den folgenden Jahren eine Schlüsselrolle in der Ökologiebewegung zukommt.

2.2 Ökonomie versus Ökologie (1975-82)

Ist diese Phase durch einen breiten umweltpolitischen Konsens charakterisiert, so ändert sich diese Situation gegen Mitte der 70er Jahre entscheidend. In Reaktion auf die nun einsetzende weltwirtschaftliche Rezession wird – signalisiert durch den Kanzlerwechsel von Willy Brandt zu Helmut Schmidt – ein auf die Konkurrenzfähigkeit Deutschlands am Weltmarkt orientierter wirtschaftlicher Modernisierungskurs dominant (,Modell Deutschland'), der auf den beschleunigten Ausbau der Kernenergie setzt. Umweltschutz scheint nun, aus der Sicht von Regierung, Industrie und Gewerkschaften, Arbeitsplätze und wirtschaftliches Wachstum zu gefährden. Im Umweltdiskurs treten dagegen Katastrophenszenarien in den Vordergrund, die sich u.a. am Bericht des Club of Rome über die ,Grenzen des Wachstums' entzünden. So öffnet sich eine Schere zwischen der verschärften Wahrnehmung ökologischer Probleme auf der einen und der expliziten Zurücknahme der umweltpolitischen Reformprogrammatik auf der anderen Seite. Die polare Entgegensetzung von Ökonomie und Ökologie verleiht dem sich nun verstärkenden Umweltprotest eine fundamentalistische Stoßrichtung. Seinen Brennpunkt findet er in den Konflikten um den Bau von Atomanlagen und anderen großtechnischen Projekten. Organisatorisch führt er zur Herausbildung eines dichten Netzwerks ,basisdemokratischer' Bewegungsorganisationen und zur Gründung der GRÜNEN. Ideologisch wird die Ökologiebewegung dieser Jahre durch eine – von Katastrophenszenarien gespeiste – vehemente Kritik an Großtechnik und wirtschaftlichem Wachstum getragen.

2.3 Die Institutionalisierung der ökologischen Thematik (1983-90)

Seit Beginn der 80er Jahre zeigen sich deutliche Institutionalisierungstendenzen der Ökologiebewegung. In der nun einsetzenden dritten Phase des Umweltkonflikts diffundieren ökologische Orientierungen auf breiter Front in politische, gesellschaftliche und wirtschaftliche Handlungsfelder. Die GRÜNEN stabilisieren sich bundesweit als vierte Partei und ziehen auf Bundesebene (1983) ins Parlament ein. Das Umweltthema erlangt, wie Umfragen belegen, hohe Priorität im öffentlichen Bewußtsein. Die erregte öffentliche Debatte über das ,Waldsterben' bietet dabei der neuen, konservativ-liberalen Regierung unter Helmut Kohl eine günstige Gelegenheit, sich selbst als europäischer Vorreiter im Umweltschutz zu profilieren (vgl. Weidner 1990). Die Zahl der gesetzlichen Regelungen auf dem Umweltsektor steigt in den 80er Jahren sprunghaft an.

Die Katastrophe von Tschernobyl führt zwar zur Entstehung einer neuen Graswurzelbewegung, der ,Mütter gegen Atomkraft'; sie hat aber vor allem institutionelle Konsequenzen. Ein Bundesumweltministerium wird geschaffen. Nach den GRÜNEN setzt nun auch die SPD den Ausstieg aus der Kernenergie und den ,ökologischen Umbau der Industriegesellschaft' auf die Tagesordnung. Auf kommunaler wie auf Landesebene kommen Grüne in Amt und Würden, erklimmen Dezernenten- und Ministersessel. Die Umweltbewegung wird – z.T. wider Willen und mit erheblichen Identitätsproblemen – von einer antiinstitutionellen Massenbewegung zu einem akzeptierten, auch wegen ihres Sachverstands gefragten gesellschaftspolitischen Akteur. Das öffentliche und das private Leben ‚ergrünen'. ‚Umweltfreundliches' Verhalten wird zu einer weithin akzeptierten (wenn auch weit seltener befolgten) Norm alltäglichen Handelns.

In der zweiten Hälfte der 80er Jahre beginnt auch die Industrie, sich um ein besseres Umwelt-Image zu sorgen. Gepriesen werden nun ‚ganzheitliche' Konzepte des ‚integrierten Umweltschutzes'. Dem Zwang, sich zumindest nach außen hin als umweltbewußt darzustellen, kann sich kein Unternehmen mehr entziehen, insbesondere nicht solche, die im Brennpunkt der ökologischen Kritik stehen (wie Chemieunternehmen oder Automobilhersteller). *Ökologische Modernisierung* wird zur zentralen Formel einer innovativen Perspektive gesellschaftlicher und wirtschaftlicher Entwicklung.

2.4 Standortdebatte und Krise der Umweltpolitik (1991-95)

Diese zu Beginn der 90er Jahre noch dominanten Trends werden ab 1991/92 sukzessive durch einen ökonomischen Krisendiskurs überlagert, der eine vierte Phase des Umweltkonflikts einleitet. In ihr gerät die Umweltthematik gegenüber den Folgen der deutschen Vereinigung und einer rapide wachsenden Arbeitslosigkeit im Gefolge tiefgreifender wirtschaftlicher Umbrüche erneut in die Defensive. In den Ländern der ehemaligen DDR wird das Umweltthema, nach einem Höhenflug in der Zeit des ‚Runden Tischs', unter dem Druck hoher Arbeitslosigkeit und mangelnder Investitionen rasch wieder von ökonomischen und sozialen Sorgen in den Hintergrund gedrängt. Einspruchsrechte von Bürgern werden durch Gesetze zur Beschleunigung von Planungs- und Genehmigungsverfahren eingeschränkt. Auch im Westen bieten die wachsenden finanziellen Anforderungen für den ‚Aufbau Ost', die sich rapide verschlechternde generelle Wirtschaftslage und die neue ‚Standort'-Debatte die Legitimation für das Zurückschrauben ökologischer Belange. Traditionelle Wachstums- und Kostenargumente drängen den ökologischen Modernisierungsdiskurs wieder in den Hintergrund. Nachhaltige Verbesserungen der Umweltsituation in Deutschland werden in den Jahren nach der Wende nur durch die - überwiegend ökonomisch motivierte - Stillegung ostdeutscher Giftschleudern erreicht. Während die Umweltbewegung im Aufwind des ökologischen Modenisierungsdiskurses verstärkt auf die Strategie des Dialogs gesetzt hatte, verbreitet sich nun eine desillusionierte, resignative Stimmungslage. In Strategiedebatten wird – zunächst noch etwas hilflos – nach einem neuen strategischen Ansatzpunkt für Mobilisierungsprozesse gesucht. Dem kommt die durch die Blockade der bisherigen regulativen, emissionsorientierten Umweltpolitik erzwungene strategische Neuorientierung der nationalen Umweltpolitik entgegen.

2.5 ‚Nachhaltige Entwicklung': Neurahmung des ökologischen Konflikts (1996-...)

Trotz der Überlagerung der ökologischen durch ökonomische und soziale Themen in der Öffentlichkeit kann der inhaltlich erreichte Stand der Umweltdebatte, die Hinwendung zum ‚integrierten Umweltschutz' und einem präventiven Umweltmanagement, nicht mehr rückgängig gemacht werden. Diese Akzentsetzung wird nicht zuletzt durch die neue Fokussierung der Umweltdebatte auf globale Umweltfragen verstärkt. Im Mittelpunkt der Debatte stehen jetzt nicht mehr Verschmutzungsprobleme, sondern die Grenzen der Belastbarkeit natürlicher Systeme durch Produkte und Nebenprodukte (z.B. CO_2), durch materielle Stoffströme und Abfälle. Abfallvermeidung, Stoffstrommanagement, Kreislaufwirtschaft, ‚Effizienzrevolution', ‚nachhaltige Lebensstile' sind die Stichworte dieser Debatte. Das Konzept der *Nachhaltigen Entwicklung* (Sustainable Development), das sich seit der UNCED-Konferenz in Rio 1992 zunächst sehr zögerlich, dann ab Mitte der 90er Jahre in beschleunigtem Maße auch in der Bundesrepublik verbreitet, bietet sowohl für die Politik als auch für die Umweltbewegung einen neuen Rahmen für diese strategische Neuorientierung.

Dieses neue Leitbild fokussiert die Aufmerksamkeit auf die *Verknüpfung von ökologischen, ökonomischen und sozialen Entwicklungsaspekten*. Es lenkt das Augenmerk sowohl auf die langfristige Sicherung der natürlichen Reproduktionsbedingungen menschlichen Lebens als auch auf die Frage der gerechten Nutzungsmöglichkeiten von Natur. Damit rückt die Frage in den Vordergrund, inwieweit das westliche Wohlstandsmodell, der umweltbelastende, material-, ressourcen- und energieintensive westliche Lebensstil – und dessen Nachahmung in anderen Teilen der Welt – diesen Kriterien von Nachhaltigkeit genügt, inwieweit er geändert werden muß, und vor allem, wie dies geschehen kann. Eine katalysatorische Rolle für diese strategische Neuorientierung kommt dabei der vom Wuppertal Institut für Klima, Umwelt und Energie im Auftrag von BUND und MISEREOR erstellten Studie ‚Zukunftsfähiges Deutschland' (1996) zu.

Ich möchte nun im folgenden genauer der Frage nachgehen, welche Konsequenzen diese in fünf Phasen beschriebene Institutionalisierung des ökologischen Konflikts für die organisatorische Entwicklung und Mobilisierungsfähigkeit der Umweltbewegung hat.

3 Moral und Professionalität: die Institutionalisierung der Umweltbewegung

Die Ökologiebewegung folgt zwar, wie die Frauen- oder Friedensbewegung, ihrer eigenen Dynamik, die durch ihren spezifischen Problembezug geprägt ist. Wie in anderen Ländern auch, ist die Entwicklung der Ökologiebewegung in Deutschland zugleich aber in den umfassenderen Mobilisierungszyklus der ‚neuen sozialen Bewegungen' eingebettet (Brand et al. 1986; Roth 1985). Diese Bewegungen besitzen unterschiedliche nationale Konturen (vgl. Brand 1985; Kriesi et al. 1995; Rucht 1994). So weisen die verschiedenen Stränge dieses neuen Bewegungssektors in keinem Land einen so hohen Grad an kultureller Integration und sozialer Vernetzung auf wie in den ‚alternativen Milieus' Westdeutschlands Ende der 70er, Anfang der 80er Jahre. Nur hier führt die Auseinandersetzung über die neuen Themen zu einer klaren Polarisierung zwischen ‚alter' und ‚neuer Politik', zwischen ‚erster' und ‚zweiter Kultur', zwischen ‚System' und ‚Bewegung'.

Für unsere Fragestellung ist entscheidend, daß dieser umfassendere Kontext den verschiedenen Strängen und Organisationen der Ökologiebewegung ein überwiegend links-libertäres Gepräge gibt. Die Ökologiebewegung wird ihrerseits für eine bestimmte Zeit, vor allem in der zweiten Hälfte der 70er Jahre, zum kulturell integrierenden Kern der neuen sozialen Bewegungen in der Bundesrepublik. Sie liefert den verschiedenen Bewegungssträngen eine lose Integrationsideologie, die sich auf eine ökologisch gefärbte Kritik am industriellen Wachstumsmodell und auf die gegenkulturelle Vision einer ‚sanften', ökologisch verträglichen, basisdemokratisch organisierten, egalitären Gesellschaft stützt. Die Ökologiebewegung entsteht zunächst allerdings unabhängig vom Kontext der linken, aus der Studentenbewegung erwachsenen Protestszene, und sie entwickelt sich auch nach dem Zerfall der grün-alternativen Bewegungsmilieus (ab Mitte der 80er Jahre) in eigenständiger Form weiter.

Wie in anderen Ländern weist auch die Umweltbewegung der Bundesrepublik drei Pfeiler auf: erstens den Sektor autonomer, lokaler Graswurzelgruppen, die nur lose miteinander vernetzt sind; zweitens den Sektor der etablierten alten Naturschutzverbände und der neuen Generation ökologisch orientierter Umweltorganisationen; drittens den Sektor wahl- und parteipolitischer Organisationen.

3.1 Entwicklung und Organisationsstruktur der deutschen Umweltbewegung[7]

In den 70er Jahren dominieren in der Bundesrepublik die *autonomen Basisinitiativen*, ihre regionalen und themenspezifischen Netzwerke das Erscheinungsbild der Ökologiebewegung. Die Ökologiebewegung dieser Jahre ist in die Milieus der ‚neuen sozialen Bewegungen' eingebettet. Eine katalysatorische Rolle für die Verknüpfung der verschiedenen Protestmilieus spielt dabei der Konflikt um die Atomenergie und andere großtechnische Anlagen. An den Brennpunkten ökologischer Standortkonflikte – Wyhl, Brokdorf, Grohnde, Gorleben, Startbahn West – mischen sich die im ländlichen Kontext der Bürgerinitiativen entwickelten basisdemokratischen Konzepte und

Handlungsmodelle mit den aus dem großstädtischen, alternativen Milieu stammenden Protestformen. Eine Vielzahl lokaler und regionaler Zeitungen und Magazine fördert die kommunikative Vernetzung und führt zur Herausbildung einer ‚alternativen Öffentlichkeit' – mit der bundesweiten *taz* als ihrem prominentesten Produkt. Das ist der politisch-kulturelle Kontext, aus dem heraus Ende der 70er Jahre verschiedene regionale, grün-alternative Wahlbewegungen und schließlich die Bundespartei der Grünen entstehen.

Seit Mitte der 80er Jahre sind diese Bewegungsmilieus einem raschen Wandel unterworfen, sie zerbröseln oder verlieren zumindest an Kohärenz. Bewegungsthemen wie Umweltschutz, Abrüstung, Selbstbestimmung und Chancengleichheit für Frauen, Selbsthilfe, Dezentralisierung usw. diffundieren in Politik und Gesellschaft und werden – entsprechend entschärft – in die Programmatik der etablierten Parteien übernommen. Innerhalb der Grünen löst das Wegbrechen der Bewegungsbasis und die Institutionalisierung des ökologischen Themas einen erbitterten Konflikt zwischen ‚Fundis' und ‚Realos' um die Neubestimmung der eigenen Identität aus. Wenngleich viele Umweltinitiativen und Netzwerke (bei hoher Fluktuation der einzelnen Gruppen) auf lokaler Ebene weiterbestehen oder neu gebildet werden, verlieren sie doch in den 80er Jahren ihre zentrale Bedeutung für das öffentliche Erscheinungsbild und die Entwicklung der Ökologiebewegung.

In diesen Jahren gewinnt statt dessen der Sektor der modernisierten alten sowie der neuen Umweltschutzverbände kontinuierlich an Mitgliedern und Einfluß. Dies trifft insbesondere auf den 1975 gegründeten Bund für Umwelt und Naturschutz (BUND) zu, der ideologisch eine Mittelstellung zwischen den traditionellen Naturschutzverbänden und den radikalen Gruppierungen der politischen Ökologie einnimmt. Nicht zuletzt unter dem Einfluß des BUND öffnet sich dann in den 80er Jahren auch der Deutsche Naturschutzring (DNR), der Dachverband herkömmlicher Natur(schutz)verbände, der Perspektive eines umfassenden Umweltschutzes. Das gilt auch für den World Wide Fund for Nature (WWF) oder für den Deutschen Bund für Vogelschutz, der erst 1989 unter dem neuen Namen Naturschutzbund Deutschland (NABU) seine ökologische Wende vollzieht. Zu der aus der Ökologiebewegung entstandenen neuen Generation von Bewegungsorganisationen gehören als bekannteste und ressourcenstärkste Gruppe der 1980 gegründete deutsche Ableger von Greenpeace. Im Rahmen der Debatte über das ‚Waldsterben' und aus Protest gegen die hierarchischen Entscheidungsstrukturen in dieser Organisation spaltet sich davon 1982 die Gruppe Robin Wood ab. Typische Vertreter dieser neuen Generation von Umweltorganisationen sind z.B. der Verkehrsclub Deutschland (VCD) oder der Allgemeine Deutsche Fahrradclub (ADFC) sowie wissenschaftliche Öko-Institute (wie z.B. das 1977 gegründete Öko-Institut Freiburg).

Das dritte organisatorische Bein der Umweltbewegung in Deutschland ist die Partei der Grünen. Die Grünen werden 1980 als Bundespartei gegründet.

Vorläufer sind die ab 1978 auf Länderebene entstandenen ‚grünen' und ‚alternativen Listen'. Während diese neue ‚Antiparteien-Partei' zunächst noch einen etwas schillernden Charakter aufwies, hatte sie bis zu Beginn der 80er Jahre doch ein klares links-libertäres Profil gewonnen, mit einem explizit basisdemokratischen Selbstverständnis. Die Wahlerfolge der Grünen auf kommunaler, Länder- und Bundesebene – sie ziehen 1983 mit einem Stimmenanteil von 5,6% in den Bundestag ein – haben erhebliche finanzielle Zuflüsse zur Folge, die den Ausbau eines grünen Expertentums innerhalb der Ökologiebewegung wesentlich beschleunigen. Die Grünen avancieren so bis Mitte der 80er Jahre, trotz ihrer vergleichsweise geringen Mitgliederzahl, zur dominanten, mobilisierungskräftigsten und ressourcenstärksten Organisation innerhalb der Ökologiebewegung. Der erbitterte Richtungskampf zwischen ‚Fundis' und ‚Realos' in der zweiten Hälfte der 80er Jahre nimmt den Grünen dann viel von ihrem progressiven Appeal. 1990 scheiden die Grünen, überrollt von den Ereignissen der deutschen Vereinigung, für vier Jahre aus dem Bundestag aus. An ihre Stelle treten einige Vertreter des aus den Bürgerbewegungen Ostdeutschlands hervorgegangenen Bündnis '90. Dieser Schock löst eine Phase der Selbstbesinnung und Konsolidierung bei den Grünen aus. ‚Realistische' Positionen – vertreten vor allem durch den damaligen hessischen Umweltminister Joschka Fischer – werden dominant. 1993 wird, nach langen Verhandlungen, der Zusammenschluß von Bündnis '90 und den Grünen vollzogen; diesem Bündnis gelingt 1994 dann auch problemlos der erneute Einzug in den Bundestag.

Während die Grünen auf der Suche nach einer neuen Identität eine konflikthafte, nach außen wenig attraktive Phase der Ablösung von ihrem ursprünglichen fundamentalistischen Selbstverständnis als ‚Bewegungspartei' durchlaufen, schieben sich andere Umweltakteure, allen voran Greenpeace und BUND, in der öffentlichen Wahrnehmung in den Vordergrund. Die Katastrophe von Tschernobyl 1986 ruft auch die neue Graswurzelbewegung Mütter gegen Atomkraft ins Leben. Quer über die ganze Republik, in Tausenden von Klein- und Großstädten, bilden sich in den Monaten nach der Katastrophe Gruppen von Müttern, die neben der generellen Ablehnung der Atomenergie vor allem das praktische Interesse an der Organisation eines durch radioaktive Strahlung möglichst wenig belasteten Alltags (Essen, Spielplätze etc.) miteinander verbindet. Das Aufleben dieser neuen Generation von Basisinitiativen ändert aber nichts an den grundsätzlichen Trends. Die Ökologiebewegung gewinnt ihre Identität nicht mehr aus der Konfrontation mit einem auf wirtschaftliches Wachstum oder neue Riosikotechnologien eingeschworenen politischen System. Militante Auseinandersetzungen vor Ort, wie sie auch jetzt noch gelegentlich auftreten, wie in Wackersdorf bis zum Ausstieg der Wirtschaft aus dem geplanten Bau einer atomaren Wiederaufarbeitungsanlage im Jahre 1989 oder Mitte der 90er Jahre wieder gegen die Castor-Transporte, stellen längst nicht mehr den symbolisch integrierenden Kern der Umweltbewegung dar. Tschernobyl hat vielmehr die Skepsis gegenüber der Atomenergie und die Bereitschaft zum Ausstieg aus ihrer zivilen Nutzung bis weit in die etablierten Parteien hinein getrieben. Tschernobyl bewirkt so nicht nur eine Intensivierung des ökologischen ‚Risikodiskurses'; es bewirkt auch einen Institutionalisierungsschub der ökologischen Thematik. Das zentrale Terrain, auf dem Umweltkonflikte ausgetragen werden, hat sich damit unwiderruflich auf das institutionelle Feld, auf die Interaktion organisierter Akteure und das Feld professioneller Öffentlichkeitsarbeit verschoben.

3.2 Die Professionalisierung der Umweltakteure

Soziale Bewegungen und umweltpolitische Aktionsgruppen leben von ihrer Fähigkeit, moralischen Protest zu mobilisieren. Die ideale Konstellation dafür besteht dann, wenn es gelingt, den jeweiligen Konflikt als Auseinandersetzung zwischen dem kleinen, für die gerechte Sache (mit Slogans wie ‚Unser aller Gesundheit' oder ‚Die Erhaltung der Natur') kämpfenden ‚David' gegen den übermächtigen 'Goliath', den eindeutigen Bösewicht und Umweltverschmutzer, zu inszenieren. Diese Bedingungen sind heute, zumindest in der Bundesrepublik, nur noch in den seltensten Fällen gegeben. Spektakuläre Kaminbesteigungen lohnen nicht mehr, wenn aufgrund des relativ hohen Stands von end of pipe-Technologien nicht mehr Abluft oder Abwässer, sondern die Produkte selbst der größte Umweltverschmutzer sind. Umweltthemen muß heute kein Platz mehr im öffentlichen Bewußtsein erkämpft werden. Das erschwert die Mobilisierungsarbeit für Umweltgruppen. Sie sehen sich genötigt, ihre Handlungsstrategien den veränderten Bedingungen anzupassen. Diese Anpassung vollzieht sich auf verschiedenen Ebenen; es verändern sich die Handlungsfelder, die Mobilisierungsformen sowie die Interakionsmuster mit wirtschaftlichen und politischen Akteuren.

Die Handlungsfelder differenzieren sich aus; etablierte Umweltorganisationen wie BUND oder NABU nehmen an Anhörungen teil und entwickeln Stellungnahmen zu neuen Gesetzesvorhaben. Sie sind auf der Gemeinde- und Kreisebene an der Planung von Bauvorhaben und Anlagen (z.B. Müllverbrennungsanlagen) beteiligt. Sie können gegen Genehmigungen vor Gericht klagen oder unterstützen Bürger in ihrer Klage. Greenpeace gibt wissenschaftliche Studien in Auftrag, um themenspezifische Kampagnen (zur Verkehrspolitik, zum Ausstieg aus der Chlor-Chemie, zur Machbarkeit einer ökologischen Steuerreform etc.) fachlich zu untermauern. Der WWF macht gezielte Projektarbeit in bestimmten Schwerpunktbereichen (z.B. Meeres- und Küstenschutz, Binnenland-Feuchtgebiete und Wälder). Der BUND finanziert, zusammen mit MISEREOR, die vom Wuppertal-Institut für Klima, Umwelt, Energie erstellte Studie ‚Zukunftsfähiges Deutschland'. Greenpeace und BUND suchen die Kooperation mit Firmen, um clean technologies zu fördern oder um Prinzipien ökologischer Unternehmensführung stärker Geltung zu verschaffen. Umweltorganisationen sind in Enquete-Kommissionen beteiligt. Sie entwickeln alternative Verkehrs- und Energiekonzepte und wirken an ihrer Umsetzung auf kommunaler oder auf Landesebene mit. Ihre Fachreferenten führen Detaildiskussionen über die Substituierbarkeit bestimmter Chemikalien, über die Gestaltung der ökologischen Steuerreform oder über die Kriterien eines nachhaltigen ‚Naturmanagements' (z.B. in bezug auf die Waldnutzung). Umweltorganisationen initiieren aber auch Verbraucherboykotte (z.B. gegen den Kauf von Tropenhölzern) und führen bei Bedarf konfrontative Protestaktionen, Demonstrationen oder Blockaden mit möglichst spektakulärer Inszenierung durch. Sie sind nicht zuletzt (wie etwa die Orts- und Jugendgruppen des BUND), vor allem auf lokaler Ebene, im klassischen Feld des Natur- und Artenschutzes tätig.

Die Auffächerung der Handlungsfelder ist von einer durchgängigen Professionalisierung der Arbeits- und Aktionsformen begleitet. Dieser Trend kommt in einer zunehmenden Verwissenschaftlichung, in organisatorischen Umstrukturierungen und im Nutzen von Marketingmethoden in der Öffentlichkeitsarbeit zum Ausdruck. Bei allen größeren Organisationen gewinnen seit der zweiten Hälfte der 80er Jahre wissenschaftliche Experten an Bedeutung. Für große Teile der Umweltbewegung wird die fachliche Qualifikation zu einem wesentlichen Bestandteil ihres Selbstverständnisses. Auch die Öffentlichkeitsarbeit wird professioneller – nicht zuletzt im Sog der medienwirksam inszenierten Kampagnen von Greenpeace, die in der zweiten Hälfte der 80er Jahre zur größten und bekanntesten Umweltorganisation aufsteigt. Die Außendarstellung, also die Frage, ‚wie man sich präsentiert, wie man ein konsistentes Image von sich selbst aufbaut' (BUND), gewinnt durchgängig an Gewicht.

Das verstärkt individuelle Profilierungstendenzen. Jede Umweltorganisation ist bemüht, über ihr Tätigkeitsprofil, über ihren Aktions- und Arbeitsstil eine spezifische Identität und ein bestimmtes Image zu gewinnen, das dann auch in den eher seltenen Fällen der Kooperation (z.B. im Rahmen lokaler Aktionen) eifersüchtig zu wahren versucht wird. Der BUND sieht sich so vor allem als fachlich fundierte Organisation mit fundamentalistischem Einschlag. Greenpeace lebt von seinem Markenzeichen ‚David gegen Goliath', von der symbolischen, spektakulären Inszenierung des immer gleichen Konflikts zwischen der Arroganz und Dummheit der Mächtigen, die durch Mut, Intelligenz und Hingabe der ‚Kleinen' gebrochen werden (vgl. Greenpeace 1996). Der WWF meidet dagegen spektakuläre Aktionen und sucht den ‚konstruktiven Dialog', versucht gemeinsam mit Regierung, Industrie und Gewerkschaften, ‚langfristige Lösungen' zu erarbeiten (WWF). Gruppen wie Robin Wood oder Mütter gegen Atomkraft sowie örtliche Initiativen pflegen wiederum (allerdings nicht immer ganz freiwillig) ihr basisdemokratisches Image – oft in Abgrenzung von der professionellen, an Effektivität orientierten Arbeitsweise der großen Verbände. So herrscht insgesamt, insbesondere unter den größeren Umweltverbänden, eher Rivalität als Kooperation vor.

3.3 Von der Konfrontation zur begrenzten Kooperation

Die Institutionalisierung der Umweltbewegung verändert auch die Interaktionsformen mit Politik und Wirtschaft. Nicht nur im Verhältnis zur Politik, sondern auch zur Wirtschaft, ist an die Stelle von Konfrontation – trotz allen öffentlichen Trommelns – Dialog und begrenzte Kooperationsbereitschaft getreten. Ende der 80er, Anfang der 90er Jahre werden ökologisch innovative Vertreter der Wirtschaft begehrte Gesprächs- und Kooperationspartner für die Umweltverbände. Das mündet ein in Beratungstätigkeit für einzelne Firmen oder auch in begrenzte finanzielle Kooperationen, um neuen Technologien oder Produkten den Durchbruch am Markt zu ermöglichen. Bestes Beispiel dafür ist die Greenfreeze-Kampagne von Greenpeace, die den FCKW-freien Kühlschrank am Markt durchsetzt. Andere Beispiele sind Öko-Sponsoring oder die Kooperation von Umweltgruppen mit dem Handel, die das Ziel hat, ökologisch unverträgliche Produkte aus dem Sortiment zu entfernen oder auch bestimmten Produktgruppen wie Fair Trade Produkten oder Produkten aus der Region einen stärkeren Absatz zu garantieren. Weidner (1996) resümiert diesen generellen Trend folgendermaßen: „Auf allen Gebieten und Ebenen der Umweltpolitik ist (so) in den letzten Jahren ein an Intensität zunehmender und in vielfältige Kooperationsformen mündender Dialog zwischen den Hauptakteuren in Gang gekommen. Unüberschreitbare starre Konfliktlinien treten nur noch selten auf" (Weidner 1996: 208). Diese Wandlung ehemals hoch konfliktueller zu dialogischen Kooperationsformen zeigt sich insbesondere im Chemiebereich (vgl. Dreyer 1997; Kesselring 1997).

Das ist inzwischen, unter dem Diktat der wirtschaftsliberalen Standort- und Globalisierungsdebatte, vielfach bereits wieder Vergangenheit. Die Dialog-Euphorie ist verflogen. Eine Alternative zur Strategie begrenzter Kooperation bietet sich nicht mehr an. Ein Zurück zur alten Konfrontationsstrategie der Massenmobilisierung ist aufgrund der veränderten Rahmenbedingungen keine realistische Option mehr. Das nötigt zu einer strategischen Neuorientierung. Diese wurde, wie erwähnt, durch die nun auch in Deutschland, nach der Weltkonferenz für Umwelt und Entwicklung in Rio 1992, erfolgende Rezeption des Leitbilds einer ‚nachhaltigen', ‚dauerhaften' oder ‚zukunftsfähigen Entwicklung' (alles Übersetzungen von sustainable development) stark beeinflußt. ‚Nachhaltige Entwicklung' wird zwar in der öffentlichen Debatte kontrovers ausbuchstabiert. Aber es ist ein integratives Leitbild, es begünstigt die Vernetzung von Perspektiven, Interessen und Akteuren (vgl. Brand 1997).

4 Institutionalisierung und Mobilisierung: Perspektiven der Umweltbewegung

Was bedeutet diese Entwicklung für die Mobilisierungsfähigkeit der Umweltbewegung? Zwar besteht ein relativ breiter Konsens darüber, daß die

Umweltbewegung einen Institutionalisierungsprozeß durchlaufen hat. Institutionalisierung ist aber ein mehrdimensionaler Prozeß. Sie bedeutet keineswegs automatisch das Ende sozialer Bewegungen. Während ‚Organisation' ohnehin keinen Gegensatz zu ‚Bewegung' darstellt, Bewegungsorganisationen für den Erfolg von Mobilisierungsprozessen vielmehr eine entscheidende Bedeutung besitzen, sind Institutionalisierungsaspekte wie Professionalisierung, arbeitsteilige Ausdifferenzierung, Hierarchisierung oder Verrechtlichung keineswegs identisch mit Bürokratisierung oder Oligarchisierung. Eine jüngere Studie von Rucht et al. (1997) hat diesen Sachverhalt durch eine Längsschnittstudie des links-libertären Bewegungsspektrums in der Bundesrepublik deutlich herausgearbeitet. So zeigt sich, daß die Gruppen der links-libertären Bewegungsszene seit Beginn der 80er Jahre in Westdeutschland einem eher „langsamen und unspektakulären Prozeß der Differenzierung, Professionalisierung und Verrechtlichung unterliegen. Schließlich haben sie ihre Kooperationsbeziehungen untereinander, aber auch mit Einrichtungen und Organisationen des ‚etablierten' Politikbereichs intensiviert, verbreitert und stabilisiert" (Rucht et al. 1997: 185). Die untersuchten Gruppen und Gruppennetzwerke weisen dagegen keine Bürokratisierungs- und Oligarchisierungstendenzen auf. Sie haben, so die Autorengruppe, trotz des erreichten ‚mittleren' Institutionalisierungsgrades ihren ‚Bewegungscharakter' noch nicht verloren. Diese Schlußfolgerung bezieht sich allerdings nur auf den organisatorischen Aspekt der Umwelt- und anderer neuer sozialer Bewegungen. Hier kann von einer Institutionalisierung von Bewegungsnetzwerken oder von ‚Bewegungspolitik' als einer neuen, alltäglich gewordenen Form mehr oder weniger professionellen politischen Engagements ausgegangen werden (Neidhart/Rucht 1993; Roth 1994). Das besagt allerdings noch wenig über die Fähigkeit dieser Bewegungsnetzwerke, eine breitere Öffentlichkeit immer wieder, situativ und themenspezifisch mobilisieren zu können.

Daß die Resonanz für Umweltprobleme derzeit gering ist, ist der Überlagerung durch andere, soziale Themen geschuldet, nicht der gesunkenen Sensibilität für Umweltthemen. Das belegen nicht nur Umfragen, sondern auch die ungebrochene Mobilisierungsfähigkeit des Anti-AKW-Protests (z.B. gegen Castor-Transporte) oder das aufblühende Engagement im Rahmen von Agenda 21-Prozessen oder lokalen Klimabündnissen. Nicht zuletzt hält das subversive Potential technischer Gefahrenproduktion, fortschreitender Umweltzerstörung und sich häufender Katastrophen das Thema selbst am Köcheln - auch wenn die soziale Problematik auf absehbare Zeit die politische Agenda beherrscht. Eingedenk der Tatsache, daß für soziale Bewegungen das Terrain symbolischer Definitionskämpfe das entscheidende Konfliktterrain ist, bleibt für die verschiedenen Umweltakteure allerdings auch keine Alternative zum Trommeln, Skandalisieren und Dramatisieren von Umweltproblemen als *einem* ihrer Aktivitätsschwerpunkte.

Für die Mobilisierungsfähigkeit von Umweltthemen bedeuten diese Kontextbedingungen allerdings, daß die Umweltkrise in der öffentlichen

Thematisierung mit der sozialen Krise und mit dem Problem der knappen öffentlichen Kassen verknüpft werden muß. Dafür bietet die Debatte um ,nachhaltige Entwicklung' einen günstigen Rahmen. Nachhaltige Entwicklung ist zunächst ein sehr generelles und vages Leitbild; es kann wirtschaftsnah, sozialreformerisch und kapitalismus- oder industrialismuskritisch ausbuchstabiert werden. Aber es ist ein integratives Leitbild, das Vernetzungen zwischen Akteuren und Themenfeldern, neue Formen des bürgerschaftlichen Engagements und neue Formen dialogischer Politik begünstigt. Während die Debatte um die Umsetzung dieses Leitbilds zwar auf der nationalen Ebene z.B. durch Gutachten des Sachverständigenrats für Umweltfragen (RSU 1994) oder durch Berichte der Enquete-Kommission ,Schutz des Menschen und der Umwelt' (1994) vorangetrieben wird, bleibt diese konzeptionelle Debatte auf der Ebene nationaler Politik zunächst folgenlos. Hier ist alles durch ökonomische Problemrahmungen, durch Standortdebatte und Spardiskussionen blockiert (z.B. die Diskussion um die ökologische Steuerreform). Sehr innovative praktische Effekte hat die Debatte um Nachhaltigkeit dagegen auf lokaler Ebene. Hier sind es nicht nur die ,lokalen Klimabündnisse', sondern vor allem die ,lokale Agenda 21'-Initiativen, die ein Forum für neue, vernetzende Diskussionen um eine nachhaltige Stadtentwicklung, um eine nachhaltige Wirtschafts-, Verkehrs- und Sozialpolitik oder um die Förderung nachhaltiger Lebensstile bieten (vgl. ökom 1998, Politische Ökologie 52). Die Aufgabe der Umweltbewegung bleibt es in diesem Kontext, in den verschiedenen vernetzenden Diskursen und Foren eine ökologienahe Interpretation durchzusetzen, die zugleich Perspektiven für die Lösung der sozialen Problematik bietet.

Anmerkungen

[1] Empirisch stützen sich die folgenden Ausführungen auf ein von Klaus Eder geleitetes DFG-Projekt zum Thema ,Ökologische Kommunikation in Deutschland', das seinerseits in eine komparative EU-Studie zum Thema ,Framing and Communicating Environmental Issues' eingebettet war (vgl. Brand et al. 1997; Eder 1995).

[2] Vergleicht man die These Opps mit den von Kriesi/Giugni (1996: 334) und Rucht (1994: 273, 452) genannten Daten, so ergibt sich ein völlig anderes Bild. Die Zahl der Umweltproteste (ohne Anti-AKW-Proteste) sinkt zwar gegenüber dem Höhepunkt von 81/82 stark ab, sie pendelt aber weiter auf einem Niveau, das deutlich über dem der 70er Jahre liegt. Die Zahl der Protestereignisse und die Teilnahmerzahlen der Anti-Atomkraftbewegung schnellen dagegen 1986 (nach Tschernobyl) drastisch in die Höhe und sinken erst nach 1988 wieder unter das Niveau der späten 70er Jahre. (Das Aufleben der Proteste gegen die Castor-Transporte Mitte der 90er Jahre ist in diesen Daten noch nicht berücksichtigt.)

[3] So zeigt z.B. die Schweiz eine steigende Protesthäufigkeit bei hoher Institutionalisierung in den 80er Jahren (vgl. Kriesi/Giugni 1996: 334).

[4] Die zentrale, vermittelnde Rolle der öffentlichen Meinung wird auch von Rucht (1996) in seinem Versuch einer Wirkungsbilanz von Umweltbewegungen betont.

[5] Dieser Gedanke wird am konsequentesten in Japps (an Luhmann orientierter) Theorie der ,Selbsterzeugung sozialer Bewegungen' verfolgt (Japp 1984).

[6] Eine ausführlichere Darstellung der einzelnen Phasen findet sich in Brand (1993). Die dort skizzierten Phasen sind hier allerdings durch eine fünfte erweitert worden. Eine ähnliche, auf

den Zeitraum der 70er und 80er Jahre beschränkte Phasendarstellung findet sich u.a. auch in Weidner (1990).

7 Dieser Punkt folgt weitgehend der Darstellung der Ökologiebewegung in Rucht (1994).

Literatur

Brand, Karl-Werner 1985 (Hg.): Neue soziale Bewegungen in Westeuropa und den USA. Ein internationaler Vergleich. Frankfurt/Main: Campus.

Brand, Karl-Werner 1993: Strukturveränderungen des Umweltdiskurses in Deutschland. In: Forschungsjournal NSB, Jg. 6, Heft 1, 16-24.

Brand, Karl-Werner 1995: Der ökologische Diskurs. Wer bestimmt Themen, Formen und Entwicklung der öffentlichen Umweltdebatte? In: de Haan, Gerhard (Hg.): Umweltbewußtsein und Massenmedien, Berlin: Akademie, 47-62.

Brand, Karl-Werner 1997: Probleme und Potentiale einer Neubestimmung des Projekts der Moderne unter dem Leitbild ‚Nachhaltige Entwicklung'. Zur Einführung. In: Brand, Karl-Werner (Hg.): Nachhaltige Entwicklung – Eine Herausforderung an die Soziologie. Opladen: Leske+Budrich, 9-32.

Brand, Karl-Werner/Büsser, Detlef/ Rucht, Dieter 1986: Aufbruch in eine andere Gesellschaft. Neue soziale Bewegungen in der Bundesrepublik (aktualisierte Neuauflage). Frankfurt/Main: Campus.

Brand, Karl-Werner/Deisböck, Josef 1997: D-Mark oder grüne Republik? Zur Medienresonanz der Umweltdebatte im Gefolge der deutschen Vereinigung. In: Brand, Karl-Werner/Eder, Klaus/ Poferl, Angelika: Ökologische Kommunikation in Deutschland. Opladen: Westdeutscher.

Brand, Karl-Werner/Eder, Klaus/Poferl, Angelika 1997: Ökologische Kommunikation in Deutschland. Opladen: Westdeutscher.

BUND/MISEREOR 1996 (Hg.): Zukunftsfähiges Deutschland. Ein Beitrag zu einer global nachhaltigen Entwicklung. Basel: Birkhäuser.

Dreyer, Marion 1997: Die Kommunikationspolitik der chemischen Industrie im Wandel. In: Brand, Karl-Werner/Eder, Klaus/Poferl, Angeilka: Ökologische Kommunikation in Deutschland. Opladen: Westdeutscher, 240-267.

Eder, Klaus 1995: Framing and Communicating Environmental Issues. Final Report to the Commission of the European Communities, DG XII (Project No. PL 210493). Florence: European University Institute.

Enquete-Kommission ‚Schutz des Menschen und der Umwelt' 1994: Die Industriegesellschaft gestalten – Perspektiven für einen nachhaltigen Umgang mit Stoff- und Materialströmen. Bonn: Economica.

Gamson, William A. 1988: Political Discourse and Collective Action. In: Klandermans, Bert/Kriesi, Hanspeter/Tarrow, Sidney (eds.): From Structure to Action: Comparing Social Movement Research Across Cultures, Greenwich, CT.: JAI Press, 219-24.

Greenpeace 1996 (Hg.): Das Greenpeace Buch. Reflexionen und Aktionen. München: C. H. Beck.

Hajer, Maarten 1995: The Politics of Environmental Discourse. Ecological Modernization and the Political Process. Oxford: Oxford University Press.

Japp, Klaus 1984: Selbsterzeugung oder Fremdverschulden. Thesen zum Rationalismus in den Theorien sozialer Bewegung. In: Soziale Welt, Jg. 35, Nr. 3, 313-329.

Kesselring, Sven 1997: Die Störfälle bei Hoechst im Frühjahr 1993. Eine Fallstudie zur sozialen Konstruktion ökologischer Konflikte. In: Brand, Karl-Werner/Eder, Klaus/Poferl, Angelika: Ökologische Kommunikation in Deutschland. Opladen: Westdeutscher Verlag, 268-306.

Kriesi, Hanspeter/Giugni, Marco 1996: Ökologische Bewegungen im internationalen Vergleich: Zwischen Konflikt und Kooperation. In: Diekmann, Andreas/Jäger, Carlo C. (Hg.): Umweltsoziologie. KZfSS, Sonderheft 36, Opladen: Westdeutscher, 324-349.

Kriesi, Hanspeter/Koopmanns, Ruud/Duyvendak, Jan Willem/Giugni, Marco G. 1995: New Social Movements in Western Europe. A Comparative Analysis. Minneapolis: University of Minneapolis Press.

Lau, Christoph 1989: Risikodiskurse. Gesellschaftliche Auseinandersetzungen um die Definition von Risiken. In: Soziale Welt, Jg. 40, Heft 4, 418-436.

Melucci, Alberto 1989: Nomads of Present. Social Movements and Individual Needs in Contemporary Society. Minneapolis: Temple University Press.

Neidhardt, Friedhelm/Rucht, Dieter 1993: Auf dem Weg in die ,Bewegungsgesellschaft'? In: Soziale Welt Jg. 44, Heft 4, 305-326.

ökom – Gesellschaft für ökologische Kommunikation GmbH 1998 (Hg.): Zukunftsfähiges München. München: ökom.

Opp, Karl-Dieter 1996: Aufstieg und Niedergang der Ökologiebewegung in der Bundesrepublik. In: Diekmann, Andreas/Jäger, Carlo C. (Hg.): Umweltsoziologie. KZfSS, Sonderheft 36, Opladen: Westdeutscher, 350-379.

Politische Ökologie 52, Juli/August 1997: Geduldspiel Nachhaltigkeit.

Roth, Roland 1985: Neue soziale Bewegungen in der politischen Kultur der Bundesrepublik '– eine vorläufige Skizze. In: Brand, Karl-Werner (Hg.): Neue Soziale Bewegungen in Westeuropa und den USA. Ein internationaler Vergleich. Frankfurt/Main: Campus, 20-82.

Roth, Roland 1994: Demokratie von unten. Neue soziale Bewegungen auf dem Weg zur politischen Institution. Köln: Bund.

RSU (Rat der Sachverständigen für Umweltfragen) 1994 (Hg.): Umweltgutachten 1994. Für eine dauerhaft-umweltgerechte Entwicklung. Stuttgart: Metzler-Poeschel.

Rucht, Dieter 1994: Modernisierung und neue soziale Bewegungen. Deutschland, Frankreich und USA im Vergleich. Frankfurt/Main: Campus.

Rucht, Dieter 1996: Wirkungen von Umweltbewegungen: Von den Schwierigkeiten einer Bilanz. In: Forschungsjournal NSB, Jg. 9, Heft 4, 15-27.

Rucht, Dieter/Blattert, Barbara/Rink, Dieter 1997: Soziale Bewegungen auf dem Weg zur Institutionalisierung. Zum Strukturwandel ,alternativer' Gruppen in beiden Teilen Deutschlands. Frankfurt/Main: Campus.

UBA (Umweltbundesamt) 1997: Nachhaltiges Deutschland. Wege zu einer dauerhaft-umweltgerechten Entwicklung. Berlin: Schmidt.

WBGU (Wissenschaftlicher Beirat der Bundesregierung globale Umweltveränderungen) 1994: Globale Umweltveränderung. Welt im Wandel. Berlin et al.: Springer.

Weidner, Helmut 1990: Die Umweltpolitik der sozial-liberalen Regierung. Eine vorläufige Bilanz. In: Aus Politik und Zeitgeschichte, B 47-48/90, 16-28.

Weidner, Helmut 1997: Freiwillige Kooperationen und alternative Konfliktregelungsverfahren in der Umweltpolitik. In: van den Daele, Wolfgang/Neidhardt, Friedhelm (Hg.): Kommunikation und Entscheidung. WZB-Jahrbuch 1996, Berlin: edition sigma, 195-231.

Margit Mayer

Städtische soziale Bewegungen

1 Einleitung

Während die städtischen Bewegungen der 70er und frühen 80er Jahre im Kontext einer breiten Bewegung (die ihre Wurzeln in der antiautoritären Revolte der 60er Jahre hatte) standen und sich in massiven Auseinandersetzungen um städtische Infrastruktur, Häuserkämpfe und später Instandbesetzerbewegungen manifestierten (vgl. Forschungsjournal NSB 4/90), ist das städtische Bewegungsterrain der 90er Jahre ausdifferenzierter und vielfältiger. Die heutigen Oppositionsbewegungen in der Stadt sind ungleich heterogener und fragmentierter und spielen widersprüchliche Rollen. Dieser Beitrag erklärt die Heterogenität dieses Bewegungsbereichs, indem er die Entwicklung der städtischen Bewegungen auf ihren Kontext der städtischen Umstrukturierung und die Transformation des lokalen Staats bezieht. Er identifiziert hier eine ‚politische Gelegenheitsstruktur' strukturell neuer Konfliktlinien und veränderter Möglichkeiten, die die Ausdifferenzierung der städtischen Bewegungsszene befördert und beeinflußt hat.

Das Kapitel gruppiert die komplexe Bewegungslandschaft aus Stadtteil-, Wohnungs-, Umwelt- und Beschäftigungsaktivitäten, die sowohl mit kommunalen Behörden kooperieren als auch als Protest und Opposition auftreten, in drei verschiedene Strömungen und diskutiert diese im Kontext der veränderten Formen von Stadtentwicklung und Stadtpolitik. Dabei werden die neuen Formen kompetitiver Stadtentwicklungspolitik und der zunehmende lokale ökonomische Interventionismus für ebenso wichtig erachtet wie die Erosion des lokalen Wohlfahrtsstaats und die Öffnung des lokalpolitischen Systems, die sowohl wirtschaftspolitische als auch sozialpolitische Bereiche erfaßt hat. In einem zweiten Teil werden die Probleme und Perspektiven der heutigen städtischen Bewegungen skizziert, die sich aus einer solchen Analyse der Ergebnisse der Stadtforschung und der Bewegungsforschung ergeben.

2 Entwicklungen in der Stadtpolitik: eine neue politische Chancenstruktur für soziale Bewegungen

2.1 Routinisierte Kooperation

In allen Städten haben lokale Bewegungen auf die in den 80er Jahren einsetzenden Öffnungen des lokalpolitischen Systems reagiert. Die Strategie vieler

Kommunen, nicht-staatliche Akteure, inklusive Dritt-Sektor-Organisationen und vormalige Bewegungsorganisationen bei der Entwicklung und Implementierung von (alternativen) Dienstleistungen, in der Wohnungsversorgung und Wirtschaftsentwicklung einzusetzen, trug zur Verstetigung vieler Bewegungsaktivitäten und zur Stabilisierung der Bewegungsinfrastruktur bei. Gleichzeitig schuf sie neue Gelegenheitsstrukturen und Interventionsmöglichkeiten für bislang in der Kommunalpolitik nicht etablierte Gruppen (Selle 1991; Mayer 1994; Froessler et al. 1994; Lipietz 1996; Adam 1997; Catterall et al. 1997; Schmid 1998).

Die Etablierung alternativer Sanierungsträger, die Einführung von Selbsthilfeförderprogrammen und die Finanzierung von Kontakt- und Informationsstellen für Selbsthilfegruppen und für Initiativen auf dem Zweiten Arbeitsmarkt geschah keineswegs über Nacht und verlief selten reibungslos, aber bis Mitte der 80er Jahre waren hier die sogar im internationalen Vergleich besonders autonomen und anti-staatlich eingestellten bundesdeutschen Bewegungsprojekte Empfänger von ‚Staatsknete' oder fanden sich als Modellprojekte im Rahmen von kommunalen Beschäftigungs- und Sozialprogrammen. Seither hat sich die Beteiligung von Stadtteil- und Bewegungsgruppen in verschiedenen Politikfeldern routinisiert. Selbst in den neuen Bundesländern wurden die Bürgerbewegungen von 1989 bald von städtischen Bewegungen ersetzt, die rasant den Professionalisierungs- und Formalisierungslevel erreichten, auf dem westdeutsche Gruppen viel allmählicher angekommen waren, was durch die Förderangebote und Arbeitsmarktinstrumentarien, die ab 1991 aufgelegt worden waren, ausgelöst wurden (Rucht et al. 1997). Während die Programme und Initiativen zunächst bereichsspezifisch organisiert waren – in der Stadterneuerung, in sozialen oder Frauenprojekten – und nur ein Teil explizit mit ökonomischer Reproduktion und Arbeitsmarktproblemen befaßt war (vgl. Mayer 1987), wird inzwischen ein ‚ganzheitlicher', d.h. übergreifender Ansatz betont. Diese Entwicklung kam nicht nur deshalb zustande, weil Arbeitsplatzsicherung und soziale Absicherung innerhalb der Alternativszene selbst ein wichtiges Thema geworden war, sondern vor allem auch weil die Förderprogramme und Finanzierungsmöglichkeiten seit Ende der 80er Jahre die Projekte mehr und mehr in Richtung Arbeitsmarktanschluß drängten.

Diese Formen von Partnerschaften und die damit gegebenen neuen Inklusionsprozesse haben allerdings auch zu neuen Ausdifferenzierungsprozessen und sogar Konflikten innerhalb des Bewegungssektors geführt. Denn die (ehemaligen) Bewegungsorganisationen, die sich in entsprechende Finanzierungs- und Implementationsprogramme eingeklinkt haben, sind nun den Gefahren institutioneller Integration bzw. der ‚NGOisierung' ausgesetzt, und ihre eigene demokratische Substanz ist keineswegs gesichert (vgl. Fehse 1995; Lang 1995; Roth 1994). Wenn die in Revitalisierungs- und Beschäftigungsprogramme oder in sonstige Partnerschaftsarrangements einbezogenen Organisationen nicht intensiv auf die Durchsetzung ihrer eigenen, ursprünglichen Ziele achten, wird ihre Energie leicht mit dem Verwalten der Beschäftigungs- und Wohnungsprobleme von Gruppen aufgebraucht, deren Marginalisierung über die normalen Verteilungsmechanismen des Arbeits- und Wohnungsmarkts ansonsten den gesellschaftlichen Zusammenhalt der Stadt bedrohen könnte (vgl. Amin et al. 1998).

Insgesamt gesehen erhöht jedoch die wachsende Angewiesenheit kommunaler Verwaltungen auf solche (ehemaligen) Bewegungsorganisationen, um die komplexer werdenden Widersprüche in der heutigen Stadt klein zu arbeiten, die Chancen für spürbaren Bewegungs-Input. Im Maß wie diese Angewiesenheit in verschiedenen Formen routinemäßiger Kooperation zwischen Lokalstaat und Bewegungsorganisationen mittlerweile institutionalisierten Ausdruck gefunden hat (v.a. in den Bereichen Stadtteilentwicklung, klientennahe Dienstleistungen, Frauenzentren etc.), beginnen diese neuen Partnerschaftsstrukturen, auch die Interaktion zwischen Lokalstaat und anderen lokalen Bewegungen, die nicht in solche Partnerschaftsstrukturen eingebunden sind (siehe 2.2 und 2.3), zu beeinflussen. Schwindende Steuerungsressourcen und -kompetenzen des lokalen Staats erhöhen den Druck auf die lokalen politischen Eliten, mit Bewegungsvertretern innerhalb der neu geschaffenen Kanäle und intermediären Strukturen zu verhandeln, die im Laufe der Welle von Routinisierung alternativer Bewegungsarbeit im Kontext kommunaler (Beschäftigungs- und Revitalisierungs-)Programme geschaffen wurden. So können auch Bewegungen, die auf die Verbesserung des Gebrauchswerts der Stadt für bestimmte Bevölkerungsgruppen zielen, von der neuen intermediären Kultur und den Institutionen innovativer Verhandlungssysteme, runder Tische und neuen Foren profitieren (vgl. Bühler 1997). Allerdings sind diese neuen Verhandlungsstrukturen genauso für weniger progressive, fremdenfeindliche und anti-soziale Bewegungen, die sich seit Anfang der 90er Jahre ebenfalls in deutschen Städten ausgebreitet haben, offen.

2.2 Bewegungen gegen die neue Stadtentwicklungspolitik

Neue kompetitive Formen der Stadtentwicklung setzen allerorten darauf, den jeweiligen ‚Standort' in der internationalen Konkurrenz um Investoren, höherwertige Dienstleistungen und Megaprojekte attraktiv zu machen. Lokalpolitische Akteure betonen ökonomische Innovation, bemühen sich um unternehmerische Kultur, und versuchen, die Arbeitsmarktflexibilität zu steigern, um der intensivierten regionalen und globalen Konkurrenz zu begegnen (vgl. Keating 1993; Ettlinger 1994; Mayer 1994; Storper/Scott 1995; Hall/Hubbard 1998). Zwar verfolgte städtische Politik auch früher schon unternehmerische Strategien, aber nun ist sie explizit darauf ausgerichtet, die jeweiligen Voraussetzungen – ökonomischer wie nicht-ökonomischer Art – für Unternehmen bereit zu stellen und lokale Innovation zu fördern. Dabei werden sämtliche gesellschaftlichen Bereiche diesen ökonomischen Prioritäten zunehmend untergeordnet.

Insbesondere für größere Städte bedeutet diese Reorientierung, daß von der Produktion der gebauten Umwelt bis hin zu den Prioritäten der Kommunalhaushalte alles auf die Funktion der Stadt als ‚Kommandozentrale' (Sassen 1995: 7) ausgerichtet wird. Konkret impliziert dies beispielsweise den Aus- und Umbau der Innenstädte zu produktionsorientierten Dienstleistungszentren. Eine solche intensive tertiäre Entwicklung in den zentralen Vierteln und der Ausbau entsprechender neuer Infrastrukturprojekte haben jedoch für die ansässige Bevölkerung oft unerwünschte Konsequenzen, denn ihre Folgen sind Gentrifizierung und Verdrängung, zuviel Verkehr und Umweltverschmutzung sowie häufig der Verlust traditioneller öffentlicher kultureller oder infrastruktureller Angebote.

Protestbewegungen gegen diese Effekte entfalteten sich entweder auf der Basis existierender Netzwerke und Organisationen oder sind neu entstanden. Sie umfassen sowohl defensive, pragmatische Bewegungen, die bestehende Lebensqualität oder Privilegien zu verteidigen suchen (manchmal progressiv, umweltbewußt und einschließend, andernorts jedoch nach dem St. Florians-Prinzip oder xenophob und ausschließend), als auch politisierte und militante Auseinandersetzungen darüber, wem die Stadt gehören soll, wie z.B. in Anti-Gentrifizierungs-Kämpfen und in Bewegungen gegen sonstige Formen von Wachstumspolitik.[1] Diese letztgenannten Bewegungen werden oft direkt durch neue stadtpolitische Instrumente und Strategien städtischen Umbaus ausgelöst, deren negative Auswirkungen und deren mangelnde demokratische Beteiligungsmöglichkeiten sie attackieren. An der zunehmenden Projektepolitik (Großprojekte, Festivalisierungsmaßnahmen, Attraktion von Mega-Ereignissen, Sport- und Freizeit-Paradiesen etc.) kritisieren sie die räumliche und zeitliche Konzentration, die bewirkt, daß die Effekte nicht der Stadt als ganzer und sämtlichen Stadtbewohnern zugute kommen. Protestkampagnen in solchen Zusammenhängen werfen damit Fragen demokratischer Planung auf, die städtische Eliten in ihrer zunehmenden Ausrichtung auf interregionale und internationale Konkurrenz gern ausblenden. Darüber hinaus haben sie das Potential, verstreute und eher kleinräumig operierende Bewegungsgruppen in breiten Koalitionen zusammenzuführen, was beispielsweise in der NOlympia-Kampagne in Berlin 1991 bis 1993 gelungen ist. Ein wichtiger Akteur in solchen Kampagnen sind häufig autonome Gruppen, die bewußt auf die Rolle von Image-Politik abzielen: Weil Image-Politik eine so herausragende Rolle in der globalen städtischen Konkurrenz spielt, versuchen sie, Image-zerstörende Aktionen zu entwerfen, um ihre Stadt weniger attraktiv für große Investoren und Spekulanten zu machen.

Von der Bewegungsforschung am ausgiebigsten beforscht sind die meist von Mittelklasse-Akteuren getragenen, auf die Verteidigung von Lebensqualität zielenden Mobilisierungen zum Schutz der heimischen Umgebung – vor zuviel Verkehr, zuviel Entwicklung oder sonst einem Projekt, das man ungern im eigenen Stadtteil sieht. Es liegen eine Reihe von Fallstudien vor, die belegen, daß solche Gruppen sich heutzutage schnell und pragmatisch eine Bandbreite von Handlungsrepertoires und Taktiken aneignen, von Unterschriftensammlungen über politisches Lobbying und Gerichtsverfahren bis hin zu Straßenkonfrontationen. Dabei beklagen die Forscher häufig die Tatsache, daß solche Bürgerinitiativen immer weniger von den Zielen sozialer Gerechtigkeit geleitet werden als noch während der 70er Jahre. Stattdessen seien die Ziele und Praxis jetzt von partikularen Interessen und/oder der Verteidigung privilegierter Lebensbedingungen bestimmt (vgl. Krämer-Badoni 1990; Krämer-Badoni/Söffler 1994). Aber es liegen auch – allerdings weit weniger – Fallstudien von lokalen Bewegungen vor, deren – aus Arbeiter- und Mittelklassen kommenden – Teilnehmer gegen Autobahnpläne, Autoverkehr, Wohnungsnot oder umweltvergiftende Produktionsstätten und Risiko-Anlagen mobil machen, mit denen Unterschichts- und Immigrantenquartiere überproportional belastet werden.

2.3 Neue Armutsbewegungen

Schließlich hat sich die Qualität ‚kommunaler Sozialstaatlichkeit' grundlegend gewandelt (Hanesch 1997). Parallel zur Dualisierung der Arbeitsmärkte und der Ausweitung prekärer und informeller Arbeitsverhältnisse produziert auch der Umbau des lokalen Wohlfahrtsstaats selbst, gekoppelt mit der Erosion traditioneller sozialer Rechte, neue und breitere Formen von Marginalität und Armut, deren lediglich sichtbarster Ausdruck die wachsenden Zahlen städtischer Obdachloser sind (Breckner/Kerscher 1994; Hanesch 1994; Pohl/Schäfer 1996; Farwick 1998; Klagge 1998;). Zusätzlich erlassen immer mehr Städte Anti-Obdachlosen-, Anti-Bettler-, und Anti-Besetzer-Verordnungen und entwickeln neue Methoden, ihre zentralen Geschäftsviertel ‚sauber' zu halten, weil das Image von Städten eine solch wichtige Rolle in der Standortkonkurrenz angenommen hat. Maßnahmen wie die ‚Aussetzung' von Obdachlosen am Stadtrand oder die ‚Zerschlagung' offener Drogenszenen, die im Verlauf der 90er Jahre immer breitere Anwendung fanden, machen nicht nur deutlich, daß verschiedenen Submilieus bestimmte innerstädtische Räume streitig gemacht werden, sondern auch, daß sozialfürsorgerische Maßnahmen zunehmend zugunsten repressiver und strafender Behandlungsweisen aufgegeben werden (vgl. spacelab 1997).

Gegen die zunehmende Ausgrenzung und wachsende Ungleichheit in der Stadt haben sich sowohl Bewegungen von Betroffenen (neue Armutsbewegungen) als auch eine Bandbreite von ‚Fürsprechern' organisiert, die von Kirchen und Wohlfahrtsverbänden über kommunale Bündnisse bis hin zu politischen Aktivistengruppen und anti-rassistischen Initiativen reichen (Stiftung Mitarbeit 1995; Blum 1996; Mette/Steinkamp 1997; Bartelheimer/von Freyberg 1997; Rein 1997). Da die Ressourcen der neuen Armutsbewegungen primär in ihren Körpern und ihrer Zeit bestehen, ist ihre Form des Protests meist spontan und episodisch, lokal begrenzt und disruptiv in der Strategie.

Bestenfalls gelingt es, mit den disruptiven Taktiken den Normalbetrieb der Kommunalverwaltung zu blockieren und die Legitimität der lokalen Regierung in Frage zu stellen. Das geschah beispielsweise, als die Obdachlosen in Paris ihr Recht auf die Stadt in einer Kampagne ‚Droit au Logement' verteidigten, die in einer spektakulären Besetzungsaktion im Dezember 1994 in der Mitte des 6. Arrondissement wenige Monate vor der letzten Präsidentenwahl kulminierte (Body-Gendrot 1998).[2] Zumeist jedoch konfrontieren diese neuen Armutsbewegungen einen zunehmend unzugänglichen und eher strafenden Staat. Nur unter seltensten Bedingungen gelingt es ihnen, im Prozeß des sich zur Wehr Setzens gegen die Vertreibungsmaßnahmen, der Errichtung von Zeltstädten, der Organisierung öffentlicher Foren und der Auseinandersetzungen mit den politischen Repräsentanten, Solidarität, politisches Bewußtsein und eine organisatorische Infrastruktur zu entwickeln.

Wo politische Unterstützergruppen, die über mehr Ressourcen verfügen, sich der Probleme der Obdachlosen annehmen, oder wo professionelle Aktivistengruppen ihre Ressourcen solchen Organisationen zur Verfügung stellen, wie bspw. die Pariser Gruppen Comité des mal-logés und Association Droit au Logement, können dauerhafte und effektive Mobilisierungen erreicht werden (vgl. Péchu 1996). Wegen der zunehmenden räumlichen Konzentration von Armuts- und Stigmatisierungsphänomenen gelangen auch in Deutschland eher nordamerikanische Varianten von ‚advocacy' zur Anwendung: Sozialarbeiter versuchen bspw. über den Verein ‚Forum für Community Organizing', die territorial-bezogenen Strategien amerikanischer Stadtteilarbeit an hiesige Verhältnisse zu adaptieren (vgl. den Rundbrief FoCo – Forum für Community Organizing sowie FoCo 1996).

Auch autonome Bewegungen und antirassistische Initiativen skandalisieren die Produktion der neuen Armut und Obdachlosigkeit (während sie gleichzeitig gegen ihre eigene Vertreibung aus den besetzten Häusern und ‚befreiten' Gebieten der Stadtzentren mobilisieren). Antirassistische Initiativen haben sich in letzter Zeit auch in Deutschland gebildet – in Reaktion auf die zunehmenden Polizei-Razzien, die zur ‚Säuberung' der Innenstadt-Zitadellen von Immigranten und Armen durchgeführt werden. Beispielsweise hat der Berliner Senat 14 Gebiete zu ‚Gefahrenzonen' deklariert, von wo ‚verdächtig aussehende' Personen ohne weiteren Grund entfernt werden können. Gegen solche Praktiken haben die neu gebildeten Initiativen Protestdemonstrationen, Rechtshilfe und Öffentlichkeit organisiert. Im Juni 1997 und im Juni 1998 fanden in einer Reihe von Städten der BRD und der Schweiz ‚Innenstadt-Aktionswochen' statt, mit denen ein breiteres öffentliches Bewußtsein über diese Vertreibungspraktiken hergestellt und öffentlicher Druck dagegen intensiviert wurde (Rada 1997; Rübsam 1997; Küppers 1998; diskus 1998).

Die neuen Arbeitsmarktbedingungen und der Wechsel von sozialen Wohlfahrtspolitiken zu eher strafenden ‚workfare'-Politiken haben die städtischen Bewegungsszenen auf eine weitere, signifikante Weise beeinflußt. Nicht nur sind neue Organisationen von und für Obdachlose entstanden, auch die Anzahl und Art von Institutionen und Projekten, die die Marginalisierten ‚bedienen', haben sich vervielfacht, viele davon im Rahmen von Kommunalprogrammen, die die Reformenergie von Stadtteil- und Bewegungsgruppen nutzen (siehe 2.1). So mehren sich bspw. Bemühungen aus den Kommunalverwaltungen, Ansätze von integrierter Kommunalpolitik zu entwickeln, um der kleinräumigen Konzentration von sozialen Problemlagen besser begegnen zu können (siehe z.B. Stadt Essen, Amt für Entwicklungsplanung, Statistik, Stadtforschung und Wahlen 1997). Diese Ansätze integrierter Stadtteilentwicklung betonen die Inklusion von stadtteilverankerten Gruppen und das Handeln vor Ort in lokalen Partnerschaften genauso wie die Unterstützung von ökonomischen und sozialen Selbstorganisationsprozessen (vgl. Kürpick/Weck 1998).

Bewegungsgruppen, die von solchen Programmen mehr oder weniger stark profitieren, versuchen nicht nur, die Desintegrationsprozesse, denen gegenüber traditionelle staatliche Programme hilflos sind, auszubalancieren oder zumindest abzumildern; häufig entwickeln sie auch innovative Strategien, die direkt auf die neuen gesellschaftlichen Spaltungen reagieren. Beispiele sind Stadtteilgruppen und freie Träger wie L.I.S.T./Zukunft Bauen in Berlin, die Arbeitsmarktrealitäten und soziale Zielsetzungen zum Beispiel über Berufshilfebetriebe in der Gastronomie und Sanierung verbinden (Zukunft Bauen 1994: 12). Andere Organisationen betreuen Tauschringe, unterhalten Stadtteilbetriebe oder initiieren Beschäftigungsgesellschaften (v.a. für personennahe Dienste),[3] wieder andere befördern Existenzgründungen ‚in ungewöhnlichen Tätigkeitsfeldern'.[4] Obendrein führen seit einigen Jahren ‚Hilfe zur Arbeit'-Programme in immer mehr deutschen Städten nicht nur Privatunternehmen, sondern auch Service-Gesellschaften und freien Trägern vermittelbare Sozialhilfeempfänger als Arbeitskräfte für einen expandierenden ‚sozialwirtschaftlichen' Bereich zu (vgl. Voß 1997).

Die spezifische Ausrichtung dieser Programme und die von ihnen geförderten neuen Kooperationsformen produzieren allerdings auch, vor allem in Stadtteilen ‚mit besonderem Erneuerungsbedarf' (vgl. Froessler u.a., 1994, Lang 1994), immer stärkere Ähnlichkeiten mit solchen in sog. Entwicklungsländern. In beiden Situationen erscheinen nicht-staatliche Gruppen (NGOs) geeigneter als staatliche Behörden, um gesellschaftliche Desintegrationsprozesse auszubalancieren bzw. zu mildern; in beiden Situationen wird im Versuch, soziale Zielsetzungen mit Arbeitsbeschaffung zu kombinieren, zunehmend auf den informellen Sektor gesetzt bzw. wird mit Mikro-Finanz-Arrangements eine neue Form von Gemeinwirtschaft zu etablieren versucht. In beiden Fällen ist viel von ‚empowerment' und anderer Fortschrittsrhetorik die Rede, obwohl die jeweiligen NGOs ausgesprochen funktional sein können für die neoliberale Deregulierung kollektiver Wohlfahrt und sozialer Sicherung und die Privatisierung sozialer und ökologischer Probleme.

3 Probleme und Perspektiven der städtischen Bewegungen

Sicherlich müssen die spezifischen sozialräumlichen Kontexte, die unterschiedliche Städte für die heutigen Bewegungen darstellen, sowie deren Konsequenzen für die Dynamik und das Entwicklungspotential städtischer Bewegungen genauer differenziert werden. Die neue internationale Arbeitsteilung sowie neue globale städtische Hierarchien haben Urbanisierungsmuster hervorgebracht, die sich von denen der fordistischen Ära grundlegend unterscheiden. Die neuere Stadtforschung ist damit beschäftigt, diese neu entstandenen Strukturdifferenzen innerhalb eines ‚Städtesystems' zu analysieren und hat unterschiedliche Ansätze zu ihrer Erklärung entwickelt. Krätke bspw. erklärt die verschiedenen sich herausbildenden Stadttypen als Prozeß ökonomisch-funktionaler Hierarchisierung (Krätke 1995: 126), Logan und Molotch erklären sie als ungleiche Konzentration unterschiedlicher Rollen und Funktionen innerhalb eines transnationalen Systems (Logan/Molotch 1987: 258), die ‚global city'-Literatur dagegen verweist auf die Polarisierung zwischen den organisierenden Knotenpunkten der globalen Ökonomie und ihnen untergeordneten Städten. Obwohl die Erklärungsansätze variieren, ist doch deutlich, daß die unterschiedlichen Stadttypen von jeweils unterschiedlichen Konfliktmustern und entsprechend verschiedenen Bewegungstypen geprägt sind und daß das relativ homogene Konfliktmuster, das für die fordistische Phase charakteristisch war, in Auflösung begriffen ist.

Städte an der Spitze der globalen Hierarchie bilden besonders ausgeprägte Konfliktlagen entlang der Internationalierung ihrer Arbeiterklassen und Wohnviertel und der Prekarisierung neuer, vor allem von Migranten genutzter Arbeitsverhältnisse aus. Gleichzeitig befördert bereits die Größe und Anziehungskraft solcher metropolitanen Regionen die Entstehung einer kritischen Masse, welche Voraussetzung für die Herausbildung von Bewegungsmilieus und die Konstruktion kollektiver Projekte und Identitäten ist. Hier häufen sich Bewegungen gegen die auf globale Headquarter bezogene Innenstadtentwicklung genauso wie verschiedene Varianten der neuen Armutsbewegungen.

‚Alte', von Deindustrialisierung erfaßte Städten dagegen erfahren eher Auseinandersetzungen um Fabrikschließungen bzw. um neue Beschäftigungsmöglichkeiten und, je nachdem mit welchem Profil die Stadt sich in der neuen Städtehierarchie zu positionieren versucht, mehr oder weniger enge Kooperationsbeziehungen zwischen Kommune und Stadtteilgruppen. Städte, die sich als ‚Innovationszentren' (Logan/Molotch 1987: 267ff) in der neuen Städtehierarchie zu plazieren suchen, provozieren mit dieser Strategie häufig Umweltproteste oder Bewegungen gegen zu rapides Wachstum. Obgleich solche und weitere unterschiedliche Bewegungsschwerpunkte bei weitem nicht adäquat erforscht sind, erlaubt die hier vorgestellte Skizze von Veränderungen städtischer Bewegungen und ihrer Charakteristika in der aktuellen Periode doch einige vorläufige Schlußfolgerungen über ihre Rolle und zukünftige Handlungsmöglichkeiten.

Der im Abschnitt 2 dargelegte Überblick macht deutlich, daß aktuell eine Bandbreite von Bewegungen im städtischen Terrain aktiv ist, die gelegentlich auf überlappender sozialer Basis operieren, aber in bezug auf Organisationsweise, Ziele und Taktiken meist eigenen, klar unterschiedenen Mustern folgen. Interaktionen und Koalitionen zwischen unterschiedlichen Bewegungen sind dabei von enormer Bedeutung für die Effekte, die diese Akteure auf die Gestaltung ihrer jeweiligen Stadt erzielen können. Dieser Zusammenhang wird von der neueren internationalen stadttheoretischen Literatur, die äußerst nützliche Analysen zu den verschiedenen Restrukturierungsprozessen der Stadt vorgelegt hat, meist unterbelichtet: Die meisten Stadtforscher erfassen, wenn sie die Konfliktlinien und Formen politischer Aktion in den von ihnen untersuchten Städten ins Visier nehmen, lediglich einen bestimmten Typ von Bewegungsaktivität und ziehen daraus verallgemeinernde Folgerungen.[5] So betont bspw. Saskia Sassen die ‚Präsenz' und das Anwachsen der politischen Repräsentationsmacht, die (immigrierte) Marginalisierte in ‚Weltstädten' inzwischen erlangt haben, während David Harveys aktuelle Arbeiten Kampagnen (wie die Living Wage Campaign) von sozial- und beschäftigungspolitisch orientierten Stadtteilgruppen hervorheben (z.B. Harvey 1998). Transportieren diese beiden Stadtforscher ein eher optimistisches Bild von der Rolle der städtischen Bewegungsakteure, so entwirft Mike Davis ein ausgesprochen düsteres Bild, indem er sich auf die Mobilisierung von Besitzern von Eigentumswohnungen konzentriert, die die Exklusivität ihrer Stadtteile und den Wert ihrer Eigenheime verteidigen. Für wieder andere Stadtforscher werden die städtischen Bewegungen ausschließlich von Stadtteilentwicklungsgesellschaften (z.B. Maheu/Lustiger-Thaler) oder ausschließlich von Bewegungen der Marginaliserten und Obdachlosen (Smith 1996) repräsentiert. Je nach dem Filter der jeweiligen stadttheoretischen Analyse werden aus unterschiedlichen Fragmenten der komplexen städtischen Bewegungsszenerie Verallgemeinerungen hergeleitet – Verallgemeinerungen, die allerdings irreführend sind.

Während Stadtforscher Schwierigkeiten haben, die komplexe und heterogene Bewegungsszene in den Städten der 90er Jahre adäquat zu reflektieren, machen Bewegungsforscher eher die Umwelt-, Frauen-, Friedens- oder Menschenrechtsbewegungen zu ihren Forschungsobjekten als städtische Bewegungen. Im Maß wie lokale oder städtische Bewegungen als solche analysiert werden, interessiert hier eher ihr jeweiliger einmaliger lokaler Charakter und nicht die Muster und Rollen, die möglicherweise über verschiedene Städte oder sogar Länder hinweg vergleichbar oder verallgemeinerbar sein könnten (z.B. Roth 1991).

Um das breite Spektrum heutiger städtischer Bewegungen adäquat zu analysieren und ihre Effekte einzuschätzen, müssen wir uns offensichtlich sowohl auf die Ergebnisse der Stadtforschung als auch der Bewegungsforschung beziehen. Wenn man die Resultate der neueren Analysen städtischer Restrukturierungsprozesse und stadtpolitischer Veränderungen als ‚politische Chancenstruktur' für die Interpretation der Dynamik der heutigen städtischen

Bewegungen begreift, werden die Auswirkungen der Öffnung des lokalen politischen Systems, der neuen kompetitven Formen von Stadtentwicklung und der Erosion traditioneller Sozialstaatlichkeit für städtische Bewegungen erkennbar. Innerhalb dieser Gelegenheitsstruktur wird es auch möglich, die (widersprüchliche) Rolle der heute aktiven Bewegungen zu identifizieren: Sie beeinflussen die Politikformen und Gestaltung der Stadt genauso wie die Bewegungen der 70er und 80er Jahre, indem sie gleichzeitig zur Formierung und Regulierung der Stadt beitragen und diese herausfordern. Während ihre Praxis in innovativer Stadtreparatur und ihre Einbindung in lokale Politik- und Implementationsstrukturen wohl in die Suche nach (lokal adäquaten) postfordistischen Lösungen und Arrangements passen könnten (und sie damit funktional und kooptierbar erscheinen), bleibt ihre Herausforderung undemokratischer und unökologischer Entwicklungsvorhaben ein Pfand auf ein Modell von Erste-Welt-Stadt, das sich durch offene Beteiligungsformen und nachhaltige Entwicklung auszeichnet. Um dieses Potential zu realisieren, müssen allerdings die neuen Probleme, die für die heutigen städtischen Bewegungen kennzeichnend sind, gezielt angegangen werden.

Eines dieser Probleme besteht in den neuartigen Spaltungen innerhalb des Bewegungssektors, die unter anderem Resultat der Ausweitung des städtischen politischen Systems sind, das nun zwar manche Akteursgruppen ein-, aber andere ausschließt. Die Gruppen, die in die neuen Verhandlungs- und Implementationsstrukturen aufgenommen wurden, tragen zwar dank gesicherter Ressourcen und Perspektiven zur Stabilisierung des Bewegungssektors bei, aber aufgrund ihrer Privilegien auch zu seiner Fragmentierung und Polarisierung. Vor allem seit sich diese Organisationen selbst mit massiven Kürzungen und der Umorientierung staatlicher Programme in Richtung Arbeitsmarktflexibilisierung konfrontiert sehen, hat sich die Konkurrenz um Fördermittel verschärft: Private Lobby-Strategien, um Arbeitsplätze und Zuwendungen zu sichern, ersetzen nun häufig die Herstellung von öffentlichem Druck und damit die Präsenz im öffentlichen Diskurs der Gesellschaft. Außerdem finden sich nicht wenige der alternativen Sanierungsträger oder Stadtteilentwicklungsorganisationen, die Wohnraum für untere Einkommensgruppen oder Beschäftigungsmöglichkeiten für Problemgruppen des Arbeitsmarkts bereitstellen, zunehmend kritisiert und häufig sogar attackiert von anderen Bewegungsakteuren, die die Kriterien der Wartelisten nicht erfüllen oder die lieber Häuser besetzen.

Wenn die in Revitalisierungs- und Beschäftigungsprogramme oder in sonstige Partnerschaftsarrangements einbezogenen Organisationen nicht explizit auf die Durchsetzung ihrer eigenen Ziele achten, wird ihre Energie leicht mit dem Verwalten der Beschäftigungs- und Wohnungsprobleme von Gruppen aufgebraucht, deren Marginalisierung über die normalen Marktmechanismen ansonsten den gesellschaftlichen Zusammenhalt der Stadt bedrohen könnte. Viele Bewegungsorganisationen haben jedoch kaum ein Bewußtsein davon, daß offizielle Politiken zunehmend von Stadtteilgruppen,

Vereinen und anderen NGOs erwarten, daß sie staatliche Dienstleistungs- und Sozialprogramme ersetzen und als Reparatur-Netzwerk für die ökonomischen und politischen Desintegrationsprozesse, die durch die städtischen Umstrukturierungen ausgelöst wurden, fungieren.

Neben den neuen Spaltungstendenzen innerhalb des Bewegungssektors und dem Problem der möglichen Funktionalisierung besteht eine weitere neue Herausforderung im stärker werdenden Trend zur Vermarktlichung der Arbeit dieser Gruppen bzw. ihrer Unterwerfung unter ökonomische Normen, im Maß wie Finanzierungsmöglichkeiten mehr und mehr auf ‚Workfare'-Programme bzw. solche, die eine unternehmerische Ausrichtung voraussetzen, beschränkt werden. Einerseits werden Sozial- und Armutsprogramme zunehmend mit beschäftigungs- und arbeitsmarktpolitischen Maßnahmen und Institutionen verkoppelt, so daß Bewegungsorganisationen, die sich dieser Programme bedienen, neue Strategien und Standards dazu entwickeln müssen, in welcher Form und zu welchen Bedingungen sie ihre jeweilige Zielgruppe ‚in Arbeit' bringen wollen.[6] Andererseits verschiebt der Zwang, die eigene Organisation nach Marktkriterien zu effektivieren, die Prioritäten und Handlungsparameter der Gruppen. Beide Entwicklungen sind, obwohl sie in Verbindung mit der neoliberalen Wende daher kommen, in ihren Wirkungen nicht ausschließlich negativ zu veranschlagen. Allerdings ist es eine völlig neue Herausforderung für die meisten Bewegungsgruppen, die neuen Vorgaben und Programme für gesellschaftlich sinnvolle Projekte und für selbstbestimmtes Arbeiten zu nutzen.

Voraussetzung für die Bewältigung dieser Herausforderung ist, die strukturell veränderten Konstellationen als solche zu erkennen und ihre spezifischen Restriktionen – aber auch die ihnen eigenen Handlungsmöglichkeiten – zu identifizieren. So gewähren bspw. die eroberten Positionen und neuen institutionellen Zugänge auch Möglichkeiten, um die sich neu stellenden Probleme anzugehen. Die gewachsene Rolle lokaler Politik und die gleichzeitige Einbindung diverser nicht-staatlicher Akteure inklusive ehemaliger Bewegungsorganisationen in die lokale Politik haben wichtige Kanäle und Zugänge eröffnet – für jene Kräfte unter den städtischen Bewegungen, die in der Lage sind, diese zu ergreifen und ihre Ambivalenz auszutesten. Die Herausforderung besteht jedoch darin, diese neuen Wege nicht bloß zur Verteidigung einzelner bedrohter Privilegien und partikularer Defensivräume zu nutzen, sondern sie für den umfassenden und komplexen Kampf für eine demokratische, ökologische und soziale Stadt nutzbar zu machen.

Von manchen Stadt/Bewegungs-Forschern wird dieser Kampf als Auseinandersetzung zwischen globalen Eliten und lokalen Gemeinschaften konzipiert, reduziert auf den simplen Antagonismus zwischen fernen übermächtigen Kräften (globales Kapital etc.) und den ‚guten' lokalen Betroffenen (z.B. Castells 1994: 30; Castells 1997: 61ff). Eine solche idealisierte Sicht lokaler Bewegungen war allerdings schon in den 70er Jahren, als das Gros der städtischen Bewegungen noch Teil einer breiteren Bewegung gegen sich ausweitende Herrschaftsformen war, problematisch. Die heutigen lokalen Bewegungen können ganz sicher nicht umstandslos auf der Positiv-Seite einsortiert werden, sind sie doch höchst differenzierte Produkte der jüngsten Wandlungen der Stadtpolitik. Sowohl ihre Ausbreitung als auch ihre Fragmentierung lassen sich mit den drei neuen Trends in der Stadtpolitik erklären. Sie sind selbst widersprüchliche und komplexe Teilnehmer an der Gestaltung der Stadt und müssen sich sowohl der neuen Fragmentierung innerhalb des städtischen Bewegungssektors als auch den massiven Ausgrenzungs- und sozialen Desintegrationsprozessen stellen, die zunehmend städtisches Leben charakterisieren. Häufig wollen die inzwischen professionalisierten, institutionalisierten oder ‚unternehmerischen' Bewegungsorganisationen, die jetzt von der formalisierten Zusammenarbeit mit dem lokalen Staat profitieren, nichts mit jungen Besetzergruppen oder kulturellen Aktivisten zu tun haben. Weil sie mit den Modalitäten und Auflagen der neuen Finanzierungsstrukturen beschäftigt sind, wächst ihre Distanz zu neuen ausgegrenzten und diskriminierten Gruppen, deren eigene Widerstandsformen keinesfalls automatisch zu breiter Unterstützung und nachhaltiger Mobilisierung führen. Es wird deshalb besonders wichtig, daß diejenigen Teile des Bewegungssektors, die über einigermaßen Stabilität, Zugänge, Ressourcen und Netzwerke verfügen, einen Teil ihrer Energie dem Aufbau eines politischen und gesellschaftlichen Klimas widmen, in dem auch marginalisierte Gruppen sichtbar und artikulationsfähig werden können.

Nur wenn es den verschiedenen Bewegungen gelingt, zu kooperieren und die der post-fordistischen Stadt immanenten gesellschaftlichen Polarisierungsprozesse zu politisieren, wird der Kampf um eine gerechte, nachhaltige und demokratische Stadt eine Chance haben. Wo Bewegungsakteure ihre neuen Abhängigkeiten (von Staat und Markt) konstatieren und transparent machen, können sie auch die unter den heutigen Bedingungen existierenden Chancen und Möglichkeiten identifizieren. Wo es Bewegungsakteuren gelingt, die Mittel und die Stabilität der ressourcenreichen Bewegungen in Unterstützung für die prekarisierten Bewegungsgruppen zu transformieren, können verschiedene Teile des Bewegungssektors sich gegenseitig stärken. Unter solchen Bedingungen können die existierenden Möglichkeiten – bis hin zu ‚Hilfe zur Arbeit' oder Armutsprogrammen – genutzt werden, um die Ausgrenzung, Marginalisierung und Diskriminierung, die den neuen Armutsbewegungen zugrunde liegen, zu attackieren und zu begrenzen.

Anmerkungen

1 Defensive Mobilisierungen, die eine angestammte Umgebung verteidigen, umfassen ein breites Spektrum: Von Mobilisierungen gegen Straßenbaupläne, gegen Durchgangsverkehr oder gegen umweltverschmutzende Industrien am einen Ende des Spektrums, wo inzwischen mehr und mehr Gruppen und Organisationen in Lokale Agenda 21-Kampagnen eingebaut und dadurch breiter vernetzt werden, bis hin zu solchen, die eher für privatistische und ausschließende Interessen mobilisieren. Anti-Gentrifizierungs-Kämpfe finden vor allem in Großstädten wie New York, Paris, Amsterdam und Berlin statt.

[2] Wegen der Expansion des Finanzsektors und von Bürogebäuden wurden Gebäude, die für Wohnraum hätten nutzbar gemacht werden können, vernichtet.

[3] Z.B. das Kommunale Forum Wedding, siehe taz (9.3.1998: 22): „Vom roten zum sozialen Wedding. Am Wochenende präsentierte sich das Kommunale Forum Wedding als innovativer Ideengeber und Moderator sozialer Netzwerke".

[4] Z.B. Workstation e.V., ein Berliner Projekt der WochenKlausur: Initiiert von einer Wiener Künstlergruppe, die seit 1993 die institutionellen Möglichkeiten der Kunst nutzt und ihr Potential zur Verbesserung und Veränderung der Lebensbedingungen Benachteiligter einsetzt. Sie will auf Einladung der Neuen Gesellschaft für Bildende Kunst und des Kunstamtes Kreuzberg in Zusammenarbeit mit Erwerbslosen offensiv neue, maßgeschneiderte Arbeitsplätze entwickeln (WochenKlausur 1996: 15).

[5] Ich beziehe mich hier auf nordamerikanische Literatur, da deutsche Stadtforscher in ihren Analysen städtischer Umstrukturierungsprozesse die Rolle von Bewegungen kaum thematisieren. Eine Ausnahme stellten Krämer-Badoni (1990) und Krämer-Badoni/Söffler (1994) dar, deren Fokus allerdings exklusiv auf Mittelklasse-Bewegungen liegt.

[6] Noch ist unter den Bewegungsgruppen völlig umstritten, ob Arbeit als Zwang oder als elementarer Teil sozialer Bürgerrechte gelten soll. Gruppen, die sich der (‚gesellschaftlich nützlichen') Arbeitsplatzbeschaffung verschrieben haben, dethematisieren Forderungen nach Arbeitsreduzierung und Begrenzung der Arbeitszeit - aber können in ihrer Praxis durchaus die paternalistisch-konservative oder repressive Logik staatlicher Programme herausfordern und akzeptablere Standards einklagen.

Literatur

Adam, Brigitte 1997 (Hg.): Neue Verfahren und kooperative Ansätze in der Raumplanung. RaumPlanung spezial.

Amin, Ash/ Cameron, Angus/ Hudson, Ray 1998: Welfare to Work or Welfare as Work? Combating Social Exclusion in the UK, unveröff. Ms.

Bartelheimer, Peter/ von Freyberg, Thomas 1997: Neue Bündnisse in der Krise der sozialen Stadt – Das Beispiel der Sozialpolitischen Offensive Frankfurt. In: Walter Hanesch (Hg.): Überlebt die soziale Stadt? Konzeption, Krise und Perspektiven kommunaler Sozialstaatlichkeit. Opladen: Leske+Budrich.

Blum, Elisabeth 1996 (Hg.): Wem gehört die Stadt? Armut und Obdachlosigkeit in den Metropolen. Basel: Lenos.

Body-Gendrot, Sophie 1998: Marginalization and Political Responses in the French Context. In: P. Hamel/ H. Lustiger-Thaler/ M. Mayer (Hg.): Urban Fields/Global Spaces. The Phenomenon of Urban Movements in a Global Environment. London: Sage.

Breckner, Ingrid/ Kerscher, Karola 1994 (Hg.): Armut und Wohnungsnot. Von der Ohnmacht zu praktischen Handlungsalternativen. Münster: Votum.

Bühler, Theo 1997 (Hg.): Bürgerbeteiligung und Demokratie vor Ort. Bonn: Stiftung Mitarbeit.

Castells, Manuel 1994: European Cities, the Informational Society, and the Global Economy. In: New Left Review, 204, 18-32.

Castells, Manuel 1997: The Power of Identity. Bd. II von: The Information Age: Economy, Society and Culture. Oxford: Blackwell.

Catterall, Bob et al. 1997: The Third Sector, Urban Regeneration and the Stakeholder Society. In: City 5/6, 86-97.

Davis, Mike 1990: City of Quartz. London: Verso.

diskus 1998: Bahnhöfe und Innenstadt. In: diskus 47. Jg., Nr 1+2, Mai 1998, 29-40.

Ettlinger, Nancy 1994: The localization of development in comparative perspective. In: Economic Geography, 70/2, 144-66.

Farwick, Andreas 1998: Soziale Ausgrenzung in der Stadt. In: Geographische Rundschau 50/3, 146-154.

Fehse, Wilhelm 1995: Selbsthilfe-Förderung – ‚Mode' einer Zeit? Eine Prozeß- und Strukturanalyse von Programmen zur Unterstützung von Selbsthilfeaktivititäten. Frankfurt: Lang.

FoCo 1996 (Hg.): Forward to the Roots... Community Organizing in den USA – eine Perspektive für Deutschland? Bonn: Stiftung Mitarbeit.

Forschungsjournal NSB 4/1990: Großstadt und neue soziale Bewegungen, Jg. 3, Heft 4.

Froessler, Rolf et al. 1994 (Hg.): Lokale Partnerschaften. Die Erneuerung benachteiligter Quartiere in europäischen Städten. Basel: Birkhäuser.

Hall, Tim/ Hubbard, Phil 1998 (eds.): The Entrepreneurial City. Geographics of Politics, Regime and Representation. Chichester: Wiley & Sons.

Hanesch, Walter et al. 1994 (Hg.): Armut in Deutschland. Der Armutsbericht des DGB und des Paritätischen Wohlfahrtsverbands. Reinbek bei Hamburg: Rowohlt.

Hanesch, Walter 1997 (Hg.): Überlebt die soziale Stadt? Konzeption, Krise und Perspektiven kommunaler Sozialstaatlichkeit. Opladen: Leske + Budrich.

Harvey, David 1998: The Work of Postmodernity: The Laboring Body in Global Space. In: INURA (Hg.): Possible Urban Worlds. Basel: Birkhäuser.

Keating, Michael 1993: The Politics of Economic Development: political change and local economic development policies in the United States, Britain, and France. In: Urban Affairs Quarterly 28/3, 373-96.

Klagge, Britta 1998: Armut in westdeutschen Städten. In: Geographische Rundschau 50/3, 139-146

Krämer-Badoni, Thomas 1990: Die Dethematisierung des Sozialen – Ansätze zur Analyse städtischer sozialer Bewegungen. In: Forschungsjournal NSB, Jg. 3, 4, 20-27.

Krämer-Badoni, Thomas/ Söffler, D. 1994: Die Rolle der städtischen Bürgerinitiativen in Westdeutschland und Ostdeutschland bei der Ausprägung lokaler Demokratie. Universität Bremen, Working Papers of the ZWE Arbeit und Region, Nr. 13.

Krätke, Stefan 1995: Strukturwandel der Städte. Städtesystem und Grundstücksmarkt in der ‚postfordistischen' Ära. Frankfurt: Campus.

Küppers, Kirsten 1998: Innenstadtaktionstage 98 gegen Privatisierung und Sicherheitswahn. In: tageszeitung, 31. Mai 1998, 27.

Kürpick, Susanne/ Weck, Sabine 1998: Policies against Social Exclusion at the Neighborhood Level in Germany. The Case Study of Northrhine-Westphalia. In: Madanipour, Ali et al. (ed.): Social Exclusion in European Cities. London: Jessica Kingsley Publ.

Lang, Sabine 1995: The NGOization of Feminism. In: Scott, Joan W./Caplan, Cora (eds.): Transitions, Environments, Translations. Feminisms in International Politics. New York: Routledge, 101-120.

Lipietz, Alain 1996: The Third Sector: Resolving the Crisis of the Welfare State. In: City 1-2, 141-152.

Logan, John R./ Molotch, Harvey L. 1987: Urban Fortunes. The Political Economy of Place. Berkeley: University of California Press.

Lustiger-Thaler, Henri/ Maheu, Louis 1995: Social Movements and the Challenge of Urban Politics. In: Maheu, Louis (ed.): Social Movements and Social Classes. London: Sage, 151-168.

Mayer, Margit 1987: ‚Staatsknete' und neue soziale Bewegungen. In: Kreuder, Th./ Loewy, H. (Hg.): Konservativismus in der Strukturkrise. Frankfurt: Suhrkamp.

Mayer, Margit 1994: Post-Fordist City Politics. In: Ash, Amin (ed.): Post-Fordism. Oxford: Blackwell, 316-39.

Mette, Norbert/ Steinkamp, Hermann 1997 (Hg.): Anstiftung zur Solidarität. Praktische Beispiele der Sozialpastoral. Mainz: Matthias-Grünewald Verlag.

Péchu, Cecile, 1996: Quand les ‚exclus' passent à l'action. Ma mobilisation des mal-logés. In: Politix 34, 114-133.

Pohl, Gerd/ Schäfer, Claus 1996 (Hg.): Niedriglöhne. Die unbekannte Realität: Armut trotz Arbeit. Hamburg: VSA.

Rada, Uwe 1997: Die City ist nicht für alle da. Bettler sollen raus aus den Innenstädten – gegen diesen Trend kämpfen politische Initiativen mit einer ‚Aktionswoche' in mehreren Städten. In: tageszeitung, 31. Mai 1997.

Rein, Harald 1997: Die ‚Bundesarbeitsgruppen der Initiativen gegen Arbeitslosigkeit und Armut' und deren Forderung nach Existenzgeld. In: Komitee für Grundrechte und Demokratie (Hg.): Jahrbuch '96/97. Sensbachtal: Komitee.

Roth, Roland 1991: Frankfurt am Main. Skizzen zu einer Bewegungsmetropole. In: Brauerhoch, Frank-Olaf (Hg.): Frankfurt am Main. Stadt, Soziologie und Kultur. Frankfurt/M.: Vervuert.

Roth, Roland 1994: Demokratie von unten. Neue soziale Bewegungen auf dem Wege zur politischen Institution. Bonn: Bund.

Rucht, Dieter/ Blattert, Barbara/ Rink, Dieter 1997: Soziale Bewegungen auf dem Weg zur Institutionalisierung. Zum Strukturwandel ‚alternativer' Gruppen in beiden Teilen Deutschlands. Frankfurt: Campus.

Rübsam, Jens 1997: Gegen den Sauberkeitswahn was Politisches. In: tageszeitung, 5. Juni 1997, 23.

Sassen, Saskia 1995: Wirtschaft und Kultur in der Global City. In: Forum Wissenschaft 12/2 (Juni), 6-11.

Sassen, Saskia 1998: Globalization and its Discontents. New York: The New Press.

Schmid, Josef 1998: Vom Sozialstaat zur Wohlfahrtsgesellschaft. Institutioneller Wandel in der Sozialpolitik. In: Forschungsjournal NSB, Jg. 11, 2, 25-37.

Selle, Klaus 1991: Mit den Bewohnern die Stadt erneuern. Der Beitrag intermediärer Organisationen zur Entwicklung städtischer Quartiere. Beobachtungen aus sechs Ländern. Dortmund/Darmstadt: Dortmunder Vertrieb für Bau- und Planungsliteratur.

Smith, Neil 1996: The New Urban Frontier. Gentrification and the Revanchist City. London & New York: Routledge.

spacelab 1997: Macht und Raum. Zu postfordistischen Territorial- und Kontrollstrategien. In: Widersprüche, Jg. 17, Heft 66, 129-150.

Stadt Essen, Amt für Entwicklungsplanung, Statistik, Stadtforschung und Wahlen 1997: Ansätze integrierter Kommunalpolitik. Weiterentwicklung der Ansätze neuer sozialer Kommunalpolitik. Informationen und Berichte zur Stadtentwicklung Nr. 90.

Stiftung Mitarbeit 1995 (Hg.): Engagement gegen soziale Not. Organisationen und BürgerInnenbewegungen gegen Arbeitslosigkeit, Armut, Wohnungsnot und Sraffälligkeit. Bonn: Stiftung Mitarbeit.

Storper, Michael/ Scott, Allen J. 1995: The Wealth of Regions: Market Forces and Policy Imperatives in Local and Global Context. In: Futures, 27/5, 505-526.

Voß, Brigitte 1997: Gemeinwesenökonomie als Strategie gegen Arbeitslosigkeit, Armut und Ausgrenzung. In: Widersprüche, Jg. 17, Heft 65.

WochenKlausur 1996: Workstation, vervielfältigtes Manuskript.

Zukunft Bauen et al. 1994: Zukunft Bauen 1993-1994. Berlin: Geisel Druck.

Peter Wahl

Perspektiven der Solidaritätsbewegung

1 Eine Bewegung in der Krise

Die Diskussion um die Perspektiven der Solidaritätsbewegung ist für diese seit Mitte der 70er Jahre eine dauerhafte Begleiterscheinung, deren Auslöser in den periodisch immer wieder auftretenden Krisendebatten zu finden ist. Hervorgegangen aus dem ‚Urknall' neuer sozialer Bewegung in der Bundesrepublik, der 68er Studentenbewegung, sollte die Solidaritätsbewegung früh die Erfahrung einer eigentümlichen Dialektik des Erfolgs machen: Der Sieg der Vietnamesen über die USA 1975, der doch eigentlich auch ein Sieg der Solidarität war, verwandelte sich alsbald in deren erste große Krise. Der sogenannte ‚Vietnamschock' entstand, als sich herausstellte, daß die ‚Befreiungsbewegung an der Macht' die in sie projizierten Erwartungen nicht erfüllen konnte. Die gesellschaftliche Realität des wiedervereinigten Vietnams mit Umerziehungslagern und anderen Menschenrechts- und Demokratiedefiziten, die mit großer Medienwirkung begleitete Fluchtbewegung der ‚Boat People', der Krieg zwischen Vietnam und China und schließlich der Genozid des Pol Pot-Regimes am eigenen Volk führten zu einem traumatischen Bruch in der Bewegung (vgl. Alsheimer 1979). Massenhafte Resignation und Rückzug waren die Folge.

Ähnliche Erfahrungen mußten später immer wieder andere Teilbewegungen der Solidarität machen (zur Geschichte der Solidaritätsbewegung vgl. Balsen/Rössel 1986 und Bommes/Heuer 1994), z.B. als antikoloniale Befreiungsprozesse in Bürgerkriege übergingen (Angola, Mosambik u.a.), oder wenn Befreiungsbewegungen Kritik und Dissidenz in den eigenen Reihen (El Salvador, Namibia u.a.) mit Repression oder gar der Liquidierung ihrer Mitkämpfer beantworteten (vgl. Peltzer 1989).

1.1 Der Niedergang der ‚Ländersolidarität'

Dies führte dazu, daß jene Variante der Solidarität, die sich auf die politisch-ideologische Identifikation mit einer Befreiungsbewegung oder einem revolutionären Regime bezog – es bürgerte sich dafür der etwas unbeholfene Begriff ‚Ländersolidarität' ein – , spätestens nach der Abwahl der Sandinisten bei demokratischen Wahlen ihr Potential erschöpft hatte.[1] Es bedurfte deshalb nicht der welthistorischen Wende von 1989/90, um sie endgültig obsolet werden zu lassen. „Im Gegensatz zu den achtziger Jahren gibt es heute kaum noch länderspezifisch arbeitende Gruppen" (Ramminger/Weckel 1997: 16). Zwar existieren bis heute organisatorische Reststrukturen – Koordinationsstellen, Informationsbüros und Publikationen – der Bewegung, allerdings kann nicht die Rede davon sein, daß sich bei deren Projekten heute mehr bewegte als eine kleine und in hohem Maße selbstreferentielle Szene.[2]

1.2 Strukturelle Dauerkrise der Aktionsgruppenbewegung

Als stabiler erwies sich die um den 1975 gegründeten Bundeskongreß entwicklungspolitischer Aktionsgruppen (BUKO) gruppierte Bewegung von Basisgruppen und Dritte-Welt-Läden. Thematisch stand hier nicht ein Land oder eine Bewegung/Organisation im Mittelpunkt, sondern entwicklungspolitische, soziale und weltwirtschaftliche Querschnittsprobleme sowie Menschenrechte.[3]

Die Aktionsgruppenbewegung war bzw. ist nicht so spektakulär wie die Ländersolidarität, dafür aber weniger konjunktur- und krisenanfällig[4] (vgl. Nuscheler et al. 1995). Gleichwohl geriet auch sie nach der Wende in die Defensive.[5] Freilich ist dies kein spezielles Problem der Solidaritätsbewegung. Alle sozialen Bewegungen mit emanzipatorischem Anspruch waren und sind davon betroffen, unabhängig davon, ob sie subjektiv oder objektiv mit dem untergegangenen System des Realsozialismus irgend etwas zu tun hatten. Die historischen Gegenkräfte in den 90er Jahren waren stärker. Ausdruck dieser Situation sind Aktionsmüdigkeit, Motivationsschwierigkeiten, Resonanzverlust, Überlastung der Aktiven, Nachwuchsmangel respektive Überalterung (Ramminger/Weckel 1997) – alles Faktoren, die sich zu einer strukturellen Dauerkrise verfestigt haben.

2 Aktuelle Lösungsansätze

Es mangelt natürlich nicht an Versuchen, diese Krise zu überwinden und der Bewegung neue Perspektiven zu erschließen. Das Spektrum der Vorschläge reicht dabei von Rezepten organisatorischer und technischer Natur, über Kooperationen und Netzwerkbildung bis zu Erweiterung des Themenspektrums (Bräuer 1994: 16ff).

2.1 Technische Ansätze

Zu den eher technischen Rezepten gehören ‚innovative' Formen der Öffentlichkeitsarbeit (man legt sich ein Logo zu, läßt das Layout der Publikationen von Fachleuten liften, etabliert eine Homepage im Internet etc.), ebenso wie Versuche, durch verstärkte Zielgruppenorientierung (Ramminger/Weckel 1997:

122) und den Einsatz neuer Medien eine bessere Wirkung zu erzielen. Dem gleichen Zweck dienen Versuche, durch ‚originelle Aktionsformen' – Vorbild ist meist Greenpeace – wieder an politischer Attraktionskraft zu gewinnen. Die Resultate sind bescheiden, da die Ressourcen, das Know-how und häufig auch der Mut zu solchen Aktionen fehlt. Jüngst gibt es auch die Vorstellung, sozialer Bewegung durch computervermittelter Kommunikation neue Impulse vermitteln zu können (Ludwig 1998: 4ff).

Solche Maßnahmen mögen den einen oder anderen Einzelerfolg erzielen. Letztlich aber ist eine qualitative Wende für die Bewegung und die Lösung ihrer politischen Probleme auf diesem Wege nicht zu erreichen.

2.2 Thematische Umorientierung und neue Allianzen

Produktiver sind zweifellos die Diskussionen um inhaltliche Orientierung und Anpassungen bzw. Ausweitungen auf Themenkomplexe wie Militarisierung/Entmilitarisierung, Kultur etc. (Bräuer 1994: 16ff) oder die Frage, ob die Themen Asyl und Migration Perspektiven für einen ‚neuen Internationalismus' eröffnen (Wolter 1998). Große Bedeutung bekam seit der Rio-Konferenz die Frage, ob man sich in die Diskurse um nachhaltige Entwicklung und die dazu existierenden politischen Prozesse (z.B. zur lokalen Agenda 21) einschalten solle (vgl. Oberfrank 1996 und kontrovers dazu Bernhard 1996). Eng damit zusammen hängt die immer wieder aufgeworfene Frage nach Kooperation, Netzwerkbildung, Bündnispartnern und neuen Allianzen (vgl. Falk 1992). Sie ist für eine Perspektivendiskussion in der Tat von großem Interesse (siehe Abschnitte 5 und 6).

2.3 Fairer Handel und Produktzertifizierung

Auf der Suche nach der verlorenen Wirkung hat in den vergangenen Jahren auch der Versuch, den sogenannten fairen Handel der Weltladenbewegung zu professionalisieren und gegenüber den Mainstream-Konsumenten in den Supermärkten zu öffnen, an Bedeutung gewonnen. Prominentestes Beispiel ist der Kaffeehandel der Kölner Organisation Transfair (mit starker Beteiligung der Kirchen). Die Ergebnisse sind umstritten. Während auf der einen Seite steigende Umsätze als konkreter ökonomischer Beitrag für fairen Handel sowie Ausdruck von entwicklungspolitischem Bewußtsein der Konsumenten gewertet werden, monieren Kritiker, das Konzept führe zu Entpolitisierung und Ersatzhandlungen.

Kontrovers sind auch die immer zahlreicher werdenden Produktkampagnen. Sie wollen entweder durch positive Sanktionierung (Gütesiegel/Zertifikate für Teppiche, die ohne Kinderarbeit produziert wurden, oder für ökologisch gewonnenes Tropenholz etc.) oder Boykottaufrufe (wie die der Clean Clothes Kampagne gegen den Turnschuhfabrikanten NIKE) dazu beitragen, menschenrechtliche, soziale und ökologische Standards in Entwicklungsländern durchzusetzen. Auch hier wurden Einzelerfolge erreicht (z.B. ergriff NIKE nach einem Umsatzeinbruch infolge der Kampagne Maßnahmen zur Verbesserung der sozialen Situation von Arbeiterinnen in seinen asiatischen Produktionsstätten). Von Kritikern wird dagegen eingewandt, daß die Kampagnen aufgrund von Marginalität[6] sowie durch die Beschränkung auf die letztlich sehr begrenzte Konsumentenmacht schon vom Ansatz her Ausdruck von Defensivität seien, während andere Instrumente, wie die politische Regulierung transnationaler Konzerne durch Regierungen oder internationale Institutionen gar nicht mehr versucht würden.

Sowohl fairer Handel als auch Produktkampagnen wären im Kontext ihrer strategischen Perspektiven zu diskutieren. Dabei müßten Kriterien von Erfolg und Mißerfolg entwickelt beziehungsweise transparent gemacht werden, wenn eine objektivierbare Auseinandersetzung über Pro und Kontra und damit Fortschritte in der Debatte erzielt werden sollen. Die Solidaritätsbewegung sollte sich daher den – scheinbaren – Luxus gönnen, eine systematische Strategiediskussion zu führen und sich dafür möglicherweise auch formell ein Forum zu geben. Die im folgenden angestellten Überlegungen können natürlich genauso wenig wie die geschilderten Ansätze einen Königsweg angeben. Sie sind lediglich ein Diskussionsbeitrag in einem weiterzuführenden Prozeß. Möglicherweise sind die Aktivitäten der Solidaritätsbewegung anläßlich des Weltwirtschaftsgipfels 1999 in Köln ein Rahmen für den Beginn einer solchen Strategiedebatte.

3 Abschied von der Rekonstruktionsillusion

Allen Diskussionen um Krise und Perspektiven der Solidaritätsbewegung liegt die meist unausgesprochene Voraussetzung zugrunde, daß es darum gehen müsse, die alte Größe der Bewegung aus den 70er und 80er Jahren zu rekonstruieren. Mit der Setzung dieses Standards sitzt man aber bereits in der Falle – man könnte sie die ‚Subjektivismusfalle' nennen. Denn die Vorstellung von der Rekonstruktion der Solidaritätsbewegung abstrahiert von der Tatsache, daß die Bewegung Resultat einer historischen Konstellation war, die heute weder gegeben noch wiederholbar ist. Internationale Solidarität – thematisch festgemacht am Protest gegen den Vietnamkrieg – war neben der Kritik am Umgang der (west)deutschen Gesellschaft mit ihrer faschistischen Vergangenheit und an der politischen und kulturellen Erstarrung der Ära Adenauer drittes konstitutives Movens der 68er-Bewegung.

3.1 Solidarität als ‚Sub-Bewegung' von 68

Aus dieser Situation heraus begann die Vietnamsolidarität sich aus dem Themenspektrum der 68er-Bewegung zu einer gewissen Eigenständigkeit auszudifferenzieren. Sie wurde zunächst eine Art ‚Sub-Bewegung'. Es entstanden eigenständige und auf das Thema spezialisierte Strukturen, zunächst lokale Solidaritätskomitees, später auch überregionale Koordinationen, die eine eigene Aktions- und Kampagnengeschichte begründeten. Damit war die Basis für die Bildung einer eigenständigen Identität dessen gelegt, was sich dann als Solidaritätsbewegung definierte. In den folgenden Jahren wandte sich die Bewegung auch anderen Themen zu, beziehungsweise diese wurden zum Anlaß für neue Teilbewegungen (Chile, Nicaragua, Südafrika etc.). Dennoch zehrte die Solidaritätsbewegung bis in die Mitte der 80er Jahre vom Impetus der 68er, deren politischer Kultur und Wertorientierung. Letztlich blieb sie ein Ausläufer der 68er-Bewegung. Insofern war die Bewegung auch determiniert von der historischen Singularität der Situation von 1968.

3.2 Genese sozialer Bewegung in Hegemoniekrisen

Denn ordnet man das Phänomen soziale Bewegung in Gramscis Konzept von Zivilgesellschaft ein, so läßt sich die politische Situation von 1968 als eine Hegemoniekrise der herrschenden Diskurse interpretieren. Eine solche Hegemoniekrise ist aber eine historische Ausnahmesituation, die nur auftritt, wenn die „herrschende Klasse in einem großen politischen Vorhaben, für das sie die Zustimmung der großen Massen gefordert oder gewaltsamen erzwungen hat (z.B. ein Krieg), gescheitert ist“ (Gramsci 1975: III 1603). Nun war die Situation 1968 zwar nicht ganz so dramatisch wie in Gramscis Beispiel. Statt mit einem gescheiterten Krieg haben wir es Ende der 60er Jahre in der Bundesrepublik mit einem ökonomischen und kulturellen Modernisierungsdefizit zu tun, und statt der ‚großen Massen‘ sind es zunächst nur Intellektuelle und Studenten, die der westdeutschen Nachkriegspolitik eine prinzipielle Absage erteilen. Dennoch erhellt Gramscis Grundgedanke treffend die Genese der Bewegung von 1968.

Daß die Solidaritätsbewegung beträchtliche Ausmaße annehmen und einige gesellschaftliche Wirkung erzielen konnte, verdankt sie der Hegemoniefähigkeit der 68er-Bewegung im Milieu intellektueller Mittelschichten (aus denen sich auch das Potential der Solidaritätsbewegung zusammensetzte – und bis heute zusammensetzt) sowie in einem Teil der ‚ideologischen Apparate‘ (Gramsci) wie Schule, Universität und Medien, die ihr Personal weitgehend aus diesen Schichten rekrutieren. Die politische Sozialisationserfahrung der Generation, die von 1968 bis 1975 Träger der Solidarität war, konnten nachfolgende Generationen allerdings nicht mehr machen. Die Hegemonie der 68er erschöpfte sich dann auch in den 80er Jahren und wurde nach 89/90 endgültig gebrochen.

3.3 Normalfall ‚Stellungskrieg‘

Damit trat der ‚Normalfall‘ wieder ein. Die Diskurshoheit war jetzt an den neuen, vom neoliberalen Leitbild dominierten Mainstream-Diskurs und die zu ihm komplementären Manifestationen postmoderner Ideologien gefallen. Seither herrscht für soziale Bewegungen, darunter die Solidaritätsbewegung, der Normalfall ‚Stellungskrieg' im Kampf um die politische und kulturelle Hegemonie in der Gesellschaft (Gramsci 1975: II 1386).

Auf die Perspektiven der Solidaritätsbewegung bezogen, bedeutet dies, daß die ‚Standards', an denen sie sich orientierten sollte, die des Normalfalls des ‚Stellungskriegs' sind. Die Wahrnehmung der eigenen Situation als permanente Krise wird dadurch relativiert und eingeordnet in eine objektive historische Konstellation. Über diese kann man sich nicht einfach hinwegsetzen, wie Münchhausen sich an den eigenen Haaren aus dem Sumpf zieht. Eine qualitative Änderung der Situation der Solidaritätsbewegung hat eine veränderten historischen Situation zur Voraussetzung, in der die Hegemonie der dominanten Diskurse gebrochen werden kann.[7] Solange dies nicht der Fall ist, muß das zähe, langwierige und alltägliche Ringen im zivilgesellschaftlichen Glacis der herrschenden Macht weitergehen.

Die Einsicht in die objektiven Determinanten sozialer Bewegung ist also nicht mit Attentismus zu verwechseln. Im Gegenteil, da jedes Vakuum, das die emanzipatorischen Kräfte entstehen lassen, von den Gegenkräften gefüllt wird, ist bereits das ‚Halten der Stellung' eine historische Leistung. In der Zwischenzeit ist die systematische Beschäftigung mit ihren objektiven Determinanten für die soziale Bewegung eine permanente Aufgabe, insbesondere im Hinblick auf das rechtzeitige Erkennen einer heraufziehenden Hegemoniekrise. Die Kunst von Politik besteht dann nämlich darin, in der neuen Situation interventionsfähig zu sein.

4 Brauchen wir überhaupt eine Solidaritätsbewegung?

Die Frage wird hier nicht aus Lust an Provokation oder dem Kokettieren mit dem fragwürdigen Titel des ‚Querdenkers' aufgeworfen. Selbstverständlich geht es nicht darum, die zivilgesellschaftliche Bearbeitung der Nord-Süd-Problematik aus emanzipatorischer Perspektive in Zweifel zu ziehen. Im Gegenteil: Gerade die gesellschaftliche Entwicklung des letzten Jahrzehnts bestätigt, wie dringend notwendig Alternativen zur Dominanz eines sozial, ökologisch und kulturell destruktiven ‚Turbokapitalismus' sind. Unbestritten ist, daß nennenswerte gesellschaftliche Emanzipationsprozesse historisch bisher nur von sozialen Bewegungen erkämpft wurden. Andere Akteure sind nicht in Sicht, und dies gilt ausdrücklich auch gegenüber NGOs (siehe Abschnitt 6). Insofern wird die Notwendigkeit von sozialer Bewegung hier nicht nur nicht bestritten, sondern ausdrücklich postuliert. Aber, bedarf es dazu einer Bewegung mit einer spezifischen Identität als ‚Dritte-Welt-Bewegung'? Um sich der Antwort auf diese Frage anzunähern, sei noch ein kurzer Blick auf ein grundlegendes Strukturmerkmal der Solidaritätsbewegung geworfen.

4.1 Fehlende Interessenbasis

Wie weiter oben bereits skizziert wurde, war internationale Solidarität in den Protesten gegen den Vietnamkrieg zunächst integrales Moment einer thematisch weiter gefaßten Bewegung. Die Herausdifferenzierung und Spezialisierung der Solidaritätsbewegung hatte nun einen Effekt, der für ihre Krisengeschichte außerordentlich folgenreich sein sollte: Im Gegensatz zu den anderen neuen sozialen Bewegungen basiert die Solidaritätsbewegung nicht auf unmittelbaren, materiellen oder gar existentiellen Interessen ihrer sozialen Träger. Die Motive der Solidarität waren hochgradig ideeller Natur. Während die Frauenbewegung in der auch im Alltag erfahrbarenen Diskriminierung, die Umweltbewegung in den für jeden individuell erfahrbaren Folgen von Umweltzerstörung und die Friedensbewegung in einer immerhin zeitweise realen Gefährdung durch einen Atomkrieg unmittelbar an Interessen innerhalb unserer eigenen Gesellschaft anzuknüpfen vermochten, konnte Solidarität mit Menschen, Gruppen und Organisationen in anderen Kontinenten nur sehr vermittelt und lediglich für einen bereits vorpolitisierten Personenkreis als in unserem eigenen Emanzipationsinteresse liegend legitimiert werden. Solange das Thema Solidarität in den breiteren Bewegungszusammenhang von 68 integriert war, schlug dieses Defizit materieller oder existentieller Interessen kaum zu Buche. In dem Maße aber, wie die Solidaritätsbewegung zur eigenständigen Bewegung wurde, sollte es bald spürbar werden.

Zwar hat es nie an Versuchen gefehlt, eine solche Interessenbasis für eine breitere Öffentlichkeit plausibel zu machen,[8] gelungen ist dies jedoch nie in nennenswertem Maße. Im Gegenteil, die Perzeption der Entwicklungsländer in ressentimentgeladenen Bedrohungsklischees (,Asylantenflut', ,Bevölkerungsexplosion', Fundamentalismus, ,Terrorismus') hat stattdessen als antiemanzipatorische Interessendefinition in einem Maße in der Gesellschaft Fuß gefaßt, daß inzwischen auch die offizielle Entwicklungspolitik in der Hoffnung darauf zurückgreift, wenigstens damit noch eine gewisse Akzeptanz zu finden.

Da die Solidaritätsbewegung der 70er und 80er Jahre nicht nur in ihren karitativ orientierten Sektoren davon ausging, daß ,wir' in einer Wohlstandsgesellschaft leben[9] und dies auch Bestandteil ihrer Legitimation war, hat sie die Selbst- beziehungsweise Interesselosigkeit zum Leitbild verklärt, das die Versuche einer Begründung auf einer Interessenbasis konterkarieren mußte. In weiten Teilen der Aktionsgruppenbewegung, insbesondere im kirchlichen Bereich, ist das ethische/religiöse Motiv des Teilens (,Wer einen Mantel hat, gebe dem einen, der keinen hat') bis heute ausschlaggebend. So stellen Ramminger und Weckel die Motive ,Schuld' und ,Scham' nach der Entrüstung über Ungerechtigkeit als die wesentlichen Motive für Solidarität fest (Ramminger/Weckel 1997: 66). Und selbst noch in einer Stellungnahme des Informationsbüros Nicaragua zu der von BUND und Misereor in Auftrag gegeben Studie ,Zukunftsfähiges Deutschland' schimmert die idealistische Position durch, wenn Eigennutz als eine Komponente für solidarisches Verhalten abgelehnt wird und Solidarität stattdessen als „gegenseitiges Lernen" (Eblinghaus/Stickler 1996: 205)[10] definiert wird. Trotz der radikalen Attitüde steht diese Vorstellung von Solidarität der Lebenswelt intellektueller Mittelschichten natürlich näher als dem Begriff von Solidarität in seiner ursprünglichen Bedeutung, wie sie von der Arbeiterbewegung des 19. Jahrhunderts eingeführt worden war. In der Parole ‚Proletarier aller Länder vereinigt euch' war vorausgesetzt, daß dies nicht aus Nächstenliebe oder Philanthropie, sondern auf der Basis gemeinsamer und handfester Interessen geschehen würde.

Mit der Rückkehr von Massenarbeitslosigkeit und Armut in die Metropolen ist der Topos von der Wohlstandsgesellschaft als Voraussetzung für Solidarität obsolet geworden. Zwar wird dies auch in der Solidaritätsbewegung zur Kenntnis genommen; allerdings beschränkt man sich dann meist auf die Klage, daß dadurch das Thema Solidarität auf der politischen Agenda weiter nach unten rutscht. Demgegenüber wäre es notwendig, das Verhältnis von Solidarität und Interesse auf dem Hintergrund der neuen gesellschaftlichen Situation in der Bundesrepublik am Ende des Jahrhunderts zu reflektieren und die Konsequenzen daraus zu ziehen.

Ein Ausdruck des widersprüchlichen Verhältnisses der Solidaritätsbewegung zu Interessen war ab Mitte der 70er Jahre der stetige Versuch, thematische Verknüpfungen mit anderen sozialen Bewegungen zu suchen und politisch bei diesen anzudocken.[11] Umwelt und Dritte Welt, Frauen und Dritte Welt, Frieden und Dritte Welt waren die wichtigsten dieser Verknüpfungsversuche. In den Hochzeiten der Friedensbewegung wurde sogar ein eigens spezialisierter Zusammenhang, der ‚Koordinierungskreis Dritte Welt' (Bräuer 1994: 6) etabliert, dessen Aufgabe darin bestand, bei Großveranstaltungen durch thematische Präsenz, Redner etc. die Anliegen der Solidaritätsbewegung einzubringen – was auch durchaus mit einigem Erfolg geschah. In der Tendenz war dies ein Angleichung an die Situation in den Anfangsjahren der Solidaritätsbewegung.

4.2 Integration in eine breitere soziale Bewegung

Im Lichte all dieser Argumente muß es wohl nicht mehr als Provokation erscheinen, wenn für die Zukunft der Solidaritätsbewegung die Integration als ‚Sub-Bewegung' in eine breitere, größere Bewegung als die entscheidende Perspektive gesehen wird. Die Hoffnung auf Rekonstruktion als eigenständige soziale Bewegung ist eine Illusion. Eine Überwindung der strukturellen Dauerkrise wird es nur in einer übergreifenden Bewegung geben. Daraus folgt freilich nicht, daß die bestehenden Gruppen und Organisationen sich auflösen müßten. Sie werden weiterhin als Bewegungskerne und ‚Dienstleister' gebraucht. Ihre Erfahrungen und ihr Wissen können auch in einer über das

Thema Solidarität hinausgehenden Bewegung einen eminent wichtigen Beitrag leisten, denn die Kritik an den herrschenden Verhältnissen gewinnt anhand der Nord-Süd-Thematik eine besonders hohe Plausibilität, und die grundlegenden Wertorientierungen Solidarität, Emanzipation, Verständigung etc. entwickeln in Nord-Süd-Perspektive eine plastische Überzeugungskraft.

Ebensowenig bedeutet die Integration in eine übergreifende Bewegung, sich jetzt einfach der Frauen- oder Umweltbewegung anzuschließen. Auch diese sind in der Krise und vermögen der Solidaritätsbewegung keine Perspektive zu bieten. Übergreifende soziale Bewegung heißt, das auch die Themen und Interessen der Frauen- und Umweltbewegung darin aufgehoben sein müßten. Freilich existiert diese Bewegung (noch) nicht, und die Einsicht in ihre Notwendigkeit führt noch lange nicht dazu, daß sie auch entstünde. Allerdings scheint einiges darauf hinzudeuten, daß sich eine neue Bewegung herausbilden könnte, die sich am Widerstand gegen die neoliberale Globalisierung und deren Folgen herauskristallisiert. Vielleicht wäre der Arbeitstitel ‚Globalisierung von unten' geeignet, sie vorläufig auf einen Begriff zu bringen.

4.3 Bevorstehende Hegemoniekrise?

Auch wenn es derzeit noch sehr viel mit Spekulation zu tun hat, wäre der Frage nachzugehen, ob sich die Anzeichen dafür mehren, daß das neoliberale Paradigma in eine ‚Hegemoniekrise' kommen könnte, dann nämlich, wenn für größere Teile der Gesellschaft sichtbar wird, daß das Projekt Globalisierung und Standort nicht die segensreichen Resultate zeitigt, die die herrschenden Diskurse behaupten. Tatsache ist, daß von prominenten Protagonisten der Globalisierung inzwischen die Befürchtung geäußert wird, daß die Akzeptanz für die Globalisierung abnimmt. So klagte zum Beispiel Renato Ruggiero, Generalsekretär der Welthandelsorganisation (WTO), die in den vergangenen Jahren Speerspitze des neoliberalen Projekts war, auf der jüngsten Ministerratstagung: „Wann immer die Menschen heute über den Handel sprechen, kommen sofort andere Themen hoch: Instabilität der Finanzen, Entwicklung, Marginalisierung, Umweltschutz, soziale Verhältnisse, Arbeitslosigkeit, Gesundheit oder kulturelle Vielfalt." Und US-Präsident Clinton assistierte ihm mit der Forderung, daß „der ökonomische Wettbewerb zwischen den Nationen nicht in ein Rennen nach unten beim Umwelt- und Verbraucherschutz oder den Arbeitsstandards wird. Wir sollten das Niveau nach oben schrauben nicht nach unten" (WTO 1998).

Als weitere Indizien dafür, daß sich eine Hegemoniekrise des Neoliberalismus anbahnen könnte, sei noch auf die Schockwirkung der Krise der ‚emerging markets' in Südostasien verwiesen sowie auf die Wahlergebnisse der letzten Jahre in Italien, Großbritannien und Frankreich, die bei aller Begrenztheit dessen, was dabei an realen Veränderungen entstand, Ausdruck eines wie auch immer diffusen Veränderungswillens sind. Es würde den Rahmen dieses Artikels sprengen, der These vom Akzeptanzverlust des neoliberalen Diskurses im Detail nachzugehen. Aber genau das wäre die Aufgabe einer systematischen Strategiediskussion innerhalb der Solidaritätsbewegung wie auch mit potentiellen Bündnispartnern außerhalb.

5 Neue Allianzen

Wie in Abschnitt 2.2 bereits erwähnt wurde, gehörte die Diskussion über neue Allianzen immer wieder zur Tagesordnung von Strategiediskussionen der Solidaritätsbewegung. Sowohl in der Zusammenarbeit mit der Friedensbewegung als auch in der Kampagne gegen die Verschuldung der Entwicklungsländer anläßlich der IWF/Weltbank-Tagung 1988 in – damals noch – West Berlin waren bündnispolitisch gute Erfahrungen gemacht worden. Der Versuch, anläßlich des Weltwirtschaftsgipfels in München 1992 ein ähnlich breites Bündnis zustande zu bringen wie 1988, scheiterte kläglich an politischen Widersprüchen, wobei sicherlich auch die Tatsache eine Rolle spielte, daß der welthistorische Bruch die Spielräume für alternative, kritische und oppositionelle Politik ohnehin dramatisch eingeengt hatte.

Mit der Perspektive einer Integration von Solidarität in eine übergreifende soziale Bewegung wird an den bestehenden bündnispolitischen Einsichten angeknüpft, aber zugleich über sie hinausgegangen. Von entscheidender Bedeutung wäre dabei die adäquate Bearbeitung der zweifellos bestehenden Differenzen und Widersprüche innerhalb wie zwischen den Bewegungen. Mit der Beschwörung von Gemeinsamkeit und Appellen zur Harmonie werden die politischen, ideologischen und thematischen Unterschiede nicht aus der Welt geschafft. Allerdings wäre es unabdingbar, diese Unterschiede nicht statisch zu sehen, sondern prozeßorientiert auf die Möglichkeit ihrer Veränderbarkeit im Verlauf einer sozialen Bewegung zu reflektieren. Eine der Stärken von sozialer Bewegung ist ihre Funktion als Lern-, Erfahrungs- und Sozialisationsraum. Für den ersten Schritt reicht es durchaus, die bestehende Pluralität als Chance zu akzeptieren und davon auszugehen, daß jeweils ‚die anderen' etwas lernen und neue Erfahrungen machen können. Im Verlauf des Prozesses wird man dann weiter sehen können.

6 Bewegung und NGOs

Einen besonderen Stellenwert für eine bündnispolitische Öffnung hat für die Solidaritätsbewegung das Verhältnis zu NGOs. Es handelt sich hier um eine der intern umstrittensten Fragen. NGOs sind an sich keine neue Erscheinung; die UNO hat in ihrem Wirtschafts- und Sozialrat (ECOSOC) bereits vor 40 Jahren den Begriff eingeführt. Mitte der 80er Jahre aber erst begann der Aufstieg der NGOs zu einem vielbeachteten Akteur in der internationalen Politik, der mit der UN-Konferenz ,Umwelt & Entwicklung' 1992 in Rio und den spektakulären Aktion von Greenpeace gegen den Ölmulti Shell seinen Höhepunkt fand.[12] NGOs wird sowohl von staatlicher Seite und internationalen Organisationen (UNO, Weltbank u.a.) wie aus akademischen Sektoren eine wichtige Rolle in der Gestaltung einer ökologisch zukunftsfähigen Gesellschaft und als demokratisierender Faktor im Globalisierungsprozeß zugemessen (Messner 1998). NGOs genießen in der Bevölkerung ein hohes Ansehen und gelten als wichtige Hoffnungsträger für politischen Wandel.[13]

Aus der Sicht des politischen Flügels der Solidaritätsbewegung wird das Phänomen mit einer Mischung aus distanzierter Skepsis (Ramminger 1998: 29) bis aggresiver Ablehnung (,Kanalisierer von Opposition') betrachtet (Bernhard 1996: 231). Umgekehrt herrscht in NGOs vorwiegend eine Haltung herablassender Gleichgültigkeit gegenüber der Solidaritätsbewegung, die man für ein historisches Relikt hält. In bewußter Abgrenzung dazu pflegen NGOs ihr Image als modern, dynamisch und erfolgreich.

6.1 Überschätzung von NGOs

Das spannungsreiche Verhältnis zwischen NGOs und Bewegungsstrukturen hängt ursächlich mit der engen Verwandtschaft zwischen beiden zusammen. NGOs haben das Erbe der neuen sozialen Bewegungen angetreten und profitieren nach deren Niedergang davon, daß die Themen durch die Bewegungen überhaupt erst auf die politische Agenda kamen. Die Schwäche der sozialen Bewegung und die gesellschaftspolitische Situation der 90er Jahre waren nachgerade Voraussetzung für den Aufstieg der NGOs. Zugespitzt: Die NGOs sind die Fortsetzung der Solidaritätsbewegung mit anderen Mitteln. Deshalb ist bereits die Unterscheidung zwischen NGOs auf der einen Seite und Bewegung auf der anderen zu relativieren. Es gibt durchaus NGOs, die einen relativ engen Bezug zur Solidaritätsbewegung haben, wie umgekehrt Bewegungsstrukturen sich in Inhalten und Arbeitsweise zunehmend denen der NGOs angleichen.

Die Art und Weise, wie NGOs die Themen der sozialen Bewegungen bearbeiten, und ihre politische Verortung werden dabei nicht primär von den NGOs selbst bestimmt (auch wenn sie das selbst glauben sollten). Sie ist vielmehr Ausdruck der politischen Kräfteverhältnisse und des Verlusts der oben genannten diskursiven Hegemonie der sozialen Bewegung. Aus diesem Grund ist der Aufstieg der NGOs in hohem Maße heteronom bestimmt: durch die kooptive Strategie reformorientierter Regierungen und internationaler Organisationen, durch neoliberalen Antietatismus und – last but not least – die dramaturgischen Bedürfnisse der elektronischen Massenmedien. Insofern werden die NGOs und ihre Perspektive überbewertet. NGOs sind der am meisten überschätzte Akteur der 90er Jahre (Wahl 1996).[14] Die Stärke der NGOs ist prekär. Der Gefahr, in der Kooption durch die staatliche Seite ihre

Identität zu verlieren und sich damit selbst überflüssig zu machen, werden sie nur entgehen, wenn sie sich strategisch in den Kontext einer sozialen Bewegung stellen.

6.2 NGOs – Teil sozialer Bewegung

So wie die neuen sozialen Bewegungen Auswirkungen auf traditionelle Verbände und Organisationen hatten, so wird eine zukünftig starke soziale Bewegung als Lernfeld und Erfahrungsraum auch NGOs beeinflussen können. Insofern sind meine Überlegungen ein Plädoyer dafür, zumindest einen Teil der NGOs und der Bewegung in einem gemeinsamen Projekt zusammenzudenken und zusammenzuführen. Eine erste Möglichkeit, die Tragfähigkeit dieses Ansatzes zu testen, könnte wiederum der Weltwirtschaftsgipfel 1999 in Köln sein. Er wird Anlaß sein, zum Thema Verschuldung der Entwicklungsländer nach zehn Jahren wieder einmal eine Massenmobilisierung zu einem entwicklungspolitischen Thema zu erreichen. Ein Bündnis von inzwischen über 200 Gruppen und Organisationen – sowohl aus der entwicklungspolitischen Aktionsgruppenbewegung als auch zahlreiche NGOs, die sogenannte ‚Erlaßjahrkampagne'[15] – plant, eine Aktion, an der mehrere zehntausend Menschen teilnehmen sollen.

7 Themen

Mit welchen Themen die Solidaritätsbewegung in einer zukünftigen übergreifenden sozialen Bewegung präsent sein wird, läßt sich nicht mit Sicherheit vorhersagen. Allerdings lassen sich einige allgemeine Kriterien – auch Ausschlußkriterien – formulieren, an denen Nord-Süd-Themen ihre Tauglichkeit für eine übergreifende soziale Bewegung messen lassen müssen.

7.1 Enttabuisierung von Interessen

Sicher ist, daß ausschließlich ethisch-moralisch legitimierte Themen keine großen Chancen haben dürften. Schon jetzt stoßen Hungerkatastrophen und Genozide, denen Hunderttausende von Menschen zum Opfer fallen (Sudan, Ruanda etc.), weithin auf abgestumpfte Gleichgültigkeit, obwohl – oder vielleicht gerade weil – sie fast alltäglich in den Massenmedien[16] präsent sind. Allenfalls läßt sich damit noch eine Überweisung auf das Spendenkonto eines Hilfswerks hervorrufen; eine Transformation in eine soziale Bewegung ist dadurch nicht möglich. So bedauerlich dies ist, so wenig wird sich daran ändern. Stattdessen muß der Bezug zur eigenen Situation und – dies ist nicht weniger wichtig – die Möglichkeit für eigene Eingriffsmöglichkeiten sichtbar sein. Wo

Einfluß- und Gestaltungsmöglichkeiten nicht oder allenfalls sehr vermittelt existieren, entsteht eher Lähmung denn Bewegung.

Aus diesen Gründen ist ein tabufreier Umgang mit Interessen unumgänglich. Tabufrei heißt nicht, daß die Verwendung bereits eines jeden Interesses damit legitimiert wäre. Die Kompatibilität mit den grundlegenden Emanzipationsbestrebungen und Wertorientierungen der Solidaritätsbewegung bleibt selbstverständliche Voraussetzung. Deshalb ist zum Beispiel das Mobilisieren von Ängsten vor ‚der Asylantenflut' und anderer rassistischer und antihumaner Ressentiments offensiv zu bekämpfen. Was aber spricht dagegen, die Süd-Nord-Migration als kulturelle Bereicherung oder als Beitrag zur Sicherung unseres Rentensystems als in ‚unserem' Interesse liegend zu begründen?

7.2 Sackgasse Spezialistentum

Genauso wenig wie ethisch-moralisch begründete Argumente wird eines der hochspezialisierten Themen, die in großer Zahl in der Solidaritätsbewegung bearbeitet werden – sei es ein Land, sei es ein Sachthema – als Kristallisationspunkt für eine Bewegung geeignet sein. Notwendig ist ein Höchstmaß an Verallgemeinerbarkeit und große politische Bedeutung eines Themas. Darüber hinaus müßte die Struktur des Problems so beschaffen sein, daß seine Komplexität auf eine vermittelbare Botschaft reduzierbar ist, ohne freilich in Demagogie zu verfallen.[17] Dieses Problem stellt sich vor allem dort, wo es um sogenannte ‚Feindbilder' geht. Einerseits bergen Feindbilder, wie gerade die historische Erfahrung der Solidaritätsbewegung mit den Feindbildern (und Freundbildern!) des Kalten Krieges zeigt, große Risiken. Andererseits kann daraus nicht die Konsequenz gezogen werden, die Augen vor Strukturen von Ungerechtigkeit, Ausbeutung und Herrschaft und deren sozialen und politischen Trägern und Nutznießern in selbstauferlegtem Agnostizismus zu verschließen. Sich dieser Problematik zu stellen, wäre sicher eine der wichtigsten Aufgaben einer produktiven Strategiedebatte.

7.3 Weltwirtschaft und Internationale Strukturpolitik

Wenn es denn richtig sein sollte, daß das neoliberale Globalisierungsprojekt in eine Akzeptanz- und Hegemoniekrise geraten könnte, wäre seine kritische Analyse sowie die Diskussion von Alternativen ein zentrales Thema für Solidaritätsbewegung. Mit ihrer Expertise in der Analyse der Nord-Süd-Beziehungen könnte sie hierbei für eine übergreifende Bewegung einen besonders wertvollen Beitrag leisten. Konkret bedeutete dies die Bearbeitung folgender Themen:

- Dynamik, Struktur und institutionelle Verfaßtheit der Weltwirtschaft, Welthandels- und Investitionsordnung, das internationale Finanzsystem – quasi eine politische Ökonomie der Globalisierung,

- politische und militärische Struktur des internationalen Systems einschließlich seiner institutionellen Aspekte (UN-System, Militärbündnisse etc.),
- kulturelle Aspekte von Globalisierung.

Einzumünden hätte dies in Vorschläge für eine demokratische Regulierung und Steuerung der Globalisierung, die sich am Leitbild einer sozial gerechten und ökologisch tragfähigen Entwicklung in Nord und Süd orientiert.

Anmerkungen

1 Eine gewisse Ausnahme ist die Anti-Apartheid-Bewegung, die 1992 quasi offiziell ihr Ziel erreichte. Allerdings war bereits einige Jahre vorher das Ende des rassistischen Regimes in dem damals beginnenden politischen Prozeß voraussehbar. Bereits zu diesem Zeitpunkt begann auch die Erosion der Bewegung.

2 Entgegen den gängigen Distanzierungsritualen gegenüber der Ländersolidarität muß trotz deren Schwächen und Irrtümer festgehalten werden, daß sie in der vorwiegend auf sich selbst zentrierten Nachkriegsgesellschaft der Bundesrepublik die Perspektive auf internationale Zusammenhänge, insbesondere die Nord-Süd-Beziehungen, eröffnet und den Blick für die Ungleichheit zwischen Nord und Süd und deren Hintergründe geschärft hat. Sie trug damit dazu bei, die Wertorientierungen und Leitbilder Emanzipation, Solidarität und Gerechtigkeit über 20 Jahre hinweg in den politischen Diskursen der Bundesrepublik zu artikulieren.

3 Selbstverständlich hat es immer zahlreiche Überschneidungen und Querverbindungen zur Ländersolidarität gegeben.

4 Die Gründe liegen nicht nur darin, daß aus den Fehlern der Ländersolidarität Lehren gezogen wurden. Hinzu kommt auch, daß ein beträchtlicher Teil dieser Bewegung sich durch eine relative Politikferne bis hin zu rein karitativen Positionen auszeichnet: „In ihrer Projektfixierung fallen viele Gruppen auf ein Niveau entwicklungspolitischer Erkenntnisse zurück, das selbst große Hilfswerke wie Misereor oder Brot für die Welt hinter sich gelassen haben" (Ramminger 1998: 29).

5 In den neuen Bundesländern entstanden zwar nach der Wende auch Gruppen, Läden und Zentren, spielten aber von Anfang an eine marginale Rolle in der gesellschaftlichen Entwicklung.

6 Einer Studie der US-NGO ‚Conservation International' zufolge werden weltweit 0,2% des Holzes als aus ökologischer Bewirtschaftung stammend zertifiziert. Darunter wiederum ist der geringste Anteil tropisches Holz (Science: Vol 280. 1899. Zitiert in: Frankfurter Rundschau, 4.8.1998).

7 Vor diesem Hintergrund läßt sich auch das Problemfeld Professionalisierung der Bewegungsstrukturen entdramatisieren. Zwar sind die mit Professionalisierung verbundenen Risiken durchaus ernst zu nehmen (Entstehung von Partikularinteressen der Hauptamtlichen wie Arbeitsplatzinteressen, Übergewicht der Hauptamtlichen über und Konflikte mit Ehrenamtliche(n) etc.), andererseits ist das opferreiche ehrenamtliche Engagement über biographisch längere Zeiträume nur für wenige Menschen durchzuhalten.

8 Sie reichen von der These eines revolutionären Weltprozesses in unterschiedlichen ideologischen Varianten (siehe die in den 70er Jahren gängigen Parolen wie ‚Proletarier aller Länder und unterdrückte Völker vereinigt Euch!' u.ä.) über die Theorie von der Interdependenz zwischen Nord und Süd, die auch in der offiziellen entwicklungspolitischen Debatte eine wichtige Rolle spielte, bis zum Begriff der ‚Einen Welt', der durch den Sustainability-Diskurs eine neue Legitimationsgrundlage bekommen hat.

9 Was für die mittelschichtgeprägte Bewegung ja auch durchaus zutraf.

10 Sicher kann lernen eine Dimension von Solidarität sein. Doch wenn man sich konkret vorzustellen versucht, wie die landlosen Bauern in Brasilien, die Slumbewohner von Bombay oder

die Bürgerkriegsopfer im Sudan von der deutschen Solidaritätsbewegung lernen sollen, dann erscheint dieser Solidaritätsbegriff zumindest sehr verkürzt.

11 Böswillig formuliert könnte man von ‚Trittbrettfahrerei' sprechen.

12 Das Phänomen NGO wird inzwischen intensiv akademisch bearbeitet. Einen guten Überblick bietet Altvater et al. 1997.

13 In einer repräsentativen Umfrage nach dem Image von Personen und Organisationen kommt gleich nach dem Bundespräsidenten, von dem zwei Drittel der Befragten eine gute Meinung haben, an zweiter Stelle Greenpeace, gefolgt von karitativen und Wohlfahrtsverbänden, während Parteipolitiker und Parteien weit abgeschlagen sind (Frankfurter Rundschau vom 30.7.1998).

14 Als weiters Indiz für die Bestätigung dieser These mag der Hinweis dienen, daß die NGO-Konjunktur in Ländern, in denen soziale Bewegung eine größere Rolle als hierzulande spielt (z.B. Italien und Frankreich), weitaus weniger ausgeprägt ist.

15 In Anknüpfung an die im Alten Testament geschilderte Praxis, wonach Gläubiger alle ‚Jubeljahre' (d.h. alle 50 Jahre) ihren Schuldnern die Schulden erlassen sollen, wird für das Jahr 2000 gefordert, den ärmsten Entwicklungsländern einen Schuldenerlaß zu gewähren.

16 Überhaupt dürfte eine der größten Herausforderungen darin bestehen, eine der komplexen Wirkungsweise der Massenmedien angemessene Strategie zu entwickeln.

17 An dieser Stelle wird der postmoderne Einwand kommen, daß die Zeit der ‚großen Erzählung' (Lyotard) vorbei und damit eine Sinngebung für soziales Handeln mithin nicht mehr möglich sei. Da eine Diskussion postmoderner Ideologeme den Rahmen dieses Artikels völlig sprengen würde, sei hier auf die weiterführende Auseinandersetzung verwiesen (Hauck 1992: 231ff).

Literatur

Alsheimer, Georg W. 1997: Eine Reise nach Vietnam. Frankfurt/M.

Altvater, Elmar/Brunnengräber, Achim/Haake, Markus/Walk, Heike 1997: Vernetzt und verstrickt. Nicht-Regierungsorganisationen als gesellschaftliche Produktivkraft. Münster.

Balsen, Werner/Rössel, Karl 1986: Hoch die internationale Solidarität – Zur Geschichte der Dritte-Welt-Bewegung in der Bundesrepublik. Köln.

Bernhard, Claudia 1996: Der Igel ist immer schon da. Oder: Wie man/frau dem Herrschaftsdiskurs hinterherläuft. In: Eblinghaus, Helga/Stickler, Armin 1996: Nachhaltigkeit und Macht. Zur Kritik von Sustainable Development. Frankfurt/M.

Bommes, Michael/Heuer, Michael 1994: ‚Dritte-Welt-Bewegung' – Was für eine Bewegung?! In: Forschungsjournal NSB, Jg. 7, Heft 3, 63-75.

Bräuer, Rolf 1994: Zwischen Provinzialität und Globalismus. Die westdeutsche Dritte-Welt-Bewegung in den 80er und 90er Jahren. Solschen.

Eblinghaus, Helga/Stickler, Armin 1996: Nachhaltigkeit und Macht. Zur Kritik von Sustainable Development. Frankfurt/M.

Falk, Rainer 1992: Perspektiven einer neuen Nord-Süd-Politik. In: Blätter für deutsche und internationale Politik, Jg. 37, Heft 6, 662-673.

Gramsci, Antonio 1975: Quaderni del Carcere. Bd. II und III. Turin.

Hauck, Gerhard 1992: Einführung in die Ideologiekritik. Bürgerliches Bewußtsein in Klassik, Moderne und Postmoderne. Hamburg.

Ludwig, Johannes 1998: Öffentlichkeitswandel durch ‚Gegenöffentlichkeit'? Zur Bedeutung computervermittelter Kommunikation für gesellschaftliche Emanzipationsprozesse. In: Prommer, Elisabeth/Vowe, Gerhard (Hg.): Computervermittelte Kommunikation: Öffentlichkeit im Wandel? Konstanz, (erscheint im Herbst 1998).

Messner, Dirk 1998: Die Transformation von Staat und Gesellschaft im Globalisierungsprozeß. In: Stiftung Entwicklung und Frieden (Hg.): Die Zukunft des Staates und der Politik, Möglichkeiten und Grenzen politischer Steuerung in der Weltgesellschaft. Bonn.

Nuscheler, Franz/Gabriel, Karl/Keller, Sabine/Treber, Monika 1995: Christliche Dritte-Welt-Gruppen. Praxis und Selbstverständnis. Mainz.

Oberfrank, Thomas 1996: Die Herrschaftsfrage als Demokratie stellen! Gegen den Aufbau falscher Fronten in der Nachhaltigkeitsdebatte. In: Eblinghaus, Helga/Stickler, Armin (Hg.): Nachhaltigkeit und Macht. Zur Kritik von Sustainable Development. Frankfurt/M.

Peltzer, Roger 1989: Befreiungsmythen. Plädoyer für die Revision einiger Leitvorstellungen in der Dritte-Welt-Bewegung. In: Blätter für deutsche und internationale Politik, Jg. 34, Heft 4.

Ramminger, Michael/Weckel, Ludger 1997: Dritte-Welt-Gruppen auf der Suche nach Solidarität. Münster.

Ramminger, Michael 1998: Solidarität. Der heilige Rest und die Zukunft. In: ila, Zeitschrift der Informationsstelle Lateinamerika, Nr. 214, April 1998.

Wahl, Peter 1996: NGOs – der am meisten überschätzte Akteur der 90er Jahre. In: Friedrich-Ebert-Stiftung (Hg.): Globale Trends und internationale Zivilgesellschaft oder: Die NGOisierung der (Welt-)Politik? Bonn.

Wolter, Udo 1998: Internationale Hybridität. Perspektiven für einen neuen Internationalismus? In: iz3w, Blätter des informationszentrums 3. Welt, Nr. 229, Mai/Juni 1998.

WTO 1998: 2nd Ministerial Conference, Geneva, Adress by the General Director. And: Adress of William S. Clinton, President of the United States of America, http//www.wto.org.

V.
Globalisierung und multinationale Bewegungsorganisationen

Dirk Gerdes

Regionalismus in Europa

Bilanz und Perspektiven

1 Einleitung

Am 18.11.1988 verabschiedete das Europäische Parlament eine Entschließung zur Regionalpolitik sowie ein Grundsatzpapier, das als ‚Regionalisierungscharta' (Hrbek/Weyand 1994: 177-181) bekannt wurde. Während die Regionalisierungscharta mit ihrer vergleichsweise präzisen Regionsdefinition den seinerzeit erreichbaren Konsens auf europäisch-parlamentarischer Ebene spiegelte, werden die ‚Regionsabgrenzungen' der Kommission bis heute durch die im selben Jahr eingeführte ‚nomenclature des unités territoriales statistiques' (NUTS) mit ihrer Kennziffern-Symbolik legitimiert, die sich zwar an nationalen Verwaltungsstrukturen orientiert, aber einen politischen Begriff von ‚Region' vermeidet (Bullmann et al. 1997: 133). Die Regionalisierungscharta ist die Zwischenbilanz eines transnationalen politischen Diskurses, in dem die durch den ‚Aufstand der Provinz' seit den 60er Jahren artikulierten Autonomieforderungen einerseits an (integral-)föderalistische ideengeschichtliche Traditionsbestände (Schulz 1993; Gerdes 1985: 46ff) rückgekoppelt werden, andererseits an neuere Regionalentwicklungskonzepte (Ellwein/Mittelstraß 1996; Bullmann/Heinze 1997) Anschluß finden.

Das Mischungsverhältnis zwischen diesen drei Komponenten der europäischen Regionalisierungsdiskussion bestimmt bis heute die *kulturelle Resonanz* (Gamson/Modigliani 1989: 5; Rucht 1994: 311f; Gerdes 1985: 35ff) des Regionalismus in West- und Mitteleuropa, aber auch die Perspektiven der ‚Politik der dritten Ebene' (Bullmann 1994) im Prozeß der Fragmentierung staatlicher Steuerungsinstanzen.

2 Ethnizität oder Autonomie? Anmerkungen zur Analyse regionalistischer Bewegungen

Kap. I, Artikel 1 der Regionalisierungscharta definiert den Begriff ‚Region' wie folgt: „1. Im Sinne dieser Charta versteht man unter Region ein Gebiet, das aus geographischer Sicht eine deutliche Einheit bildet, oder aber einen gleichartigen Komplex von Gebieten, die ein in sich geschlossenes Gefüge darstellen und deren Bevölkerung durch bestimmte gemeinsame Elemente gekennzeichnet ist, die die daraus resultierenden Eigenheiten bewahren und weiterentwickeln möchte, um den kulturellen, sozialen und wirtschaftlichen Fortschritt voranzutreiben.

2. Unter ‚gemeinsamen Elementen' einer bestimmten Bevölkerung versteht man gemeinsame Merkmale hinsichtlich der Sprache, der Kultur, der geschichtlichen Tradition und der Interessen im Bereich der Wirtschaft und des Verkehrswesens. Es ist nicht unbedingt erforderlich, daß alle diese Elemente immer vereint sind." (Hrbek/Weyand 1994: 177f).

2.1 Region als persistenter Kulturraum

Die auf europäischer Ebene einflußreichste ‚pressure group' für die politische Anerkennung und Institutionalisierung traditioneller kultureller Binnendifferenzierungen in einem ‚Europa der Regionen' ist zweifellos die Föderalistische Union Europäischer Volksgruppen (FUEV) (Gerdes 1985: 83ff). Sie definiert ‚Volksgruppen' (frz.: *Communautés Ethniques*) als „volkliche Gemeinschaft, die durch Merkmale wie eigene Sprache, Kultur oder Traditionen gekennzeichnet ist. Sie bildet in ihrer Heimat keinen Staat oder ist außerhalb des Staates ihrer Nationalität beheimatet (nationale Minderheit)" (Straka 1970: 34). Es ist kein Zufall, daß die objektivistischen Merkmalsbestimmungen, die Regionen im Sinne der Regionalisierungscharta zu allererst als Kulturräume ausweisen, mit der Volksgruppen-Definition nahezu identisch sind. Die FUEV hat über den Europarat und durch ihr nahestehende Abgeordnete des Europaparlaments seit dessen erster Direktwahl 1979 in einer durchgängigen Serie von Entschließungsanträgen versucht, eine Realitätsdefinition von Regionalkonflikten durchzusetzen, die diese in Kontinuität zur Volksgruppenproblematik der Zwischenkriegszeit interpretiert. Alle diese Vorstöße zielten im wesentlichen auf die Erweiterung des individualrechtlich orientierten völkerrechtlichen Minderheitenschutzsystems, auf den Schutz und die Förderung von Gruppenrechten sowie die Einräumung entsprechender kollektiver Beschwerde- und Klagerechte (Gerdes 1980a: 126ff) und/oder auf die institutionelle Repräsentation von Volksgruppen beziehungsweise Regionen auf staatlicher und europäischer Ebene (Gerdes 1985: 86ff; Schulz 1993: 229ff).

Die romantisch-substantialistische Volkstumsmythologie der älteren Volksgruppenbewegung und ihre problematische Erbschaft soll an dieser Stelle nicht noch einmal diskutiert werden (vgl. Gerdes 1980b). Festzuhalten ist lediglich, daß die konzeptionelle Verknüpfung der (süd-)westeuropäischen Regionalisierungs- und Föderalisierungsdiskussion mit der (ost-)mitteleuropäischen Volksgruppen- und Minderheitenproblematik (Gerdes 1985: 81ff) bis heute Befürchtungen und Vorbehalte weckt, die bereits 1978 gegenüber der *Erklärung von Bordeaux* geäußert wurden.

Die beim Europarat als beratende Körperschaft seit 1957 (Kommunalkonferenz) bzw. 1975 (Einbeziehung regionaler Gebietskörperschaften) eingerichtete ‚Europakonferenz der Gemeinden und Regionen/Ständige Konferenz der lokalen und regionalen Gebietskörperschaften Europas' war Ende Januar 1978 in Bordeaux zu einer Konferenz zusammengetreten, „die gewissermaßen für den westeuropäischen Regionalismus das darstellt, was Den Haag 1948 für die Europabewegung bedeutete" (Schulz 1993: 238). Neben der Forderung nach Aufbau eines ‚Europas der Regionen' formulierte die Schlußerklärung erstmalig auf offizieller Ebene das Theorem von der ‚Kultur als Faktor der Regionalentwicklung': „Die Suche nach einer ausgewogenen Entwicklung zwischen den verschiedenen Regionen Europas kann sich keinesfalls auf die wirtschaftliche und soziale Entwicklung beschränken. Die Kultur selbst ist im allgemeinen ein wesentlicher Faktor der regionalen Entwicklung" (Erklärung von Bordeaux 1978: 6).

Zum damaligen Zeitpunkt war allerdings von ‚Regionalmarketing' und regionalem ‚Identitäts-Management' noch nicht die Rede. Differenzierte empirische Untersuchungen zu den soziokulturellen Aspekten von Regionalentwicklung wurden erst in den 80er Jahren vorgelegt (vgl. Danielzyk/Krüger 1990: 21ff). Der Deklarationstext koppelte diesen kulturellen Faktor umstandslos mit einem traditionalen ethnischen Regionsbegriff: „Die Region liefert den Rahmen für die Anerkennung ethnischer und kultureller Verschiedenheiten, die Bewahrung der regionalen Sprachen, der regionalen Kulturen und Traditionen. Die Übertragung von eigentlich der Regierung zustehenden Vollmachten auf die regionalen Institutionen ist die logische Antwort auf die Wiederbejahung der jeder Region eigenen ethnischen und kulturellen Traditionen" (Erklärung von Bordeaux 1978: 6). Nicht nur die beiden Sprecher der in der Europakonferenz vertretenen deutschen kommunalen Spitzenverbände zeigten sich in Bordeaux als kompromißlose Gegner regionalistischer Tendenzen: „Diese Denkweise habe (...) mehr und mehr das Mißfallen der mittel- und nordeuropäischen Kommunalvertreter erregt. So wurde unter anderem befürchtet, daß die Regionalisierung zu einem regionalen Nationalismus führen könnte" (Saarbrücker Zeitung, 18./19. Februar 1978).

Diese Befürchtungen – bis heute lebendig und durch die ethnischen Konflikte östlich des früheren ‚Eisernen Vorhangs' genährt – spiegeln zunächst nur ein abstraktes *Common sense*-Modernitätsbewußtsein der Nachkriegszeit, in der jeder Bezug auf ethnische Identitäten als unzeitgemäße Regression auf vormoderne kollektive Bewußtseinszustände gilt. Dieser Abwehrhaltung gegenüber einer Ethnisierung von Kultur und Politik stand jedoch schon in den 70er Jahren eine unvermittelte, ebenso abstrakte Akzeptanz des Umgangs mit ethnischen Begrifflichkeiten gegenüber: Regionalistische Bewegungen wurden als Träger einer Reaktivierung persistenter traditionaler ethnischer Bruchlinien und Konfliktkonstellationen des *nation-building* interpretiert, die von historisch später aufgetretenen, inzwischen aber entschärften Konfliktlinien überdeckt worden seien (Lijphart 1977: 60f). Den vergleichsweise fragmentierten und zunehmend instabilen status- oder interessenbezogenen individuellen Gruppen*identifikationen* wurden traditionale, durch kulturelle Prägungen determinierte Gruppen*identitäten* gegenübergestellt: „Ethnische Herkunft und ethnische Prägung durch eine Gruppenkultur werden einlinig mit individuellen Handlungsmöglichkeiten und -chancen in Verbindung gebracht. Die Individuen werden (...) zu Gefangenen ihrer Herkunftskultur. (...) Die Idee des ‚Volksgeistes' oder der 'völkischen Eigenart' (...) bleibt auch nach dem Reinigungsbad in der modernen sozialwissenschaftlichen Theorie an dem Konzept ‚Ethnizität' erkennbar" (Dittrich/Radtke 1990: 29). Das Persistenztheorem der ‚Ethnizität' profilierte sich in den 70er Jahren als ein weithin akzeptiertes Erklärungsmuster, als ein alternatives ‚Kulturmodell' (Quinn/Holland 1987: 4) zum universalistischen Evolutionsmodell der ‚Modernisierung' (Assmann 1994: 28). Kulturrelativismus und Ethnopluralismus wurden zu postmodernen Varianten des ‚Gegenseitigkeits-Nationalismus' der alten Volksgruppenbewegung.

Im Unterschied zu diesen ideologischen Generalisierungen begründet die Regionalisierungscharta des Europäischen Parlaments von 1988 die Legitimität einer Regionalisierung jedoch nicht nur durch den Verweis auf die Persistenz ethnischer oder kultureller ‚Merkmale'. Sie ordnet diesen Merkmalen auch gemeinsame ‚Interessen' zu. Ebenso deutlich wird als Kennzeichen einer Region der ‚Wille' ihrer Bevölkerung vorausgesetzt, die aus den gemeinsamen Merkmalen resultierenden Besonderheiten zu bewahren und weiterzuentwickeln, um den kulturellen, sozialen und wirtschaftlichen Fortschritt voranzutreiben. Diese voluntaristische Komponente wird in den persistenztheoretischen Erklärungsversuchen des westeuropäischen Regionalismus regelmäßig ausgeblendet.

2.2 Region als kollektiver Akteur?

Die Behauptung oder der wie auch immer geführte Nachweis der Existenz eines subnationalen Identitätsraumes erklären wenig, wenn nicht dessen relativer Stellenwert im gesamten Geflecht institutionell und kulturell vermittelter Bindungen diskutiert wird, vor deren Hintergrund sich das ‚ethnische' oder kulturelle Selbstverständnis und das Konfliktverhalten regionalistischer Bewegungen in den 60er Jahren erst ausgeformt haben. Das sozialwissenschaftlich Interessante an diesen Bewegungen sind die politischen Prozesse, in denen Regionalbewußtsein für Handlungsfelder (re)aktiviert wird, die vorher durch andere Bindungen und Bezüge dominiert waren. Die Kontexte, der Prozeß, die institutionelle Resonanz und die Programmatik dieser (Re)Aktivierung von Regionalbewußtsein als Bezugsrahmen territorialer Politik durch die regionalistischen Bewegungen der 60er und 70er Jahre sind dabei von Bewegung zu Bewegung differenziert zu verorten.

2.2.1 Kontextbedingungen regionalistischer Mobilisierung

Unterhalb der Ebene von systemischen *political opportunity structures* oder ‚gesamtgesellschaftlichen Kontextstrukturen' (Rucht 1994: 295-312) sind für die

Analyse der Kontextbedingungen regionalistischer Mobilisierung die regionsspezifischen Funktionsmechanismen der kulturellen, politisch-administrativen und ökonomischen Integration der jeweiligen Regionen in nationale/transnationale Strukturen zu differenzieren. Die von Dieter Rucht für den Ländervergleich neuer sozialer Bewegungen unterschiedenen drei Kontextdimensionen der ‚Regimestruktur', der ‚Struktur der etablierten Interessenvermittlung' und der beide legitimierenden ‚kulturellen Muster' (Rucht 1994: 308ff) können dabei auch für den Regionsvergleich heuristische Hinweise geben. Systematische Vergleiche regionsspezifischer Kontextbedingungen der regionalistischen Mobilisierung der 60er und 70er Jahre liegen bisher nicht vor, obwohl eine Auswertung vorliegender Fallstudien hierfür hinreichendes Material bieten würde. In Modifizierung eines ähnlichen Versuchs durch Coakley (1992) ließe sich aber eine tentative Variablenauswahl zur Analyse kritischer Kontextbedingungen regionalistischer Mobilisierungsprozesse katalogisieren:

(1) die Intensität der Einbindung und Kontrolle regionaler Bevölkerungsgruppen in voneinander isolierte und zentralistisch kontrollierte Kanäle nationalstaatlicher Interessenvermittlung und Steuerung;

(2) die Intensität der lebensweltlichen Verankerung der mit diesen Formen systemischer Interessenvermittlung und Steuerung korrespondierenden Identifikationen, Realitätsinterpretationen oder *ideological packages* (Klandermans 1991: 30ff);

(3) die Existenz regionaler Kristallisationskerne intellektuellen und kulturellen Eigenlebens, das Ausmaß ihrer Institutionalisierung, ihrer Präsenz oder Nichtpräsenz in regionalen Kommunikationsmedien und ihrer subkulturellen Isolation oder zivilgesellschaftlichen Ausstrahlung auf regionaler Ebene (Bassand 1993: 186ff);

(4) das Ausmaß der Durchdringung und Kontrolle regionalwirtschaftlicher Aktivitäten durch regionsexterne Wirtschaftsinteressen bzw. interregionale Verflechtungen oder Abhängigkeiten einerseits, ihrer endogenen Innovations- und überregionalen Konkurrenzfähigkeit andererseits;

(5) die Flexibilität der etablierten Kanäle regionaler Interessenvermittlung und der regionalen Instanzen des politisch-administrativen Systems in der Verarbeitung von oder zumindest ‚symbolischen' (Edelman 1976) Anpassung an neue(n) regionalgesellschaftliche(n) Problemlagen und Konfliktkonstellationen.

Dieser Katalog ließe sich weiter ausdifferenzieren und durch zeitgeschichtliche Kontextfaktoren (v. Krosigk 1980) des Regionalismus der 60er und 70er Jahre ergänzen. Erklärungen zur Entstehung und Entwicklungsdynamik regionalistischer Bewegungen sind aus diesen Variablen aber ebensowenig abzuleiten wie aus den Theoremen der ‚Ethnizität' oder des ‚internen Kolonialismus'. Die Kontingenz von Mobilisierungsprozessen macht immer wieder deutlich, daß es „keine spezifische Konstellation sozialer Faktoren gibt, die einen spezifischen Pfad für eine nationalistische Bewegung vorherbestimmt.

Eine spezifische Konstellation sozialer Faktoren definiert zwar, was für die Akteure möglich ist, aber es sind die Entscheidungen, der Machtkampf und die Strategien dieser Akteure, die das Ergebnis bestimmen, und die Konstellation sozialer Faktoren verändert sich entsprechend im Zeitablauf" (Hooghe 1992: 37; Übers.: D. G.).

2.2.2 Entwicklungsdynamik regionalistischer Bewegungen

In der Bewegungsforschung wurde wiederholt versucht, den vermuteten Regelmäßigkeiten in der Entwicklungsdynamik sozialer Bewegungen nicht nur durch eine Analyse externer Kontextbedingungen, sondern auch eigendynamischer Reproduktionsprozesse von Bewegungen auf die Spur zu kommen (Rucht 1994: 91ff; Bender 1997). Hier konkurrieren vor allem unterschiedliche Zyklenmodelle mit linearen Prozeßmodellen, die das Ende einer Bewegung bei ihrer Institutionalisierung ansetzen. Otthein Rammstedt (1978: 132; 170) unterscheidet in seinem linearen Entwicklungsmodell acht Stufen der Selbstentfaltung und Konsolidierung sozialer Bewegungen, benennt aber auf jeder dieser Stufen Alternativen der Stagnation und Nichtentfaltung, die in Rückkopplungsschleifen auch in ein dynamisches Spiralmodell von Latenz und erneuerter Militanz sozialer Bewegungen eingebaut werden könnten. Diese Stufenabfolge ist kein determinierter Prozeß, sondern mögliches Ergebnis von Interaktionssequenzen zwischen staatlichen und gesellschaftlichen Akteuren, denen in dieser Abfolge allerdings ein hochgradig unflexibles und restringiertes Handlungsrepertoire zugeschrieben werden muß: Erst wo herkömmliche Konfliktregelungen und Problemlösungsmuster kumulativ versagen, können sich situativer Protest, abweichende Meinungsbildung und oppositionelle Handlungsorientierungen zu einem systemkritischen normativen Bezugssystem einer sozialen Bewegung generalisieren und konsolidieren.

Der von Scharpf und Mayntz ausgearbeitete Ansatz des ‚akteurzentrierten Institutionalismus' ist bisher für die Analyse sozialer oder regionalistischer Bewegungen kaum rezipiert worden, obwohl er gerade für die Entstehungsbedingungen sozialen Protestes wichtige analytische Hinweise gibt. Die Anmerkung der beiden Autoren zu den Grenzen ihres Ansatzes trifft allerdings auch für die Prozeßanalyse der Entwicklungsdynamik sozialer Bewegungen zu: „Ein Forschungsdesign, in dem ein mehrschichtiger institutioneller Kontext, individuelle wie korporative Akteure, ihre jeweiligen Handlungsorientierungen, Wahrnehmungen und interaktiven Beziehungen gleichermaßen systematisch einbezogen werden, läßt sich in *einer* empirischen Untersuchung kaum anwenden" (Mayntz/Scharpf 1995: 67). Einen Ausweg aus diesem Problem der Überkomplexität scheint nun aber die Konzentration auf bestimmte Phasen in der Entwicklungsdynamik sozialer Bewegungen zu bieten.

Für die Analyse regionalistischer Bewegungen liegen bisher nur vereinzelt formalisierte, nicht-deterministische Prozeßmodelle vor. Gerdes (1985: 44) konstruiert ein interaktions- und handlungstheoretisch informiertes Modell, das die Prozeßfaktoren der Genese und eventuellen strukturellen (Re)Integration sozialer Bewegungen in kontingenten Rückkopplungsschleifen zu identifizieren versucht. Analytisch umgesetzt wird dieses Modell in einer Fallstudie zur Entwicklungsdynamik des korsischen Regionalismus. Colin H. Williams (1997: 117f) kombiniert in seinem Modell der Entwicklungsdynamik separatistischer Bewegungen das ‚non-deterministic metaprocess model of political-territorial change' von Whebell mit einem Prozeßmodell, das Orridge und Williams für die Analyse des ‚autonomistischen Nationalismus' konzipiert haben. Auch Williams legt hierzu eine Fallstudie (zu Wales) vor. Gemeinsam ist diesen Modellen die Betonung (re)strukturierender Konfliktereignisse oder -situationen für die Bestimmung der Entwicklungsdynamik regionalistischer Bewegungen – eine Hervorhebung, die aus der Perspektive des akteurzentrierten Institutionalismus auch bei Mayntz/Scharpf (1995: 59ff) zu finden ist.

Regionalistischer ‚Protest' bleibt im Sinne von Rammstedt zunächst an die jeweiligen ‚Spielregeln' fragmentierter, voneinander isolierter Regelungsstrukturen und Interaktionskonstellationen gebunden (vgl. Schimank/Wasem 1995: 197). Regionalistischen ‚Bewegungen' gelingt es dagegen, die normative Einbindung der Akteure in diese Regelungsstrukturen aufzubrechen und eine kommunikativ abgestimmte, generalisierte Distanz zwischen (zentral)staatlichen Akteuren und regionalgesellschaftlichen Steuerungsadressaten aufzubauen (*framing*). Die Kumulation, kommunikative Vernetzung und normative Generalisierung des regionalistischen Protestes *entwertet* sukzessive die vorher geltenden Handlungsorientierungen und Spielregeln in den bestehenden Regelungsstrukturen, gegebenenfalls bis zu deren Zerfall und/oder Neustrukturierung. Zentral für diese Generalisierung und Umdeutung von *policy*- zu *polity*-Problemen scheinen also konfliktive Ereignisse zu sein, deren Kumulation kollektive Uminterpretationen herrschender Realitätsdeutungen herausfordern, diese stabilisieren oder scheitern lassen. Stabilität gewinnt die soziale Konstruktion einer „ereignishaften Differenz zum Bisherigen" (Bender 1997: 178, vgl. auch 75ff) allerdings nur dann, wenn sie wieder in konkrete Handlungsorientierungen und veränderte oder neue Akteurkonstellationen rücküberführt werden kann. Dieses Kleinarbeiten setzt eine Rationalisierung der *Differenz* zu Lasten ihrer expressiven, mobilisierenden Komponenten voraus, die für die institutionelle Resonanz regionalistischer Bewegungen entscheidend ist.

2.2.3 Oppositionelle Programmatik und institutionelle Resonanz regionalistischer Bewegungen

Adressaten wie Analytiker moderner Interessengruppenpolitik setzen auf die Berechenbarkeit einer rationalen Artikulation gesellschaftlicher Interessen Werte, Normen, Handlungsorientierungen und (situativer) Handlungsmotive

(Mayntz/Scharpf 1995: 52ff). Gesucht wird so auch bei Bewegungen zunächst nach dem rationalen Kern ihrer Anschlußfähigkeit an geltende Rationalitätsstandards und Handlungsorientierungen. Die Optionen, diesem Druck zugunsten von Wirksamkeit nachzugeben, sind begrenzt. Sie liegen in der kreativen Aneignung eingeführter Organisationsformen und normativer Symbolisierungen. Das Ausmaß der Provinzialisierung regionaler ,Sinnprovinzen' (Schütz), hier verstanden als subkulturelle Isolation regionaler *differentiae* (Gellner) und deren Unterordnung unter dominante gesamtstaatliche Handlungsorientierungen (vgl. oben 2.2.1), scheint nun einen bestimmenden Einfluß darauf zu haben, wo sich in der Spannweite zwischen einem defensiven, spontan-situativen Basisprotest und einer programmatisch durchstrukturierten wie formal organisierten offensiven Interessenartikulation das Gravitationszentrum regionalistischer Bewegungen einpendelt. Für die Bestimmung der subkulturellen Isolation oder zivilgesellschaftlichen Resonanz und Verankerung (Keating 1997: 102ff) regionaler *differentiae* ist eine genauere Analyse der ,Bezugsgruppen' (Rucht 1994: 480f) regionalistischen Protestes und regionalistischer Mobilisierung hilfreich. Michel Bassand unterscheidet hier als Ergebnis langjähriger Feldforschungen und vergleichender Analysen fünf Einstellungstypen, die sich in der Konfrontation mit regionalen Themen herauskristallisieren (Bassand 1993: 187f):

- ,Apathische und resignierte Regionalbewohner' ohne jede Beziehung zur oder Bindung an die Region. Apathie als Phänomen kultureller Entfremdung ist gerade in Randregionen häufig anzutreffen.
- Die ,potentiellen Emigranten'. Sie schauen mit kritischer, wenn nicht sogar verachtender Distanz auf das soziale, kulturelle und politische Leben der Region (,Provinz'!).
- Die ,Modernisierer' der Region, die sich voll (und meistens in führenden Positionen) in das soziale, ökonomische und politische Leben integrieren, sich dabei aber bewußt von den eigenständigen Lebensformen ihrer Region distanzieren. Demgegenüber zeigen sie eine fast kritiklose Offenheit gegenüber allen Neuerungen der Metropolen, zu denen sie intensive Kontakte pflegen. Sie waren und sind die provinziellen Partner herkömmlicher Regionalpolitik ,von oben'.
- Die ,Traditionalisten' identifizieren sich in teilweise militanter Form mit der Geschichte, Sprache, Kultur oder den Traditionen der Region. Von daher versuchen sie, in möglichst vielen Lebensbereichen externe Einflüsse abzuwehren oder vergangene Zustände wiederherzustellen.
- Die ,Regionalisten' sehen, wie die Modernisierer, die Aufgabe der Entwicklung ihrer Region als zentral an, jedoch ,nicht um jeden Preis und mit allen Mitteln'. Die naturräumlichen, historischen und kulturellen Besonderheiten der Region sind für sie positive Werte und der Ausgangspunkt jeder Regionalentwicklung. Modernisierung gewinnt somit ein regionales Profil,

mit dem sich die Bewohner der Region identifizieren können und das die Region für Außenstehende unverwechselbar macht.

In den ‚Arenen' (Rucht 1994: 481) der regionalistischen Konflikte der 60er und 70er Jahre stießen nun aber nicht, wie das Ethnizitäts-Theorem vermuten ließe, die wohlgeordneten Kohorten von ‚Traditionalisten' und ‚Modernisierern' aufeinander, sondern eine komplexe Gemengelage sich neuformierender staatlicher und gesellschaftlicher Akteurkonstellationen. Diese Akteurkonstellationen waren zunächst überwiegend Zerfallsprodukte einer intensivierten regionalen Strukturpolitik, die eine gezielte Mobilisierung brachliegender Wachstumspotentiale zu betreiben versuchte, sich vor Ort aber oft genug in eine Bedrohung oder Zerstörung vorhandener regionaler Wirtschaftsstrukturen und der dort geweckten Fortschrittserwartungen verwandelte (Keating 1997: 78ff). Enttäuschte Fraktionen regionaler Modernisierungseliten, syndikalistisch orientierte Vertreter bedrohter regionaler Wirtschaftssektoren, traditionale Klientel-Politiker und blockierte Emigrationswillige wurden so die wichtigsten Bezugsgruppen des regionalistischen Protestes der 60er und 70er Jahre, die sich zu regional sehr unterschiedlichen Koalitionen formierten (vgl. auch Hooghe 1992: 37). Regionalistischer Protest zielte auf die negativen Folgewirkungen zentralstaatlicher Eingriffe und Steuerungsansprüche. Diese *politische* Stoßrichtung war eine der wichtigsten Vorbedingungen für die Ausstrahlung regionalistischer Programmatik in die bestehenden regionalen Verbands- und Parteistrukturen. Die Differenzierung in ‚autonomistische', ‚föderalistische' und ‚separatistische' Positionen dieses politischen Regionalismus (Gerdes 1985: 66ff) orientierte sich an den programmatischen Ziel- und Selbstdarstellungen regionalistischer Gruppierungen, Organisationen und Parteien, die als Kerngruppen der ‚Mobilisierungsstruktur' (Rucht 1994: 480) der einzelnen regionalistischen Bewegungen in Erscheinung getreten sind.

Die Koalitionsfähigkeit des ‚Autonomismus' mit einem breiten Spektrum weiterer alternativer Handlungsorientierungen und Wertsysteme ist wohl der Grund dafür, daß dieser die normativen Orientierungen von Regionalentwicklung bis heute maßgebend prägt – nicht mehr als Alternative zu, sondern als Bestandteil von staatlicher und (mehr noch) europäischer Regionalpolitik.

3 Perspektiven der Politik der dritten Ebene

Es gehört zu den historischen Leistungen regionalistischer Bewegungen der 60er und 70er Jahre, daß es ihnen *paradigmatisch* gelungen ist,

- gegenüber einer fachpolitischen Integration und Kanalisierung regionaler Sonderprobleme in jeweils zentral gesteuerte Politikfelder eine territorialisierte Querschnittspolitik einzufordern, die hinter den sektoralisierten

'Sonderproblemen' grundsätzliche 'Ordnungsprobleme' staatlicher Steuerung sichtbar macht;
- die 'Raumopfer' (Naschold 1978: 54ff) einer zentralisierten regionalen Modernisierungspolitik aus ihren exklusiven Bindungen an gesamtstaatlich versäulte Verbände zu lösen und regional zusammenzuführen und
- der hegemonialen Provinzialisierung ökonomisch, kulturell und/oder politisch peripherer Regionen die Perspektiven einer eigenständigen Regionalentwicklung auf der Grundlage einer Aufwertung des kulturellen 'Eigen-Sinns' und des Eigenwerts regionaler 'endogener Potentiale' entgegenzusetzen.

3.1 Die Regionalisierung einer integrierten Regionalentwicklung

Die Aufnahme des Europäischen Fonds für regionale Entwicklung (EFRE) in das Vertragswerk der Einheitlichen Europäischen Akte von 1986, die faktische Zusammenlegung des Regionalentwicklungsfonds mit dem Europäischen Sozialfonds (ESF) und dem Agrarfonds (EAGFL) sowie die drastische Erhöhung der hierfür seit 1988 eingesetzten Mittel waren Signale für eine grundlegende Umorientierung der Regionalpolitik hin zu einer integrierten Regionalentwicklungspolitik, die 1993 in Maastricht bestätigt wurde. Auslöser dieser Umorientierung der europäischen Regionalpolitik waren Koordinations-, Effizienz- und Informationsprobleme, die eine Abstimmung raumwirksamer strukturpolitischer Interventionen schon aus Gründen des rationalen Mitteleinsatzes nahelegten. Darüberhinaus reagierte die Kommission aber auch auf die grundsätzliche Kritik, die in den 70er und 80er Jahren (und bis heute: Dunford 1997) an der mangelnden Ausgleichswirksamkeit herkömmlicher Regionalpolitik geübt worden war. Gewerkschaftliche Forderungen nach einer beschäftigungspolitisch orientierten Regionalpolitik (z.B. Fricke et al. 1986) und wissenschaftliche Vorschläge für eine bessere Koordination von Raumordnungspolitik und Sektoralpolitiken (z.B. Ellwein/Bruder 1982) kulminierten in alternativen Entwürfen einer 'eigenständigen Regionalentwicklung' (z.B. Bassand et. al. 1986), die gleichermaßen von dependenztheoretischen Analysen des Nord-Süd-Konflikts wie vom regionalistischen Theorem des 'internen Kolonialismus' inspiriert waren (Nohlen/Schultze 1985). Hiermit rückten grundsätzliche Fragen nach Inhalten, Wirkungsmechanismen und Legitimation einer zentral gesteuerten Regionalpolitik in den Vordergrund, denen man auf europäischer Ebene durch eine stärkere Orientierung an den artikulierten Entwicklungsbedürfnissen der Regionen begegnete. Das Ende 1988 formulierte 'Prinzip der Partnerschaft' verpflichtete regionale Akteure, im Dialog mit der Kommission eigenständige, auf die spezifischen regionalen Gegebenheiten abgestimmte Entwicklungsprojekte zu formulieren. Hier zeichneten sich modellhaft die Konturen einer integrierten Regionalentwicklung ab, in der die Ausgestaltung einzelner Politikbereiche einer ,regionalen Leitbildformulierung' unterschiedlicher Entwicklungsvorstellungen untergeordnet werden sollte. „EC regional policy was a form of regionalization but, since the 1988 reforms and the introduction of the principle of partnership, an element of regionalism has entered into it" (Keating/Loughlin 1997: 5).

3.2 Institutionelle Schwächen der Regionalisierung

„Regionale Modernisierungspolitik hat *ein Objekt* – die Region – und eine *Vielzahl von Subjekten* (Europäische Kommission, Staat, Kommunen, Unternehmen, Gewerkschaften, Arbeitgeberverbände, Kammern u.a.); sie zielt auf eine *Integration der relevanten Politikfelder* ab und sie versucht, *regionale Akteure* zu aktivieren und zu integrieren" (Heinze et al. 1997: 320). In dieser knappen Umschreibung regionaler Modernisierungspolitik wird eine Entwicklungslinie fortgeschrieben, deren Ursprung entweder in der regionalistischen Mobilisierung der 60er und 70er Jahre oder in den teilweise noch älteren (Frankreich) korporativen Entwicklungskoalitionen herkömmlicher regionaler Strukturpolitik gesucht werden kann. Entscheidend hierfür ist, welche Spielräume den benannten *Subjekten*, soweit sie regional aufeinandertreffen, für die Bildung eigenständiger regionaler Akteurkonstellationen zugesprochen werden.

Die Reform der europäischen Regionalpolitik hat zweifellos die Neuformierung regionaler Akteurkonstellationen befördert. Ihnen fehlt aber trotz aller Dezentralisierungsprozesse eine kongruente Stabilisierung durch institutionelle Reformen (Keating/Loughlin 1997: 12). Die wirtschaftsstatistisch generierten Regionen der europäischen Regionalentwicklungspolitik korrespondieren nur selten mit den nationalstaatlichen Dezentralisierungs- oder Regionalisierungsmustern. Die politische Programmvokabel vom ,Europa der Regionen' zielt auf die Stärkung der regionalen Ebene unmittelbar unterhalb der nationalstaatlichen Regierungsebene, während sich die europäische Regionalentwicklungspolitik logisch von der kommunalen Gebietskörperschaftsebene her aufbaut. Ebensowenig korrespondiert der institutionelle Zuschnitt der subnationalen Regionen mit den Programmregionen staatlicher Regionalpolitik. Hier sind, wie in Frankreich, regionsübergreifende Programmregionen ebenso üblich wie gestaffelte Regionalisierungen unterhalb der subnationalen Ebene, wie z.B. in der Bundesrepublik (*Regionalkonferenzen*). Realistischerweise räumen Keating und Loughlin ein, daß eine neue territoriale Hierarchie nicht in Sicht sei, sondern eher eine ,variable Geometrie' unterschiedlichster institutioneller Arrangements und Formen regionaler Mobilisierung (Keating/Loughlin 1997: 12). In der deutschsprachigen Literatur hat sich hierfür der Terminus ,Mehrebenenpolitik' eingebürgert; in der politischen Praxis insbesondere auf der NUTS III-Ebene wird dieses Phänomen eher als ,Regionalisierungschaos' wahrgenommen, in dem eine Konsolidierung stabiler Akteurkonstellationen unmöglich erscheint.

3.3 Region als zivilgesellschaftliches Projekt

Die Nicht-Kongruenz politisch-administrativer, wirtschaftsstruktureller und soziokultureller Komponenten von Regionsbildung (Heinze et al. 1997: 329) ist heute die Regel, nicht die Ausnahme. Partielle, staatlich moderierte und projektorientierte Kooperationsnetzwerke konstituieren noch kein Steuerungssubjekt von Regionalentwicklung, solange das Nebeneinander und die Überschneidung von Netzwerken unterschiedlichster Reichweite die Verstetigung kollektiver Kooperations- und Handlungslogiken verhindern.

Keatings Hinweis auf die notwendige zivilgesellschaftliche Fundierung von Regionsbildung macht darauf aufmerksam, daß Territorialität als „bloßes Set von Austauschbeziehungen (...) eine ganze Reihe ungelöster Probleme kollektiven Handelns" offen läßt. Erst eine „vernunft- und erfahrungsbegründete Form territorialer Identität kann den sozialen Zusammenhalt ermöglichen, der nötig ist, um unterschiedliche individuelle und kollektive Rationalitäten zu überbrücken". Territoriale Identität wird dabei nicht kurzschlüssig mit den traditionalen Vorstellungen „gefühlsmäßiger Gemeinschaftsbindungen" gleichgesetzt, sondern als „strukturierte Muster von Kooperation und Austausch" beschrieben, wobei deren Wurzeln in „historischen Erfahrungen und gemeinsamen Sozialisationen" liegen (Keating 1997: 102f). Keatings zivilgesellschaftliche Fassung des Regionsbegriffs beschreibt bis heute eine minoritäre Position im Konzert aktueller regelungstheoretischer Netzwerk-Euphemismen. Gestützt wird diese Position durch die paradigmatische Ausstrahlung des westeuropäischen Regionalismus, der auch die eingangs zitierte Regionalisierungscharta des Europäischen Parlaments prägte. Überschneidungen mit der Kommunitarismus-Debatte (z.B. Etzioni 1997) sind unübersehbar. Empirische Belege eines Zusammenhangs zwischen politisch-administrativen sowie wirtschaftsstrukturellen Konstellationen einerseits und soziokulturellen Faktoren von Regionalentwicklung andererseits finden sich in einer Vielzahl von Fallstudien (z.B. Bassand 1993). Unterstellt wird dieser Zusammenhang auch in der Orientierung europäischer Regionalentwicklungsprogramme auf *community development, human resource development* oder *environmental improvement* (Bachtler 1997: 83), in denen sich soziokulturelle Faktoren von Lebensqualität und kollektiven Wertorientierungen mit politischen und wirtschaftlichen Mobilisierungsfaktoren konzeptionell verbinden. Normativ schließt das Leitbild ‚nachhaltiger Entwicklung' der Agenda 21 an dieses kulturorientierte Verständnis von integrierter Regionalentwicklung an (Danielzyk et al. 1998).

Kommunikationstheoretische Plausibilität gewinnt ein modernisiertes regionalistisches Verständnis von Regionsbildung, wenn man diese als einen „gesellschaftliche(n) und politische(n) Verständigungsprozeß (versteht), in dem es um Konsensbildung über Ziele und Wege einer möglichst eigenständigen, integrierten und regionsverträglichen Modernisierung geht. Erleichtert wird diese Konsensbildung durch die Gemeinsamkeit von Lebensgewohnheiten und

Hintergrundüberzeugungen, über die sich die Akteure einer Region nicht jeweils neu verständigen müssen..." (Gerdes 1995: 133f). Bis Regionsbildung in diesem Sinne zu einem zivilgesellschaftlichen Projekt werden kann, sind weitere konzeptionelle und politische Anstrengungen erforderlich. Die halbierte Rationalität des Maastrichter Subsidiaritätsprinzips bedarf hier – auch mit Rückgriff auf integralföderalistische Positionen – einer Ergänzung durch eine konsequente Regionalisierungspolitik.

4 Fazit

Vincent Wright (1997: 52ff) benennt in seiner skeptischen Bilanz der Regionalisierungsprozesse der vergangenen 20 Jahre mehrere ‚Paradoxien', die die Differenz zwischen dem regionalistischen Paradigma und den Resultaten der Regionalisierungspolitik kennzeichnen:

- Dezentralisierung stärkt den Zentralstaat durch Entlastung von legitimationskritischen Problembereichen.
- Dezentralisierungsprozesse haben zu einer wachsenden Angleichung der von den regionalen Gebietskörperschaften betriebenen Politik geführt.
- In vielen Fällen verschärft Dezentralisierung das Partizipationsproblem, indem gesamtstaatlicher Zentralismus durch regionalen Zentralismus ersetzt wird.
- Staatliche Kompetenzverlagerung auf die Regionen hat nicht zu einer parallelen Regionalisierung der gesellschaftlichen Akteursgruppen geführt. Sie blieben überwiegend national oder international orientiert.
- Es entwickelt sich ein wachsender Widerspruch zwischen der Logik der politischen und institutionellen Regionalisierung einerseits und der Logik einer zunehmenden Metropolisierung wirtschaftlicher und gesellschaftlicher Macht andererseits.
- Die Ausstattung der Regionen mit Humanressourcen, Kapital, Infrastruktur und zivilgesellschaftlicher Mobilisierungsfähigkeit ist so unterschiedlich, daß wachsende Disparitäten und erneuerte Abhängigkeit vom Staat zu erwarten sind.
- Das Problem der Bürgerpartizipation verschärft sich in Regionen, die bei wachsenden Kompetenzen von stabilen Einparteien-Mehrheiten traditioneller Notablen geprägt bleiben.

Regionalisten teilen Wrights Skepsis.

Literatur

Assmann, Aleida 1994: Zum Problem der Identität aus kulturwissenschaftlicher Sicht. In: Lindner, Rolf (Hg.): Die Wiederkehr des Regionalen. Frankfurt/New York: Campus, 13-35.

Bachtler, John 1997: New Dimensions of Regional Policy in Western Europe. In: Keating, Michael/ Loughlin, John (eds.): The Political Economy of Regionalism, London: Frank Cass, 77-89.

Bassand, Michel/Brugger, Ernst A./Bryden, John M./ Friedmann, John/Stuckey, Barbara 1986 (eds.): Self-Reliant Development in Europe. Theory, Problems, Actions. Aldershot: Gower.

Bassand, Michel 1993: Culture and Regions of Europe. Strasbourg: Council of Europe Press.

Bender, Harald 1997: Die Zeit der Bewegung – Strukturdynamik und Transformationsprozesse. Beiträge zur Theorie sozialer Bewegungen und zur Analyse kollektiven Handelns. Frankfurt/ Main etc.: Lang.

Erklärung von Bordeaux, Konvention des Europarates über die Probleme der Regionalisation, Bordeaux (Frankreich), 30. Januar - 1. Februar 1978, „Europakonferenz der Gemeinden und Regionen" des Europarats, Publikation I 16 272, Straßburg.

Bullmann, Udo 1994 (Hg.): Die Politik der dritten Ebene. Regionen im Europa der Union. Baden-Baden: Nomos.

Bullmann, Udo/Goldsmith, Michael/Page, Edward C. 1997: Regieren unter dem Zentralstaat: Regionen, Kommunen und eine sich verändernde Machtbalance in Europa. In: Bullmann, Udo/ Heinze, Rolf G. (Hg.): Regionale Modernisierungspolitik. Nationale und internationale Perspektiven. Opladen: Leske + Budrich, 109-141.

Bullmann, Udo/Heinze, Rolf G. 1997 (Hg.): Regionale Modernisierungspolitik. Nationale und internationale Perspektiven. Opladen: Leske + Budrich.

Coakley, John 1992: Conclusion: Nationalist Movements and Society in Contemporary Western Europe. In: Coakley, John (eds.): The Social Origins of Nationalist Movements. London: Sage, 212-230.

Danielzyk, Rainer/Deppe, Henriette Carola/Mose, Ingo 1998 (Hg.): Von der eigenständigen zur nachhaltigen Regionalentwicklung. Bremen: econtur.

Danielzyk, Rainer/Krüger, Rainer 1990: Ostfriesland: Regionalbewußtsein und Lebensformen. Oldenburg: bis.

Dittrich, Eckhard J./Radtke, Frank-Olaf 1990: Einleitung. Der Beitrag der Wissenschaften zur Konstruktion ethnischer Minderheiten. In: Dittrich, Eckhard J./Radtke, Frank-Olaf (Hg.): Ethnizität. Wissenschaft und Minderheiten. Opladen: Westdeutscher Verlag, 11-40.

Dunford, Mick 1997: Les régions et le développement économique. In: Le Galès, Patrick/Lequesne, Christian (eds.): Les paradoxes des régions en Europe. Paris: La Découverte, 93-108.

Edelman, Murray 1976: Politik als Ritual. Die symbolische Funktion staatlicher Institutionen und politischen Handelns. Frankfurt/M.: Campus.

Ellwein, Thomas/Bruder, Wolfgang 1982: Innovationsorientierte Regionalpolitik. Opladen: Westdeutscher Verlag.

Ellwein, Thomas/Mittelstraß, Jürgen 1996 (Hg.): Regionen – Regionalismus – Regionalentwicklung. Oldenburg: Isensee.

Etzioni, Amitai 1997: Die Verantwortungsgesellschaft. Individualismus und Moral in der heutigen Demokratie. Frankfurt/Main/New York: Campus.

Fricke, Werner/Seifert, Hartmut/Welsch, Johann 1986 (Hg.): Mehr Arbeit in die Region. Chancen für regionale Beschäftigungsinitiativen, Bonn: Verlag Neue Gesellschaft.

Gamson, William A./Modigliani, Andre 1989: Media Discourse and Public Opinion on Nuclear Power: A Constructionist Approach. In: American Journal of Sociology 95/1, 1-37.

Gerdes, Dirk 1980a: Minderheitenschutz – eine internationale Rechtsnorm auf der Suche nach ihrem Gegenstand. In: Vereinte Nationen, Heft 4, 126ff.

Gerdes, Dirk 1980b: Frankreich – „Vielvölkerstaat" vor dem Zerfall? In: APuZ B12, 22. März 1980, 3ff.

Gerdes, Dirk 1985: Regionalismus als soziale Bewegung. Westeuropa, Frankreich, Korsika: Vom Vergleich zur Kontextanalyse. Frankfurt/New York: Campus.

Gerdes, Dirk 1995: Regionale Kultur als Entwicklungsfaktor. In: Neues Archiv für Niedersachsen, Heft 1.

Heinze, Rolf G./Strünck, Christoph/Voelzkow, Helmut 1997: Die Schwelle zur globalen Welt: Silhouetten einer regionalen Modernisierungspolitik. In: Bullmann, Udo/Heinze, Rolf G. (Hg.): Regionale Modernisierungspolitik. Nationale und internationale Perspektiven. Opladen: Leske + Budrich, 317-346.

Hooghe, Liesbet 1992: Nationalist Movements and Social Factors: a Theoretical Perspective. In:

Coakley, John (ed.): The Social Origins of Nationalist Movements. London: Sage, 21-44.
Hrbek, Rudolf/Weyand, Sabine 1994: betrifft: Das Europa der Regionen. Fakten, Probleme, Perspektiven. München: C. H. Beck.
Keating, Michael 1997: Zur Politischen Ökonomie des Regionalismus. In: Bullmann, Udo/Heinze, Rolf G. (Hg.): Regionale Modernisierungspolitik. Nationale und internationale Perspektiven. Opladen: Leske + Budrich, 77-107.
Keating, Michael/Loughlin, John 1997: Introduction. In: Keating, Michael/Loughlin, John (eds.): The Political Economy of Regionalism. London: Frank Cass, 1-13.
Klandermans, Bert 1991: New Social Movements and Resource Mobilization: The European and the American Approach Revisited. In: Rucht, Dieter (ed.): Research on Social Movements. Frankfurt: Campus, 17-44.
Krosigk, Friedrich v. 1980: Zwischen Folklore und Revolution: Regionalismus in Westeuropa. In: Gerdes, Dirk (Hg.): Aufstand der Provinz. Frankfurt/M.: Campus, 25-48.
Lijphart, Arend 1977: Political Theories and the Explanation of Ethnic Conflict in the Western World: Falsified Predictions and Plausible Postdictions. In: Esman, Milton J. (ed.): Ethnic Conflict in the Western World. Ithaca/London: Cornell Univ. Press, 46ff.
Mayntz, Renate/Scharpf, Fritz W. 1995: Der Ansatz des akteurzentrierten Institutionalismus. In: Mayntz, Renate/Scharpf, Fritz W. (Hg.): Gesellschaftliche Selbstregelung und politische Steuerung. Frankfurt/Main/New York: Campus, 39-72.
Naschold, Frieder 1978: Alternative Raumpolitik. Ein Beitrag zur Verbesserung der Arbeits- und Lebensverhältnisse. Kronberg/Ts: Athenäum.
Nohlen, Dieter/Schultze, Rainer-Olaf (Hg.) 1985: Ungleiche Entwicklung und Regionalpolitik in Südeuropa: Italien, Spanien, Portugal. Bochum: Brockmeyer
Quinn, Naomi/Holland, Dorothy 1987: Culture and Cognition. In: Quinn, Naomi/Holland, Dorothy (eds.): Cultural models in language and thought. Cambridge: Cambridge University Press, 3-40.
Rammstedt, Otthein 1978: Soziale Bewegung. Frankfurt/Main: Suhrkamp.
Rucht, Dieter 1994: Modernisierung und neue soziale Bewegungen. Deutschland, Frankreich und USA im Vergleich. Frankfurt/Main/New York: Campus.
Schimank, Uwe/Wasem, Jürgen 1995: Die staatliche Steuerbarkeit unkoordinierten kollektiven Handelns. In: Mayntz, Renate/Scharpf, Fritz (Hg.): Gesellschaftliche Selbstregelung und politische Steuerung. Frankfurt/Main/New York: Campus, 197-232.
Schulz, Matthias 1993: Regionalismus und die Gestaltung Europas. Die konstitutionelle Bedeutung der Region im europäischen Drama zwischen Integration und Desintegration. Hamburg: Krämer.
Straka, Manfred (Hg.) 1970: Handbuch der europäischen Volksgruppen. Wien/Stuttgart: Böhler.
Williams, Colin H. 1997: Territory, Identity and Language. In. Keating, Michael/Loughlin, John (Hg.): The Political Economy of Regionalism. London: Frank Cass, 112-138.
Wright, Vincent 1997: Relations intergouvernementales et gouvernement régional en Europe: réflexions d'un sceptique. In: Le Galès, Patrick/Lequesne, Christian (eds.): Les paradoxes des régions en Europe. Paris: La Découverte, 47-55.

Marianne Beisheim/Michael Zürn

Transnationale Nicht-Regierungsorganisationen

Eine Antwort auf die Globalisierung?

1 Einleitung

,Globalisierung' ist das Schlagwort, das für viele gegenwärtige Veränderungsprozesse in Gesellschaft, Wirtschaft und Politik steht. Unter Globalisierung wird dabei aber gemeinhin soviel subsumiert, daß man analytisch kaum noch sinnvoll mit diesem Begriff arbeiten kann und die Verärgerung derjenigen verständlich wird, die das ,G-Wort' als lästige Modeerscheinung einer effekthaschenden Zeitdiagnostik abtun. Hier soll daher zunächst eine präzisere konzeptionelle Erfassung dieser Globalisierungsprozesse vorgestellt werden, um vor diesem Hintergrund die Frage zu diskutieren, ob und inwiefern transnationale Nicht-Regierungsorganisationen (TNGOs)[1] eine Antwort auf diese Entwicklungen sein können.

Zunächst ist festzuhalten, daß die wenigsten der mit Globalisierung bezeichneten Prozesse tatsächlich globale Dimension erreichen, sie aber dennoch aufgrund ihres grenzüberschreitenden Charakters für unsere Analyse interessant sind. Statt vom Endpunkt gehen wir daher vom Ausgangspunkt dieser Entwicklungen aus – der *National*gesellschaft und dem *National*staat. In diesem Sinne sprechen wir von Prozessen der *Denationalisierung*. Darüber hinaus möchten wir strikt zwischen der gesellschaftlichen und politischen Dimension der Denationalisierung unterscheiden. *Gesellschaftliche Denationalisierung* bezeichnet den Prozeß, in dessen Verlauf sich Verdichtungsräume gesellschaftlicher Interaktionen über die staatlich definierten Grenzen der Nationalgesellschaft hinaus ausweiten.[2] Gemessen wird gesellschaftliche Denationalisierung daran, ob die grenzüberschreitenden Aktivitäten gesellschaftlicher Akteure absolut oder relativ zu den Aktivitäten innerhalb einer nationalen Gesellschaft zunehmen. Beispiele für einen solchen Anstieg des grenzüberschreitenden Austausches sind nicht nur im Wirtschaftsbereich mit dem Im- und Export von Gütern, Dienstleistungen und Kapital zu finden, sondern auch – und teilweise sogar ausgeprägter – in den Bereichen Kommunikation und Kultur, im Umwelt- sowie im Sicherheitsbereich mit dem steigenden Austausch von Zeichen, Schadstoffen, Risiken oder Bedrohungen über Grenzen hinweg (vgl. Beisheim et al. 1998).

Die politischen Reaktionen auf die gesellschaftliche Denationalisierung sind vielfältig. Eine davon setzt auf Fragmentierung und versucht, politische Einheiten unterhalb des Nationalstaates stark zu machen. Den wirtschaftlichen und ökologischen Entgrenzungsprozessen werden dann verstärkt kulturelle und politische Grenzziehungen entgegengesetzt. Eine andere Reaktion geht hingegen davon aus, daß im Zuge der gesellschaftlichen Denationalisierung Interdependenzprobleme anwachsen, die nur über politische Integration zu bewältigen sind, d.h. über die adäquate Verregelung dieser Prozesse meist in Form von internationalen Regimen. Beide idealtypischen Reaktionsweisen bringen wiederum einen Prozeß *politischer Denationalisierung* zum Ausdruck, bei dem sich die Reichweite und das Zusammenspiel politischer Institutionen gegenüber einem Status quo ante verändern, der durch die Dominanz nationalstaatlicher Institutionen gekennzeichnet war.

Die begriffliche Differenzierung zwischen gesellschaftlicher und politischer Denationalisierung soll nun kein Selbstzweck sein. Vielmehr grenzen wir uns damit gegen Konzeptualisierungen von Globalisierung ab, die so breit und allumfassend sind, daß es nicht mehr möglich ist, den Prozeß selbst von seinen Folgen zu trennen. Erst durch die Differenzierung zwischen gesellschaftlicher und politischer Denationalisierung wird das Kernproblem der Globalisierungsdebatte unmittelbar greifbar: Das Problem nämlich, daß die Gültigkeitsreichweite der nationalstaatlichen Regelungen die realen Grenzen der zu regelnden gesellschaftlichen Handlungszusammenhänge zunehmend unterschreitet und mithin die zentrale Bedingung effektiven und demokratischen Regierens – eine Kongruenz zwischen zu regelndem Handlungszusammenhang und Reichweite der Regelung – unterminiert wird. Dieses Kernproblem der ungleichzeitigen Denationalisierung ist es, das eine zentrale Frage gegenwärtigen politischen Denkens hervorruft: Wie ist verantwortliches Regieren angesichts großräumiger Entgrenzungen der sozialen und wirtschaftlichen Austauschbeziehungen möglich (vgl. hierzu Zürn 1998)? In diesem Beitrag soll uns interessieren, ob und inwiefern transnationale Nicht-Regierungsorganisationen eine Rolle bei der Beantwortung dieser Frage spielen können und sollen.

2 Transnationalisierung als Antwort auf ungleichzeitige Denationalisierung?

Viele Interdependenzprobleme werden bereits durch eine eindrucksvolle Zahl und Vielfalt internationaler Institutionen bearbeitet. Bereits vor zehn Jahren schrieb Oran Young (1986: 105): „We live in a world of international regimes." Dennoch bleiben zentrale Probleme ungelöst. Zum einen scheint das Ausmaß der denationalisierten Handlungszusammenhänge, die regelungsbedürftig sind, schneller zuzunehmen als die Anzahl internationaler Institutionen, die diese Probleme bewältigen sollen. Die politische Denationalisierung hinkt also der gesellschaftlichen hinterher, es besteht – aus vielerlei Gründen – ein Defizit an effektivem Regieren.[3]

Zum anderen kommt es aufgrund von Denationalisierungsprozessen und der damit verbundenen Auflösung der genannten Kongruenzbedingung zu einem strukturellen Demokratiedefizit. Wenn gesellschaftliches Handeln und nationalstaatliche politische Entscheidungen verstärkt grenzüberschreitende Externalitäten mit sich bringen, werden die von diesen Effekten Betroffenen, die außerhalb dieses politischen Systems leben, auch zunehmend von der Partizipation an für sie relevanten Entscheidungsfindungsprozessen ausgeschlossen. Beispielsweise konnten schwedische Binnenfischer nicht an den wirtschaftlichen wie politischen (Nicht-)Entscheidungen in England und in Deutschland teilhaben, die im Ergebnis in Schweden zum sauren Regen und zu übersäuerten Seen führten. Demokratie setzt aber voraus, daß all diejenigen, die von einer Entscheidung betroffen sind, auch an der Willensbildung und Entscheidungsfindung teilhaben können. Außerdem setzt Demokratie voraus, daß die Ziele, die eine politische Gemeinschaft als Ergebnis einer deliberativen Willensbildung entwickelt, auch hinlänglich erreicht werden können. Dieser Möglichkeit werden demokratische politische Gemeinschaften in dem Maße beraubt, wie sich die Grenzen der gesellschaftlichen Handlungszusammenhänge über nationale Grenzen ausweiten und die Effektivität nationalstaatlicher Politik abnimmt. Es ergeben sich dann strukturelle, gleichsam *vorpolitische non-decisions*, beispielsweise wenn sich bestimmte wohlfahrtsstaatliche Politiken trotz prinzipieller Solidaritätsbereitschaft aufgrund des Standortwettbewerbs als unpraktikabel darstellen. Insofern stellt bereits die gesellschaftliche Denationalisierung und nicht erst die Errichtung internationaler Institutionen ein Problem für die Demokratie dar.

Darüber hinaus sind aber auch viele der internationalen Institutionen, die die bisher genannten Legitimitätsprobleme potentiell lösen könnten, ihrerseits mit legitimatorischen Problemen behaftet. Sowohl die zwischenstaatlichen Verhandlungen, die zur Einrichtung dieser internationalen Institutionen führen sollen, als auch die Entscheidungsmechanismen der bestehenden internationalen Institutionen sind aus demokratietheoretischer Sicht problematisch. Selbst wenn im Ausnahmefall alle beteiligten Einheiten intern einigermaßen demokratisch legitimiert sein sollten, zeichnet sich das zugrunde liegende traditionelle Modell internationaler Politik, wonach nationale Gesellschaften auf der internationalen Ebene durch ihre gewählten nationalstaatlichen Regierungen bzw. deren Vertreter repräsentiert werden sollen, mehr durch Intransparenz und politische Winkelzüge als durch gesellschaftliche Teilhabe in demokratisch legitimierter Weise aus.

Zusammengenommen besteht also das Problem darin, daß die gesellschaftliche Denationalisierung der politischen Denationalisierung, hier in Form der Errichtung von internationalen Institutionen, voranschreitet und die demokratische Kontrolle wiederum der Ausbreitung internationaler Institutionen hinterherhinkt. Ungleichzeitige Denationalisierung zeichnet sich somit durch ein doppeltes Defizit aus: ein *Effektivitätsdefizit* und ein *Demokratiedefizit* (vgl. Zürn 1992).

‚Global Governance' bzw. komplexes Weltregieren bezeichnen vor diesem Hintergrund politische Projekte, die als Versuch einer umfassenden Antwort auf gesellschaftliche Denationalisierung interpretiert werden können. Eine solche Antwort beschränkt sich nicht auf die Vermehrung internationaler Institutionen und die Diffusion der Prinzipien des Multilateralismus, sondern „meint vielmehr das Zusammenwirken von staatlichen und nicht-staatlichen Akteuren von der lokalen bis zur globalen Ebene" (Messner/Nuscheler 1996: 4).[4] Im folgenden Abschnitt geht es mithin um die Frage, wo die *potentielle Produktivkraft von TNGOs* liegen könnte, welche Rolle sie im Rahmen eines mehr oder minder normativen Modells einnehmen könnten. Noch konkreter: Sind TNGOs *potentiell* tauglich, das Effektivitäts- und das Demokratiedefizit der ungleichzeitigen Denationalisierung zu lindern?

2.1 Effektivitätsdefizit

Zur Linderung des Effektivitätsdefizites könnten TNGOs sowohl indirekte als auch direkte Beiträge liefern. *Indirekt* bedeutet, daß sich TNGOs an die klassischen Regelungsträger wenden, also an Regierungen und internationale Organisationen, ihnen gegenüber Probleme identifizieren und eine entsprechende Verregelung fordern und so über diese Akteure indirekt zur Bearbeitung von Problemen beitragen. So haben neben den kritischen Medien bislang v.a. die TNGOs die Aufmerksamkeit sowohl der Öffentlichkeit als auch der Politik auf die Probleme gelenkt, die bestimmte Prozesse gesellschaftlicher Denationalisierung mit sich bringen. Ohne TNGOs wäre beispielsweise das Problem der Tropenwaldzerstörung kaum in das Bewußtsein westlicher Öffentlichkeiten und Entscheidungsträger geraten. Auch über dieses Agendasetting hinaus können TNGOs ihre spezifische Expertise und die ihnen zur Verfügung stehenden Ressourcen in den weiteren nationalen wie internationalen Politikprozeß einbringen, insbesondere im Bereich der Implementation und des Monitorings von international ausgehandelten Politiken (vgl. Thränhardt 1992; Princen/Finger 1994; Weiss/Gordenker 1996; Smith et al. 1997). So spielt etwa bei der Umsetzung der internationalen Menschenrechtskonventionen amnesty international eine zentrale Rolle.

TNGOs können aber auch *direkt* – also ohne den Umweg über Staaten und andere Regelungsträger – aktiv werden und selbständig Governance-Leistungen erbringen. Der Begriff der globalen Zivilgesellschaft (Kößler/Melber 1993; Wapner 1995) beinhaltet nämlich bei Licht betrachtet zwei zu unterscheidende Bedeutungen: Gemäß eines *pluralistischen Politikmodells* erfüllen TNGOs die Aufgabe der transnationalen Interessenaggregation in einer Welt internationaler Institutionen. In einem *republikanischen Politikmodell* werden TNGOs sogar zum Fokus gesellschaftlicher Selbststeuerung. Unter Verzicht auf hierarchische Regierungsorganisationen generieren die transnational agierenden gesellschaftlichen Akteure selbst die Normen und Regeln, die im Sinne einer effektiven politischen Steuerung notwendig sind. TNGOs gewinnen in diesem Modell aufgrund der öffentlichen Unterstützung Einflußpotentiale, die sie in Verhandlungen mit anderen nicht-staatlichen transnationalen Akteuren einsetzen können. Paradigmatisch dürfte hier der Fall der Brent Spar sein: Unter Umgehung der britischen Regierung haben sich Shell und Greenpeace auf eine alternative Entsorgung der Bohrinsel ‚geeinigt' (vgl. Beck 1997: 121ff; Beisheim 1997).

Grundsätzlich läßt sich behaupten, daß gerade die NGOs, die ihre Arbeit *transnational* organisieren, bei der Identifikation und Bearbeitung denationalisierter Problemlagen eine besonders wichtige Rolle spielen könnten. Zum einen läßt sich nämlich die Transnationalisierung von NGOs nicht nur als Reaktion auf eine sich ergebende politische Gelegenheitsstruktur interpretieren (vgl. Tarrow 1994: Kap. 11), sondern auch als Reaktion auf bestimmte, durch die gesellschaftliche Denationalisierung geschaffene funktionale Erfordernisse, an die man sich anpassen muß, um politische Ziele auch weiterhin erreichen zu können. In diesem Sinne können TNGOs auch aktiv an der Veränderung politischer Gelegenheitsstrukturen mitwirken, indem sie etwa über Agendasetting neue Politikprozesse auf der trans- oder internationalen Ebene in Gang setzen. Zum zweiten erlaubt ein transnational koordiniertes Vorgehen die effektivere Bündelung von Ressourcen, etwa finanzieller oder materieller Mittel; auch personell kann die Delegation von Aufgaben und Verantwortlichkeiten gezielter erfolgen. Insbesondere die Sammlung und Weitergabe von Information und Expertise kann im Rahmen eines transnationalen Netzwerkes optimiert werden.[5] Außerdem kann die Mobilisierung des verbündeten Mitglieder-Pools eindrucksvoller sein als ein zersplittertes Agieren. Insbesondere transnationale Netzwerk-NGOs, die aufgrund ihrer spezifischen Struktur alle Ebenen – lokal, national und transnational – organisatorisch abdecken, scheinen unter dieser Perspektive besonders geeignet, mit denationalisierten Problemlagen umzugehen.

2.2 Demokratiedefizit

Die Legitimation der Politiken internationaler Institutionen nimmt bis heute einen weitgehend traditionellen Gang. Mehr oder minder demokratisch gewählte nationale Regierungen verhandeln über die Ausgestaltung internationaler Institutionen. Ein solcher Prozeß der Vermittlung gesellschaftlicher Interessen und internationaler Politiken zeichnet sich durch zwei Merkmale aus: Territorial definierte Kollektivakteure interagieren im Modus des *bargaining*, d.h. versuchen ihre gleichsam vorgegebenen Interessen gegen andere Interessen in einem Verhandlungsprozeß durchzusetzen. Solche verhandlungsdemokratischen Elemente spielen in multiethnischen Gesellschaften wie der Schweiz und den USA oder in föderalen politischen Systemen eine zentrale Rolle. Sie müssen aber durch andere Verfahren der Vermittlung von gesellschaftlichen Interessen und Politiken ergänzt werden, um eine unhaltbare verhandlungsdemokratische Schieflage zu verhindern.

In diesem Sinne können TNGOs statt der bloß *territorialen* Form der Interessenvermittlung eine *funktionale* – indem sie gemäß des pluralistischen Politikmodells auf internationale Verhandlungen einwirken – und *zivilgesellschaftliche* Form der Interessenvermittlung – indem sie über die Öffentlichkeit agieren – stärken.[6] Dabei können die TNGOs als Vertreter der Zivilgesellschaft, also der ,citoyens', einen Gegenpol zu den anderen wichtigen ,global players', etwa den Multinationalen Konzernen (MNCs) als den Vertretern der ,bourgeoisie', darstellen. Darüber hinaus können TNGOs auch dazu beitragen, daß der Verhandlungsmodus des *bargaining* um den des *arguing* ergänzt wird.[7] TNGOs und v.a. die meist mit ihnen assoziierten ,epistemic communities' können die Verhandlungsnetzwerke mit Informationen und Argumenten versorgen, die zu Lernprozessen und Positionsveränderungen bei allen Beteiligten führen (vgl. Haas 1992; Gehring 1995). Sie könnten somit die Verhandlungsprozesse selbst zu einer Produktivkraft statt zu einem passiven Instrument des Interessenabgleichs transformieren.

3 Was leisten TNGOs schon heute?

Gibt es Anzeichen dafür, daß die denkbaren Leistungen der TNGOs auch in der Realität erbracht werden? Welche transnationalen Aktivitäten von TNGOs lassen sich heute schon beobachten, und sind diese dazu geeignet, das Effektivitäts- und Demokratiedefizit der ungleichzeitigen Denationalisierung zu lindern? Welche spezifischen Probleme der TNGO-Aktivitäten ergeben sich aus der empirischen Analyse? Das sind einige der zentralen Fragen, bei deren Beantwortung die empirische Erforschung der TNGOs einen Beitrag leisten sollte. Aktivitäten von Umwelt-NGOs – mit Blick auf die andauernden internationalen Verhandlungen über den Umgang mit dem drohenden globalen Klimawandel – sollen im folgenden kurz angerissen werden.

3.1 Welche transnationalen Aktivitäten von TNGOs lassen sich heute schon beobachten?

Anfangs lautete das Motto der vorwiegend lokal und national organisierten Umweltgruppen ,Global denken und lokal handeln'. Heute sind die transnational organisierten Umwelt-NGOs, die globale Probleme thematisieren und auch ,global handeln', die bekanntesten und vielleicht auch erfolgreichsten. Im Klimabereich sind Beispiele hierfür zum einen die großen allgemeinen Umweltschutzorganisationen wie ,Greenpeace International', der ,World Wide Fund International' (WWF) oder ,Friends of the Earth International' (FoEI), zum anderen auch das themenspezifische ,Climate Action Network' (CAN). Obwohl immer wieder behauptet wird, daß es vielen traditionellen Umweltverbänden aufgrund ihrer Entstehungsgeschichte als Graswurzelbewegungen schwerfalle, sich zu transnationalisieren, haben seit dem verstärkten Auftauchen grenzüberschreitender und globaler Umweltprobleme alle genannten Gruppen ihre transnationale Organisationsebene verstärkt. *Greenpeace International* ist heute eine hierarchisch strukturierte Organisation mit nationalen und regionalen Büros, deren Arbeit von einer internationalen Zentrale in Amsterdam weltweit koordiniert wird. Besonders bekannt ist Greenpeace für seine personell international besetzten Aktionen zivilen Ungehorsams, wie etwa die medienwirksame Besetzung des Schornsteines eines RWE-Kraftwerks anläßlich der ersten Vertragsstaatenkonferenz der VN-Klimakonvention in Berlin 1995. *FoEI* ist dagegen ein eher horizontal und basisdemokratisch strukturiertes Netzwerk, eine heterogene und dezentrale Föderation autonomer nationaler und lokaler Gruppen aus 52 Ländern, die eine gute Verbindung zur ‚grass roots'-Ebene garantieren. FoEI versteht sich eher als ein Forum für diese diversen Gruppen, um internationale Aktivitäten effektiv zu koordinieren. Der *WWF* stellt als die größte unabhängige Umweltschutzorganisation der Welt ein globales Netz aus 24 nationalen Organisationen dar. Die Aktivitäten auf nationaler und internationaler Ebene sind stärker vernetzt als bei FoEI, wobei eine klare Aufgabenteilung etwa zwischen Lobbying, Projektarbeit, Forschungstätigkeit oder Öffentlichkeitsarbeit und Fundraising besteht. So existieren z.B. Büros, die auf das Lobbying der Politikprozesse in der Europäischen Union bzw. in internationalen Institutionen wie der Weltbank spezialisiert sind. WWF International, das internationale Sekretariat, leitet das Netzwerk, entwickelt gemeinsame Politiken, koordiniert Aktivitäten und unterstützt die nationalen Büros und lokalen Gruppen bei ihrer Arbeit. In einer Selbstdarstellung heißt es: „The WWF wants to draw its strength from being global in outreach and local in implementation."[8] Als Teil der Transnationalisierung der Arbeit dieser TNGOs im Klimabereich kann auch der Zusammenschluß all der zuvor genannten und anderer Gruppen 1989 im *CAN* gesehen werden. CAN ist primär auf regionaler Ebene organisiert, es existieren acht makroregionale Netzwerke, die ihrerseits relativ autonom agieren. Das CAN ist damit ein eher loses und dezentrales transnationales Netz, in dem sich heterogene nationale und transnationale NGOs im Sinne eines funktionalen Zweckverbandes zur Beobachtung und Beeinflussung der internationalen Klima-Verhandlungen zusammengeschlossen haben.

3.2 Lindern TNGOs das Effektivitätsdefizit?

Alle genannten TNGOs führen seit spätestens Ende der 80er Jahre eine eigenständige, transnational koordinierte Klimakampagne durch. Dabei läßt sich leicht erkennen, wie bereits heute durch diese TNGOs indirekte und direkte Beiträge zur Linderung des Effektivitätsdefizites mit Blick auf die Klimapolitik geleistet werden. Je nach ihrer politischen und strategischen Ausrichtung und Organisation konzentrieren sich die verschiedenen TNGOs dabei auf unterschiedliche Aufgaben, so daß man fast von einer funktionalen Arbeitsteilung sprechen könnte.

Greenpeace ist wie gesagt vor allem für seine Medien- und Öffentlichkeitsarbeit bekannt – oft verbunden mit eigenständigem Lobbying – und trägt damit zum kontinuierlichen Agendasetting bei. Der WWF hat einen guten Ruf im Hinblick auf effektive Projektarbeit vor Ort zur Implementation von verabschiedeten Politiken. Seit der Vorbereitung der Klimarahmenkonvention, die auf der UNCED 1992 in Rio de Janeiro verabschiedet wurde, sowie während der folgenden Vertragsstaatenkonferenzen spezialisierte sich das CAN vor allem auf die Lobbying-Arbeit ‚hinter den Kulissen'. Den Mitgliedsorganisationen war dagegen vorwiegend die Arbeit an der nationalen und lokalen Basis übertragen, obwohl einige von ihnen auch eigenständig Lobbying auf internationaler Ebene betrieben. Koordiniert durch das CAN werden aber auch ‚Independent NGO Evaluations of National Plans for Climate Change Mitigation' erarbeitet und publiziert, die das transnationale Monitoring der nationalen Klimapolitiken dokumentieren. Auf diese Art und Weise werden Wissen und Arbeit der TNGOs in den laufenden Politikprozeß eingebracht und ein wesentlicher Beitrag zur Überwindung von sogenannten ‚second-order'-Problemen internationaler Kooperation erbracht.[9]

Formen *transnationaler governance,* also das direkte, selbständige Angehen von Problemen ohne den Umweg über den Staat oder internationale Organisationen, sind bisher die Ausnahme und in ihrer realen Bedeutung der internationalen *governance* bisher untergeordnet. Vereinzelte Beispiele, die durchaus Modellcharakter gewinnen könnten, gibt es jedoch, so die Arbeit des ‚European Business Council for a Sustainable Energy Future', der gemeinsam von innovativen Unternehmen und NGOs initiiert wurde.[10]

3.3 Lindern TNGOs das Demokratiedefizit?

Bereits in dem Maße, in dem TNGOs zur Verbesserung der Effektivität des komplexen Weltregierens beitragen, verbessern sie auch die legitimatorisch wichtigen Zielerreichungsmöglichkeiten und lindern damit diesen Aspekt des Demokratiedefizits. In dem Maße, in dem sie – von relevanten Teilen der Weltgesellschaft unterstützt – auf zwischenstaatliche Verhandlungen einwirken, kann man ihre oben beschriebene Arbeit insbesondere auch als Stärkung der funktionalen und zivilgesellschaftlichen Interessenvermittlung begreifen. So sind alle genannten TNGOs bei den Vereinten Nationen für die Klimaverhandlungen akkreditiert. Insbesondere FoEI nutzt seine gute Anbindung an die lokalen Mitgliedergruppen und betreibt viel Basis- und Öffentlichkeitsarbeit, die dann zum Ausgangspunkt für Forderungen an die nationale und internationale Politik wird.

Neben der Interessenvermittlung gilt die Übersetzung von wissenschaftlichen Erkenntnissen in politische Forderungen als eine weitere zentrale Aufgabe des Lobbysegmentes der TNGOs auf diesen Konferenzen (Princen/Finger 1994). TNGOs wie das CAN oder der WWF, die oft eng mit ‚epistemic communities' zusammenwirken, haben einen guten Ruf mit Blick auf solchen Wissenstransfer.[11] Durch diesen Informationsinput in zwischenstaatliche Verhandlungen verstärken die TNGOs auch den deliberativen Verhandlungsmodus des ‚arguing'.

3.4 Welche spezifischen Probleme treten als Folge der Transnationalisierung von NGOs auf?

Soll die Informationstätigkeit der TNGOs auf internationalen Konferenzen nicht in ‚kostenloses Expertentum' abgleiten, das mit Blick auf die Linderung des Demokratiedefizits weit weniger wertvoll wäre, ist es zentral, nicht die Rückbindung an die Basis und die Öffentlichkeit zu verlieren. Und auch die zu beobachtende Professionalisierung der transnational organisierten Lobby-Arbeit der TNGOs, die unzweifelhaft viele Vorteile hat, könnte eine Entfremdung von den ‚Wurzeln' durch Bürokratisierung, Kompromißorientierung und damit verbundener Entradikalisierung nach sich ziehen.[12] Der Verlust von Vielfalt unter einem gemeinsamem transnationalen Dach wie dem CAN aufgrund eines auf den kleinsten gemeinsamen Nenner eingeschränkten Handlungsrepertoires könnte letztlich wiederum das innovative und demokratische Potential der TNGOs gefährden.[13] Die Verknüpfung der lokalen, nationalen und internationalen Ebene – in Form einer sowohl in ‚bottom-up' als auch in ‚top-down'-Richtung verbesserten Binnen- und Außenkommunikation – ist zentral für das Demokratisierungspotential, das man den TNGOs zusprechen kann. Solange die TNGOs ‚nur' als eine von vielen Interessengruppen agieren, ist die Frage, ob ihre interne Organisation demokratisch ist, für die Bewertung ihrer Aktionen nicht relevant. Wenn sie aber stärker in Entscheidungs- oder Implementationsprozesse einbezogen werden sollen, also TNGOs damit tendenziell mitregieren könnten, gewinnt die Frage nach demokratischem Mandat und ebensolcher Kontrolle an Bedeutung (Beisheim 1997).

Als ein weiteres Problem der Transnationalisierung muß noch der Anstieg von Transaktionskosten genannt werden, denn bereits mit der transnationalen Organisation und noch stärker mit der geforderten verbesserten Ab- und Mitbestimmung ist eine immense Zunahme interner Koordinierungsprobleme verbunden. Dies ist aber nicht nur negativ zu bewerten. Die Aushandlung eben dieser internen Konflikte kann nämlich auch als genuiner Teil einer pluralistischen transnationalen Interessenaggregation und -vermittlung gesehen werden. Dies soll nicht heißen, daß man notwendigerweise zum Konsens finden muß; vielmehr sollten unlösbare interne Interessenkonflikte auch nach außen weitervermittelt werden. Die Folge könnte eine politische Differenzierung und Spezialisierung der TNGOs sein, die den entstehenden vielfältigen transnationalen politischen Interessenlagen gerecht zu werden versucht.

4 Praxeologische Überlegungen

Zwar laden vor allem die wahrhaft globalen Problemlagen, die sich politisch-institutionell dadurch auszeichnen, daß sie nicht durch ein Netz bilateraler Regelungen gelöst werden können, sondern zu ihrer Bewältigung Regieren jenseits des Nationalstaats benötigen, besonders zum Engagement transnationaler NGOs ein. Leider existieren aber in vielen Bereichen, die aufgrund starker gesellschaftlicher Denationalisierungstendenzen ähnlich regelungsbedürftig wie der Umweltbereich erscheinen, keine oder nur weniger starke und effektive TNGOs. Dies gilt beispielsweise für den Wirtschaftsbereich, wo es nur wenigen TNGOs gelingt, einen Fuß etwa in die Tür der WTO oder gar Einfluß auf die Regulierung der Finanzmärkte zu bekommen. Dies gilt aber auch für den Sicherheitsbereich, wo – vielleicht mit Ausnahme der Landminenkonvention – TNGOs bisher keinen mit dem in der Klimapolitik vergleichbaren Einfluß gewinnen konnten. Dem funktionalistischen Kurzschluß, daß sich vor allem in Politikbereichen mit wachsendem Problemdruck eine entsprechende Kompetenz mit und durch TNGOs aufbauen wird, sollte man also nicht unterliegen. Stattdessen könnte man über die Umstände reflektieren, unter denen TNGOs bislang die genannten Leistungen erbringen.

Zum Schluß einige – allerdings sehr vorläufige und nicht systematisch überprüfte – Überlegungen zu möglichen Bedingungen für ein effektives und demokratisches Regieren jenseits des Nationalstaates mit und durch TNGOs:

- Obwohl TNGOs zu einem gewissen Maß auch die Möglichkeit haben, politische Gelegenheitsstrukturen mitzubestimmen, bleiben sie meistens gleichzeitig davon abhängig. Wenn internationale Foren und Politikprozesse vorhanden sind, die für den Zugang von TNGOs Akkreditierungs- und Partizipationsmechanismen vorsehen, dann können TNGOs ihr Leistungspotential am besten entfalten. Wichtig ist also institutionenpolitisches Engagement, um die entsprechende institutionelle Gestaltung der internationalen Foren zu erreichen. Die Spielräume und Möglichkeiten bei der Mitgestaltung politischer Opportunitätsstrukturen sind also von den TNGOs voll auszureizen. TNGOs sollten vorrangig auf eine institutionelle Struktur der Weltpolitik drängen, die ihnen ausreichend Artikulations- und Handlungsmöglichkeiten zuweist.
- Die Nähe zu den ‚klassischen' Themeninteressen der NSB sowie bestehenden Bewegungsmilieus scheint ebenfalls ein Faktor zu sein, der die Existenz starken TNGO-Engagements erklärt:[14] Umweltschutz, Menschenrechte, die Gleichberechtigung von Frauen oder Entwicklungsthemen sind immer schon Inhalte gewesen, mit denen sich sozial-engagierte Akteure bevorzugt beschäftigt haben. Erwartet man von TNGOs auch mit Blick auf Denationalisierungsprobleme im Wirtschafts- und Sicherheitsbereich mehr, so müssen sich TNGOs aus ihren Traditionen lösen und Expertise auch in

anderen Sachgebieten gewinnen sowie die Unterstützung der Öffentlichkeit auch für diese Themen zu mobilisieren versuchen.
- Aus der besonderen Fähigkeit der TNGOs, lokale, nationale und internationale Politikebenen miteinander zu verbinden, ergibt sich gleichzeitig deren wichtigstes internes Organisationsproblem. Zwar ist es weder notwendig noch wünschenswert, daß TNGOs inhaltlich einheitlich nach außen auftreten, aber ein koordiniertes Auftreten nach außen auf der Basis interner Abstimmungsprozesse wäre sowohl für die politische Handlungsfähigkeit als auch für den legitimatorischen Anspruch von Vorteil.

Eine sozialwissenschaftliche Forschung, die in diesem Sinne die Bedingungen für eine aktive Rolle von TNGOs im Rahmen eines normativ anspruchsvollen Regierens jenseits des Nationalstaates ermittelt, könnte einen wichtigen praxeologischen Beitrag leisten.

Anmerkungen

1 Wir verwenden hier den in den Internationalen Beziehungen eingeführten Begriff der transnationalen Nicht-Regierungsorganisation (vgl. hierzu grundlegend Keohane/Nye 1972, sowie Princen/Finger 1994 und Risse-Kappen 1995 als wichtigere neuere Literatur). Wir halten den Begriff für geeigneter als den der ‚multinationalen Bewegungsorganisation' (vgl. Klein 1997: 316ff; Rucht 1996: 30ff): Erstens geht es bei den meisten dieser Organisationen im Kern weniger darum, daß sie *in vielen Nationen* – also ‚multinational' – tätig sind, als darum, daß ihre ‚transnationalen' Aktivitäten nationale Grenzen transzendieren. Zweitens geht der offenere Begriff der Nicht-Regierungsorganisation über den der Bewegungsorganisation hinaus, die Anbindung an eine Bewegung ist nicht für alle unsere Ausführungen zwingend, lediglich eine Ausrichtung auf die Vertretung *öffentlicher* – im Gegensatz zu privaten – Interessen.

2 Diese Definition wurde in Anlehnung an Deutsch entwickelt, der die Grenze eines Verdichtungsraumes als einen Ort bestimmte, „where there is some critical reduction in the frequency of a certain type of transaction" (Deutsch 1969: 99).

3 Dies Defizit ergibt sich schon allein durch die Überlegung, daß sich die Nachfrage nach internationalen Institutionen aufgrund vielerlei Hindernisse nicht automatisch in ein Angebot übersetzt (vgl. Hasenclever et al. 1997 und Levy et al. 1995 als neuere Überblicke zur Entstehung und Wirkung internationaler Institutionen. Vgl. darüber hinaus InIIS Working Paper 4-5, wo dieses Defizit ansatzweise konkret empirisch aufgezeigt wird).

4 Die Definition von ‚global governance' bei Rosenau (1997: 145) lautet: „Spheres of authority (SOAs) at all levels of human activity – from the household to the demanding public to the international organization – that amount to systems of rule in which goals are pursued through the exercise of control" (vgl. außerdem Kohler-Koch 1993; Mayer et al. 1993; Messner 1998; Young 1994 und 1997 sowie Zürn 1994).

5 Eine zentrale Rolle bei dieser neuen Organisationsform von sozialen Bewegungen spielen die neuen Informations- und Kommunikationstechnologien, wie E-mail und Internet.

6 Um das o.g. Beispiel aufzugreifen: Die schwedischen Binnenfischer könnten etwa mit der Hilfe einer TNGO wie Greenpeace ihren Protest und ihre Interessen in die entsprechenden politischen Prozesse, nicht nur in Deutschland und England, sondern auch auf europäischer Ebene tragen. Zu der genannten Unterscheidung verschiedener ‚Sektoren der Interessenvermittlung' vgl. Heinelt (1998: 79-107) sowie auch Peters (1993: 330-340).

7 Wir lehnen uns hier an die Unterscheidung zwischen ‚arguing' und ‚bargaining' an, wie sie von Saretzki (1996) in Anlehnung an Elster (1992) vertreten wird (vgl. auch Prittwitz 1995). Demnach handelt es sich beim strategischen und argumentativen Handeln um unterschiedli-

che Handlungsmodi, bei denen Ansprüche unterschiedlich erhoben und überprüft werden. Beim argumentativen Handeln werden empirische und normative *Behauptungen* mit dem *Anspruch auf Gültigkeit* bzw. *Wahrhaftigkeit* erhoben. Empirische Behauptungen werden anhand von Kriterien der empirischen Nachweisbarkeit und Konsistenz überprüft. Normative Behauptungen werden anhand der Kriterien der Konsistenz und Unparteilichkeit geprüft. Beim strategischen Verhandeln hingegen werden *Forderungen* mit dem *Anspruch auf Glaubwürdigkeit* vorgebracht. Hier wird die Glaubwürdigkeit der Forderung im Hinblick auf die Bereitschaft, den Versprechen und Drohungen entsprechende Taten folgen zu lassen, geprüft.

[8] Zitiert nach der Internet-Seite des WWF: http://www.panda.org/wwf/whatis.htm.

[9] Dies ist für die Überwindung des Effektivitätsdefizits von großer Bedeutung. Für eine Erläuterung des Konzepts der ‚second-order'-Probleme, hier vor allem im Sinne von Informationskosten, vgl. Zangl (1998) sowie Ostrom (1990).

[10] Denkbar wären hier auch gemeinsam mit Industrieverbänden ausgearbeitete Selbstverpflichtungserklärungen, deren Einhaltung dann von den TNGOs überprüft und eventuell sogar sanktioniert würde.

[11] Als Instrument für diesen Wissenstransfer dient z.B. der NGO-Newsletter ‚eco', in dem Konferenzteilnehmer regelmäßig auch über Erkenntnisse der neuesten wissenschaftlichen Studien informiert werden. Ein Beispiel mit Blick auf Deutschland ist etwa die vom Wuppertal Institut für Klima, Umwelt und Energie erarbeitete Studie ‚Zukunftsfähiges Deutschland', die 1997 vom BUND (dem deutschen Ableger von FoEI) und Misereor herausgegeben wurde.

[12] So wird teilweise letztlich sogar die Kooptation der TNGOs befürchtet (vgl. Brunnengräber/Walk 1997). Schmidt/Take (1997) äußern sich aufgrund der genannten Probleme kritisch zur Forderung nach einen Partizipationsstatus für TNGOs.

[13] Walk (1997) zeigt zum Beispiel die Probleme der transnationalen Netzwerkbildung anläßlich des Klimagipfels 1995 in Berlin auf und verweist vor allem auf die mangelnde Verknüpfung der lokalen, nationalen und transnationalen Ebene. Mit Blick auf dieselbe Konferenz betont Janett (1996) dagegen die Vorteile der Allianzbildung.

[14] Eine offene Frage ist allerdings, warum sich aus der doch recht aktiven Friedensbewegung heraus keine TNGOs bildeten, die sich mit den neuen Sicherheitsproblemen nach dem Ende des Ost-West-Konflikts beschäftigen.

Literatur

Beck, Ulrich 1997: Was ist Globalisierung? Frankfurt: Suhrkamp.

Beisheim, Marianne 1997: Nicht-Regierungsorganisationen und ihre Legitimität. In: Aus Politik und Zeitgeschichte B 43/97, 21-29.

Beisheim, Marianne/Dreher, Sabine/Walter, Gregor/Zangl, Bernhard/Zürn, Michael 1998: Im Zeitalter der Globalisierung? Thesen und Daten zur gesellschaftlichen und politischen Denationalisierung, Baden-Baden: Nomos, im Erscheinen.

Brunnengräber, Achim/Walk, Heike 1997: Die Erweiterung der Netzwerktheorien. Nicht-Regierungs-Organisationen verquickt mit Markt und Staat. In: Altvater, Elmar/Brunnengräber, Achim/Haake, Markus/Walk, Heike (Hg.): Vernetzt und Verstrickt. Nicht-Regierungs-Organisationen als gesellschaftliche Produktivkraft. Münster: Westfälisches Dampfboot, 65-84.

Deutsch, Karl W. 1969: Nationalism and its Alternatives. New York.

Elster, Jon 1992: Arguing and Bargaining in the Federal Convention and the Assemblée Constituante. In: Malnes, Raino/Underdal, Arild (eds.): Rationality and Institutions. Essays in Honour of Knut Midgaard. Oslo, 13-50.

Gehring, Thomas 1995: Regieren im internationalen System. Verhandlungen, Normen und internationale Regime. In: Politische Vierteljahresschrift, Jg. 36, Heft 2, 197-219.

Haas, Peter M. 1992: Introduction. Epistemic Communities and International Policy Coordination. In: International Organization, Vol. 46, No. 1, 1-35.

Hasenclever, Andreas/Mayer, Peter/Rittberger, Volker 1997: Theories of international regimes. New York: Cambridge UP.

Heinelt, Hubert 1998: Zivilgesellschaftliche Perspektiven einer demokratischen Transformation der Europäischen Union. In: Zeitschrift für Internationale Beziehungen, Jg. 5, Heft 1, 79-107.

InIIS-Arbeitspapier Nr. 4-5/97, Walter, Gregor/Dreher, Sabine/Beisheim, Marianne: Globalization Processes in the OECD World. Zürn, Michael: Does International Governance Meet Demand? Universität Bremen/Institut für Interkulturelle und Internationale Studien.

Janett, Daniel 1996: Allianzsysteme von Nicht-Regierungsorganisationen in der Klimapolitik. In: Forschungsjournal NSB, Jg. 9, Heft 2, 83-89.

Keohane, Robert O./Nye, Joseph S. 1972: Transnational Relations and World Politics. Cambridge: Harvard UP.

Klein, Ansgar 1997: Die NGOs als Bestandteil der Zivilgesellschaft und Träger einer partizipativen und demokratischen gesellschaftlichen Entwicklung. In: Altvater, Elmar/Brunnengräber, Achim/Haake, Markus/Walk, Heike (Hg.): Vernetzt und Verstrickt. Nicht-Regierungs-Organisationen als gesellschaftliche Produktivkraft. Münster: Westfälisches Dampfboot, 315-339.

Kohler-Koch, Beate 1993: Die Welt regieren ohne Weltregierung. In: Böhret, Carl/Wewer, Göttrik (Hg.): Regieren im 21. Jahrhundert. Zwischen Globalisierung und Regionalisierung. Opladen: Leske + Budrich, 109-141.

Kößler, Reinhard/Melber, Henning 1993: Chancen internationaler Zivilgesellschaft. Frankfurt a.M.: Suhrkamp.

Levy, Marc A./Young, Oran R./Zürn, Michael 1995: The Study of International Regimes. In: European Journal of International Relations, Jg. 1, No. 3, 267-330.

Mayer, Peter/Rittberger, Volker/Zürn, Michael 1993: Regime Theory. State of the Art and Perspectives. In: Rittberger, Volker/Mayer, Peter (ed.): Regime Theory and International Relations. Oxford: Clarendon, 391-430.

Messner, Dirk/Nuscheler, Franz 1996: Global Governance. Herausforderungen an die deutsche Politik an der Schwelle zum 21. Jahrhundert. Policy Paper 2, Stiftung Entwicklung und Frieden, Bonn.

Messner, Dirk 1998 (Hg.): Die Zukunft des Staates und der Politik. Möglichkeiten und Grenzen politischer Steuerung in der Weltgesellschaft. Bonn: Dietz.

Ostrom, Elinor 1990: Governing the Commons. The Evolution of Institutions for Collective Action. Cambridge: Cambridge UP.

Peters, Bernhard 1993: Die Integration moderner Gesellschaften, Frankfurt a.M.: Suhrkamp.

Princen, Thomas/Finger, Mathias 1994: Environmental NGOs in World Politics. Linking the Local and the Global. London: Routledge.

Prittwitz, Volker von 1995 (Hg.): Verhandeln und Argumentieren. Dialog, Interessen und Macht in der Umweltpolitik. Opladen: Leske + Budrich.

Risse-Kappen, Thomas 1995 (Hg.): Bringing Transnational Relations Back In. Non-State Actors, Domestic Structures and International Institutions. New York: Cambridge UP.

Rosenau, James N. 1997: Along the Domestic-Foreign Frontier. Exploring Governance in a Turbulent World. Cambridge: Cambridge UP.

Rucht, Dieter 1996: Multinationale Bewegungsorganisationen: Bedeutung, Bedingungen, Perspektiven. In: Forschungsjournal NSB Jg. 9, Heft 2, 30-41.

Saretzki, Thomas 1996: Wie unterscheiden sich Argumentieren und Verhandeln? Definitionsprobleme, funktionale Bezüge und strukturelle Differenzen von zwei verschiedenen Kommunikationsmodi. In: Prittwitz, Volker von (Hg.): Verhandeln und Argumentieren. Dialog, Interessen und Macht in der Umweltpolitik. Opladen: Leske + Budrich, 19-39.

Schmidt, Hilmar/Take, Ingo 1997: Demokratischer und besser? Der Beitrag von Nichtregierungsorganisationen zur Demokratisierung internationaler Politik und zur Lösung globaler Probleme. In: Aus Politik und Zeitgeschichte B 43/97, 12-20.

Smith, Jackie/Chatfield, Charles/Pagnucco, Ron 1997 (Hg.): Transnational Social Movements and Global Politics: Solidarity Beyond the State. Syracuse: Syracuse UP.

Tarrow, Sidney 1994: Power in Movement. Social Movements, Collective Action, and Politics. Cambridge: Cambridge UP.

Thränhardt, Dietrich 1992: Globale Probleme, globale Normen, neue globale Akteure. In: PVS, Jg. 33, Heft 2, 219-234.

Walk, Heike 1997: „Ein bißchen bi schadet nie". Die Doppelstrategie von NGO-Netzwerken. In: Altvater, Elmar/Brunnengräber, Achim/Haake, Markus/Walk, Heike (Hg.): Vernetzt und Verstrickt. Nicht-Regierungsorganisationen als gesellschaftliche Produktivkraft. Münster: Westfälisches Dampfboot, 195-221.

Wapner, Paul 1995: Politics Beyond the State. Environmental Activism and the World Civic Politics. In: World Policy Journal Vol. 47, April, 311-340.

Weiss, Thomas G./Gordenker, Leon (eds.) 1996: NGOs, the UN, and Global Governance. Boulder: Lynne-Rienner.

Young, Oran R. 1986: International Regimes. Toward a New Theory of Institutions. In: World Politics Vol. 39, No. 1, 104-122.

Young, Oran R. 1994: International Governance. Protecting the Environment in a Stateless Society. Ithaca/London: Cornell UP.

Young, Oran R. (ed.) 1997: Global Governance. Drawing Insights from the Environmental Experience. Cambridge: MIT Press.

Zangl, Bernhard 1998: Die Entwicklung internationaler Regime auf zwei Ebenen. Staat und Gesellschaft in der Walfangpolitik. Bremen: Dissertation, Universität Bremen.

Zürn, Michael 1992: Jenseits der Staatlichkeit. In: Leviathan Jg. 20, Heft 4, 490-513.

Zürn, Michael 1994: Das Projekt ‚Komplexes Weltregieren' – Wozu Wissenschaft von den Internationalen Beziehungen? In: Leggewie, Claus (Hg.): Wozu Politikwissenschaft. Darmstadt: Wissenschaftliche Buchgesellschaft, 77-88.

Zürn, Michael 1998: Regieren jenseits des Nationalstaates. Denationalisierung und Globalisierung als Chance. Frankfurt: Suhrkamp.

Elmar Altvater

Vernetzung ungleicher Partner

NGOs und Gewerkschaften in der Kampagne für ‚Codes of Conduct'

1 Konsumenten und Produzenten im ‚Norden' und im ‚Süden'

Die transnationale, ja globale Vernetzung von Nicht-Regierungsorganisationen (NGOs) in der Umwelt- und Entwicklungspolitik oder in Kampagnen zur Durchsetzung der Menschenrechte ist schon seit vielen Jahren politische Praxis und daher Thema sozialwissenschaftlicher Forschung (vgl. die Beiträge in Altvater et al. 1997). NGOs haben neue Politikformen entwickelt – aus der Not mangelnder Geld- und Machtressourcen eine Tugend machend. Denn ohne Geldressourcen kann man am Marktgeschehen mit einiger Aussicht auf Erfolg nicht teilnehmen; ohne Machtressourcen ist man der staatlich-hierarchischen Intervention subaltern ausgeliefert. Im Verlauf der rasanten Globalisierung von Ökonomie und Politik mußten NGOs aus lokalen Arenen, die noch dazu temporären Charakter hatten, und in denen in der Regel ein ‚single issue' verfolgt wurde, ‚herauswachsen' und nationalen, ja internationalen und globalen Einfluß mit Themen gewinnen, die weder zeitlich (z.B. Klimapolitik) noch auf einen ‚single issue' (Umweltpolitik und Einsatz für die Menschenrechte sind ‚Querschnittsprobleme') einzugrenzen sind (vgl. Janett 1997). Obendrein sind in allen Themenfeldern Verteilungsfragen involviert, und die Geschlechter sind in der Regel ungleich betroffen.

Dieses Dilemma, in dem sich soziale Bewegungen befinden, wird noch gesteigert, wenn sich das politisch-administrative System seiner Machtressourcen im Zuge der Deregulierung zumindest teilweise begibt. Der ökonomischen Macht der Marktakteure, also den transnational operierenden Unternehmen (TNCs), wird nicht nur die Regelung der Waren- und Finanzmärkte, sondern auch des Arbeitsmarktes und daher das Feld sozialer Beziehungen und die Regelung des gesellschaftlichen Naturverhältnisses überlassen. Der Markt jedoch richtet sich ausschließlich nach der ökonomischen Rationalität, d.h. nach der Verwertung von Kapital. Regeln, die der Verfolgung dieser Rationalität Schranken setzen, sind in der marktwirtschaftlichen Logik nicht vorgesehen. Sie müssen politisch von gesellschaftlichen Kräften in den Unternehmen selbst und von gesellschaftlichen Akteuren bei der makroökonomischen Gestaltung vorgegeben werden. Doch die Staaten entziehen sich unter dem Druck von Globalisierung und Deregulierung der Notwendigkeit, Regeln zu setzen. Im Wettbewerb um die attraktivsten (d.h. niedrigsten) Steuersätze für Kapitaleinkommen erzeugen sie die eigene Finanzkrise, die dafür sorgt, daß sich soziale und ökologische Probleme nicht nur weltweit zuspitzen, sondern zugleich die Kapazitäten zur politischen Regulation ökonomischer Abläufe (dazu: Altvater/ Mahnkopf 1996) abgebaut werden. Umso mehr engagieren sich dann Organisationen der Zivilgesellschaft. Dieses Engagement entsteht zugleich an vielen Orten im globalen Raum. Zwischen ihnen werden Kommunikationsbahnen hergestellt. Soziale Kräfte zur Erreichung eines definierten Zwecks werden locker durch Vernetzung gebündelt. Die ‚Stärke loser Bindungen' (Granovetter 1985; Mahnkopf 1994) wird als Produktivkraft genutzt, um politische Ziele zu erreichen, die weder durch die Wirkung der Marktkräfte noch durch staatlich-administrative Intervention realisiert werden können. Die technischen Medien (Fax, E-mail, Internet) stehen inzwischen – zumindest in den Industrieländern und für jene, die entsprechende Geldmittel haben – zur einfachen Verfügung.

Dennoch ist die Vernetzung kein bloßer technischer Akt, sie ist an soziale Voraussetzungen gebunden. Sie ist problemlos zwischen vergleichsweise homogenen Partnern. Sie ist schwierig zwischen Organisationen, die in sehr verschiedenen Traditionen und Kulturen begründet sind und unterschiedliche Ziele mit verschiedener Reichweite verfolgen. Dies ist ein Grund dafür, daß zwischen Gewerkschaften, die in der langen Tradition der Arbeiterbewegung (‚ältere soziale Bewegung') stehen, und Nicht-Regierungsorganisationen, die ihre Wurzel in ‚neuen sozialen Bewegungen' haben, die Kooperation so schwer ist und auf viele Hemmnisse stößt (vgl. Krüger 1998; Janett 1997: 150ff). Dazu kommen unterschiedliche Erfahrungen, Kulturen und Interessen zwischen ‚alten' und ‚neuen' sozialen Bewegungen in verschiedenen Ländern und Kontinenten im 'Norden' der Industrieländer und im 'Süden' der Entwicklungsländer. Interessen von Gewerkschaften und ArbeiterInnen werden im sozialökonomischen Konfliktfeld der einzelnen Unternehmen und im makroökonomischen Produktions- und Verteilungssystem erzeugt und nehmen die vergleichsweise übersichtliche Form von Gestaltungs- und Schutzaufgaben in der Lohn- und Arbeitspolitik an. In hundertjähriger Geschichte sind Erfahrungen gesammelt und verarbeitet worden. Die Themenfelder der NGOs hingegen sind neu und viel heterogener; sie reichen von Umweltproblemen über Menschenrechtsverletzungen bis zum Recht von Konsumenten auf Information über Produktionsbedingungen und Ingredienzien des Produkts, das sie kaufen.

Hinzu kommt der Bedeutungsverlust nationalstaatlicher Grenzen und daher die Krise der ‚Form Partei', die an die territorialen Grenzen der Politik gebunden ist (dazu Altvater 1998). Gewerkschaften und die Parteien der Arbeiterbewegung (vor allem die Sozialdemokratie) bildeten mehr als ein Jahrhundert einen historischen politisch-sozialen Komplex, der nun in Auflösung begriffen ist. Die Erwartung, daß sich gewerkschaftliche Forderungen über die Parteien ins politische Institutionensystem transportieren ließen, erweist sich als illusorisch, zumal für die ‚erneuerte Sozialdemokratie' eine größere Distanz zu den Gewerkschaften wesentlicher Bestandteil der Modernisierung ist. Das geänderte Umfeld zwingt Gewerkschaften dazu, die Kooperation mit NGOs zu suchen. NGOs ihrerseits sind auf die Kooperation mit Gewerkschaften im Norden wie im Süden angewiesen, wenn sie erfolgreich Verletzungen von Menschen- und Bürgerrechten bekämpfen und eine Verbesserung der sozialen Lage insbesondere von Frauen und Kindern in den ,Weltfabriken' (DGB Bildungswerk 1996) erreichen wollen.

Im folgenden sollen einige Aspekte der Kooperation von Gewerkschaften und NGOs bei der Einrichtung von Verhaltensregeln (,Codes of Conduct') von TNCs der Bekleidungs-, Textil- und Sportartikelindustrie am Beispiel der ,Clean Clothes Campaign' (CCC – Kampagne Saubere Kleidung) dargestellt werden. Ich beginne mit Überlegungen zur Entmoralisierung der kapitalistischen Ökonomie im Zuge ihrer Deregulierung und Globalisierung, um danach auf die Ansätze einer erneuten Moralisierung durch neue soziale Bewegungen einzugehen. Inhalte und Überwachung von Codes of Conduct werden thematisiert, bevor abschließend ein Forum der Vernetzung, der Koordination zwischen Organisationen der Produzenten und Konsumenten, aus dem ,Norden' und aus dem ,Süden' dargestellt wird.

2 Deregulierung und Entmoralisierung der kapitalistischen Ökonomie

Die Betrachtung des modernen Wirtschaftslebens und insbesondere die kritische Sicht auf Profiterzielung und privatwirtschaftliche Akkumulation unter ethischen Kriterien hat eine lange theoretische Tradition und kann an jahrhundertealten praktisch-politischen Erfahrungen anknüpfen. Die Klassiker der politischen Ökonomie im 18. Jahrhundert waren sich darüber im Klaren, daß eine Marktwirtschaft nur funktionieren kann, wenn die private, individuelle und die politische Moral nicht zu sehr konfligieren (vgl. McNally 1988). Es kommt auf die ,ruhigen Leidenschaften' an, mit denen die privaten Interessen bestimmt, aber maßvoll verfolgt werden müssen, um eine Brücke zwischen individuellen Interessen und gesellschaftlicher Rationalität (ihren Ausdruck im steigenden gesellschaftlichen Wohlstand findend) zu bilden. In der schottischen Aufklärung ist es der „sense of sympathy, ...which constitutes the principle of attraction in society" (McNally 1988: 168f). Doch wird schon von David Hume und später erst recht von Adam Smith darauf verwiesen, daß Vergesellschaftung vor allem ein versachlichter, ökonomisch durch die ,unsichtbare Hand' und daher durch das Geld gesteuerter Prozeß ist.

Das Geld wird, wie Marx später sagt, zum wahren und realen Gemeinwesen. ,Hinter dem Rücken' der Vertragspartner wird die bürgerlich-kapitalistische Gesellschaft produziert und reproduziert. Das ist die Voraussetzung für den Fetischismus (und die Ästhetik) der Ware und die Sachzwanghaftigkeit von Vergesellschaftung, und für die Vorstellung eines nicht ans Territorium, an den konkreten Ort gebundenen „Mechanismus der Vergesellschaftung" (Rosanvallon 1989: 70): Der Raum des Marktes und daher der bürgerlichen

Gesellschaft ist die gesamte Welt, der Globus. Er ist durch Waren beherrscht, mit deren Ästhetik um die Gunst der Käufer(innen) gebuhlt wird. Dabei wird verhüllt, unter welchen Bedingungen die Dinge hergestellt worden sind. Im Produkt, so Marx (MEW 23: 197), erlischt der Prozeß. Der Turnschuh von Nike, Adidas oder Reebok läßt nicht mehr erkennen, ob Kinder ihn genäht und geklebt haben, welchen Lohn die Frauen erhalten haben, ob sie sexuell belästigt worden sind, ob Zwangsarbeit im Spiele war oder welche gesundheitsschädlichen Materialien Verwendung gefunden haben.

Karl Marx (MEW 23) und Karl Polanyi (1978) haben beide auf ihre Weise gezeigt, daß eine kapitalistische Marktwirtschaft dazu tendiert, sich aus gesellschaftlichen Bindungen zu lösen (sich daraus zu ‚entbetten') und in einer historischen ‚Great Transformation' Gesellschaft und Natur dem zerstörerisch wirkenden Regelwerk des kapitalistischen Marktes zu unterwerfen. Gegen diese 'Satansmühle' (Polanyi) der übermäßigen Ausbeutung der Arbeitskraft ist in langen und heftigen sozialen Auseinandersetzungen der moderne Sozialstaat errichtet worden; er schützt die Arbeit gegen die immer virulenten Tendenzen der Überausbeutung.[1] Mit der Erosion nationalstaatlicher Souveränität jedoch kontrahiert das Feld sozialstaatlicher Regelungen.[2] Die Überausbeutung der Arbeit, weil sie weder durch staatliches Handeln einzudämmen noch moralisch zu sanktionieren ist, wird in vielen Branchen und Weltregionen zur Regel; die Normen von Arbeit und Lohn werden nach unten gedrückt. Der Markt kennt keine Moral, sie ist ihm wesensfremd.

Es war die traditionelle Moral der entstehenden bürgerlichen Gesellschaft, die einen Kontrapunkt zur reinen Marktökonomie setzen sollte – und dabei vor die Hunde ging, wie vor allem Marx (insbesondere MEW 23: 24. Kapitel) analysiert und Thompson in seiner Geschichte, wie die britische Arbeiterklasse ‚gemacht' worden ist (und sich dabei selbst zur Klasse ‚machte') (Thompson 1963), hat zeigen können. Bei der ‚Remoralisierung der Ökonomie' heute geht es nicht um die Verteidigung der ethischen Grundsätze und moralischen Bindungen aus traditionalen Gesellschaftsbeständen oder um den – nach 1989 so beliebten – Appell an die kommunitaristischen Bürgertugenden, sondern um die Verwirklichung individueller und kollektiver wirtschaftlicher, sozialer und kultureller Menschenrechte gegen Tendenzen der durch globale Konkurrenz erzwungenen Absenkung von Standards, die bis in die 80er Jahre dieses Jahrhunderts zum Kernbestand sozialer Rechte und – mehr oder weniger stark ausgeprägter – sozialstaatlicher Institutionensysteme in den entwickelten Industrieländern (aber auch in den Konzepten zur ‚Modernisierung' der weniger entwickelten Länder) gehörten.

Transnationale Konzerne spielen, wenn sie denn den Marktsignalen rational folgen, die Arbeitskräfte an verschiedenen ‚Standorten' gegeneinander aus. Sie senken so die sozialen Standards von Arbeit und Lohn. Sie machen sich dabei den Sachverhalt zunutze, daß sozialstaatliche Regeln und Institutionen nicht überall in gleicher Weise realisiert sind und die Regierungen den Unternehmen hilfreich bei der Ausnutzung günstiger Produktionsbedingungen zur

Seite stehen. Die Überausbeutung konzentriert sich dabei auf spezifische Abschnitte des Produktionsprozesses. Während Forschung, Entwicklung, Design am Beginn der Produktionskette und die Vermarktung an ihrem Ende in den konsumstarken Industrieländern lokalisiert sind, findet die zumeist arbeitsintensive Produktion in ärmeren Ländern Asiens, Lateinamerikas, Afrikas und inzwischen auch Osteuropas statt.

Die Unternehmen produzieren für globale Märkte und entwickeln dabei ‚sourcing strategies', die den gesamten Globus einbeziehen. Anbieter von Vor- und Endprodukten aus aller Welt konkurrieren folglich gegeneinander. Konkurrenzfähigkeit bei Preisen, Mode und Qualität ist für die Anbieterfirmen höchstes Ziel, ja Überlebensbedingung auf einem umkämpften Markt. In dieser Lage kann die Konkurrenzfähigkeit verbessert werden, wenn die Arbeiter und Arbeiterinnen überausgebeutet und kostspielige Vorkehrungen zum Schutz der Umwelt unterlassen werden. Darauf basiert der Vorwurf des sozialen und ökologischen ‚Dumping' aus den Industrieländern, dem mit der Klage über den sozialen und ökologischen Protektionismus der ‚reichen' Länder von Vertretern aus den ärmeren Ländern entgegnet wird (Scherrer/Greven/Frank 1998)[3].

Freie Industriezonen, ‚Export Processing Zones' (EPZ) oder Maquiladoras, in denen die Arbeitsbedingungen besonders schlecht sind, sind nicht erst in den 90er Jahren in Ländern der sogenannten ‚Dritten Welt' entstanden. Sie haben eine längere Geschichte, die in die 60er Jahre zurückreicht. Die erste EPZ entstand mit Unterstützung von UNIDO und UNCTAD und anderen UN-Organisationen, also öffentlich gefördert, in Shannon (Irland), nachdem die Entwicklung des modernen Düsenflugzeugs die Zwischenlandung vor der Atlantiküberquerung auf dem westlichsten europäischen Flughafen überflüssig gemacht hatte. In den 70er Jahren wurden EPZs in Indien und anderen asiatischen Ländern errichtet, später auch in Lateinamerika (vor allem Zentralamerika: Guatemala, El Salvador, Mexiko, Haiti) und in Afrika (vorzugsweise Mauritius und Zimbabwe) und seit 1989 in einigen ehemals realsozialistischen Ländern (Rußland, China). In einigen Fällen ist das ganze Land eine Art EPZ (z.B. Vietnam). Die Regierungen unterstützen die Errichtung von EPZs durch Steuerbefreiung, günstige Zollsätze, lockere Umweltvorschriften und niedrige Löhne (ICFTU 1998) in der Hoffnung, auf diese Weise Arbeitsplätze zu schaffen. Auch wenn es zumeist lokale Unternehmen sind, die in den EPZ produzieren, „without the multinationals wouldn't be any export zone" (ICFTU 1998: 10). Denn die lokalen Unternehmen sind zumeist Zulieferer großer TNCs, die die Konditionen von Preis, Menge und Qualität setzen, an denen sich die lokalen Anbieter ausrichten (vgl. den Überblick über Arbeitsbedingungen von Frauen in EPZs bei Wick 1998).

Wenn TNC und Zulieferer dabei dem gemeinsamen Interesse folgen, einen möglichst großen Gewinn zu erzielen, dann werden die Arbeitsbedingungen, die Löhne und die natürliche Umwelt in den ‚Weltfabriken' unvermeidlich verschlechtert. Bürger- und Menschenrechte werden verletzt, und dabei sind Frauen besonders betroffen (vgl. Wick 1998; Wichterich 1998; Talpade Mohanty 1998).

In einer Erhebung der Arbeitsbedingungen in sieben transnationalen Unternehmen der Bekleidungs- und Sportartikelindustrie (Nike, H&M, Levi Strauss, Otto Versand, C&A, Walt Disney, Adidas) durch die ,Clean Clothes Campaign' (CCC 1998a), die für die Verhandlungen des ,Permanent Peoples' Tribunal' der ,International Lelio Basso Foundation for the Right of Peoples' Ende April/ Anfang Mai 1998 in Brüssel vorbereitet worden war, wurde eine Fülle von Verstößen gegen die Rechte von Arbeiterinnen und Arbeitern, gegen die Menschenwürde und demokratische Grundfreiheiten dokumentiert.[4] Die wohl recherchierten Verstöße (CCC 1998a) werden im folgenden zusammengefaßt; zu jedem einzelnen Punkt ließen sich Aussagen der 15 Zeuginnen und Zeugen aus 10 Ländern Afrikas, Asiens, Lateinamerika und Osteuropas wiedergeben:

Verletzungen von sozialen und ökonomischen Menschen- und Arbeitsrechten:

(1) Im Unternehmen
- Verbot oder Behinderung von Gewerkschaftsarbeit
- Überlange Arbeitszeiten
- Keine Bezahlung von Überstunden
- Ausübung von Arbeitszwang
- Gewalt, insbesondere gegen Frauen
- Mangelnder Gesundheits- und Arbeitsschutz
- Zurückhaltung von Löhnen
- Willkürliche Entlassungen und Aussperrung

(2) Durch gesamtwirtschaftliche Rahmenbedingungen
- Hohe Inflation und Reallohnverluste
- Hohe Arbeitslosigkeit
- Druck von TNCs auf subcontractors, die den Druck an die Arbeitskräfte weitergeben
- Verdrängung in den informellen Sektor und in die Subsistenzproduktion, weil die Löhne nicht reichen
- Das Ausspielen von subcontractors oder von Ländern gegeneinander

(3) Durch gesellschaftliche und politische Rahmenbedingungen bzw. Einflüsse
- ArbeiterInnen kennen ihre Rechte nicht
- Nutzung des codes of conduct zur Unterdrückung von weitergehenden Forderungen
- Gleichgültigkeit der öffentlichen Meinung
- Konsumenten können ein ,right to know' infolge mangelnder oder fehlender Informationen nicht ausüben
- Nicht-Anwendung eines bestehenden code of conduct von TNCs bei den subcontractors
- Politische Repression von ArbeiterInnen durch staatliche Gewaltorgane aus Gründen der Exportförderung

Menschenrechte, auf die sich die Staatengemeinschaft im Rahmen der UNO 1948 verständigt hat und die inzwischen durch die Aufnahme sozialer und ökologischer Rechte weiterentwickelt worden sind, und die gewerkschaftlichen Rechte, die in der ILO-Charta und in vielen anderen Dokumenten niedergelegt sind (vgl. die Auflistung in der ,Charter on Industrial Hazards and Human Rights' des ,Permanent Peoples' Tribunal' und im Urteil des ,Permanent Peoples' Tribunal' über ,Workers and Consumers Rights in the Garment Industry', Brüssel 5.5.1998[5]), werden in vielen Ländern vielfach gebrochen, und immer sind dabei TNCs aus den Industrieländern involviert. Die Ökonomie ist a-moralisch. Dies ist die Grundlage dafür, daß NGOs, die sich für Menschenrechte und für die Umwelt einsetzen, und Gewerkschaften zusammenarbeiten können, auch wenn diese Zusammenarbeit nicht problemlos zustandekommt (z.B. weil Umwelt- und Arbeitsplatzinteressen gegeneinander ausgespielt werden). Die Kooperation ergibt sich einerseits ,vor Ort'. Doch ist gewerkschaftliche Interessenvertretung in vielen Zulieferer-Unternehmen von TNCs durch das jeweilige Management und/oder staatliche Repression erschwert oder verunmöglicht (China, Haiti, Bangla Desh – vgl. Kernaghan 1998; CCC 1998a), so daß nur die Ausübung von politischem Druck auf internationaler Ebene dabei helfen kann, Überausbeutung und Entrechtung zu verhindern: durch Kampagnen gegen repressive Regierungen und gegen transnationale Unternehmen, die ökonomisch von den Rechtsverletzungen profitieren[6] – indem sich gewerkschaftliche Organisationen und Menschenrechts- und Umweltbewegungen international vernetzen und auf diese Weise dem bloßen Protest soziale Kraft verleihen. In einer Broschüre des DGB-Bildungswerks heißt es: „In keinem anderen Produktbereich hat sich besonders in den vergangenen fünf Jahren eine derart breit gefächerte Öko- und Sozialbündnispalettte gebildet wie im Bereich Kleidung und Textilien. Aber fast jede einzelne Gruppe vertritt unterschiedliche gesellschaftspolitische Vorstellungen und Zielsetzungen...." (DGB Bildungswerk 1996b: 31). Die internationale Koordination (alter und neuer) sozialer Bewegungen in ihrer gemeinsamen Gegnerschaft gegen die häßlichen Seiten der Globalisierung und Deregulierung des Kapitals (Überausbeutung von Arbeitskräften und Mißachtung der Menschenrechte sowie der Natur), die ,Re-Moralisierung' der Ökonomie, ist also im praktischen Leben keineswegs selbstverständlich und einfach. Dies kann am Beispiel der europaweiten ,clean-clothes-campaign' und des ,Permanent Peoples' Tribunal' gezeigt werden.[7]

3 Die Kampagne ,Saubere Kleidung' – ein Versuch der ,Remoralisierung der Ökonomie'

Hier setzt die CCC an; die eklatanten Rechtsverletzungen von Arbeiterinnen und Arbeitern in multinationalen Konzernen und deren Zulieferfirmen in der sogenannten ,Dritten Welt', von denen einige oben aufgeführt worden sind, werden angeprangert, um die Konsumenten in den industrialisierten westeuropäischen Ländern über die Produktionsbedingungen in den Billiglohnländern aufzuklären, in denen die schönen Objekte der Sehnsucht von C&A, H&M, Adidas, Nike etc. hergestellt werden. Es handelt sich also um einen Versuch, den Fetischismus der Ware und den Schein der Warenästhetik zu durchdringen, also die im privaten Produktionsbetrieb herrschenden Arbeitsbedingungen zu einer öffentlichen Angelegenheit zu machen, sie somit zu politisieren und die Ökonomie zu ‚moralisieren', nachdem sie sich – bestärkt durch die Deregulierung der vergangenen Jahrzehnte – aus allen gesellschaftlichen Bindungen gelöst (‚entbettet') und alle moralischen Imperative ignoriert hat.

Die ‚Moralisierung' hat verschiedene Seiten: *Erstens* sollen die Konsumenten ein ‚right to know' über die Produktionsbedingungen und Ingredienzien der von ihnen gekauften Produkte erhalten (vgl. dazu auch Zeuner 1997). Sie sollen ihre Verantwortung in der gerade von liberalen Autoren gepriesenen ‚Marktdemokratie' ernst nehmen und nur Waren kaufen können, bei deren Produktion Menschenrechte und soziale Rechte, wie sie in der ILO (und anderen internationalen Verträgen) vereinbart worden sind, nicht verletzt werden. *Zweitens* sollen transnationale Konzerne ihrerseits nicht nur nach den günstigsten Markt- und Profitbedingungen Ausschau halten, sondern Standards im Arbeitsprozeß gewährleisten, die Menschenrechte und Menschenwürde schützen. Schließlich sind *drittens* Regierungen und internationale Institutionen aufgerufen, Regeln für die Sicherung von menschenwürdigen Arbeitsprozessen (‚Sozialklauseln') zu erlassen und deren Einhaltung zu erzwingen. Die drei genannten Akteursgruppen – Konsumenten, Unternehmen, staatliche Einrichtungen – sind höchst ungleich. Die transnational operierenden Unternehmen verfügen über ökonomische Macht auf dem Markt, die staatlichen Einrichtungen über politische (und polizeiliche und militärische) Macht, Organisationen der Konsumenten hingegen können lediglich die Öffentlichkeit für die Arbeitsbedingungen in den Weltfabriken sensibilisieren und in Kampagnen mobilisieren und dabei mit den Gewerkschaften kooperieren. Die Organisationen der Arbeitskräfte sind eine *vierte* Akteursgruppe, die allerdings höchst heterogen ist, da die Basis gewerkschaftlicher Organisation aus vielen Gründen der Nationalstaat ist. In Zeiten der Globalisierung jedoch kann sich das nationalstaatliche Institutionensystem den Ansprüchen, die von Gewerkschaften formuliert werden, mit dem Verweis auf die ‚Sachzwänge' der globalen Konkurrenz entwinden. Die geforderten Sozialklauseln (und ökologischen Klauseln) gibt es im Rahmen der Welthandelsordnung nicht; folglich ist eine ‚second best solution' anzustreben, d.h. die Vereinbarung von ‚Codes of Conduct'.

Die TNCs sollen damit veranlaßt werden, Konditionen, die ihnen von Organisationen der Zivilgesellschaft gestellt werden, zu respektieren und umzusetzen (auch gegenüber den Zulieferfirmen). Die pure ökonomische Konditionalität der schnellen und hohen Profiterzielung muß also durch entsprechende Regelwerke ‚moderiert' werden. Im traditionellen Nationalstaat ist dies in der Vergangenheit vor allem durch Rechtsetzung, Institutionenbildung und monetäre Prozesse der Redistribution innerhalb des ,Systems' des Wohlfahrtsstaates mehr oder weniger erfolgreich geschehen. Ginge es lediglich um die Höhe des Lohnes und die Organisation sowie Zeitdauer der Arbeit, könnte dies Gegenstand traditioneller tarifvertraglicher Auseinandersetzungen zwischen den Akteuren im System industrieller Beziehungen, also zwischen Gewerkschaften und Arbeitgeberverbänden oder einzelnen Arbeitgebern (in diesem Fall TNCs), sein. Es handelt sich um Fälle, die im Rahmen der etablierten industriellen Beziehungen zu verhandeln wären. Allerdings haben die industriellen Beziehungen, der Wohlfahrtsstaat und die soziale Demokratie eine territoriale Dimension (Altvater 1998). Mit der Globalisierung wird diese unterspült, so daß das System industrieller Beziehungen seine Stabilität verliert, die es in Zeiten des keynesianischen Interventions-, Sozial- und Nationalstaats – jedenfalls in den Industrieländern – hatte. Auf globaler Ebene jedoch gibt es ein vergleichbares System der Aushandlung nicht.

Infolgedessen müssen neue Wege der Verhandlung und Festlegung von Arbeits- und Sozialstandards gefunden werden. Zum Teil geschieht dies im Rahmen der ILO. Doch diese Organisation reflektiert mehr als andere UNO-Organisationen den ,korporatistischen Sozialvertrag' der vergangenen (,fordistischen') Jahrzehnte, sind in ihr doch Regierungen, Gewerkschafts- und Arbeitgebervertreter ,tripartistisch' präsent. Die Regierungen sind schwache ,global players' und verfolgen eine Politik der Wettbewerbsfähigkeit, liefern sich also den Regeln des globalen Wettbewerbs aus. Gewerkschaften sind gespalten zwischen Süden und Norden. Die Arbeitgeber haben sowieso kein Interesse an formeller Regelung, da sie von der Deregulierung aller Hemmnisse der Profiterzielung auf freien Märkten nur Vorteile haben. Daher ist es schwer, im Rahmen der ILO zu einer Regelung zu gelangen, die verbindlich sein könnte (,enforceable law'). Innerhalb der WTO ist die Definition von Sozialklauseln mit dem Verweis auf die Zuständigkeit der ILO und auf die Gefahr protektionistischen Mißbrauchs auf die lange Bank geschoben worden (vgl. dazu Scherrer/Greven/Frank 1998: 89ff).

Alle Produkte mit gleicher Gebrauchswerteigenschaft werden im Rahmen von GATT und WTO als *like products* behandelt, gleichgültig wie sie produziert worden sind. Der berühmt gewordene Streitfall zwischen den USA und Mexiko über Thunfischfleisch in Dosen (Produkt) und die Art und Weise, wie der Thunfisch gefangen worden ist (Produktion), hat die Vorherrschaft des Produkts über den Prozeß (der Prozeß ,erlöscht' im Produkt, heißt es bei Marx) noch einmal bestätigt.[8] Der Produktionsprozeß wird also mit einem von der WTO gewebten undurchsichtigen Schleier der Ignoranz umhüllt. So kann der deregulierte Marktmechanismus reibungslos funktionieren, da Regelungsunterschiede von Produktionsprozessen zwischen verschiedenen Ländern oder Territorien unbedeutend werden. Das ist die Rationale des Mechanismus der Vergesellschaftung durch den Markt. Auch die Tatsache, daß in den Verhandlungen während der Uruguay-Runde zwar Eigentumsrechte (auch intellektuelle) fixiert und die letzten protegierten Bereiche (Textilien und Landwirtschaft nach dem Auslaufen des ‚Multifaserabkommens' von Mitte der 70er Jahre) dem Freihandelsprinzip geöffnet worden sind, soziale und ökologische Klauseln jedoch entweder abgelehnt wurden oder ihre Behandlung vertagt worden ist, bestätigt das freihändlerische Grundprinzip: Die Preisbildung des ‚like products' sorgt für die optimale Nutzung der Ressourcen; die unterschiedlichen Prozesse, die die ähnlichen Produkte hervorbringen, sind aus dem Regelwerk ausgenommen.

Wenn aber der Marktmechanismus – wie am Beispiel der Arbeits- und Lebensbedingungen in den Weltfabriken des Textil- und Bekleidungssektors gezeigt werden kann – zur Mißachtung der sozialen und Menschenrechte und zur Zerstörung der Umwelt führt, wenn anders als im nationalstaatlichen Territorium das politische System auf globaler Ebene zu schwach ausgebildet ist, bleibt nur ein Weg, um die TNCs in ihrem Verhalten an minimale moralische Standards zu binden: Die transnational operierenden Unternehmen in der Textil- und Bekleidungsindustrie[9] müssen zu einer Verhaltensänderung durch zivilgesellschaftliche Organisationen gezwungen werden, um die Prinzipien menschenwürdiger Arbeit und ökologischer Nachhaltigkeit zu respektieren. Dies ist der Grund für Organisationen wie die CCC und der Sinn von ‚Codes of Conduct', für deren Anwendung sich die Kampagne saubere Kleidung stark macht. Dabei ist die Annahme entscheidend, daß Unternehmen nicht nur Marktakteure, sondern soziale (und ab einer bestimmten Größe) politische Einheiten sind, die nicht nur nach der Logik des Marktes handeln dürfen[10] (auch wenn sie dies wollten). Obendrein funktionieren Märkte, anders als neoliberale Vordenker wie von Hayek und andere sich dies vorstellten, nicht ohne gewisse gesellschaftliche Vorleistungen, nicht ohne die ‚außervertraglichen Bedingungen von Verträgen' (Durkheim). Tatsächlich haben viele TNCs ihre ‚Unternehmensphilosophie' definiert und von sich aus Verhaltensmaßregeln entwikkelt, also Codes of Conduct eingeführt, und sie haben ihre Produkte sozial und ökologisch gekennzeichnet (‚social and ecological labelling'). Immerhin.

4 Codes of Conduct

Der ‚Code of Conduct' ist zunächst eine weniger harte Verpflichtung als staatlich und/oder international gesetztes Recht, dessen Einhaltung durch das öffentliche Gewaltmonopol erzwungen werden kann (enforceable law). Die Regeln bedeuten aber mehr, als der Markt im ‚Spiel der freien Kräfte' zwischen Anbietern und Nachfragern verlangt, nämlich die Einhaltung von sozialen und ökologischen Standards: Organisationsfreiheit der Beschäftigten in unabhängigen Gewerkschaften, das Recht auf Kollektivvereinbarungen, Verbot von Zwangsarbeit und Kinderarbeit, keine Diskriminierung nach Geschlecht, Rasse, Ethnie, Religion, Regeln für eine Höchstdauer der Arbeitszeit, Schutzvorrichtungen gegen Gesundheitsschädigungen und Sicherheitsvorkehrungen gegen Arbeitsunfälle, die Zahlung von ‚living-wages' und Beschäftigungssicherheit. Dies sind die minimalen Standards, die auch von der ILO verlangt werden (Somo 1997: 16 ff) und mit denen die oben aufgeführten Verletzungen von Menschen- und Arbeitsrechten eingedämmt werden können.

Codes of Conduct sind ein schwaches Instrument. Denn sie beruhen *erstens* ganz und gar auf dem Prinzip der Freiwilligkeit; sie sind völlig marktkonform, da sie ja die Transparenz der Märkte erhöhen. An dieser Stelle setzen *consulting agencies* an, die dabei sind, Codes of Conduct in Kooperation mit TNCs zu normieren (CEPAA 1997). Ein doppeltes Problem jedoch ist so nicht gelöst: Wie können die Unternehmen zur Einrichtung von Codes of Conduct verpflichtet werden, wenn sie freiwillig dazu nicht bereit sein sollten, und wie kann darüber hinaus deren Einhaltung überprüft (‚Monitoring') werden, und zwar nicht nur im TNC selbst, sondern auch bei den Zulieferern? Ein Beispiel: Der Code of Conduct von Nike „condemns and prohibits child labor, requires that workers be paid a fair wage, imposes caps on the days and hours a worker can be required to work, prohibits mistreatment of workers in any form; obligates factories to implement programs that benefit worker health and wellbeing" (Peters 1998: 13). In dieser Auflistung des Public Relations Managers von Nike in Europa fehlt seltsamerweise das Recht freier Organisierung und von Kollektivverhandlungen, das 1997 von Nike in den unternehmensspezifischen Code of Conduct aufgenommen worden ist. Zum Code von Nike wird in der während des Permanent Peoples Tribunal in Brüssel 1998 verhandelten Fallstudie Nike gesagt: „While rights promised in Nike's Code of Conduct often mirror activists are calling for, there seems to be a wide gulf between the codes and the reality of conditions in the factories. Moreover, Nike's oversight of these conditions too often falls short of its promises" (CCC 1998a).

Die CCC hat nicht nur einen ‚Code of Labour Practices' vorgelegt, der in etwa die Punkte enthält, die auch bei Nike vorgesehen sind (CCC 1998b). Zusätzlich wird festgehalten: „employment is freely chosen, there is no discrimination in employment; working conditions are decent; the employment relationship is established". Der letztgenannte Punkt soll dafür sorgen, daß die Beschäftigung formalisiert und irreguläre Beschäftigung (ohne Sozialversicherung, Rechte auf Ausbildung bei jüngeren Arbveitskräften etc.) verhindert wird. Auch die Heinrich Böll Stiftung hat einen Code of Conduct entworfen, der weitere drei Punkte enthält, nämlich ‚safe and seperate housing', um die häufige Praxis, die Arbeiterinnen in der Fabrik unterzubringen, um sie möglichst lange verfügbar zu haben, zu unterbinden; die Bekämpfung von Bestechung und Korruption und die Einhaltung von Umweltstandards (Heinrich-Böll-Stiftung 1998).

Mit der Aufstellung von Codes of Conduct ist es freilich nicht getan (de Schutter 1998). Es muß *zweitens* auch für deren Anwendung, Weiterentwicklung und Einhaltung gesorgt werden. Die CCC hat Regeln entwickelt, die sich auf die Implementierung beziehen. Schließlich gehört zum Code of Conduct auch ‚independent monitoring, accreditation and certification'. Eine Reihe von Unternehmen, die einen Code of Conduct erlassen haben, beschränken sich auf firmennahes Monitoring (z.B. C&A) oder haben firmenexterne Beratungsagenturen damit beauftragt (Levi Strauss). Da diese Consultants an den Aufträgen des entsprechenden Unternehmens verdienen, ist ein unabhängiges Monitoring nicht gewährleistet. Zu diesem Ergebnis gelangen sowohl eine Studie im Auftrag von CCC über ‚Monitoring Working Conditions in the Garment & Sportswear Industry' (SOMO 1997) als auch das Permanent Peoples Tribunal in seiner Sitzung über ‚Workers and Consumers Rights in the Garment Industry' vom April/ Mai 1998 (Permanent Peoples Tribunal 1998). Die CCC schlägt deshalb die Errichtung einer unabhängigen Stiftung vor, die die Einhaltung von Codes of Conduct in der Textil- und Bekleidungsindustrie weltweit überwachen soll. Doch auch eine solche Stiftung verfügt nicht über einen ‚law enforcement mechanisms', ist also auf freiwillige Kooperation der Firmen angewiesen.

Die Bereitwilligkeit dazu ist *drittens* vor allem von der ökonomischen Lage abhängig. Die Selbstverpflichtungen und der zivilgesellschaftliche Druck zur Respektierung von Codes of Conduct sind weniger stark als ökonomische Restriktionen, die Unternehmen, die auf dem Weltmarkt wettbewerbsfähig bleiben oder schlicht nicht untergehen wollen, gezwungen sind einzuhalten. Hier zeigt sich der Nachteil von Selbstverpflichtungen von Unternehmen gegenüber dem einklagbaren Recht auf der Grundlage internationaler Abkommen (beispielsweise Sozialklauseln in den WTO-Verträgen). Letztere gelten für alle Marktakteure und stellen somit eine Rahmenbedingung des internationalen Wettbewerbs für alle dar.[11] Selbstverpflichtungen sind jeweils die eines einzelnen Unternehmens, das sie so lange einhalten wird, wie es dazu durch soziale Bewegungen und politische Einflußnahme gezwungen wird und die ökonomische Situation genügend Spielraum für die Einhaltung der Selbstverpflichtungen läßt und das ‚Image' des Unternehmens auf diese Weise ‚aufpoliert' werden kann. Läßt sich der soziale und politische Druck der Öffentlichkeit und des Netzwerks, das sich für die Einhaltung von Codes of Conduct engagiert, nicht aufrecht erhalten oder verschlechtert sich die ökonomische Situation, dürfte es um deren Einhaltung schlecht bestellt sein. Denn es gibt viele Möglichkeiten, den Selbstverpflichtungen auszuweichen, beispielsweise durch Ausgründung neuer Unternehmen, die die Codes of Conduct nicht unterschrieben haben oder durch Vergabe von Aufträgen an Zulieferfirmen, die schwer zu kontrollieren sind, und durch Verlagerung der Produktion in Länder[12], wo die Standards der Arbeits- und Umweltbedingungen niedriger sind als in jenen Gebieten, die von der vorangegangenen Welle der Produktionsverlagerungen betroffen waren. Die Stufenfolge der Lohn- und Arbeitskosten führt hinab von Thailand nach Indonesien, von dort nach Vietnam und von Vietnam nach China.

5 Ein Ort der Vernetzung von NGOs und Gewerkschaften: Das Ständige Tribunal der Völker

Codes of Conduct, die die freie Organisation der Arbeitskräfte und Kollektivverhandlungen vorsehen, ändern nur wenig daran, daß Gewerkschaften in Zeiten der Globalisierung schwach sind. Selbst wo Gewerkschaften existieren, haben sie in einer Reihe von Ländern keinen oder ständig schikanierten Zugang zu den Belegschaftsangehörigen. Damit Gewerkschaften also aktiv für die Einhaltung menschenwürdiger Arbeitsbedingungen eintreten können, müssen Grundrechte der Versammlungs-, Organisations- und Informationsfreiheit gewährleistet werden. Dies ist keine Aufgabe der Gewerkschaften allein, sondern eine Angelegenheit der Bürger in einer demokratischen Gesellschaft. Infolge der ökonomischen Globalisierung ist die Gewährleistung demokratischer Grundrechte Angelegenheit von Menschen auch in anderen Weltregionen, zumal diese als Konsumenten der Produkte aus den Weltfabriken auch Verantwortung für die Gestaltung der Produktionsbedingungen der konsumierten Produkte tragen.[13] Dies ist der Beweggrund für Initiativen (und Kampagnen), sich jenseits des beschränkten Kreises gewerkschaftlicher Interessenvertretung in Ländern des ‚Südens' gemeinsam und mit Gewerkschaften im ‚Norden' für die Verwirklichung von ArbeiterInnen- und Bürgerrechten in den Weltfabriken der multinationalen Wertschöpfungsketten einzusetzen. Zur Lösung dieses doppelten Problems – Erlaß und Kontrolle von Codes of Conduct – wirken also Gewerkschaften, Menschenrechtsorganisationen, Umweltbewegungen und Konsumentenorganisationen zusammen. Sie bilden ein Netzwerk, dessen Struktur in folgendem Schaubild angedeutet wird:

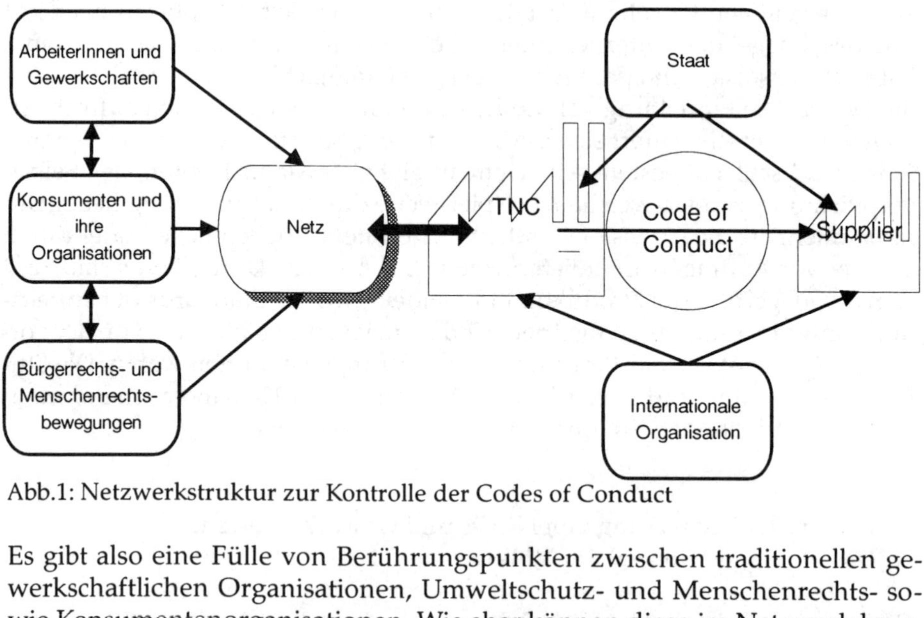

Abb.1: Netzwerkstruktur zur Kontrolle der Codes of Conduct

Es gibt also eine Fülle von Berührungspunkten zwischen traditionellen gewerkschaftlichen Organisationen, Umweltschutz- und Menschenrechts- sowie Konsumentenorganisationen. Wie aber können diese im Netzwerk koordiniert werden? Eine Möglichkeit zur Bewältigung der Koordinationsaufgabe ist im April/ Mai 1998 demonstriert worden: Die Organisation eines internationalen Forums der CCC mit dem ‚Permanent Tribunal for the Rights of Peoples' der International Lelio Basso Foundation (Rom). In der von der CCC ausgearbeiteten Aufforderung an das ‚Permanent Peoples' Tribunal', ein solches internationales Forum über die Rechte von Arbeitern und Konsumenten durchzuführen[14], heißt es: „The workers of the subsidiaries, subcontractors and suppliers of the international garment and sportswear companies, the trade unions that represent these workers, the NGO's collaborating with them in the different countries, and the members of the European Clean Clothes Campaign, are addressing the Permanent People's Tribunal with the aim of setting out, on the basis of several exemplary cases from numerous countries and companies, the bad working conditions prevailing in the production of articles of clothing and sportswear intended for enduse by consumers..." ArbeiterInnen und Gewerkschaften im ‚Süden' und im ‚Norden', Konsumentenorganisationen und Transnationale Konzerne aus dem ‚Norden' mit ihren Zulieferern aus dem ‚Süden' treffen also in einer Arena zusammen, die als ein Tribunal organisiert ist. Die TNCs der Bekleidungs- und Sportartikelindustrie befinden sich auf der Anklagebank wegen der belegten Verletzungen von Menschenrechten und von sozialen Rechten der ArbeiterInnen. Die Öffentlichkeit wird mobilisiert, um die TNCs mit einem drohenden Imageschaden, der sich als Profiteinbuße auswirken kann, zu konfrontieren. Die betroffenen und angeklagten TNCs werden gehört, und tatsächlich haben sich einige der TNCs zu den Vorwürfen während des Tribunals schriftlich (Nike) und mündlich (H&M) geäußert, während andere es vorzogen, zu schweigen und dem Tribunal fernzubleiben. Die Sanktionsmöglichkeiten von CCC und Tribunal sind zu schwach, als daß sich mächtige Multis unbedingt darum sorgen müßten.

Das Netzwerk funktioniert dann, wenn es betroffene Arbeiter in den Weltmarktfabriken zu unterstützen und die Öffentlichkeit in den Industrieländern zu mobilisieren vermag, so daß TNCs durch das Kaufverhalten von Konsumenten oder durch Arbeitskämpfe geschädigt werden können. Es ist also Output- bzw. effizienzorientiert. Daraus ergeben sich aber auch Veränderungen in der Form des Rechts vom gesatzten – und daher vom Rechtsstaat einklagbaren – Recht hin zu Verhaltensregeln, die zwar nur Selbstverpflichtungen darstellen, aber durch aktive Netzwerke von Gewerkschaften und NGOs mit Hilfe der Mobilisierung der Öffentlichkeit einen eher moralischen Druck auf transnationale Unternehmen ausüben können. Dies ist die Input-Seite des Netzwerks. Es muß jedoch resümierend festgehalten werden, daß Netzwerke zur Einführung und Überwachung von Codes of Conduct die im formellen internationalen Recht verankerten und durch internationale Institutionen abgesicherten Regeln (Sozialklauseln, Umweltklauseln) nicht ersetzen können. Die Moralisierung der Ökonomie ist keine Angelegenheit der freiwilligen Selbstkontrolle, sondern der einklagbaren und strafbewehrten Regeln. Schließlich ist der Profit zu verlockend, der zu erzielen ist, wenn die Satansmühle der Überausbeutung der Arbeitskraft in Gang gehalten und nicht gebremst wird.

Anmerkungen

1 Der Sozialstaat schützt sie nicht gegen die ‚normale' Ausbeutung. Dafür ist er nicht ausgelegt; dies ist nicht sein Sinn und seine Aufgabe. Doch ergibt sich daraus eine ständige Auseinandersetzung um die ‚Normalität' der Arbeits- und Lohnbedingungen. Diese Auseinandersetzungen um Form und Inhalt des ‚Normalarbeitsverhältnisses' hatten bislang vor allem eine historische, diachrone Dimension innerhalb der jeweiligen nationalstaatlich umhüllten Gesellschaften. In Zeiten der Globalisierung freilich hat die Auseinandersetzung um die Normalität auch eine räumliche, synchrone Dimension, da die Standards der Arbeitsverhältnisse an verschiedenen Orten in der Konkurrenz des globalen Raums verglichen werden.

2 Über das Ausmaß der Erosion von nationalstaatlicher Souveränität infolge der Globalisierungsprozesse wird eine kontroverse Diskussion geführt. Darauf kann hier nicht eingegangen werden. Es ist aber zu beachten, daß Erosion der Souveränität von Nationalstaaten keineswegs bedeutet, daß diese die Steuerungsfähigkeit sozialer und politischer Prozesse gänzlich verlieren (Vgl. Altvater/ Mahnkopf 1996: 3733ff; Messner 1998).

3 Allerdings hat eine Befragung von NGOs und Gewerkschaften im Süden wie im Norden ergeben, daß 91% der Organisationen, die auf die Befragung geantwortet haben, sich für die Einführung von Sozialklauseln und nur 6% dagegen ausgesprochen haben. Der Nord-Süd-Gegensatz scheint also weniger ausgeprägt zu sein, als angenommen (vgl. Egger/ Schümperli 1997: 202-217).

4 Die Literatur über die Verletzungen von Menschen- und Arbeitsrechten durch TNCs ist viel zu umfangreich, als daß sie hier gewürdigt werden könnte. Vgl. die 'klassische' Studie von Fröbel/ Heinrichs/ Kreye 1977; Kasch et al. 1985 sowie die jüngeren Veröffentlichungen von Custers 1997; Talpade Mohanty 1998; Kernaghan 1998; ICFTU 1998.

5 Abzurufen im Internet unter der Adresse: http://www.corpwatch.org/corner/altvision/charter.html (download 19.7.1998) und unter http://cleanclothes.org bzw. unter: http://www.grisnet.it/filb.

6 Das hat auch Shell in Nigeria getan, bevor Shell in der Nordsee das Brent Spar-Desaster erleben mußte und durch den Mord des von Shell gestützten Militärregimes an Ken Saro Wiwa in Erklärungsnotstand gegenüber der sensibilisierten Öffentlichkeit in den Industrieländern geriet. Inzwischen hat auch Shell einen ‚Code of Conduct', in dem die Beachtung der Menschenrechte und der Natur hohe Priorität besitzen.

7 Die CCC ist nicht die einzige Organisation mit Erfahrungen in der internationalen Vernetzung von Konsumenten-Kampagnen. Consumers International (http://www.ngo.grida.no/ggynet/ngo/ci.htm) tritt für verbesserte Informationen für Konsumenten ein, Rugmark und TransFair vergeben Gütesiegel etc. (vgl. Scherrer/ Greven/ Frank 1998; Groupe de Recherche 1997). In eine ähnliche Richtung wie CCC orientiert sich das europäische Netzwerk IRENE (International Restructuring Education Network Europe): Kooperation zwischen NGOs und Gewerkschaften, Einsatz für Codes of Conduct (vgl. News from IRENE, Issue No 24-25, Febr. 1997). Am Beispiel der CCC lassen sich besonders gut die Schwierigkeiten und Erfolgsbedingungen und die Vielfalt von Akteuren aus verschiedenen sozialen Bereichen (Gewerkschaften und NGOs), ökonomischen Funktionsräumen (Konsumenten auf Märkten; Produzenten in Unternehmen), aus ökonomischem und politischem System (TNCs und Regierungen) oder im nationalen bzw. globalen Handlungsraum studieren. Das Permanent Peoples' Tribunal hat seit 1979, als es von Lelio Basso in der Nachfolge der ‚Russell-Tribunale' gegründet wurde, 26mal getagt, um Fälle von Verletzungen der Menschenrechte und des Rechts der Völker zu verhandeln, darunter (um nur einige Tribunale zu nennen) eines über Ost-Timor, die Aggression der Sowjetunion gegen Afghanistan, das brasilianische Amazonien, die sozialen und ökologischen Folgen der Strukturanpassungspolitik von IWF und Weltbank, die Folgen der deutschen Asylpolitik. Es ist ein sogenanntes ‚Meinungstribunal', da ihm die Möglichkeiten, seine Sprüche auch durchzusetzen, fehlen. Es kann aber mit den Sprüchen Einfluß auf die öffentliche Meinung nehmen. Nähere Informationen: http://www.grisnet.it/filb.

8 Die USA wollten mexikanischen Thunfisch diskrimieren, weil Thunfisch in Mexiko mit Methoden gefangen worden ist, die den US-amerikanischen Bestimmungen zum Schutz der Meeressäuger widersprechen. Denn Delphine sind in den Netzen zum Thunfischfang veren-

det. In der Streitschlichtung im GATT hat Mexiko Recht bekommen. Denn ist der Thunfisch erst einmal in Dosen, handelt es sich um ein *like product*, das nicht diskriminiert werden darf.

9 Aber nicht nur dort, man erinnere sich an die Versuche von Shell, die Ölplattform Brent Spar in der Nordsee zu versenken oder an die ökologischen Zerstörungen und Menschenrechtsverletzungen im Ogoni-Land in Nigeria oder den Nestlé-Konzern.

10 In diesem Zusammenhang kann nicht auf die Auseinandersetzungen um das Multilateral-Abkommen über Investitionen (MAI) eingegangen werden. Dieses Abkommen sollte den TNCs so weitgehende Rechte gegenüber Staaten gewährleisten, daß demokratische Mitbestimmung von Bürgern über die politischen Angelegenheiten ihres Gemeinwesens zur Farce geworden wäre (zur Auseinandersetzung um das MAI und zur Rolle von NGOs vgl. Soziale Politik und Demokratie, Nr. 46 und 47, 1997).

11 Unternehmensspezifische Codes of Conduct können eine ‚propagandistische' Wirkung ausüben. Von Nike schreibt CCC 1998, einen US-Gewährsmann zitierend: „Nike is not the worst company on the planet. Reebok and others use the same workers and contractors in the same countries. Nike is, however, the largest such company and has set the precedent for apparel giants ‚race to the bottom'. If Nike reforms, they will trumpet the change and other manufacturers will have to follow" (CCC 1998a: Nike).

12 Die asiatische Finanzkrise hat beispielsweise zur Abwertung der lokalen Währungen und daher zu verbesserten Exportchancen geführt. Gleichzeitig sind aber Kredite in Fremdwährung wesentlich teurer geworden, so daß der finanzielle Druck auf Unternehmen gestiegen ist. Obendrein sind viele Firmen zusammengebrochen und Arbeitskräfte entlassen worden, so daß die ‚Reservearmee' der Arbeitslosen größer geworden ist. Wenn sich das ökonomische Umfeld so radikal und umfassend verändert, bleiben Einführung und Anwendung der Codes of Conduct in den TNCs und ihren lokalen Zulieferern nicht unbeeinflußt. Die heftigen ökonomischen Stürme fegen die schwachen Codes of Conduct davon.

13 Daraus ergibt sich die Bedeutung des ‚right to know' von BürgerInnen und von KonsumentInnen.

14 Das Permanent Peoples' Tribunal tritt satzungsgemäß nur auf der Grundlage einer Anfrage (request) von Betroffenen oder ihren Anwälten zusammen, nachdem diese Anfrage rechtlich und politisch gründlich geprüft worden ist.

Literatur

Altvater, Elmar/ Brunnengräber, Achim/ Haake, Markus/ Walk, Heike 1997: Vernetzt und verstrickt. Nicht-Regierungsorganisationen als gesellschaftliche Produktivkraft, Münster: Westfälisches Dampfboot.

Altvater, Elmar/ Mahnkopf, Birgit 1996: Grenzen der Globalisierung. Ökonomie, Ökologie und Politik in der Weltgesellschaft, Münster: Westfälisches Dampfboot.

Altvater, Elmar 1998: Restructuring the Space of Democracy. The effects of capitalist globalization and the ecological crisis on the form and substance of democracy: In: Low, Nick (ed): Global Ethics and Environment, London: Routledge (im Erscheinen).

CCC 1998a: Clean Clothes Campaign: Workers and Consumers' Rights in the Garment Industry, Cases' File Otto Versand; Adidas; Nike; C&A; Levi Strauss & Company; The Walt Disney Company, Intetrnational Forum: Brussels, 30 April – 5 May 1998.

CCC 1998b: European-Level Proposal for a Code including Criteria for Implementation and Monitoring for Clothes and Sportswear. In: Clean Clothes, Newsletter, No. 9, 8-10.

CEPAA 1997: Council on Economic Priorities – Accreditation Agency: Social Accountability 8000, New York (mimeo: CEPAA).

Custers, Peter 1997: Capital Accumulation and Women's Labour in Asian Economies, London/ New York: Zed Books.

De Schutter, René 1998: Sur les Codes de bonne Conduite, Intervention während des: Permanent Peoples Tribunal 1998: Workers and Consumers Rights in the Garment Industry, Bruxelles, 30 April – 5 May, 1998, Rom: Lelio Basso International Foundation.

DGB Bildungswerk 1996: Materialien Nr. 49, Kleidung aus der Weltfabrik, Düsseldorf.

Egger, Michael/ Schümperli, Catherine 1997: Enquete sur la clause sociale auprès des ONG et syndicats du sud. In: Groupe de Recherche pour une Stratégie économique alternative: Mondialisation et Droits Sociaux. La clause sociale en débat, Bruxelles: Gresea.

Fröbel, Folker/ Heinrichs, Jürgen/ Kreye, Otto 1977: Die neue internationale Arbeitsteilung – Strukturelle Arbeitslosigkeit in den Industrieländern und die Industrialisierung der Entwicklungsländer, Reinbek: Rowohlt.

Granovetter, Marc 1985: Economic Action and Social Structure: A Theory of Embeddedness. In: American Journal of Sociology, Vol. 91, No 3: 481-510.

Groupe de Recherche 1997: Groupe de Recherche pour une Stratégie économique alternative: Mondialisation et Droits Sociaux. La clause sociale en débat, Bruxelles: Gresea.

Heinrich-Böll-Stiftung 1998: Code of Conduct. Corporate guidelines – for the business with China also?, März 1998, Berlin: Heinrich-Böll-Stiftung.

ICFTU 1998: International Confederation of Free Trade Unions, Behind the wire: Anti-union repression in the export processing zones, internet: http://www.icftu.org/english/tncs/etnexpzo.html (download 19.7.98).

Janett, Daniel 1997: Vielfalt als Strategievorteil: Zur Handlungskompetenz von Nicht-Regierungs-Organisationen in komplexen sozialen Umwelten, In: Altvater, Elmar/ Brunnengräber, Achim/Haake, Markus/Walk, Heike (Hg.): Vernetzt und verstrickt. Nicht-Regierungsorganisationen als gesellschaftliche Produktivkraft, Münster: Westfälisches Dampfboot, 145-173.

Kasch, Volker/ Leffler, Ulrich/ Schmitz, Peter/ Tetzlaff, Rainer 1985: Multis und Menschenrechte in der Dritten Welt, Bornheim-Merten: Lamuv Taschenbuch 42.

Kernaghan, Charles 1998: Behind the Label: ‚Made in China'. In: Special Report prepared for National Labor Committee, New York: National Labor Committee.

Krüger, Sabine 1998: Chancen und Hemmnisse sozialökologischer Reformbündnisse zwischen Gewerkschaften und NGOs. In: Forschungsjournal NSB, Jg. 11, Heft 3, 101-106.

Mahnkopf, Birgit 1994: Markt, Hierarchie und soziale Beziehungen. Zur Bedeutung reziproker Beziehungsnetzwerke in modernen Marktgesellschaften. In: Beckenbach, Niels/ van Treeck, Werner (Hg.): Umbrüche der gesellschaftlichen Arbeit, Soziale Welt, Sonderband 9, Göttingen: Otto Schwarz, 65-84.

Messner, Dirk 1998: Die Transformation von Staat und Politik im Globalisierungsprozeß. In: Messner, Dirk (Hg): Die Zukunft des Staates und der Politik. Möglichkeiten und Grenzen politischer Steuerung in der Weltgesellschaft, Bonn: J.H.W. Dietz Nachfolger: 14-43.

McNally, David 1988: Political Economy and the Rise of Capitalism. A Reinterpretation, Berkeley/ Los Angeles/ London: University of Califormia Press.

MEW 23: Marx, Karl, Das Kapital, Erster Band. In: Karl Marx/ Friedrich Engels Werke, Band 23, Berlin 1970: Dietz Verlag.

Permanent Peoples Tribunal 1998: Workers and Consumers Rights in the Garment Industry, Bruxelles, 30 April – 5 May, 1998, Rom: Lelio Basso International Foundation.

Peters, Keith 1998: Three Codes of Conduct. In: Heinrich-Böll-Stiftung (Hg.): Code of Conduct. Corporate Guidelines – for the business with China also?, Berlin: Heinrich-Böll-Stiftung: 13-16.

Polanyi, Karl 1978: The Great Transformation, Frankfurt/Main: Suhrkamp.

Rosanvallon, P. 1989: Le libéralisme économique. Histoire de l'idée de marché, (éditions du Seuil) Paris.

Scherrer, Christoph/ Greven, Thomas/Frank, Volker 1998: Sozialklauseln, Münster: Westfälisches Dampfboot.

Somo 1997: Van Eijk, Janneke/ Zeldenrust, Ineke: Monitoring Working Conditions in the Garment & Sportswear Industry, Amsterdam: Somo (centre for research on multinational corporations).

Talpade Mohanty, Chandra 1998: Arbeiterinnen und die globale Ordnung des Kapitalismus: Herrschaftsideologien, gemeinsame Interessen und Strategien der Solidarität. In: Klingebiel, Ruth/ Randeria, Shalini (Hg), Globalisierung aus Frauensicht. Bonn: H.W. Dietz Nachfolger, 320-344.

Thompson, Edward P. 1963: The Making of the British Working Class, Harmondsworth: Penguin.

Wichterich, Christa 1998: Die globalisierte Frau. Berichte aus der Zukunft der Ungleichheit, Reinbek: rororo aktuell.

Wick, Ingeborg 1998: Frauenarbeit in Freien Exportzonen. Eine Übersicht. In: PROKLA 111. Zeitschrift für kritische Sozialwissenschaft, 28. Jahrg., Nr. 2, 235-248.

Zeuner, Nicola 1997: Binationale NGO-Netzwerke in der US-amerikanischen Grenzregion im Kontext von NAFTA. In: Altvater, Elmar/ Brunnengräber, Achim/ Haake, Markus/ Walk, Heike (Hg.): Vernetzt und verstrickt. Nicht-Regierungsorganisationen als gesellschaftliche Produktivkraft, Münster: Westfälisches Dampfboot, 224-237.

VI.
Anhang

AutorInnen und Herausgeber

Elmar Altvater
ist Universitätsprofessor für Politische Ökonomie am Fachbereich Politische Wissenschaft der Freien Universität Berlin.

Marianne Beisheim
ist wissenschaftliche Mitarbeiterin am Institut für Interkulturelle und Internationale Studien der Universität Bremen und arbeitet an einer Dissertation zur Rolle von TNGOs im Rahmen der globalen Klimapolitik.

Karl-Werner Brand
ist Sozialwissenschaftler und leitet den Schwerpunkt 'Gesellschaft und Umwelt' an der Münchner Projektgruppe für Sozialforschung e.V.

Andreas Buro
lehrte Politikwissenschaft/Internationale Politik an der Goethe-Universität in Frankfurt. Er ist friedenspolitischer Sprecher des Komitees für Grundrechte und Demokratie, Koordinator des Dialog-Kreises ‚Krieg in der Türkei' und im Vorstand der Deutschen Sektion der Helsinki Citizens' Assembly.

Regina Dackweiler
Politikwissenschaftlerin, ist Assistenz-Professorin an der Universität Fribourg, Schweiz.

Klaus Eder
ist Professor für Soziologie an der Humboldt-Universität zu Berlin und externer Professor am Europäischen Hochschulinstitut. Seine Hauptarbeitsgebiete sind vergleichende Analysen zur politischen Soziologie und zur Sozialstruktur europäischer Gesellschaften.

Myra Marx Ferree
ist Professorin für Soziologie und Women's Studies an der University of Connecticut.

Dirk Gerdes
ist Privatdozent für Politische Wissenschaft an der Universität Heidelberg und Leiter des Regionalen Pädagogischen Zentrums der Ostfriesischen Landschaft, Regionalverband für Kultur, Wissenschaft und Bildung, Aurich.

Michael Hasse
ist Redakteur des Forschungsjournals Neue Soziale Bewegungen und Mitarbeiter am Seminar für Soziologie der Rheinischen Friedrich-Wilhelms-Universität Bonn.

Kai-Uwe Hellmann
habilitiert sich gegenwärtig am Institut für Soziologie der Otto-von-Svericke-Universität Magdeburg.

Herbert Kitschelt
ist Professor für komparative Politikwissenschaft an der Duke University, North Carolina.

Ansgar Klein
ist Herausgeber des Forschungsjournals Neue Soziale Bewegungen. Außerdem ist er als Publizist und Dozent in der politischen Bildung tätig.

Hans-Josef Legrand
ist Herausgeber des Forschungsjournals Neue Soziale Bewegungen und arbeitet beim Vorstand der IG Metall in der Abteilung 1. Vorsitzender, Koordinierung, Politische Planung.

Thomas Leif
ist Herausgeber des Forschungsjournals Neue Soziale Bewegungen und Chefreporter Fernsehen beim Südwestrundfunk, Landessender Mainz.

Margit Mayer
lehrt Politische Wissenschaft am John F. Kennedy-Institut für Nordamerikastudien der Freien Universität Berlin.

Alberto Melucci
ist Professor für Soziologie an der Universität von Mailand.

Detlef Pollack
ist Professor für vergleichende Kultursoziologie an der Europa-Universität Viadrina in Frankfurt/Oder.

Joachim Raschke
ist Professor am Institut für Politische Wissenschaft der Universität Hamburg.

Dieter Rink
ist promovierter Kulturwissenschaftler und arbeitet als wissenschaftlicher Mitarbeiter am Umweltforschungszentrum Leipzig-Halle GmbH. Seine Arbeitsschwerpunkte sind: Soziale Bewegungen, Stadtsoziologie, Umweltsoziologie, Milieus und Mentalitäten.

Markus Rohde
ist Redakteur des Forschungsjournals Neue Soziale Bewegungen und geschäftsführender Gesellschafter der Agenda Consult GmbH.

Silke Roth
leitet das Forschungsprojekt ‚Arena in der Arena. Weimar, Kulturstadt Europas 1999' an der Professur Soziologie und Sozialgeschichte der Stadt an der Bauhaus-Universität Weimar.

Roland Roth
lehrt Politikwissenschaft am Fachbereich Sozial- und Gesundheitswesen der Fachhochschule Magdeburg.

Dieter Rucht
ist Professor am Department for Sociology am Darwin College der Universität Kent at Canterbury.

Reinhild Schäfer
Soziologin in Frankfurt am Main, arbeitet z.Zt. an ihrer Dissertation zur neuen bundesrepublikanischen Frauenbewegung.

Peter Wahl
ist Geschäftsführer der NGO ‚Weltwirtschaft, Ökologie & Entwicklung – WEED' in Bonn.

Michael Zürn
ist Ko-Direktor des Zentrums für Europäische Rechtspolitik der Hansestadt Bremen und Professor für Politikwissenschaft am Institut für Interkulturelle und Internationale Studien der Universität Bremen.

Themenhefte des Forschungsjournals NSB

1988

- Symbolik und Habitus in Neuen Sozialen Bewegungen
- Neue Soziale Bewegungen und soziale Kontrolle
- Geschlechterverhältnis in Neuen Sozialen Bewegungen
- Parteien und Neue Soziale Bewegungen

1989

- Medien und Neue Soziale Bewegungen
- Alternativökonomie: Zwischen Traum und Trauma
- Institutionalisierungstendenzen der Neuen Sozialen Bewegungen
- 40 Jahre Soziale Bewegungen:
  von der verordneten zur erstrittenen Demokratie

1990

- Gegenexperten in der Risikogesellschaft
- Soziale Bewegungen und politischer Wandel im Osten
- Strukturwandel und neue soziale Milieus
- Großstadt und neue soziale Bewegungen

1991

- Zukunft der Reformpolitik. Die politische Gestaltung des gesellschaftlichen Wandels bei SPD und den GRÜNEN
- Bewegung, Gegenbewegung und Staat
- Triumph der Verbände – Bewegungen zwischen Gesellschaft und Staat
- Power in der Provinz – Ländlicher Raum und neue soziale Bewegungen

1992

- Von der DDR zu den FNL – Soziale Bewegungen vor und nach der Wende
- Perspektiven der Bewegungsforschung
  Fragestellungen – Anregungen – Kritiken
- Gewerkschaften zwischen Morgen und Grauen
- Zwischen Markt und Staat – Dritter Sektor und Neue Soziale Bewegungen

1993

- Europa im Umbruch – Neue Soziale Bewegungen im Schatten des europäischen Binnenmarktes
- Osteuropa in der Krise – Bewegungen ohne Einfluß
- Die herausgeforderten Kirchen - Religiosität in Bewegung

1994

- Zivilgesellschaft und Demokratie
- Soziale Bewegungen und soziologische Theorie
- Solidaritätsbewegung - Zwischen Hoffnung und Resignation
- Bewegungen von rechts? Analyse und Kritik

1995

- Soziale Bewegungen und Kollektive Identität
- Subkultur und Subversion
- Kommunitarismus und praktische Politik
- Das Erbe der Bürgerbewegungen

1996

- Soziale Bewegungen und Medien
- Soziale Bewegungen und Nicht-Regierungsorganisationen
- Soziales Handeln und politisches Lernen
- Bilanz der Umweltbewegung

1997

- Zivilgesellschaften im Transformationsprozeß
- Marginalität und Mobilisierung
- Masse – Macht – Emotion
- Mediation – Konfliktregelung durch Bürgerbeteiligung

1998

- Neue Soziale Bewegungen – Impulse, Bilanzen und Perspektiven
- Vom Sozialstaat zur Wohlfahrtsgesellschaft?
- Das Ende der Politik – Reformstau und Konzeptstilstand
- Protest und Gewalt – Paradigmen auf dem Prüfstand

Einzelhefte und Abo-Unterlagen: